러시아의 역사 상

제8판
러시아의 역사 상

니콜라스 V. 랴자놉스키, 마크 D. 스타인버그

조호연 옮김

A HISTORY OF RUSSIA : 8TH EDITION
by Nicholas V. Riasanovsky, Mark D. Steinberg

Copyright © 2011, 2005, 2000, 1994, 1985, 1978, 1969, 1963 by Oxford University Press Inc.
A HISTORY OF RUSSIA was originally published in English in 2011, 2005, 2000, 1994, 1985, 1978, 1969, 1963. This translation is published by arrangement with Oxford University Press.
Kachi Publishing Co., Ltd. is soley responsible for this translation from the original work and Oxford University Press shall have no liability for any errors, omissions or inaccuracies or ambiguities in such translation or for any losses caused by reliance thereon.
Korean translation copyright © 2011 by Kachi Publishing Co., Ltd.
Korean translation rights arranged with Oxford University Press through EYA(Eric Yang Agency).

이 책의 한국어판 저작권은 EYA(Eric Yang Agency)를 통해서 Oxford University Press 사와 독점계약한 (주)까치글방에 있습니다. 저작권법에 의하여 한국 내에서 보호를 받는 저작물이므로 무단전재와 복제를 금합니다.

역자 조호연(趙虎衍)
서울대학교 서양사학과를 졸업하고, 동대학원에서 석사학위를 받았다. 러시아국립사범대학교에서 박사학위를 취득했다. 서울대학교, 한국외국어대학교, 중앙대학교 등에서 강사를 지냈으며 현재 경남대학교 역사학과 교수로 재직 중이다. 주요 논문으로 「베르댜예프의 기독교적 사회사상」(『슬라브학보』, 제23권 제4호[2008. 12] : 377-404), 「상트페테르부르크 종교철학회의 : 러시아 교회사에서의 하나의 전환점」(『서양사연구』, 제37집[2007. 11] : 103-129), 「1905년에서 1917년까지의 러시아 자유주의 연구」(『슬라브학보』, 제14권 제1호[1999. 6] : 341-377)가 있다.

편집, 교정_김소라

러시아의 역사 ⓢ

저자 / 니콜라스 V. 랴자놉스키, 마크 D. 스타인버그
역자 / 조호연
발행처 / 까치글방
발행인 / 박후영
주소 / 서울시 용산구 서빙고로 67, 파크타워 103동 1003호
전화 / 02 · 735 · 8998, 736 · 7768
팩시밀리 / 02 · 723 · 4591
홈페이지 / www.kachibooks.co.kr
전자우편 / kachibooks@gmail.com
등록번호 / 1-528
등록일 / 1977. 8. 5
초판 1쇄 발행일 / 2011. 11. 5
    5쇄 발행일 / 2022. 3. 30

값 / 뒤표지에 쓰여 있음
ISBN 978-89-7291-510-2 94920
      978-89-7291-509-6 94920 (전2권)

우리의 학생들에게

차례 · 상

제8판의 새로운 점 11
『러시아의 역사』 제8판 서문 13
『러시아의 역사』 제8판에 대한 한국어판 서문 15

제1부 서론
　제1장 지리적 환경　21
　제2장 러시아인들 이전의 러시아　30

제2부 키예프 루시
　제3장 키예프국의 기원　45
　제4장 키예프 루시 : 정치사적 개요　53
　제5장 키예프 루시 : 경제, 사회, 제도　73
　제6장 키예프 루시 : 종교와 문화　84

제3부 분령 시기의 러시아
　제7장 분령 시기의 러시아 : 서론　101
　제8장 몽골인들과 러시아　106
　제9장 대노브고로드 공국　120
　제10장 남서부와 북동부　136
　제11장 모스크바의 대두　144
　제12장 분령 시기의 러시아 : 경제, 사회, 제도　170
　제13장 분령 시기의 러시아 : 종교와 문화　179
　제14장 리투아니아-러시아국　197

제4부 모스크바 러시아
　제15장 이반 뇌제(1533-1584)와 표도르(1584-1598)의 통치기　213
　제16장 동란의 시대(1598-1613)　236

제17장 미하일(1613-1645), 알렉세이(1645-1676), 표도르(1676-1682)의 재위기 261

제18장 모스크바국 러시아 : 경제, 사회, 제도 274

제19장 모스크바국 러시아 : 종교와 문화 292

제5부 제정 러시아

제20장 표트르 대제의 통치기(1682-1725) 315

제21장 표트르 대제로부터 예카테리나 대제까지의 러시아 역사 : 예카테리나 1세(1725-1727), 표트르 2세(1727-1730), 안나(1730-1740), 이반 6세(1740-1741), 엘리자베타(1741-1762), 표트르 3세(1762) 355

제22장 예카테리나 대제(1762-1796), 파벨의 통치(1796-1801) 372

제23장 18세기 러시아의 경제적, 사회적 발전 401

제24장 18세기의 러시아 문화 412

제25장 알렉산드르 1세의 통치(1801-1825) 433

제26장 니콜라이 1세의 통치(1825-1855) 464

제27장 19세기 전반기 러시아의 경제적, 사회적 발전 488

제28장 19세기 전반기의 러시아 문화 497

통치자 계보도 525

찾아보기 529

차례 · 하

하권의 서론 : 역사적 배경   541

제29장 알렉산드르 2세의 통치(1855-1881)   553
제30장 알렉산드르 3세의 통치(1881-1894), 니콜라이 2세의 통치 초기(1894-1905)   583
제31장 니콜라이 2세의 통치 후기 : 1905년 혁명과 입헌체제 시기(1905-1917)   603
제32장 "대개혁"으로부터 1917년 혁명까지의 러시아 사회경제의 발전   630
제33장 "대개혁"으로부터 1917년 혁명까지의 러시아 문화   653
제34장 1917년의 두 혁명   686

제6부 소비에트 러시아

제35장 소비에트 러시아 : 서론   707
제36장 전시 공산주의(1917-1921), 신경제정책(1921-1928)   717
제37장 스탈린 시대   749
제38장 소비에트의 외교정책(1921-1941), 제2차 세계대전(1941-1945)   774
제39장 스탈린의 마지막 10년(1945-1953)   798
제40장 스탈린 이후의 소련(1953-1985)   814
제41장 소련의 사회와 문화   852
제42장 고르바초프 시기(1985-1991) 그리고 소련의 붕괴   891

제7부 러시아 연방

제43장 공산주의 이후의 정치와 경제 : 옐친, 푸틴과 그 이후   925
제44장 1991년 이후의 사회와 문화   983

참고 문헌   1023
역자 후기   1063
찾아보기   1069

지도 차례

1. 초기 이주   32
2. 11세기의 키예프 루시   60
3. 1240년 이후의 분령 시기의 러시아   102
4. 유럽의 몽골인들 1223-1380년, 쿠빌라이 칸 사망 당시의 아시아의 몽골족 1294년   108
5. 15세기의 대노브고로드 공국   121
6. 1250년경의 볼리니아-갈리치아   138
7. 1200년경의 로스토프-수즈달   141
8. 모스크바의 대두, 1300-1533년   147
9. 1300년경 이후의 리투아니아와 러시아   199
10. 이반 4세와 표도르 통치기의 러시아 1533-1598년   215
11. 동란의 시대, 1598-1613년   241
12. 17세기의 팽창   290
13. 표트르 대제 당시의 유럽, 1694-1725년   318
14. 18세기 말의 중부 및 동부 유럽   373
15. 1662-1667년의 폴란드와 폴란드 분할   391
16. 중유럽 1803년, 1812년   448
17. 알렉산드르 1세와 니콜라이 1세 시대의 유럽, 1801-1856년   456
18. 크림 전쟁, 1854-1855년   485

제8판의 새로운 점

이번 개정판은 정치, 경제사와 문화, 사회사 사이의 균형을 개선했다.

- 푸틴, 메드베데프 행정부를 폭넓게 다루었고 최근 사건들에 대한 업데이트가 이루어졌다.
- 여성들에 대한 내용을 늘렸다.
- 일상 생활사 부분을 많이 추가했다.
- 20세기와 21세기 초반 10년 부분을 크게 확대했다.
- 지도를 완전히 새롭게 디자인했고, 표지 내부 앞면과 뒷면에 새로운 참고 지도를 첨부했다.

『러시아의 역사』 제8판 서문

『러시아의 역사(*A History of Russia*)』의 제8판은 상당 부분이 수정되었습니다. 스타인버그 교수가 참여한 후 처음 나온 제7판은 일부 주제에서 상당한 변화를 시도했습니다. 우리는 특히 1855년으로부터 현재까지에 대한 새로운 연구와 해석을 많이 검토했습니다. 우리는 포스트 공산주의 시기에 대한 내용을 크게 늘렸고, 많은 새로운 이미지 자료를 찾아서 덧보탰습니다. 이 새로운 판을 업데이트하고 개정할 때, 우리는 1855년 이전의 긴 역사에 대한 토론을 폭넓게 개정했으며, 제정 후기, 소련 시기와 포스트 소련 시기에 대해서 추가적인 개정 작업을 했습니다. 우리의 목표는 새로운 연구와 질문들과 해석들을 반영하는 것이었습니다. 러시아를 대상으로 한 사학사와 역사 접근 방법에 대한 논의는 전반적으로 아주 활기찹니다. 그렇지만 『러시아의 역사』에서 활용된 기본적인 접근 방법은 사료에서 드러난 사실들에 대한 세심한 주의, 충돌하고 변화하는 해석에 대한 인정, 균형감과 공정한 태도를 확보하려는 온갖 노력, 통치자들의 행위만이 아니라 정치 이데올로기, 경제, 사회관계, 지성사, 문화, 예술 등을 다루는 포괄적이고도 복잡한 역사관 등 동일한 것으로 남아 있습니다. 이런 다양한 인물과 경험은 후속 개정판이 나올 때마다 계속 추가되어왔습니다. 특히 이번 개정판에서는 다양한 사회집단, 여성, 반정부 세력, 비러시아인 그리고 지방에 대해서 좀 더 많은 관심이 기울여졌습니다.

우리는 드폴 대학교의 뵈크, 알래스카 페어뱅크스 대학교의 퍼셀, 디킨슨 대학의 쿠올스, 오스틴에 있는 텍사스 대학교의 라파포트, 동켄터키 대학교의 스포크, 워싱턴 대학교의 영 등 이 책의 다양한 부분에 논평을 해준 많은 동료들에게 큰 감사를 표하려고 합니다. 스타인버그는 특히 일리노이 주립대학교의 러시아 연구 동아리(크루족)의 참석자들과 폴란드 바르샤바에 있는 라자르스키

학교의 후원하에 진행된 워크숍에서 만난 역사학자들에게 특별히 감사를 표하기를 원합니다. 우리는 휠, 슈네베크, 그리고 옥스퍼드 출판사의 동료들, 그리고 아를렌 랴자놉스키, 제인 헤지에게 매우 감사드립니다. 앞선 판들과 마찬가지로 『러시아의 역사』의 제8판은 우리가 저술하며 항상 마음에 담아두고 있는 우리의 학생들에게 헌정합니다.

니콜라스 V. 랴자놉스키(캘리포니아 대학교, 버클리 캠퍼스)
마크 D. 스타인버그(일리노이 주립대학교)

『러시아의 역사』 제8판에 대한 한국어판 서문

옥스퍼드 대학교 출판사에서 간행된 제8판 영어판에 기반해서 한국어로 번역된 『러시아의 역사』의 독자들을 맞이하게 된 것은 저의 영광이자 기쁨입니다. 이 책의 초판은 1960년대 초에 랴자놉스키 교수에 의해서 저술되었습니다. 그는 19세기 러시아의 지성사와 정치사에 대한 영향력 있는 단행본과 논문을 집필하면서도, 1990년대 말에 이르기까지 이 『러시아의 역사』를 계속해서 새롭게 수정하여 많은 판을 펴냈습니다. 학자들이 지적 계보를 가지고 있다고 말할 수 있다면, 랴자놉스키 교수는 20세기 초의 러시아의 학문 전통을 풍성하게 계승했다고 할 수 있습니다. 이 일은 탁월한 법학자이자 역사학자였던 그의 부친 발렌틴 랴자놉스키로부터 시작되었습니다. 발렌틴 랴자놉스키는 러시아에서 학술 훈련을 받은 다음에 교수로 활동했고, 만주의 하얼빈에서 오랫동안 살면서 몽골사와 중국법사에 대해서 폭넓은 저술 활동을 했습니다. 1923년에 하얼빈에서 태어난 니콜라스 랴자놉스키는 하버드와 옥스퍼드 대학에서 교육을 받았으며, 카르포비치, 섬너, 벌린 경 등 당대의 위대한 역사가들과 함께 공부했습니다.

랴자놉스키 교수는 저에게 『러시아의 역사』의 개정 작업에 참여하도록 요청했는데, 그 결과물로서 제7판이 2005년에 발간되었습니다. 그리고 저는 더욱 많은 부분의 개정 작업을 계속했고, 2010년 말에 여기 번역되어 있는 제8판이 간행되었습니다. 저는 랴자놉스키 교수 및 그의 지적 계보와 직접적인 관련을 가지고 있습니다. 저는 1980년대에 버클리의 캘리포니아 대학교에서 그의 학생이었습니다. 그러나 저는 그뿐만 아니라 특히 젤닉 교수와 본넬 교수 같은 좀더 젊은 세대의 사회문화사가들로부터 훈련 받았습니다. 그들은 좀더 최신 경향의 방법론과 해석을 가지고 역사에 접근했습니다. 그러나 제가 영어로 된 제8판의 서문에서 시사했듯이, 이 책은 우리의 사학사적인 전통들과 접근법들을 혼합한 것(저는 이것이 유익한 것이라고 생각합니다)입니다. 이런 복합적인 방법론으로부터 러시아 역사에 대한 새로운 질문과 해석이 제기되며(그리고 물론 보존 기록 자료와 다른 사료에 대한 새로운 연구도 시도되고 있습니다), 사회문화사, 그리고 특히 보통의 러시아인들, 여성들, 반정부 인사들이나 소수 교파 신도들, 그리고 비러시아인들의 경험과 행동들에 대해서 각별할 정도로 큰 관심이 기울여졌습니다. 그렇지만 사료에 근거한 사실들에 대한 세심한 관심, 갈등관계에 있는 해석들의 인정, 균형과 공정함에 대한 헌신, 지배자들의 행동만이 아니라 정치적 이데올로기, 경제, 사회관계, 지성사, 문화, 예술을 다루는 포괄적이고도 종합적인 역사관 등 랴자놉스키 교수가 초판에서 설정한 핵심적인 접근 방식들이 배제되지도 않았습니다. 저는 랴자놉스키 교수와 개인적인 측면에서도 관계가 있다는 것을 덧붙여 말하겠습니다. 저의 어머니는 1931년에 하얼빈에서 태어나서 1939년에 샌프란시스코로 왔습니다. 랴자놉스키 교수의 가족은 1946년에 하얼빈에서 미국의 서부 해안지방으로 왔습니다. 이 두 가족은 하얼빈에서 러시아어를 말하던 여러 공동체에서 이리저리 마주쳤을 가능성이 아주 높습니다.

우리가 저술한 『러시아의 역사』가 이제 한국어로 번역된 것은 아주 적절한 일입니다. 두 저자가 길고 종종 난관에 빠지기도 했던 러시아와 아시아의 관계사와 개인적으로 관련되었다는 점 말고도, 러시아는 한국 및 한국인들과 많은 역사적 관련을 가지고 있으며, 결국 국경을 마주하게 되었습니다. (팽창 중인 제국들의 경우에 흔히 그러하듯이, 이런 접촉이 우호적이지 못한 때도 종종 있기는 했지만) 러시아는 동유럽 국가로부터 아시아 제국으로 성장해나감에 따라서 한국과의 접촉도 증대되었습니다. 동시에, 민족으로서의 한국인들(이들은 "고려인"이라고 불리고 있습니다/역자)은 러시아와 소련 모두가 가진 다민족 국가로서의 성격에서 핵심적인 부분이 되었습니다. 랴자놉스키 교수와 저는 러시아가 서구와 맺고 있는 관계에 당연히 더욱 많은 주의를 기울이면서 이 책을 저술하기는 했지만—왜냐하면 우리가 살면서 활동하는 곳이 서구이기 때문입니다—우리 두 사람은 이런 관점이 가지고 있는 한계에 대해서 아주 잘 알고 있습니다. 러시아는 지리적인 위치와 관련성이라는 면에서 아시아와 불가분하게 결합되었고, 그런 상태는 유지되고 있습니다. 러시아는 아주 많은 점에서 동방 국가이기도 합니다.

저는 한국에서 온 러시아 전공 학자들과의 관계를 통해서 러시아 역사에 대한 관점을 더욱 풍요롭게 할 수 있었습니다. 아주 최근에는 제가 강의하고 있는 일리노이 주립대학교에 조호연 교수가 1년 동안 체류했는데, 저는 그와 역사적 사실, 해석, 접근법에 대해서 토의할 수 있는 많은 기회를 가졌습니다. 제가 저술을 진행 중일 때, 특히 지금 여러분의 손에 들려 있는 『러시아의 역사』의 최신판을 한국어로 번역하겠다는 방대하고도 도전적인 일을 맡겠다고 나선 그의 제안에 대해서 저는 크게 감사하고 있습니다. 번역이란 학술적으로 복잡한 작업입니다. 그것은 하나의 언어로부터 다른 언어로 단어를 가장 근접하게 등치(等値)시키는 것만은 아닙니다. 왜냐하면 번역이란 단순히 단어만이 아니라 단어의 의미를 전하는 작업이기 때문입니다. 영어로 저술하는 러시아 역사학자로서 저는 러시아 자체의 역사가 가진 경험을, 사례와 이야기와 단어로 옮겨놓고 있습니다. 그리하여 영어권 독자들은 자신들의 역사와는 다른 역사를 이해할 수 있으며, 다른 형태의 통치의 적합성과 인간의 존엄성 및 권리와 같은 사상의 가치, 그리고 계급이나 인종의 다양성이 가진 의미 같은 더욱 폭넓은 질문들(왜냐하면 역사는 결코 과거에 대한 것만은 아니기 때문입니다)에 대해서 생각할 수도 있습니다. 조호연 교수는 이런 역사와 사상과 의미를 여러분들에게 전달하는 일에 도전했습니다. 저는 번역 작업을 행할 때의 그의 지성과 세심함에 대해서 그에게 크게 감사하고 있습니다.

저는 특이할 정도로 다양하고 계속해서 변모하고 있는 문명에 대한 이 역사서를 읽는 여러분들을 환영합니다. 그리고 이 책이 아직 완성된 것이 아니고, 역사 그 자체와 마찬가지로 계속해서 발전해나가고 있기 때문에—아주 최신의 역사와 과거에 대한 우리의 이해의 변화를 반영하는 더욱 새로운 판이 앞으로도 계속해서 나올 것입니다—저는 여러분들의 논평과 제안을 환영합니다.

일리노이 주, 어배너
마크 D. 스타인버그

제1부
서론

제1장

지리적 환경

러시아! 세계무대에서 얼마나 경이로운 나라인가! 러시아—사실상 유럽의 중앙에 있는 강으로부터 아시아 전체와 동쪽 대양을 가로질러, 머나먼 아메리카 땅에 이르기까지 직선거리로 1만 베르스타*의 길이! 남쪽 아시아 국가들 중의 하나인 페르시아로부터 사람이 거주하는 세계의 끝—북극에 이르기까지 폭으로는 5,000베르스타의 거리! 어떤 나라가 여기에 필적할 수 있는가? 그것의 절반이라도 되는가? 그것의 20분의 1이나 50분의 1이라도 되는 나라가 과연 얼마나 되는가?……러시아는 아주 더운 지방으로부터 아주 추운 지방까지, 타는 듯한 예레반의 인근 지역으로부터 매섭게 추운 라플란드에 이르기까지 온갖 유형의 토양을 보유하고 있다. 현재의 발전 상태에 준해서 보면, 러시아는 생활의 필요와 안락과 즐거움을 위해서 요구되는 모든 산물들을 풍부히 가지고 있는 국가로서, 자급자족할 수 있고 독자적이며 절대적인 하나의 온전한 세계인 것이다.　　　　　　　　　　　　—포고딘

저는 이렇게 끝을 맺습니다. 당신에게 드릴 다른 소식은 없고, 단지 그 나라는 아주 추우며, 사람들은 사나운 벌 떼라는 것입니다.
　　　　　　　　　　—터버빌 대사가 잉글랜드의 엘리자베스 1세에게 보낸 보고서

이 가난한 마을들,
이 황량한 자연—
끝없는 인내심의 본고장,

---

* 1베르스타는 약 1,067킬로미터 정도이다/역주

러시아 민족의 땅이여!   —튜체프

> 나의 조국은 넓고도 광대하며,
> 강과 들판과 숲이 많도다.
> 나는 이처럼 사람들이 아주 자유롭게 숨 쉴 수 있는
> 다른 나라를 전혀 알지 못하노라.   —「조국의 노래」(1936)

역사학자들과 지리학자들의 오랜 주장에 따르면, 인간 사회는 그 발전의 무대가 되는 자연환경과 동떨어져서는 이해될 수 없다. 기후, 토양, 물, 식물군, 동물군, 광물자원 그리고 자연풍경은 인간 공동체에 한계와 기회를 동시에 제시한다. 결국 인간의 역사는 종종 환경을 이용하고, 정복하고, 심지어 변화시키려는 노력의 이야기였다. 자연에 의해서 전적으로 결정되지도 않고 인간이 자연을 정복하기는커녕 자연으로부터 전적으로 자유로울 수도 없다는 의미에서 인간과 자연의 관계는 대화라고 할 수 있는데, 이런 대화는 러시아 역사에서 각별히 중요했다. 왜냐하면 러시아의 역사는 광대하고, 어려움이 많고, 변화가 심한 환경을 무대로 했기 때문이다. 러시아 제국, 그 이후의 소련 시기에 러시아가 정점에 달했을 때 영토의 면적은 850만 제곱마일 이상이었는데, 이것은 북아메리카 대륙 전체보다도 넓었다. 러시아의 대표적인 백과사전의 내용을 인용하면, "러시아 제국의 면적을 대체로 위도상으로 펼쳐진 모습으로 보면, 동유럽과 북아시아 전체를 차지하며, 그 지면은 이들 두 대륙 면적의 42퍼센트를 구성한다. 러시아 제국은 지구 전체의 22분의 1, 육지 면적 전체의 약 6분의 1을 차지한다." 러시아 연방은 1991년에 소련이 붕괴됨으로써 영토의 약 4분의 1을 잃은 후에도 지리적으로 세계에서 가장 큰 나라로 남아 있다. 거대한 면적을 가진 이 나라는 강한 동질성과 풍성한 다양성이 혼합되어 있다는 특징을 가진다. 이 두 가지 성질은 러시아 역사의 모습을 형성하는 데에 도움을 주었다.

이 거대한 영토는 상당한 정도의 동질성을 보여준다. 사실 동질성이라는 용어는 영토의 크기를 설명하는 데에 도움이 된다. 러시아 땅의 상당 부분은 중유럽 그리고 심지어 서유럽으로부터 시베리아까지 뻗어 있는 대평원인데, 이곳은 한

때 거대한 바다의 밑바닥이었다. 러시아의 지표면에는 수많은 언덕과 일련의 구릉들이 있지만 그것들은 그다지 높지도 않고, 전 지구상에서 가장 거대한 평원의 흐름에 제대로 맞설 정도로 한곳에 몰려 있지도 않다. 오래 전부터 존재했으며 풍파에 시달려온 우랄 산맥도 유럽과 아시아 사이를 갈라놓기는 하지만 실질적으로는 이 양쪽의 장애물이 되지 못한다. 게다가 우랄 산맥의 남쪽 끝과 카스피 해 및 아랄 해 사이에는 폭넓은 스텝 지대가 있다. 단지 예니세이 강 너머에 있는 방대한 북동부 시베리아에서만 땅이 상당히 높아지며 언덕이 많다. 그러나 이 지역은 상당한 잠재력을 가지고 있는데도 지금까지는 단지 러시아 역사의 주변부에만 머물러 있었다. 러시아의 국경선 혹은 대부분의 국경 지방은 장엄한 산맥들로 가로막혀 있다. 그런 산맥들로는 남서부 지역의 카르파티아 산맥, 흑해와 카스피 해 사이의 남부에 있는 높고 아름다운 캅카스 산맥, 남부 국경을 따라서 멀리 동쪽으로 나 있는 거대한 파미르 산맥, 톈산 산맥, 알타이 산맥이 있다.

  강은 러시아 역사에서 중요한 역할을 담당했다. 강은 어떤 지역과 민족들의 이름의 근원이 되기도 했고, 멀리 떨어진 지역을 연결시키기도 했고, 자원을 제공하기도 했다. 무엇보다도 러시아에 있는 넓고 유속이 느린 강들은 상품과 정착민들을 운송하는 최초의 중요한 통로였다. 이 강들의 대부분은 남북의 축을 따라서 흐르다가, 발트 해와 북극해 혹은 흑해와 카스피 해로 흘러들어간다. 유럽 러시아에서 북드비나 강과 페초라 강 같은 강들은 북쪽으로 흐르지만, 특히 드니에스테르 강과 부크 강, 그보다 큰 드네프르 강, 돈 강, 볼가 강은 남쪽으로 흘러간다. 드네프르 강과 돈 강은 흑해로, 볼가 강은 카스피 해로 흘러든다. 시베리아에 있는 강들로서 유속이 빠른 레나 강, 인디기르카 강, 콜리마 강뿐만 아니라 장대한 오비 강과 예니세이 강의 물은 북극해로 들어간다. 동쪽으로 흘러가는 아무르 강은 예외인데, 그 강의 상당 부분은 러시아와 중국 사이의 국경을 이루다가 타타르 해협으로 흘러든다. 중앙 아시아의 시베리아 남부에 있는 아무다리야 강과 시르다리야 강은 북서쪽으로 흘러서 아랄 해와 연결되는데, 아무다리야 강은 한때 카스피 해에 다다르기도 했다.

  비록 강과 호수가 많기는 하지만, 러시아는 기본적으로 육지로 둘러싸인 나라이다. 러시아에서 가장 긴 해안은 얼어 있는 북극해 쪽을 향하고 있다. 러시아의 인근 바다로는 발트 해와 흑해가 있는데, 이 두 바다는 러시아 국경에서 떨어져 있는 좁은 해협을 지나서 넓은 바다와 연결된다. 카스피 해와 아랄 해는 바다와 완전히 단절되어 있다. 유럽 러시아 지역에 있는 중요한 호수로는 라도가 호수와 오네가 호수가 있다. 시베리아에는 크고 아주 깊은 바이칼 호수가 있다. 중국 국경에 접한 남쪽 부분을 제외하면, 러시아의 동쪽 해안의 날씨는 춥고도 혹독한 편이다.

  러시아의 기후는 대체로 높은 위도, 육지로 둘러싸였다는 조건에 의해서 결정되었으며 심한 대륙성 기후라고 말할 수 있다. 러시아의 북부 그리고 심지어 중부는 알래스카와 비슷한 위도에 위치해 있으며, 남부 러시아는 서반구에서 보면 미국보다는 캐나다가 있는 위치에 더 부합된다. 서유럽과 북유럽의 기후를 보다 온화하게 만드는 데에 큰 역할을 하고 있는 멕시코 만류는 러시아의 일부 북부 해안에는 거의 미치지도 않는다. 북극해의 차가운 바람은 산맥의 아무런 제지도 받지 않은 채 유럽 러시아로부터 흑해로까지 휘몰아친다. 시베리아의 날씨는 남동부 끝의 모서리 지방을 제외하고는 훨씬 더 가혹하다. 그러므로 유럽 러시아의 북쪽 지역에 있는 토양은 1년 중 8개월은 얼어 있다. 우크라이나조차도 1년에 3개월은 눈으로 덮여 있으며, 흑해로 들어가는 강물은 이 기간에 줄곧 얼어 있다. 일반적으로 시베리아, 특히 북동부 시베리아는 세계에서 가장 추운 지역에 속한다. 베르호얀스크의 기온은 섭씨로 약 영하 67.8도를 기록한 적도 있다. 그러나 대륙성 기후의 성격에 따라서 마침내 여름이 오면—여름은 보통 아주 갑자기 온다—기온은 급상승한다. 모래를 서쪽으로 아주 멀리 날려버리는 중앙 아시아의 사막은 말할 것도 없고, 유럽 러시아와 시베리아의 많은 지역에서 한동안 이어지는 혹서는 흔한 일이다.

  (물의 작용이나 침식과 같은) 다른 환경적인 조건과 함께, 기후의 장기적인 영향으로 인하여 유라시아 평원 전반에는 다양한 생태계가 생겼다. 수 세대에 걸친 이주민들, 정착민들, 농민들이 먼저 알게 되었고 러시아의 과학자들이 19세기의 연구에서 문자로 기록해놓은 대로, 러시아는 여러 개의 자연 "지대"로 나누어져 있었다. 그런 지대들은 비록 중첩되는 중간 지역이 있기는 했지만, 러시아 전역에서 동서 방향으로 뻗어 있었다. 역사적으로 보면 슬라브족 및 스칸디나비아 정착민들의 초기 역사는 발트 해 연안과 서쪽 국경 지방으로부터 우랄 산맥

쪽으로 뻗어 있는 혼합 삼림지역을 주요 무대로 하여 진행되었다. 이 지역은 인구 면에서 러시아의 중심부로 남게 될 곳이었다. 중세에 러시아의 농민들은 남부 스칸디나비아로부터 태평양까지 뻗어 있는 혹독한 땅인 북쪽의 침엽수 타이가 지대로 이동하기 시작했다. 그와 함께 이 두 곳의 거대한 삼림지역은 러시아 제국과 소련 영토의 절반 이상을 차지했다. 그보다 북쪽에는 늪, 이끼, 이탄(泥炭), 관목으로 대변되는 혹독한 툰드라 지대가 있다. 이곳은 콜라 반도로부터 멀리 유라시아 대륙의 북동쪽 가장자리까지 펼쳐져 있는데, 러시아 영토 중 거의 15퍼센트를 차지한다. 17세기 말 이전에 그곳으로 가는 모험을 한 러시아 정착민들은 거의 없었다. 남부에는 스텝 혹은 초원지대가 있는데, 이것은 유럽 러시아의 남부를 차지하면서 아시아 방향으로는 알타이 산맥까지 펼쳐져 있다. 러시아인들의 스텝 지역으로의 이주는, 많은 경우에 먼 동쪽에서 왔지만 제국 시기에 널리 퍼진 유목민 집단들에 의해서 지연되었다. 마지막으로, 사막 지대이자 반사막 지대인 가장 남쪽 지대는 카스피 해로부터 중앙 아시아로 뻗어 있다. 이 지역은 과거 소련의 전체 영토 중에서는 5분의 1에 약간 못 미치는 면적을 차지한다.

비록 아주 비옥한 농토는 상대적으로 적었지만, 이처럼 다양한 기후와 식생대는 사람들에게 생존과 발전을 위한 다양한 자원을 제공했다. 약 800만 제곱마일 이상의 땅 중에서 단지 100만 제곱마일 정도만 농사가 가능하다. 러시아 영토 중 많은 부분은 식물의 짧은 생장기, 너무 적거나 너무 많은 강수량, 빙퇴석(氷堆石) 층, 얕거나 모래로 된 표층 등의 어려움을 가지고 있다. 우크라이나와 러시아에서 가장 좋은 토지인 남부 스텝 지대의 탁월한 흑토 지대조차도 농업을 위한 조건에서 보면, 그보다 따뜻한 아이오와나 일리노이의 농업 조건이 아니라 캐나다의 대평원과 비교될 수 있다. 러시아는 한편으로는 세계 어느 나라보다도 삼림자원이 엄청나게 풍부하다. 러시아의 숲에는 목재만이 아니라 사냥감, 산딸기류, 식용작물, 물고기가 풍부하다. 그뿐만 아니라 러시아는 백금에서부터 석유, 석탄에서부터 금에 이르기까지 아주 풍부하고 다양한 천연자원을 보유하고 있다. 그러나 대체로 이 자원들은 오랫동안 이용되지 않았고, 심지어 탐사되지도 않은 채로 남아 있었다. 이 나라는 노동자들이 마주치는 일상적인 도전뿐만 아니라 추위, 호우, 기근 그리고 화재에 의해서 고통받는 땅이었다.

그럼에도 불구하고 초기 정착자들은 이런 환경을 심지어 변화시키기 시작했다. 그들은 정착과 농사를 위해서 숲에 있는 나무를 베어냈고, 스텝 지대의 풀을 태웠으며, 사냥감을 적절하게 잡거나 남획했고, 강물을 막고 댐을 만들었다. 산업화와 함께 인간의 필요와 욕구에 맞게 자연을 변모시키려는 노력이 훨씬 더 강도 높게 시도되었지만, 그런 노력은 언제나 성공적이지는 않았고, 긍정적인 결과를 가져온 것도 아니었다.

헤로도토스 이래로 역사학자들은 줄곧 인간의 역사에서 지리적인 요인들이 차지하는 역할에 매료되어왔다. 사실 역사의 아버지의 설명에 따르면, 강력한 페르시아인들이 스키타이인들을 정복할 수 없었던 이유는 스텝 지대의 거주민들인 스키타이인들이 남부 러시아 스텝 지대의 광활한 땅이라는, 자신들의 자연환경에 잘 적응했기 때문이라고 기술했다. 커너, 섬너와 같은 서구의 저명한 역사학자들만이 아니라, 클류쳅스키와 특히 그의 스승인 솔로비요프 같은 지도적인 러시아 학자들이 포함된 근대의 러시아 역사학자들은 러시아 역사에서 지리의 중요성을 꾸준히 강조해왔다. 보다 최근에는 환경의 역사가 대두되고, 러시아에서는 지리학자이자 역사학자인 구밀료프 같은 지식인들의 영향 덕분에, 사회와 문화에 대한 지리적 환경의 영향에 대한 관심이 되살아나고 있다. 우리는 비록 환경 및 지리적인 결정론(이것은 과거의 많은 저술에서 암시되었다)을 배척하고, 러시아인의 민족적 성격이나 환경에 대한 의존성과 같은 모호하고도 위험한 주제들에 대해서 깊은 의미를 부여하는 것을 거부하지만, 몇몇 중요한 사항은 언급해야 한다.

예를 들면, 러시아라는 국가의 성장은 러시아가 위치한 지역의 지리, 즉 확장에 방해가 되는 자연적인 장애물이 별로 없었던 광대한 평원이라는 점에서 영향을 받았다는 것은 분명한 듯하다. 분명히 모스크바국은 이런 환경 덕분에 동유럽을 가로질러 아주 쉽게 확대될 수 있었다. 러시아인들은 우랄 산맥을 넘어 곧장 태평양까지, 그리고 심지어 알래스카와 캘리포니아까지 진출했다. 이런 전진은 오직 미국인들의 서부를 향한 대이동에만 비유될 수 있는 것이었다. 마침내 러시아 제국의 경계가 정해졌을 때, 그것은 북쪽과 동쪽으로는 대양과 접해 있었고 남쪽으로는 대부분 바다와 높은 산들 그리고 사막에 접해 있었다. 러시아인들이 일련의 다른 민족들과 뒤섞였던 서쪽에서만 국경과 지리는 무관한 것처럼 보였다. 아주 혹독한 기후 때문에 유럽 러시아의 북부에 흩어져 있던 부족들과 시베리아의 다양한 거주민들은 러시아인들의 전진을 전혀 저지할 수 없었다. 러시아인들은 영토를 쉽게 확대할 수 있었으면서도, 자신들은 외부의 공격을 잘 방어했다. 러시아의 광대한 영토 덕분에 페르시아인들과 스키타이인들의 시대로부터 나폴레옹과 히틀러의 시대에 이르기까지, 비록 전부는 아니지만 많은 침입자들은 패배를 당했다.

점령된 영토는 통치되어야 했다. 이반 뇌제(이반 4세)든, 니콜라이 1세든, 스탈린이든, 권력자들에게 거대한 영토를 통치하고, 각 부분들을 통합하고 지방의 활동과 노력들을 조정하는 문제는 극히 어려운 과제였다. 그리고 대평원에 살고 있던 민족들은 아주 다양했기 때문에, 중앙집권이나 연방과 같은 주제들이 아주 민감하게 생각될 수밖에 없었다. 이런 방대한 영토의 정복과 식민화 과정에는 지리학자들이 순전한 "공간 마찰(friction of space)"이라고 부르는 것을 극복하기 위해서만이 아니라, 다양한 민족들을 하나의 제국 안에 통합하기 위해서도 국가권력의 뒷받침이 요구되었다. 우리는 어떤 나라의 정부체제가 영토의 크기와 직접 관련되어 있고 러시아에서는 전제정치가 자연스러운 통치형태라고 선언했던 사상가들—이런 사람은 계몽주의 시대에 두드러졌지만 다른 시기에도 존재했었다—의 견해를 액면 그대로 받아들이지는 않는다고 할지라도, 그것의 가치를 인정해줄 수는 있다.

러시아의 강과 호수는 아주 잘 연결되어 있다는 사실도 러시아 역사에 많은 영향을 미쳤다. 이 점과 관련해서는 키예프 루시에 대해서 드네프르 강이 가지는 중요성, 혹은 모스크바국에 대해서 볼가 강과 그 지류가 가지는 중요성을 언급하는 것만으로도 충분하다. 러시아가 지리적으로 육지에 둘러싸여 있다는 사실 때문에, 러시아인들은 물길에 접근하기 위해서 발트 해, 흑해, 그리고 보스포루스 및 다르다넬스 해협에 지속적으로 관심을 가져왔다. 기후와 농업 조건은 러시아 및 그들의 정착지에서 사람들의 분포 및 그들의 직업에 근본적인 영향을 미쳤다. 많은 농토의 토질이 좋지 않았다는 점은 러시아 농민들을 고질적으로 곤경에 처하도록 했고, 차르 시대만이 아니라 소비에트 및 소비에트 이후 시대의 장관들의 능력 발휘에 적지 않은 부담을 안겨주었다. 러시아에서 천연자원이 대규모로 개발되기 시작한 이래로 그것은 소련의 힘을 측량할 수 없을 정도로 증대시켰다. 러시아에 풍부한 자원이 있다는 사실, 이런 자원을 개발하는 데에 지리적이며 기후적인 장애가 있다는 사실은 심지어 오늘날까지도 도전거리로 남아 있다.

러시아가 두 대륙에 걸쳐 있었다는 점은 러시아 역사에 중대한 영향을 미쳤다. 특히 러시아 남부의 스텝 지대는 오랫동안 아시아 계통의 유목민들이 유럽으로 쳐들어오는 고속도로 역할을 했다. 몽골인들이 저지른 대규모 파괴 행위는 러시아인들에게는 일련의 그런 일들 중에서 단지 가장 현저한 사례에 불과했는데, 그 이후에는 200년 이상의 몽골 통치기가 있었다. 사실상 수 세기 동안 열려 있던 초원 국경지역은 러시아 사회의 군사화에 크게 기여했고, 이런 추세는 러시아의 서부 국경이 일반적으로 보호되지 않고 유동적인 성격을 가지고 있었다는 점에 의해서 강화되었다. 그렇지만 아시아 지역에 근접하다는 점은 비교적 전쟁을 통하지 않은 접촉도 가능하게 해주었다. 나아가 이 점으로 인하여, 처음에는 공해(公海)를 지배할 필요성을 가지고 있지 않던 러시아는 나중에 결국 야심차게 아시아 쪽으로 영토를 확장해나갈 수 있었다. 영어권에서 특히 베르나츠키에 의해서 대표되는 유라시아 역사학파는 오늘날 신유라시아주의자(neo-Eurasianist)들과 마찬가지로 구(舊)세계에서 러시아가 차지하고 있는 특별한 위치에 의하여 러시아의 모든 발전을 해석하려고 시도했다.

유럽에서의 러시아의 위치는 러시아가 아시아와 맺고 있는 관련성보다도 훨씬 더 중요하다고 간주될 수 있다. 러시아인들은 언어, 종교, 기본적인 문화 면에서 서구와 연결되어 있지만, 주변부 민족들이 일상적으로 당하는 운명, 즉 외부로부터의 침입과 상대적인 고립과 후진성이라는 운명을 겪어왔다. 러시아가 유럽의 변두리에 위치하고 있다는 점은 특히 유럽 세력이 지구 전체를 지배하게 되었을 때에 러시아에 도전이 되기도 했고, 러시아를 한 국가이자 제국으로 등장시킨 모델을 제공하기도 했다. 그러므로 표트르 대제의 개혁에 의해서든지, 5개년 계획에 의해서든지, 옐친의 "충격 요법"에 의해서든지, 뒤따라 잡으려는 온갖 노력은 적어도 부분적으로는 이 점에서 기인되었다. 러시아와 서구 사이의 관계가 가지는 성격과 중요성에 대한 끊임없는 논쟁이 벌어지는 것도 다른 무엇보다도 이 점 때문이다.

끝없는 논란거리를 제공하는 위의 사례들이 보여주고 있듯이, 지리적 조건은 역사에 영향을 미친다. 어떤 지리적 요인들은 특히 지속적인 영향을 미치는 경향을 보여준다. 핀란드처럼 북부에 위치한 나라의 발전에서 훌륭한 사례를 찾아볼 수 있듯이, 우리의 현대 과학 문명은 기후의 영향을 완화시키기 위해서 많은 일을 해왔다. 그러나 우리는 아직까지 일부 소비에트 작가들이 꿈꿨던 것처럼 산을 평지로 바꾼다거나 새로운 바다를 만들어내지는 못한다. 따라서 유보 조건을 달기는 하겠지만, 우리는 다음과 같은 결론을 내리는 것이 최상이다. 지리적인 조건은 역사를 위한 무대가 될 수 있지만, 인간은 역사를 만든다.

제2장

러시아인들 이전의 러시아

우리는 민족 이동기, 즉 4세기에서부터 8세기까지의 기간에 이란 문화가 남부 러시아에서 방해받지 않고 발전되었다는 사실을 알기 위해서는, 남부 러시아의 고대 유물을 이전보다 더 자세히 연구해보기만 하면 된다.……슬라브족이 세운 키예프국도 똑같은 특징을 보여준다.……왜냐하면 수 세기 동안 남부 러시아에 알려졌으며, 게르만족이나 몽골족 침략자들도 결코 파괴할 수 없었던 유일한 문화는 그와 동일한 문화적 전통―나는 이것이 그리스-이란적 전통이라고 생각한다―이었기 때문이다.

―로스톱체프

맞다, 우리는 스키타이인들이다. 맞다, 우리는 아시아인들이다.
치켜 올라가고 탐욕스러운 눈초리를 가진.

―블로크

역사의 재료는 바로 지속성이다. 비록 모든 역사적 사건이 독특하고, 따라서 모든 일련의 사건들이 유동성과 변화와 다양성을 보여주기는 하지만, 현재에 의미를 부여하고 우리가 역사를 가지도록 해주는 것은 주어진 현재와 과거의 관련성이다. 그렇지만 우리가 지속성을 구성하는 세부적인 사항은 주장일 따름이고, 종종 논란거리가 된다. 비록 겉보기에는 별문제 없이 보이는 이 책의 표제도 하나의 주장이다. 왜냐하면 많은 특정 민족들, 문화, 역사를 "러시아"라는 제목 아래에 담고 있기 때문이다. 사실 그중에는 러시아어가 아닌 언어를 구사하면서 스스로를 러시아와는 다른 이름으로 부르는 민족들도 포함되어 있다. 그중 일부는 나중에 차이점을 인식한 데에서 영감을 얻어 민족국가로서의 독립을 얻어내고, 자신들의 역사가 러시아 역사가 아니라고 주장하게 된다. 예를 들면, 오늘날의 우크라이나와 폴란드의 역사학계에서는 키예프 루시의 주민들을 러시아인들이 아니라 루시안(Rus'ian) 혹은 루테니안(Ruthenian)이라고 부르는 경향이 있다. 다른 역사학자들도 "러시아"라는 용어는 역사적으로 초기 시대로까지 소급되기도 하고 제국이 넓어짐에 따라 지리적으로 확대되어왔기 때문에, 다양성을 모호하게 할 수도 있고 심지어 제국의 지배를 정당화하기까지 한다고 경고한다. 이번 장에서 보여주는 것과 마찬가지로, 러시아라고 알려지는 대상이 복잡하기도 하고 변동이 심한 다민족적 공간을 배경으로 등장했고, 다민족적 제국으로 발전해나갔다는 점은 아주 중요하다. 따라서 비록 러시아 역사에서 러시아인들의 역할과 러시아 민족의 사상이 커다란 비중을 차지하고 있기는 하지만, 이 책이 다루고 있는 러시아 역사는 단순히 어떤 "민족 국가"의 역사일 수는 없다. 그러나 역사학자의 일이란 지속성과 복잡성을 동시에 추구하는 법이다. 이 책은 러시아의 역사를 구성하고 있는 지속성을 탐구하기 위해서, 보통의 의미로서 오랜 전통을 따라서 아주 포괄적으로 "러시아"라는 단어를 사용한다. 그렇지만 우리는 러시아 역사가 가지는 지속적인 복잡성 및 다민족에서 유래되는 다양성을 강조하기도 한다.

비슬라브계 민족들과 문화

소련의 국경선 안에 포괄될 수 있던 거대한 영토에서는 수많은 고대 문화가 발전되었다. 그러나 캅카스 남부와 중앙 아시아에서 번성한 문화는 러시아 역사에 주변부로서의 영향만을 행사했다. 이 지역들은 19세기에 와서야 러시아의 일부가 되었다가, 20세기 말에 다시 분리된 곳들이다. 엄밀한 의미로 러시아 역사에 대한 서론을 위해서 우리는 흑해의 북쪽 해안과 스텝 지대 너머로 관심을 돌려야 한다. 이 광대한 지역들은 수 세기 동안 그리스와 로마 그리고 비잔티움의 국경으로 남아 있었다. 사실 기원전 7세기부터 남부 러시아에 세워지기 시작했던 그리스인들의 식민시들을 통해서, 그리고 전반적으로는 상업 및 문화적 교류를 통해서, 남부 러시아의 스텝 지대에 살고 있던 민족들은 고전 문명에 참여했다. 기원전 5세기의 인물인 헤로도토스 자신도 부크 강의 하구에 위치한 올비

초기 이주

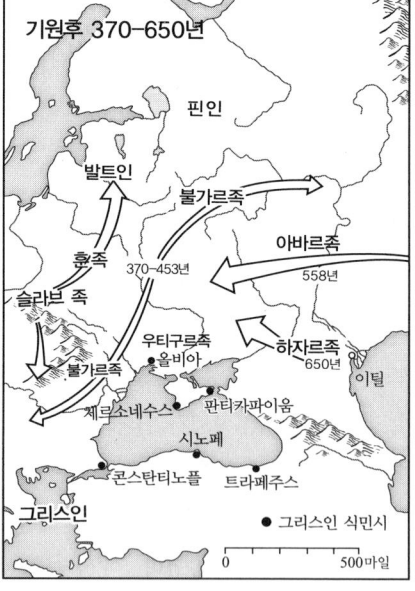

아라는 그리스인 식민시에서 일정 기간 머무르면서, 스텝 지대와 그곳의 주민들에 대한 가치 있는 설명을 우리에게 남겼다. 헤로도토스의 설명과 당대에 쓰인 다른 극소수의 산재한 증거들은 처음에는 차르 러시아, 그다음에는 소련에서 대규모로 진행된 고고학적 발굴에 의해서 크게 증가되었다. 우리는 오늘날 키예프국이 성립되기 이전의 남부 러시아의 역사적 발전에 대해서 적어도 개괄적인 지식은 가지고 있다. 그리고 우리는 러시아 역사에서 이 지역의 배경이 가지는 중요성을 인정하게 되었다.

고고학자들은 이미 후기 구석기 시대(3만5,000년과 1만 년 이전 사이)에 러시아 평원에서 수렵-채집 공동체의 흔적을 조사하면서 각종 도구, 무기, 매머드 뼈로 만든 주거지, 장신구 그리고 (아마도 종교용) 예술품의 증거를 찾아냈다. 기원전 4,000년 무렵에 시작된 신석기 시대는 특히 남쪽에 있는 드네프르 강, 부크 강, 드니에스테르 강의 계곡에서 풍부한 문화적 발전이 이루어진 시기였다. 발굴 유물들을 보면 이 지역에 이미 농업이 뿌리를 내렸으며, 남부 러시아와 그 이후의 러시아 역사에서 정착민들과 침략자 유목민들 사이에 주기적으로 투쟁이 반복되었다는 사실을 알 수 있다. 신석기 시대의 사람들은 가축을 길렀으며, 베를 짰고, 발달된 종교를 가지고 있었다. 비록 관련성을 정확하게 확정하기는 어렵지만, "굽은 나선형 도자기"는 이 지역이 중부 유럽의 남쪽 지역만이 아니라 로스톱체프의 주장대로 특히 소아시아와도 연결되어 있다는 것을 보여준다. 이와 비슷한 시기에는 금속을 사용하던 문화가 캅카스 산맥 북쪽에 있는 쿠반 계곡에서 발달했는데, 이는 이집트와 메소포타미아의 유사한 문화와 시기적으로 같다. 수많은 매장지에서 발견되는 구리, 금, 은으로 만든 제품들을 보면, 그것들을 만든 장인들의 기술과 미적 감각이 어땠는지 알 수 있다. 남부 러시아의 청동기 시대가 비교적 적게 알려져 있고 유물이 적게 나온 반면에, 철기 시대는 역사적으로 실존한 최초의 사람들이 파상적으로 새롭게 침입해 들어와서 남부 러시아의 스텝 지대에 정착한 때와 시기적으로 일치하며, 철기 시대는 분명히 이 일로부터 도래했다.

우리가 아주 빈약한 정보만을 가지고 있는 키메르인(Cimmerian)들은 보통 그런 초기 민족이라고 생각되는데, 그 정보의 대부분은 또다시 헤로도토스에게서 얻을 수 있다. 그들은 인도유럽 어족 중에서 트라키아 하위 어족(subdivision)

에 속했는데, 대략 기원전 1000년부터 기원전 700년 사이에 남부 러시아 지역을 지배했다. 그들의 지배 범위는 한때 캅카스 지역 깊숙이까지 확대되었다. 최근에 역사학자들은 키메르인들이 남부 러시아의 상층민이었으며, 대부분의 주민들은 토착민들로서 흑해의 북부 해안에서 지속적으로 문화를 발전시킨 사람들이라고 일반적으로 추정한다. 지배집단은 이런 기본적인 문화적 연속성을 파괴하지 않고 그 이후의 몇 세기 동안 수차례에 걸쳐서 교체되었다.

키메르인들 다음으로는 스키타이인(Scythian)들이 이 지역을 차지했다. 그들은 키메르인들을 정복하고 그들의 국가를 파괴했다. 이 새로운 침입자들은 비록 몽골적인 요소를 분명히 가지고 있기는 했지만 중앙 아시아에서 왔으며, 이란어를 말하면서도 인도유럽 어족에 속했다. 그들은 기원전 7세기로부터 기원전 3세기 말까지 남부 러시아를 지배했다. 당대에 살았던 헤로도토스에 따르면, 스키타이인들의 지배권은 다뉴브 강으로부터 돈 강으로까지, 그리고 흑해의 북부 해안으로부터 내륙 방향으로 20일 동안의 여행을 해야 하는 지점까지 확대되었다. 스키타이인들이 세운 국가는 최대로 확대되었을 때, 서쪽으로는 다뉴브 강의 남쪽, 그리고 동쪽으로는 캅카스를 넘어서 소아시아에 이르렀다.

스키타이인들은 전형적인 유목민이었다. 그들은 황소가 끄는 텐트처럼 생긴 마차에서 생활했으며, 식량으로 삼기도 했던 말의 숫자로써 자신들의 재산을 셈했다. 그들은 전쟁이 일어나면 탁월한 경기병 부대를 구성했는데, 말의 안장을 사용했으며 활과 화살과 단검을 가지고 전투에 임했다. 기동력과 치고 빠지기 작전에 기반을 둔 그들의 전술은 아주 효과적이어서, 심지어 강력한 이란 계통의 적수인 페르시아인들도 자신들의 고국 영토에서 그들을 패퇴시키지 못할 정도였다. 스키타이인들은 남부 러시아에서 강한 군사 국가를 수립했으며, 수 세기 이상 그 지역을 상당히 안정시켰다. 이 시기에 토착 문화는 계속해서 발전하면서, 새로운 접촉과 기회를 통해서 풍요로워졌다. 특히 스키타이인들 자신의 유목민적 성격과 목축 중심적 성격에도 불구하고, 흑해 북부의 스텝 지대에서는 농업이 계속해서 번성했다. 일반적인 관행에 따라 그 지역의 모든 주민들을 스키타이인이라고 불렀던 헤로도토스는 "왕족 스키타이인들"만이 아니라, "경작자 스키타이인들"을 구분했다.

마침내 스키타이인들도 중앙 아시아에서 왔으며 이란어를 말하던 또다른 유목민인 사르마티아인(Sarmatian)들에게 패배하고, 남부 러시아에서 차지하고 있던 자리를 내주었다. 사르마티아인들의 사회조직과 문화는 비록 몇몇 두드러진 차이점이 발견되기는 했지만, 스키타이인들의 것과 유사했다. 두 민족이 보통 기병전을 벌일 때, 스키타이인들이 경무장을 하고 있었던 데에 비해서 사르마티아인들은 등자(鐙子), 갑옷, 창, 장검을 이용했다. 보다 중요한 사실은 그들이 분명 남부 러시아의 지배자로서 자신들의 새로운 지위에 적응하고 그 지역의 경제와 문화에 스스로를 맞추어가는 데에 별다른 어려움을 가지고 있지 않았다는 점이다. 기원후 1세기에 저술 활동을 했던 그리스의 유명한 지리학자 스트라본은 이런 연속성을 언급하면서, 특히 남부 러시아의 스텝 지대를 관통하던 대(大) 동서 교역로가 사르마티아인들의 지배하에서 여전히 열려 있었다고 말했다. 사르마티아인들은 몇 개의 부족으로 나뉘었는데, 그중 인구의 숫자와 세력이라는 점에서 알란족(Alans)이 우위에 있었던 것 같다. 오늘날 캅카스 중부에 살고 있는 오세티야인(Ossetian)들은 알란족의 직계 후손들이다. 남부 러시아에 대한 사르마티아인들의 지배는 기원전 3세기 말부터 기원후 3세기 초까지 계속되었다.

  흑해의 북부 해안과 러시아의 스텝 지대에서 그리스 및 이란계 문화가 발전한 것은 스키타이-사르마티아 시기였다. 이란적인 요소는 우선 스키타이인들과 사르마티아인들 스스로에 의해서 대변되었다. 그들은 거대하고 지속적인 군사 국가를 세웠는데, 그것은 그 지역에 대한 정치조직의 기본 형태를 제공했다. 그들은 자신들의 말[言], 관습, 전쟁을 중시하는 종교, 스키타이 동물 문양으로 알려져 있는 장식예술에 담긴 독창적인 양식, 그리고 일반적으로 활기차고 다양한 예술과 특히 금속제품에 쓰인 공예기술을 가져왔다. 엄청나게 풍요로운 그리스 문명은 주로 그리스 식민시들을 통해서 이 지역에 전해졌다. 어업의 근거지로 시작된 이 식민시들은 중요한 상업 중심지로 성장해서 번영하는 공동체를 이루었다. 이런 식민시로는 앞에서 언급되었으며 기원전 7세기 중반에 일찍이 건설된 올비아, 오늘날의 세바스토폴에 가까운 크림 반도 내의 체르소네수스, 돈 강 하구에 있는 타나이스, 그리고 아조프 해를 흑해와 연결시켜주며 크림 반도와 캅카스 사이에 있는 케르치 해협의 양쪽 편에 있는 판티카파이움과 파나고리아 등이 있었다. 그리스인들은 다양한 교역에 종사했지만, 특히 남부 러시아의 곡물을 그리스 세계로 수입한 것이 아주 중요했다. 특별히 교역과 방어에 유

스키타이인들의 금제 순록상, 기원전 6세기. 스키타이 예술에서는 동물 이미지가 아주 중요했는데, 그들의 종교에서도 그러했을 것이다. (*Hermitage Museum*)

리한 위치에 있었던 케르치 해협 인근의 정착지들은 길고도 극적인 역사를 가지게 되는 보스포루스 왕국의 핵심을 이루었다. 이 왕국은 남부 러시아에 있는 다른 그리스 중심지들과 마찬가지로 기원전 1세기에 폰투스의 미트리다테스 대왕의 지배를 받았다가, 결국 미트리다테스가 로마인들에게 패배한 후에 로마의 지배를 받았다. 로마 제국이 약화되고 결국 몰락한 이후에도 체르소네수스 같은 흑해 북부 해안의 몇몇 그리스인 식민시들은 비잔티움 제국의 전초기지로 되살아났다.

그리하여 이란인들과 그리스인들은 수 세기 동안 이웃하여 생활하며 일했다. 스키타이인들과 사르마티아인들은 남부 러시아의 그리스인 식민시들을 결코 파괴하려고 노력한 것이 아니라, 오히려 그리스인들과 적극적인 교역관계 및 다른 접촉을 맺고 유지하려고 했다. 통혼, 이란인들의 그리스화, 그리스인들의 이란화는 빠르게 진척되었다. 그 결과 문화적인, 때로는 정치적인 통합이 상당한 정도로 진행되어서 이 두 요소는 불가분하게 혼합되었다. 로스톱체프가 보스포루스 왕국에 관해서 다음과 같이 설명하고 있는 것처럼, 그것은 이런 상생관계의 훌륭한 사례였다. "새로운 공동체의 발전을 추적하는 것은 대단히 흥미로운 일이다. 처음에는 느슨하게 결합된 도시들과 부족들의 연맹체가 점차 이중적인 성격을 가진 정치체가 되었다. 이들 정치체의 통치자는 그리스인들에게는 선출된 정무관(magistrate)이었고, 토착민들에게는 신의 권위에 의하여 통치하는 왕이었다." 오늘날 에르미타시 박물관 혹은 모스크바의 역사 박물관의 해당 전시실을 방문한다면, 우리는 고대에 남부 러시아에서 성립되었던 그리스-이란 문화의 몇몇 번영과 영광을 기꺼이 인정할 수밖에 없다.

흑해 북쪽의 스텝 지대에 대한 사르마티아인들의 지배는 고트족(Goths)에 의해서 분쇄되었다. 북쪽에서 온 이 게르만족 계통의 침입자들은 원래는 발트 지역에 살다가 남동쪽으로 세력을 뻗쳤던 것이다. 그들은 남부 러시아에서 서고트족과 동고트족으로 나뉘었고, 후자는 결국 헤르만릭의 지배하에서 흑해로부터 발트 해에 이르는 대국을 건설했다. 그러나 통상적으로 200년에서 370년까지 지속되었다고 하는 러시아의 고트족 시기는 아시아에서 온 새로운 침입자들, 즉 훈족(Huns)의 등장과 함께 갑자기 종식되었다. 게다가 고트족이 훌륭한 군인이자 선원이라는 것은 입증되었지만, 그들의 전반적인 문화 수준은 남부 러시아의 문화보다도 상당히 뒤쳐져 있었기 때문에, 그들이 그곳의 문화에 기여한 것은 거의 없었다.

370년 무렵에 고트족을 급습했던 훈족은 중앙 아시아로부터 남부 러시아에 이르는 유서 깊은 초원길을 이용하여 대규모로 이동해왔다. 훈족은 유럽 역사에 등장했을 당시 놀라울 정도로 잡다한 집단이었다. 아주 신뢰할 만한 증거에 따르면, 그들은 투르크어를 사용하는 민족이었으며 상당한 수의 몽골족과 우그리아족의 파견대로부터 지원받고 있었다. 나중에, 그들이 중부 유럽과 심지어 서유럽을 휩쓸 때, 그들은 자신들이 제압하고 도중에 뽑아두었던 다양한 게르만인과 이란인들을 대동했다. 훈족은 남부 러시아에 온 민족들 중 가장 원시적인 민족의 하나였음에도 불구하고, 상당한 추진력과 군사적인 용맹성을 가지고 있었다. 그들은 그 지역을 정복했고, 소위 유럽의 대민족 이동기에 핵심적인 역할을 담당할 수 있었다. 그들은 451년에 프랑스 깊숙한 곳에 있는 샬롱의 전투에서 패배한 이후에도 이탈리아를 침입했고, 전설에 따르면 교황 레오 1세가 그들의 지도자인 아틸라에게 영향력을 행사했다는 단 한 가지 이유 때문에 로마를 봐주었다고 한다. 그러나 453년에 아틸라가 갑자기 죽자, 조직력이 빈약하던 훈족 국가는 붕괴되었다. 훈족 국가를 계승한 민족 가운데에는 불가르인(Bulgar)들의 다수 무리와 우티구르족과 쿠트리구르족이라는 작은 유목 민족도 포함되었다.

다음으로 남부 러시아를 침입한 인적 물결은 또다시 아시아계였으며, 몽골어와 투르크어를 사용하며 비교적 원시적인 민족인 아바르족(Avars)이었다. 558년에 침입한 그들이 세운 국가는 러시아에서 약 1세기, 그리고 도합 250년 이상 동안 존속되었는데, 마지막에는 흔적도 없이 갑자기 해체되었다. 이것은 정착되지 못하고 정치적으로 발달되지 못하며 문화적으로 취약한 유목민 제국들이 흔히 겪는 운명이었다. 아바르족은 전성기 때 러시아 동부로부터 다뉴브 평원에 이르는 전 지역을 지배했는데, 다뉴브 평원에 수도를 건설하고, 러시아에서 통제권을 상실한 이후에는 그곳에 남아 있었다. 아바르족 군대는 비잔티움을 위협했고, 비록 성공하지는 못했지만 샤를마뉴의 제국과 큰 전쟁을 벌이기도 했다.

7세기에는 새로운 세력이 남부 러시아에, 보다 정확히 말하면 볼가 강 하류와 북캅카스 그리고 남동부 러시아의 스텝 지대 전반에 등장했다. 그것은 바로 하자르국이었다. 하자르족이 등장한 충격으로 인해서 불가르인들은 두 갈래로 갈라졌다. 한 집단은 발칸 반도에 확실히 정착해서 다수인 슬라브족에 동화되었고, 오늘날 불가리아에 그 이름을 남겨주었다. 다른 집단은 북동쪽으로 후퇴해서 결국 볼가 강과 카마 강의 합류 지점에 국가를 건설하고 대(大)불가르 시를 그 수도로 삼았다. 우티구르인들과 쿠트리구르인들은 아조프 해와 돈 강 입구를 잇는 지역으로 후퇴했다.

하자르족 역시 아시아에서 왔으며 투르크어를 사용하는 또다른 민족이기는 했지만, 그들의 역사적 역할은 훈족이나 아바르족의 경우와는 아주 달랐다는 것이 입증되었다. 우선 그들은 아라비아인들과 격렬하게 싸웠고, 이슬람교가 유럽으로 확산되지 못하도록 하는 방어벽 역할을 했다. 그들이 세운 국가가 유럽 러시아의 동남부에서 형태를 갖추었을 때, 그 나라는 상업, 국제관계, 관용적이고 개명된 법으로 유명해졌다. 하자르족은 반(半)유목민족이었음에도 불구하고, 볼가 강 입구에서 멀리 떨어지지 않은 곳에 수도인 이틸과 사만다르, 사르킬 등의 도시를 건설했다. 두 대륙의 교차점에 위치했다는 것은 하자르의 경제에 아주 중요했다는 것이 입증되었다. 하자르족을 전공한 역사학자인 던롭의 말에 따르면 "하자르가 번영한 것은 분명히 국가의 자원보다는, 중요한 교역로를 가로지르는 유리한 위치 덕분이었다." 하자르의 수입은 결과적으로, 러시아 평원을 향하여 서쪽으로 지배력을 확대시킴에 따라 증가된 조공뿐만 아니라 특히 관세로부터 나온 것이었다. 하자르에는 이교도들, 이슬람 교도들, 기독교인들, 유대인들이 뒤섞여 있었고, 모두가 상당한 정도의 자유와 자치권을 누리면서 자신들의 법 아래에서 살아가고 있었다. 하자르인들은 8-9세기에 스스로 유대교를 받아들였거나, 적어도 카간(Khagan)*이라는 칭호를 가졌던 그들의 통치자와 상류층은 유대교를 수용했다. 그리하여 그들의 특이한 역사에 또다른 예외적인 장면이 추가되었다. 하자르인들은 고정 급료를 받는 군대를 처음 창설한 민족 중의 하나라고 거론되어왔다. 아라비아 및 비잔티움 세계만이 아니라 몇몇 다른 문명들과 맺었던 긴밀한 연계, 넓은 지역을 대상으로 한 교역관계, 전반적인 세계시민주의 등 하자르인들이 이룩한 발전은 키예프국이 등장할 무렵에 대러시아 평원에서 전개된 정치적, 경제적, 문화적 발전의 한 흐름을 잘 대변하고 있다. 하자르인들이 상업을 현저하게 발전시키기는 했지만, 훨씬 더 북쪽에 있는 볼가 불가리아인들의 국가에서도 대규모의 다양한 상업적 교류가 증대되어갔다는 점도 덧붙여 말할 수 있다.

동슬라브족

흑해 북부 해안과 남부 스텝 지대에서 성립된 문화는 신석기 시대에서부터 하자르인들의 시대에 이르기까지, 키예프 루시의 배경에서 핵심적인 부분을 이루고 있다. 그러나 이런저런 방식으로 이들 및 다른 앞선 민족들과 이웃 민족들로부터 영향을 받았을 수는 있겠지만, 루시인 혹은 러시아인이라고 알려진 키예프국을 건국한 민족은 스키타이인도, 그리스인도, 하자르인도 아니었다는 점 또한 사실이다. 그들 중에서 압도적인 수의 사람들은 동슬라브족에 속했다. 따라서 우리는 동슬라브족에게도 주의를 기울일 필요가 있다. 고대 민족들에 대한 우리의 아주 탁월한 분류법이 보통 그렇듯이, 동슬라브족이라는 용어 자체도 언어학적인 것이다. 그것은 슬라브어 중에서 동부의 변종 언어를 사용하는 집단을 일컫는다. 시간이 지남에 따라 3개로 구분되는 별도의 동슬라브어가 발달했다. 종종 러시아어라고만 불리는 대러시아어, 우크라이나어, 그리고 백러시아어

---

* 카간은 투르크와 몽골 계통의 민족들 사이에서 황제 지위에 있는 사람을 일컫는다. "칸(Khan)들 중의 칸"이라는 의미도 있으나, 칸과 대체로 같은 의미이다/역주

혹은 벨라루스어가 바로 그것이다. 슬라브어의 다른 갈래로는 폴란드어와 체코어가 포함된 서슬라브어, 그리고 예를 들면 불가리아어, 크로아티아어, 세르비아어에 의하여 대표되는 남슬라브어가 있다. 슬라브어는 오늘날 유럽에서 사용되고 있는 대부분의 언어와 아시아에서 사용되는 일부 언어를 포함하는 인도유럽 어족에 속한다.

같은 어파와 어족 내에 속한 언어는 유기적이고도 내적으로 서로 연결되어 있다. 이와는 대조적으로, 상이한 어족에 속한 언어들 사이, 예를 들면 인도유럽 어족과 우랄알타이 어족 사이에는 우연히 차용한 경우를 제외하면 기본적으로 확고한 관련성이 없다. 어떤 어족에 속한 언어들의 상호관련성, 그리고 어떤 어파에 속한 언어들의 좀더 밀접한 상호관련성을 설명하기 위해서, 학자들은—모든 인도유럽 언어는 유럽과 일부 아시아를 통하여 확산되었다는 식으로—각 어족에 해당되는 원언어(original language)와 언어고향(homeland)을, 그리고 더 이상의 분리와 분화가 이루어지기 이전에 상이한 언어적 어파에는 후대의 언어와 언어고향들이 있다고 가정했다. 이 이론의 틀 내에서 보면, 슬라브어의 공통의 언어고향은 대략 비스툴라 강의 계곡과 카르파티아의 북부 경사지 지역이라고 통상적으로 생각되어왔다. 샤흐마토프 등에 따르면 슬라브어가 갈라진 것은 6세기이고, 동슬라브족이 유럽 러시아의 대평원에 정착한 것은 7, 8, 9세기의 일이었다. 원언어와 언어고향을 주장의 근거로 삼을 때, 우리는 인종이 아니라 언어를 다루고 있다는 것을 강조해야 한다. 위에서 열거된 범주는 모두 인종이 아니라 언어학적인 것이며, 어떤 물리적인 특성과 반드시 부합되는 것은 아니다. 그 외에도 통혼, 정복, 모방만이 아니라, 다른 몇몇 요인들로 인해서 해당 언어를 말하는 사람들의 숫자와 구성은 거듭 변화되어왔다.

최근의 학계는 원언어와 언어고향 이론에 대해서 면밀한 비판을 가해왔다. 현재 인도유럽 어족의 역사적 언어고향에 대해서 어떤 확신을 가지고 말하는 전문가는 거의 없다. 그리고 일부 전문가들은 심지어 이론적인 개념으로서도 그런 주장을 배척한다. 러시아 역사를 연구하는 사람들에게 보다 중요한 사실은 슬라브족의 언어고향도 철저한 의문의 대상이 되어왔다는 것이다. 재평가 작업의 필요성이 제기된 주된 이유는 전통적으로 생각되어온 것보다 훨씬 더 이른 시기와 더 넓은 지역에 슬라브인들이 존재했다는 사실이 발견되었기 때문이다. 일부 학자들은 새로운 증거에 맞추기 위해서 슬라브족의 원래의 언어고향에 러시아의 일부 지역도 포함되어 있다고 새롭게 정의를 내렸다. 다른 학자들은 슬라브족이 좀더 일찍 분산되었다고 가정했고, 일부 사람들은 슬라브족이 고대부터 러시아 평원에 존재했다는 사실과 그들이 나중에 그쪽으로 이주했다는 사실을 동시에 설명하기 위하여 슬라브족의 분산이 여러 차례에 걸쳐 파상적으로 진행되었다고 추정했다. 한편 다른 사람들은 슬라브족의 언어고향이 있다는 생각을 완전히 포기했다. 슬라브족의 선사에 관한 최근의 연구에서 많은 새로운 사실들이 밝혀지고는 있지만, 부족하다고 여겨져온 이론을 대체할 만한 설득력 있는 종합적인 이론은 아직 없다.

슬라브족에 대한 현존하는 최초의 문헌적인 언급은 대(大)플리니우스와 타키투스를 포함해서, 기원후 얼마 지나지 않은 시기의 고전 시대의 저술가들에게서 찾아볼 수 있다. 보다 중요한 설명 중에는 비잔티움의 역사학자인 프로코피우스와 고트족의 요르다네스가 6세기에 기록한 것이 포함되어 있다. 슬라브족을 지칭하기 위해서 아주 흔히 사용되던 용어는 "베네디(Venedi)" 혹은 "안테스(Antes)"였는데, 후자는 동슬라브족을 의미하게 되었다("안테스"가 남부 러시아에 거주했던 슬라브족 이전의 이란 주민들 혹은 고트족이라는 다른 해석도 있다). 소련의 고고학자들은 러시아의 일부, 특히 돈 강 지역에 있는 슬라브족 정착지의 성립 연대가 적어도 기원전 10세기 중반이라고 주장한다. 최근에는 슬라브족이 스키타이인들의 시대부터 남부와 중부 러시아 주민의 상당 부분이나 대부분을 구성했다고 일부 역사학자들은 추정한다. 예를 들면, 슬라브족은 "스키타이의 경작자들"처럼 헤로도토스가 사용했던 다양한 명칭 아래에 숨겨져 있을 수 있다. 동슬라브족이 고트족과 싸웠으며, 훈족과 더불어 서쪽으로 휩쓸려 갔고, 아바르족에 의해서 정복당했다는 사실은 알려져 있다. 동슬라브족의 일부 종족은 키예프 역사가 막 시작되는 시기에 하자르족에게 조공을 바치고 있었다. 우리에게 주요한 문헌 사료로서 12세기에 편집된 키예프의 『원초 연대기(*Povest' bremennykh let*)』에 따르면, 그 당시에 동슬라브족은 12개의 종족으로 나뉘어져서 흑해와 다뉴브 강, 그리고 카르파티아 산맥으로부터 우크라이나를 가로질러서 북쪽으로는 노브고로드 영토까지, 동쪽으로는 볼가 강까지 이르는 광활한 러시아 평원에 자리잡고 있었다. 그들의 이웃에는 이미 언급된 몇몇 민족들 이외에, 북부와 동부 러시아 전역에 흩어져 살고 있던 핀계 부족들이 있었으며, 서쪽으로는 리투아니아 종족들이 있었다.

9세기 무렵, 동슬라브족의 경제, 사회, 문화는 이미 상당한 발전을 이루었다. 동슬라브족 사이에서 농업은 훌륭하고 폭넓게 자리잡고 있었다. 다른 중요한 생업으로는 어업, 수렵, 양봉, 목축, 직물 및 도기 제조뿐만 아니라 목공품 제조와 같은 수공업과 다른 예술 활동도 포함되어 있었다. 동슬라브족은 이보다 수 세기 전에 이미 철의 사용법을 알고 있었으며, 그뿐만 아니라 폭넓은 지역에서 다양한 상업에 종사하고 있었다. 그들은 상당수의 도시도 보유하고 있었는데, 노브고로드, 스몰렌스크, 그리고 폴랴네족(Poliane)에 속한 키예프 등의 일부 도시는 그 이후로 길고도 중요한 역사를 경험하게 될 운명이었다. 안테스족 및 거기에 속한 일부 종족의 통치자들에 대한 몇몇 산발적인 언급을 제외한다면, 동슬라브족의 정치조직에 대해서 알려진 것은 별로 없다.

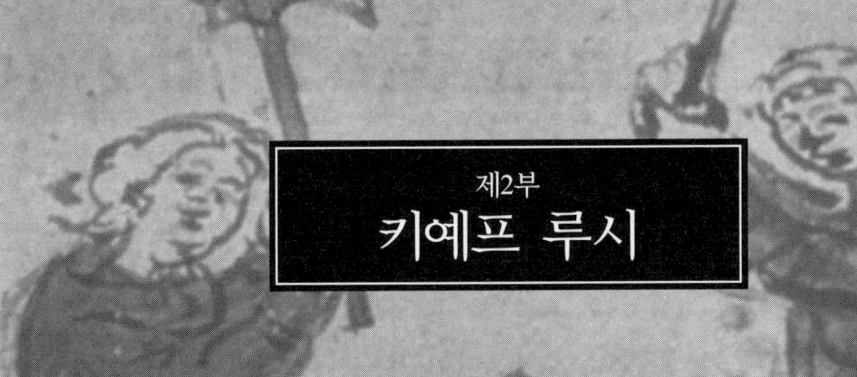

제2부
키예프 루시

제3장

키예프국의 기원

따라서 그들은 바다 건너 바랑기아 루시인들에게로 갔다. —『원초 연대기』

러시아 역사에 등장하는 첫 번째 국가인 키예프 루시의 기원에 관한 문제는 아주 복잡한 만큼 커다란 논쟁거리이다. 이 국가의 초기 역사의 많은 부분은 신화와 전설 그리고 확인 가능한 사실 사이의 애매한 경계 영역에 위치해 있다. 이 같은 어려움의 중심에는 사료의 문제가 있다. 비록 우리는 고고학적 증거와 라틴, 이슬람, 슬라브, 비잔티움의 자료 같은 문헌 사료를 결합하여 봄으로써 도움을 받지만, 여전히 『원초 연대기』라고 흔히 알려져 있는 『지나간 세월의 이야기(Povest' vremennykh let)』에 크게 의존하고 있다. 11세기와 12세기의 전환기에 키예프의 수도사들에 의해서 편집된 이 사료는 세세하고 다채로운 이야기를 풍부하게 담고 있기는 하지만, 그것이 의존하고 있는 다양한 문헌과 마찬가지로 근대적인 역사적 증거의 개념에 부합된다고 볼 수는 없다. 심지어 사건의 날짜나 연대적인 순서조차 불확실한 경우도 있다. 더 중요한 점은 그 자료를 자세히 읽어보면 알 수 있듯이, 그 책은 뚜렷한 관점과 목적을 가지고 쓰였다는 것이다. 예를 들면, 지배 왕조를 위해서 어떤 왕조적 및 영토적 정당성을 제공하고, 일종의 민족 역사를 창안하며, 정치와 사회 그리고 종교를 위한 이상적 모형을 수립하려는 관점과 목적이 포함되어 있는 것이다. 그렇지만 오늘날 이 주제를 연구하는 사람들은 비록 결코 모든 답을 찾아낼 수는 없을지라도, 적어도 과거를 지나치게 단순화하는 일이나 조악한 실수를 피할 수는 있어야 한다.

키예프국의 등장을 설명하려는 최초의 포괄적인 학술적 노력은 18세기에 소위 노르만 학설(Norman theory)에서 시도되었다. 바이어와 슐뢰처 등에 의해서 정립된 이 견해는 스칸디나비아의 바이킹들, 즉 러시아 역사학계에서는 보통 노르만인들이라고 부르는 북유럽 사람들이 러시아에 정부와 통합 그리고 심지어 문화의 많은 부분을 전해주는 데에 담당했던 역할을 강조했다. 그리하여 러시아 역사 중에서 노르만 시기는 그 이후의 발전을 위한 토대라고 가정되었다. 노르만 학설은 200년 이상의 세월이 흐르는 동안 많은 저명한 학자들에 의해서 발전되고 수정되었으며 변화되었다. 그러나 다른 전문가들은 이 이론을 사실상 그 출발점에서부터 부정하면서, 그 대신에 어지러울 정도로 다양한 다른 가능성을 제시했다. 보다 최근에는 소련 역사학자들이 노르만 학설을 격렬하게 반대했다. 그래서 이 이론은 글라스노스트(glasnost)가 시작된 1985년까지는 소련 학계에서 대체로 논의의 장 바깥에 남아 있었다.

   노르만 학설의 가치를 평가할 때, 그 이론이 문화 부문에서 결정적인 한계를 가지고 있음을 인식하는 것은 중요하다. 노르만인들이 러시아에 영향을 미쳤다는 원래의 주장은 앞서의 장에서 대략 살펴보았던 남부 러시아의 초기 역사가 알려지기 이전에 제기되었다. 그 시기의 역사를 오늘날 우리가 가지고 있는 지식을 통해서 보면, 키예프의 사회와 문화를 설명하기 위해서 북유럽인들을 끌어들일 필요는 전혀 없다. 게다가 훨씬 더 북쪽에 위치한 스칸디나비아 자체는 그 당시에 문화가 논의되던 중심으로부터 드네프르 강 계곡보다도 훨씬 더 멀리 떨어져 있었다. 키예프국이 일단 성립되자마자, 그곳의 문화는 북쪽의 이웃 나라보다 더 풍성해지고 빨리 발전했다는 점은 놀라운 일이 아니다. 우리는 문자 기록이나 성문법이나 동전 주조 등의 문제에 대해서 생각할 때, 그것들이 스칸디나비아보다 키예프 루시에서 상당히 빨리 시작되었다고 판단할 수밖에 없다.

   러시아 문화 속의 스칸디나비아적 요소에 대해서 진행된 자세한 연구는 그런 요소가 비교적 중요하지 않다는 사실을 보여준다. 이전에는 러시아어 속에 노르만의 단어가 상당히 많다고 생각되었지만, 실제로는 단지 6-7개 정도밖에 없다. 항해술과 관련된 고어 러시아어 용어는 종종 교역을 다룬 그리스어이거나 아시아 계통의 언어 혹은 토착 슬라브어이지, 스칸디나비아어는 아니었다. 키예프에서 글로 쓰인 문헌은 스칸디나비아의 문자 기록보다 시기적으로 앞섰다. 그리고 그것은 북유럽보다는 비잔티움이나 불가리아로부터 영향을 받은 것이 분명하다. 상황이 이러하므로, 키예프의 문헌을 스칸디나비아의 서사시와 연결시키려고 지속적으로 노력을 기울여도 별로 설득력을 가질 수 없다. 노르만인들이 러시아의 법에 영향을 미쳤다는 주장도 낭패를 보았다. 한때 학자들은 러시아의 법적 토대가 스칸디나비아인들에 의해서 마련되었다고 믿었지만, 키예프의 법을 노르만의 원형에서 찾는 것은 불가능하다는 사실이 증명되었다. 마찬가지로 키예프의 이교(異敎)에 노르만이 영향을 미쳤다는 믿을 만한 증거도 전혀 없다. 천둥의 신이자 동슬라브 만신전의 주신인 페룬(Perun)은 토르(Thor)*를 모방한 신이 아니라, 6세기에 프로코피우스가 안테스족의 최고신으로 묘사한 신이었다. 동슬라브족의 신들의 이름을 언어학적으로 분석해보면 다양한 문화적 관련성을 보여주기는 하지만, 그중에서 스칸디나비아와 관련된 이름은 하나도 없다. 예를 들면, 키예프 궁정의 조직이나 러시아의 복식에 노르만인들이 문화적인 영향을 미쳤다는 다른 주장들은 모호하기도 하고, 결론을 내리기도 어렵다. 노르만의 영향을 러시아에 대한 비잔티움의 커다란 영향력 및 일부 동방 문화의 구체적인 결과들과 비교해보면 특히 그렇다.

이처럼 러시아 문화에 대한 스칸디나비아 문화의 중요성은 더 이상 결코 중요한 역사적 주제라고 볼 수 없다. 그렇지만 비록 논쟁거리로 남아 있더라도, 키예프국의 성립에서 노르만인들이 어떤 역할을 맡았다는 주장은 여전히 강력한 근거를 가지고 있다. 키예프국의 기원에 관한 문제는 루시라고 알려진 집단이나 종족 혹은 민족과 아주 밀접한 관련을 가지고 있다. 우리가 나중에 러시아인들이라는 이름을 끌어낸 것도 루시로부터이다. 루시와 관련된 거의 모든 것은 러시아 역사학사에서 중요한 논쟁거리가 되어왔다. 『원초 연대기』는 기원후 862년 항목에서 분쟁을 벌이고 있던 슬라브 종족들, 즉 슬로베니족, 크리비치족 그리고 몇몇 핀계 종족들로부터 초청을 받아서 루시가 도착한 사건에 대해서 다음과 같이 간략하게 말해준다.

따라서 그들은 바다 건너 바랑기아 루시인들(Varangian Russes)에게로 갔다. 이 특별한 바랑기아인들은 루시인이라고 알려졌다. 그중의 일부 사람들은 스웨덴인이라고 불렸으며, 다른 사람들은 노르만인, 앵글인, 고트인이라는 이름으로 불렸다. 그

---

* 토르는 북유럽 신화에서 천둥, 전쟁, 농업을 주관하는 뇌신(雷神)이다/역주

당시에 추드족, 슬라브족, 그리고 크리비치인들은 루시인들에게 가서 다음과 같이 말했다. "우리 땅 전체는 광대하고 풍성하지만 여기에는 질서가 전혀 없습니다. 와서 우리를 다스리고 통치해주십시오!" 그리하여 그들은 세 명의 형제들을 그 친척들과 함께 선발했는데, 그들은 모든 루시인들을 데리고 이주했다. 형제들 중 첫째인 류리크는 노브고로드에, 둘째인 시네우스는 벨로오제로에, 그리고 셋째인 트루보르는 이즈보르스크에 자리잡았다. 노브고로드 지역은 이들 바랑기아인들 때문에 루시의 땅이라고 알려지게 되었다. 오늘날의 노브고로드 주민들은 바랑기아인들의 후손이지만, 이전에는 슬라브인들이었다.*

노르만 학설의 주창자들은 『원초 연대기』의 이 내용을 문자 그대로 받아들였다. 그래서 그들은 루시인들이 스칸디나비아의 종족이거나 집단이라고 이해했으며, 나아가 다른 사료에 루스-로스-르호스(Rus-Ros-Rhos)라고 나오는 용어를 스칸디나비아인들과 동일시했다. 그러나 얼마 되지 않아 중대한 문제점들이 드러났다. 루시라고 불리는 집단이 스칸디나비아 자체에서 발견될 수 없었고, 서구에도 그런 집단이 전혀 알려져 있지 않았다. 비록 『원초 연대기』에서 노브고로드가 언급되기는 했지만, 루시는 키예프국과 동일시되었다. 그리고 그 이름 자체는 노브고로드를 포함한 북부가 아니라 남부의 루시 국가를 지칭하게 되었다. 이보다 중요한 점은 루시인들이 862년 이전에 이미 일부 비잔티움 및 아시아 작가들에게 알려져 있었고, 분명히 남부 러시아에 자리잡고 있었다는 것을 발견한 사실이다. 결국 『원초 연대기』 자체가 의심을 사게 되어 엄중한 비판을 받게 되었다.

노르만 학설의 지지자들은 자신들의 일차적 과제 중의 하나로서 루시라는 이름이 스칸디나비아에서 유래되었음을 찾아내려고 했다. 그들의 시도는 슐뢰처가 살던 시대부터 오늘날에 이르기까지 기껏해야 부분적인 성공만 거두어왔다. 루시와 관련된 수많은 어원들은 부정되었다. 루시가 스웨덴인을 가리키는 루오치(Ruotsi)를 뜻하는 핀란드 단어에서 유래되었다는 추정은 톰센에 의하여 제기

---

* 우리는 크로스 교수가 번역한 『원초 연대기』의 영어 표준어판(*The Russian Primary Chronicle, Laurentian Text*. Cambridge Mass., 1930)을 이용하고 있다. 그렇지만 우리는 이 번역본에 대해서 전체적이든지 이 특정한 사례에서든지 전적으로 만족하는 것은 아니다.

되었고, 스텐데르-페테르센 등이 지지했다. 이 주장은 언어학적으로 받아들여질 만한 것처럼 보이지만, 극히 복잡하기도 하고 역사적인 근거에서 보면 타당하지 않다는 비판을 받아왔다.

셰퍼드 같은 역사학자들이 최근에 주장해온 것에 따르면, 스칸디나비아의 영향에 대한 강력한 증거 자료는 『베르티니아 연대기(Bertinian Annals)』이다. 당대에 저술된 이 자료에는 기원후 839년 항목에서 자신들을 "로스(Rhos)"라고 부르며 카간이라고 하는 왕의 사절들이 비잔티움에서 출발하여 잉겔하임에 있던 루이 경건 황제의 궁정에 도착했다고 기록되어 있다. 루이 황제는 그들이 첩자라고 의심하면서, 사실상 "스웨덴인"들이라는 결론을 내렸다. 몇몇 역사학자들은 카간이라는 특이한 칭호를 사용한 것을 보면 노르만보다는 하자르의 영향을 보여주는 것이기는 하지만, 다른 증거를 통해서 보면 스칸디나비아의 통치자들도 은이나 다른 부와 권력의 근원을 찾아 남쪽으로 이동할 때에는 자신들의 권위를 강화하기 위하여 (다른 하자르의 정치적 관행에 따라) 그 칭호를 채택했을 것이라는 것에 대해서 동의한다. 일부 학자들은 이 기록의 연대가 이르다는 점 때문에, 가정컨대 스칸디나비아의 루시인들이 러시아에 도착한 시점이 기원후 862년이 아니라 "대략 기원후 840년"이라고까지 논의를 진전시켰다. 이들 전문가들은 원래의 연대기의 내용을 약간 바꿈으로써, 기원후 860년에 콘스탄티노플에 대한 공격을 감행한 이들도 스칸디나비아에서 온 루시인들이고 그때 포티우스 총주교가 언급한 사람들도 바로 그들이라고 주장할 수 있었다.

10세기에 크레모나의 리우트프란드 주교는 비잔티움 제국의 이웃들에 대해서 기술하면서 루시오스(Rusios)에 대해서 언급한 바 있다. 리우트프란드가 노르만인들 혹은 단지 북방 사람들을 가리켜서 루시오스라고 했는지에 대해서는 여전히 논쟁이 진행되고 있다. 그리고 10세기에 비잔티움의 황제이자 학자인 포르피로게니투스는 드네프르 강의 7개 급류의 이름을 "슬라브어"와 "루시의 언어"로 부여했다. "루시의 언어"로 된 이름들, 혹은 적어도 그 대부분은 스칸디나비아어로 가장 잘 설명될 수 있다. 그러나 "루시의 언어"에 대한 이런 증거는 오히려 혼란스럽다. 왜냐하면 어떠한 스칸디나비아어에서도 루시에 대한 다른 언급이 전혀 없기 때문이다. 반대로 『원초 연대기』 자체에는 슬라브어와 루시의 언어가 동일하다고 나와 있다. 노르만 학설의 지지자들은 루시의 초기 공(公, prince)들의 이름, 그리고 키예프 루시와 비잔티움 사이에 체결된 조약에서 열거된 많은 수행원들의 이름이 스칸디나비아 계통이라는 점을 서둘러 지적했다. 그러나 그 학설의 반대자들은 일부 이름들의 어원을 그렇게 주장하는 것에 대해서 반론을 폈고, 조약은 그리스어와 슬라브어로 작성되었으며 루시인들이 슬라브 신들의 이름으로 맹세했다는 사실을 강조했다.

 몇몇 아랍 저술가들 역시 루시인들을 언급하면서, 때때로 그들에 대해서 논하기도 하고 묘사하기도 했다. 그러나 그들의 기록은 다양한 학자들에 의하여 여러 가지로 해석되어왔다. 일반적으로 아랍 저술가들이 말하는 루시인들은 바이킹 출신으로 파견된 집단이라기보다는 수가 많은 어떤 민족으로서, 이븐-쿠르다드비흐에 따르면 "슬라브족 중 한 종족"이었다. 루시인들은 많은 소도시를 가지고 있었고, 그 통치자는 카간이라는 칭호로 불렸다. 사실 루시인들은 슬라브인들과 종종 대비되었다. 그러나 이런 대비는 단지 키예프의 슬라브인들과 그보다 북쪽에 있는 다른 슬라브인들 사이의 차이점을 가리키는 것일 수 있다. 아랍어 자료에서 묘사된 루시인들의 몇몇 관습은 노르만인들의 것이라기보다는 분명히 슬라브적인 것이다. 독신자들의 사후 결혼이라든지, 남편의 사망 이후 아내의 자살과 같은 관습이 바로 그렇다. 아랍인들에게 알려진 루시인들은 아마도 남부 러시아 어딘가에 살고 있었다. 비록 아랍의 저술가들이 9세기의 일을 주로 언급하고 있지만, 그 당시에 루시인들이 동방 지역과 폭넓고도 안정된 관계를 맺고 있었다는 점은 이들이 오랫동안 서로 알고 있었음을 시사해준다.

 다른 증거 자료 또한 루시인들이 일찍부터 남부 러시아에 존재했다는 것을 가리킨다고 주장되어왔다. 논란이 되는 몇몇 주제들만 언급하면, 루시인들이 9세기 초에 크림 반도에 있는 수로즈를, 그리고 820년과 842년 사이에는 흑해의 남쪽 해안에 있는 아마스트리스를 공격했다고 한다. 베르나츠키는 루시라는 이름이 록솔란족에 속한 알란족에게서 유래되었다고 본다. 다른 학자들은 볼가 강을 가리키는 고대어인 라(Rha)로부터 여러 강에 대한 슬라브어 명칭에 이르기까지 지형적인 용어에 관심을 기울여왔다. 기발한 타협적 가정에 따르면, 루스-로스가 스칸디나비아적 기원도 있고 남부의 기원도 함께 있다고 하며, 그 두 어원이 합쳐진 것이라고도 한다.

 노르만 학설의 중심 사료인 『원초 연대기』는 샤흐마토프 등의 전문가들에 의해서 철저히 분석되고 비판되었다. 이런 비판을 통해서 그것에 기술된 이야기에 담긴 명백히 부정확한 사항이 새롭게 조명되었고, 더 많은 오류가 드러났다. 류리크와 그의 형제들이 북부 러시아에 의구심이 들 정도로 평화롭게 정착했다는 내용은 그와 유사한 앵글로-색슨 및 다른 이야기, 특히 비두킨트의 『작센 연대기(*Res gestae saxonicae*)』에 나오는 어떤 구절과 관련이 있었다. 어떤 학자들의 견해에 따르면, 이것은 "바랑기아인들의 초대" 사건 전체를 신비스럽게 보이게 하려는 의도에 따른 것이었다. 키예프 역사의 출발점이 되는 기원후 882년에 류리크의 아들인 이고리의 이름으로 올레크가 키예프를 점령했다는 『원초 연대기』의 내용 역시 많은 논란을 불러일으켰다. 특히 나이를 고려해보면 이고리가 류리크의 아들일 가능성은 거의 없으며, 『원초 연대기』보다 앞서는 사료, 즉 12세기 초보다 앞서는 키예프의 어떤 사료에도 류리크에 대해서 언급되지 않았고, 그 대신에 키예프의 공(Kievan prince)들의 선조를 이고리까지만 추적하고 있다는 것도 지적되었다. 게다가 우리가 앞서 지적했듯이, 『원초 연대기』는 전체적으로 사실을 순수하게 이야기한 것이 결코 아니라고 생각되고 있다. 반면에 노르만 학설을 주장하는 사람들은 『원초 연대기』가 루시 국가의 기원에 관한 최상의 사료로 남아 있다고 그럴듯하게 주장한다. 그들은 연대기의 이야기가 비록 많은 세부 사항에서는 부정확하기는 하지만, 대체로 실제 사건을 충실하게 반영한다고 판단하고 있다.

요약하면, 노르만 학설은 그것이 애초에 제기되었을 때만큼의 무엇인가를 담고 있다고 더 이상 간주될 수 없다. 더욱 의미심장한 것은 스칸디나비아가 키예프의 문화에 근본적인 영향을 미쳤다고 주장할 이유는 전혀 없다는 점이다. 그렇지만 그 학설의 주창자들은 9세기에 노르만인들이 부와 권력을 찾아서 러시아에 거주했음을 입증하기 위하여 고고학적, 언어학적 그리고 다른 증거에 의지한다면, 좀더 확고한 기반 위에 서 있을 수 있다. 예를 들면, 셰퍼드는 문헌적 증거와 고고학적 증거 양쪽에 기반을 두고, "838년 무렵까지는 루시인들 사이에 일종의 정치조작이 성립된 것이 분명하다"라는 결론을 내렸다. 그는 루시인들을 "은을 찾아 북쪽에서 온 사람들"이라고 부르는데, 그들의 지배자는 일멘 호수 입구의 근처에 있던 요새화된 교역 중심지에 자리잡고 있었을 것이라고 보았다. 9세기 후반이 되어서야 이 커져가던 국가의 근거지는 드네프르 강가에 있던 키예프 시로 옮겨갔다는 것이다. 고고학 발굴지에서 나온 물질문화의 증거들과 함께, 비잔티움과 체결했던 조약에 나오는 초기 공들 및 많은 그들의 수행원들의 이름에 근거하여 오늘날 대부분의 학자들은 초기의 러시아 왕조와 공들의 측근들이 스칸디나비아 계통이라고 확신한다. 한편 이와는 다른 중요한 주장으로서 역사학자인 프리트삭은 노르만 학설과 반(反)노르만 학설의 입장이 너무나 단순하다고 하여 두 가지를 모두 배척하면서, 발트 해, 지중해, 동유럽 그리고 다른 영향들을 포함하여 "다인종적이고 다언어적인" 사회적 및 경제적 실체로서 "루시의 기원"을 해석하려고 한다. 그러나 우리가 이런 견해를 수용한다고 할지라도, 바이킹들이 노르망디와 시칠리아에서 행한 것이라고 훨씬 더 잘 알려져 있는 활동과 유사한 역할을 러시아 평원에서 담당했다고 해석하는 것은 안전하지 못한 일이다. 역사학자들은 증거를 넘어서게 되면, 반드시 위험을 각오할 수밖에 없다.

  어쨌든, 내적인 발전이든지 외부적인 개입이든지 이 두 요인의 결합에 의해서이든지, 9세기에 러시아에서 정치적 권위를 가진 조직("국가")이 등장하기 시작한 것은 분명하다. 9세기 말 무렵이면, 아마도 비잔티움과의 교역이 가지는 매력 때문에 루시인들의 정치적, 군사적 중심은 드네프르 강 중류 쪽으로 이동했다. 그 시점에서 우리는 키예프국과 사회의 출발에 대한 이야기를 시작할 수 있다.

제4장

키예프 루시 : 정치사적 개요

그 도시로, 키예프 시로……　　　　　　　　　　　　　—어떤 서사시의 첫 행

키예프국의 정치사는 경계가 아주 명확하지는 않지만, 대략 세 시기로 구분될 수 있다. 첫 번째 시기는 반(半)전설적인 내용으로서, 올레크가 드네프르 강가에 있는 키예프를 점령했던 882년에 시작하여 972년 혹은 980년까지 지속되었다. 키예프 역사가 시작되는 최초의 세기에, 키예프의 공들은 삼림과 스텝 지대 양쪽 주민들과의 연결 통로였다. 그뿐만 아니라 유럽 북부의 스칸디나비아와 발트 지역 그리고 러시아로부터 콘스탄티노플로 통하던 "바랑기아인들로부터 그리스인들에게로(Pyt' iz variag v greki)"라는 아주 중요한 교역로에 있던 키예프의 위치를 성공적으로 이용해서, 다른 동슬라브인들을 자신들의 지배하에 두었다. 그리고 이 시기에 그들은 자신들의 지배영역에서 광대한 영토적 야심을 가진 주요 유럽 국가를 건설했다. 대략 980년으로부터 1054년까지의 두 번째 시기는 두 명의 비범한 공, 즉 블라디미르 대공과 야로슬라프 현공(Iaroslav Mudryi)의 통치기에 해당된다. 이때는 키예프의 가장 큰 발전, 번영과 안정, 성공의 시기였다. 키예프 역사의 세 번째이자 마지막 시기는 비록 정확한 날짜에 대해서는 논란이 있지만, 쇠퇴와 몰락의 역사였다. 어떤 학자들은 쇠퇴가 야로슬라프 현공이 사망한 1054년에 시작되었다고 주장한다. 반면에 다른 학자들은 키예프 루시의 "황금시대"가 블라디미르 모노마흐(1113-1125)의 통치기까지 확대될 수 있다고 본다. 외부로부터의 침입, 내전, 그리고 도시로서의 키예프가 가지는 중요성의 전반적인 감소 같은 현상으로 인해서, 이 시기가 종식된 정확한 시점에 대해서는 의견

이 일치되기가 훨씬 더 어렵다. 그러나 1240년이라는 연도는 설득력을 가지고 있다. 이 해에 이미 중요성 면에서 지는 해와도 같았던 키예프는 정복당한 러시아에 대한 지배권을 확립했던 몽골인들에 의해서 철저히 파괴되었던 것이다.

여기서 언급할 만한 보다 학술적인 논의거리가 있다. 즉, 우리는 무엇을 키예프국이라고 불러야 하는가? 최근 대부분의 학자들은 좀더 근대적인 "러시아"보다는 고풍스러운 "루시"라는 용어를 선호한다. 왜냐하면 루시가 역사적인 용어였을 뿐만 아니라, 키예프국이 "러시아" 역사의 "연장선" 상에 있는 초기 역사를 대변하는지, 아니면 나중에 모스크바국이 팽창함에 따라서 그곳에 포함될 지역에 있던 슬라브 계통의 민족들이 관련된 수많은 별도의 역사들 중의 하나인지의 문제가 격렬한 논쟁거리이기도 하기 때문이다. 키예프에 수도를 두기 이전의 역사와의 연속성을 강조하려는 의도에서도 "루시"라는 용어가 선호되고 있다.

키예프국의 등장

키예프 시(市)는 아마도 9세기에 하자르족에 의해서 통치되었던 동슬라브인들의 거주지였을 것이다. 『원초 연대기』에 따르면, 올레크라고 불리던 한 바랑기아인이 882년에 키예프를 점령하여 그곳을 새로운 수도로 삼고, 비잔티움의 중요한 시장(市場)과 아주 긴밀한 관계를 수립했다. 올레크는 공으로서의 계승권을 가지고 있지 않았기 때문에, 류리크의 젖먹이 아들인 이고리의 이름으로 통치했다. 그러다가 이고리는 올레크가 죽은 후인 913년에 권좌에 올랐다. 우리는 류리크처럼 대체로 전설적인 통치자들과 달리 올레크와 이고리는 역사적인 인물이라고 인정할 수는 있지만, 그들에 대해서 의문점이 없지는 않다. 우리가 앞 장에서 지적했듯이, 이름, 연도, 혈연관계라고 주장된 내용 등 많은 세부 사항이 불명확하다(특히 역사학자들은 이고리가 882년에 태어났다는 것에 대해서 강한 의구심을 가지고 있다). 우리가 알고 있는 것은 러시아의 초기 발전과 팽창에서 올레크가 핵심적인 통치자였다는 사실이다.

올레크는 드루지나(druzhina)라는 가신(家臣)들의 도움을 받아 폴랴네족의 영토로부터 여러 이웃 동슬라브인들의 땅으로 자신의 지배영토를 확장했다. 이런 세력 확대에 대해서 드레블랴네족(Drevliane)이 보여준 격렬한 반발에 대한 약간의 기록이 우리 시대에까지 전해져 내려온다. 몇몇 다른 종족들은 그와 같은 저항을 하지 않고 굴복했던 것 같다. 키예프에 대한 충성의 주요 징표이자 형태가 된 것은 공물이었다. 그러나 어떤 종족들은 키예프의 우월한 권위를 인정하지 않으면서, 올레크 및 그의 계승자인 이고리의 동료들인 것처럼 행동했을 수도 있다. 올레크는 생애 말엽인 907년에 상당한 병력을 소집하여 비잔티움 원정을 성공시켰다. 러시아 측의 연대기에는 올레크의 승리가 과장되어 기록되어 있고, 다른 무엇보다도 그가 자신의 방패를 콘스탄티노플의 문에 못 박아놓은 이야기가 나온다. 그런데 이상하게도 비잔티움의 사료에는 올레크의 원정에 대한 기록이 전혀 없다. 그러나 루시인들이 몇몇 승리를 거둔 것은 사실일 것이다. 왜냐하면 올레크는 911년에 교역과 관련된 매우 유리한 조약을 비잔티움과 체결했기 때문이다.

올레크의 계승자인 이고리 공은 913년부터 사망한 해인 945년까지 키예프 루시를 통치했다. 그에 대한 지식은 그리스와 라틴 자료, 그리고 러시아 자료에서 얻을 수 있다. 그는 반전설적인 인물인 올레크에 비해서는 충분히 역사상 실존했던 인물로서 눈에 띈다. 이고리는 다른 동슬라브족의 영토에서 키예프의 권위를 유지하고 확대할 뿐만 아니라, 드레블랴네족과 싸워야 했다. 그 권위는 아주 불안정한 것이어서 새로운 공은 전임자가 해놓은 일을 대부분 매번 반복할 수밖에 없었다. 이고리는 941년에 콘스탄티노플을 대상으로 중요한 원정을 단행해서 그곳의 외곽지역을 파괴했다. 그러나 그의 함대는 유명한 "그리스의 불"*을 사용한 비잔티움 해군에 의해서 패배당했다. 전쟁은 마침내 944년의 조약으로 종결되었는데, 조약의 내용은 911년에 체결된 앞서의 합의보다 루시에 불리했다. 루시인들은 943년에는 카스피 해 너머의 멀리 떨어진 페르시아의 몇몇 지방에 대한 원정을 단행하여 성공을 거두었다. 이고리는 945년에 자신의 영토 내에서 공물을 거두는 도중에 드레블랴네인들에 의해서 살해당했다.

올레크와 이고리가 비잔티움과 체결한 조약은 각별한 주의를 기울일 가치가 있다. 조심스럽게 작성된 조약의 문구와 놀랍도록 세세한 조항들에서는 루시인들의 콘스탄티노플 체류 문제, 주민들과 루시의 교역, 그리고 일반적으로 양국

---

* 그리스의 불은 적선을 불태우기 위해서 비잔티움의 선원들이 구리 파이프로 발사한 방화용 혼합물이었다. 그것을 만든 원료가 무엇인지는 정확히 알려져 있지 않다.

사이의 관계가 다루어졌다. 분명한 사실은 비잔티움과의 관계가 특히 교역의 원천으로서 아주 높이 평가되었다는 것이다. 전쟁은 그리스인들과 멀어지지 않도록 이런 관계를 보호하고 발전시키기 위한 것이었다. 역사학자들이 "비잔티움 커넥션"이라고 부르고 있는 것의 매력 때문에, 루시의 지도자들은 자신들의 중심지를 키예프로 옮기려는 동기를 부여받았던 것 같다. 그리고 그런 매력은 그 이후에 이루어진 대외정책의 상당 부분의 방향을 결정하게 되었다.

이와 동시에 스텝 지대의 주민들은 계속해서 신생 키예프국을 위협했다. 하자르 왕국은 여전히 강국이었는데, 키예프의 통치자들은―공물의 원천을 위협하던―하자르인들의 영토 안으로 움직여가고 있었고, 이것은 거듭된 무력 충돌을 초래했다. 하자르국이 안정된 경쟁 세력이었다고 한다면, 키예프는 서쪽으로 압력을 가하는 다양한 반(半)유목부족들로부터 위협을 받기도 했다. 키예프 역사가 시작될 무렵, 핀-우그르어를 말하며 오랫동안 하자르국과 관련을 맺고 있었던 유목민인 마자르인들이 남부 러시아 스텝 지대로부터 이동하여, 9세기 말에는 파노니아 평원으로 들어가서 헝가리를 건설하기 위한 토대를 놓았다. 그러나 그들은 10세기 중반에는 동쪽에서 온 그다음의 물결, 즉 흉포하며 점차 강력해진 투르크계의 페체네크족(Pechenegs) 혹은 파트지나크족(Patzinaks)에 의해서 교체되었고, 부분적으로는 남부 러시아에서 축출되었다. 포르피로게니투스는 "파트지나키아"가 "8명의 대공이 있으며 대공의 수와 동일한 지방으로 분리된" 커다란 국가라고 기술했다. 이들은 하자르족이 쇠퇴한 이후인 10세기 후반에 키예프국을 끊임없이 공격하기 시작했다.

이고리가 드레블랴네족의 손에 의해서 갑자기 죽었을 때, 그의 아들인 스뱌토슬라프는 아직 소년에 불과했기 때문에 그의 미망인인 올가가 키예프국을 맡게 되었다. 러시아 역사에서 최초의 중요한 여성인 올가는 945년부터 962년까지 통치하면서 위기 상황에서 능력을 발휘했다. 『원초 연대기』는 올가가 드레블랴네인들을 속여서 잔인하게 복수한 사건, 그녀가 키예프의 권위를 강화하고 다른 동슬라브 종족들 사이에서 공물을 거두기 위해서 지속적으로 노력한 일, 아마도 954년 혹은 955년에 기독교로 개종한 일, 아마도 957년에 콘스탄티노플로 여행한 일 등에 초점을 맞춘다. 그녀는 콘스탄티노플에서 대규모 의식과 함께 포르피로게니투스 황제에게 환대받았고, 황제는 그녀의 방문에 대한 기록을 남겼다. 그녀의 방문은 루시와 비잔티움 사이의 정치적 및 상업적 관계가 강화되는 데에 도움을 주었다. 올가는 그곳에서 세례도 받았는데, 그렇다고 해서 그녀의 개인적인 개종이 자신의 백성들, 심지어 자신의 아들인 스뱌토슬라프의 개종을 의미하지는 않았다. 그렇지만 그녀는 기독교가 러시아에 도입되는 데에 기여했기 때문에, 나중에 "사도들과 동등한" 정교회의 성인이 되었다.

스뱌토슬라프가 962년부터 972년까지 키예프 루시를 통치한 10년은 "위대한 모험"이라는 예리한 용어로 불려왔다. 이 모험이 성공했더라면, 러시아 역사에서 다뉴브 강의 새로운 중심지가 등장할 수 있었을 것이다. 그렇다면 우리는 그 이후에 전개된 러시아 역사의 경로에서 많은 결과를 낳았을 아주 다른 다뉴브 루시의 역사에 대해서 쓸 수 있었을 것이다. 스뱌토슬라프의 대담한 작전과 계획은 비록 궁극적으로 실패하기는 했지만, 콘스탄티노플로부터 볼가 강과 카스피 해에 이르는 지역 전체에 흔적을 남겨놓았다. 스뱌토슬라프는 소박하고, 엄격하고, 지칠 줄 모르고, 용감하며, 계속적인 전투만이 아니라 무수한 고난을 부하들과 함께한 고전적인 전사—군주(warrior-prince)의 모습으로 역사에서 부각되고 있다. 그는 다른 군사적 전통 속의 지도자들만이 아니라, 카자크(Kazak)의 게트만이나 바이킹의 수장에 비유되어왔다. 바이킹의 경우는 아닐지도 모르지만, 카자크에 대한 비유는 일리가 있다. 스뱌토슬라프의 외모, 복장, 생활방식 등 모든 것은 우리에게 스텝 지대를 연상시킨다. 『원초 연대기』에는 다음과 같은 내용이 나온다. "그는 원정을 떠날 때 마차나 솥을 가지고 가지 않았다. 그리고 고기를 전혀 끓이지 않고, 말고기나 사냥한 동물의 고기 혹은 쇠고기를 작은 조각으로 잘라서 숯 위에 구워먹었다. 그는 텐트를 가지고 다니지 않았으며, 안장 깔개를 펼친 다음에 머리를 안장에 얹었다."

스뱌토슬라프는 964년에 대규모 동방 원정을 시작하여 다양한 슬라브족, 핀족, 투르크족을 정복하고, 볼가 불가르인들의 수도를 약탈했으며, 하자르국을 공격했다. 강력한 하자르인들에 대한 스뱌토슬라프의 전쟁은 범위가 넓었고, 인상적인 결과를 가져왔다. 루시인들은 하자르 군대를 격파하고, 하자르의 수도인 이틸을 장악하고 약탈했으며, 중요한 요새를 여러 곳 차지했다. 하자르국은 비록 반세기 더 존속되기는 했지만, 이 충격적인 타격으로부터 결코 회복하지 못했다. 스뱌토슬라프는 967년에 키예프로 돌아왔다. 그의 놀라운 동방 원정은 키예프 아래에 동슬라브족이 통일되는 작업을 완성시켰다. 키예프는 동남쪽의 다양한 집단들을 통합했고, 볼가 강의 전 유역을 차지했으며, 그리하여 대(大)볼가-카스피 해 교역망을 키예프의 통제하에 두게 되었다. 그러나 하자르인들에 대한 장엄한 승리는 불리한 점도 생기게 했다. 그것은 하자르인들이 다른 동쪽 민족들, 특히 페체네크족에 대해서 맡고 있었던 완충 작용을 결정적으로 약화시켰던 것이다.

스뱌토슬라프의 야망은 서쪽으로도 향했다. 비잔티움의 황제였던 포카스는 968년에 스뱌토슬라프에게 불가리아를 습격하면 금으로 보상하겠다고 제안했다. 스뱌토슬라프는 이 제안을 받아들여서 대군을 이끌고 다뉴브 계곡에 있는 불가리아국을 공격하기 위해서 발칸 지역으로 갔다. 루시인들은 다시 한번 눈에 띄는 군사적 성공을 거두어 수도를 장악하고 통치자인 보리스를 포로로 잡았다. 그렇지만 969년에 페체네크족이 스뱌토슬라프와 그의 군대가 없는 틈을 타서 키예프를 포위했기 때문에, 루시인들은 페체네크족을 물리치기 위해서 발칸 지역에서의 작전을 중단할 수밖에 없었다. 볼가 강으로부터 다뉴브 평원에까지 이르는 영토를 통치하게 된 스뱌토슬라프는 다뉴브 강을 통치의 중심으로 하는 방대한 루시 연합국을 꿈꾸기 시작했다. 그래서 그는 자신의 아들들을 여러 도시에 파견했다. 루시인들은 다뉴브 지역의 비옥도만이 아니라 전략적인 경제적 위치 때문에도 강한 인상을 받았다. 『원초 연대기』에 따르면 스뱌토슬라프는 다음과 같이 선언했다. "나는 키예프에 남아 있기보다는 다뉴브 강에 있는 페레야슬라베츠에서 살고 싶다. 왜냐하면 그곳은 나의 영토의 중심이기 때문이다. 그곳에는 그리스에서 오는 금, 비단, 포도주, 다양한 과일, 헝가리와 보헤미아에서 오는 은과 말, 그리고 루시에서 오는 모피, 밀랍, 꿀, 노예 등 온갖 부가 집중되어 있다." 우리는 그러한 수도의 이동이 러시아 역사에 어떤 의미를 가질 수 있었는지에 대해서는 다만 추정만 할 수 있을 따름이다.

그러나 여전히 강국이었으며, 유명한 군사 지도자 트지미스케스 황제에 의해서 통치되고 있던 비잔티움은 루시인들이 도를 넘어 다뉴브 지역에 대한 비잔티움의 통제력을 위협하고 있다고 생각했다. 스뱌토슬라프가 발칸 지역을 떠나려고 하지 않자, 971년 봄에 격렬하고 치열한 전쟁이 벌어졌다. 스뱌토슬라프는 한여름에 마침내 비잔티움과 강화를 체결할 수밖에 없었는데, 강화 조건에 따르면 그는 크림 반도만이 아니라 발칸 지역을 포기하고 앞으로 비잔티움 제국에 도전하지 않겠다고 약속했다. 반면에 러시아는 콘스탄티노플에서 계속해서 교역할 수 있는 권리를 보유했다. 스뱌토슬라프는 소규모의 수행원들을 대동하고 고국으로 돌아오던 중에 페체네크인들의 습격을 받아서 살해당했다. 전설에 의하면, 페체네크족의 칸은 스뱌토슬라프의 두개골에 금을 입혀서 술잔으로 만들었다고 한다. 그리하여 위대한 모험은 끝이 났다. 스뱌토슬라프의 발칸 전쟁은 관련된 문제 때문만이 아니라, 교전 군인들의 규모와 전쟁사에서 차지하는 위치 때문에도 관심을 끌고 있다. 비잔티움의 사료에 따르면 스뱌토슬라프는 6만 명을 거느리고 싸웠는데, 강화조약이 체결되었을 때에는 그중에서 2만2,000명이 살아남았다.

969년에 어머니인 올가가 사망한 이후에, 계속해서 군대와 함께 다니던 스뱌토슬라프는 키예프 지역의 행정을 장남인 야로폴크에게 맡겼고, 둘째 아들인 올레크는 드레블랴네족의 영토를 통치하도록 파견했으며, 막내이자 셋째인 블라디미르는 노브고로드를 다스리도록 나이 많은 친척과 함께 그곳으로 보냈다. 그러나 스뱌토슬라프가 사망하자 형제들 사이에 내전이 일어났다. 처음에는 야로폴크가 우위를 점하여, 올레크는 전투 중에 사망하고 블라디미르는 외국으로 도망쳤다. 그렇지만 2년 뒤에 블라디미르가 돌아왔고, 외국 용병 및 현지인들의 지지를 얻어서 야로폴크를 물리치고 죽였다. 그는 980년경에 키예프 영토 전체의 통치자가 되었다.

전성기의 키예프

1015년까지 나라를 통치한 블라디미르는 전임자들이 걸었던 길을 계속 갔으나, 몇 가지 점에서 아주 중요한 발전도 이루었다. 첫째, 그는 질서를 수립하고, 내전 시기에 극심한 혼란에 빠진 동슬라브족이 키예프국에 충성을 바치게 하며, 루시 영토를 방어하고 확대하는 정치적 및 군사적 정책을 계속 펼쳤다. 그는 폴란드로부터 갈리치아의 도시들을 되찾았고, 북쪽 방향으로 더 나아가 야트뱌크족이라는 전투적인 발트 종족을 굴복시켰고, 그 지역의 영토를 발트 해까지 확대시켰다. 그리고 블라디미르는 페체네크족을 제압하기 위해서 적지 않은 노

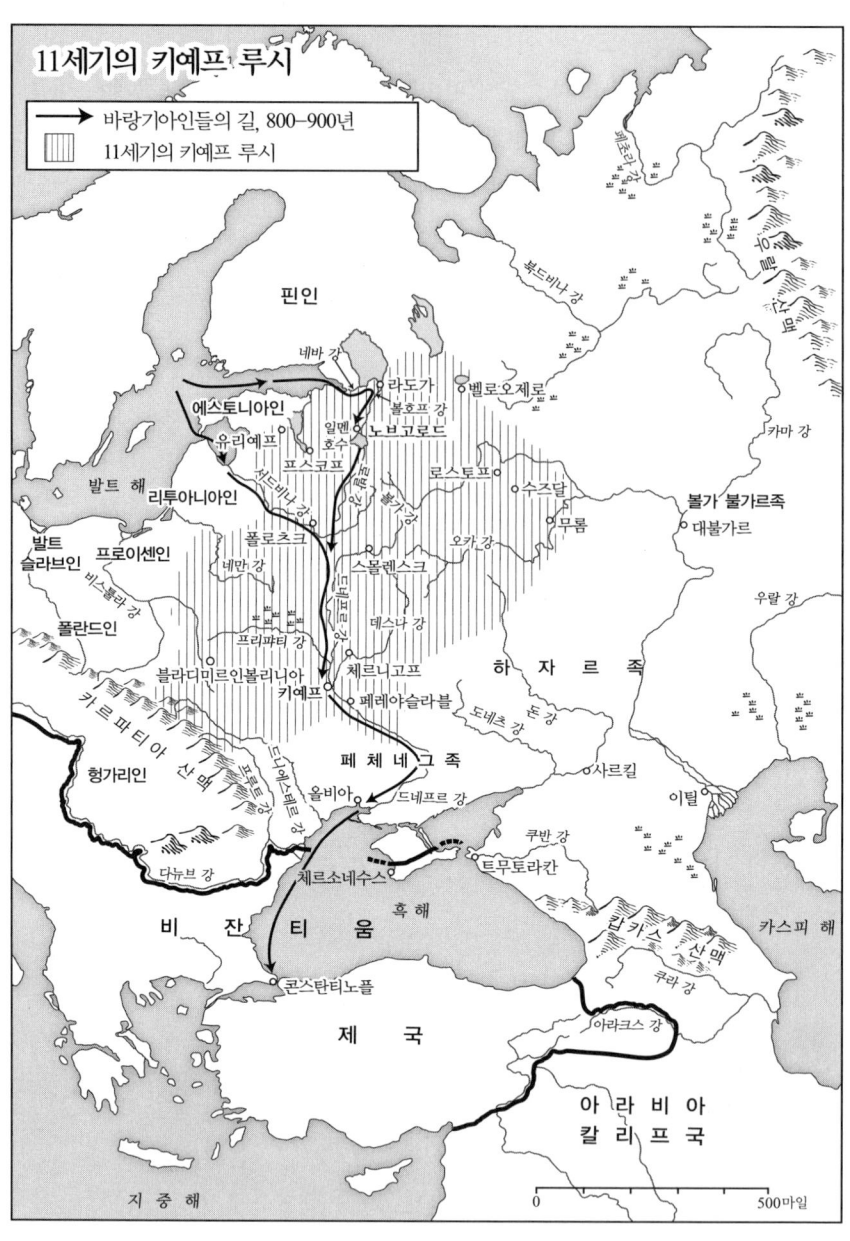

력을 기울여 대체로 성공을 거두었다. 그는 요새와 도시들을 건설하고, 국경지역으로 주민들을 이주시켰으며, 키예프로부터 스텝 지대 국경까지 여행하는 데에 걸리는 시간이 단 하루가 아니라 이틀이 되도록 영토를 확장시킬 수 있었다. 둘째, 그는 그 이후 500년 동안이나 지속될 정도로 안정적인 키예프 루시의 지배가문의 원칙을 확립해놓았다. 류리크 가문(전설적인 류리크의 공인된 후손들 가문에 속한다고 주장할 수 있는 사람들)은 러시아에서 정치적으로 합법적인 통치를 할 수 있는 유일한 원천으로 자리잡게 되었다. 마지막으로, 그리고 가장 유명한 일은 블라디미르가 자신만이 아니라 루시 국가와 사회를 위하여 기독교를 수용한 것인데, 이것은 오래도록 지속적인 영향을 미쳤다. 키예프 루시 역사를 전공한 저명한 역사학자인 마르틴은 블라디미르가 미친 영향을 최근에 다음과 같이 요약했다. "그리하여 (블라디미르의) 정책은 각각 별도로 공물을 바치던 종족들의 집합체에 불과하던 자신의 영토를, 단일한 지배가문을 가진 정치구조만이 아니라 공통의 종교와 문화적 연결 고리로 결합된 통합적인 영역으로 변모시키기 위한 초석을 놓았다."

역사학자들이 내린 결론에 따르면, 블라디미르가 기독교를 수용한 것은 정치적인 행위였다. 그는 군주가 비유의 대상으로 삼을 수 있는 탁월한 신과 세속적인 정치적 권위와 결합된 교회를 강조하는 종교의 도움을 받아서 다양한 민족들을 단일한 사회로 통합시키고, 자신 및 자신의 왕조의 지배를 정당화하는 데에 도움을 얻으려고 계획했다는 것이다. 기독교화는 비잔티움과의 결속력을 더욱 강화하는 데에 용이하기도 했다. 그렇지만 이런 선택의 중요성은 기독교 수용을 초래했던 특별한 정치적 및 문화적 상황을 훨씬 더 능가하는 것이었다. 루시인들이 기독교에 대해서 관심을 가진 것이 전례가 없지는 않았다. 초기 자료에 나타나는 감질날 정도로 양이 적은 특정 구절로부터 추론한 결과에 대해서 모든 학자들이 동의하지는 않지만, 사실 일찍이 867년에 비잔티움 교회의 루시 교구가 존재했을 수도 있다. 아조프 해 연안에 초기의 기독교도인 루시인이 존재했든지 아니든지 간에, 키예프 자체는 블라디미르 시기 이전에 분명히 기독교의 영향을 받았다. 이고리의 통치기에는 키예프에 하나의 기독교 교회가 존재했다. 그리고 우리는 블라디미르의 조모인 올가가 기독교도가 된 것을 알고 있다. 블라디미르의 형이었던 야로폴크도 기독교에 호의적이었다고 기록되어 있다. 그렇지만 올가의 개종이 신하들의 이교적 신앙에 영향을 미치지 않았으며, 더 나아가 블라디미르의 통치기 초반에 키예프 루시가 강력한 이교의 부흥을 경험했다는 사실은 강조될 필요가 있다. 블라디미르의 태도 변화와 그로 인한 "루시의 세례" 이후에는 학자들이 상이한 설명과 해석을 해온 복잡한 일련의 발전이 뒤따랐다. 즉, 블라디미르가 비잔티움의 바실리우스 2세 황제에게 군사적인 도움을 주었던 일, 크림 반도에 있는 비잔티움의 전진기지였던 체르소네수스를 루시인들이 포위하여 점령한 일, 그리고 블라디미르가 바실리우스 2세의 누이인 안나와 결혼한 일 등이 바로 그러했다. 이런 여러 가지 사건들의 정확한 의미와 동기가 무엇이든지 간에, 키예프 루시는 988년 혹은 그 무렵에 아마도 키예프 혹은 그 인근에서(일부 역사학자들은 키예프가 아니라 체르소네수스라고 주장한다) 콘스탄티노플로부터 정식으로 기독교를 수용했다.

키예프 루시가 기독교로 개종한 일은 넓은 역사적 패턴에 들어맞는다. 거의 비슷한 시기에 발트 지역의 몇몇 슬라브족과 폴란드, 헝가리, 덴마크 그리고 노르웨이에서 이교에서 기독교로 개종한 사건이 발생했다. 사실상 기독교 세계는 유럽 전역으로 빠른 속도로 확산되고 있었다. 그럼에도 불구하고, 블라디미르의 결정이 실질적으로 매우 중요한 선택이었다는 사실이 언급될 필요가 있다. 루시인들이 자신들의 종교를 선택한 방식에 대한 전설에 따르면, 이슬람교는 술을 금했기 때문에 거절했다. "술 마시는 것은 루시인들의 기쁨이다." 그리고 유대교는 나라도 없는 패배당한 민족의 신앙이기 때문에 거절당했다. 그리하여 루시인들은 비잔티움의 종교의식과 신앙을 선택하게 되었는데, 이것은 보다 큰 의미를 포함하고 있다. 즉, 루시는 문화적인 교차점에 위치해 있었고, 비잔티움이나 다른 기독교 이웃 국가들만이 아니라 유대교를 믿던 하자르족은 물론이고, 이슬람 국가였던 볼가 불가리아 및 남동쪽 방향으로 멀리 떨어져 있던 이슬람교도들과도 관계를 맺고 있었다. 그러나 그것은 우리가 이미 살펴보았듯이, 동쪽보다는 서쪽을 더 바라보았던 루시 지도자들의 강한 성향과 부합되기도 했다. 그리하여 블라디미르와 그의 동료들은 비기독교 문명을 유럽으로 확대시키는 편보다는 기독교 세계의 동쪽 측면부가 되기로 결정했다. 그렇게 함으로써 그들은 고도로 발전된 비잔티움 문화가 자신들의 땅으로 들어올 수 있도록 문을 넓게 열어놓았다. 키예프의 문학, 예술, 법, 예절, 관습은 비잔티움으로부터 근본적인 영향을 받았다. 개종의 가장 명확한 결과는 기독교 교회가 키예프 루시에 등장한 사실 자체였는데, 이곳의 교회는 중세 유럽의 다른 지역의 교회가 했던 것과 유사한 역할을 루시에서 담당한 새롭고도 매우 중요한 기관이었다. 그렇지만 이미 지적되었듯이 기독교는 결코 교회에만 한정되지 않고 키예프의 사회와 문화에 침투했는데, 이 주제는 우리가 다음 장들에서 다시 살펴보게 될 것이다. 교회는 정치 분야에서 키예프 군주와 국가에 보다 강력한 이데올로기적 기반을 부여했고, 국가의 통일성을 권고했으며, 그와 동시에 비잔티움 및 기독교 세계 전체와의 관계를 강조했다. 드보르닉, 오볼렌스키, 메이옌도르프 등 많은 학자들은 비잔티움의 유산과 그로부터 차용한 러시아의 유산을 풍성하게 묘사해주었다.

기독교가 러시아로 전래된 것이 로마로부터가 아니라 비잔티움으로부터라는 점은 기억해야 한다. 비록 당시에는 이런 차이가 나중에 인식된 것과 같은 중요성을 가지지 않았지만, 그리고 동구의 교회와 서구의 교회 사이의 분열은 1054년에야 발생되었지만, 러시아가 비잔티움에 충성을 바친 것은 러시아의 이후의 역사의 많은 부분을 결정짓거나, 결정짓는 데에 도움을 주었다. 그것은 러시아가 로마 가톨릭 교회의 외부에 남아 있었음을 의미했고, 반대로 러시아가 가톨릭 교회 자체가 줄 수 있었던 것을 얻지 못하도록 만들었을 뿐만 아니라, 러시아가 나머지 유럽 및 라틴 문명으로부터 상대적으로 고립되는 주된 이유가 되기도 했다. 그것은 러시아가 서구에 대해서 의구심을 가지도록 크게 부추겼고, 러시아인들과 폴란드인들 사이의 비극적인 적대감을 조장하는 데에 도움을 주기도 했다. 다른 한편으로, 블라디미르가 콘스탄티노플 쪽으로 방향을 잡은 것은 그가 풍부한 대가를 얻기 위해서 당대에 택할 수 있었던 최상의 정신적, 문화적, 정치적 선택이었다고 말할 수 있다. 심지어 라틴어법이 존재하지 않았고 지역 언어를 강조한 것은 이점으로 작용했다. 왜냐하면 그로써 종교가 대중에게 가까이 쉽게 이해될 수 있는 슬라브어 의식(儀式)의 형태를 갖추게 되었고, 민족문화의 발달에 강력한 추진력을 얻을 수 있었기 때문이다. 블라디미르는 강력하고 성공적인 통치자로 기억되고 있을 뿐만 아니라, 교회에 의하여 "사도들과 동등한" 러시아인들의 세례자로서 시성되었다.

1015년에 블라디미르가 사망했을 때 그의 아들들 사이에서 벌어진 폭력 사태로 인하여, 블라디미르가 구축했던 왕조적 질서의 핵심적인 취약점이 드러났다. 류리크 가문이 전체적으로 합법성을 보유하고 있기는 하지만, 가문에 속한 개인들 사이에 합법성이 어떻게 배분되며 서열과 계승구조가 어떤지의 문제는 확정되지 않았다. 이런 체계는 공들의 지역적 권력에 의해서 훨씬 더 불안정해졌다. 블라디미르는 공물 징수에 대한 가문의 통제력을 확보하기 위해서 자신의 아들들 각자에게 지역적 근거지를 주었다. 그러나 세력과 지지를 제공하는 이런 지역적 근거지는 애매모호한 계승체계 내에서 개별적인 야심과 결합되어, 순탄한 왕조 질서라는 이상을 훼손했다. 처음에는 맏아들인 스뱌토폴크가 강국인 폴란드의 도움을 받아서 다른 경쟁자들을 물리쳤으나, 그는 1019년에 마침내 노브고로드에 있는 근거지로부터 다시 싸움을 시작한 동생 야로슬라프에게 패배당했다. 러시아 역사에서 스뱌토폴크는 전통적으로 "저주받은 자(Okaiannyi)"라고 대체로 번역될 수 있는 호칭을 가지고 있다. 열거되고 있는 그의 죄목—야로슬라프가 최종적인 승자였기 때문에, 사실일 수도 있고 아닐 수도 있다—가운데에는 세 명의 형제들, 즉 스뱌토슬라프, 보리스, 글레프를 암살한 것도 포함되어 있다. 그중에서 보리스와 글레프는 정교회의 성자가 되었다.

　야로슬라프 현공이라고 알려져 있는 야로슬라프 공의 통치기(1019-1054)는 일반적으로 키예프의 발전과 성공의 절정기라고 칭송되어왔다. 이때는 안정적인 정치적 권위, 통합된 사회, 군사적 안전, 경제적 번영 그리고 러시아의 새로운 기독교 문화의 개화기였다. 그렇지만 적어도 정치 분야에서는 상황이 좀더 복잡했다. 야로슬라프의 권위는 자신의 형제인 므스티슬라프로부터 격렬한 도전을 받았는데, 그는 1026년에 체결된 협정에 의해서 영토를 분할할 수밖에 없었다. 야로슬로프는 1036년에 므스티슬라프가 사망한 이후에야 키예프국 전체의 통치자가 될 수 있었다. 사실 우리가 통합되고 안전하며 안정적인 통치권이 존재했다고 말할 수 있는 때는 블라디미르의 아들들 중 한 명만이 살아남고 자유를 가졌던 때뿐이었다. 야로슬라프는 제위를 위해서 싸운 것 이외에도, 연이어 발생된 지방의 온갖 반란을 진압해야 했다. 수즈달 지역에서 무력으로 들고 일어난 이교도의 부흥도 있었고, 다양한 핀족 및 리투아니아 종족들의 봉기도 있었다. 국내 질서를 수립하는 일에서의 성공은 대외전쟁의 승리와 짝을 이루었다. 거기에는 1031년에 스뱌토폴크를 지지한 대가로 폴란드가 획득했던 남서부 지역을 폴란드로부터 회복하려는 노력도 포함되었다. 반면에 약 12년 후에 비잔티움을 대상으로 한 작전은 성공하지 못했고, 마침내 콘스탄티노플에 대항하여 러시아가 시도한 오랜 군사 행동들의 마지막 것으로 판명되었다. 그러나 1037년에 페체네크인들에 대한 야로슬라프의 투쟁은 각별한 의미를 가지고 있었다. 러시아가 결정적인 승리를 거둠으로써 침입자들의 위력은 꺾였고, 동쪽 방향으로부터 새로운 적인 폴로베츠족(Polovtsy)이 도래할 때까지 4반세기 동안 스텝 지대에는 비교적 평화가 유지되었다.

야로슬라프의 통치기에 키예프국의 위세는 절정에 달했다. 국가의 영토 자체는 발트 해로부터 흑해, 그리고 오카 강 입구로부터 카르파티아 산맥에 펼쳐져 있었고, 키예프의 지배가문은 유럽의 다른 많은 지배가문과 긴밀한 관련을 맺고 있었다. 야로슬라프 자신은 한 스웨덴 공주의 남편으로서 세 아들에게 세 명의 유럽 공주들을 아내로 맞도록 했고, 세 명의 딸은 프랑스, 헝가리, 노르웨이의 왕들에게 시집보냈다. 그의 누이들 중에서 한 사람은 폴란드 왕의 아내가 되었고, 다른 누이는 비잔티움 왕자의 아내가 되었다. 야로슬라프는 잉글랜드와 헝가리에서 도망친 왕자들, 노르웨이의 왕인 성 올라프와 그의 아들, 그의 조카인 하르드라다처럼 추방된 통치자들과 왕자들에게 망명지를 제공했다. 야로슬라프의 통치기에 유럽의 다른 나라들과의 교류가 특별히 많기는 했지만, 키예프 루시에서 그런 일은 일반적으로 아주 흔한 것이었음도 덧붙여 말할 수 있다. 예를 들면, 베르나츠키가 추산했듯이 키예프 루시가 혼인관계를 맺은 횟수는 헝가리와는 6건, 보헤미아와는 5건, 폴란드와는 약 15건, 독일과는 적어도 11건이었다. 독일의 경우를 좀더 정확히 이야기하면 적어도 6명의 루시 왕자들이 독일인 아내를 맞이했고, "2명의 독일 후작과 1명의 백작(count), 1명의 영주백작(landgrave), 1명의 황제가 루시인 아내를 맞아들였다."

그러나 야로슬라프의 위대한 명성은 외교관계에서의 활동보다는 국내에서의 업적에서 기인한다. 그의 이름은 인상적인 종교적 부흥, 키예프의 법, 교육, 건축, 예술과 커다란 관련을 맺고 있다. 야로슬라프는 루시에서 기독교가 확산되고 강화되는 데에 커다란 역할을 했다고 평가된다. 비록 이 시기에 루시 교회와 비잔티움 사이의 관계는 어느 정도 불확실하기도 하고 논쟁의 여지가 있기는 하지만, 루시는 콘스탄티노플 총주교구에 속해 있었다. 키예프 교회는 보통 비잔티움으로부터 임명되거나 승인되었던 수좌대주교(mitropolit)의 관할하에 있었고, 지방의 교구는 주교들이 담당하고 있었다. 수도원과 교회가 세워지자 수도사와 교구 성직자들의 수가 증가되었다. 주교구, 수도원, 지역 교회가 지방으로 확산된 것은 일반인들 사이에서 기독교화가 점차 성공하고 있다는 표시였을 뿐만 아니라, 국가와 교회가 함께 퍼져나갔으므로 키예프의 정치 권력의 범위가 확대된 것으로도 생각될 수 있다. 여기서 야로슬라프가 한 역할은 대단한 것이었다. 유명한 사례를 들어보면, 그는 러시아 태생의 인물을 최초로 대주교로 임명했는데, 그는 유능하고 학식 있는 일라리온(재임 기간 약 1051-1054)이었다. 아주 두드러진 일로서, 그는 대규모의 교회와 수도원 건축을 지원했다. 야로슬라프는 단독으로 통치한 이후부터 키예프를, 특히 교회 건축을 통해서 루시 땅에서 경쟁할 곳이 없는 권력과 명예의 상징으로 변모시키기로 결심했다.

야로슬라프 현공은 입법자로서의 명성도 가지고 있다. 왜냐하면 그는 최초의 러시아 법전으로서 키예프 사회와 생활에 대하여 우리가 알고 있는 지식의 아주 값진 근원인 『루스카야 프라브다(*Russkaia Pravda*)』를 책임졌다고 일반적으로 생각되기 때문이다. 그리고 그는 예술가들과 건축가들을 후원하고 규모가 큰 학교와 도서관을 키예프에 설립한 것 같은 일들을 통해서 키예프 문화에서 중요한 역할을 담당했다.

키예프국의 쇠퇴와 몰락

야로슬라프는 죽기 전에 분리된 공국들의 통치에 대한 책임을 자신의 아들들에게 위임했다. 맏아들인 이쟈슬라프는 키예프와 노브고로드 지역을 할당받았다. 둘째인 스뱌토슬라프는 체르니고프를 중심으로 한 지역을, 셋째인 브세볼로트는 페레야슬라블을, 넷째인 뱌체슬라프는 스몰렌스크를, 다섯째인 이고리는 블라디미르인볼리니아를 각각 주변 지역과 더불어 물려받았다. 여러 공들은 분명히 키예프 루시에 협력하고 키예프 루시를 유지하도록 기대되었다. 게다가 빈자리가 발생하면, 그들은 키예프 대공이라는 최고 자리까지 단계를 밟아서 이동할 수 있었던 것 같다. 사실 몇몇 경우에는 그런 이동이 이루어졌으나, 그러한 제도—그것이 제도라고 불릴 수 있다면—는 곧장 엉망이 되고 말았다. 야로슬라프의 승계 방식은 아마도 통치가문에서 여전히 존재하던 오랜 친족 개념 및 관계에 기반을 두고 있었을 것이다. 그렇지만 그것은 공과 국가 사이의 자연적인 연계관계를 단절시켰고, 어떤 공이 사망했을 때 그의 형제들에게는 유리한 반면 그의 조카들은 제위에서 배제되었다. 그 외에도, 공의 수가 지속적으로 증가됨에 따라, 정확한 순서에 맞추어 공을 적절하게 임명하는 일이 극히 어려워졌다. 공들은 1097년에 류베치에서 만났을 때, 부자 승계 관행이 널리 수용되어야 한다는 데에 합의했다. 그러나 가장 중요한 자리인 키예프 대공의 경우에는 오랫동안 형제 사이의 순환 원칙이 남아 있었다.

이쟈슬라프, 스뱌토슬라프, 1093년에 사망한 브세볼로트의 재위기, 그리고 이쟈슬라프의 아들로서 브세볼로트를 이어 1113년에 사망할 때까지 통치했던 스뱌토폴크의 재위기에는 사실상 계속적인 내전이라는 끔찍한 기록이 남았다. 이런 내전에도 불구하고 키예프 루시의 정치권력 문제는 어느 정도의 영속성을 가진 상태로 해결되지 못했다. 동시에 키예프국은 폴로베츠족 혹은 서구 저술가들에게는 큐만족(Cumans)이라고 알려진 새로운 주적을 상대해야 했다. 아시아 쪽에서 온 투르크계 침입자 중에서 마지막 물결이었던 이 종족은 페체네크족을 패배시켜서 다뉴브 강 쪽으로 밀어붙이고는, 남동쪽 스텝 지대를 장악했다. 그들은 1061년에 처음으로 키예프 영토를 공격했고, 이 최초의 공격 이후에 지속적으로 키예프국의 안전 그리고 심지어 생존에 위협을 가했으며, 국가의 자원이 계속해서 고갈되도록 만들었다.

키예프국은 어려운 상황에 처해 있으면서도 탁월한 통치자인 블라디미르 모노마흐 치하에서 다시 한번 부흥을 이루었다. 대공인 브세볼로트의 아들인 블라디미르 모노마흐는 정식으로 최고 권력을 획득하기 오래 전에 이미 키예프국의 정계에서 유명해졌다. 그는 많은 문제에서 자신의 부친과 함께, 또 부친을 위해서 일했고, 동족상잔의 갈등을 해결하기 위해서 소집된 1097년과 1100년의 공들의 회의, 초원 국경 방어를 위한 공동보조를 취하기 위해서 소집된 1103년의 회의를 주도했다. 그리고 그는 폴로베츠족에 대항한 실질적인 싸움에서 중심 역할을 맡았고, 아마도 키예프 대공의 자리에 오르기 전인 1111년에 살니차에서 폴로베츠족에 대한 가장 큰 승리를 일구어냈다. 블라디미르 모노마흐는 1113년부터 1125년에 사망할 때까지 대공으로 있으면서 사실상 항상 전쟁을 수행했다. 그는 리보니아, 핀란드, 볼가 불가리아인들의 땅 그리고 다뉴브 지역에서 전쟁을 벌였으며, 무엇보다도 폴란드인들과 헝가리인들을 격퇴했다. 그렇지만 그가 펼친 전투 중에서는 폴로베츠족에 대한 것이 가장 중요했다. 그의 탁월한 『유언(*Pouchenie*)』은 83개의 주요 전투 전체 그리고 200명의 폴로베츠 귀족들을 죽인 일을 이야기한다. 전설에 따르면, 폴로베츠족 어머니들은 그의 이름을 가지고 자신의 아이들에게 겁을 주곤 했다고 한다. 블라디미르 모노마흐는 유능하고 지칠 줄 모르는 조직가, 행정가, 주목할 만한 저술가이자 건축가로서 명성을 떨쳤다. 예를 들면, 그는 클랴즈마 강의 북동쪽에 블라디미르라는 소도시를 건설했는데, 그곳은 두 세대도 안 되어 대공의 주거지가 되었다. 특히 흥미로운 사실은 그가 가난한 자들, 특히 채무자들을 도와주기 위한 사회입법을 제정한 일이다.

블라디미르 모노마흐의 뒤를 이어 그의 유능하고 정력적인 아들인 므스티슬라프(재위 기간 1125-1132)가 집권했고, 그의 뒤에는 또다른 아들인 야로폴크가 대공이 되어 1139년에 사망할 때까지 통치했다. 그러나 오래 지나지 않아 키예프 대공의 자리는 또다시 격렬한 분쟁과 내전의 대상이 되었는데, 이것은 종종 삼촌들과 조카들 사이의 투쟁이라는 키예프의 고전적인 내전 형태를 따랐다. 1169년에 경쟁자들 중의 한 사람으로서 북동쪽에 있는 로스토프와 수즈달 공국의 앤드류 혹은 안드레이 보고륩스키는 키예프를 기습하고 약탈했을 뿐만 아니라, 내전에서 승리한 이후에는 자신이 좋아하던 블라디미르 시로 수도를 옮겨버렸다. 안드레이 보고륩스키의 행동은 새로운 대공의 개인적인 취향을 보여주었고, 드네프르 강변에 있는 도시가 중요성 면에서 충격적일 정도로 쇠락했다는 것을 반영했다. 키예프는 1203년에 다시 한번 약탈당했다. 마침내 그 도시는 1240년에 몽골인들의 손에 사실상 완전히 파괴되고 말았다.

키예프의 몰락 : 여러 가지 이유

키예프 루시의 쇠퇴와 붕괴는 여러 상이한 방식으로 해석되어왔으며, 그 원인도 다양하게 제시되어왔다. 사실 많은 역사학자들은 "쇠퇴와 몰락"과 같은 단계 설정이 지나치게 단순하다고 생각한다. 그 대신 그들은 블라디미르 모노마흐의 사망 이후의 시기에 특히 키예프 서쪽의 볼리니아-갈리치아, 북동쪽의 스몰렌스크, 랴잔, 블라디미르-수즈달, 노브고로드 등의 지방 공국들이 성장하여 번영했다는 것을 지적한다. 이 공국들의 통치자들은 자신들의 영토를 확장하고 키예프의 권좌를 계승하려고 했기 때문에 분명히 경쟁과 충돌이 일어나기는 했지만, 이 지역들은 그들 나름대로의 이해관계를 발전시키고 힘을 키워나가고 있었다. 이중에서 많은 공국들은 이웃 국가 및 민족들과 독자적인 관계를 맺었으며, 이웃 국가들 및 심지어 아주 먼 나라들과도 상업적인 관계를 체결했고, 풍요로운 문화생활을 즐기고 있었다. 소련 역사학자들이 잘 발전시켜온 견해로서 이런 점을 기술하는 한 가지 방법은, 키예프국이 느슨한 성격을 가졌으며 지방 분권주의의 강화와 봉건제의 방향으로 나아갔음을 강조하는 것이다. 이런 해석을 통해서 보면, 키예프국은 근대 국가들을 닮기는커녕 어떤 의미에서는 다수의 지역 연방 혹은 연합의 성격을 가지고 있었다. 이 지역들은 단지 제한된 시기에 예외적으로 유능한 통치자들에 의해서만 결속될 수 있었다. 엄청난 이동거리와 빈약한 통신수단은 권력의 중앙 집중 여부를 각별히 민감한 문제로 만들었다. 게다가 러시아는 일반적으로 유럽과 마찬가지로 자연 경제, 지방주의, 봉건제라는 방향으로 나아가고 있었다고 주장된다. 그러므로 비교적 미약한 통합의 끈이 해체되었고, 러시아는 10개 혹은 12개의 독립된 지역을 합쳐놓은 나라로 등장한 것이다. 우리는 러시아의 봉건제 문제를 토의할 때와 그 외의 다른 경우에 이 견해를 다시 살펴보게 될 것이다. 이와 관련된 해석에 따르면, 두 가지 상반되는 정치적 흐름이 동시에 존재하고 있었다. 한편으로는 강력한 공국들이 대두되고 있었고, 다른 한편으로는 확고한 왕조 구조가 유지되고 있었다. 그런 구조 속에서 키예프는 영토의 중심으로 남아 있었고, 따라서 그곳의 왕좌를 차지하기 위해서 치열한 경쟁이 벌어졌다는 것이다. 이런 관점에서 보면, 정치적으로 안정되고 통합되었다는 키예프의 "황금시대"에 대한 이미지는 그 자체로 부분적으로 자신들의 군주, 특히 야로슬라프 현공의 업적을 이상화하려고 했거나, 정치질서가 붕괴되자 하나의 러시아를 강조하려고 했던 연대기 작가들의 창작물이었다고 말한 영국 역사학자 사이먼 프랭클린의 주장을 유념해볼 필요가 있다.

  몇몇 다른 전문가들과 마찬가지로 소련 역사학자들은 키예프의 쇠퇴의 한 요인으로서 사회갈등을 지적하기도 했다. 그들은 특히 농민들이 지주들에게 점차 예속되어갔으며, 블라디미르 모노마흐의 시대에 일어난 사건들이 보여주듯이 도시 빈민들의 처지가 더욱 열악해졌음을 거론했다. 키예프 루시가 이전 사회로부터 물려받은 노예제도 역시 취약점의 한 요소라고 언급되어왔다.

본질적으로, 키예프 루시의 몰락을 경제적인 관점에서 보는 또다른 설명은 교역 혹은 더 정확히 말해서 교역로의 파괴를 강조한다. 이와 관련된 조야한 형태의 설명에 따르면, 키예프국은 "바랑기아인들로부터 그리스인들에게로"의 대(大)상업로에서 성장했으며, 그에 의지하여 살아가다가 상업로가 단절되자 소멸되었다는 것이다. 보다 제한적이고 일반적으로 받아들여지는 설명 방식에 따르면, 국제교역에서 키예프의 지위가 악화되었다는 점이 키예프 쇠퇴의 주요 요인으로 제시되어왔다. 드네프르 강변에 있는 키예프 시는 11세기에 시작된 교역망의 변화로 인해서 어려움을 겪었다. 이 변화는 주로 지중해의 이탈리아 상인들의 활동을 통해서 한편으로는 서유럽과 중부 유럽 사이에 보다 긴밀한 관계가 수립되는 결과를 낳았고, 다른 한편으로는 비잔티움과 소아시아 사이의 관계를 긴밀하게 만듦으로써 키예프를 우회하는 일을 가능하게 했다. 키예프 시는 십자군에 의해서, 특히 1204년의 십자군에 의해서 콘스탄티노플이 약탈당한 일뿐만 아니라, 바그다드의 칼리프국이 쇠퇴한 일로 인해서 불리해졌다. 스몰렌스크, 특히 노브고로드와 같은 일부 러시아의 도시들과 지역들이 유럽의 상업 지도의 재편성과 이탈리아 및 독일 도시들의 대두로 인해서 이익을 얻었다는 사실은 그런 도시나 지역에 대한 키예프의 통제력을 약화시키는 결과를 낳았을 뿐이었다. 마지막으로, 키예프는 남부 스텝 지대를 가로질러 흑해에 이르는 상업로를 스텝 지대 민족들로부터 보호하는 데에 엄청난 어려움을 경험했고, 궁극적으로 이 일에는 성공하지 못했다.

경제적 및 사회적 분석에 더해서, 우리는 정치적 분석으로 되돌아갈 필요가 있다. 많은 역사학자들은 키예프 루시가 쇠퇴한 주요 원인, 아마도 결정적인 원인을 고려할 때에는 단순히 아주 근본적인 경제적 및 사회적 어려움의 반영보다는 키예프 정부체제의 실패를 훨씬 더 강조해왔다. 키예프 공들의 정치체제가 제대로 기능하지 못했다는 데에는 의견이 일치되지만, 그런 체제의 정확한 성격에 대해서는 합의가 전혀 이루어져 있지 않다. 두 가지 주된 해석 중의 하나는, 그 체제가 단지 혼란 중에서도 대혼란일 따름이며 원칙에 대한 폭넓은 합의 없는 무력에 의한 지배라는 것이다. 다른 해석은 그 체제가 친족간의 공동 통치와 형제간의 순환 통치의 관행이었다는 데에 전적인 신뢰를 보내며, 강조점을 둔다. 그런 관행은 어떤 공의 연장자 아들의 요구가 그의 부친의 세 번째 형제, 즉 그의 세 번째 삼촌과 동일하다는 추가 규정을 가지고 있었다. 어떠한 경우든지 간에 그 체제는 계속된 분쟁과 만성적인 내부 갈등으로 몰락했다. 포고딘은 야로슬라프 현공의 사후 170년 중에 80년이 내전기였다고 추산했다. 키예프의 공들은 다양한 잘못과 결점 때문에 비난받기도 했다. 그들은 특히 지나치게 호전적이며 모험적이었고, 통치자로서의 믿음직한 자질을 갖추지 못한 경우도 흔히 있었다. 그러나 이런 점에서 그들의 특성은 일반적으로 당대에 잘 부합되었던 것으로 보인다.

공들의 통치와 공들 사이의 상호관계는 도시들로 인해서 더욱 복잡해졌다. 키예프 루시의 도시들은 공의 권위가 등장하기 이전부터 존재해왔고, 말하자면 정치조직의 기본적인 토대를 이루고 있었다. 공들 사이에서 논쟁이 격화되고 공의 권력이 쇠퇴함에 따라, 도시는 키예프의 정치에서, 특히 어떤 공이 해당 도시와 지역을 통치할 것인지의 문제에서 점차적으로 중요한 역할을 담당하게 되었다. 나중에 노브고로드에서 전개된 일들은 키예프의 이런 정치적 경향의 극단적인 경우에 속한다.

적어도 또 하나의 다른 요인, 즉 외부의 압력이 언급되어야 한다. 키예프의 경제, 사회관계, 정치는 모두 국가의 붕괴에 귀결되었다고 주장하는 것이 마땅하지만, 또한 키예프의 몰락은—아마도 역설적이게도—주로 외부의 공격으로 설명될 수도 있다. 왜냐하면 키예프는 많은 전선에서, 무엇보다도 스텝 지대의 주민들을 대상으로 남동쪽 방향에서 수없는 소모전을 치러야 했기 때문이다. 하자르족 다음에는 페체네크족이, 페체네크족 다음에는 폴로베츠족이 그 자리를 대신했으나 싸움은 계속되었다. 폴로베츠족과 키예프 루시가 사실상 서로를 기진맥진하게 만든 이후에, 몽골인들이 와서 최후의 일격을 가했다. 중세 유럽에서 벌어진 전쟁과 비교해볼 때 이 전쟁은 엄청난 노력과 파괴를 수반하며 대규모로 치러졌다. 키예프 역사의 수 세기 동안 스텝 지대는 삼림 지대 쪽으로 조금씩 확산되었고, 이러한 삼림의 파괴가 키예프의 군사적 방어를 약화시킨 하나의 변화라고 주장되어왔다는 것도 언급할 수 있다. 러시아 땅의 파괴에 대해서는 한 편의 러시아 서사시 이야기가 전해져 내려온다. 거기에서는 키예프 루시의 강력한 전사들인 보가티리(bogatyri)가 침입자들과 정면으로 맞서고 있다. 보가티리는 아주 열심히 싸웠다. 실로 그들은 검으로 가격하여 적들을 두 동강 냈다. 그렇지만 갈라진 적의 절반의 몸은 온전한 하나의 몸이 되었고, 적의 수는 이런 식으로 점차 많아져서 마침내 러시아인들을 제압하게 되었다는 것이다.

제5장

키예프 루시 : 경제, 사회, 제도

……조화롭게 선율에 따라 움직이며, 기쁨에 가득 찬 회전목마처럼……러시아로부터 나오는 모든 것에는 이런 정신이 스며들어 있고, 이런 형식이 그 모든 것의 특징을 드러낸다. 우리의 노래 자체가 그렇다. 그 노래의 선율이 그렇고, 우리나라의 조직이 그렇다.
—악사코프

봉건화 과정에서 결정적인 요소는 토지의 사적 소유권의 등장이며, 소규모 농토의 몰수라는 점이 입증되었다. 농민들은 사유지의 봉건적인 "소작인"으로 변했고, 경제적, 혹은 경제 외적 강제에 의해서 착취당했다.
—랴시첸코

키예프 경제에 대한 전통적인 견해는 교역의 역할을 강조한다. 그런 견해를 뒷받침하는 고전적인 자료는 비잔티움의 황제이자 학자인 포르피로게니투스가 10세기에 편집한 루시인들의 활동에 관한 설명이다. 포르피로게니투스가 쓴 것에 따르면, 키예프의 공들과 가신들은 매년 11월에 공물을 바치는 여러 슬라브 종족들의 땅을 순행하면서, 겨울 동안 그런 곳들에서 호화로운 생활을 했다. 그들은 4월이 되어 드네프르 강의 얼음이 녹게 되면 공물을 가지고 강을 따라서 키예프로 돌아왔다. 그러는 동안 루시인들의 지배하에 있던 슬라브인들은 나무를 베고 배를 만들어서, 봄이 되어 강에서 항해가 가능하게 될 때 키예프로 배를 가지고 와서 공들과 가신들에게 팔곤 했다. 루시인들은 배에 장비를 갖추고 짐을 실은 다음 드네프르 강을 따라 아래쪽에 있는 비티체프로 이동했다. 그곳에서 그들은 노브고로드, 스몰렌스크, 류베치, 체르니고프, 비슈고로드로부터 물건들을 싣고 오는 더 많은 배를 기다렸다가 합류했다. 마지막으로, 전체 원정 선단은 계속해서 드네프르 강을 따라 흑해와 콘스탄티노플 쪽으로 내려갔다.

클류쳅스키 등의 역사학자들은 이 짧은 비잔티움의 기록이 키예프 루시의 가장 중요한 몇몇 특징, 그리고 심지어 그곳의 생활주기를 어떻게 요약해주는지 자세히 설명했다. 공들과 가신들의 주요 관심사는 그들의 지배하에 있는 영토에서 공물을 거두는 것이었다. 이를 위해서 그들은 위에서 묘사된 대로 겨울 동안 영토 내에 있는 여러 지역을 방문—러시아어로 폴류디에(poliudie)라고 불리는 행사—한다거나, 혹은 자기들에게로 공물이 운송(povoz, 포보즈)되도록 했다. 공이 통치자로서 획득했던 현물로 된 공물은 특히 모피, 밀랍, 꿀 등이었는데, 이것은 상업 활동을 위한 물품의 근간을 이루었다. 또다른 주요 상품은 노예였다. 키예프국이 계속 팽창해나가는 과정에서 발생된 거듭된 전쟁으로 인해서 공은 인간 상품을 계속 획득해서 외국의 시장에 내다팔 수 있었다. 그리하여 키예프의 통치자는 대상인(大商人) 군주처럼 행동했다. 그의 가신인 드루지나는 할 수 있는 대로 그를 모방했다. 그들은 공을 도와서 겨울에 공물을 거두었고, 그중에서 자신의 몫을 받아서 하절기에 실시된 루시의 대원정 때 외국에 판매했다. 각자의 상품을 가지고 키예프 루시의 각지에서 온 다른 많은 상인들도 여행 중의 안전을 위해서, 그리고 여행의 마지막 때 자신들의 이익을 보장받기 위해서 공이 이끄는 무리에 합류했다. 공물의 징수, 선박의 건조, 키예프 인근에서 매년 봄에 이루어지던 공물과 선박의 판매, 상인 보호선단의 조직, 마지막으로 원정 활동 자체는 드네프르 강 유역과 심지어는 키예프 루시 전체의 모든 주민들을 결합시켰고, 키예프국의 필수적인 경제적 기반이 되었다. 비잔티움이나 바그다드의 동전들은 오카 강이나 볼호프 강의 둑으로 꾸준히 날라져왔다.

나아가 포르피로게니투스가 쓴 구절은 루시인들의 경제적 관심사로부터 논리적으로 파생되는 루시의 대외정책도 설명하는 것이라고 주장된다. 키예프의 통치자들은 외국의 시장을 획득하고, 이런 시장에 도달하는 핵심적인 교역로를 보호하려고 분투했다. 키예프국은 무엇보다도 주요 경제적 및 정치적 축을 이루고 있던 "바랑기아인들로부터 그리스인들에게로"라는 남북 방향의 대교역로에 의지했는데, 이 교역로가 봉쇄되자 국가 자체가 사라지고 말았다. 860년에 콘스탄티노플을 대상으로 단행된 루시인들의 유명한 원정, 907년에는 올레크, 941년과 944년에는 이고리, 970년에는 스뱌토슬라프, 1043년에는 야로슬라프 현공의 통치기에 단행된 일련의 원정을 생각해보면 교역과 대외정책이 얼마나 각별하고 놀라운 방식으로 결합되어 있었는지 잘 알 수 있다. 대개 전쟁은 콘스탄티노플에서 루시 상인들에 대한 폭행 같은 불미스런 사건이 발생하면 시작되고, 상업 협정이 체결됨으로써 끝났다. 우리에게 전해져 내려오는 루시인들과 비잔티움 사이의 모든 조약은 상업적인 성격을 보여준다. 나아가 교역을 다루는 조항을 보면 극히 세부적이고 법률적인 측면에서 아주 탁월하기 때문에, 그 내용은 국제관계사나 국제법을 다룬 책에서 아주 매력적인 장을 이루고 있을 정도이다. 루시가 이러한 협정들로부터 다양한 상업적 이익을 얻었다는 것은 지적될 필요가 있다. 그리고 콘스탄티노플에서는 루시인들이 개별 사업가가 아니라 키예프 궁정에서 파견된 상인 연합 사절단이라고 생각되었다.

물론 루시와 비잔티움의 관계와 관련된 의미심장한 이야기만이 키예프 루시의 상업사를 보여주는 모든 증거는 아니다. 그것의 중요한 핵심은 오히려 키예프국이 성립되기 이전의 남부 러시아에 있었던 교역로와 교역 활동이라고 할 수 있는데, 이 주제는 로스톱체프와 몇몇 다른 전문가들에 의해서 수준 높게 다루어졌다. 그리고 키예프 역사가 막 시작될 무렵에 동슬라브족이 이미 많은 소도시를 보유하고 있었다는 사실뿐만 아니라, 올레크의 통치기보다 오래 전에 동슬라브족이 폭넓은 상업 활동을 하고 있었다는 데에도 관심을 기울여야 한다. 예를 들면, 사벨리에프는 동슬라브족이 아시아 민족들과 행했던 교역 활동이 중국 국경지방까지 확대되었으며, 그 시점은 적어도 기원후 7세기 이후라고 평가한다. 루시의 몇몇 도량형은 동방, 특히 메소포타미아에서 차용되었고, 또 다른 도량형은 원래 로마에서 유래된 것이다. 마찬가지로 동슬라브족은 이른 시기에 서쪽 방향에 있는 가까운 이웃 종족들 그리고 스칸디나비아처럼 더욱 멀리 있는 유럽 국가들과도 교역관계를 수립했다. 키예프국이 번영함에 따라서 루시인들의 교역은 인상적인 정도로까지 성장했다. 예를 들면, 그 당시에 이루어진 교역의 복잡성과 높은 발달 정도는 11세기에 편찬된 법전인 『루스카야 프라브다』에 아주 잘 반영되어 있다.

전통적으로 키예프 경제에 대한 평가에서는 상업 활동이 강조되지만, 보다 최근의 해석에서는 농업이 부각된다. 특히 소련 시기의 역사학자들은 루시에서 행해진 초기의 농업적 기원, 그리고 키예프국의 성립 이후만이 아니라 그 이전의 농업의 복잡성과 규모에 대해서 철저하게 서술했다. 앞에서 언급되었듯이, 남부 러시아에서의 농업은 시기적으로 스키타이인 경작자들, 그리고 심지어 기원전 4,000년의 신석기 문명으로까지 소급될 수 있다. 그리고 동슬라브족의 과거는 오래 전부터 농업과 기본적으로 연관되어왔다는 것을 입증하고 있다. 예를 들어, 언어학적 자료를 보면 그들은 아주 오랜 옛날부터 다양한 종류의 곡물, 야채, 농기구를 잘 알고 있었다는 것을 알 수 있다. 그들의 이교(異敎)는 지모신과 태양 숭배를 포함했으며, 농사 주기와 연관되어 있던 그들의 다양한 신앙과 의식은 무엇보다도 성모, 엘리야, 게오르기, 니콜라이에 대한 몇몇 숭배 의식에서 살아남았다. 동슬라브족의 달력에서 달의 이름은 숲의 농업사회가 수행할 필요가 있는 일거리에 따라서 지어졌다. 나무를 베는 달, 그것을 건조시키는 달, 불에 탄 나무가 재로 바뀌는 달 등과 같은 식이다. 마찬가지로 고고학적인 유물을 보더라도 동슬라브족 사이에서 농업활동이 아주 오래 전부터 이루어지고 있었으며 널리 행해지고 있었음을 알 수 있다. 특히 그런 유물 속에는 종종 별도의 건물에 보관되기도 했던 엄청나게 많은 다양한 곡물들 및 금속으로 만들어진 농기구가 포함되어 있다.

문헌 자료는 키예프 루시의 농업에 대한 더 많은 정보를 준다. 일찍이 6세기에 안테스족에 대한 언급에서 "땅의 소산물"이 언급되었다. 9세기의 중앙 아시아 시장에 있었던 슬라브의 아마(亞麻)에 대한 기록이 있는데, 그곳에서 아마는 "루시의 비단"으로 알려졌다. 키예프의 기록에서도 키예프인들의 삶에서 농업이 중심적인 위치를 차지하고 있음을 알 수 있다. 사람들의 주식으로는 빵이, 말의 주식으로는 귀리가 등장한다. 빵과 물은 기본 식량이었으며, 많은 빵은 풍요로움과 연결되었고, 가뭄은 재앙을 의미했다. 키예프 루시인들이 겨울 곡식과 봄 곡식을 구분할 수 있었음도 지적되어야 한다. 『루스카야 프라브다』에는 주로 교역에 대해서 서술되어 있지만, 경작지의 경계를 이동한 데에 대한 매우 중한 처벌 규정도 정해져 있다. 때때로 모피로 납부되던 세금과 공물 역시 기본 단위로서 아마도 일정량의 경작지를 가리켰을 "쟁기(plug)"와 아주 일반적으로 연관되어 있었다.

나아가 그레코프를 비롯한 소련 역사학자들은 키예프의 경제에서 농업이 차지하던 이런 기본적인 역할이 공과 그의 드루지나의 사회적 성격, 그리고 키예프 사회의 계급구조를 확실하게 결정했다고 주장했다. 그들은 공의 가구에 대한 상세한 설명에서 볼 수 있는 것대로 공과 그의 가신들이 토지와 맺고 있던 관련성, 키예프 영토 전체에 널리 퍼져 있던 공과 드루지나의 영지, 그리고 토지와 연관된 여러 별명들을 강조했다. 그들은 봉건사회를 정의할 때 영지 경영이 확산된 것을 강조했는데, 키예프 루시가 충분한 정도로까지 바로 이런 봉건사회로 발전하고 있었다고 생각했다.

키예프 루시에서 교역의 중요성을 뒷받침하는 증거와 농업의 중요성을 촉구하는 증거는 상충된다기보다는 서로를 보충한다고 볼 수 있다. 그렇지만 이 둘의 상호관계는 설명하기가 그다지 쉽지 않다. 어떤 사람들은 공과 상층 사람들이 주로 교역에 관심을 가지고 있었던 반면에, 인구의 대부분은 농업으로 생계를 유지했다고 주장한다. 다른 전문가들은 시기에 따른 변화를 강조하면서, 포르피로게니투스의 설명이 10세기 중반에는 타당한 지침이 될 수 있으나 그 이후에 키예프의 발전이 점차 농업 쪽으로 무게 중심을 옮겼다는 의견을 피력한다. 일부 학자들은 보다 이른 시기에 토지에 대한 사적 소유권이 발전되었다고 추정하기도 하지만, 사실 공, 보야르(boyar),* 그리고 그들의 수행원들이 영지에 대한 소유권을 주장한 때는 주로 11세기와 12세기였다.

비잔티움과 관련하여 이미 언급되었듯이 키예프의 수출품은 주로 원자재였는데, 특히 모피, 밀랍, 꿀이었으며 키예프 역사의 초기에는 노예였다. 다른 판매 물품으로는 아마, 대마, 삼, 홉, 양피, 동물 가죽이 있었다. 반면에 키예프 루시인들은 비잔티움으로부터는 포도주, 비단 제품, 예술품과 같은 사치품을, 아시아로부터는 향신료와 보석, 각종 고급 직물을 구입했다. 비잔티움은 또한 선박 용품을 공급했으며, 키예프 루시인들은 동방으로부터 다마스크의 칼과 우수한 말을 들여왔다. 서방으로부터는 금속과 헝가리산 말 등의 물품만이 아니라, 가령 직물과 유리제품과 같은 제조품을 수입했다.

루시의 상인들은 사방의 외국으로 갔으며, 많은 외국 상인들도 루시로 왔다.

---

* 보야르는 러시아어 단수로는 보야린(boiarin), 복수로는 보야레(boiare)라고 하는데, 주로 혈통 귀족을 지칭한다/역주

외국 상인들은 루시에 정착하기도 했는데, 키예프, 노브고로드, 스몰렌스크, 수즈달과 그 외의 중심지에서는 별도의 공동체를 이루었다. 루시에 온 새로운 사람들 중에는 독일인, 그리스인, 아르메니아인, 유대인, 볼가 불가르인, 그리고 캅카스의 상인들과 다른 민족의 대표들도 있었다. 루시의 상인들 스스로는 비공식 집단은 말할 것도 없고, 서구의 길드와 비슷한 조직을 종종 만들었다. 루시에서 금융 거래와 상업 활동은 일반적으로 높은 수준으로 발전했다.

대외 상업보다는 덜 화려했지만 국내 교역도 아주 오랜 옛날부터 이루어졌으며, 중요한 필요를 충족시켜주었다. 키예프와 노브고로드를 비롯한 지도적인 소도시들이 교역의 중심지 역할을 수행했지만, 국내 교역은 영토 전체로 널리 확산되었다. 이들 국내 교역 중의 일부는 키예프국의 영토가 초원과 삼림으로, 그리고 곡물을 생산하는 남부와 그것을 소비하는 북부로 나뉘어 있었다는 데에서 유래되었는데, 이런 사실은 러시아사 전체를 통해서 매우 중요했으며, 교환 행위를 발생시킨 전제 조건이 되었다.

상업은 폭넓은 화폐 유통으로 연결되었다. 원래 북부에서는 모피가, 남부에서는 가축이 통화로 이용되었다. 그렇지만 블라디미르 대공의 통치기와 더불어 키예프국에서 화폐주조가 시작되어, 은제 막대기와 동전이 제조되었다. 키예프 루시에서는 외국의 화폐도 다량 축적되었다.

농업은 스텝 지대와 삼림 양쪽에서 발전되었다. 스텝 지대에서 농업은 집약 경작보다는, 농민들이 광대한 땅을 이용해서 경작하던 땅의 곡물 수확량이 떨어지면 쉽게 찾을 수 있는 새로운 양질의 땅으로 옮겨가는 방식으로 이루어졌다. 그렇게 하려면 나무를 베어야 했고(이 과정은 포드세카[podseka]라고 불렸다) 땅이 파종하기에 적합하도록 준비되어야 했다. 게다가 토양의 지력이 소진되면 새로운 경작지를 얻기 위해서 더 힘든 노동을 해야 했다. 그리하여 페레로크(perelog)라는 관습이 생겼다. 이것은 경작자가 자신의 토지의 한 부분을 경작하면서 다른 부분은 공지로 남겨두었다가, 수 년 후에 교대로 경작하는 방식이었다. 결과적으로 정기적인 이포제(二圃制)는 매년 토지를 절반씩 나누었던 페레로크로부터 발생되었다. 키예프 시대의 말엽에는 삼포제가 등장하여 농업이 더 크게 발전했고 경작의 집약도가 크게 향상되었다. 보유지는 세 부분으로 나뉘었다. 그중 한 부분은 봄 작물로 파종을 했다가 가을에 추수했고, 다른 곳은 소위 겨울 작물로 가을에 파종을 하고 여름에 수확했으며, 세 번째 부분은 공지로 남겨두었다. 세 부분은 매년 교대되었다. 시간이 지남에 따라, 농기구도 개선되었다. 동슬라브족은 일찍이 8세기, 심지어 7세기에도 목재 쟁기를 사용했다. 남부에서는 밀이 다량 경작되었고, 북부에서는 호밀과 보리와 귀리가 생산되었다. 키예프국이 번성해나감에 따라, 공과 보야르 그리고 수도원은 대규모 농업을 발전시켰다.

키예프 사회

소위 스메르디(smerdy)라는 사람들의 대부분은 농촌에서 농업에 종사했다. 키예프 농민들의 대부분은 키예프 역사가 시작될 때 자유민 신분이었던 것으로 보이며, 자유농민층은 키예프국의 발전에서 중요한 구성원으로 남아 있었다. 자유농민은 통상적으로 지역적, 혹은 혈연적 공동집단(베르비[vervy], 혹은 미르[miry])으로 조직된 소규모 공동체 안에서 살았다. 자유농민은 공이나 귀족의 직접적인 통제를 받지 않는 대신에 세금이나 공물을 지불했다. 다양한 형태의 예속 상태가 존재했고, 그 수는 시간이 지남에 따라서 증가했다. 자쿠피(zakupy)는 지주의 대부를 갚을 수 없게 된 일정 기간에 강제 노동을 하게 된 반자유농민들이었다. 사회를 이루는 피라미드의 바닥에는 노예가 있었다. 노예는 부유한 가정에서 일하기로 동의했거나, 스스로를 노예로 팔았거나(종종 채무를 갚기 위해서였다), 노예와 결혼하거나, 출생에 의해서 될 수 있었다.

우리가 지적했듯이 키예프 사회는 도시 및 도시민 계급의 많은 숫자와 큰 중요성으로도 유명했다. 티호미로프의 계산에 따르면, 도시의 수가 11세기에는 89개, 12세기 말에는 224개, 몽골 침입 무렵에는 거의 300개에 달했다. 그는 이 숫자도 적게 계산된 것 같다는 점을 인정했다. 이중에서 많은 도시는 인상 깊을 정도로 규모가 컸다. 학자들은 키예프의 인구가 12세기 말 무렵에는 4만 명에서 5만 명 사이였을 것이라고 평가했다. 그렇다면 키예프 루시의 수도는 당시에 파리 및 런던과도 비교될 만한 것이었다. 노브고로드에는 12세기 후반에 무려 3만 명이나 되는 주민이 살고 있었을 것으로 생각된다. 도시 사회의 맨 꼭대기—루시의 정치를 통제할 수 있었던 위치—에는 공 및 공의 일족이 있었는데, 이 가

키예프의 건설(출전 : 13세기의 필사본 삽화). 명령하는 계급과 노동하는 계급이 드러나 있음을 주목하라. (*University of Illinois Library*)

문의 구성원은 수많은 일가를 이루며 계속해서 증가되고 있었다. 그리고 다음 자리에는 공의 군사적 가신들인 드루지나가 있었다. 중요성과 기능에 따라서 상급과 하급으로 구분되었던 드루지나는 지방의 귀족과 더불어, 『루스카야 프라브다』 및 당대의 다른 자료에서 무지(muzhi)로 알려져 있는 국가의 상류층을 구성했다. 키예프국이 발전해나감에 따라, 다양한 인종 집단으로 구성된 공의 가신들과 지방의 슬라브족 귀족들은 단일한 집단으로 통합되어 보야르라는 이름으로 러시아 역사에서 중요한 역할을 수행하게 되었다.

그러나 도시민의 대다수는 류지(liudi, 러시아어로 "사람들"을 의미)였다. 이들은 주로 상인, 수공업자, 노동자였는데, 역시 상층과 하층으로 구분되었다. 키예프 루시에서는 도시 및 도시 경제가 확대되고 있었기 때문에, 중간계급은 당대의 다른 유럽 국가들이나 후대 러시아의 중간계급보다 상대적으로 큰 비중을 차지하고 있었다. 교회와 관련된 사람들은 특별한 집단을 구성했다. 거기에는 결혼하여 가족을 가진 성직자, 독신 수도사와 수녀, 그리고 거대한 종교 조직에서 많은 다양한 역할을 담당하는 다른 사람들이 포함되었다. 그 활동 중의 일부만 언급하면, 교회는 기본적인 종교적 기능을 수행하는 것 이외에도 병원과 숙박시설을 운영했고, 자선을 베풀었으며, 교육 업무에 종사했다. 마지막으로 범죄자들, 스코모로흐(skomorokh : 유랑 악사)들, 해방 노예들, 약탈자들

등의 사람들은 키예프 루시의 농촌과 도시 모두에서 키예프 생활이 가지는 활력의 일부를 보여주면서, 공인된 사회 범주의 주변부에서 살아가고 있었다.

키예프 사회에서는 살인과 상해에 대한 처벌을 통해서, 당사자가 어느 사회계층에 소속되었는지 알 수 있었다. 그 내용은 "러시아의 정의" 혹은 "러시아의 법"으로 번역될 수도 있으며, 동슬라브족의 관습법과 군주의 획기적인 활동의 집약본이라고 할 수 있는 『루스카야 프라브다』에서 찾아볼 수 있다. 다른 중세 사회처럼 키예프 사회에서는 명예가 아주 중요하게 생각되었기 때문에, 많은 경우에 "상해"에는 어떤 사람의 수염을 자른다거나 노예가 자유민을 때리는 경우처럼 엘리트의 위엄과 명예에 대한 신체적인 모욕도 포함되었다. 비록 그 법전이 분명히 군인과 엘리트에게 보다 높은 비중을 두기는 했지만, 모든 자유민 남자와 여자들도 어느 정도 보호받고 있었다. 이것은 특별히 살해당한 남자의 친족에게 지불되어야 하는 금전적인 배상금(중세 잉글랜드에서는 워길트[wergeld] 혹은 피 값[bloodwite]이라고 불렸다)에서 분명히 드러난다. 공에게 속한 드루지나의 구성원을 살해하면 80그리브나, 부유한 지주나 상인을 살해하면 40그리브나, 하층 자유민을 살해하면 5그리브나를 배상해야 했다. 키예프 루시에서 자유민 여성들은 많은 서유럽 국가보다 더 많은 권리를 가지고 있었다. 여성들은 재산을 소유할 수 있었고, (성폭행을 포함한) 모욕에 대해서 복수할 수 있었다. 그리고 비록 모욕, 상해, 살인에 대한 벌금이 같은 계급의 남성들의 경우에 비해서 절반에 불과하기는 했지만, 여성들의 친족은 살해에 대한 배상금을 요구할 수 있었다.

키예프의 제도들

키예프의 중요한 정치 제도들로는 공이라는 지위, 두마(duma) 혹은 보야르 협의회, 그리고 베체(veche) 혹은 민회가 있었다. 이 제도들은 순서대로 키예프국이 가진 전제정치 혹은 군주정치, 귀족정치, 그리고 민주정치적인 요소와 관련되어 있었다. 키예프 루시에서 공의 수가 늘어나기는 했지만, 키예프에 있는 공은 특별한 지위를 보유하고 있었다. 그는 12세기부터 대공 혹은 위대한 공이라는 칭호를 가지고 있었다. 공의 업무에는 군사적인 지휘권, 재판, 행정이 포함되었다.

전시에 공은 무엇보다도 자신의 휘하에 있는 드루지나, 그다음에는 중요한 도시의 부대, 그리고 필요할 때에는 심지어 국민군에 의지할 수 있었다. 이미 언급되었듯이, 키예프의 군사 역사는 특이할 정도로 풍부하다는 것이 입증되었다. 키예프 군대의 조직과 경험은 후대를 위해서 유산을 남겼다.

공은 사법과 행정 분야 모두에서 핵심적인 자리를 차지했다. 그렇지만 그는 자신이 임명한 관리들뿐만 아니라 선출된 관리들과 함께 일해야 했고, 일반적으로 자신이 하려고 하는 것을 지방민들과 조율해야 했다. 앞서 지적한 사항을 반복하면, 공이 구성한 통치제도는 비교적 나중에 등장했고 이미 잘 발달된 지방의 제도 위에 덧붙여지는 모양새를 취했는데, 특히 도시에서 그러했다. 『루스카야 프라브다』는 이런 복잡한 관계를 잘 보여주고 있다. 부분적으로 야로슬라프 현공에 의해서 시작되었으며 13세기에 아주 안정적인 형태를 취할 때까지 여러 버전을 통하여 발전되었던 그 법전은, 기존의 관습적인 관행을 편집한 것이었다. 그렇지만 사회가 발달하고 공의 권력이 강해짐에 따라 『루스카야 프라브다』도 변화되었다. 사회를 통치할 수 있는 국가권력이 강화되었다는 징후는 법전에서 살인에 대한 태도가 변화했다는 것에서 찾아볼 수 있다. 이 법전의 초기 버전에서는 폭력을 사용한 복수 관행을 승인했지만, 사회의 폭력과 무질서를 최소화하려고 했던 후대의 버전은 그것을 벌금으로 대체했다. 우리가 부분적으로 봤듯이, 이 법전은 키예프 사회가 특히 교역과 재정 분야에서 상대적으로 크게 발전되었음을 보여준다. 그것은 사형제도보다는 벌금에 더 의존했던 것을 포함하여, 아주 관대한 처벌 규정 때문에도 주목을 받아왔다. 교회법은 비잔티움으로부터 기독교와 함께 도입되었다. 특히 11세기와 12세기에 교구의 수가 증가되자, 교회 법정은 종교 및 교회와 관련된 특정 문제들만이 아니라, 점차 성 문제, 결혼, 가족 문제에 대한 실질적인 사법권을 가지게 되었다. 그리고 교회 법정은 이교 성직자들, 마법사, 민간 치료사들에 대항하여 벌인 계속적인 투쟁도 다루었다.

보야르 두마(boyar duma)는 공 및 그의 측근 가신인 상급 드루지나의 협의회 및 협동 작업에서 발달된 것으로 보인다. 그것은 키예프 루시가 발전함에 따라 확대되었는데, 보야르 계층의 성장 및 러시아의 기독교로의 개종과 같은 발전도 반영했다. 왜냐하면 고위 성직자도 두마에서 한자리를 차지했기 때문이다. 보야르 두마가 의회와 유사하다고 생각한다거나—그것이 비록 선행 형태인 왕실 회의(curia regis)에 비유될 수 있기는 하지만—혹은 심지어 공의 권력을 합법적으로 일정하게 제한하기 위한 것이라는 주장은 아주 부정확하다. 그러나 보야르 두마는 공의 상시적인 조언자이자 협력자로서의 관행적인 기능 속에서 매우 중요한 제도로 남아 있었다. 우리는 공이 자신들의 조언을 구하지 않았다는 이유로, 상급 드루지나가 공을 따르기를 거절했던 몇몇 사례에 대해서 알고 있다.

마지막으로, 키예프국의 민주정적 요소는 서구의 "야만적인" 왕국들에 있던 자유민 집회와 유사한 민회, 즉 베체에서 명확하게 표현되었다. 모든 가장들은 보통 시장에서 개최되던 이 모임에 참여해서 전쟁이나 평화, 긴급 법령, 그리고 공과의 갈등이나 공들 사이의 갈등과 같은 중대 사안을 결정할 수 있었다. 흔히 만장일치제를 채택했던 베체의 다루기 힘든 관행은 대표권이나 다수의 지배 같은 원칙을 무시하고, 직접 민주주의를 적용한 것으로 설명될 수 있다. 베체는 선사 시대로부터 유래되었으므로, 공의 권위보다 시기적으로 앞선 것이었다. 그리하여 베체가 공의 권위와 완벽하게 조화를 이루는 것은 절대로 불가능했다. 키예프 시기에 키예프에 있던 베체 자체는 특별히 중요한 역할을 수행했으나, 러시아 곳곳에서 기능을 발휘하고 있었다. 사실, 베체가 지대한 영향을 미칠 정도로 발전한 것은 조금 뒤에 노브고로드에서 이루어졌다.

제6장

키예프 루시 : 종교와 문화

이른 시기의 자료에서 찾아볼 수 있는 과거의 관습과 신앙에 대한 기록은 극소량에 불과하며, 민족적 서사시를 기록하려는 체계적인 시도는 19세기 중엽이 되어서야 나타났다. 게다가 일반적으로 인정되고 있듯이, 살아남은 전통 문화도 시간이 지남에 따라서 중대한 변형을 겪게 되었다. 이런 상황 속에서는 17세기 이전의 러시아의 문화적 발전에 대한 포괄적인 개관을 제시하려는 어떤 시도도 극복할 수 없는 장애물을 만나게 되며, 필연적으로 불완전하고 편파적일 수밖에 없다. 기독교 문헌만이 자료로 보존되어 왔으며, 대부분의 민족 서사시는 되찾을 수 없을 정도로 유실되었다.……민족의 기원에 관한 초기의 문헌적인 노력은 비잔티움의 유형을 맹목적으로 모방한 것일 따름이었다.

— 플로린스키

그러나 어린 시절의 황금기와 마찬가지로, 키예프 루시는 러시아 민족의 기록에서 결코 희미하게 남아 있지 않았다. 맑은 샘과도 같은 그 시기의 문학 작품을 통하여 원하는 사람이라면 누구든지 자신의 종교적 갈증을 해소할 수 있다. 그 시기의 신망받을 만한 저술가들에게서, 누구든지 복잡한 근대 세계의 일들에 대한 지침을 찾아볼 수도 있다. 키예프 기독교는 푸시킨이 예술적인 감각을 위해서 가진 가치와 동일한 가치를 러시아의 종교적 심성에 대해서 가지고 있다. 즉 그것은 기준이자 황금의 척도이자 왕도인 것이다.

— 페도토프

10세기 후반에 시작된 기독교 개종이라는 중대한 사건 이전이라고 할지라도, 루시인들의 삶에서 종교의 중요성을 과소평가하기는 어려울 것이다. 기독교인들이 "이교적"이라고 부르는 기독교 이전의 동슬라브족의 문화는 영적으로 깊이 있는 신비스러운 문화였고, 그 영향은 기독교가 부상한 이후에도 완전히 사라지지는 않았다. 다양한 인도유럽적 영향을 결합한 엄청나게 다채로운 신앙과 관습 속에는 사자(死者)(특히 조상) 숭배, 신들과 정령으로 가득 찬 자연관, 인간과 동물 그리고 자연 사이의 경계에 대한 유동적인 감각 등이 포함되었다. 초기의 민속문화에서는 인간이 종종 동물이나 식물에 비유되었고, 자연이 인간과 같은 능력을 가지고 있다고 간주되었으며, "촉촉한 지모신(Moist Mother Earth)"을 위한 특별한 숭배의식이 거행되었다. 비록 동슬라브의 이교에는 정교한 조직이 없었고 제도적인 발전이 이루어지지 않았지만, 야외에 종교행사가 거행된 장소가 있었다는 증거는 있다. 이런 장소는 특히 언덕 꼭대기에 신상이 있는 곳이었는데(『원초 연대기』에 따르면 성 블라디미르가 허물어뜨린 곳이 바로 이런 장소였는데, 그는 신상을 강으로 끌고 가서 매질하도록 했다), 그런 곳에서 사제들이 종교의식을 거행했을 것이다. 그리고 우리는 다른 인도유럽 문화와 유사한 많은 신들을 모시고 있던 커다란 만신전에 대해서 알고 있다. 그곳의 신들 중에는 하늘과 불과 빛의 신인 스바로크(Svarog), 태양신인 다지보크(Dazhbog), 그리고 천둥과 번개의 신인 페룬(Perun)이 있었다. 그렇지만 그곳의 신들은 그리스나 로마의 이교와는 달리, 강력하거나 강한 영향력이 가지고 있는 세력들이라기보다는 우리에게 가까이 있으면서도 불가사의한 힘들, 즉 자연세계와 산 자들과 죽은 자들이었다.

  기독교로 개종한 이후에 키예프 루시에 이교가 존속되었는지의 문제는 오랫동안 논란이 되어왔다. 일부 역사학자, 특히 교회사가들은 새로운 종교인 기독교가 수 세기 동안 대중에게 오직 피상적인 영향력만 유지하고 있었다고 단언했다. 대중은 자신들의 진정한 신념과 일상적인 관습 속에서 고집스럽다고 할 정도로 이교도로 남았고, 옛 미신 중 많은 요소를 기독교 속으로 끌어들였다. 일부 학자들은 이중 신앙이라는 의미의 드보예베리예(dvoeverie)에 대해서 말하는데, 이것은 이런 골치 아픈 현상을 가리키기 위해서 성 테오도시우스와 같은 당대의 종교 지도자들이 원래 사용한 용어였다. 현대 역사학자들은 본질적으로는 이교이면서 겉모습만 기독교로 분장했다고 보기보다는, 제설혼합주의(諸設混閤主義, syncretism)라고 말하는 경향이 있다.

키예프 기독교는 역사학자에게 그 자체로 여러 가지 질문을 던지고 있다. 그곳의 기독교는 내용이 풍부하며 비교적 잘 알려져 있는데, 그것은 루시의 환경에 적응하기 위해서 변화되었을 뿐만 아니라 비잔티움적인 기원과 모형으로부터 커다란 영향을 받았음을 보여주었다. 그 결과, 키예프 기독교는 조직 면에서 러시아적이고 일반적으로는 우수한 형태의 기독교라고 지나치게 칭송되는가 하면, 피상성과 파생적인 성격 때문에 과도하게 비난받기도 했다. 균형 잡힌 시각을 가지기 위하여, 키예프 기독교는 비잔티움의 기독교를 능가하기는커녕, 어떤 중요한 측면에서는 심지어 그것을 모방할 수도 없었다는 점을 분명하게 지적해야 한다. 그래서 키예프 루시에서 신학과 철학은 성장할 수 있는 토대를 거의 찾지 못했고, 중요한 성과를 전혀 내지 못했다. 사실 키예프의 종교적 저술은 일반적으로 비잔티움의 원문을 거의 그대로 따르고 있으므로 기독교의 유산에는 독자적인 기여를 거의 하지 못했다. 키예프의 토양에서는 신비주의 신앙도 자리잡지 못했다. 그러나 다른 의미에서 키예프의 기독교는 성장했고, 나름대로 발전했다. 결국 키예프의 기독교는 나름의 독특한 태도와 요구 사항과 윤리적 및 미적 전통을 가진, 완전히 새롭게 세례를 받은 사람들의 종교였다고 할 수 있다. 말하자면, 비잔티움의 기독교가 이처럼 러시아화한 모습은 키예프의 성인들의 등장, 교회 건축과 예술의 창의적인 성장, 키예프의 정교회의 일상생활, 정교회가 러시아 사회와 문화에 미친 전체적인 영향 등에서 점차 명확해졌다.

비잔티움은 명백히 신생 러시아 교회에 너무 큰 영예를 주려고는 하지 않았기 때문에, 키예프인들에 대한 시성을 단호하게 반대했다. 그래서 상당한 시간이 지체된 다음에야 시성된 키예프의 성인들로는 물론 루시의 세례자인 블라디미르, 키예프 최초의 기독교인 통치자인 올가, 그리고 몇몇 공들과 종교 지도자들이 있었다. 이런 공들 중에서 보리스와 글레프는 키예프의 정치를, 그리고 어떤 의미에서는 그들의 삶과 시성을 통해서 키예프의 심성을 반영하고 있기 때문에 각별히 주목할 가치가 있다. 앞에서 언급했듯이, 성 블라디미르와 그의 불가리아인 아내 사이에 태어난 이 형제는 이복형제인 스뱌토폴크에 의해서 살해되었다고 알려져 있다. 이런 형제 살인을 불러일으킨 분쟁 이후에, 야로슬라프 현공이 제위에 오르게 되었다. 보리스와 글레프 형제는 내전의 죄 없는 희생자였을 뿐만 아니라, 개탄할 만한 형제 사이의 싸움에 적극적으로 참가하기보다는 죽음을 선택했기 때문에(적어도 보리스의 경우에는 그랬다) 성인으로 추존되었다. 약 982년부터 1073년 사이에 살았던 성 안토니와 1074년에 사망했던 성 테오도시우스는 시성된 성직자들 중에서 눈에 띈다. 수도사였던 이 두 사람은 러시아에서 수도원 운동의 전개 및 키예프 인근의 동굴 수도원의 설립 및 조직과 관련이 있었다. 그렇지만 그들의 성품과 종교적인 성향은 달랐으며, 러시아의 기독교에 상이한 영향을 남겼다. 아토스 산에서 수도사 서약을 했으며 이름에서 전체 수도원 운동의 창시자인 성 안토니우스가 연상되는 안토니는 금욕주의 및 자신의 영혼을 구원하기 위한 투쟁이라는 고전적인 길을 따랐다. 그의 제자인 테오도시우스는 개인적인 생활에서는 극히 금욕적이었지만 수도원 공동체 운동을 발전시켰고, 조언을 요청하는 공들이든지 배고픈 빈자들이든지 간에 도움을 필요로 하는 사람들에게 사회적 봉사정신을 강조했다는 점에서 중요한 기여를 했다. 그가 한 조언은 필요한 경우에는 권고가 될 수도 있었고, 심지어 질책이 될 수도 있었다. 여러 가지 주제에 관한 성 테오도시우스의 많은 저술은 보존되어 있다. 키예프 루시에서는 러시아 역사의 후기와 비교하여 수도원들이 도시 안이나 그 인근에 모여 있는 편이기는 했지만, 키예프 인근의 동굴 수도원의 조직적 형태를 따르고 그곳의 지도를 받던 수도원들은 루시 영토 전체로 퍼져나갔다.

키예프 시대의 말엽에 키예프에 있는 수좌대주교를 지도자로 하던 루시의 교회에는 16개의 교구가 있었는데, 이는 성 블라디미르 때 원래 8개이던 것이 2배로 늘어난 것이었다. 그중 두 교구는 대주교구(archbishopric)의 지위를 가지고 있었다. 루시의 대주교구와 루시 교회는 콘스탄티노플 총주교의 관할하에 남아 있었다. 한편 키예프 시대에 러시아인으로서 대주교였던 사람은 단지 두 사람만 알려져 있다. 그중 한 사람은 11세기의 일라리온이고, 다른 한 사람은 12세기의 클레멘트이다. 특히 초기에는 많은 주교들도 비잔티움에서 왔다. 비잔티움과 맺은 관련성 덕분에, 루시 교회는 국가와의 관계에서 독립성을 유지하고 힘을 가지는 데에 도움을 받았다. 그렇지만 일반적으로 이 시기에는 교회와 국가 사이에 갈등보다는 협력관계가 더욱 두드러졌다.

이미 언급된 것처럼 키예프 루시의 교회는 방대한 토지 자산을 획득했고, 특별한 종교적 기능 이외에 병자를 고치고 여행자들에게 숙소를 제공하는 등의 자선 행위를 선점했다. 교회법은 교회 시설과 관련된 사람들만이 아니라, 특히 도덕이나 종교적 의무의 준수와 같은 문제들에, 그리고 대체로 모든 사람들에게 확대되어 적용되었다. 앞으로 보게 되겠지만 교회는 키예프의 교육, 문학, 예술에서도 중심적인 위치를 차지했다. 키예프의 사회와 삶에서 종교가 미친 전반적인 영향력이 어느 정도였는지 규정하기는 훨씬 더 어렵다. 키예프의 기독교는 인간과 인간의 일에 대한 긍정과 어느 정도의 기쁨과 각별하게 연관되었다고 종종 정열적인 어조로 묘사되어왔다. 키예프 기독교는 아마도 이교 시절의 동슬라브족이 자연에 대해서 친근했던 태도의 영향을 받아서 강력한 우주적 의미를 가졌고, 전체 우주의 변형을 강조했으며, 하늘과 땅의 통치자인 성부에 강조점을 두었던 비잔티움과는 대조적으로 특히 기독교의 케노시스적(kenotic) 요소, 즉 겸손한 그리스도와 그의 희생에 대한 신앙을 표현했다고 기술되어왔다. 키예프 기독교에 대한 이런저런 유사한 평가가 어느 정도로 타당하든지 간에—그리고 이런 주제들은 내용이 아주 복잡하고 우리가 가진 자료가 제한적이며 때때로 편향되어 있음에도 불구하고 어느 정도의 진실을 담고 있는 것 같다—기독교적 원칙들은 키예프 루시의 삶에 영향을 주었다. 그런 원칙들이 영향력을 가졌다는 사실은 키예프의 문학, 그리고 특히 블라디미르 모노마흐의 『유언』에 등장하는 선한 군주라는 놀라운 개념과 당대의 저술에서 찾아볼 수 있는 자선 행위에 대한 계속적인 강조, 그리고 기독교적 행동 기준에 대한 전면적인 지지와 같은 윤리적 규범에서 풍부한 사례를 찾아볼 수 있다.

언어와 문학

루시인들의 언어 역시 기독교로의 개종으로부터 영향을 받았다. 루시인들 사이에서 키릴 알파벳을 사용하여 문자를 쓰게 된 것은 그 나라가 세례를 받은 일과 관련이 있었다. 왜냐하면 슬라브인들에게 선교사로 파송되었던 성 키릴과 성 메토디우스가 9세기 후반에 원래는 모라비아인들을 위해서 이 글자를 창안했기 때문이다. 보다 정확하게 말하면, 성 키릴이 보다 오래된 글라골 알파벳을 창안했고, 키릴 문자는 그보다 후대에 아마도 불가리아에 있던 그의 제자들 중의 한 사람이 발전시킨 것이라는 견해가 오늘날 정설로 받아들여진다. 분명히 일찍이 비잔티움과 여러 조약을 체결했으며, 이런 조약이 슬라브어로 번역되었고 러시아인들이 988년 이전부터 문자를 잘 알고 있었다는 사실에 대한 증거가 존재하기는 하지만, 러시아에서 문자 사용이 확고하고도 항구적으로 정착된 것은 기독교로의 개종 덕분이었다. 반복하면, 교회의 전례(典禮) 그리고 이보다 덜 중요한 다른 종교의식과 행사에서, 서구에서처럼 그리스어나 라틴어가 아니라 사람들에게 쉽게 이해될 수 있는 교회 슬라브어가 사용되었다. 종교의식에 기반을 둔 문헌은 빠른 속도로 늘어났고, 얼마 지나지 않아 다른 분야도 포괄하게 되었다.

키예프의 문학은 구술 창작으로부터 특정 저술가나 (주로 종교적인) 공동체에 의한 저술까지, 그리고 경계가 불명확할 수는 있지만 세속적인 텍스트로부터 종교적인 텍스트에 이르기까지 다양했다. 많은 양의 키예프 민속문화가 소실된 것 같기는 하지만, 그 당시의 민속문화의 풍요로움과 다양성을 입증하기에 충분한 양은 남아 있다. 이런 민속문화는 종종 그 기원이 보다 오래 전에 있지만, 키예프의 새로운 경험을 포함하면서 계속 발전하고 있었다. 농사일, 축제와 휴일(이교적인 것과 기독교적인 것 둘 다), 그리고 결혼, 출산, 죽음과 같은 특별한 생활 주기에 포함되는 사건들에 사용되던 의식용 노래는 아주 많았으며, 일상적인 관습과 태도에 대하여 많은 것을 보여준다. 예를 들면, 결혼식 때 부르던 노래는 동의에 의해서인지, 구매에 의해서인지, 납치에 의해서인지 등 신부가 되는 여러 가지 상황을 묘사한다. 키예프의 민속문화에는 전설, 속담, 격언 그리고 여러 종류의 수수께끼도 포함되어 있었다.

유명한 영웅담(byliny)이라고 불리는 서사시에는 각별한 주의를 기울일 필요가 있다. 이것은 많은 점에서 그리스인들의 호메로스의 서사시나 세르비아인들의 서사시에 비견될 수 있는 서구 문학의 여러 가지 대서사시 전집 중의 하나이다. 영웅담은 고대 루시의 강력한 전사인 보가티리의 활동에 대한 이야기이다. 이 전사들은 몇 명의 연장자 보가티리와 수가 많은 젊은 보가티리로 나눌 수 있다. 정보가 별로 남아 있지 않은 첫 번째 부류는 아주 먼 옛날의 이야기로서 신화와 중첩되거나 심지어 신화의 일부이기도 하며, 종종 자연력이나 자연현상과 연관된 것처럼 보인다. 약 400편의 남아 있는 서사 노래에서 그려지고 있는 키예프의 젊은 보가티리는 비록 그들의 행위가 보통 환상과 기적의 영역에 속하기는 하지만, 키예프의 역사를 훨씬 더 잘 반영하고 있다. 그들은 전형적으로는 성 블라디미르의 측근인데, 많은 영웅담은 그의 궁정에서 시작되고 끝이 난다. 그들은 공과 루시의 땅을 지키기 위한 준비가 항상 되어 있고, 그렇게 할 수 있을 만한 힘도 가지고 있다. 그들은 공에게 솔직한 견해를 말하는 것도 두려워하지 않으며, 심지어 잘못된 행동에 대해서 공을 비난하기도 한다. 그리고 훈련된 군사라기보다는 철저한 개인주의자의 모습을 보여주는 경향이 있다. 무엇보다도 그들은 루시의 적과 싸운다. 유대교도인 하자르인들은 경멸적으로 생각되던 유대인인 전설상의 지도빈의 모습일 수 있다. 혹은 폴로베츠족의 투고르 칸은 용(龍)인 투가린이 될 수도 있다. 일종의 기사제도, 기독교, 그리고 초원 민족들에 대항해서 끊임없이 싸우던 모습은 젊은 보가티리의 모습에서 특이하게 키예프 방식대로 혼합되어 표현되었다.

무롬의 일리야, 도브리냐 니키티치 그리고 알료샤 포포비치는 그런 서사시의 인기 있는 영웅들로 등장한다. 그들 중에서 가장 힘이 세며 흥미로운 영웅인 무롬의 일리야는 장애인 농부였는데, 서른세 살의 나이에 기적적인 치료를 받은 이후에야 적에 대항하여 키예프 루시를 방어하는 위대한 경력을 시작하는 것으로 묘사되어 있다. 그는 놀라운 무공을 세웠지만 높은 도덕심을 잃지 않았고, 최후의 수단으로써가 아니라면 싸움을 벌이려고 하지 않았다. 무롬의 일리야가 키예프의 농촌 대중을 대변한다면, 도브리냐 니키티치는 분명히 상류층에 속한다. 그의 행동 방식과 태도는 농민 무사의 경우와는 분위기가 다르다. 사실 그는 다른 보가티리보다도 더 실제적인 역사적 인물, 즉 성 블라디미르의 삼촌이자 동료와 관련된다. 한편 알료샤 포포비치는 성(姓)이 보여주고 있듯이 성직자 계급 출신이다. 그의 성품 속에는 허풍과 탐욕 그리고 어느 정도의 영악함이 포함되어 있는데, 그는 이런 영악함을 가지고서 종종 용맹스러움과는 다른 무엇인가를 통해서 적들을 물리치고 있다. 키예프의 대(大)전집에 더하여, 우리는 나중에 노브고로드에 대한 논의를 할 때 언급하게 될 노브고로드의 몇몇 영웅담, 어떤 전집에도 포함되지 않는 몇몇 산만한 서사시들 그리고 모스크바 시기의 역사를 주제로 쓰였으며 예술적으로 보다 덜 중요한 노래들에 대해서도 알고 있다.

앞서 언급되었듯이, 문자로 기록된 키예프의 문학은 기독교로의 개종과 밀접하게 관련되어 발전되었다. 거기에는 교회의 예배 서적, 구약성서를 나타내는 그리스어인 『팔라에아(Palaea)』라고 알려진 구약성서 이야기 모음집(여기에는 정경[正經]과 위경[僞經]이 모두 있다), 설교와 다른 교훈적인 작품들, 찬송가와 성자전이 포함되어 있다. 보다 유명한 작품으로는 투로프의 성 키릴에 의해서 작곡된 찬송가, 소위 『파테리콘(Paterikon)』이라고 불리는 키예프 인근의 동굴 수도원의 성자들의 생애 모음집, 야로슬라프 현공 시대의 수좌대주교로서 키예프의 지도적인 지식인이었으며 페도토프가 "모스크바국 시대를 포함하여 고대 러시아 전 시기에서 최고의 신학자이자 설교가"라고 기술한 일라리온의 저서를 들 수 있다. 일라리온의 잘 알려진 설교인 「율법과 은혜에 관하여(Slova o zakone i blagodati)」는 모세의 율법과 그리스도의 은혜 및 구약과 신약에 대한 능숙한 비교로부터 시작하여, 루시인들의 세례에 대한 수사학적 설명과 세례자인 성 블라디미르에 대한 찬가로 이어진다. 이것은 키예프 기독교가 가지는 쾌활한 긍정 정신의 훌륭한 표현으로서 종종 인용되어왔다.

이 시대의 연대기는 특별히 주목할 가치가 있다. 우리가 지적했듯이, 연대기는 종종 수도사들에 의해서 쓰였고, 키예프 통치자들의 정통성과 덕목만이 아니라 올바른 기독교적 통치에 대한 이상이라는 명확한 관점을 반영했다. 그와 동시에, 종교 문헌과 역사 문헌은 둘 다 과거에 대한 기초적인 사실을 기록하고, 이야기 틀 속에서 사람들이 행동해야 하는 방식과 선악에 대한 주장을 펴고 있는 역사 서술의 한 모형이기는 하지만, 연대기는 종교 문헌이라기보다는 역사 문헌에 속한다. 우리가 종종 언급해왔으며 후대에 쓰인 대부분의 연대기의 기반이 된 아주 중요한 『원초 연대기』는 러시아의 초기 역사를 어떻게 볼 것인지에 대해서 커다란 영향을 미쳤다. 그것은 풍부한 세부적인 기술과 사실적인 내용 때문에 전문가들로부터 높은 평가를 받고 있으며, 전설적인 내용과 여러 해석을 담고 있기도 했다. 예를 들면, 그 연대기는 바랑기아인들을 초청한 유명한 이야기를 하면서 바랑기아인들이 "질서"를 가져오기 전에 원주민들은 "짐승과 같은 방식으로" 살고 있었다고 설명한다. 마찬가지로, 『원초 연대기』는 군사적인 기량, 학식, 경건함, 러시아의 명예와 위대함에 대한 헌신 등의 이유로써 키예프의 공들을 이상화하고 있으며, 그들이 범한 "죄악"에 대해서는 질책하기도 했다. 특히 나라의 외적보다는 서로 다툼을 벌인 "수치스런 일"에 대해서 책망했다.

아마도 세속 문학 중에서 가장 주목할 만하고 흥미로운 작품은 『이고리 군대의 시(*Slovo o polku Igoreve*)』(종종 『이고리 원정기』로 좀더 단순하게 번역되기도 한다)일 것이다. 이것은 1185년에 폴로베츠족에 대항해서 러시아인들이 벌였으나 실패한 작전에 대한 탁월한 시적 설명이다. 비록 오랫동안 많은 학자들이 그것은 현대에 쓰인 위작이라고 주장해왔으나, 대부분의 전문가들은 계속해서 그것이 비록 몇 가지 측면에서 독특하더라도 키예프 문화의 진실된 표현이자 풍요로운 세속적인 시어의 표현이라고 생각해왔다. 이것은 후대의 많은 작품에도 영향을 미쳤다. 이야기의 무대는 전선으로부터 키예프로 옮겨가는데, 키예프에 있던 스뱌토슬라프 대공은 참사에 대해서 알게 된다. 그리고 무대는 푸티블로 옮겨가서 이고리의 아내인 야로슬라브나가 잃어버린 남편에 대한 유명한 애가를 부른다. 이야기는 이고리가 포로 상태로부터 탈출하여 러시아로 귀환하는 기쁨을 노래하는 것으로 종결된다. 이 작품의 미상 작가는 전사들을 찬양하며, 동쪽으로부터의 계속된 위협에 직면하여 공들이 단결할 것을 호소하고 있다. 사실, 학자들은 『이고리 원정기』가 "루시 땅"과 외적에 대한 투쟁에 대해서 관심을 집중하고 있는 것을 민족주의의 한 형태라고 기술해왔다. 『이고리 원정기』는 전투에서 들리는 쩽그랑거리는 창 소리와 스텝 지대의 부스럭거리는 소리를 잊을 수 없는 어조로 재현한다. 그뿐만 아니라 그것은 이야기를 전개해나갈 때의 인상적인 이미지, 서정성, 자연에 대한 놀라운 태도—자연은 어떤 의미에서 살아 있으며, 인간과 가깝다—와 생생함, 힘, 열정 때문에 찬사를 받을 만하다.

건축과 기타 예술 분야

키예프의 문학이 구술 혹은 민간 전승문학과 기록된 문학으로 자연스럽게 구분될 수 있다면, 키예프의 건축은 다소 비슷한 방식으로 목조 건축 그리고 석조 건축으로 분류될 수 있다. 목조 건축은 민간의 시가와 마찬가지로 동슬라브족의 선사 시대에서 유래되었다. 석조 건축과 기록된 문학은 둘 다 기독교로의 개종과 연관되었으며, 비잔티움으로부터 중대한 영향을 받았다. 그렇지만 이두 가지는 이런 이유 때문에 단지 아류에 불과하다고 치부되어서는 결코 안 된다. 왜냐하면 이미 키예프 시대에 이 두 가지는 새로운 환경 속에서 창조적으로 발전되었고, 가치 있는 결과를 창출했기 때문이다. 분명히 무엇인가를 차용하여 적용하는 것은 바로 문화사의 핵심이라고 말할 수 있다.

목재는 불에 아주 취약하기 때문에 키예프 시대에 건축된 목조 구조물은 하나도 남아 있지 않지만, 그 시대에 건축된 석조 교회는 약 20여 곳이 오늘날까지 전해진다. 이 교회들은 정사각형 혹은 직사각형 모양인 십자가의 기본적인 형태, 그리고 다른 많은 점에서 비잔티움의 모형을 전형적으로 따랐다. 그렇지만 처음부터 이 교회들은 여러 개 혹은 그보다 많은 원형 지붕을 선호했으며, 특히 북부 지역에서는 좋지 못한 날씨에 견디도록 두꺼운 벽과 작은 창문 그리고 각이 가파른 지붕을 선호하는 것과 같은 러시아적 특성이 나타나기도 했다. 키예프 시대의 대형 교회의 건축가들은 비잔티움 및 비잔티움의 다른 지역 혹은 발칸 반도의 슬라브인 거주지역과 몇몇 캅카스 지방처럼 비잔티움화된 문화권 출신이었으나, 토착 러시아인들도 그들 중에 포함되어 있었다.

1037년부터 건축되기 시작한 키예프의 성 소피아 대성당은 일반적으로 현존하는 가장 탁월한 키예프 건축 기념물로 생각되어왔다. 이 건축물은 콘스탄티노플에 있는 교회를 본떠서 그리스 건축가들이 세웠는데, 정사각형의 십자가 형태를 따르고 있으며, 동쪽 혹은 성소 부분에 5개의 애프스(apse),* 5군데의 중랑(中廊, nave),** 13개의 둥근 지붕을 가지고 있다. 대성당의 호사스러운 내부에는 모자이크와 프레스코 그리고 다른 장식물만이 아니라, 반암(斑岩), 대리석, 설화석고로 된 기둥이 있다. 노브고로드에는 장엄하고 화려한 또다른 성 소피아 대성당이 그 도시와 영토의 삶의 중심이 되었다. 이 대성당은 비잔티움이 즐겨 하던 대로 지혜이신 그리스도(Christ as Wisdom)에게 봉헌된 교회였는데, 1052년 무렵에 그리스인들에 의하여 건축되었다. 그러나 그라바르에 따르면, 예술적인 관점에서 훨씬 더 뛰어난 건축물은 노브고로드 인근에 있는 성 게오르기 수도원의 성 게오르기 대성당이었다. 1119년부터 1130년 사이에 러시아의 장인(匠人)인 표트르에 의해서 세워진 이 건축물은 3개의 애프스, 3개의 둥근 지붕, 그리고 흰색 돌로 된 장식 없는 벽을 가지고 있는데, 우아함과 위엄, 그리고 소박함으로 인해서 잊을 수 없는 인상을 자아낸다.

---

* 보통 교회 동쪽 끝에 있는 반원형 부분을 가리킨다/역주
** 회중석이라고도 한다/역주

알렉산드리아의 성 베드로의 얼굴 그림(노브고로드의 네레디차에 있는 구세주교회의 프레스코 화, 1197년). (*Sovfoto*)

키예프 시기의 건축은 12세기와 13세기 전반부에 나라의 동쪽에 있었으며 당시에 러시아의 정치적 중심이었던 블라디미르-수즈달 지역에서 특히 놀라운 결과를 이루었다. 그 지역의 교회 건축물들은 서구의 로마네스크 양식, 그리고 캅카스의 분명한 영향 및 비잔티움의 영향이 물론 토착적인 전통과 혼합되었다는 것을 잘 보여주고 있다. 남아 있는 것 중에서 가장 좋은 사례로는 블라디미르에 있는 두 곳의 성당, 즉 성모몽소승천 대성당과 성 드미트리 대성당을 들 수 있는데, 앞의 것은 나중에 똑같은 이름으로 불리며 모스크바의 크렘린에 있는 대성당의 원형이 되었다. 유리예프 폴스키에 있는 성 게오르기 대성당은 눈에 띄는 토착적 특징이 있으며, 블라디미르 근처의 네를 강에 있는 성모대속 교회는 고대 러시아 건축 중에서 최고의 작품으로 종종 인용된다. 1166년에서 1171년 사이에 건축된 성모대속 교회는 3개의 애프스와 하나의 둥근 지붕을 가진 직사

블라디미르에 있는 성 드미트리 대성당, 1194-1197년. 건축적으로 보면 이 성당은 네를 강에 있는 성모대속 교회의 모습을 반복하고 있지만, 장식이 더 풍성하다. 내부에는 성인, 새, 사자, 표범, 식물의 모습들이 돌 위에 부조되어 있다. (*Mrs. Henry Shapiro*)

각형 모양인데, 조화로운 설계와 우아한 형태 및 장식으로 아낌없는 찬사를 받아왔다.

키예프 루시에서는 특히 교회와 관련해서 다른 예술 분야도 번성했다. 키예프의 성 소피아 대성당과 키예프국의 다른 성당 및 교회는 모자이크와 프레스코로 화려하게 장식되었다. 기독교와 더불어 성상화 제작도 비잔티움으로부터 러시아로 전해졌다. 비록 비잔티움의 전통이 이 모든 분야의 예술을 지배했으며 러시아에서 활동하던 많은 장인들이 비잔티움이나 발칸 반도에서 오기는 했지만, 한 러시아 유파가 점차 등장하기 시작했다. 러시아 유파는 특히 성상화 제작에서 창창한 미래를 가지고 있었다. 동굴 수도원의 성 알리피와 키예프의 다른 선구자들은 성상화 제작과 관련해서 종종 러시아 역사에서 가장 놀라운 예술적 발전이라고 간주되어온 일을 시작했다. 다른 장식예술과 마찬가지로 일반적으로 채색화와 세밀화 분야에서 키예프의 미술 작품은 우리 시대에까지 전해져왔다. 그와는 대조적으로 동방정교회가 조각에 대해서 부정적인 태도를 가지고 있었기 때문에, 정식 조각품은 교회에서 금지되었고, 러시아인들과 기타 정교도들에게는 미니어처와 부조 조각만 허용되었다. 그러나 부조는 발전하여 1,000개 이상의 부조 작품이 있는 블라디미르의 성 드미트리 대성당과 유리예프 폴스키의 대성당에서 절정에 다다랐다. 음악과 초보적인 연극을 결합시킨 대중 오락거리는 스코모로흐들에 의해서 제공되었는데, 교회는 그들을 비도덕적이고 이교의 잔재라고 하면서 지속적으로 탄압하려고 했다.

교육. 맺음말

키예프 루시에서 교육의 범위와 수준은 지나친 칭찬과 과도한 비난으로 인해서 혼란스러운 논쟁거리로 남아 있다. 긍정적인 측면을 보면, 위에서 개괄적으로 살펴본 키예프의 문화는 만약 사회 내에서 교육받은 계층이 없었다면 발전될 수 없었으리라는 점이 분명해 보인다. 게다가 클류쳅스키, 치젭스키 등의 사람들이 강조했듯이, 『원초 연대기』 및 블라디미르 모노마흐의 『유언』과 같은 키예프의 자료는 배움에 대한 아주 높은 관심을 표현하고 있다. 구체적인 정보에 관해서는, 우리는 키예프와 다른 도시들에 세워진 학교들, 학문과 예술을 장려했던 수도원들, 외국어를 알았으며 서적을 수집하고 학자들을 후원하고 일반적으로 교육과 문화를 지원했던 공들에 대한 여러 가지 산발적인 기록을 가지고 있다. 그 외에도 노브고로드에 집중된 발굴품을 보면, 장인들과 폭넓은 부류의 도시민들, 심지어 어느 정도로는 농촌에 살던 농민들 사이에서도 문자 사용 능력이 상당히 확산되어 있었음을 알 수 있다. 그렇지만 키예프 인구의 상당 부분, 특히 농촌에 거주하던 대중은 문맹인 상태로 남아 있었던 것 같다.

심지어 키예프 문화에 대한 간단한 설명에서도 키예프가 외국으로부터 다양한 영향을 받았으며 그런 영향이 키예프 문화의 발전에 중요했다는 것을 알 수 있다. 맨 앞에 위치한 나라는 비잔티움이지만, 이 점이 다른 나라들이 키예프 문화에 미친 중요한 기여를 흐리게 만들어서는 안 된다. 예를 들면, 만약 우리가 키예프와 이란의 서사시, 동슬라브족과 일부 투르크 부족의 음계 사이의 관련성이라든지, 키예프의 장식의 발전을 스키타이, 비잔티움 그리고 이슬람의 무늬와 연관시켜 논의해본다면, 키예프의 문화적 유산이 얼마나 복잡한지 좀더 분명하게 알 수 있을 것이다. 일반적으로 이런 영향은 토착적인 성장을 질식시킨 것이 아니라 그것을 자극했고, 심지어 그것이 가능하도록 만들기도 했다. 키예프 루시는 운 좋게도 문화의 주변부가 아니라 교차로에 위치해 있었다.

아마도 키예프 문명이 파괴되었다는 점, 그리고 그 문명의 독특한 성질이 유실되었다는 점이 너무 지나치게 강조되어왔는지도 모른다. 사실 키예프 루시는 다른 사회와 마찬가지로 결코 다시는 부흥하지 못하고 쇠퇴하고 말았다. 그러나 그 나라는 사회 및 정치 제도, 종교, 언어, 문화 분야에서 풍요로운 유산을 남겨놓았다. 우리는 러시아 역사를 연구할 때 이런 유산을 반복해서 만나볼 수 있다.

제3부
분령 시기의 러시아

제7장

분령 시기의 러시아 : 서론

풀들은 슬픔으로 고개를 숙이고, 나무들은 비통함으로 인해서 땅을 향해서 휘어져 있다. 왜냐하면, 형제들이여, 암울한 시기가 이미 시작되었기 때문이다. 우리의 힘은 이미 황무지에 의해서 삼켜졌다.……불신자들에 대한 공들의 승리는 끝이 났다. 왜냐하면 형제가 형제에게 "이것은 내 것이고, 저것도 내 것이다"라고 말했고, 공들은 하찮은 일들에 대해서 "봐라! 이것은 큰 문제이다"라고 말하기 시작했고, 서로 불화를 일으켰기 때문이다. 그리고 불신자들은 사방에서 승리를 거두며, 러시아 땅을 침입해 들어오고 있었다.

—『이고리 원정기』

분령 시기(udel'nyi period)라고 알려져 있는 복잡한 전환기를 공부할 때, 우리는 연속성이라는 문제와 이 주제에 항상 수반되는 논쟁을 다시 살펴보아야 한다. 오래 전부터 러시아 역사학자들이 해온 주장과 이 책의 주장에 따르면, 분할과 패배의 이 시기, 특히 몽골 침략 이후의 암흑 같은 초기 100년 동안에 있었던 역사적 분열과 종말을 방지한 통합의 끈은 키예프 루시의 제도와 문화에 의해서 마련되었다. 이런 끈에는 공통의 종교, 언어, 문학—지역과 지방에 따라서 많은 변형이 있기는 하지만—예술, 경제와 사회, 정치 분야의 풍부한 유산이 포함된다. 키예프의 수좌대주교는 전 영토의 교회의 머리 역할을 했고, 마찬가지로 키예프에 있던 대공은 국가의 세속 권력자의 자리를 차지했다. 이 두 직책은 그런 직책을 만들었던 사회보다도 수 세기나 더 오래 존속되었다. 비록 이 직책의 무대가 바뀌기도 했고 다른 가계의 대공 가문들 사이에 이 직책들을 차지하려는 경쟁이 있기는 했지만, 이 두 직책은 러시아 역사에서 중요한 의미를 가지고 있

었다. 이에 못지않게 중요한 것은, 키예프의 저술가들과 설교자들이 아주 귀중하게 여겼던 단일한 공통의 "러시아 땅"이라는 개념도 유지되고 확대되었다는 것이다. 사실 키예프의 유산은 러시아인들의 민족적 생존을 보장해주었으며 그들이 미래에 담당할 역사적 역할을 가능하게 했다고 주장되어왔다. 분명히 동유럽 평원에서 생겨난 강력한 모스크바국은 앞서 존재했던 키예프국과는 아주 달라 보였고, 종종 실제로 아주 다르기도 했다. 그렇지만 어쨌든 대부분의 역사학자들에게 모스크바 러시아는 아주 중요한 측면에서든지 그렇지 않은 측면에서든지 키예프 루시와 연결되어 있다. 그리고 그것은 적어도 키예프의 유산 중 일부를 물려받아 보존했다. 비판자들은 이 이야기가 민족주의적 신화 만들기의 일종이라고 생각한다는 것도 지적할 필요가 있다. 예를 들면, 우크라이나인들은 다른 연속성, 즉 키예프 루시와 자신들의 신생 국가 사이의 연속성을 생각한다. 그리고 오늘날 많은 역사학자들은 분령 시기가 위기와 생존의 시기였을 뿐만 아니라, 공국들 사이에서 앞을 향한 경쟁의 시기이기도 했고, 변화의 시기이기도 했다고 본다. 각각의 공국들은 키예프의 과거에서 자신들의 유산을 가지고 있었는데 그중 모스크바가 경쟁 공국들을 물리치고 승자로 입증되었던 것이다. 이와 관련해서 역사적 시대 구분이라는 언제나 골치 아픈 문제에 대한 관점에서 보면, 역사학자들이 키예프와 분령 시기를 "중세 러시아"로 부르며, 중앙집권화된 모스크바국의 성립기를 "근대 초기"의 출발이라고 규정하는 경향은 점차 늘고 있다. 그렇게 함으로써 러시아 발전의 독자성보다는 폭넓은 유럽적 흐름과의 비교 가능성에 중점을 두고 있는 것이다.

키예프국이 몰락한 이후의 시기에는 짝을 이루어 키예프 루시를 공포로 몰아넣은 사건, 즉 내부의 분열과 외부의 침입이 있었다. 이 새로운 시기는 우델(udel)이라고 불렸던 분령지, 즉 개별 공의 독립된 보유지를 따라 명칭이 붙여졌다. 실로 그 시기에 분령지는 급속히 증대되었다. 전형적인 경우를 보면, 어떤 통치자는 유언을 통해서 자신의 공국령을 아들들에게 나누어주었고, 그리하여 단 하나의 조치로 인해서 여러 개의 새로운 정치적 독립체가 생겼다. 분할이 잇달아 이루어지면서, 공국의 허약한 통일성은 파괴되었다. 법사학자들이 강조하고 있듯이, 공법(公法)보다는 사법(私法)이 전면에 부각되었다. 그 시기의 정치생활은 농업과 지방에서의 상품 소비가 중심이 되었던 경제생활—어떤 사람들은 정치

생활이 경제생활에 의해서 결정되었다고 말하기도 한다—의 형편과 일치했다. 이 시기에는 키예프의 교역 중 많은 부분, 그리고 일반적으로 키예프 루시 경제의 다양성과 풍요로움의 일부가 사라졌던 것이다.

분령 시기에 있었던 러시아의 분할 현상은 인구 이동과 정치적, 사회적, 경제적 재편, 그리고 심지어 새로운 민족들의 등장과 결합되었다. 이런 과정은 키예프가 최종적으로 몰락하기 오래 전에 시작되어서 대체로 점진적으로 진행되고 있었다. 그렇지만 그런 과정이 러시아 역사에 미친 총체적인 영향은 가히 혁명적이라고 할 수 있다. 스텝 지대 주민들을 대상으로 한 투쟁이 러시아인들을 매우 소진시켜놓았고 키예프의 운은 쇠락해갔기 때문에, 사람들은 남부로부터 남서쪽으로, 서쪽으로, 북쪽으로, 특히 북동쪽으로 이주했다. 키예프 자체와 남부 러시아가 마침내 몽골에 의해서 끔찍하게 파괴된 것은 이런 추세를 강화시키는 데에 도움을 주었을 따름이다. 남서쪽의 갈리치아와 볼리니아, 서쪽의 스몰렌스크와 폴로츠크, 북쪽에 거대한 영토를 가지고 있던 노브고로드만이 아니라, 북동쪽의 공국들, 특히 로스토프, 수즈달, 블라디미르 그리고 궁극적으로 모스크바는 상대적으로 중요성이 커졌다. 노브고로드, 로스토프, 수즈달과 같은 키예프국의 유서 깊은 중심지들로부터 새로운 팽창이 이루어져나갔기 때문에 키예프 시대와의 연속성이 유지되기는 했지만, 유럽 러시아의 북부와 북동부의 광대한 영토로 사람들이 이주하게 되는 결과가 생겼다.

특히 중요한 사실은 키예프 루시인들이 언어적, 민족적으로 세 부류로 나뉘었다는 것이다. 보통 그냥 러시아인이라고 일컬어지는 대러시아인, 우크라이나인, 벨라루스인 혹은 백러시아인이 바로 이들 세 민족이다. 이 집단들의 특정한 차이는 더 오래 전에 기원이 있지만, 궁극적인 분화 과정은 부분적으로 키예프국의 몰락 및 해당 지역 사람들이 겪었던 그 이후의 역사에서 비롯되었다. 특히 우크라이나와 백러시아 민족의 성장 무대였던 남서부와 서부 러시아가 리투아니아와 폴란드의 지배와 영향을 받았던 반면, 대러시아인들의 전체 영토는 사실상 리투아니아와 폴란드의 영향력이 미친 범위의 바깥에 있었다는 사실이 중요했다.

분령 시기의 러시아는 내부 분열과 분화만이 아니라 대외적으로 취약했고 정복을 당했다는 특징을 가지고 있었다. 러시아인들에 대한 몽골인들의 지배는 다소 명목적인 몽골 지배기를 포함하느냐 하지 않느냐에 따라, 1240년부터 1380년까지 혹은 심지어 1480년까지 지속되었다. 그렇지만 분열된 러시아는 수많은 다른 지역으로부터의 공격도 받게 되었다. 이미 언급했듯이, 서부와 남서부는 리투아니아인들에게 점령당했고—우리가 앞으로 보게 되겠지만, 리투아니아인들이 세운 국가는 어떤 의미에서 키예프국을 계승했다고 볼 수 있다—결국에는 폴란드인들에게 넘어갔다. 북쪽에 있는 노브고로드는 독일 기사단, 스웨덴인, 노르웨이인, 이에 더해서 리투아니아인들에 대항하여 계속 전쟁을 벌여야 했다. 비록 노브고로드와 같은 몇몇 공국들이 외교 무대에서 활발한 활동을 벌이기는 했지만, 키예프국의 몰락과 몽골에 의한 정복과 더불어 러시아는 중요한 국제적 지위를 상실했다. 일반적으로 국가의 초기 역사와 대조적으로 분령 시기의 러시아는 나머지 유럽으로부터 상대적으로 고립되었다는 특징을 가지고 있었다. 그리하여 이 시기의 러시아는 이전에 가졌던 수많은 외부 접촉으로부터 단절되어서 지역적인 문제 및 불화에 몰입되어 있었다. 이런 고립 상태는 정치적, 사회적, 경제적 지역주의 경향과 결부되어서 정체와 심지어 퇴행을 초래했다. 이런 모습은 이 시기의 정치사상과 법에서, 그리고 전부는 아니지만 문화의 많은 영역에서 찾아볼 수 있다. 그러나 예외적인 모습 역시 의미심장하다. 노브고로드를 비롯한 몇몇 지역에서는 대안적인 정치 모델이 발전되고 있었고, 갈등도 있었지만 종교 사상과 예술이 활기차게 부흥되기도 했다.

분령 시기의 러시아는 안정적인 균형을 잡지 못했음이 입증되었다. 러시아 경제는 지방 농업의 침체된 상태에 항구적으로 머물려고 하지는 않았다. 정치적으로는, 약한 분령 공국들은 외부의 공격이나 심지어 그들 내에서 보다 유능하고 야심찬 공국의 먹이가 되었다. 그리하여 리투아니아와 폴란드가 러시아의 서쪽 지역을 차지했다. 나머지 지역에서는 모스크바가 경쟁 공국들을 최종적으로 제압할 때까지 여러 공국들이 주도권 다툼을 벌였다. 모스크바의 성공적인 "러시아 모으기"는 분령 시기의 종말이자 새로운 시기의 도래를 의미했다. 정치적인 통합과 더불어 경제적으로 부흥되고, 속도는 느리지만 꾸준한 문화적 발전이 이루어지는 등 앞선 세기의 기본적인 흐름을 역전시키는 과정이 진행되고 있었다. 분령 시기가 종식된 해는 이반 3세의 모스크바국 즉위 연도인 1462년, 혹은 바실리 3세의 즉위 연도인 1505년, 혹은 이반 4세(이반 뇌제)의 즉위 연도인 1533년 등 다양하게 규정되었다. 우리는 그중 마지막 해를 채택하려고 한다.

제8장

몽골인들과 러시아

그들은 신의 교회를 파괴했고, 거룩한 제단에서 많은 피를 흘렸다. 그리고 도시 내에 있는 어느 누구도 살아남지 못했다. 모두가 똑같이 죽었고, 죽음의 잔을 마셨다. 이곳에서는 자식들의 죽음에 대해서 아버지와 어머니가, 아버지와 어머니의 죽음에 대해서 자식들이, 형제의 죽음에 대해서 다른 형제가, 친척들의 죽음에 대해서 다른 친척들이 신음 소리를 내거나 울부짖을 사람이 아무도 없었다. 모두가 함께 죽었다. 그리고 이 모든 일은 우리의 죄 때문에 일어났다.

—『바투에 의한 랴잔의 파괴 이야기』

몽골인들은 멀리 떨어져서 살면서 러시아인들과 섞이지 않았으며, 오직 조공을 거두거나 대부분이 러시아의 공들이 자신들의 목적을 위해서 들여온 군대로 러시아에 왔는데, 어떻게 러시아인들의 삶에 대한 몽골의 영향력이 대단할 수 있었겠는가?……그러므로 우리는 몽골의 멍에라는 사실에 주의를 기울이지 않고도, 13세기의 러시아 사회의 내부 생활을 계속해서 살펴볼 수 있다.…… —플라토노프

몽골이 러시아에 어느 정도로 영향을 미쳤는지를 측정하는 편리한 방법은 몽골 시기 이전의 러시아 국가와 사회를 몽골 이후와 비교해보는 것, 특히 모스크바 국의 러시아의 정신과 제도를 키예프 시대의 경우와 비교해보는 것이다.……몽골 시기 이후에는 상황이 완전히 바뀌었다.

—베르나츠키

몽골인들—러시아 사료에서는 타타르인들이라고 불린다*—은 마른하늘에 날벼락처럼 러시아인들에게 들이닥쳤다. 그들은 1223년에 남동부 러시아에 갑자기 나타나서 칼카 강 인근의 전투에서 러시아인들과 폴로베츠인들을 격파하고 스텝 지대로 사라졌다. 그러나 그들은 다시 돌아와서는 1237-1240년에 러시아를 정복했고, 오랫동안 러시아를 통치했다.

러시아인들에게는 알려져 있지 않던, 몽골어를 말하는 부족들은 오늘날의 몽골 전역과 인근의 만주와 시베리아 지역에서 수 세기 동안 살아가고 있었다. 북쪽에 있는 이웃을 가까이에서 관찰했던 중국인들은 몽골인들에 대한 정보를 우리에게 남겼다. 어떤 중국인 저술가의 말을 인용해보자.

……그들은 가축에만 관심을 가지고 있다. 그들은 떠돌아다니며, 도시나 성벽이나 글자나 책을 가지고 있지 않다. 그들은 모든 계약을 구두로 체결한다. 그들은 어릴 때부터 말을 타며 화살을 쏜다.……그리하여 그들은 노략질과 전쟁에 필요한 용기를 얻는다. 승리를 얻을 수 있다고 생각한다면, 그들은 앞으로 전진하기도 하고 뒤로 물러나기도 한다. 승리의 희망이 없을 때 제때에 도망치는 것은 비난받을 만한 일로 생각되지 않는다. 그들은 종교의식과 사법제도도 알지 못한다.……그들은 모두 동물을 잡아서, 그 고기를 먹는다.……그들은 동물 가죽과 털옷을 입고 산다. 그들 중에서 가장 강한 자가 동물의 가장 살찐 부위를 차지한다. 반면에 늙은 사람들은 남은 것을 먹고 마신다. 그들은 오직 용감한 자만을 존중한다. 나이가 들었다는 것과 유약함은 경멸당한다.

몽골인들은 탁월한 전사로서 호전적이었는데, 많은 부족들 사이에서 동족상잔의 다툼을 벌이는 데에 힘을 쏟았으며, 중국인들은 그들 사이의 경쟁관계를 교묘하게 부추겼다. 오직 뛰어난 지도자만이 몽골인들을 통합시켜서 세계적인 중요성을 가진 세력으로 갑자기 변모시킬 수 있었다. 1155년 혹은 1162년에 부족장의 아들로 태어난 테무친은 오랜 기간의 필사적인 투쟁 끝에, 마침내 1206년

---

* "타타르인들"은 원래 몽골의 한 부족을 가리켰다. 그렇지만 몽골국이 확대됨에 따라 러시아 사료에 나오는 타타르인들은 언어학적으로나 민족적으로 몽골이라기보다는 투르크인들이었다. 우리는 "타타르"보다는 "몽골"이라는 표현을 계속해서 사용할 것이다.

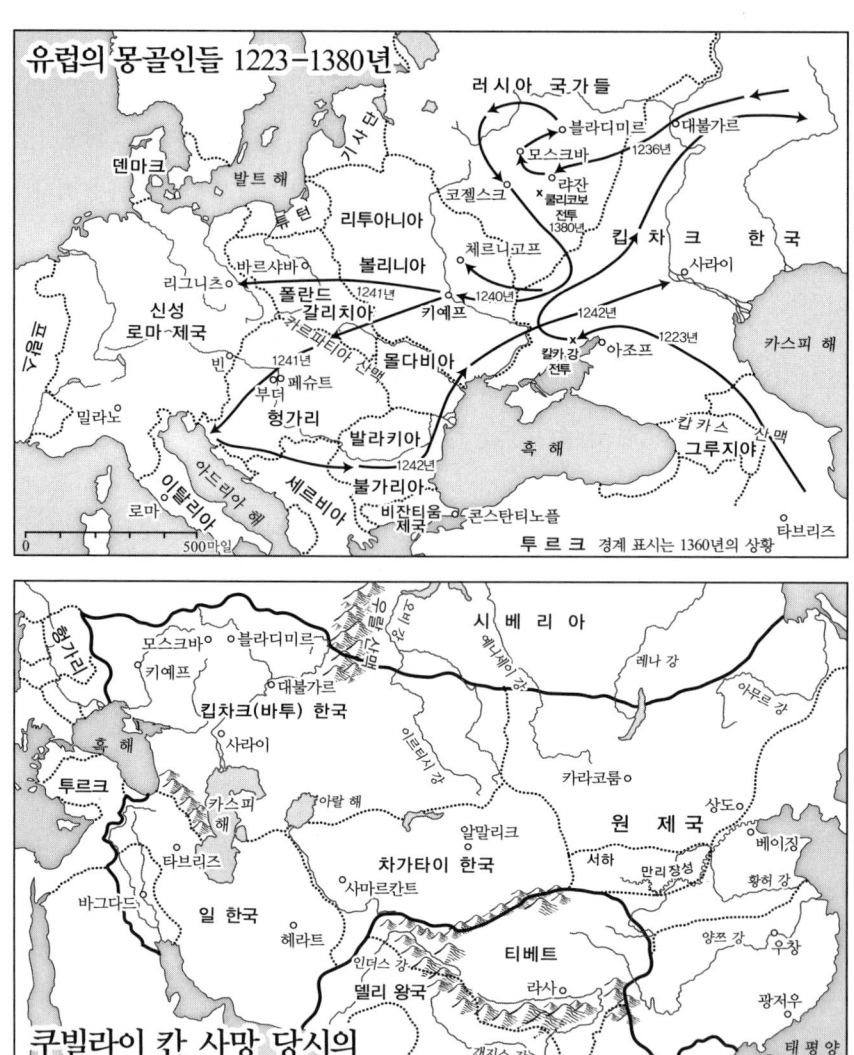

에 전체 몽골인들의 수장이 되어 칭기즈칸이라는 칭호를 얻었다. 역사상 아주 중요한 인물 중 한 사람인 칭기즈칸은 수수께끼 같은 인물이다. 그는 자신의 아버지가 음모로 독살되었고, 그 이후에 그의 가족이 모욕당한 것을 복수하려는 마음에서 영감을 받았다고 주장되어왔다. 때가 되었을 때, 칭기즈칸은 지상에 정의를 세워야 한다는 강렬하고도 신성한 사명을 분명하게 믿게 되었고, 다른 위대한 지도자들의 경우와 마찬가지로 자신의 대의가 옳다는 데에 대한 흔들림 없는 확신을 가지게 된 것 같다. 이 새로운 몽골의 통치자는 이러한 결단력과 사명감에 놀라운 지적 능력과 탁월한 군사적, 외교적, 행정적 능력을 결합시켰다.

칭기즈칸은 몽골인들을 통합시킨 후에 다른 이웃 종족들을 굴복시키고, 1211년에는 만리장성을 돌파하여 중국 북부의 독립적인 금 제국을 침입했다. 그 이후에는 5년 동안 10만 명의 군사가 1억 명의 사람들을 정복했다고 기술되어왔다. 그리고 칭기즈칸과 그의 장군들이 서쪽에서 행한 작전은 훨씬 더 주목할 만한 일이라는 것이 입증되었다. 몽골인들은 극심한 저항을 받았음에도 불구하고 중앙 아시아의 이슬람 국가들을 격파하고 캅카스에 다다랐다. 그들은 캅카스의 고갯길을 통해서 1223년에 남부 러시아를 기습 공격하여 러시아인들과 폴로베츠인들을 칼카 강에서 패배시켰다. 칭기즈칸은 1227년에 죽었는데, 그는 죽기 전에 제위 계승에 대한 규정을 만들어놓았다. 그에 따라 네 명의 아들들에게 제국이 분할되었다. 그렇지만 그들 중에서 한 명에게 "위대한 칸"이라는 칭호를 부여해서 제국의 실질적인 통일성이 유지될 수 있었는데, 셋째 아들인 우구데이가 그 자리를 차지했다. 칭기즈칸의 후계자들은 광범위한 정복 활동을 계속함으로써 몽골의 통치 영역을 투르키스탄, 아르메니아, 그루지야 그리고 캅카스의 다른 지역, 볼가 불가리아국, 러시아, 페르시아, 메소포타미아, 시리아, 고려 그리고 중국 전역으로 확대했다. 1259년부터 1294년까지 위대한 칸으로서 통치했으며, 중국 원(元) 왕조의 창시자인 쿠빌라이 칸 재위기에 몽골의 지배영역은 폴란드와 발칸 반도로부터 태평양까지, 북극해로부터 투르크와 페르시아만까지, 중국의 남쪽 국경에까지 뻗어 있었다. 그뿐만 아니라 몽골인들은 중부 유럽에 깊숙이 침투하는 과정에서 폴란드인들과 독일인들과 헝가리인들을 패배시켰다.

예전과는 달리 몽골 군대의 놀라운 승리의 원인은 더 이상 압도적인 수의 병력에서 찾을 수 없다. 그 원인은 오히려 몽골인들의 효율적인 전략, 고도의 기동력을 갖춘 우수한 기병대, 그들의 인내심 그리고 어떤 면에서는 근대의 작전 참모와도 유사한 조직의 도움을 받아 실시되었던 잘 훈련되고 잘 편성된 전투방식이었다. 이런 장점들은 침입당한 국가들, 특히 유럽 지역의 군사력이 종종 기동력이 떨어지고 훈련되지 않았으며 잘 편성되지 않았기 때문에 각별히 효과를 발휘했다. 중국 등지에서 차용한 우월한 포위 장비, 스파이, 테러 등도 몽골 통치의 놀라운 확산에 기여한 요인으로 열거되어왔다. 몽골인들은 새롭게 건설된 도로, 연락체계, 징세 목적의 조잡한 인구조사 같은 장치들의 도움을 받아서 정복된 영토를 통치했다.

칭기즈칸의 손자이자 우구데이의 조카인 바투는 부친인 주치를 이어서 제국의 상당 부분을 계승한 다음, 몽골의 유럽 침입을 명령했다. 그는 자신의 휘하에 약 15만 명 혹은 20만 명의 군사들을 확보하고, 노련한 참전 군인인 수부데이를 총참모장으로 임명했다. 몽골인들은 1236년에 우랄 산맥을 건너서 볼가 불가르인들을 처음으로 공격했다. 그 이후인 1237년에 그들은 러시아의 동쪽에 있던 랴잔 공국을 북쪽 방향에서 예상치 못하게 기습 공격했다. 몽골인들의 전략에 따르면, 유럽 쪽에 대한 주된 공격을 하기 위한 측면을 확보하는 차원에서 러시아를 정복할 필요가 있었다. 러시아의 공들은 단결하지 못했고, 전혀 준비가 되어 있지 않다는 것이 밝혀졌다. 자신들의 성격대로 그들 중의 많은 이들은 침입을 받은 공국을 도우러 가거나 합동작전을 펴기보다는, 자신들의 분령지를 방어하기 위해서 자신의 자리에 머물렀다. 러시아 군대가 패배를 당한 다음, 포위당한 랴잔 시는 5일 동안의 격렬한 전투 끝에 함락되었고 주민 전체가 학살당했다. 그다음에 몽골인들은 1237-1238년에 걸친 겨울에 대공이 거주하던 블라디미르가 수도이던 수즈달 땅을 공격했다. 많은 도시에서 더 큰 규모로 필사적인 전투와 학살이 연이어 반복되었고, 대공 자신과 군대는 시트 강 부근에서 벌어진 결정적인 전투에서 전사했다. 그리하여 몽골인들은 몇 달 만에 러시아인들의 공국 중에서 가장 강력한 지역을 정복하는 데에 성공했다. 더 나아가, 그들은 겨울에 펼친 작전을 통해서 자신들의 목적을 달성했다. 즉, 몽골 기병대는 얼어붙은 강 위에서 빠른 속도로 이동했던 것이다. 이것은 겨울에 러시아를 침입해서 성공한 유일한 사례였다. 그러나 봄에 얼음이 녹아서 땅 위로 통행하기가 불가능해지자, 몽골인들은 어쩔 수 없이 노브고로드를 향한 진격을 포기하고 남부의 스텝 지대로 후퇴할 수밖에 없었다. 그들은 또다른 러시아 영토, 특히 체르니고프를 정복하고 파괴하는 일만이 아니라 좀더 규모가 큰 작전을 준비하면서 그 이후의 1년 반을 보냈다.

 1240년에 시작된 몽골인들의 공격은 1241년까지 계속되었고, 1242년의 전반부에는 러시아 너머의 지역을 공격 대상으로 삼았다. 사실 몽골인들은 공격에 앞서서 헝가리 왕에게 몽골의 지배를 받으라는 명령을 내렸다. 몽골인들은 키예프의 영역 내로 침입해 들어감으로써 공격을 시작했다. 그들은 집요하게 자기 도시를 방어하는 사람들을 물리치고 돌격하여 키예프를 정복한 다음, 주민들을 몰살시키고 도시를 완전히 파괴했다. 키예프국에 속한 다른 도시들도 동일한 운명을 당했다. 그곳 주민들도 죽임을 당하거나 노예가 되었다. 몽골인들은 키예프 다음으로 남서부에 있는 갈리치아 공국과 볼리니아 공국을 휩쓸고 모든 것을 폐허로 만들었다. 다음 차례는 폴란드와 헝가리였다. 한 무리의 몽골 부대가 폴란드인들과 독일인들을 패배시켰는데, 가장 중요한 전투는 슐레지엔의 리그니츠에서 1241년에 벌어졌다. 또다른 몽골 부대는 헝가리인들을 분쇄했다. 몽골인들은 카르파티아 산맥을 간단히 넘어서 헝가리 평원을 점령했다. 몽골의 전위 부대는 아드리아 해에 도달했다. 특히 곳곳의 요새를 파괴해야 하는 등 중부 유럽에서의 작전은 몽골인들에게 어느 정도의 어려움을 안겨주기도 했지만, 많은 역사학자들은 대칸(great khan)인 우구데이의 사망 때문에 많은 유럽 국가들이 몽골인들의 공격을 피할 수 있었다고 생각한다. 대칸의 조카인 바투는 몽골의 내부 정치에 관심을 가지고 있었기 때문에 후퇴하기로 결정했다. 그는 1242년 봄에 자신의 군대를 남부 스텝 지대로 물러나게 했는데, 돌아가는 도중에 불가리아, 몰다비아, 발라키아를 복속시켰다. 그리하여 몽골인들이 동쪽으로 물러나기는 했지만, 직접적인 정복을 모면한 북서부를 포함하여 러시아 전체는 몽골인들의 지배하에 남아 있었다.

 이런 놀라운 군사 작전이 일단 종결되자, 몽골 엘리트들은 적어도 1년 중의 일부 기간에는 자신들의 유목민적인 목축생활을 다시 시작했다. 그러나 이 방대한 영토를 통치하기 위해서 새로운 몽골 도시들이 건설되고, 행정적이고 상업적인 중심지로서 일부 러시아 도시들이 재건축되었다. 바투는 볼가 강 하류 지역에 자신의 본부를 설치했는데, 그곳은 구(舊) 사라이 시로서 킵차크 한국으로 알려진 국가의 수도가 되었다. 킵차크 한국은 처음에는 몽골 제국의 한 부분이었다가, 나중에 중앙의 통제력이 약화되자 독립국가가 되었다. 다루가치(daruga)가 책임을 맡았던 구 사라이의 한 부서가 러시아 문제를 처리했다. 구 사라이 같은 도시들은 점차적으로 정착생활을 하게 된 몽골 통치자들만이 아니라, 점점 수가 많아진 관리, 상인, 수공업자들이 사는 국제적인 중심지가 되었다. 공물 및 세금의 징수와 더불어 지방 및 국제 상업 활동은 킵차크 한국 도시들의 핵심적인 역할이 되었다. 킵차크 한국은 우즈베크 칸(1313-1341)의 재위기에 부유하고 강력한 행정 및 상업국가로서 전성기에 도달했다. 그리고 우즈베크는 자신의 국민들을 이슬람으로 개종시키는 일에 착수했는데, 이로써 좀 더 큰 이슬람 세계와의 유대 관계는 더욱 확대되었다. 러시아에 대한 몽골의 지배는 러시아 지배자들이 몽골의 종주권(overlordship)을 인정한다는 것을 의미했다. 또한 그것은 처음에는 몽골의 대칸이, 그 이후에는 킵차크 한국의 통치자 등 몽골인들이 러시아의 대공의 임명권을 가지며, 러시아 공은 그렇게 임명되기 위하여 몽골인들의 본부를 방문하여 자신의 종주(宗主)에게 겸손한 태도로 경의를 표해야 한다는 것을 의미했다. 나아가, 그것은 몽골인들이 처음에는 자신들의 직접적인 대리인을 통해서, 그리고 나중에는 러시아 공들의 중개를 통해서 러시아인들로부터 공물을 징수하는 것을 의미했다. 그뿐만 아니라 러시아인들은 때때로 몽골 군대를 위해서 군부대를 파견해야 했다. 우리는 그런 식의 징집이 여러 차례에 걸쳐 이루어졌음을 알고 있고, 중국처럼 고국에서 멀리 떨어진 곳에 있는 몽골의 부대에서 러시아인들이 복무했던 일에 대해서도 알고 있다.

일반적으로 몽골인들은 러시아인들의 생활에 별로 간섭하지는 않았지만, 1240년부터 1380년까지 거의 1세기 반 동안 러시아에 대한 효과적인 통제력을 유지했다. 1380년에 모스크바의 드미트리 공은 쿨리코보 평원에서 벌어진 중요한 전투에서 몽골인들을 물리치는 데에 성공했다. 몽골인들은 비록 간신히 복귀하기는 했지만, 불패 신화가 깨어졌고 통치력도 크게 약화되었다. 그렇지만 "몽골의 멍에(Mongol yoke)"가 최종적으로 벗겨지기까지는 또다른 100년이 지나가야 했다. 1480년이 되어서야 모스크바의 이반 3세는 칸에 대한 자신과 러시아의 충성관계를 단절하겠다고 선언했는데, 몽골인들은 그의 행동에 대해서 진지하게 대응하지 못했다. 나중에 러시아는 킵차크 한국을 계승한 국가들을 흡수할 정도로 영토를 확장했다. 1552년에는 카잔 한국이, 1556년에는 아스트라한 한국이, 마침내 1783년에는 크림 한국이 러시아에 흡수되었던 것이다.

러시아 역사에서 몽골인들의 역할

몽골인들과 러시아의 관계, 그리고 몽골의 통치가 러시아 역사에 미친 영향은 오랫동안 격렬한 학술 논쟁의 주제가 되어왔다. 역사학자인 오스트롭스키가 사학사에 관한 최근의 논평에서 지적했듯이, "모든 주요 논점과 대부분의 소소한 논점에서, 격렬하고도 열정적인 의견 차이가 있다." 학자들은 몽골의 성공 이유, 파괴의 정도, 몽골인들 및 그들의 통치의 성격, 그리고 특히 몽골인들이 러시아의 정치, 사회, 문화에 미친 영향력의 정도에 대해서 논의하고 있다. 주로 러시아의 연대기에 나오는 초기의 해석들에서는, "우리의 죄에 대한" 신의 징벌로서 야만적인 이교도들이 루시 땅과 사람들에게 끔찍한 파괴 행위를 저질렀다는 것을 강조했다. 몽골인들이 이슬람으로 개종한 것은, 특히 교회 자료에서 이교도에 의한 통치 이야기를 더욱 강화시켰다. 16세기 무렵이 되면, 이런 해석은 "몽골(혹은 타타르)의 멍에"라는 공통의 개념 안에서 고착되었다. 이런 견해는 점차 세속적인 주장으로 변모되었고, 19세기 후반의 러시아 역사학사에서 아주 완전히 발전된 형태를 갖추었다. 그래서 몽골의 통치는 궁극적으로 벗어 던지게 된 "멍에" 이외의 다른 영향을 러시아인들의 삶에 주지 않았다거나(예를 들면 솔로비요프와 클류쳅스키), 몽골 통치의 영향은 오로지 부정적이고 파괴적이었다(예를 들면 플라토노프)고 주장되었다.

몽골인들과 러시아의 문제에 대한 철저한 재검토 작업은 20세기에 러시아의 망명 지식인들 사이에서 이루어졌다. 소위 유라시아 학파라는 새로운 학파는 러시아가 기본적으로 일부 아시아와 제휴했다고 선언하면서, 러시아 역사 중에서 몽골 시기를 관심의 초점으로 만들었다. 그중 가장 영향력 있는 버전은 베르나츠키의 아주 애매모호한 설명이기는 했지만, 유라시아 학파는 몽골의 영향력을 대체로 긍정적이고 창조적인 용어로 해석했다. 베르나츠키는 후기 모스크바국에 강한 발자국을 남기게 되는 많은 긍정적인 영향—특히 행정구조, 군사조직과 무기, 조세체제와 재정—을 보았으나, 부정적인 영향도 강조했다. 그중에는 공예품 시장의 파괴, 대규모 영지의 선호, 도시와 도시의 민주주의 제도의 파탄, 중앙집권화된 국가에 대한 견제를 할 수 있는 귀족의 약화 등이 포함되었다. 다른 역사학자들, 특히 비러시아인들은 러시아 전제정치의 폭정이 몽골 지배의 직접적인 결과라고 주장하기 위해서, 몽골 지배의 부정적인 영향을 탐구하는 쪽으로 더 나아갔다. 그렇게 된 이유는 몽골 지배를 극복하기 위해서 필요한 단결력과 무력 때문이기도 하고, 몽골의 잔인하고 권위주의적인 정치의 직접적인 반향이기도 하다는 것이다. 기록관 연구에 뿌리를 둔 최근의 연구는 몽골이 미친 영향의 특수한 형태에 대한 증거, 특히 언어학적이고 제도적인 증거에 초점을 맞추는 경향이 있다. 그리고 강한 "긍정적" 혹은 "부정적" 영향에 대한 판단이라는 언어라든지, "정복"이나 "해방"처럼 많은 사람들이 민족주의적이며 신화 만들기라고 생각하는 언어를 피하려고 노력한다.

한 가지 점은 분명하다. 몽골의 침입은 대규모의 물리적인 황폐화를 초래했다는 것이다. 비록 학자들은 파괴의 정도에 대해서 논의를 벌이며, 일부 지역과 도시가 다른 곳보다 더 큰 피해를 입었다고 생각하지만, 몽골인들의 직접적인 침입로에 위치한 도시들이 불타고 완전히 파괴되었다는 것은 의심의 여지가 없다. 이런 도시의 주민들은 전멸되었다고 할 수 있을 정도로 대량 학살되었고, 마을과 들판은 유린당했다. 몽골인들에게 파견된 교황 특사이자 유명한 여행가인 카르피니 수도사(나중에 대주교가 됨)는 1245-1246년에 남부 러시아를 가로질러 몽골로 간 적이 있는데, 러시아의 몽골 침입에 관해서 다음과 같이 적었다.

> ……그들은 러시아와 싸운 다음에, 러시아 땅에서 대량 학살을 자행했다. 그들은 도시와 요새를 파괴하고, 사람들을 죽였다. 그들은 러시아의 수도였던 키예프를 포위했다. 그들은 오랜 포위 끝에 그곳을 차지하고는 도시 주민들을 살해했다. 이런 이유로, 우리는 그 땅을 지날 때 들판에 놓여 있는 수많은 사람들의 머리와 뼈를 보았다. 이 도시는 아주 크고 인구가 많았으나, 이제 아무것도 없는 상태로 돌아갔다. 겨우 200채 정도의 집만 있으며, 그곳 사람들은 아주 가혹한 노예 상태에 놓여 있다.

비록 과장일 수 있다는 점을 감안한다고 하더라도, 이 설명이나 이와 유사한 다른 설명은 몽골의 침입이 가져온 파괴에 대해서 설득력 있는 모습을 그려주고 있는 것 같다.

파괴와 학살의 장기적인 영향에 더하여, 몽골의 지배는 다른 부정적인 결과도 가져왔다. 남부 러시아의 스텝 지대를 몽골이 차지함으로써 러시아인들은 수 세기 동안 상당 부분의 옥토를 빼앗겼고, 그것은 인구와 경제 활동 그리고 정치권력이 북동쪽으로 이동하는 하나의 원인이 되었다. 그것은 러시아가 비잔티움으로부터, 또 부분적으로 서구로부터 단절되는 데에 큰 역할을 했고, 그 시대 러시아의 특징이라고 할 수 있는 상대적인 고립 상태를 강조하는 데에도 큰 역할을 했다. 몽골인들이 없었더라면 러시아는 르네상스와 종교개혁 같은 유럽의 획기적인 발전에 당연히 참여했을 것이라고 생각되어왔다. 몽골인들의 세금 징수는 마침 러시아인들의 빈곤하고 혼란스런 경제가 감당할 준비가 거의 되지 않은 때에 커다란 부담을 안겨주었다. 몽골의 조세에 대한 저항은 새로운 억압과 징벌을 초래했다. 몽골 지배 전체 시기, 특히 몽골 침입 직후의 수십 년의 기간은 생존을 위한 암울한 투쟁의 성격을 띠고 있었던 반면에, 발전되고 세련된 키예프의 생활방식과 윤리적이며 문화적인 수준은 급속히 하락하고 있었다. 우리는 법에 의하여 새로운 잔인한 처벌 규정이 마련되었다는 사실, 문맹인 공들이 있었다는 사실, 석조 대성당의 원형 천장을 세울 능력이 없었다는 사실, 그리고 문화적인 후퇴를 명확히 보여주는 다른 징후들에 대해서 알고 있다. 사실 일부 역사학자들은 러시아에 대한 몽골의 침입과 지배가 러시아의 발전을 약 150–200년 지체시켰다고 평가했다.

몽골인들이 러시아 역사에 기여한 건설적이고 긍정적인 측면들은 종종 아주 특수하고, 제한적인 성격을 가지고 있었다. 역사학자들은 특히 몽골에 기원을 두고 러시아에 도입된 여러 가지 단어를 증거로, 모스크바국 시기와 그 이후에 군사 무기, 전략, 대형(특히 기병), 행정구조, 조세, 법, 우편제도, 다양한 상업적 및 재정적 업무 등에서 지속적으로 남게 된 제도적인 다양한 영향에 대해서 기술했다. 보다 실질적으로는, 헬퍼린 등 최근의 역사학자들은 몽골이 국제 상업에 가진 관심으로 인해서 러시아 경제는 적어도 이 분야와 관련해서는 회복되는 데에 도움을 받았을 것이라고 주장했다.

그러나 이런 제한적인 몽골의 영향 중 많은 것들에 대해서조차 단서를 달아야 한다. 인구조사 및 몽골의 도로와 더불어, 몽골인들의 재정 분야의 조치들은 러시아의 중앙집권화 과정에 어느 정도 기여했다. 그러나 이렇게 하여 구축된 조세 체제는 최대한 많은 공물의 징발을 목표로 삼고 있었으며, 그 자체로는 러시아인들에게 유리하지도 않았고 지속적이지도 않았다. 침입자들은 과거의 "굴뚝연기(dym)" 및 "쟁기(plug)" 세금을 보다 조야하고 단순한 인두세로 대체했는데, 인두세는 사람들의 지불 능력을 전혀 고려하지 않은 세금이었다. 러시아의 공들이 중개자로서 몽골의 징세 업무를 넘겨받음으로써 이 새로운 제도는 사라졌다. 단지 금전적인 이익만을 생각한다면, 몽골인들은 종종 별로 지혜롭게 행동하지 않았다. 왜냐하면 그들은 가장 높은 값을 부르는 사람에게 대공의 지위를 팔아 넘겼고, 그리하여 결국 모스크바의 등장을 제때에 막지 못했기 때문이다. 부패가 만연함에 따라 몽골인들의 재정 정책은 더욱 효율성이 떨어졌다. 침입자들이 우수성을 보여주었던 군사적인 분야에 관해서 말하면, 사실 보병에 기반을 둔 분령 시기의 러시아의 군대와 전술은 키예프의 보병으로부터 직접 발전된 것이지 몽골의 기병대로부터는 아니었다. 그러나 몽골 기병대는 나중에 모스크바국의 귀족 기병대를 편성하는 데에는 영향을 미쳤다. 마찬가지로, 몽골인들은 러시아에 우편제도를 도입한 것에 대하여, 혹은 여성들을 집안의 분리된 장소에다가 격리시키는 관습을 도입한 것에 대하여, 단지 제한적인 역할만 인정받을 만하다. 진정한 우편제도는 17세기가 되어서야 서구로부터 러시아에 도입되었다. 몽골인들은 관리들이 사용할 수 있도록 지방 주민들에게 말, 마차, 배 그리고 다른 통신을 위한 도움을 제공하는 의무를 부과했던 키예프의 관례에 의지했을 따름이었다. 물론 그들은 이런 관례를 폭넓게 시행했고, 교통 분야에서 러시아인들에게 몇 가지 단어들을 물려주기는 했다. 여성들을 격리시키는 관행은 오직 러시아의 상층에서만 실시되었다. 그것은 아마도 몽골인들로부터 단순히 차용된 관습이라기보다는, 몽골인들도 부분적으로 기여한 당대의 전반적인 불안한 상황을 반영했던 것으로 보인다. 덧붙여 지적하면, 몽골인들 스스로도 이슬람 신앙 및 피정복 민족들의 일부 관습을 받아들였던 후기에 이런 관행을 가지게 되었다.

정치적, 사회적, 문화적 영향력이라는 핵심적인 질문으로 돌아가면, 많은 역사학자들은 이런 영향력이 얼마나 결정적이었는지에 대해서도 질문을 던져왔다. 과거에 역사학자들은, 그리고 오늘날에도 일부 역사학자들은 오랫동안 유지되며 러시아의 정치를 규정지었던 모스크바국 전제정치의 책임이 몽골인들에게 있다고 비난했다. 그에 관한 직접적인 이유는 몽골인들이 킵차크 한국과 동맹을 체결한 모스크바 공들에게 경쟁자들보다 용이하게 우위를 점할 수 있게 해주었고, 모스크바국의 핵심적인 통치 제도의 성립에 기여했다는 것이다. 그리고 간접적인 이유는 몽골인들을 패배시킬 수 있었던 강력하고 규율 있는 군대의 편성을 자극했다는 것이다. 그러나 모스크바국이 주로 "내부적인 힘"을 의지했으며, 주로 "러시아 역사의 내적인 과정"에 의해서 모양을 갖추었다고 보는 핼퍼린 조차도 몽골인들이 모스크바의 부상(浮上)을 단지 "용이하게 했다"는 점은 인정한다. 그의 해석에 따르면, 영향을 주고 차용했다는 것은 인과관계와는 아주 다른 것으로 생각된다. 그에 따라서, 일을 담당한 주체는 러시아 쪽으로 훨씬 더 많이 옮겨졌다. 마찬가지로 몽골인들이 "민주주의적인" 도시 베체와 보야르 귀족의 권력을 훼손함으로써 러시아에 절대주의를 초래했다는 주장은 증거에 기반을 두고 있지 않다는 이유로 비판받아왔다. 몽골인들은 베체나 귀족 중 어느 쪽도 위협이라고 생각하지 않았고, 일반적으로 그 두 요소를 무시했기 때문이다. 그와 유사하게, 모스크바국 사람들이 몽골로부터 잔인함, 속임수, 압제를 배웠다는 주장은 몽골인들 스스로에게 부당하기도 하고, 키예프의 행태를 지나치게 낙관적으로 본 견해라고 생각되어왔다. 심지어 전제정치가 몽골인들을 물리치기에 충분할 정도로 강한 군대를 창설하려는 필요에서 생겨났다는 주장은 몽골 지배 이후에 진전된 사태를 몽골 시기에 소급하여 적용한 것이라고 비판받아왔다. 왜냐하면 몽골 지배 이후의 상황은 모스크바국의 내적 역사의 결과라고 보는 것이 더 타당하기 때문이다. 핼퍼린이 지적했듯이, "러시아의 절대주의는 내적인 고려로부터 유래되었고, 그 이론과 상징적인 표현을 끌어온 곳은 사라이가 아니라 비잔티움이었다." 확실히 모스크바는 몽골의 제도를 이용했다. 그러나 이 점에서도 역시 차용했다는 것은 인과관계와 동일하지는 않다.

일반적으로 러시아인들과 떨어져 살았던 몽골인들이 사회와 문화 면에서 미친 영향은 훨씬 더 적었다. 몽골인들은 마지못해 지배를 받고 있던 신민들에 대한 자신들의 관심을 몇 가지 항목에만, 특히 공물 징수에만 국한시켰다. 몽골인들이 여전히 이교도였던 초기 때나, 킵차크 한국이 이슬람교도가 되었던 후기 때나, 이 두 민족 사이에는 종교로 인해서 엄청나게 높은 장벽이 가로놓여 있었다. 논점을 반복하면, 몽골인들은 아주 기꺼이 러시아인들이 자신들의 방식대로 살아가도록 해주었다. 사실 그들은 정교회를 후원하기도 했다. 그리고 몽골 사회와 러시아 사회는 서로 유사점이 거의 없었다. 몽골인들은 발전 면에서 씨족 단계의 유목민으로 남아 있었다. 그들의 제도와 법은 훨씬 더 복잡한 농경 사회에는 적합하지 않았다. 분령 시기 러시아 법의 한 사례인 프스코프의 『수데브닉(Sudebnik)』과 몽골의 법인 칭기즈칸의 법전을 비교해보면 차이점이 아주 명확하게 드러난다. 심지어 그 시기에 러시아의 형법이 점차 가혹해진 원인도 아마도 몽골인들로부터 차용한 것에 있다기보다는 당대의 상황 때문이었을 것이다.

유라시아 학파의 주장 역시 몽골인들이 세운 국가들의 성격을 잘못 이해한 경향이 있다. 몽골 국가들은 특별히 잘 조직되고 효율적이며 오래 지속되기는커녕, 비교적 불안정하며 단명했던 것으로 판명되었다. 예를 들면, 쿠빌라이 칸은 1260년에 베이징을 재건축했고 1280년에 중국 남부에 대한 정보를 완수했으나, 1368년에 몽골 왕조는 중국에서 축출되었다. 페르시아의 몽골 왕조는 1256년부터 1344년까지 존속되었고, 부하라에 수도를 둔 중앙 아시아의 몽골 왕조는 1242년부터 티무르에 의해서 파괴된 1370년까지 존재했다. 러시아의 경우에 연도는 이 나라들과 아주 유사하지만, 몽골인들은 러시아에서 결코 자신들의 왕조를 수립하지 않았고, 그 대신에 러시아 공들의 상위 주군으로서만 행동했다. 몽골 국가들은 존속되는 동안 대체로 알력과 전쟁으로 계속해서 찢겨져 있었으며, 전반적으로 전횡과 부패 그리고 악정으로 고통을 겪고 있었다. 몽골인들은 통치기술의 발전에 기여하지 못했을 뿐만 아니라, 자신들의 국가의 존속을 위해서 피정복 민족들로부터 알파벳에서 자문관에 이르기까지 사실상 모든 것을 차용할 수밖에 없었다. 이 자문관들 중의 한 사람이 말한 것에 따르면, 제국은 말을 타고 얻을 수는 있지만 말의 안장에서 통치할 수는 없다. 사실 그 당시의 잔인함, 무법 상태, 때때로 무정부 상태는, 몽골인들이라기보다는 러시아인들을 포함한 많은 민족들의 삶의 특징이기도 했다. 그러나 적어도 이들 민족 중 대부분은 결국에는 난관을 극복하고, 효율적이고도 지속적인 국가를 조직할 수 있었다. 그러나 몽골인들은 그렇지 못했다. 그들은 세계무대에서 갑작스럽고도 놀라운 모습을 보인 이후에 스텝 지대로 물러나서 씨족 생활로 돌아갔고, 자신들끼리의 전쟁에 몰입하게 되었던 것이다.

모스크바국이 등장했을 때, 그 나라의 지도자들은 본받을 만한 모범을 비잔티움에서, 그리고 자신들의 역사적인 유산과 여전히 의미를 가지고 있는 유산을 키예프 루시에서 찾으려고 했다. 역사학자들 역시 농노제의 성장을 연구하든지, 봉직귀족(gentry)*의 대두를 연구하든지, 모스크바국 러시아의 공이 가진 권력의 성격에 대해서 연구하든지 간에, 이런 주제들이 몽골이 아니라 러시아의 과거 및 러시아적 상황과 중요한 관련성을 가지고 있다고 설정했다. 심지어 유사점을 찾으려고 할 때조차도 몽골 국가들보다는 유럽 국가들이 러시아에 훨씬 더 가까웠다. 사실상 대서양으로부터 우랄 산맥에 이르기까지, 절대주의 국가들은 봉건적 분할 상태를 대체하는 과정 중이었다. 그러므로 모스크바국을 키예프 루시와 대조함으로써 몽골의 영향이 가지는 중요성을 긍정하려고 한 베르나츠키의 입장은 핵심에서 벗어난 것 같다. 러시아에서 일어난 변화에는 다른 많은 이유들이 존재했다. 그리고 말할 필요도 없지만, 다른 나라들은 몽골인들과의 접촉 없이도 그런 세기 동안에 변화를 경험했던 것이다.

---

* 혈통귀족인 보야르와 대조되는 봉직귀족은 러시아어로 단수로는 드보랴닌(dvorianin), 복수로는 드보랴네(dvoriane)라고 한다/역주

제9장

대노브고로드 공국

일찍이 이탈리아의 자치도시들은 도시를 국가로 변모시키는 역량을 분명하게 증명해보였다.
—부르크하르트

노브고로드 사람들은 브세볼로트 공(Knyaz)*에게 길을 가리켰다. "우리는 당신을 원하지 않습니다. 당신이 원하는 곳으로 가시오." 그는 자신의 아버지가 있는 러시아로 갔다.
—『노브고로드 연대기』

표트르 대제가 유럽을 향한 창을 열기는 했지만, 그 문은 중세 노브고로드에서 이미 넓게 열려 있었다.
—키셀레프

노브고로드, 혹은 정식 명칭을 사용하면 대노브고로드 공국은 분령 시기 러시아 중에서 가장 인상적이고 중요한 국가 중의 하나로서, 그리고 많은 역사학자들의 주장에 따르면 모스크바국의 성장과 통치로부터 수반된 중앙집권화된 전제체제 형태의 중요한 정치적 대안으로서 눈에 띈다. 사실 비교적 자유롭고 민주적이며 세계시민주의적인 노브고로드에 대한 기억은 19세기 및 그 이후의 러시아의 반정부 세력에게는 러시아의 억압된 민주주의 유산의 상징과도 같은 것이었다. 그에 못지않게 러시아 땅을 서유럽의 강국들의 침입으로부터 방어한 노브고로드의 역할은 러시아 역사에서 노브고로드가 가지는 반(半)신화적인 지위의 일부분이 되었다. 키예프의 세력과 권위가 쇠퇴하고 경제적 및 정치적 무게 중

---
* 크냐즈(knyaz)는 공(公, prince)을 의미한다.

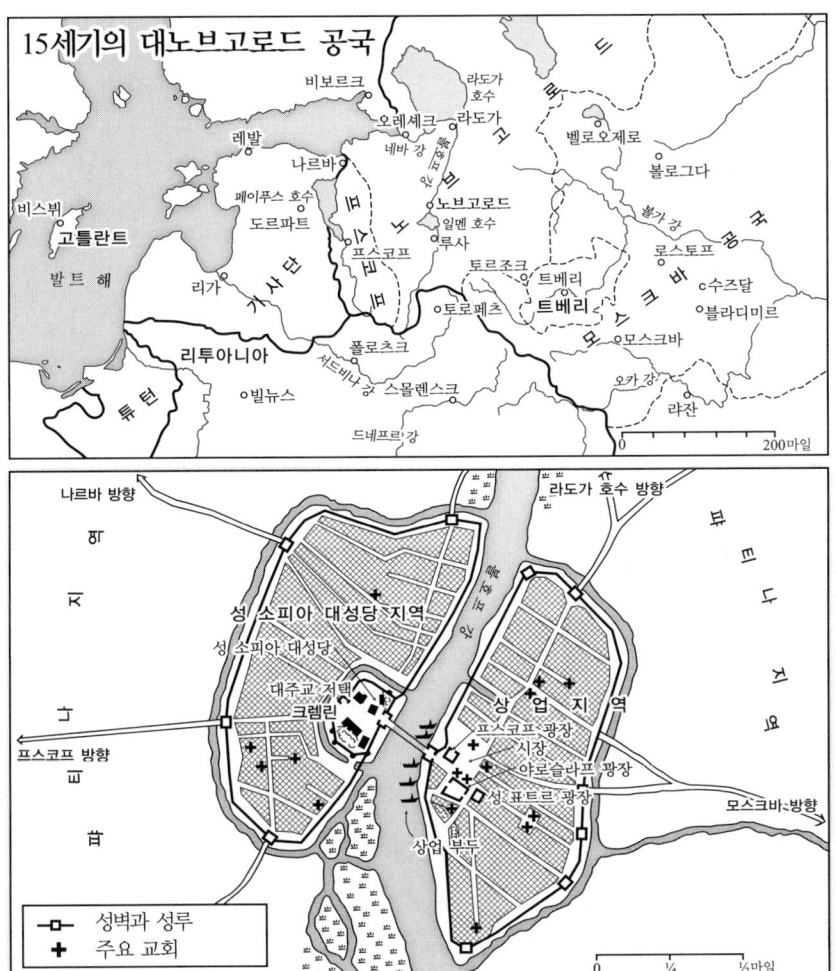

심이 바뀌었을 때, 노브고로드는 가장 큰 교역 중심지일 뿐만 아니라 북부 러시아의 수도이자, 실제로 전 러시아의 지도적인 도시로 부각되었다. 유럽 러시아의 북서쪽 모서리의 호수지역에 위치한 대노브고로드 공국은 동쪽으로는 우랄 산맥까지, 그리고 북쪽으로는 해안선을 따라 뻗어나간 거대한 영토를 통치하게 되었다. 그렇지만 역사학자들은 노브고로드 공국의 크기나 부나 영향력보다는 그 공국의 특이한 정치체제와 일반적인 생활양식 및 문화에 훨씬 더 큰 관심을 가지고 있다.

대노브고로드 공국 121

노브고로드의 역사적 발전

러시아의 넓은 북서부에는 5세기와 6세기에 슬라브 계통의 종족들이 옮겨오기 전까지 주로 핀-우그르 종족들이 살고 있었다. 노브고로드 지역에 대한 최근의 고고학적 발굴에서 8세기 무렵에 수많은 소도시들이 있었다는 증거가 나왔는데, 이것은 슬라브족과 핀-우그르족이 함께 세운 것들일 가능성이 있다. 연대기에 따르면, 9세기에는 아마도 종족들 사이의 갈등 때문에 스칸디나비아의 류리크 공이 초대되어 이들을 통치했다. 그의 부하들은 노브고로드로부터 3킬로미터 떨어진 곳에 고로디시체라는 소도시를 건설했다. 그렇지만 노브고로드는 9세기로부터 15세기까지 노브고로드 공들의 거주지로 남아 있었다. 노브고로드 자체는 10세기 초에 상업 중심지로서, 그리고 토지 소유 엘리트의 주거지로 발전하기 시작했다. 류리크의 초대에 대한 이야기가 사실이든지 아니든지 간에—고로디시체에 대한 발굴을 통해서 9세기에 스칸디나비아의 공들이 건너왔으며 정착했다는 점을 확인할 수 있다—노브고로드인들이 자신들의 공을 "초대했다"는 전설은 노브고로드의 정치문화의 일부분으로 남아 있었으며, 공이 노브고로드인들의 즐거움을 위해서 일해야 한다는 지속적인 주장을 정당화해주었다.

키예프가 패권을 가지고 있었을 때에도 노브고로드는 아주 중요한 곳이라는 지위를 보유하고 있었다. 그곳은 몽골인들에 의해서 파괴되지 않았으며, 동유럽 주요 교역로의 교차로에 위치해 있었다. 즉, 노보고르드는 인근의 일멘 호수로부터 라도가 호수로 흘러드는 볼호프 강에 위치한 동유럽의 주요 교역로의 교차로에 자리잡고 있었다. 노브고로드는 "바랑기아인들로부터 그리스인들에게로"라는 유명한 남북 교역로 중에서 북쪽의 기지이기도 했고, 볼가 강을 통해서 이루어지던 중요한 동서 교역로와 연결되기도 했다. 통치권을 가진 공들이 이 중요한 지역을 장악할 것을 희망했던 것은 당연한 일이었다. 이 도시는 형제 사이에 제위 계승이 이루어지던 보통의 키예프국 계승체제의 범위 바깥에 있었던 것 같다. 그 대신에 이곳은 키예프의 대공들의 아들들에 의해서 종종 통치되었는데, 그들은 드물지 않게 나중에 키예프 대공의 지위에 오르곤 했다. 성 블라디미르, 야로슬라프 현공, 블라디미르 모노마흐의 아들인 므스티슬라프는 모두 한때 노브고로드의 공이었다. 특히 야로슬라프 현공은 키예프 대공의 지위에 오르기 전에 오랫동안 통치했던 노브고로드와 긴밀한 관련을 맺고 있었다.

심지어 많은 학자들은 『루스카야 프라브다』가 야로슬라프 현공이 노브고로드에서 활동하던 시기의 문헌이라고 생각해왔다. 그리고 노브고로드는 공들의 좀더 큰 야망과 주장에 대해서 거듭 소중한 지원을 제공했다. 야로슬라프 현공이 키예프 대공의 자리를 놓고 스뱌토폴크와 격렬한 투쟁을 벌일 때가 그 사례라고 볼 수 있다.

노브고로드인들이 자신들이 선호하던 공들을 위해서 키예프 루시 문제에 개입하던 일보다는, 권위와 권력을 두고 노브고로드 내에서 벌어진 사건의 전개가 훨씬 더 중요했다는 것이 입증되었다. 우리는 노브고로드가 자국의 도시에 배정된 공을 받아들이기를 거부했던 초기의 몇몇 사례를 알고 있다. 한번은 노브고로드인들이 공으로 지명된 사람에게 두 개의 머리를 가지고 있을 경우에만 와도 좋다고 권고하기도 했다. 그렇지만 노브고로드인들이 자신들의 특별한 정치 노선을 걷게 된 것은 1136년에 어떤 통치자를 축출한 유명한 사건으로부터 비롯되었다. 그 시점 이후로 노브고로드의 공은 본질적으로 엄격히 제한된 권위와 특권을 가진, 도시에 의해서 고용된 관리가 되었다. 그의 지위는 이탈리아의 도시국가들의 행정관(podestà)의 경우와 비슷해졌고, 이 때문에 일부 역사학자들은 노브고로드를 "상업 공화국"이라고 부르기도 했다. 노브고로드는 1156년에 자신들의 대주교를 선출하는 권한을 장악함으로써 종교행정에서도 실질적으로 독립했다. 정확히 말하면, 새로운 체제하에서 노브고로드의 베체는 대주교직을 위해서 3명의 후보를 선발한 다음에, 그 고위 직책을 담당할 사람을 추첨으로 선택했다. 그 사람은 마침내 러시아 교회의 수장인 수좌대주교에 의해서 새로운 교회 지위에 임명되었다. 노브고로드가 독립적인 공국으로 등장했다는 것은, 흔히 서로 적대적이기도 했던 경쟁적인 지역 단위의 정치적 실체들이 대두됨에 따라서 진행된 키예프국의 전반적인 몰락 과정의 일부이기도 했다.

러시아의 북서쪽 모서리에 위치한 노브고로드가 러시아 땅을 외부의 침입으로부터 방어한 일은 당연히 러시아의 다른 공국들을 대상으로 벌인 전쟁보다도 역사적으로 훨씬 더 큰 중요성을 가졌다고 할 수 있을 것이다. 그중에서 가장 유명한 일은 스웨덴인들에게 승리를 거둔 장소가 네바(Neva) 강둑이었기 때문에 알렉산드르 넵스키(Aleksandr Nevskii)라는 별명으로 알려진 알렉산드르 공의 이름과 관련된다. 알렉산드르는 노브고로드 공이 되었고, 나중에는 러시아 역사에서 특히 어려운 시기에 러시아의 대공이 되었다. 그는 1219년에 태어나서 1263년에 사망했는데, 몽골이 러시아를 침입하여 지배하던 상황과 마주쳤다. 그는 유럽 쪽에서 러시아로 밀어닥치던 심각한 공세도 어떻게든 처리해야 했다. 이런 공격을 해온 사람들은 스웨덴인들과 튜턴 기사단이었는데, 이웃에 살던 핀란드인들 및 특히 강력한 리투아니아 종족은 또다른 압박을 가해왔다. 독일인들의 공격은 아주 불길한 징조였다. 그것은 독일인들이 동쪽으로 밀고 오던 장기적인 팽창 운동이 계속되고 있다는 것을 의미했다. 이런 운동은 이미 발트 지역의 많은 슬라브인들과 서쪽의 리투아니아 종족들을 독일인화하거나 멸종시키는 결과를 낳았고, 러시아와 이웃한 에스토니아, 라트비아, 리투아니아인들에게 확대되었다. 이 민족들을 예속시키고 독일인화할 뿐만 아니라 로마 가톨릭으로 개종시키는 것이, 원래 성지의 십자군 수도회로 출발했다가 나중에 활동 근거지를 발트 지역으로 옮긴 튜턴 기사단의 목표였다.

키예프가 몽골인들에게 함락된 해인 1240년에 알렉산드르는 주도권을 장악한 다음, 노브고로드인들을 이끌고 네바 강둑으로 진격해오던 스웨덴인들에게 승리를 거두었다. 그동안에 튜턴 기사단은 1239년에 북서부 러시아 땅에 조직적인 공격을 개시했고, 1241년에는 프스코프를 장악하는 데에 성공했다. 알렉산드르 넵스키는 스웨덴인들을 물리친 다음에 새로운 침입자들 쪽으로 방향을 돌렸다. 그는 빠른 시간 내에 그들을 물리치고 프스코프를 해방시킬 수 있었다. 나아가 그는 적의 영토 속으로 들어가서 전투를 계속했다. 1242년 4월 5일에 에스토니아에 있는 추드 호수 혹은 페이푸스의 얼음 위에서 결정적인 전투가 벌어졌다. 러시아의 역사적 전통에서 "얼음 위의 학살"이라고 알려진 이 사건은 노래와 이야기로도 기념되어왔는데, 그중에서 가장 유명한 작품은 프로코피예프의 음악과 예이젠시테인의 탁월한 영화인 「알렉산드르 넵스키」이다. 갑옷을 입은 중무장 독일 기사단과 그들의 동맹군인 핀인들로 구성된 밀집 부대는 거대한 파성퇴(破城槌)* 모양으로 러시아군의 대열을 공격했다. 대열의 중앙은 뒤로 밀렸으나 오래 버텨주었기 때문에, 알렉산드르 넵스키가 일부의 부대를 가지고 포위 대형을 이루어 적군의 측면을 공격할 수 있었다. 곧이어 튜턴 기사단은 완전

---

* 파성퇴는 과거에 성문이나 성벽을 두들겨 부수는 데에 쓰던 나무 기둥같이 생긴 무기이다/역주

히 패주하게 되었고, 봄철의 얼음이 깨지면서 기사단의 파멸을 도와주었다.

알렉산드르 넵스키가 거둔 이런 승리는 중요했지만, 그것은 노브고로드가 서쪽과 북서쪽의 적들에 대항해서 벌인 계속된 싸움의 일부에 불과했다. 두 명의 소련 전문가들은 노브고로드가 1142년부터 1446년 사이에 스웨덴인들과 26차례, 독일 기사단과 11차례, 리투아니아인들과 14차례, 노르웨이인들과 5차례 싸움을 벌였다고 추산했다. 그런 다음 독일 기사단은 1237년에 리보니아 및 튜턴 기사단이 통합되어 독일 기사단에 포함되었다.

몽골인들과의 관계는 다른 양상을 띠었다. 비록 몽골의 침입이 노브고로드에 다다르지는 못했지만, 노브고로드 공국은 다른 러시아 땅과 함께 칸에게 굴복했다. 위대한 전사인 알렉산드르 넵스키 자신이 이처럼 몽골인들에 대한 협력 정책을 채택하여, 1252년부터 그가 사망하는 1263년까지 칸의 총신이자 러시아의 대공이 되었다. 알렉산드르 넵스키가 이렇게 행동한 이유는 단순하고 적절했다. 왜냐하면 그는 몽골인들에게 저항하는 것이 불가능하다고 생각했기 때문이다. 그리고 정교회가 16세기에 알렉산드르 넵스키를 시성한 것은 특히 그가 칸에게 겸손하게 굴복함으로써, 다른 러시아 땅만이 아니라 노브고로드 공국을 파멸로부터 건진 결과로 드러난 그의 능력 때문이었다.

분령 시기에 걸쳐서 노브고로드는 러시아에서 가장 중요한 공국들 중 하나였다. 노브고로드 공국은 모스크바와 리투아니아 사이의 투쟁만이 아니라, 모스크바와 트베리 사이의 경쟁관계에서도 중요한 역할을 수행했다. 모스크바가 러시아 땅을 "모으면서" 노브고로드를 모스크바 대공의 유산 중에서 분리할 수 없는 부분이라고 선언하자, 노브고로드의 입장은 점차 어려워졌다. 노브고로드인들은 자신들의 도시를 대공 칭호에 저항할 수 있는 맞수라는 의미로 "위대한(Velikii) 노브고로드"라고 부르기 시작했다. 1470년대에 모스크바와의 갈등은 대단원에 다다랐다. 모스크바의 이반 3세는 노브고로드 지도부가 변절하여 리투아니아 대공국과 동맹을 체결하려는 계획을 세우고 정교회를 포기하려고 한다고 선언하면서, 자신의 반노브고로드 정책을 정당화했다. 비록 동맹의 초안에는 종교적 독립과 정교회의 보호가 보장되어 있었지만, 사실 노브고로드의 많은 보야르들은 모스크바의 압력에 저항하기 위해서 그런 동맹을 맺으려고 했다. 이반 3세는 1471년에 노브고로드 군대를 패배시켰고, 노브고로드는 항복했다.

리투아니아와의 동맹을 주창하던 사람들은 처형되었다. 그렇지만 종종 폭력성을 띤 혼란은 계속되었다. 후대의 모스크바국의 설명(『니콘 연대기[*Nikonovskaia letopis*]』에 따르면, 노브고로드 사람들은 베체 집회에서 "우리는 그의 세습 재산이라고 불리기를 원하지 않는다. 우리는 위대한 노브고로드의 자유로운 사람들이다"라는 말과 같이 "의미 없고 타락한 말을 했다." 그렇지만 모스크바는 멈추지 않았고, 1477년과 1478년에 새로운 기습 공격을 단행해서 노브고로드를 완전히 예속시켰다. 모스크바 사람들은 모든 반대 세력을 가차없이 진압하면서 많은 사람들을 추방했고, 노브고로드를 모스크바국에 통합시켰다.

노브고로드 : 제도와 생활방식

노브고로드는 인상적인 도시였다. 독립 시기에 그곳의 인구는 3만 명 이상이었다. 이미 지적되었듯이 이곳은 남북 교역과 동서 교역 양쪽과 연관된 중요한 상업 중심지였다. 사실 학자들은 노브고로드가 14세기에 특히 유럽산 은의 수입과 농산물, 사냥감, 수산물의 수출을 통해서 러시아 경제 전체에 활기를 넣는 데에 중요한 역할을 했다고 주장해왔다. 이렇게 중요한 교역의 지속적인 한 가지 결과는 13세기 후반에 은으로 만들어진 새로운 화폐인 루블이 도입되었다는 것이었다. 많은 사람들이 성벽 안에 거주하려고 했기 때문에, 노브고로드는 다른 중세 도시들처럼 인구 밀집 현상으로 고통을 겪었다. 부유한 가문과 그들의 종들은 안전한 지역에 세워진 대주택에서 살았으나, 가난한 주민들은 자신들이 얻을 수 있는 장소라면 어떤 곳이든지 거주할 수밖에 없었다. 도시는 볼호프 강에 의해서 두 지역, 즉 주요 시장이 위치한 상업 구역과 성 소피아 대성당이 위치한 구역으로 나뉘었다. 성 소피아 대성당이 있는 쪽에는 대성당 건물 자체는 물론이고 이 도시의 오래된 크렘린(Kremlin) 혹은 성채가 있었다. 노브고로드 사람들은 화재 방비시설, 목재를 사용해서 독창적으로 포장된 거리, 나무로 만든 수도 파이프 체계 등의 편의시설을 가지고 있었는데, 그 원리는 비잔티움에서 배운 것이었다.

노브고로드의 뚜렷한 특징은 지방의 주도권, 조직, 자율성이었다. 도시 내에는 여러 구역의 집들이 거리를 구성했는데, 이것은 이미 자체에서 선출된 장로를 가진 자치 단위의 지위를 가지고 있었다. 여러 거리는 백(百)을 의미하는 소트냐(sotnia)를 구성했다. 소트냐는 총 다섯 개가 있었던 코네츠(konets, 복수는 kontsy)라는 구역에서 합쳐졌다. 각각의 코네츠는 폭넓은 자율성을 향유했다. 코네츠는 자체의 베체와 관리들을 통해서 자치권을 가지고 있었을 뿐만 아니라 별도로 퍄티나(piatina)라는 땅을 보유했는데, 이것은 도시의 범위 바깥에 있으면서 노브고로드에 속한 넓은 구역이었다. 특정 코네츠의 퍄티나 땅은 보통 도시 경계로부터 방사선 모양으로 뻗어 있었다. 도시에서 멀리 떨어진 노브고로드의 영토는 퍄티나 땅에 속하지 않았으며 대체로 도시에 의해서 관리되고 있었다는 것도 덧붙여 지적되어야 한다. 그리고 코네츠의 자율성 때문에, 공식적인 노브고로드의 문서는 때때로 8개나 되는 도장을 받아서 결재되어야 했다. 5개의 코네츠 각각으로부터 도장을 1개씩 받아야 했고, 중앙 당국으로부터 3개를 받아야 했던 것이다.

일부 학자들이 주장하고 있듯이 노브고로드는 민주적인 "공화국"이었는가, 아니면 보야르와 부유한 상인들 그리고 다른 엘리트들에 의해서 지배된 과두정치였는가? 그곳의 정치는 거친 형태의 대중 민주주의로부터 과두정치로 발전되었는가? 확실한 것은, 비록 통치를 맡은 공이 공식적으로 군대를 지휘하고 사법과 행정에서 중심 역할을 맡기는 했지만 노브고로드인들은 특히 1136년의 봉기 이후에 심지어 이런 권리를 제한했으며, 공의 권력과 활동에 대해서 점차 엄격하고도 세부적인 제약을 더욱더 가했다는 점이다. 우리는 공과 도시 사이에 체결된 그 계약이 담고 있는 정확한 내용을 가지고 있다. 그중 초기의 것은 알렉산드르 넵스키의 형제인 야로슬라프가 1265년에 체결한 것이다. 대부분의 이런 계약의 경우에서와 마찬가지로, 공은 통치 문제에서 노브고로드 고래의 관습을 따르기로 약속했다. 그리고 그는 도시 지역의 행정직에 오직 노브고로드인만을 임명하고, 법적 결정 없이는 관리를 해임하지 않으며, 도시를 대표하는 선출된 관리인 포사드닉(posadnik) 혹은 공의 대리인 없이는 재판을 진행하지 않겠다고 약속했다. 그리고 공은 도시의 범위 바깥에 자신의 본부를 설치해야 했다. 그와 그의 드루지나는 노브고로드에서 토지를 소유할 수 없었고, 독일인들과 교역할 수도 없었다. 사냥과 낚시에 관한 권리만이 아니라 그의 보수도 아주 세세하게 조정되었다. 그리하여 시간이 흘러서 모스크바의 대공 혹은 적어도 모스크바국의 통치가문의 한 구성원이 노브고로드에서 공의 직위를 가지게 되었다고 할지라도, 그곳에서 그가 행사할 수 있는 권한은 아주 제한적이었다.

베체에서 선출된 티샤츠키(tysiatskii)와 포사드닉은 공과 함께 행정업무를 분담했고, 필요한 경우에는 특히 포사드닉이 공으로부터 도시의 이익을 보호했다. 포사드닉은 공의 주요 동료이자 조력자로서 공의 부재중에 행정과 군대를 책임졌다. 티샤츠키 혹은 칠리아르크(chiliarch)는 분명히 적어도 두 가지 중요한 일거리를 가지고 있었다. 즉, 그는 도시 연대 혹은 천인대─여기서 "티샤츠키"라는 이름이 유래되었을 것이다*─를 지휘했고, 상업 분쟁을 해결했다. 그는 때때로 노브고로드의 평민 대표로 간주되기도 했다. 그리고 노브고로드의 대주교 역시 언급되어야 한다. 그는 공국 내의 중요한 종교적 기능을 수행하는 것뿐만 아니라 정치 활동에서도 주도적인 역할을 계속해서 담당했다. 그는 명사 협의회를 주재했으며, 세속 당국에 조언을 했고, 적대적인 파당들 사이에서 중재자 역할을 했으며, 때때로 대외적으로 노브고로드의 사절단을 이끌기도 했다.

우리가 알 수 있듯이, 노브고로드의 베체(민회)의 권한은 막강했다. 그뿐만 아니라 공을 초청하거나 해임했고, 포사드닉과 티샤츠키를 선출했고, 세 명의 후보를 선출함으로써 대주교의 선임에도 결정권을 행사했다. 그것은 전쟁과 강화 문제를 결정했고, 군대를 동원했으며, 법을 선포했고, 세금을 인상할 수 있었으며, 일반적으로 노브고로드 내에서 최고 권력기관처럼 행동했다. 베체에는 상임직책인 행정수반이 있었다. 베체는 공, 어떤 관리, 사람들 혹은 심지어 어떤 개인이라고 할지라도 베체의 종을 울림으로써 소집될 수 있었다. 그러므로 1478년에 모스크바 사람들이 그 종을 치워버린 것은 노브고로드의 독립 및 그곳의 독특한 체제의 종말을 상징적으로 보여준 것이다.

베체의 이러한 권한 때문에 많은 학자들─그리고 그 이후의 시기에 절대주의에 반대하며 과거에 대한 향수를 느끼는 러시아인들─은 노브고로드가 민주적인 공화국이라고 묘사했다. 이런 견해에 따르면, 중요한 문제들은 도시 내의 모든 자유민들로 구성된 베체에 의해서 집단적으로 결정되었다는 것이다. 이와는 대조적으로, 오늘날 이 지역의 역사에 관한 지도적인 전문가이자 역사학자인 야닌은 베체와 도시 관리직을 엘리트가 장악하고 있었다는 점을 강조하

---

* 러시아어로 티샤차(tysiacha)는 1,000을 뜻한다/역주

면서, 노브고로드를 "보야르 공화국(boiarskaia respublika)"이라고 부른다. 사실 연구 결과에 따르면, 베체에서의 투표권은 필시 보야르와 도시의 대저택 소유자들에게만 국한되어 있었던 것 같다. 그러나 심지어 야닌조차도 도시의 전체 대중이 베체 집회에 접근할 수 있었다는 것을 인정한다. 집회는 성 니콜라이 대성당 근처의 야외에서 소집되었으므로, 대중은 커다란 고함소리로써 동의 혹은 반대를 나타내서 논의와 결정에 영향을 미칠 수 있었다(혹은 영향을 미쳤다는 느낌을 가질 수 있었다). 이야기는 훨씬 더 복잡해져서, 직접 민주주의와 만장일치 관행 때문에 베체는 종종 격렬한 파벌 싸움에 빠져들었다. 노브고로드인들은 자신들의 문제를 처리할 수 있는 독립적이고 자립적인 사람들이라고 존경받았다. 그러나 대주교가 엄숙한 모습으로 베체에 등장하여 겉모습만이라도 질서를 되찾으려고 필사적인 노력을 기울이는 경우도 많았다. 노브고로드인들이 기독교인이 되었을 때 강물 속으로 버려진 이교의 신인 페룬의 상(像)이 잠깐 다시 등장하여 막대기를 하나 남겨두었는데, 그때 이후로 도시민들이 그것으로 서로를 때리게 되었다는 전설이 생기기도 했다. 이런 고질적인 무질서와 함께, 그들의 독립에 대해서 모스크바로부터 점차적으로 도전이 가해졌다는 사실, 그리고 보야르와 다른 엘리트의 부가 증대되었다는 사실은, 우리가 앞으로 보게 되듯이 노브고로드의 정치가 점차 과두정치적인 방향으로 움직여가게 된 이유를 설명해줄 수 있다.

명사 협의회 역시 노브고로드 정치에서 부각되었다. 그 이유는 베체가 그날그날의 업무를 효율적으로 수행할 수 없었기 때문이기도 했고, 그보다 훨씬 더 근본적으로는 공국 내의 부와 권력의 실질적인 분포 상황이 명사 협의회에서 반영되었기 때문이기도 했다. 대주교가 주관한 이 협의회에는 상당수의 영향력 있는 보야르, 특히 전직과 현직의 포사드닉과 티샤츠키뿐만 아니라, 코네츠와 소트냐의 수장들도 참석했다. 이 협의회는 베체에 의해서 토의되거나 입법화된 조치를 면밀히 검토했으며, 종종 노브고로드의 정치노선을 통제할 수도 있었다. 이 기구는 사실상 공국 내의 부유층, 말하자면 귀족층을 대변하고 있었다.

노브고로드의 사법체계는 특별히 언급할 만하다. 그것은 고도의 법률적이고 인도주의적인 기준뿐만 아니라, 놀라울 정도로 수준 높은 정밀성, 체계성, 복잡성을 보여주었다. 공, 포사드닉, 티샤츠키, 대주교는 각자 자신들의 특별 법정을 가지고 있었다. 포사드닉이 주재하던 고등법원에서는 도클랏치키(dokladchiki)라는 배심원 제도가 작동되었다. 도합 10명인 배심원은 5개의 코네츠 각각에 속한 한 사람씩의 보야르와 한 사람씩의 평민으로 구성되었다. 그리고 노브고로드의 법체계는 흔히 중재에 의존했다. 서로 다투는 당사자들은 두 사람의 중재인을 지명하도록 요청받았다. 네 사람이 합의에 이르지 못하게 될 때에만 재판 절차가 뒤따랐다. 불확실한 몇몇 경우에는 십자가에 엄숙하게 입을 맞춘 후에, 올바른 결정에 다다르기 위해서 사법적인 결투가 이용되기도 했다. 심지어 여성들 사이에서도 그런 결투가 벌어진 사례들이 있었던 것 같다. 노브고로드에서의 처벌은 특이할 정도로 온건했다. 사형제도가 알려져 있지 않은 것은 아니지만, 징벌은 주로 벌금형이었고, 특히 중죄인 경우에는 재산과 소유물을 빼앗기고 추방당하는 처벌을 받았다. 그런 재물과 소유물은 사람들이 임의대로 약탈할 수 있었다. 당대의 일반적인 관행과는 대조적으로, 노브고로드의 사법 절차에서 고문을 하는 경우는 거의 없었다. 많은 증거들은 노브고로드의 특징인 인간 생명에 대한 높은 존중심을 반영하고 있다. 『노브고로드 연대기』는 여러 명의 사람들을 죽인 일에 대해서 이야기할 때, 때때로 대학살이라고 부른다.

노브고로드는 큰 상업국가로서 두각을 나타냈다. 노브고로드는 북부 러시아의 삼림에 있는 엄청나게 풍부한 자원을 이용했는데, 그중에서 주로 모피뿐만 아니라 밀랍과 벌꿀도 외국 시장에 수출되었다. 그리고 이미 언급되었듯이, 노브고로드는 여러 방향으로 가는 광범한 교역로의 중개 지점으로서의 역할을 맡았다. 제조상품과 일부 금속, 그리고 청어, 포도주, 맥주 같은 기타 물품들은 전형적인 수입품이었다. 노브고로드는 고틀란트 섬 및 발트 해 연안의 항구들과 대규모의 교역을 했지만, 노브고로드의 상품은 잉글랜드, 플랑드르, 그 외의 다른 먼 지역에도 도달했다. 많은 상인들, 특히 고틀란트와 독일 상인들은 노브고로드로 와서 자치권과 특별한 지위를 가질 수 있었다. 그렇지만 노브고로드인들 스스로도 오랫동안 적극적인 교역업무에 종사했는데, 일부 학자들은 이 점을 제대로 평가하지 못했다. 그들은 외국 땅으로 가서 상호 협정에 기반을 두고 노브고로드의 상업 공동체를 외국에 설치했는데, 이것은 고틀란트 섬에 있는 두 곳의 러시아 교회와 다른 증거에 의해서 입증되었다. 노브고로드가 교역에서 점차 절대적으로 수동적인 역할을 하는 쪽으로 바뀐 것은 북유럽 도시들로 조직된 한자 동맹이 등장하고, 노브고로드인들의 아주 단순한 선박보다 월등히 뛰어난 특수한 상선의 수가 증가했던 13세기 후반에 이르러서였다.

상인들, 특히 대외 교역에 종사하던 부유한 상인들이 노브고로드에서 아주 중요한 인적 구성 요소이기는 했지만, 소련 시기의 연구는 지주 재산의 중요성을 강조하면서 그 두 상층 집단 사이에 긴밀한 관련성이 있다는 것을 지적했다. 어쨌든 시간이 지남에 따라서 노브고로드에서는 사회적 분화가 심화되었는데, 이는 정치적인 적대 감정을 불러일으킴으로써 이탈리아 도시에서 부자(populo grosso)와 빈자(populo minuto) 사이에 벌어진 갈등을 연상시킬 정도였다. 특히 14세기와 15세기에 모스크바 세력이 강해져서 노브고로드의 독립을 위협함에 따라서 보야르들은 자신들의 권력을 강화하게 되었고, 그중 몇몇 유력 가문이 모든 고위직을 통제하게 되었다. 보야르의 권력이 강화된 것은 1418년에 발생된 반(反)보야르 봉기를 포함하여, 민중의 불만이 점차 커진 데에 대한 반응이기도 했다. 이런 사회적 긴장은 "불공정한 보야르들"에 대해서 언급하는, 15세기 중반의 연대기 항목에 반영되어 있다. 아주 중요하게도, 이런 태도는 보야르가 모스크바에 저항하려고 노력하면서 민중의 지지를 얻으려고 했을 때 치명적으로 불리한 결과를 낳게 되었다.

노브고로드 내에서 사회적 긴장이 고조되고 있을 때, 그 도시는 제멋대로 뻗어나간 땅을 유지하기가 더욱 어려워진 것을 깨달았다. 거대한 노브고로드 영토는 대략 두 부류로 나뉘었는데, 그중 하나는 퍄티나 지역이었고, 다른 하나는 멀리 인구가 희박한 북부와 동부에 있는 반식민지 상태의 보유지였다. 노브고로드의 정치적 관행에 맞추어 퍄티나에 있는 도시와 그 주변의 시골 지역의 포사드닉과 티샤츠키는 선출된 것이 아니라 노브고로드에서 임명되기는 했지만, 어느 정도의 자치권을 부여받았다. 점차 탈중앙집권화 경향이 강화됨에 따라, 사실상 뱌트카는 12세기 후반에, 그리고 프스코프는 14세기 중반에 독립 상태가 되었다. 게다가 이미 지적되었다시피 노브고로드는 그곳에 소속된 많은 영토의 안전과 충성을 놓고, 강력하고 성공적인 모스크바국 통치자들로 대표되는 북동부의 공들에 대항하여 끊임없는 싸움을 벌여야 했다.

모스크바는 마침내 노브고로드를 파괴했다. 베체는 금지되었고, 포사드닉의 선출제도는 폐지되었으며, 베체의 종은 수레에 실려서 모스크바로 운반되었다.

이 두 공국이 벌인 갈등의 결말은, 어떤 의미에서는 노브고로드가 불어난 영토의 크기에도 불구하고 본질적으로 도시국가로 남아 있었다는 사실에 의해서 예정된 것이나 마찬가지였다. 노브고로드는 분령 시기에 아주 특수하고 자기 중심적인 이해관계에 전력을 기울임으로써 번영을 누렸다. 그때 공국은 부와 힘 때문에 두각을 나타냈으며, 이웃 공국들의 경쟁관계를 이용할 수도 있었다. 나아가 공을 통제함으로써 새로운 여러 분령지로 세분되는 것을 피할 수 있었다. 그렇지만 노브고로드는 러시아 땅을 통합하는 일에서는 모스크바와 경쟁할 수 없다는 것이 판명되었다. 사회적 갈등 역시 이런 결말에 기여했다. 노브고로드가 1478년에 모스크바 공의 수중에 떨어졌을 때, 보야르들은 평민들 가운데 지지자를 전혀 발견하지 못했던 것 같다. 평민들은 분명히 자신들의 공국의 과두정치 정부보다는 이반 3세를 선호했던 것이다.

노브고로드의 문화 역시 인상적인 방식으로 발전했다. 그 도시는 운 좋게도 몽골에 의해서 파괴되는 것을 모면할 수 있었다. 그곳은 다른 분령지 공국들과는 대조적으로, 키예프의 문화적 유산을 웅장한 규모로 지속할 수 있을 정도로 충분한 부도 가지고 있었다. 그리고 노브고로드는 서구와의 풍성한 접촉을 통해서 이익을 얻기도 했다. 분령 시기의 러시아 문화는 이후의 장에서 논의되겠지만, 여기서는 노브고로드가 교회 건축과 성상화 제작뿐만 아니라, 활기차고 다양한 문학으로도 유명해졌다는 사실을 지적하는 것이 적절하다.

노브고로드와 그 주변 지역에서 문자 사용 능력이 확산되었다는 증거는 각별한 의미를 가지고 있다. 그곳 사람들은 심지어 엘리트조차도 문맹이었다고 오랫동안 추정되어왔다. 이런 가정은 소련 고고학자들이 자작나무 껍질에 쓰인 수백 개의 문서를 발견함으로써 적어도 근본적으로 수정되었다. 계속된 고고학적 발굴을 통해서 지금은 1,000여 개 이상의 텍스트가 발견되었는데, 그 제작 시기는 11세기부터 15세기까지이다. 훨씬 더 많은 것이 묻힌 채로 남아 있음이 틀림없다. 그중에서 압도적인 다수는 노브고로드의 것이다. 보통 간단한 사업상의 메시지인 이 자료들은 여성들을 포함하여, 보야르로부터 수공업자와 하인에 이르기까지 문자 사용 능력이 있었다는 것을 보여준다. 이런 자료는 분명히 다른 도시에서는 드물었기 때문에, 그것이 노브고로드에서 많았다는 것은 그곳의 특이한 정치 및 사회의 질서로 인해서 높은 문화 수준이 요구되었다는 것을 시사한다. 노브고로드의 문학에는 모세와 바실 같은 그 도시의 대주교들의 저술, 여행기, 특히 성지 방문기, 매우 유용한 연대기, 특별한 영웅담 전집을 포함한 구전 전통 등이 포함되어 있다. 채색화로 장식된 소위 『오스트로미로보 복음서(Ostromirovo Evangelie)』는 1056-1057년에 노브고로드에서 제작되었는데, 현존하는 가장 오래된 러시아어 필사본, 즉 교회 슬라브어 필사본이라고 오랫동안 여겨져왔다. 그렇지만 2000년에는 「시편」 67, 75, 76편을 담은 3개의 밀랍 서판이 또다시 노브고로드에서 발견되었는데, 그 제작 연도가 11세기 1/4분기가 분명하다고 밝혀짐에 따라 『오스트로미로보 복음서』는 최초의 필사본으로서의 위치를 상실했다. 사실 종종 그렇듯이 노브고로드의 문화는 정치적으로 몰락한 이후에도 살아남아서 모스크바와 러시아 전체에 상당한 영향력을 행사했다.

전문가들은 노브고로드 문화의 일부 특징들이 그 도시국가의 특이한 성격과 역사를 반영하고 있다고 주장했다. 『노브고로드 연대기』와 다른 노브고로드의 저술들은 그 도시와 거리, 건물, 사건들에 대한 강하고도 변함없는 애착심을 표현하고 있다. 노브고로드 문학의 일반적인 분위기는 심지어 종교적인 주제를 다룰 때조차도 놀라울 정도로 사실적이고, 실용적이며, 사무적이라고 설명되어왔다. 예를 들면, 바실 대주교는 천국이 천상이나 상상 속이 아니라 지상에 위치한다는 것을 입증하기 위해서 다음과 같은 주장을 제시했다. 즉, 지상에 있는 네 개의 강은 천국으로부터 흘러나오는데, 그중 하나인 나일 강에 대해서 바실은 약간 재미있게 묘사했다. 성 마카리우스는 천국 근처에 살았으며, 성 에프로시미우스는 천국을 방문하고 돌아와서는 자신의 수도원장에게 세 개의 사과를 가져다주기까지 했던 한편, 성 아가피우스는 그곳에서 빵을 먹었고, 노브고로드의 배 두 척은 먼바다로 항해하다가 한번은 천국 산에 도달했다는 것이다. 노브고로드에는 사실성 및 실용성과 더불어 에너지가 넘치고 부산스러운 측면도 있었다. 이 점은 예를 들면, 계속적으로 건물을 지었던 것에서 드러난다. 노브고로드에서는 독립을 상실하기 이전의 2세기 동안, 약 100개의 석조 교회가 건축되었다. 그곳을 방문한 사람들은 노브고로드인들을 매우 활기차고 활동적인 사람들로 묘사했는데, 그곳의 여인들은 남성과 동등한 위치에서 눈에 띄는 도시 업무 활동을 펼쳤다.

노브고로드 문학의 주인공들은 그 도시의 삶을 반영하기도 했다. 노브고로드의 영웅담 전집의 주요 주인공들 중에는 비범한 사업가이자 여행가이고 상인인 사드코, 그리고 참을성 없고 무책임한 젊은 거인인 바실리 부슬라예프가 포함된다. 부슬라예프가 이웃들을 습격하여 유혈 사태를 벌이면 오직 그의 어머니만이 그를 제지할 수 있었다. 부슬라예프가 죽을 때의 모습은 그의 행동 방식을 잘 보여준다. 즉, 어떤 해골이 그에게 한 방향으로 뛰어올라서 살든지, 아니면 다른 방향으로 뛰어올라서 죽든지 선택하라고 했을 때, 그는 당연히 두 번째를 선택하여 머리통이 깨져버렸다. 부슬라예프는 노브고로드의 자유로운 모험가들의 진정한 대표로 인용되어왔다. 그런 모험가들은 러시아인들과 핀족 언어를 사용하는 종족들과 다른 종족들이 다 같이 거주하는 광대한 땅에 자신들 도시의 지배권을 확대하는 데에 큰 기여를 담당했다.

노브고로드의 역사는 그 자체로서 주목받을 만하지만, 키예프가 쇠퇴한 이후에 키예프 루시의 땅이 변모되어갈 때에 생긴 하나의 변형된 발전 형태로서 그 이상의 관심을 끌고 있다. 노브고로드의 특이한 성질을 강조하는 것이 일반적이기는 하지만, 이런 성질들이 키예프 시대—어느 정도는 키예프 이전 시대—로부터 직접 유래되었으며, 때때로 키예프의 일부 핵심적인 특징을 강조된 형태로 대변했다는 점을 깨닫는 것도 중요하다. 노브고로드의 도시생활과 문화, 중간계급의 중요한 지위, 그곳의 상업, 외부 세계와의 긴밀한 접촉 등과 같은 모든 것들은 노브고로드를 키예프 역사의 주류와 연결시켜주고 있다. 물론 베체 역시 키예프의 삶과 정치에서 의미심장한 역할을 담당했다. 노브고로드인들은 그것의 권위와 기능을 더 부각시킴으로써 키예프 루시의 정치적인 구성 요소들 중 다른 두 가지를 희생시키고, 오직 한 가지, 즉 민주정적 요소를 발전시켰다. 그 두 가지는 전제정치적 요소와 귀족정치적 요소인데, 우리가 보게 되듯이 이 두 요소는 러시아의 다른 지역에서 더 비옥한 토양을 발견했다.

프스코프

노브고로드의 특징인 민주정치의 발전은 몇몇 다른 지역, 특히 북서부의 또다른 러시아 도시인 프스코프에서도 찾아볼 수 있었다. 매우 멀리 떨어진 이 러시아 전초기지는 오랫동안 노브고로드의 지배하에 있다가, 1348년에 가로세로 약

402킬로미터와 121킬로미터의 영토를 가진 작은 독립 공국이 되었다. 프스코프의 공의 권한은 노브고로드의 공보다도 훨씬 더 많은 제약을 가지고 있었고, 그곳의 베체는 어떤 점에서는 노브고로드의 베체보다 훨씬 더 중요했다. 특히 프스코프의 베체는 다른 기능들에 더하여, 중요한 범죄를 다루는 재판정의 역할도 가지고 있었다. 이 도시에는 두 명의 선출된 포사드닉과 코네츠의 장로들이 있었으나, 티샤츠키는 없었다. 이 도시는 노브고로드와 아주 유사하게도, 거리와 코네츠로 세분되었다. 프스코프에서는 원로협의회도 활동하고 있었다.

프스코프는 노브고로드보다 훨씬 더 작았기 때문에, 사회적 분화나 사회적 긴장은 덜 경험했다. 이 도시의 내적 생활은 "형"인 노브고로드의 경우보다는 더 내실 있고, 민주적이며, 평화로웠다고 일반적으로 기술되어왔다. 다른 한편으로, 이 "동생"—한때 노브고로드가 프스코프에 붙여준 명칭—은 노브고로드를 대표하는 수준 높은 도시생활과 문화 발전에 전적으로 참여했다. 사실 프스코프의 건축가들은 널리 알려져 있었으며, 프스코프의 베체가 공포한 법전으로서 아주 유명한 1397년의 『수데브닉』—이 법전은 앞에서 러시아인들과 몽골인들을 비교할 때에 언급되었다—은 1467년경까지 증보되었는데, 고도로 발달된 러시아 중세법의 아주 인상적인 요약본이라고 할 수 있다.

프스코프가 모스크바와 맺은 관계는 노브고로드의 경우와는 달랐다. 프스코프는 결코 모스크바국의 경쟁자가 될 수 없었으며, 반대로 서구로부터의 공격에 대항하여—비록 프스코프는 한자 동맹과 제휴관계를 맺고, 교역을 통해서 서구와 적극적인 관계를 맺고 있기도 했지만—계속 모스크바의 도움을 필요로 했다. 그리하여 프스코프는 자연히 모스크바의 영향권 안으로 들어가게 되었다. 그러나 모스크바국이 1511년 무렵에 프스코프를 완전히 합병했을 때, 이 도시 사람들은 강제로 추방당하고 자신들의 특별한 제도와 모든 독립적 지위를 상실했다. 그뿐만 아니라, 그들은 모스크바국의 세금과 통제에 직면하여 자신들이 가지고 있던 상업적 및 중간계급적 생활방식도 잃어버렸다.

노브고로드와 프스코프의 역사적 발전은 비록 탁월하기도 하고 많은 성공을 거두기도 했지만, 장기적으로 보았을 때에는 수포로 돌아간 것으로 판명되고 말았다.

제10장

남서부와 북동부

12세기 말에 러시아 땅은 정치적으로 효율적인 통합을 이루지 못하고 있었다. 반대로, 거기에는 여러 곳의 중요한 중심지가 있는데, 그런 중심지들은 어느 정도로 다양한 모습을 하면서 다른 방향을 따라서 발전하고 있었다. ―먀코틴

노브고로드의 역사는 키예프를 기반으로 한 공국들 중에서 하나의 중요한 변형이었지만, 남서부와 북동부의 러시아 땅이 발전함에 따라서 그런 공국이 두 개 더 생겼다. 이 지역들은 노브고로드의 경우와 마찬가지로 키예프 루시의 일부였고, 키예프 루시의 생활 및 문화에 깊이 참여한 곳들이었다. 남서부는 키예프 시기의 러시아인들과 동부 및 중부 유럽의 주민들 사이의 긴밀한 연결 고리라는 점에서 특히 중요한 역할을 담당했다. 한편 북동부는 러시아국의 정치적 및 경제적 중심으로서 키예프를 점차 대체했고, 우리가 앞서 토의했던 탁월한 건축학파를 통해서 그 사례를 찾아볼 수 있듯이 문화 부문에서도 중요한 기여를 했다. 이 두 지역은 키예프국이 몰락하고 통일성이 붕괴되자 각자의 길을 갔다. 키예프의 발전과 마찬가지로 이 공국들의 독자적인 발전에서는 키예프의 유산 중 어떤 요소들이 강조되기도 했고, 다른 요소들은 최소로 약화됨으로써, 놀라울 정도로 상이하지만 내면적으로는 관련성을 가진 사회를 만들었다.

남서부
키예프 지역의 바로 서쪽과 남서쪽 영역은 볼리니아와 갈리치아로 나뉘어졌다.

보다 넓은 면적을 가진 볼리니아는 카르파티아 산맥 기슭으로부터 백러시아까지 키예프 서쪽의 광대한 지대에 펼쳐져 있었다. 그보다 작은 영토를 가진 갈리치아는 카르파티아 산맥의 북쪽 경사면을 따라서 위치했다. 그곳은 프루트 강과 드니에스테르 강 등으로부터 물을 공급받았고, 헝가리와 폴란드를 국경으로 하고 있으면서 키예프국이 남서쪽으로 확대된 형태와도 같았다. 키예프 시기 동안에 남서부는 블라디미르인볼리니아만이 아니라 다른 많은 도시들이 참여한 국제무역을 통해서, 그리고 일반적으로는 당대의 삶과 문화에 적극적으로 참여한 일을 통해서 관심을 끌었다. 이미 언급했듯이, 블라디미르인볼리니아는 공의 거처가 있는 곳으로서 위상이 높았고, 남서부 지역 전체는 키예프국 중에서 아주 살기 좋은 지역으로 간주되었다. 볼리니아와 갈리치아의 문화는 키예프 문화의 핵심적인 부분이었으나, 외국 중에서도 특히 서쪽 방향의 외국들로부터 강한 영향을 받았다. 사실 일부 역사학자들은 이 지역이 비록 키예프 루시의 일부이기는 했지만 과연 "러시아적"이라고 부를 수 있는지에 대해서는 의문을 제기한다. 이런 의문이 제기되는 이유들로는 뚜렷이 구분되는 이 지역의 특징들, 그리고 앞서 지적했듯이 중세에 대해서 쓸 때 "러시아"라는 용어가 애매하다는 주장들, 그리고 서쪽 방향의 외국으로부터 받은 강한 영향들, 그리고 이 지역이 결국 분리되어 폴란드와 헝가리, 그리고 나중에는 오늘날의 우크라이나로 편입된 일 등을 들 수 있다.

키예프가 쇠퇴하자 남서부 등의 다른 몇몇 지역은 더욱 중요해졌다. 12세기 후반에 갈리치아에는 아주 유능하며 유명한 통치자 중의 한 사람인 야로슬라프 오스모미슬이 있었다. 몇몇 학자들은 그의 애매한 명칭이 "여덟 개의 정신"을 의미하며, 그의 지혜를 가리키고 있다고 주장했다. 그의 통치는 『이고리 원정기』에서 아주 존경스러운 어조로 서술되었다. 야로슬라프 오스모미슬이 1187년에 죽은 다음에, 헝가리의 왕인 안드레이가 이 공국을 통치하려고 시도했으나 불발로 그쳤다. 그 이후에는 야로슬라프의 아들인 블라디미르가 1197년에 사망할 때까지 권력을 잡았다. 블라디미르 다음으로는 갈리치아에서 강력하고 저명한 군주인 볼리니아의 로만이 공의 자리에 올라서 두 곳의 남서부 땅을 통합하고 키예프 자체로까지 자신의 지배권을 확대했다. 로만은 헝가리인들, 폴란드인들, 리투아니아인들 그리고 폴로베츠족을 대상으로 한 군사원정에 성공했다.

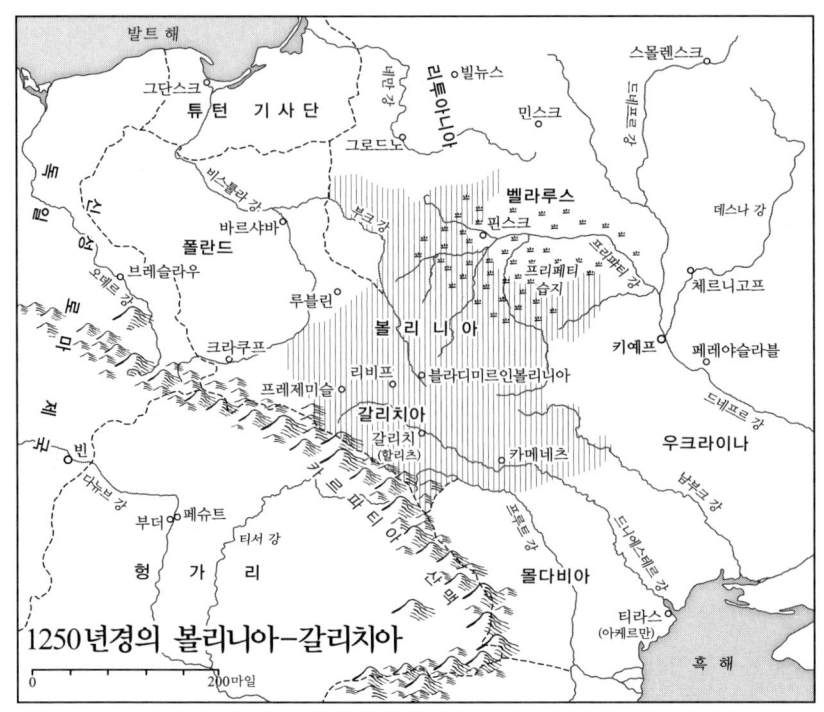

비잔티움은 그와의 동맹을 추진했으며, 인노센트 3세 교황은 그에게 왕위를 제안했으나 거절당했다. 생생한 표현으로 인해서 수준 높은 문학 작품으로 평가받고 있는 갈리치아와 볼리니아의 연대기는 로만을 다음과 같이 묘사했다. "그는 이교도들을 향해서 마치 사자처럼 자신의 몸을 던졌고, 스라소니처럼 노호했으며, 악어처럼 파멸을 안겨다주었고, 독수리처럼 그들의 땅을 제압했으며, 오로크스*처럼 용맹스러웠다." 로만은 1205년에 두 명의 어린 아들을 남긴 채 폴란드인들의 매복 공격에 걸려 죽었는데, 장남인 다니일은 그때 네 살이었다.

로만이 죽은 이후에, 갈리치아는 빈번한 통치자의 교체, 내전, 헝가리와 폴란드의 개입 등 극히 혼란스러운 시대를 겪었다. 그와는 대조적으로, 1221년부터 1264년까지 로만의 유능한 아들인 다니일이 통치했을 때 볼리니아는 좀더 운 좋은 역사를 경험했다. 다니일은 수년이 걸려서 볼리니아에 완전한 승리를 거둔

---

* 오로크스는 유럽계 가축 소의 조상으로 여겨진다. 유사 이전에 유럽과 아시아 서부, 아프리카 북부에 널리 분포하고 있었으나, 점차 감소하다가 1627년에 폴란드에서 죽은 것이 마지막 기록이다/역주

후에 갈리치아로 돌아왔고, 1238년 무렵까지는 그곳을 자신과 자기 동생의 지배하에 둘 수 있었다. 그뿐만 아니라 다니일은 동서교역의 중심지로서 어느 정도는 키예프를 대체하게 된 리비프와 같은 도시들의 창건자, 학문과 예술의 후원자, 그리고 일반적으로는 러시아 남서부의 건설자이자 조직자라는 명성도 얻었다. 어떤 의미에서 그의 통치기에는 러시아와 서구 사이의 화해가 성립되었다. 다니일은 1253년에 교황으로부터 왕관을 받았으며—이 일은 러시아 역사에서 유일하다—그의 아들인 로만은 오스트리아의 통치 가문으로 장가들었다. 그러나 다니일의 노력은 몽골의 침입으로 인해서 충격적인 타격을 입었다. 몽골인들은 갈리치아와 볼리니아를 폐허로 만들었고, 남서부의 러시아인들은 다른 곳곳의 동포들과 함께 칸의 종주권을 인정할 수밖에 없었다.

1264년에는 다니일이, 1301년에는 그의 훌륭한 아들이자 계승자로서 몽골인들과 많은 갈등을 겪은 레오가 사망하고 난 뒤부터 볼리니아와 갈리치아는 쇠퇴하기 시작했다. 쇠퇴의 과정은 거의 1세기 동안 지속되었고 회복을 위한 몇 번의 시도가 있기는 했지만, 마침내 이 지역은 이웃 국가들에 의해서 흡수당하고 말았다. 점차 볼리니아는 다음 장에서 논의될 리투아니아국의 일부가 되었다. 갈리치아는 간헐적으로 폴란드와 헝가리의 지배를 경험하다가, 1387년에 폴란드가 최종적인 승리를 거두었다. 갈리치아가 정치적으로 폴란드에 충성을 바치게 됨에 따라, 남서부에 있는 그 러시아 공국에서—적어도 상류층에서는—가톨릭 및 폴란드의 문화와 사회적 영향력이 크게 확산되는 계기가 마련되었다.

볼리니아와 갈리치아 내부의 상황은 보야르의 예외적인 성장과 권력을 반영하며 전개되었다. 남서부의 토지 자산가들은 비옥한 토양과 번영하는 도시에 오래 전부터 기반을 잡고는, 종종 공을 초치하고 폐위시키는 권리를 스스로 장악했고, 수많은 정치적 투쟁과 음모에서 주도적인 역할을 담당했다. 아주 특이한 사건으로서, 블라디슬라프라는 한 보야르는 1210년에 심지어 공의 자리를 잠깐 차지하기도 했는데, 이것은 고대 러시아에서 공의 가문에 속하지 않은 사람이 공의 자리에 앉았던 유일한 경우였다. 블라디미르스키-부다노프 등의 전문가들은 갈리치아의 보야르들이 공을 무시하고 공국의 일부를 직접 통치하거나, 1226년에 므스티슬라프 공과 분쟁을 벌인 다음에 사실상 공국에서 탈퇴한 것과 같은 놀라운 행동을 했음을 언급했다. 보야르의 권한과는 대조적으로 갈리치아와 볼리니아에서 공의 권한은 아주 피상적이고, 극히 제한적인 후기 현상을 대변했다. 야로슬라프 오스모미슬과 같은 예외적으로 강력한 통치자들만이 보야르들을 통제할 수 있었다. 갈리치아와 볼리니아의 베체는 정치에서 어떤 역할을 담당했고, 적어도 보야르에 대항하여 때때로 공을 지지하기는 했지만 보야르의 권력을 일관되게 제지할 수는 없었다. 남서부 러시아에서 보야르가 대두된 것은 인접한 폴란드와 헝가리에서의 지주계급의 발전과 많은 점에서 유사했다는 점도 지적될 필요가 있다.

북동부

남서부와 마찬가지로 북동부도 키예프국의 핵심적인 부분이었다. 그곳의 중심인 로스토프와 수즈달 등의 도시들은 아주 오래 전부터 러시아에 속해 있었다. 블라디미르 모노마흐로부터 시작된 그곳의 공들은 12세기의 키예프 정치에 실제로 참여했다. 사실 우리가 살펴봤듯이, 키예프와 키예프 지역이 쇠퇴하고 있을 때에 국가의 정치적 중심은 유럽 러시아의 중앙과 동부의 많은 영토를 차지하고 있던 북동부의 소위 블라디미르-수즈달 공국으로 옮겨졌다. 1169년에 키예프를 약탈하고 대공의 자리를 차지하고는, 대공의 소재지를 자기가 선호하던 북동부의 블라디미르 시로 옮긴 사람은 다름 아닌 이 공국의 통치자인 안드레이 보고륩스키였다. 그의 부친이자 블라디미르 모노마흐의 아들이고, 수즈달의 최초의 독립적인 공으로서 유명했던 유리 돌고루키, 즉 "긴 팔을 가진 게오르기"는 대공국을 차지했지만, 대공의 소재지를 키예프에 그대로 두었다. 그런데 안드레이는 그것을 최종적으로 북동부로 옮겼던 것이다. 안드레이가 비록 1174년에 음모로 희생되기는 했지만, 자신의 공국을 건설하고 자신의 영토와 러시아에서 수즈달 공들의 권위를 드높인 그의 업적은 그대로 남아 있었다. 그의 시도는 1176년에 그의 동생인 브세볼로트에 의해서 재개되었다. 자신의 대가족으로 인해서, 큰 둥지의 브세볼로트(Vcevolod Bol'shoe Gnezdo) 혹은 브세볼로트 3세라는 이름으로 알려진 브세볼로트가 세 번째로 러시아 대공이 되었다. 브세볼로트는 1212년에 사망할 때까지 통치하면서, 도시와 요새와 교회를 건축하고, 반대파를 억압했으며, 공국을 효율적으로 다스렸다. 동시에 그는 대공으로서 러

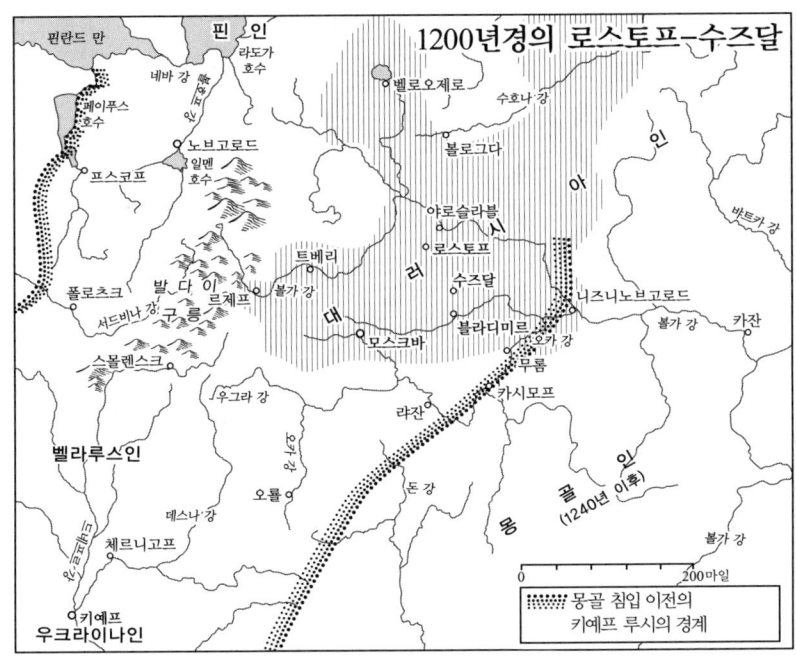

시아 전역에 자신의 권위가 느껴지도록 만들었다.

몽골의 침입은 북동부 러시아에 충격적인 타격을 가했음을 기억할 것이다. 그 당시에 러시아의 대공으로서 브세볼로트 3세의 아들이었던 유리는 전사했고, 러시아 군대는 격파당했으며, 전 국토는 사실상 폐허가 되었다. 그렇지만 킵차크 한국이 러시아에서 지배권을 확립한 이후, 북동부의 공국들은 몇 가지 이점을 가지고 있었다. 그곳의 공국들은 남부의 스텝 지대와는 대조적으로 몽골인들의 직접적인 점령의 범위 바깥에 있었고, 대체로 서서히 재건축과 발전을 이룰 수 있었다. 침입자들로부터 어느 정도 거리가 떨어져 있었다는 점도 과거의 키예프 남부만이 아니라, 남동부의 랴잔 공국보다도 그 공국들에 유리하게 작용했다는 것도 덧붙여 말할 필요가 있다. 랴잔 공국은 북동부와 비슷한 노선을 따라서 발전해나갔지만, 몽골로부터 좀더 큰 압력을 받았던 것이다. 게다가 북동부에 있는 블라디미르 모노마흐의 후손들은 대공의 자리에 남아 있었다. 보다 정확히 말하면, 앞에서 언급되었듯이 몽골인들과의 관계를 안정시키는 데에 성공했던 알렉산드르 넵스키가 1263년에 사망한 이후에 대공의 지위는 그의 형제들인 트베리의 야로슬라프와 코스트로마의 바실리, 그리고 그의 아들들인 드미트리

남서부와 북동부 141

와 안드레이에게로 순차적으로 계승되었다. 1304년에 안드레이가 사망한 이후, 야로슬라프의 아들이자 알렉산드르 넵스키의 조카인 트베리의 미하일이 대공으로 통치하다가 1319년에 킵차크 한국의 궁정에서 몽골인들에게 피살당했다. 미하일의 후계자는 그의 경쟁자이자 알렉산드르 넵스키의 손자인 유리 혹은 게오르기였는데, 이 사람은 대공의 지위를 차지한 최초의 모스크바 공이 되었다.

 북동부에 소재지를 두고 있던 대공의 지위는 키예프 루시의 복잡한 승계 관행 속에서도 계속해서 러시아의 통합의 상징으로 남아 있기는 했지만, 다른 측면에서는 분열 현상이 만연했다. 공들이 자신의 아들들에게 보유지를 나누어줌에 따라서 분령지의 수는 크게 증대되었다. 브세볼로트 3세가 사망했을 때 블라디미르-수즈달 공국은 이미 5개의 공국으로 쪼개져 있었고, 그 공국들은 계속해서 또다시 나뉘어졌다. 궁극적으로 일부 공들은 조그마한 영토를 물려받았고, 그마저도 받을 수 없었던 또다른 공들은 운 좋은 가문 사람들에게서 봉직 자리를 구해야 했다. 정치적인 경계선이 계속해서 변화되는 와중에, 14세기 전반에 북동부에서는 네 개의 주도적인 공국들, 즉 블라디미르 공국, 로스토프 공국, 트베리 공국, 모스크바 공국이 등장했다. 북동부의 특징인 분령지의 증가 현상은 서부 지역과 남동부의 랴잔 공국, 그리고 공을 통제하는 방법을 알고 있었던 노브고로드를 제외하고는 사실상 러시아 도처에서 발생되었다.

 노브고로드의 발전이 베체의 역할을, 갈리치아와 볼리니아의 발전이 보야르의 발전을 부각시켰던 반면, 북동부에서는 공이 우위를 점했다. 이미 언급되었듯이, 로스토프, 수즈달, 북동부의 몇몇 다른 도시와 지역은 키예프 루시의 중요하고도 필수적인 부분을 구성하고는 있었다. 그곳들은 일반적으로 남서부와는 대조적으로 아무런 확정적인 경계선도 없는 황야의 삼림에 위치하고 있었고, 따라서 북쪽과 동쪽 방향으로 확대될 수 있는 커다란 가능성을 가지고 있었다. 그런 영토의 확대는 키예프 후기 및 특히 분령 시기에 이루어졌다. 솔로비요프, 클류쳅스키 등의 전문가들은 새로운 땅에 대한 이 유명한 "식민화"가 그 이후의 러시아 역사에서 결정적인 역할을 했다고 생각했다. 공들은 식민지 개척자들에게 경제적인 지원, 보호, 사회조직을 제공함으로써 확대의 과정에서 중요한 역할을 담당했다. 새로운 개척자 사회에서는 공의 권위에 도전할 수 있는 기득권이나 기존의 제도 같은 것이 거의 존재하지 않았다. 안드레이 보고륩스키는 이미 자신의 수도를 옛 도시인 수즈달에서 새 도시인 블라디미르로 이전했고, 그의 정치적인 주요 반대 세력은 그의 영토에서 좀더 오래된 지역 출신의 보야르들이었다는 것을 지적할 필요가 있다. 몽골의 침입, 그리고 당대의 다른 전쟁과 재앙은 공의 권위를 강화하는 데에 도움을 주기도 했다. 왜냐하면 그런 일들로 인해서 기존의 경제와 사회의 질서가 동요되었고, 그 이후에 공이 폐허로 변한 영토를 재건하고 재조직하는 일을 맡게 되었기 때문이다. 분령지의 수가 증가됨에 따라서, 지역주의가 강화되고 지방 경제에 대한 의존도가 높아진 것은 공이 종종 그야말로 자신의 공국의 주인처럼 행동하게 된 것을 의미했다. 그래서 그는 공국의 삶의 온갖 세세한 일까지 참견하면서, 공법과 사법 사이의 차이에 대해서는 별로 신경을 쓰지 않게 되었다. 해가 지남에 따라서 북동부에서 공의 역할은 노브고로드나 갈리치아의 공들과는 유사점을 거의 가지지 않게 되었다.

클류쳅스키를 비롯한 러시아 역사학자들이 북동부에서의 상황 전개만을 선택하여 러시아의 단 하나의 진정한 발전이자 키예프 역사의 연속이라고 보았을 때, 그들은 사실을 과장하고 있는 듯하다. 노브고로드, 남서부, 북동부는 모두 키예프적인 성격을 충분히 가지고 있었으며, 후대에 독립적인 성장을 해나갈 때에도 민주정치적인 베체, 귀족정치적인 보야르 지배, 전제정치적인 공, 그리고 도시 혹은 농촌, 교역 혹은 농업, 서구와의 접촉 혹은 아시아에 대한 접근 등 복잡하고 혼합된 키예프 사회와 체제의 몇몇 측면들을 부각시키고 있었다. 스몰렌스크, 체르니고프, 혹은 랴잔과 같은—우리의 짧은 논의에서는 포함되지 않은—다른 러시아 지역도 키예프의 유산을 충분히 물려받았다는 사실이 부정되어서는 안 된다. 그러나 우리는 러시아 역사에서 북동부의 중요성을 과소평가할 수는 없다. 우크라이나인들과 벨라루스인들과 구분되는 러시아의 민족 유형으로 정의된 것을 발전시킨 사람들(이 집단들은 한때 대러시아인, 소러시아인, 백러시아인으로 구분되었다)은 노브고로드 북부 및 인접한 땅과 더불어 바로 북동부의 사람들이었던 것이다. 전적으로 그곳의 특징이라고 할 수 있는 북동부의 등장 조건으로는 키예프의 통합성이 붕괴되었다는 점, 그리고 핀족 언어를 말하는 종족들도 거주하는 황무지 삼림에서 아주 원시적인 생활양식이 존재했다는 점 등을 들 수 있다. 그리고 물론, "러시아 땅 모으기"라는 능력을 발휘하고 러시아 역사에서 신기원을 연 곳은 바로 북동부의 모스크바 공국이었다.

제11장

모스크바의 대두

……우리는 모스크바 공국과 그곳의 공에 대해서 북부 러시아 사람들이 점차 가지게 되었던 태도를 다음과 같이 상상할 수 있다.……1) 선임자 위치에 있는 모스크바 대공은 통치자이자 관리자의 모델이며 국가 내의 평화 및 질서의 수립자로 생각되었고, 사회관계라는 측면에서 새로운 체제의 출발점으로서 모스크바 공국의 첫 번째 성과는 바로 내적인 평화와 외적인 안전을 높은 정도로 수립한 것이었다. 2) 선임자 위치에 있는 모스크바 대공은 외적에 대한 투쟁에서 러시아 사람들의 지도자로 생각되었고, 모스크바는 불신자인 리투아니아와 "날고기를 집어삼키는 자들"인 이교도 몽골인들을 대상으로 처음으로 인기 있는 승리를 거둔 도구로 생각되었다. 3) 마지막으로 북부 러시아 사람들은 모스크바의 공이 러시아 교회의 장자(長子)이자 러시아 정교회 고위 성직자층의 가장 친한 친구이자 협력자라고 생각하는 데에 익숙해졌다. 그리고 그들은 모스크바가 러시아 땅의 가장 위대한 성자의 특별한 축복이 거하며, 모든 러시아 정교회 신자들의 종교적 및 도덕적 이해관계가 걸린 도시라고 생각하게 되었다. 한 세기 반 전에만 하더라도 모퉁이에 숨어서 이웃들을 노리는 시시한 도적 노릇이나 했던 모스크바 강둑의 분령지 소군주는 15세기 중반 무렵에 그런 중요성을 획득했다.　　　　　　　　　　　　　　　　　—클류쳅스키

대러시아의 통합은 지방의 모든 독립적인 정치세력을 제거하고 대공의 단일한 권위를 수립함으로써 달성되었다. 그렇지만 이런 세력들은 역사적 상황으로 사라질 운명에 처하기는 했어도 "고대와 전통" 및 대러시아인들의 생활의 관습적이며 법적인 토대를 간직한 사람들이었다. 그들이 몰락함으로써 그런 전통은 약화되었다. 옛것의 폐허 위에서 새로운 생활체계를 세우는 것은 대공으로서의 권위를 가진 사람

이 해야 할 과제가 되었다. 그는 통합을 추구할 뿐만 아니라, 국토의 여러 세력들과 자원의 질서를 수립하면서 완전한 자유를 얻으려고 했다. 모스크바의 이런 단일한 통치는 모스크바국의 전제정치로 이어졌다. ─프레스냐코프

위에서 인용된 19세기의 위대한 러시아 역사학자인 클류쳅스키의 글이 시사하는 것처럼, 러시아가 몽골에 예속된 이후의 세기 동안 14세기에 변방의 보잘것없는 소도시에 기반을 두고 있었던 소군주의 후손들이 러시아 역사의 진로를 바꾸어놓았다. 모스크바는 14-15세기에 강력하고 팽창하는 왕조 국가의 중심이 되었다. 이 국가는 통치자의 "세습 재산"으로 정의된 엄청난 부와 광대한 영토에 의해서, 중앙집권화된 정치권력에 의해서, 경쟁자들과 몽골 칸국에 대한 군사적인 승리에 의해서, 유산과 운명이라는 세속적이고도 종교적인 개념에 근거를 둔 이데올로기에 의해서 강화되었다. 사실, 필연성이라든가 민족적 운명이라는 암축된 의미를 가지고서 이 과정을 "러시아 땅 모으기(sobiranie russkikh zemel')"라고 묘사한 전통은 이 과정에 대한 많은 역사 서술에 오랫동안 영향을 미쳤다.

모스크바라는 이름은 1147년에 연대기에 처음으로 등장한다. 이때 앞 장에서 언급된 수즈달의 유리 돌고루키 공이 우크라이나 동부에 있는 자신의 동맹자인 노브고로드-세베르스크 공국의 스뱌토슬라프 공에게 "형제여, 나에게로, 모스크바로 오시오."라고 초청했던 것이다. 그리고 유리는 스뱌토슬라프를 맞아서 모스크바에서 연회를 베풀었다. 이 연대기에는 1156년 항목에 유리 돌고루키 대공이 "모스크바 시의 토대를 놓았다"라고 언급되어 있는데, 이것은 다른 경우와 마찬가지로 그가 도시의 성벽을 쌓았다는 의미이다. 다음으로 소도시로서의 모스크바는 랴잔의 글레프 공이 "모스크바로 와서 온 도시와 마을을 불살랐다"라고 적힌 1177년 항목에 언급되었다. 그렇다면 모스크바는 1147년 이전에 공이 거주하는 마을이나 정착지로서 출발했고, 12세기 중엽 무렵에는 벽으로 둘러싸인 중심지, 즉 소도시가 되었던 것 같다. 모스크바는 노브고로드-세베르스크와 랴잔 공국의 경계선에 가까운 수즈달 영토 내에 위치했다. 14세기에 그곳에는 목재로 된 크지 않은 요새(크렘린)가 있었고, 그 옆에는 상인 및 수공업자들의 주거지와 농가가 있었다.

이반 3세 통치기까지의 모스크바의 성장

우리는 적어도 브세볼로트 3세의 어린 아들들 중의 한 명으로서 아마도 13세기 초에 모스크바의 첫 번째 공이었던 블라디미르, 그리고 1237년에 몽골인들에 의해서 모스크바가 파괴될 때 사망했던 또다른 블라디미르를 언급할 수 있기는 하지만, 모스크바국의 초기 공들에 대해서는 거의 알지 못한다. 그들은 자주 교체되었고, 자신들의 작고 중요하지 않은 분령지를 단지 보다 나은 자리로 올라가기 위한 디딤돌 정도로만 생각했던 것 같다. 13세기 후반에 모스크바의 통치자가 되었던 인물은 다름 아닌 알렉산드르 넵스키의 막내아들인 다니일(다니엘)이었다. 이때 모스크바는 공으로서 별도의 가문을 가지게 되었는데, 이 공들은 자신들의 분령지에 머무르면서 그곳의 발전을 위해서 헌신했다(그러므로 역사학자들은 다니일의 후손들을 "다니일로비치"라고 부른다*). 다니일은 자신의 조그만 공국을 건설하고, 원래는 단지 중류 부분만을 자신이 통제했던 모스크바 강의 물길을 따라서 공국의 영토를 확장하는 데에 노력을 집중했다. 다니일은 랴잔 공국의 공들 중의 한 사람으로부터 강어귀와 하류를 빼앗는 데에 성공했다. 그리고 그는 운 좋게도 자식이 없는 통치자로부터 분령지를 유산으로 받기도 했다.

1303년에 다니일을 계승한 그의 아들인 유리 혹은 게오르기는 또다른 이웃인 모자이스크 공을 공격했고, 그의 영토를 병합함으로써 마침내 모스크바 강의 물길 전체에 대한 모스크바국의 통제권을 확보했다. 그 이후에 그는 훨씬 더 야심에 찬 시도, 즉 러시아에서의 주도권을 놓고 트베리의 미하일 대공과 투쟁하는 쪽으로 방향을 돌렸다. 거의 2세기 동안이나 지속되었던 모스크바와 트베리 사이의 경쟁관계는 둘 중 어느 공국이 러시아 땅을 통합시키느냐의 여부를 주로 결정했고, 분령 시기에 수많은 극적인 사건과 폭력적인 일들을 발생시키기도 했다. 유리는 1317년 혹은 1318년에 킵차크 한국의 칸의 자매와 결혼했는데, 신부는 정교도가 되었고 그는 칸으로부터 대공으로 임명받았다. 그 결과로서 트베리와 벌인 군사 작전에서 모스크바국의 군대는 참담한 패배를 당했는데, 유리는 도망쳤으나 그의 아내는 포로로 잡히고 말았다. 그녀가 포로 상태에서 죽자 유리는 미하일이 그녀를 독살했다고 고발했다. 트베리의 미하일 공은 킵차

---

* 러시아에서는 아버지의 이름 뒤에 "-오비치" 등을 붙여서 부칭(父稱)을 만든다.

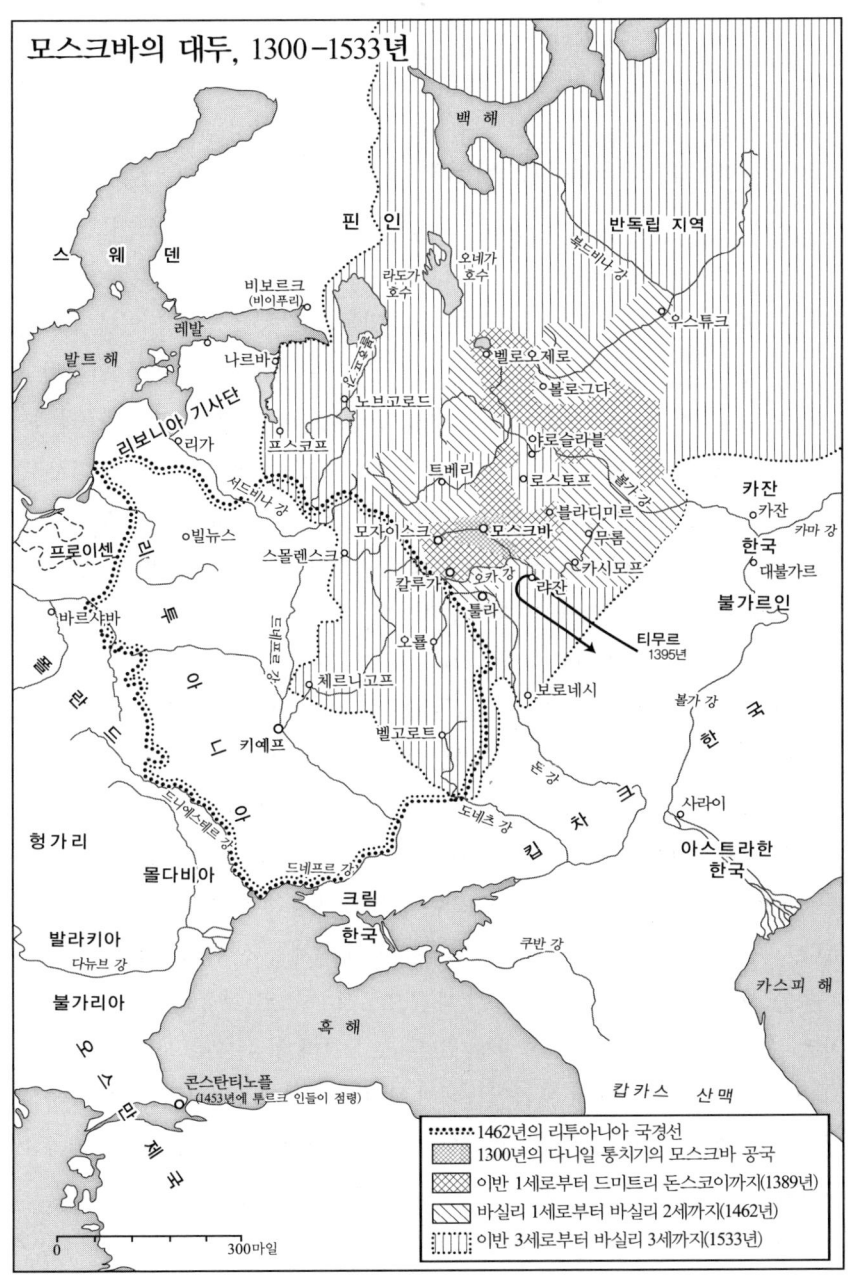

크 한국의 궁정에 출두해야 했고, 그곳에서 유죄 판결을 받고 처형당했다. 그 결과 유리는 1319년에 대공으로 재승인받았다. 그러나 1322년에 칸은 미하일의 장남인 드미트리를 대공으로 임명했다. 유리는 이 결정을 수용했으나, 분명히 음모를 계속해서 꾸미면서 1324년에 킵차크 한국으로 갔다. 그곳에서 그는 1325년에 드미트리와 맞닥뜨렸다가 그 자리에서 죽임을 당했고, 드미트리도 결국 몽골인들에게 피살당했다. 이제 드미트리의 동생인 트베리의 알렉산드르가 대공이 되었으나, 그는 얼마 되지 않아 몽골인들과 갈등을 빚게 되었다. 1327년에 모스크바국 군대의 도움을 받은 몽골의 토벌 원정대는 트베리를 완전히 파괴했는데, 알렉산드르는 프스코프를 거쳐 결국 리투아니아로 도망쳤다. 알렉산드르는 1337년에 트베리 공의 자격으로 귀환에 대한 허락을 받았으나, 1338년에 킵차크 한국의 궁정에 출두하라는 명령을 받고는 그곳에서 처형당했다.

트베리가 파괴되고 알렉산드르가 도망간 이후에, 유리의 동생이며 모스크바의 공인 이반 칼리타는 대공의 지위를 획득한 1328년부터, 혹은 다른 견해에 의하면 1332년부터 1341년에 사망할 때까지 그 자리에 있었다. "이반 돈주머니(Ivan Kalita)"라는 의미의 이름을 가진 이반 칼리타(이반 1세)는 재정 및 행정적 재능과 더불어 준비성 있는 모스크바 군주들의 원형으로 남아 있다. 그는 언제나 킵차크 한국과의 관계를 돈독하게 하는 데에 신경을 썼기 때문에 대공의 지위를 유지했을 뿐만 아니라 다른 러시아 공들로부터 칸에게 바치는 공물을 거두는 권한을 위임받았다. 그는 증대되는 수입을 이용해서 더욱 많은 땅을 사들였다. 그중에는 파산한 통치자들로부터 분령지 전체를 산 경우도 있었고, 개별 마을을 사들인 경우도 있었다. 그는 대공으로서 스스로 보유하고 있던 블라디미르 공국을 자신의 공국에 합병시키고는 모스크바를 수도로 삼았다. 그는 러시아인들 포로들을 위해서 몽골인들에게 몸값을 지불한 다음에 모스크바국 땅에 그들을 정착시켰다. 대체로 이반 칼리타는 자신의 공국의 영토를 몇 배나 확장시키는 데에 성공했다.

모스크바가 러시아의 종교적 수도가 된 것도 이반 칼리타의 통치 때였다. 키예프가 몰락하고, 그에 따라서 국가 내의 통일성이 전반적으로 붕괴되자 "러시아 기독교의 요람"인 키예프를 대체할 만한 다른 종교 중심지는 즉각 나타나지 않았다. 1326년, 러시아 교회의 수장인 표트르 수좌대주교는 모스크바에 머무는 동안에 사망했다. 그는 성자로 숭배되고 시성되었고, 그의 시신을 모신 것으로 말미암아 모스크바는 어느 정도 신성한 곳이라는 이미지를 얻게 되었다. 게다가 이반 칼리타는 1328년에 표트르의 후계자인 테오그노스트를 설득하여 모스크바에 정착하도록 했다. 그때부터, "키예프와 전 러시아의(Kievskoi i vseia Rusi)"—15세기 중반까지 수좌대주교들이 보유하고 있던 명칭—수좌대주교는 급부상 중인 공국과 그곳 통치자들의 중요성과 위신을 더할 나위 없이 높여주었다. 실제로, 수좌대주교의 존재로 말미암아 모스크바는 러시아의 영적 중심지가 되었을 뿐만 아니라, 우리가 보게 되듯이 다양한 물질적 문제에 대해서도 거듭 도움을 받을 수 있었다.

이반 칼리타가 1341년에 서거한 이후에, 거만한 자*라는 별명을 얻은 그의 아들인 시메온이 킵차크 한국의 칸에 의해서 대공으로 승인받았다. "거만한 자"라는 시메온의 별명, 그가 자신을 "전(全) 러시아의" 공이라고 지칭했던 점, 그리고 그의 전반적인 태도 등은 모스크바가 새로운 중요성을 얻었다는 것을 보여주었다. 시메온 고르디는 자신의 권위를 다른 러시아 통치자들 위에 부각시킨 일 이외에도, 모스크바국의 영토를 확대하는 전임자의 노력을 계속했다. 그는 1353년에 서른여섯 살의 나이로 사망했는데, 유럽 대부분을 황폐화시켰던 흑사병이 사망의 원인이었던 것 같다. 시메온 고르디는 유언장에서 자신의 후계자들에게 유명한 러시아 성직자인 알렉시이에게 순종할 것을 권고했는데, 알렉시이는 나중에 아주 저명한 모스크바국의 수좌대주교 중의 한 사람이 되었다.

사실 알렉시이는 시메온 고르디의 병약한 동생이자 후계자인 이반 크라스니**가 재위에 있던 1353년부터 1359년까지의 기간, 그리고 이반 크라스니의 아들인 드미트리 대공이 미성년자였던 기간에 모스크바국의 국가 업무에서 주도적인 역할을 담당했다. 수좌대주교는 모스크바의 업무를 감독하고 러시아의 다른 공들을 다루는 일 이외에도, 몽골인들을 상대하기 위하여 킵차크 한국으로 거듭 여행했다. 교회와 국가에 대한 현명한 지도력으로 인해서 알렉시이는 모스크바국 성인들의 목록에서 앞자리를 차지한 인물들 중의 한 사람으로 모셔질 수 있

---

* 러시아어로는 고르디(Gordyi)이다/역주
** the Meek에 해당하는 러시아어인 크라스니(Krasnyi)는 "아름다운" 혹은 "미려한"이라는 뜻인데, 이반 크라스니는 이반 2세라고 불리기도 한다/역주

었다. 이반 2세의 통치기 동안에는 1357년부터 시작하여 킵차크 한국에서 내분이 분출되기 시작했고, 그 후 20년 동안 20명 이상의 통치자들이 유혈 투쟁으로 인해서 교체되었다. 그러나 몽골의 세력이 쇠퇴한 반면에, 올게르드가 이끌던 리투아니아의 세력은 커져가고 있었다. 그리하여 모스크바의 공들은 자신들의 서쪽 국경을 방어하는 데에 점점 더 많은 주의를 기울여야 했다.

이반 크라스니의 사망 이후에, 수즈달의 드미트리 공과 이반의 아홉 살 된 아들인 드미트리 사이에서 대공 자리를 놓고 경쟁이 벌어졌다. 어떤 의미에서, 새로운 위기는 과거에 키예프에서 있었던 "삼촌들"과 "조카들" 사이의 정치 투쟁이 재발한 것이었다. 모스크바의 드미트리와 마찬가지로, 브세볼로트 3세의 직계 후손인 수즈달의 드미트리는 모스크바국의 공보다 한 세대 위였고, 그보다 연장자로서의 권리를 주장했다. 급격하게 교체되고 있던 몽골 당국은 두 후보를 모두 지지했다. 승리는 부자 승계의 원칙에 부합되고, 단합된 지지를 보내준 모스크바 사람들 덕분에 소년-통치자에게 돌아갔다. 수즈달의 드미트리는 싸우지 않고 블라디미르에 있던 자신의 본부를 떠났고, 이반 크라스니의 아들은 러시아의 대공으로 확실하게 승인되었다. 키예프의 계승체계는 북동부에서는 충분한 지지를 얻지 못했던 것이다.

몽골인들에 대해서 유명한 승리를 거둔 장소를 따서, 드미트리 돈스코이(Dmitrii Donskoi), 즉 돈(Don) 강의 드미트리로 알려져 있는 드미트리 대공은 1389년에 사망할 때까지 30년 동안 모스크바에서 통치했다. 알렉시이 수좌대주교가 정부에서 중심 역할을 담당했던 그의 재위 초기에 모스크바국의 영토는 계속해서 확대되었고, 모스크바 자체에서도 1367년에 크렘린의 목재 성벽이 석조 성벽으로 교체되었다. 그 시기에는 리투아니아의 지지를 받던 트베리에 대항하여 격렬한 투쟁이 벌어지기도 했다. 사실 트베리의 미하일 공은 킵차크 한국으로부터 대공의 칭호를 받았고, 리투아니아인들과 합세하여 라이벌인 모스크바국을 파괴하려고 했다. 리투아니아의 올게르드는 1368년과 1372년 두 차례에 걸쳐 모스크바에 도착하여, 비록 요새화된 도시 자체를 점령할 수는 없었지만 그 주변 지역을 파괴했다. 드미트리는 용케도 리투아니아의 공세를 둔화시키고 리투아니아와 강화한 다음, 트베리를 패배시키고 미하일이 자신을 대공으로 인정하도록 만들었다. 모스크바국 군대는 킵차크 한국에 공물을 바치던 볼가 불가르인들과 랴잔에 대해서도 승리를 거두었다.

그렇지만 드미트리의 명성은 킵차크 한국과의 전쟁에서 승리한 데에서 기인했다. 모스크바의 성장과는 달리 킵차크 한국은 내분에 휩쓸리게 됨에 따라, 러시아에서의 몽골의 패권은 침입 이래 처음으로 중대한 도전을 받게 되었다. 우리가 살펴봤듯이, 드미트리는 트베리의 미하일을 대공으로 삼으려던 몽골의 결정에 항의해서 그 결정을 좌절시켰으며, 킵차크 한국의 속국인 볼가 불가르 공국을 패배시켰다. 러시아인들과 몽골인들을 포함한 일련의 사건과 충돌은 1378년에 보자 강둑에서 드미트리가 몽골 군대에 대해서 거둔 승리에서 절정에 이르렀다. 분명히 몽골인들은 모스크바에 대한 자신들의 지배권을 다시 주장할지, 아니면 러시아에 있는 영토를 포기할지 결정해야 했다. 킵차크 한국이 일정 기간에 비교적 안정되었던 덕분에, 몽골의 군사 지도자이자 장사(壯士)인 마마이는 드미트리를 대상으로 하는 대규모 공격을 준비하는 일에 착수할 수 있었다.

몽골인들은 리투아니아와 동맹을 맺었고, 마마이는 모스크바국 영토를 협공하기 위해서 리투아니아의 야기엘로 대공의 병력과 돈 강 상류에서 합세하려고 자신의 군대를 이끌고 출발했다. 그러나 드미트리는 주도권을 잡기로 결정했고, 리투아니아인들이 도착하기 전에 몽골인들과 교전을 벌이기 위해서 돈 강을 건넜다. 중세의 사료―오래된 연대기들과 서사시인 『자돈시치나(Zadonshchina)』―에는 상대 군대의 숫자를 극적으로 과장해놓았다. 러시아인들은 적어도 30만 명의 몽골 전사들에 맞서기 위해서 적어도 15만 명을 동원했다고 기록되었다. 현대 역사학자들은 드미트리 휘하의 군대에 약 2-5만 명, 마마이 휘하에는 9만 명이 있었다고 생각한다. 쿨리코보 평원의 전투라고 알려져 있는 결정적 전투는 네프리아드바 강이 돈 강으로 흘러드는 곳에서 1380년 9월 8일에 벌어졌다. 그곳은 구릉지대가 여러 개울과 만나는 지형이었는데, 몽골 기병대의 효율성을 떨어뜨리기 위해서 러시아인들이 선택한 장소였다. 지형 때문에 몽골인들은 러시아 진지를 간단히 포위할 수 없었고, 돌파해나가야 했다. 러시아의 마지막 예비 부대가 숲에 매복해 있다가 기진맥진한 상태에서 낌새를 못 채고 있던 몽골군을 덮쳤을 때, 필사적이고 잔혹한 싸움―어떤 사료에 따르면, 드미트리 자신은 싸움 중에 의식을 잃었다가 전투가 끝난 뒤에 시체 더미에서 발견되었다―은 마마이군의 완전한 패주로 끝이 났다. 약 이틀 뒤에 자신의 군대와 함께 쿨리코보에 도착했던 야기엘로는 혼자서 드미트리와 싸우지는 않기로 결정하고는 돌아갔다. 러시아인들이 거둔 이 위대한 승리로 인해서, 몽골의 불패 신화는 깨지고 말았다. 더구나 돈 강의 새로운 승리자는 경멸의 대상이던 몽골 압제자들에 대항한 모든 러시아인들의 수호자로 갑자기 떠올랐다. 러시아의 일부 중요한 통치자들이 드미트리를 지원하지 않았고, 심지어 랴잔의 통치자들은 몽골인들과 타협하기도 했지만, 약 20명의 공들이 교회의 축복을 받으며 십자군 같은 모습을 하고서 공동의 적에 대항해서 단결했다. 시대적인 큰 흐름은 1380년의 사건 전개를 넘어서, 모스크바 공국과 모스크바의 공이 러시아 역사에서 함께 맡아야 하는 새로운 역할을 향하고 있었다.

그럼에도 불구하고, 쿨리코보에서의 대승 이후의 몇 년 사이에 승리의 결과가 반전되고 말았다. 불과 2년 후인 1382년에 몽골인들은 이번에는 유능한 토크타미시 칸의 지휘를 받으면서 되돌아왔다. 놀란 드미트리가 북부에서 군대를 모으고 있는 동안 몽골인들은 모스크바를 포위한 다음, 공격에는 실패했지만 계략을 사용해서 도시 안으로 들어가는 데에 성공했다. 즉, 토크타미시는 자신이 싸움을 끝내기로 결정했다고 맹세했으며, 자신과 소규모 인원은 단지 호기심 때문에 성 안으로 들어가도록 허락받기를 원한다고 말했다. 몽골인들은 일단 안으로 들어가자 주인들을 공격하고 성문을 차지한 다음, 증원군을 불러들여서 모스크바를 장악하고는 약탈과 방화를 저질렀다. 토크타미시는 드미트리의 군대와 맞서지 않고 엄청난 양의 전리품을 가지고서 퇴각했지만, 공국의 수도와 많은 땅은 폐허가 되었고 자원은 사실상 고갈되었다. 따라서 드미트리는 몽골 칸의 종주권을 수용할 수밖에 없었다. 그 대가로 몽골 칸은 그를 러시아의 대공으로 승인해주었다. 그러나 쿨리코보 전투 이후로 러시아에 대한 몽골의 장악력은 이전처럼 확고하지 못했다. 드미트리 돈스코이는 러시아 공들, 특히 트베리와 랴잔의 공들 사이에서 자신의 권위를 강화하고, 자신의 영토의 재건과 경제적 회복을 도우면서 재위 말년을 보냈다.

드미트리 돈스코이가 1389년에 서른아홉 살의 나이로 사망했을 때, 그의 아들인 바실리가 러시아 내에서도 킵차크 한국에서도 아무런 이의 없이 대공이 되었다. 1389년부터 그가 사망한 1425년까지 바실리 1세의 오랜 재위기는 많은 이유 때문에 주의를 기울일 만하다. 조심성 있고 지적인 통치자였던 바실리 1세는 공국을 확대하고 공국의 이익을 최우선의 관심사로 한다는 모스크바국 공들의 전통적인 정책을 아주 성공적으로 지속했다. 그리하여 바실리 1세는 새로운 분령지만이 아니라, 많은 개별 도시들을 그 주변 지역과 함께 획득했다. 그리고 그는 서부의 러시아 땅을 얻기 위해서 리투아니아와 계속적인 투쟁을 벌였다. 리투아니아의 호전적인 비톱트 대공이 자신의 러시아인 사위*에 대해서 몇 번의 승리를 기록했지만, 바실리는 집요한 노력을 통해서 많은 분쟁 지역에서 군사적 및 정치적 교착 상태를 만들어놓았다. 1408년에 리투아니아와 조약을 체결한 뒤에, 서부 국경에 있는 많은 분령지 공들이 충성의 대상을 리투아니아로부터 모스크바로 변경한 것도 지적할 필요가 있다.

　동방과의 관계는 서구와의 관계만큼이나 많은 문제를 야기했다. 모스크바는 1395년에 역사상 가장 위대한 정복자 중의 한 사람인 티무르 군대의 침입을 가까스로 모면했다. 티무르는 자신의 지배권을 중동과 캅카스 전역으로 확대했고, 1391년에는 토크타미시를 격파한 적이 있었다. 티무르의 군대는 사실상 랴잔을 완전히 파괴하고 모스크바 쪽으로 진격해오다가, 오카 강에 다다르기 전에 스텝 지대로 되돌아갔다. 1400년 무렵에 모스크바국의 군대는 볼가 불가르를 폐허로 만들고, 그곳의 수도인 대불가르와 다른 도시들을 점령했다. 킵차크 한국은 1408년에 리투아니아를 대상으로 작전을 펼치는 척하다가 갑자기 모스크바를 대규모로 공격하기 시작했다. 그 이유는 바실리 1세가 공물을 바치지 않고, 자신의 종주(宗主)에게 전반적으로 불순종하며 종주를 무시한다는 것 때문이었다. 몽골인들은 비록 모스크바 시 자체를 함락시킬 수는 없었지만, 모스크바 공국을 크게 파괴했다. 바실리 1세는 통치 후반에 리투아니아와 트베리와의 싸움에 주력하면서, 칸과 좋은 관계를 유지했고, 그에게 "선물"을 보냈다.

　1425년에 바실리 1세가 사망하자, 모스크바 공국의 역사에서 승계 문제를 둘러싼 것으로는 유일한 전쟁이 벌어졌다. 지루한 싸움의 당사자들은 바실리 1세의 아들로서 열 살에 자신의 부친을 승계한 바실리 2세와 그의 삼촌인 유리 공이었다. 유리 공은 1434년에 사망했으나, 승계의 명분은 그의 아들들인 바실리

---

* 바실리 1세는 리투아니아의 비톱트 대공의 외동딸인 소피아와 결혼했으므로, 비톱트 대공의 사위였다/역주

모스크바의 대두　153

코소이(Vasilii Kosoi)*와 드미트리 셰먀카(Dmitrii Shemiaka)가 이어받았다. 유리 공은 자신의 조카보다 연장자임을 주장했고, 어떤 의미에서는 모스크바 대공들의 커져가는 권력과 그들의 중앙집권적 활동에 반대하는 봉건적 반동 세력을 대변했다. 여러 차례에 걸쳐 운명이 반전되고 많은 잔혹한 유혈 사태―그중에는 바실리 코소이와 바실리 2세 자신이 맹인이 된 일도 포함되어 있었는데, 그 이후로 바실리 2세는 바실리 툠니(Vasilii Temnyi)**라고 알려졌다―가 벌어진 후 1448년 무렵에, 모스크바국의 공이 우위에 서게 되었다. 드미트리 셰먀카의 최종적인 반란은 1450년에 진압되었다. 사실 바실리 2세는 보야르와 모스크바 사람들의 충분한 지지를 얻었기 때문에, 비록 아주 커다란 대가를 치르기는 했지만 자신의 경쟁자들을 물리칠 수 있었을 뿐만 아니라 바실리 코소이와 드미트리 셰먀카 그리고 일부 다른 분령지 공들을 희생시켜가면서 자신의 공국을 확대할 수 있었다.

킵차크 한국이 붕괴되기 시작하고 모스크바국이 독립을 주장하게 됨에 따라, 몽골인들과의 관계는 계속해서 격변을 겪었다. 바실리 2세는 1445년에 반정부파 몽골 지도자들과의 전투에서 치명상을 입고 포로로 잡혔다가 곧 거액의 몸값을 주고 풀려났다. 그리고 1452년에는 새로운 상황이 벌어졌다. 카시모프 공국이 수립되었을 때, 몽골의 통치가문의 어떤 공이 러시아의 종주권을 수용했는데 그 과정은 다음과 같다. 바실리 2세는 킵차크 한국으로부터 도망쳐오는 몽골 귀족들이 그들의 추종자들과 함께 자신에게서 봉직을 맡도록 해주었다. 그는 그중 한 사람으로서 칭기즈칸의 후손인 카심(Kasim)에게 바실리 2세 자신이 드미트리 셰먀카와 싸울 때에 중요한 도움을 준 것에 대한 보답으로 카시모프 공국을 주었다. 이처럼 모스크바의 대공에게 복속된 몽골의 공국이 생긴 것은 몽골 세력의 쇠퇴의 하나의 조짐이었을 따름이었다. 킵차크 한국의 직접 지배를 받던 방대한 영토가 분리된 것은 훨씬 더 의미심장했다. 그리하여 1430년에는 크림 한국이, 1436년에는 카잔 한국이, 그리고 바실리 2세의 후계자인 이반 3세의 제위기인 1466년에는 아스트라한 한국이 떨어져나갔다. 투르크 군대가 흑해 북부 해안의 여러 핵심적인 진지들을 장악하자, 크림 한국은 1475년에

---

* 사팔눈의 바실리(Vasilii the Squint-eyed)라는 뜻이다/역주
** 맹인 바실리(Vasilii the Blind)라는 뜻이다/역주

오스만 제국의 종주권을 인정했다. 물론, 킵차크 한국의 칸들은 그러한 흐름을 저지하기 위해서, 그리고 그중에서도 속국인 러시아가 다시 복종하도록 만들기 위해서 애를 썼다. 아마드 칸은 1451년, 1455년, 1461년의 세 차례에 걸쳐서 모스크바 원정을 지휘했으나 결정적인 성과를 얻지는 못했다. 비록 공식적이고 최종적으로 멍에가 폐기된 것은 1480년이 되어서이지만, 모스크바는 실질적인 의미에서는 적어도 1452년 이후에는 몽골인들로부터 독립되었다고 말할 수 있다. 사실 베르나츠키는 삼림과 스텝 지대 사이의 관계에서, 그리하여 러시아 역사의 기본적인 흐름이라고 할 만한 것에서 카시모프 공국의 성립이 결정적인 전환점이라고 본다.

1425년부터 1462년에 이르는 바실리 2세의 장기적인 재위기에는 유럽에서 중요한 사건들이 일어났다. 비록 이런 일들이 킵차크 한국의 붕괴에 내포된 것처럼 직접적인 정치적 영향을 미치지는 않았지만, 나중에는 러시아 역사에 심대한 영향을 주었다. 플로렌스 공의회가 개최되던 1439년에는 비잔티움이 생존을 위하여 투르크인들과 싸우면서 서구의 도움을 기대하고 있었다. 한편, 비록 무산되기는 했지만, 그리스인 성직자들은 교황의 수위권을 인정하는 내용을 담은 협정을 로마와 체결했다. 그리스인으로서 러시아 수좌대주교였던 이시도르도 플로렌스 공의회에 참석했는데, 그는 모스크바로 돌아오는 도중에 드린 엄숙한 미사 중에 그 결과를 공포하고 교황을 위한 기도문을 읽었다. 미사가 끝난 후 그는 대공의 명령에 따라 체포되어 어떤 수도원에 감금되었다가, 얼마 되지 않아 서유럽으로 탈출했다. 1443년에 러시아 주교들이 모인 공의회는 교회 일치(uniia)를 비난하고, 이시도르를 폐위시키고 요나스 대주교를 수좌대주교로 선출했다. 이리하여 비잔티움에 대한 러시아 교회의 행정적인 의존 상태는 종식되었다. 나아가, 많은 러시아인들은 심지어 아주 단명한 플로렌스 연합(Florentiiskaia uniia)을 거부한 이후에도, 그리스인들에 대해서 계속 의구심을 품고 있었다. 그러다가 1453년에 콘스탄티노플이 투르크인들에게 함락되었고, 투르크인들은 이어서 발칸 반도와 과거에 비잔티움 제국의 영토였던 곳에 대한 완전한 통제권을 획득하게 되었다. 우리가 알고 있다시피, 고대 러시아가 키예프 시기만이 아니라 분령 시기에도 아주 중요한 종교적 및 문화적 연계를 가진 대상은 바로 비잔티움과 발칸의 슬라브인들이었다. 투르크인들이 거둔 성공은 이런 연계가 약화되고, 따라서 러시아가 완전한 고립 상태가 되는 데에 크게 기여했다. 우리가 보게 되겠지만, 이것은 또한 모스크바국이 외국인을 혐오하고, 자신만을 존중하며, 이런 태도에 기반을 둔 다양한 가르침을 받아들이게 되는 경향을 더욱 강화시켰다. 북동부 러시아에 위치한 모스크바 공국이 국제관계에서 중요한 역할을 수행해야 하며 서구의 지식을 필요로 하던 주요 국가로 변모되던 바로 그때, 이처럼 모스크바의 고립적 성향이 나타났다는 점은 주목할 만하다.

이반 3세와 바실리 3세의 재위기

1462년부터 1505년까지 이어진 이반 3세의 긴 재위기는 그다음의 바실리 3세의 재위기와 함께, 분령 시기가 끝나고 러시아 역사에서 새로운 시대, 즉 모스크바국 러시아의 시대가 시작된 때라고 일반적으로 생각되어왔다. 이 두 사람의 통치 시기는 모스크바의 성장 이야기에서 절정기에 해당된다. 이반 3세의 전임자들은 이반 칼리타 시대에 600제곱마일도 안 되던 영토를 바실리 2세의 재위기 말 무렵에는 1만5,000제곱마일로까지 늘려놓았다. 그렇지만 이반 3세에게는 노브고로드와 트베리와 같은 오래된 라이벌을 흡수하는 일과, 분령지 러시아였던 곳에서 실질적으로 단일한 지배권을 확립하는 일이 남아 있었다. 역시 이 장 앞부분에서 기술된 발전의 결말로서 몽골인들로부터 러시아가 완전히 독립했음을 성공적으로 주장한 사람도 바로 이반 3세였다. 그리고 오랫동안 성장을 계속해온 모스크바 대공의 지위와 권위가 분령 시기에는 알려지지 않았던 정도의 위엄과 격식이라는 속성을 갖추게 된 것도 바로 그의 통치기에서였다. 이반 대제라고도 불리는 이반 3세는 자신의 중요한 역할에 아주 어울리는 사람이었다. 그의 성격의 몇몇 특징에 대해서는 사료마다 내용이 다르지만, 실천적인 능력과 특이할 정도의 정치력과 통찰력을 결합시킨 강력한 인물이라는 것이 그에 대한 전반적인 인상이다. 바실리 2세가 사망했을 때 그는 불과 스물두 살밖에 되지 않았지만, 새로운 대공으로서 부친을 계승할 준비가 완벽하게 되어 있었다. 왜냐하면 그는 자신의 눈먼 아버지의 주요 조력자이자, 심지어 공동 통치자로서 수년 동안 활약했기 때문이다.

이반 3세 통치하에서 "러시아 모으기"는 빠른 속도로 진전되었다. 다음의 사건 목록은 그 과정의 성격과 다양성을 어느 정도 보여줄 수 있다. 1463년에—혹은 체레프닌에 따르면 약 10년 후—에 이반 3세는 야로슬라블의 분령지 공들의 유산을 구입했고, 1474년에는 로스토프 시의 나머지 절반을 구입했다. 그는 1472년에 자식 없는 형제인 유리로부터 분령지인 드미트로프 시를 유산으로 물려받았다. 그리고 같은 해에 그는 핀계 언어를 말하는 민족이 거주하며, 이전에는 형식상 노브고로드의 불확실한 종주권하에 있던 머나먼 북동부의 페름 땅을 정복했다. 1481년에 모스크바국 대공은 또다른 형제인 안드레이가 죽은 이후에 또다른 분령지를 획득했다. 그는 1485년에 베레야의 미하일 공에게 강요하여, 리투아니아를 섬기려고 했던 미하일의 아들을 건너뛰고 자신에게 공국을 물려주도록 했다. 그는 1489년에는 노브고로드의 이주민들이 건립했으며 베체에 의하여 통치되던 북부의 국가인 뱌트카를 합병했다. 그리고 이반 3세는 1493년에 자신의 동생인 안드레이 볼쇼이로부터 우글리치 시를 빼앗고는, 몽골인들에 대항하여 오카 강으로 군대를 데리고 진군해오라는 자신의 지시를 이행하지 않았다는 이유로 안드레이를 투옥시켰다. 1500년경에 모스크바국의 대공은 랴잔의 이반 공으로부터 그의 공국의 절반을 물려받았고, 랴잔의 이반의 어린 아들에게 유산으로 넘어간 나머지 절반의 관리인으로 지명되었다.

그러나 이반 3세가 획득한 영토 중에 가장 유명한 곳은 노브고로드와 트베리였다. 우리가 앞 장에서 논했던 노브고로드는 힘에서 모스크바국에게 밀렸을 뿐만 아니라, 그 자체의 내적인 취약함 때문에 몰락했다. 바실리 2세가 1456년에 노브고로드에 협정을 강요한 이후에 그 도시의 보야르 파—어떤 포사드닉의 유명한 미망인인 마르타가 포함된 보레츠키 가문이 이끌던—는 리투아니아에 최후의 희망을 걸었다. 반면에 노브고로드의 평민들은 분명히 리투아니아도 좋아하지 않았고, 자신들의 보야르도 좋아하지 않았다. 1471년의 중요한 군사 작전에서 노브고로드 군대는 형편없는 모습을 보여주었고, 대주교의 부대는 모스크바 대공에 대항하여 싸우기를 노골적으로 거절했다. 셸론 강둑에서 벌어진 결정적인 전투에서 승리한 이반 3세는 노브고로드 사람들을 완전히 굴복시킬 수 있었다. 노브고로드 사람들은 대공과 그의 아들에게 충성을 바칠 것을 약속하고, 많은 배상금을 지불하고, 일부 땅을 모스크바에 양도해야 했다. 노브고로드의 철저한 패배와 굴욕을 의미했던 새로운 합의에는 그곳의 체제와 지위를 본질적으로 그대로 유지시킨다는 내용이 있었지만, 그것은 지켜진다고 기대할 수 없었다. 그리고 사실 노브고로드 당국은 곧 이반 3세를 자기들의 군주로 인정하기를 거절하고 또다시 리투아니아의 도움을 얻으려고 시도했다. 분노한 대공은 1478년에 노브고로드에 대한 자신의 두 번째 군사 작전을 시작했다. 리투아니아의 도움은 실현되지 못했고(왜냐하면 리투아니아의 통치자는 입장을 바꾸어 러시아 북부에 대해서 지정학적인 관심을 가지지 않게 되었기 때문이다), 노브고로드인들은 서로 의견이 갈렸다. 그 도시는 포위하고 있던 모스크바국의 군대에게 전투 한번 없이 마침내 항복했다. 이반 3세는 이번에는 자신을 반대하던 일부 사람들을 반역자로 처형하고, 다른 사람들을 추방했으며, 노브고로드의 상당수 보야르 가문을 러시아의 다른 지역으로 이주시킨 뒤 그들의 땅을 차지했다. 연대기에 인용된 것에 따르면, 그는 다음과 같이 선언했다. "나의 세습 재산인 노브고로드에는 앞으로 베체의 종이 없을 것이며, 그곳에는 포사드닉도 없을 것이다. 그리고 나는 국가 전체를 통치할 것이다." 사실상 노브고로드의 모든 제도가 폐지되었다. 1489년에는 또다시 많은 사람들이 강제로 추방당했고, 노브고로드는 모스크바국의 필수적인 부분이 되었다.

다음은 트베리 차례였다. 이 공국은 노브고로드보다 훨씬 덜 저항했다. 미하일이라는 이름을 가진 또다른 트베리 공도 팽창하는 모스크바의 위세에 대항하기 위해서 리투아니아의 도움을 얻으려고 시도하면서, 리투아니아와 폴란드의 카시미르 4세와 1483년에 협정을 체결했다. 그러나 이반 3세가 트베리로 진군해오자, 미하일은 그 협정을 부인하고는 자신이 모스크바국 통치자의 순종적인 "동생"이라고 선언했다. 그러나 그는 1485년에 리투아니아와의 관계를 재개하려고 했는데, 그가 카시미르 4세에게 보낸 편지가 중간에 가로채여서 그의 계획은 모스크바 측에 알려지고 말았다. 그러자 이반 3세는 즉각 트베리를 포위했다. 미하일은 자신의 추종자들에게도 지지를 받지 못하게 되자 리투아니아로 도망갔고, 트베리는 모스크바국의 군대에 전투 없이 항복했다. 미하일은 상속자를 남기지 않고 리투아니아에서 죽었는데, 모스크바의 공들에 대한 가장 큰 경쟁 가문이 이런 식으로 단절되었다. 노브고로드와는 대조적으로, 북동부에 위치한 공국이었던 트베리의 통합은 모스크바국 당국에게 아무런 특별한 문제점도 안겨주지 않았다. 이반 3세가 획득한 크고 작은 영토를 전부 합쳐보면 이제 러시아의 분령지 중에 모아야 할 땅이 거의 남지 않게 되었다. 프스코프나 랴잔의 마지막 절반처럼 남은 곳들조차도 대체로 모스크바의 대공들에게 협력했기 때문에 존속될 수 있었다.

이반 3세의 야망은 남아 있는 러시아 분령지에 국한되지 않았다. 모스크바 대공인 그는 이전에 키예프국에 속한 모든 땅이 자신의 합법적인 세습 재산이라고 간주하면서, 스스로 그에 대한 정당한 상속자라고 생각했다. 이반 3세는 이 문제에 대한 자신의 견해를 대외관계에서 아주 명확히 했으며, 국내에서도 마찬가지로 전 국토의 유일한 통치자라는 자신의 위치를 강조했다. 그는 1493년에 모든 러시아의 군주―러시아어로는 고수다르(gosudar)―라는 칭호를 얻었다. 키예프국의 전체 유산에 대한 이반 3세의 주장은 다른 무엇보다도 키예프의 붕괴 이후에 러시아 서부와 남서부의 방대한 영토에 자신의 지배권을 확대했던 리투아니아에 대한 도전을 의미했다. 다음 장에서 우리가 논의하게 되는 리투아니아 공국―어떤 사람들은 리투아니아-러시아 공국이라고 부른다―은 상당 부분 키예프국을 계승하면서 성장했다. 키예프국 영토에 대한 최종적인 해결은 한편으로는 모스크바, 다른 한편으로는 리투아니아 및 폴란드 사이에 벌어진 투쟁의 결말에 달려 있었다.

이반 3세가 노브고로드와 트베리를 획득한 이후에, 리투아니아와 모스크바 사이의 경계 지대인 오카 강 상류의 많은 분령지 공들은 충성할 대상을 리투아니아 종주로부터 이반 3세로 교체했다. 리투아니아는 그들의 결정을 무력으로 되돌릴 수 없었고, 1494년의 협정에서 그런 변화를 수용했다. 그렇지만 이번에는 더 남쪽에 있던 공들이 모스크바 편으로 새롭게 넘어감으로써, 1500년에 또 다시 전쟁이 발발했다. 러시아인들은 베드로샤 강둑에서 벌어진 중대한 전투에서 승리하여 리투아니아의 지휘관을 사로잡고, 대포와 군수물자를 포획했다. 리투아니아인들은 1503년의 평화조약을 통하여, 모스크바 대공의 군대가 점령한 지역은 그에게 속한다는 것을 인정했다. 그리하여 이반 3세는 스몰렌스크 일부분과 폴로츠크 지역, 그리고 과거에 체르니고프 공국에 기반을 둔 남부와 중부 유럽 러시아에 있는 거대한 땅인 체르니고프-세베르스크의 많은 부분을 획득했다. 모스크바가 프스코프 공국을 방어하기 위해서 리보니아 기사단을 대상으로 효과적으로 치러왔던 전쟁은 1503년에 또다른 평화조약을 맺으며 끝이 났다. 대체로 이반 3세는 러시아의 다른 공국들과의 문제와 대외적인 전쟁에서 성공을 거둠으로써, 그의 영토를 엄청나게 확대했다.

이반 3세의 권력이 강화되고 위신이 높아짐에 따라, 그는 마땅히 몽골인들과 최종적으로 결별하게 되었다. 그렇지만 몽골의 침입, 혹은 서사시와도 같은 쿨리코보 전투에 비하면, 몽골의 멍에를 벗어 던진 최종적인 과정은 싱거운 것이었다. 이반 3세는 칸의 승인을 받지 않고 대공이 되었으며, 정기적인 공물 대신에 자신의 부친인 바실리 2세의 관례를 따라 "선물"을 보내는 것으로 킵차크 한국에 대한 자신의 충성을 제한했고, 마침내 그것마저도 중단했다. 몽골의 토벌 원정대는 1465년과 1472년에 모스크바국의 국경지역에서 저지당했다. 마침내 1480년에 이반 3세가 킵차크 한국에 대한 모든 충성을 공식적으로 거부한 이후에, 아마드 칸은 반항하는 러시아인들을 제압하는 데에 전력을 기울이기로 결정했다. 그는 리투아니아와 폴란드의 카시미르 4세와 동맹을 체결하고 모스크바국 영토를 침입했다. 반면, 이반 3세는 크림의 칸인 멩글리-게레이의 지지를 얻고는, 몽골의 진격을 봉쇄하고 무엇보다도 상대가 강을 건너지 못하도록 자신의 병력을 배치했다. 몽골과 모스크바국의 주력군은 우그라 강둑에 도달하여 강을 사이에 두고 대치하게 되었다. 몽골인들은 모스크바국 사람들이 도달하기 전에 강을 건너는 데에 성공하지 못했다. 그리고 그들은 리투아니아와 폴란드가 리투아니아로 대규모 습격을 가해온 크림의 타타르인들을 격퇴시키느라 정신을 집중할 수밖에 없었기 때문에, 기대했던 두 나라로부터 도움을 받지 못했다. 아주 이상하게도, 강물이 얼어 있어서 킵차크 한국의 기병대가 진격해올 수 있었고 러시아인들이 후퇴하기 시작했을 때, 몽골인들은 갑자기 천막을 철거하고 스텝 지대로 서둘러 돌아갔다. 그들은 러시아와 타타르인들의 한 파견 부대가 사라이 본영에 가한 공격 때문에 놀랐던 것 같다. 어쨌든 러시아에서 자신의 권위를 회복하려던 아마드 칸의 노력은 실패했다. 그 직후에 그는 킵차크 한국 내의 분쟁에서 피살되었고, 킵차크 한국 자체는 크림 타타르인들의 공격을 받아 1500년경에 몰락하고 말았다.

이반 3세 통치기에 있었던 또다른 중요한 사건은 그가 1472년에 비잔티움의 공주인 소피아 혹은 조예 팔레올로그와 결혼한 일이었다. 투르크의 마지막 공격 때 콘스탄티노플 성벽에서 숨을 거두었던 비잔티움의 마지막 황제인 콘스탄티누스 11세의 조카딸과 모스크바 대공 사이의 혼인을 통한 결합은 바티칸의 후원을 받았다. 바티칸은 그렇게 함으로써 러시아를 교황의 영향 아래에 둘 수 있고, 투르크인들에 대항하여 폭넓은 전선을 구축할 수 있다고 보았지만, 그 기대는 완전히 빗나갔다. 그러나 그 결혼은 다른 이유들 때문에 주목할 만한 사건이 되었다. 구체적으로 말하면 그 결혼은 모스크바국 통치자의 위상을 높여주는 전반적인 흐름에 정확하게 부합되었던 것이다. 이반 3세는 비잔티움의 쌍두 독수리를 자신의 가문의 성 게오르기에 덧붙였고, 비잔티움의 모델을 따라 복잡한 궁중 예식을 발전시켰다. 나아가 그는 차르(tsar)와 전제자(samoderzhets, 사모데르제츠)라는 고귀한 칭호를 사용했고, 대관식을 엄숙한 교회 의식으로 치르도록 제도화했다. 모스크바에서 사용된 전제자라는 단어는 원래 모스크바국의 군주가 어떠한 종주로부터도 완전히 독립했다는 점, 그리하여 몽골의 멍에가 종식되었다는 점을 가리켰지만, 그 단어 자체 및 그에 수반되는 권력과 위엄은 그리스적인 것이었다. 이는 마치 차르가 로마의, 그 이후로는 비잔티움의 단어인 카이사르(Caesar)로부터 유래된 것과 마찬가지였다. 그뿐만 아니라 이반 3세는 모스크바의 인상적인 건축 프로그램에 관심을 가지고 많은 나라로부터 기술자들을 초청해서 자신을 돕도록 했다. 1497년에 그는 『루스카야 프라브다』와 프스코프의 『수데브닉』을 주로 참고하여 만든 법전을 자신의 나라 전체에 공포했다. 명백히, 모스크바국의 통치자는 특히 비잔티움 황실과의 결혼 이후에 자신의 협력자들에게 거리를 두고 윗사람인 듯한 태도를 취했다. 만약 그렇지 않았다고 하더라도, 적어도 보야르들은 그 이후의 시기에 그 점에 대한 불만을 가지고 있었다.

이반 3세는 키예프 공들의 후계자인 자신의 중요성과 역할을 확고히 주장하면서도, 좀더 큰 계획 속으로 끌려들어간다거나 자신의 독립성이 조금이라도 희생당하는 것은 거부했다. 그리하여 그는 로마와 동맹을 체결한 다음에 콘스탄티노플에 모스크바국 통치자의 이름으로 기독교인 황제를 다시 옹립해보자는 교황의 제안을 거절했다. 그리고 신성 로마 제국의 황제가 그에게 왕위를 수여하겠다고 제의했을 때 그는 다음과 같이 답변했다. "우리는 우리와 우리 아들들이 지금의 모습대로 우리 땅의 주인으로 언제나 남아 있게 해달라고 신에게

이반 3세의 문장(紋章). 모스크바국의 군주들은 자신들이 비잔티움 제위의 신성한 망토의 상속인이라고 묘사했다. 이반은 하나의 상징물로서 가문의 문장인 성 게오르기가 용을 죽이는 장면을 비잔티움의 쌍두 독수리와 결합시켰다. (*Armory of the Kremlin, Moscow*)

기도한다. 지금까지 우리가 임명된다는 것을 결코 바란 적이 없었던 것처럼, 우리는 지금도 그것을 바라지 않는다." 이반 3세는 최초의 민족적인 러시아 군주라고 불려왔다.

이반 3세의 아들인 바실리 3세는 부친을 이어서 1505년부터 1533년까지 통치했다. 새로운 통치자는 많은 면에서 선임자의 정책을 지속했으며, 완성시켰다. 바실리 3세는 1511년에 프스코프를 획득하고, 1517년에는 랴잔의 나머지 부분을 모스크바국에 합쳤을 뿐만 아니라 스타로둡, 체르니고프-세베르스크, 오카 강 상류지역 등 남아 있는 모든 분령지를 사실상 병합했다. 모스크바국의 통치자인 바실리 3세는 스몰렌스크를 목표로 3번의 군사 작전을 단행하면서 리투아니아와 싸웠고, 마침내 1514년에 스몰렌스크를 점령했다. 그 결과 1522년에 체결된 조약으로써 러시아가 얻은 영토는 승인되었다. 그는 이반 3세의 정책을 지속하여 카잔 한국에 대해서 압력을 가했고, 그쪽 방향으로 러시아 국경을 확대했으며, 혼란에 빠진 카잔 한국에서 서로 다투던 두 개의 주요 정파 중에서 친러시아파를 지원했다. 바실리 3세는 모스크바국 러시아의 새로운 지위로부터 이득을 얻고는, 신성 로마 제국―이 제국의 대사인 헤르베르슈타인은 러시아에 대한 중요한 기록인 『레룸 모스코비타룸 코멘타리(Rerum moscovitarum commentarii)』를 남겼다―과 교황청, 그리고 투르크의 유명한 술탄인 술레이만 1세, 그리고 심지어 인도의 대무굴 제국의 건립자인 바바르와도 외교관계를 수립했다. 재미있게도, 모스크바에는 거의 아무것도 알려져 있지 않은 대무굴 제국 통치자의 경우에, 러시아인들은 그 제국에 대하여 지나친 경의를 표함으로써 자신의 통치자의 위엄을 손상시키는 일이 없도록 극도로 조심성 있게 행동했다. 러시아의 봉직을 맡기기 위하여 외국인들을 초청하는 일은 계속되었다. 소위 네메츠카야 슬로보다(Nemechkaia slovoda)라고 하는 외국인 전용 주거지가 모스크바에 등장한 것은 바로 이반 3세와 바실리 3세 통치기에서였다.

바실리 3세는 국내 문제에서 자신의 부친이 기울인 노력을 계속했다. 이제는 그저 모스크바의 봉직자에 불과했으나, 이전에 있었던 분령지 공의 가문 사람들과 보야르였던 사람들을 그는 엄하게 다스렸다. 이반 3세의 정책과는 일치했지만 수 세기 동안의 관행과는 대조적으로, 모스크바국에 대한 봉사를 저버리고 어떤 다른 권력―이것은 사실상 리투아니아를 의미하게 되었다―을 지지하는 것은 반역 행위로 간주되었다. 동시에 모스크바가 부과하는 의무는 증가되었다. 분령지로부터 중앙집권적인 통치로 전환되던 일과 연관된 여러 가지 문제들은 다음 통치자의 시기에 비극적인 모습으로 돌출될 수밖에 없었다.

설명과 해석

우리가 지적했다시피, 당대인들은 모스크바가 극적으로 성장하고 그에 의하여 정치지형이 변화된 것에 대해서 놀랄 만한 충분한 이유를 가지고 있었다. 어쨌든 모스크바는 아주 미약하게 시작되었고, 노브고로드나 갈리치아와 같은 번영하는 공국들과는 비교조차 될 수 없었다. 모스크바는 자기 영역인 북동부에서조차 로스토프와 수즈달과 같은 유서 깊은 중심지만이 아니라 블라디미르와 같은 곳에 비해서도 낮은 위치에서 출발했고, 트베리를 물리친 것도 여러 차례에 걸쳐서 패배한 듯이 보이기도 했던 기나긴 싸움을 통해서였다. 역사학자들은 모스크바의 성공을 설명할 때 여러 가지 요인들을 강조해왔는데, 그중 많은 것은 이미 우리의 짧은 이야기에서 분명하게 드러났다.

　가장 먼저 제기되었고 가장 기본적인 설명 중의 하나는 지리적인 것으로서, 이미 솔로비요프에 의해서 발전된 주장이다. 모스크바의 지리적인 이점으로는 세 개의 길이 교차하는 지점에 위치하고 있다는 것을 들 수 있다. 그중 가장 중요한 길은 전체적으로 쇠퇴하고 있던 남부 및 키예프에서 출발하여 성장하고 있던 북동부로 통했는데, 그 길을 통해서 정착과 교역이 가능했다. 당대에 훨씬 더 중요한 사항으로서, 모스크바는 유럽 러시아를 가로지르기도 하고 통합하기도 했던 하상 교통로의 교차점에 위치하기도 했다. 모스크바는 4개의 주요 강, 즉 오카 강, 볼가 강, 돈 강, 드네프르 강의 상류 근처에 위치했다는 드문 행운을 가지고 있었다. 특히 신생 공국을 둘러싼 산맥이나 다른 자연 장애물이 전혀 없었기 때문에, 이것은 물길이 난 평원을 가로질러 팽창해나갈 수 있는 놀라운 기회를 제공했다.

　또다른 의미에서도 모스크바는 중심적인 위치로부터 이득을 보았다. 모스크바는 러시아 민족, 특히 대러시아인 민족이 거주하는 땅의 중앙에 있었는데, 전통적인 주장에 따르면 이것은 사방으로 자연스럽게 뻗어나갈 수 있는 적합한 환경을 제공했다. 사실 일부 전문가들은 대러시아어에 속한 두 개의 주요 방언을 갈라놓는 선에 대한 근접성 등의 상황에도 주목하면서, 모스크바가 러시아 민족의 지리적인 중심에 얼마나 가까이 위치해 있는지 정확하게 계산해보려고 했다. 한 가지 덧붙이면, 모스크바는 러시아 내에서 중앙에 위치하고 있었기 때문에 외부의 침입으로부터 충격을 덜 받을 수 있었다. 그러므로 예를 들면, 북서부의 외적에 계속해서 맞서야 했던 곳은 모스크바가 아니라 노브고로드였으며, 남동부에서 티무르의 침입이나 몇몇 다른 경우에 아주 편리한 위치에 있던 랴잔은 최초의 타격을 흡수해야 했다. 이런 지리적인 요인이 모스크바 성장의 유일한 이유는 아니고, 이것은 사실 최근의 학자들이 일반적으로 비교적 비중을 덜 두는 것이기는 하지만, 대체로 모스크바의 위치가 모스크바국의 팽창에 상당히 중요했다는 점은 부정될 수 없다.

　경제적인 주장은 부분적으로 지리적인 주장과 연결된다. 모스크바 강은 교역을 위한 중요한 동맥으로 기능했고, 모스크바 공국은 그 강의 물길을 따라서 확대되면서 이익을 얻으며 결과적으로 경제적인 교류를 점차 촉진시켰다. 특히 소련 역사학자들은 주로 공동시장의 성장이라는 측면에서 모스크바의 팽창을 논의했다. 또다른 경제적 접근은 모스크바국의 공들이 자신의 영지의 농업을 발전시키고 식민지 개척을 후원하는 데에 성공했다는 점을 강조한다. 공들은 농민들을 확보하여 자신들의 땅에 정착시키는 일에서 경쟁자들을 분명히 훨씬 더 앞섰다고 주장된다. 그들의 활기찬 활동은 자유농민들에게 여러 가지 유인책을 제시하는 것에서부터, 몽골인들로부터 포로를 구입하는 것에 이르기까지 다양하게 전개되었다. 또다른 이점으로서, 공들이 자신들의 영토에서 비교적 평화와 안정을 유지하는 데에 성공한 것은 경제생활을 위해서는 매우 유리하게 작용했다.

정치적인 주장은 몽골 칸국의 상황과 정책, 그리고 칸들을 다룬 모스크바 공들의 노련한 정책에 부분적으로 초점을 맞춘다. 그러나 좋은 정책만큼이나 중요한 것은 적절한 시기였다. 14세기부터 몽골 제국은 부흥기를 경험하기도 했지만, 서서히 분열되며 약화되고 있었다. 흑사병으로 인한 황폐화, 발칸 지역과 중국의 문제로 인하여 취약점을 보이고 있던 상업망, 킵차크 한국 내의 격렬한 권력 투쟁 등은 러시아의 공들에게 기회를 제공했다. 모스크바의 공들은 이때를 잘 활용했다. 몽골인들이 힘을 보유하고 있는 동안에는, 모스크바의 공들은 칸들에게 완전히 복종하며, 실제로 열심히 그들에게 협력했다. 이런 식으로 그들은 몽골인들을 도우면서, 참을성이 없고 투지가 넘치는 트베리와 몇몇 다른 러시아 땅이 파괴되도록 하여 유리한 고지를 차지한 이후에, 대공으로서의 지위를 확립했다. 이에 더해서 그들은 몽골인들을 위하여 공물을 거두었고, 그리하여 다른 러시아 공들에 대해서 어느 정도의 재정적인 권위, 그리고 간접적으로는 사법적인 권위를 획득할 수 있었다. 사실, 칸들은 공물을 지불할 수 없었던 모든 분령지들을 모스크바국의 공들에게 넘겨주었다. 상징적인 경우를 보면, 심지어 14세기 말에서조차 모스크바에서는 이런 상호의존적인 관계를 입증하는 동전을 여전히 찾아볼 수 있었다. 예를 들면, 1382년에 드미트리 돈스코이 치하에서 주조된 동전에는 한 면에는 "드미트리 이바노비치 대공"이라는 글귀가, 다른 면에는 "술탄 토크타미시 만세"라는 글귀가 새겨져 있었다. 칸국이 분열되고 모스크바가 강력해졌을 때에는 그 관계가 변화되었다. 확실히, 모스크바의 공들은 제위에 대한 추인을 얻기 위해서 칸에게 계속 출두했지만, 드디어 바실리 2세는 칸의 동의를 요청하지도 않고 자신의 아들을 후계자로 지명했다. 우리가 본 대로 많은 의식 및 신서(臣誓)와 충성의 특별한 표현은 점차 무시되고 있었다. 이반 3세는 마침내 칸국에 대한 충성을 거부함으로써 이런 점진적이지만 변화를 초래하던 과정을 완성했는데, 몽골인들은 그것을 중단시키거나 되돌릴 수 있는 힘을 더 이상 가지고 있지 않았다.

이런 일이 암시하고 있듯이, 모스크바의 성공에서 중요한 요인은 통치를 담당한 공들이었다. 모스크바는 뛰어난 공들을 가졌다는 점에서, 그리고 많은 점에서 운이 좋았다고 일반적으로 생각되어왔다. 이런 상황의 원인 중 일부는 순전히 우연이었다. 프랑스를 통일시킨 카페 왕조의 왕들처럼, 모스크바의 공들은 여러 세대 동안 단절이나 갈등 없이 지속적으로 남자 계승자로 이어졌다는 이점을 가지고 있었다. 특히 오랫동안 모스크바 공들의 아들들은 모스크바국의 제위를 놓고 다툴 "삼촌들"이 없다는 행운을 누렸다. "삼촌들"과 "조카들" 사이에 벌어진 고전적인 싸움이 바실리 2세의 통치기에 마침내 분출되었을 때, 부자간의 직접 승계 방식은 모스크바 공국에서 도전을 물리칠 만큼 이미 충분한 지위와 지지를 확보하고 있었다. 모스크바 공국은 초기의 통치자들이 알렉산드르 넵스키의 막내아들로부터 시작되었으며, 따라서 공 가문 중에서도 낮은 서열을 차지했다는 점에서도 운이 좋았다고 간주되어왔다. 왜냐하면 그들은 다른 곳에서 아주 야심찬 시도를 하기 위해서 자신들이 가진 작은 분령지를 소홀히 하는 대신에, 거기에 전념하는 것이 상책이라고 생각했기 때문이다.

모스크바국 공들의 정책은 모스크바의 성장에 아주 중요하고도 큰 기여를 했다고 일반적으로 생각된다. 이반 칼리타부터 이반 3세와 바실리 3세에 이르기까지, 전사이자 외교관일 뿐만 아니라 노련한 지주요, 경영자이자, 사업가인 이 통치자들은 "러시아 땅을 모은 사람들"로서 탁월했다. 그들은 모두 비록 오랫동안 작은 규모이기는 하지만 효율적으로 행동했다. 클류쳅스키는 모스크바국이 영토를 획득하는 주요 방법을 다섯 가지로 구분한다. 즉, 구입, 무력 점령, 킵차크 한국의 도움을 받은 상태에서의 외교적인 점령, 분령지 공들과의 봉직계약, 볼가 강 너머에 있는 땅들의 경우에는 모스크바국 사람들의 정착 등이 바로 그 다섯 가지이다. 모스크바 공국에 확산된 상대적인 번영, 훌륭한 정부, 평화, 질서는 성장하고 있던 이 대공국으로 농민들만이 아니라, 아주 중요한 사실로서 보야르들, 그리고 다른 계급의 구성원들을 점차 끌어들이게 만들었다.

정치적으로, 모스크바국의 발전은 우리가 앞에서 북동부의 전반적인 발전에 대해서 논의할 때 언급했던 유형을 따랐다. 비교적 덜 발달된 사회, 그리고 일반적으로 유동적이고 변화가 많은 상황 속에서, 모스크바의 공은 통치자로서 뿐만 아니라 조직가이자 소유주로서 점차 중요해졌던 반면—그의 다양한 능력들은 별로 구분되지 않았다—키예프의 정치제도의 다른 요소들은 쇠퇴하고, 심지어 퇴화되었다. 예를 들면, 모스크바국의 마지막 티샤츠키인 벨랴미노프가 1374년에 사망하자, 그 이후에는 그 직책이 폐지된 사실을 우리는 알고 있다. 반면 최근의 학자들은 모스크바국의 권위주의를 위해서는, 적어도 이반 뇌제 이전에는, 주요 권력의 내부적인 다른 원천이었던 보야르 및 교회와의 협조관계가 필요했다고 주장했다. 이반 3세와 바실리 3세는 경쟁관계에 있던 공들을 자신들의 귀족과 군대 내에 통합시키는 과정을 완성할 때, 일부 역사학자들이 부르고 있듯이, 처음에는 그들을 "봉직 공(sluzhilyi kniaz)"들로 만든 다음에 보야르 속으로 통합했다. 이렇게 확대된 보야르의 영지는 조심스럽게 다루어졌다. 모스크바의 초기 공들은 보야르의 충성심을 확보하기 위해서 국가업무를 그들과 상의했고, 토지 자산가로서 그들이 지방에 가지고 있던 상당한 부와 권력을 보장해주었다.

교회와 좋은 관계를 맺는 것도 아주 중요했다. 우리는 교회가 사실상 러시아를 통합하는 데에 주도적인 역할을 담당했다고 주장할 수 있다. 몽골이 침입한 이후에 많은 공들은 자신들의 분령지의 운영에만, 혹은 북동부의 경우에는 발전과 팽창에만 주로 관심을 기울였지만, 교회의 고위 성직자들은 리투아니아와 키예프의 남서부를 포함한 정교회 루시의 종교 영역 전체를 통합하려고 노력하고 있었다. 키프리아누스 수좌대주교(1406년에 사망)의 재위기 무렵까지는, 교회는 또다시 "키예프와 모든 루시"의 단일한 수좌대주교구에 대해서 근거를 가지고 말할 수 있게 되었다. 논리적으로 보면, 종교적인 통합은 정치적인 통합 이념을 지향하고 있었다. 14세기 초에 수좌대주교 자리는 모스크바로 옮겨갔고, 따라서 이 도시는 대부분의 국토에 대한 효율적인 정치적 지배권을 주장할 수 있기 오래 전부터 종교적인 수도가 되었다. 수좌대주교가 키예프 루시 교회의 후계자로 간주될 수 있었다면, 모스크바의 공은 어찌 키예프 선조들의 역할을 유산으로 물려받았다고 하지 않을 수 있었겠는가? 특히 공은 교회의 축복을 받아서 모든 정교회 공동체의 수호자로 자처할 수 있었다. 그뿐만 아니라 모스크바는 성 알렉시이, 그리고 특히 성 세르기우스의 도시이기도 했다. 얼마 지나지 않아 성 세르기우스의 수도원인 모스크바 북부의 성 삼위일체-성 세르기우스 수도원은 광범위한 수도원 운동의 근원으로서, 러시아 역사에서 오직 키예프 인근의 동굴 수도원만이 필적할 수 있을 정도로 아주 중요한 종교 중심지가 되었다. 역사학자들 사이에 이 점에 대한 논란이 있기는 하지만, 교회 지도자들은 러시아 땅을 정치적으로 통합하려는 모스크바의 노력을 지지했던 것으로 보인다. 이런 대의의 문제에서 종교 지도부가 맡은 가장 중요한 역할은 공들 사이에 논쟁과 싸움이 벌어졌을 때, 조언, 권면, 심지어 때때로 파문을 통해서 종종 개입한 일을 들 수 있을 것이다. 이런 경우의 개입은 보통 모스크바에 유리했다.

　정치적인 정통성을 위해서 새로운 신화와 상징을 구축했던 것도 모스크바가 성공을 거둘 수 있었던 중대한 측면이었다. 모스크바 공들이 모든 러시아의 지배권을 요구하는 것은 키예프 시기의 전통적인 계승 규칙을 어기는 것이었음을 기억할 필요가 있다. 그 규칙은 형제들이 대공의 옥좌를 아들에 앞서 물려받도록 요구했다. 그래서 왕조의 전통에 따르면, 다니일의 후손들은 비합법적인 통치자들이었다. 그들은 이 장애를 극복하는 데에 도움을 얻기 위해서 칸의 지원을 이용했으나, 이것은 정통성의 근원으로는 미약한 것이었다. 그러므로 바실리 2세와 이반 3세 그리고 그들의 계승자들이 가능한 대로 온갖 정통성의 형식을 추구했던 것은 놀라운 일이 아니다. 워트만이 주장했듯이, 19세기에 이르기까지 러시아의 정치적 신성함의 근원은 아주 명확히 공인된 외국 문명, 특히 고대 로마, 비잔티움, 보편적인 기독교로부터 주로 차용되었다. 우리가 보았듯이, 자신들과 비잔티움과의 관계 그리고 콘스탄티노플이 사실상 1453년에 투르크인들에게 함락된 이후에 신성한 역할을 물려받았다는 것을 모스크바의 공들은 활발하고도 창조적으로 강조했다. 이반 3세가 소피아 팔레올로그*와 결혼한 일, 그가 비잔티움의 쌍두독수리에 용을 죽이는 성 게오르기의 모스크바국의 문장을 결합시킨 새로운 국가 문장을 만든 일, 차르라는 칭호와 전제자라는 칭호를 채택한 일 등은 전부 이런 과정의 일환이었다. 가문과 관련된 또다른 신화가 발전되고 선전된 것도 바로 이반 3세와 바실리 3세의 통치기였다. 그중에는

* 조예 팔레올로그는 소피아 팔레올로그로 개명했다/역주

사도인 성 안드레에 의해서 기독교가 러시아에 전파되었다는 주장, 모스크바국의 공들의 기원이 로마 황제들로까지 소급될 수 있다는 주장, 그리고 통치자가 입었던 예복이 비잔티움의 황제가 루시의 공들에게 준 것이라는 주장 등이 포함되어 있었다. 나중에 논의되겠지만, 모스크바가 제3의 로마라는 독트린도 동일한 목적을 가지고 있었다. 보다 구체적으로, 이반 3세는 모스크바의 크렘린을 재건축하기 위해서 이탈리아의 건축가들을 고용했다. 그 목적은 크렘린을 모스크바의 새로운 탁월함의 표시로서, 러시아인들과 외국인들 모두에게 강한 인상을 남겨주기 위한 상징이자 수단으로 삼기 위해서였다.

모스크바의 성장의 성격과 의미에 대한 판단은 그 과정에 대한 기술이나 설명보다 훨씬 더 많은 논란거리가 되고 있다. 혁명 이전의 대부분의 러시아 역사학자들은 모스크바의 성장이 모스크바 공들과 러시아 민족의 위대하고도 필연적인 업적이라고 찬양했다. 왜냐하면 그들은 외부의 침략을 받고도 살아남아서, 역사에서 자신들이 맡은 역할을 담당하기 위해서 통합해야 했기 때문이다. 소련 시기의 역사학자들도 동일한 견해를 가지고 있었고, 이 주장은 소련 이후의 공식적인 역사 교과과정에서, 그리고 러시아 지도자들이 민족의 과거에 대해서 언급할 때 소중하게 다루어진다. 반면에, 프레스냐코프 같은 혁명 전의 러시아 역사학자들, 오늘날의 많은 서구 역사학자들, 그리고 당연하게도 폴란드, 리투아니아, 우크라이나 역사학자들 등은 이런 해석—비판자들이 보기에 이것은 "민족주의적 신화"이다—에 종종 의문을 제기한다. 이런 저술가들은 칭찬의 대상이 되고 있는 "러시아 모으기"가 무엇보다도 노브고로드와 프스코프 같은 러시아인들, 그리고 궁극적으로는 다양한 비러시아 민족들을 대상으로 한 모스크바국 공들의 교묘한 침략이라는 점을 특히 강조했다. 그리하여 모스크바국 공들은 그들에게서 자유를 빼앗았고, 모든 사람들을 모스크바국의 전제정치에 예속시켰다는 것이다. 주요 역사적 논쟁에서 종종 그러하듯이, 이 두 부류의 주장은 대체로 옳다. 그것들은 단지 동일하지만 복잡한 현상 속에서 다른 측면만을 강조하고 있을 따름이다. 우리는 이쪽이나 저쪽 중 어느 한 가지를 반드시 편들지 않더라도, 분령 시기 러시아의 경제, 사회, 문화생활에 주의를 기울인 이후에, 그 시대가 가지고 있던 문제점과 복잡성을 좀더 잘 이해할 수 있게 될 것이다.

제12장

분령 시기의 러시아 : 경제, 사회, 제도

중세의 우리 보야르 영토는 다음과 같은 기본적인 통치상의 특징들을 가지고 있었다. 즉, 농민들은 예속되었지만 퇴거의 권리를 가지고 있었고, 영주의 사법권은 공동체의 행정에 의하여 제한받았으며, 경제 조직에서 영주 자신의 경제적 비중은 그다지 크지 않았던 특징을 가지고 있었던 것이다. 위에서 입증되었듯이, 우리의 봉건적 중세의 공동체가 게르만족의 마르크 공동체와 동일한 본질을 가진 제도였음을 보여주고 있는 바처럼, 이런 모든 특징들을 통하여 우리나라의 보야르 영토는 봉건적 영주제(seigniory)와 동일한 성격을 가진 제도였음을 보여주고 있다.
— 파블로프–실반스키

……"봉직자들(sluzhilye liudi)"은 봉사(법적, 군사적, 민사적)를 제공해야 하는 의무를 가졌으며, 그에 대한 대가로 조건부적으로 사적 토지 보유권을 가진 계급의 명칭이었다. 이 계급이 별도로 존재할 수 있었던 기반은 그것이 가진 권리가 아니라 국가에 대한 의무에 의하여 제공되었다. 이러한 의무는 다양하며, 이 계급의 구성원들은 어떠한 집단적인 통일성을 전혀 가지고 있지 않다. — 블라디미르스키–부다노프

키예프 루시에서의 상업과 농업의 상대적인 비중에 대한 논쟁이 계속되고 있기는 하지만, 학자들은 분령 시기의 주된 산업이 토지를 경작하는 일이었다는 것에 동의한다. 호밀, 밀, 보리, 수수, 귀리 그리고 몇몇 다른 작물들은 러시아의 농업의 주요 작물로 남아 있었다. 키예프의 몰락부터 모스크바 아래에서 국가가 통일될 때까지의 시기에는 지방의 농업경제가 우위를 보였고, 정치적인 분화

에 따른 경제적 지역주의가 우세했다. 나아가 남부의 쇠퇴와 몽골의 침입으로 인해서 러시아인들은 상당 부분의 옥토를 상실했고, 삼림 지역과 가혹한 기후 조건하에서 농업을 시작하거나 발전시켜야 했다. 몽골의 과세는 빈약한 러시아 경제에 또다른 부담을 안겨주었다. 류밥스키의 말에 따르면 "거대한 기생충이 북동부 러시아 사람들이라는 유기체에 달라붙었다. 그 기생충은 유기체의 즙을 빨아먹었고, 만성적으로 그 생명력을 고갈시켰으며, 때때로 그 안에서 커다란 문제를 야기했다." 몽골의 정복과 과세의 영향뿐만 아니라, 림프절 페스트(혹은 흑사병)가 14세기 중반에 북동부 러시아에 들이닥쳤고 그 이후의 100여 년 동안 반복적으로 발생되었다. 일부 학자들은 흑사병으로 인한 사망자 수가 전체 인구의 25퍼센트에 달한다고 추산한다.

정복과 흑사병의 끔찍한 결과에도 불구하고, 많은 사람들이 도망갔던 북동부는 교역을 동력으로 서서히 경제가 발전하는 방향으로 회복되기 시작했다. 몽골의 침입으로 인해서 모스크바와 트베리와 같은 몇몇 소도시들의 경우에는 이주자들 덕분에 새로운 인구 이동이 발생되었다. 14세기 무렵까지 그런 소도시들에서는 목공업, 제혁업, 직물업, 금속 가공업 등의 장인들의 제조업이 새롭게 성장했고, 특히 교회와 요새 등의 도시 건축도 증대되었다. 사치품과 예술품은 주로 그 시대에 널리 퍼져 있던 빈곤 때문에 크게 감소했으나 몇몇 장소, 주로 노브고로드에서는 살아남았다. 대두되고 있던 새로운 수도인 모스크바는 점차 사치품과 예술품의 중심이 되었다.

경제적 부흥의 주된 이유는 상업이었다. 교역이 커다란 중요성을 유지하고 있었던 노브고로드 시와 노브고로드 공국은 말할 것도 없고, 갈리치아 같은 곳을 차치하고서라도 우리는 14세기 무렵이면 북동부에서도 새로운 발전의 징후를 볼 수 있다. 몽골 제국은 중국으로부터 지중해까지 이르는 상업망을 구축했는데, 러시아의 공들과 도시들은 이런 교역에 참여했다. 나아가 학자들의 주장에 따르면, 몽골인들은 자신들의 부를 증대시키기 위해서 러시아인들에게 과거의 볼가 대교역망과 돈 강을 따라서 발트 지역의 국가들과 교역하도록 했고, 흑해에 생긴 제노아 및 베네치아의 식민지들과 교역하도록 장려했다. 러시아인들은 계속해서 모피와 밀랍 같은 물품을 수출했고, 직물, 포도주, 은제품, 금제품 그리고 다른 사치품 등의 다양한 제품을 수입했다. 모스크바는 15세기 후반 무렵이면 다른 러시아 땅에 대한 통제력을 가진 주도 세력이 되었고, 이러한 상업망의 성장으로부터 이익을 얻었다. 그러나 우리는 압도적인 다수의 주민들이 농업에 종사하고 있었으며, 아주 높은 신분의 사람들도 토지 및 농민들을 통제함으로써 부를 얻고 있었다는 것을 잊어서는 안 된다. 성장하고 있던 모스크바 국의 역사에서 상업적 이해관계와 중간계급은 일반적으로 그다지 커다란 비중을 차지하지는 않았다.

러시아 봉건제 문제

분령 시기 러시아의 사회구조에 관한 질문은 러시아 역사에서 봉건제 문제와 밀접한 관련을 맺고 있다. 이 시기에 대한 대부분의 최근의 역사학자들은 분령지 사회를 해석하기 위해서는 더 이상 이 개념에 많은 관심을 보이지 않기는 하지만, 그것은 러시아 역사를 유럽 역사의 틀과 비교해서 살펴보기 위한 수단으로서 여전히 고려할 만한 가치가 있다. 전문가들은 12세기 초반까지는 러시아에 봉건제가 성립되지 않았다는 점이 다른 유럽 국가들의 경우와 현저히 구분되는 사회발전의 핵심적인 징후라고 간주했다. 그런데 파블로프-실반스키는 탁월하고 세세한 연구를 통하여 러시아도 봉건적 단계를 경험했다는 주장을 전개했다. 파블로프-실반스키의 논지는 제1차 세계대전 이전의 시기에 열띤 논쟁의 주제가 되었다. 소비에트 역사학자들은 혁명 이후에 "봉건적"이라는 용어를 매우 넓게 정의했고, 이 개념을 키예프 시기부터 19세기 후반부까지의 러시아의 발전에 줄곧 적용시켰다. 소련 이외 국가들의 많은 학자들은 중요한 몇몇 사항에서 파블로프-실반스키의 견해에 동의하지 않지만, 그럼에도 불구하고 적어도 몇몇 봉건적 특징을 중세의 러시아에 적용시킬 수는 있다고 생각했다.

파블로프-실반스키는 봉건제를 정의 내리는 것은 세 가지 특질이며, 이 세 가지 모두 분령지 러시아에 존재했다고 주장했다. 즉, 국가가 독립적이며 반독립적인 토지이자 영지로 분화되는 것, 이런 토지들이 봉신관계의 서열에 따른 단일한 체계 속에 포함되는 것, 그리고 봉지를 조건부적으로 보유하게 되는 것 등이 바로 그 세 가지 특질이었다. 실제로 러시아는 수많은 독립적 공국과 특권을 가진 보야르 보유지, 즉 영지로 나뉘어졌다. 봉신의 위계질서는 서유럽처럼 토지와 관련되었다. 세습 영지인 보트치나(votchina)는 영지(seigniory)에 해당되었다. 봉사를 조건으로 부여된 토지인 포메스티예(pomestie)는 은대지(恩貸地, benefice)에 상응되었다. 파블로프-실반스키는 러시아 역사의 모스크바 국 시기의 특징인 포메스티예가 이미 분령 시기의 토지 보유의 중요한 범주를 이루고 있었다고 믿었다는 점도 특별히 지적할 필요가 있다. 서구의 남작들, 백작들, 공작들, 왕들은 중세 러시아의 보야르들, 봉직 공들, 분령지 공들(udel'nye kniaz'ia), 대공들이 각각 자신들과 대응하는 사람들이라고 생각했다. 보야르 봉사, 특히 자유로운 계약에 근거한 군사적 봉사는 봉신관계라는 서열관계를 위한 토대를 제공했다. 이 봉사를 맡을 때와 마칠 때는 서유럽에서와 마찬가지로 특별한 의식이 행해졌다. 분령 시기 러시아는 봉건적 후원제, 탁신(託身, commendation)—이것은 인격적인 관계인 경우도 있었고, 함께 토지가 부여되는 경우도 있었다—그리고 영주에게 불수불입권(不輸不入權)을 부여하는 것, 즉 상위 권력기관의 간섭을 받지 않고 농민들을 지배하고 재판하며 세금을 부과할 수 있는 권리와 같은 제도를 알고 있었다. 봉신들의 봉신들이 등장함으로써 우리는 러시아에서 재분봉(再分封, sub-infeudation)에 대해서 말할 수도 있다.

　그렇지만 파블로프-실반스키의 반대자들은 자신들의 입장에서 강력한 반론을 제기했다. 그들은 러시아의 지주들이 분령 시기에 걸쳐 자신들의 토지를 유산으로 획득했다는 사실을 강조했다. 그런 토지는 자신들이 원하는 사람에게 봉사할 수 있는 권리를 보유한 채 봉직에 대한 보상으로 주어진 것이 아니었다는 것이다. 분령 시기의 지주들의 토지는 지주가 누구에게 봉사하든지, 보통 그 토지가 위치한 영토의 통치자의 관할 범위 안에 남아 있었다. 더 나아가 서유럽 봉건제의 수많은 제도들 및 심지어 일반적인 측면들조차 러시아에서 결코 발전되지 않았거나, 기껏해야 초보적인 단계를 넘어서는 성장하지 못했다. 예를 들면, 극히 복잡했던 서유럽의 봉신들의 서열관계라든지, 봉건제적 군사적 봉사라든지, 기사도라는 전반적인 현상의 경우가 그랬다. 심지어 농민들의 지위 및 지주들과 농민들의 관계는 동구와 서구에서 현저하게 상이했다. 왜냐하면 러시아에서는 농노제가 오직 분령 시기 이후에야 확고하게 자리잡았기 때문이다.

　요컨대 봉건제의 법적 특징들에 대해서 적절한 주의를 기울인다면, 정확한 의미의 봉건제는 러시아 사회에 적용될 수 없는 것 같다. 그렇지만 다른 한편으로 분령 시기의 권력과 분화라든지, 대규모 토지 경제 혹은 심지어 후대에 나타난 국가 봉사 체제인 포메스티예를 감안해보면 러시아의 많은 발전은 서유럽의 봉건제와 중요한 유사점들을 가지고 있었다. 이미 지적되었듯이, 러시아의 사회 형태는 종종 서유럽 모델에 비해서는 후진적이거나 적어도 좀더 단순하며 조야한 것 같다. 그러므로 많은 학자들은 러시아의 사회조직이 초보적인 봉건제 혹은 미발달된 봉건제에 속한다고 말한다. 그런 봉건제는 대공의 권력, 특히 전제적 차르의 권력이 강화되면 특별히 약화된다는 것이 입증되었다.

오늘날 모스크바국 이전의 러시아와 서유럽의 역사가 많은 측면들에서 비교 가능하다는 점—유사점만이 아니라 대륙 전체에서 서로 영향을 주었다는 점—을 강조하는 학자들은 "봉건적(feudal)"이라는 말보다는 "중세적(medieval)"이라는 용어를 사용하려고 하며, 이것을 키예프 시기로까지 확대하려는 경향을 종종 보인다. 상호관계와 이행이라는 의미를 가지고 있는 좀더 개방적인 이 용어는 러시아가 사회 및 경제적 형태에서 유럽 사회와 동일해야 한다고 억지로 짜 맞추지 않더라도 러시아와 유럽 사이에 많은 공통점을 설명해줄 수 있다. 그리고 우리는 이 용어를 통해서 유럽의 동부와 서부 사이의 연속적인 변화를 감안할 수도 있고, 중세 사회의 다양성을 이해할 수도 있다. 사실 서유럽 역사를 전공하는 학자들은 전통적인 마르크스주의자들을 제외하고는 요즘은 "봉건제"라는 용어를 기피하는 경향이 있다. 그 이유는 바로 봉건제에 대한 엄격한 정의를 내리게 되면 서유럽 자체 내에서의 중요한 차이점과 변화 과정을 은폐하게 되기 때문이다. 그렇지만 시대를 구분하고 정의하는 문제는 아주 중요하다. 그러므로 초기 러시아를 연구하는 역사학자들은 러시아가 "봉건적"이었거나 "봉건적"이 아니었는지의 문제보다는, 언제 중세를 벗어나서 "근대 초(early modern)"가 되었는지의 문제에 더 몰두하게 되었다.

분령 시기의 사회와 제도들

분령 시기 러시아의 사회구조는 키예프 시기 사회의 연속이며 발전이었으므로, 이 두 사회 사이에 명확한 단절은 없었다. 공들은 사회의 계층에서 가장 높은 자리를 차지했다. 이미 거대해진 키예프 공들의 가문은 통합된 국가가 붕괴된 이후의 시기에 수적으로 증대되었으며 계속 분화되었다. 분령 시기는 자연히 대공으로부터 시작하여 소공국의 통치자들까지, 심지어 통치할 영토를 전혀 가지고 있지 않으면서 친척들에게서 봉직을 찾을 수밖에 없었던 공들에게 이르기까지, 공들 및 보다 낮은 지위의 공들의 전성기였음이 입증되었다. "모스크바와 전 러시아의" 대공들뿐만 아니라, 특히 특정 공 가문의 보다 낮은 구성원들이 보다 강력한 연장자에게 일종의 충성 맹세를 했던 트베리와 랴잔처럼 다른 여러 지역별 중심지에서는 대공들이 생겼음을 추가적으로 지적할 수 있다. 모스크바가 확대됨에 따라 공들의 이러한 난립 상태는 끝났고, 그와 함께 분령 시기도 종결되었다.

그다음 자리는 보야르가 차지했고, 귀족적 지위가 보다 낮은 사람들로서 동일한 기능을 수행했던 공의 "자유 종복(svobodnaia sluga)"들이 그 뒤를 따랐다. 보야르들과 자유 종복들은 자신들의 공과 계약을 체결했으며, 그를 떠나서 자유롭게 다른 주군을 찾아나설 수 있었다. 보야르들은 자신에게 속한 가신을 두고 있었는데, 때때로 그 수는 아주 많았다. 예를 들면, 1332년에 1,700명의 가신을 두고 있던 한 보야르가 모스크바 대공에게서 봉직을 맡게 되었는데, 그가 도착한 직후 그곳을 떠난 또다른 보야르는 1,300명의 가신을 데리고 있었다. 이미 강조되었듯이, 분령지 러시아의 상층 구성원들은 지주들이었다. 그들은 대규모 자기 영지의 실질적인 통치자로 행세하면서, 세금을 거두고 재판권을 행사했다. 물론 모스크바가 성장하게 되자, 지주들이 자신들의 토지를 다스리기 위해서 부여받았던 불수불입권이 중범죄의 경우에는 더 이상 사법권까지 확대되지는 않았다는 점도 언급할 만한 가치가 있다.

모스크바국이 대두됨에 따라서 토지 소유권의 형태에 중대한 변화가 생겼다. 분령 시기의 대부분 동안, 궁정이나 교회 토지를 제외하고는 토지 보유의 지배적인 유형은 보트치나로 알려진 세습 영지였는데, 이것은 사거나 팔거나 유산으로 물려줄 수 있는 사유지였다. 모스크바 대공이 보트치나를 압수해서 그 사용권을 변경하거나 조건부적인 사용권을 가진 사람으로 소유주를 교체하는 경우를 포함해서, 이반 3세와 그 이후의 공들 사이에서는 조건부적인 토지 보유 형태인 포메스티예가 점차 일반화되었다. 포메스티예는 군사적인 봉직을 맡은 대가로 전적으로 공의 재량하에 부여된 토지였다. 포메스티예 소유인이 공에게 봉사를 계속하거나 그의 형제나 아들이 그의 사후에 봉사를 제공할 수 있는 한, 포메스티예는 그 가문에 그대로 남아 있었다. 그러나 보트치나와는 달리, 포메스티예는 팔거나 돈을 마련할 목적으로 저당 잡힐 수 없었다. 포메스티예 체제의 핵심적인 목적은 이반 3세와 그의 후계자들이 자신들의 군사 봉직자들에게 생활 기반을 제공하고 그들의 충성심을 확보하는 것이었다.

상인들, 수공업자들, 중간계급은 분령 시기에 전체적으로 감소되었다. 노브고로드와 몇몇 다른 중심지를 제외하면, 이 사회층의 구성원들은 비교적 수적으로 적었고 정치적으로 영향력을 별로 가지지 못했다.

농민들은 인구의 상당 부분을 구성했다. 농민들의 지위는 키예프국의 붕괴 이후 몇 세기 동안 악화되었다고 일반적으로 생각된다. 정치적인 분할, 외부 침입, 전반적인 불안정 때문에 농민들은 지주에게 더욱 의존하게 되었고, 결과적으로 예속당했다. 그리하여 키예프 시기에 이미 공식적으로 드러난 추세가 더욱 가속화되었다. 점점 더 많은 농민들이 자유를 상실하고 유력 인물이나 수도원 영지에 의탁하게 됨에 따라서 전통적인 자유는 축소되었다. 그들은 다양한 형태의 봉사를 담당했는데 그것은 주로 두 가지로 나눌 수 있었다. 그중 하나는 비교적 초기의 것으로서 바르시치나(barshchina) 혹은 부역(corvée), 즉 지주에게 바치는 노동이었고, 다른 하나는 오브로크(obrok) 혹은 면역 지대(免役地代, quitrent)로서 생산물이나 화폐로 지주에게 지불하는 것이었다. 농민들이 자신들의 전통적인 자유를 중시했으며, 이런 자유가 도전받고 있었다는 증거는 지주들을 대상으로 한 험악한 논조의 법적 소송에서 찾아볼 수 있다. 그렇지만 농민의 이주를 제약하려는 노력이 더욱 중요했다. 전통적으로 농민들은 지력이 점차 고갈되면 새로운 땅으로 이동했다. 15세기에는 지주들에게 안정적인 노동력을 확보해주기 위해서 이런 관행을 제한하려는 다양한 국가적 규제 조치가 생기기 시작했다. 가장 중요한 것으로서, 1497년의 법전(『수데브닉』)은 농민들이 1년에 한 번, 즉 추수를 하고 지대를 다 바치고 난 늦가을에 성 게오르기의 날 무렵의 2주일 동안만 자기 주인을 떠날 수 있도록 규정했다. 16세기와 17세기에 이동에 대한 제약은 더욱 확대되었고, 농민들은 사유지에서 농노로 결박되었다. 그렇지만 많은 농민들, 특히 북부의 농민들은 어떤 사적 지주 아래에 있지 않았다는 점도 지적되어야 한다. 그들은 점차 국가에 대해서 무거운 의무를 지게 되기는 했지만, 사유지 지주가 없었다는 점은 그들에게 유리한 상황이었다.

키예프 시기의 노예인 홀로피(kholopy)는 러시아 경제에서 계속해서 중요한 역할을 담당했다. 그들은 장원 가구와 영지에서 온갖 종류의 일을 수행했다. 소수의 상층 홀로피 집단은 영지의 관리자이자 행정가로서 중요한 지위를 차지했다. 실제로, 댜코노프는 프랑스에서와 마찬가지로 모스크바 공국에서도 대부분의 궁정 일꾼들과 귀족 집안의 일꾼들이 원래는 노예들이었는데, 그들은 나중에 자유민 봉직자들 중에서 아주 탁월한 인물들로 교체되었다고 주장했다.

키예프가 몰락한 이후의 시기에, 러시아의 교회는 강력하고도 특권적인 지위를 유지하면서 계속 발전했다. 교회는 분할 시기에 국가의 최상의 조직이자 가장 널리 확산된 조직이라는 점에서 이익을 얻었고, 칸들로부터 호의적인 대우를 받았으며, 러시아 공들, 특히 모스크바국의 공들의 보호를 받았다. 교회 토지는 면세 대상이었으며, 폭넓은 불수불입권이 적용되었다. 논란거리가 되기는 하지만, 교회 토지는 서구에서와 마찬가지로 상대적인 평온, 탁월한 관리 및 안정성 때문에 농민들에게 다른 영지보다 더 매력적이라고 생각되었다. 교회 혹은 다른 개별 수도원과 수도사들은 러시아가 북동쪽 황무지로 진출해나가는 데에 선도적인 역할을 맡았다. 성 세르기우스의 제자들만 하더라도, 정착지의 경계 혹은 그 너머에 30개 이상의 수도원을 건축했다. 그러나 교회의 재산이 가장 크게 증가된 것은 특히 봉건 시대의 서방의 가톨릭 교회에서 헌물의 일환으로 토지가 기증되었던 것과 마찬가지로, 어떤 사람의 영혼을 위한 기도에 대한 대가로서 영지 혹은 영지의 일부를 인계했던 것처럼 지속적으로 기부가 이루어졌기 때문이었다. 분령 시기의 말에 러시아의 교회는 국가의 모든 경작지의 25퍼센트 이상을 소유하고 있었던 것으로 추산된다. 나중에 살펴보게 되겠지만, 이런 막대한 교회 보유지, 특히 수도원 토지는 종교적인 양심이나 국가에 대해서 중요한 문제들을 야기하게 되었다.

러시아가 모스크바 아래에서 통일된 것은 북동부의 정치체제의 승리를 의미했다. 그 체제의 특징은 공이 지배적인 지위를 가졌다는 것인데, 이런 체제 아래에서 러시아는 대공의 개인적인 "세습 재산"으로 생각되었다. 다른 한편으로, 최근에 많은 학자들은 심지어 모스크바에서도 공의 권위가 대공들의 기대만큼, 그리고 그들이 종종 과시하려고 했던 것만큼 절대적이지는 않았다고 주장한다. 물론 공들은 분령 시기에 중요한 사회적 역할을 담당했다. 그들은 자신들 공국의 관리자이자 심지어 소유자로서 행동했다. 이 점은 잘 알려진 공들의 유언이나 유서에서, 마을과 겨울 외투를 다룰 때 거의 차이가 없었다는 데에서 명확히 드러난다. 사실, 공들의 행동 방식은 점점 더 옹졸해져갔다. 공적인 권리와 이해관계는 사적인 경우와 거의 구분되지 않게 되었다. 모스크바가 전 민족적인 지배자로 부상하게 됨에 따라서, 공들의 역할은 "모스크바와 전 러시아"의 "차르"와 "전제자"의 권력과 이해관계에 종속되었다. 그렇지만 모스크바의 차르들은 상당한 위엄에도 불구하고, 북동쪽에서 성립된 소공국의 군주였던 과거의 모습을 상당 부분 간직했다. 그들은 소소한 폭정을 포괄적인 권위와, 공적인 목표를 소유 본능과 무시무시한 방식으로 결합시켰던 것이다. 그들의 권력은 그에 걸맞은 효과적인 견제 세력을 가지지 못했기 때문에 아주 위험한 것으로 판명되었다. 노브고로드, 프스코프, 뱌트카가 모스크바에 흡수된 이후에 러시아 정치에서는 베체가 사라졌다. 경쟁관계에 있던 공들은 봉직을 맡은 보야르 수준으로 전락했다. 그리고 이후의 장에서 보게 되듯이 소위 보야르 두마는 통치자의 권위를 제한하기보다는 궁극적으로 지지했다.

   그렇지만 우리는 특히 이러한 초기의 전제권력을 과대평가해서는 안 된다. 많은 역사학자들은 표면적으로는 이런 식으로 전제정치가 강화되었더라도, 자문과 합의를 통해서 대공과 고위 보야르로 구성된 통치계급이 계속해서 존속하고 있었다는 데에 주의를 기울인다. 콜만은 이 점에 대해서 "허울뿐인 전제정치(facade of autocracy)"라는 자극적인 명칭을 붙였는데, 그는 이런 특징이 심지어 모스크바국 후기의 역사에도 적용될 수 있다고 보았다. 조약, 상업 협정, 군사 행동, 법전이 체결되거나 제정될 때에는 지도적인 보야르들이 입회해야 했으며, 이들 유력 인물들이 그것에 대해서 동의해야 했다. 그러므로 유력하게 지지되지만 여전히 논쟁거리인 이런 주장에 따르면, "대공이 보야르들과 결정했다.……"라든가 (1497년의 법전의 앞부분 문구에서처럼) "모든 루시의 대공인 이반 바실리예비치는 아들들 및 보야르들과 법전을 편찬했다.……"에서처럼, 이반 3세와 바실리 3세 치하에서의 법적 결정문에서 담긴 공식적인 선언 구절은 단지 형식적인 표현에 그치는 것이 아니라, 합의된 권력관계의 복잡한 구조를 반영하는 것으로 볼 수 있다.

제13장

분령 시기의 러시아 : 종교와 문화

일반적으로 러시아인들의 제조업에 중대한 타격을 가했던 몽골의 멍에는 아주 통탄스러운 방식으로, 제조업과 긴밀한 관련을 가지고 있는 예술품의 생산과 기술에 반영되지 않을 수 없었다.……13세기 후반과 14세기 전체는 "인민 생활의 억압, 지도자들 사이의 절망감, 국토의 빈곤화, 교역과 수공업의 쇠퇴, 많은 기술의 소멸"의 시기였다.
―바갈레이

만약 우리가 문학만을 고려한다면, 타타르의 침입으로부터 모스크바의 이반 3세에 의해서 러시아가 통합될 때까지의 시기는 암흑시대라고 부를 수 있다. 그 시기의 문학은 키예프 전통이 다소 빈약해진 모습을 연상시키거나, 남슬라브족 모델을 독창적이지 않게 모방한 것이었다. 그러나 이전보다도 여기서 더욱 유념할 필요가 있는 것은 문학이 고대 러시아 문화의 진정한 척도가 되지 않았다는 점이다. 문학의 암흑기였던 14세기와 15세기는 동시에 러시아 종교회화의 황금기이기도 했다.
―미르스키

러시아의 성상화는 고대 러시아의 가장 의미심장한 예술적 현상이었으며, 종교생활에서 기본적이고도 핵심적인 수단인 동시에 선물이기도 했다. 성상화는 역사적 기원과 성립 면에서 최상의 예술적 전통의 표현이었으며, 발전하는 동안 놀라운 예술적 기교를 보여주었다.
―콘다코프

분령 시기 러시아의 종교와 문화는 경제 및 사회와 마찬가지로 키예프 시대로부터 직접 발전되었던 것이 분명하다. 그러나 이 장 앞부분의 인용문들이 보여주듯이, 역사학자들은 종교와 문화가 처한 조건과 방향을 아주 다르게 보아왔다. 보다 정확하게 말하면, 역사학자들은 모순되는 추세가 있었다는 것을 입증했다. 확실히 단일한 국가가 붕괴된 이후의 어려운 시기에는 문화의 많은 부문에서 어느 정도의 지체 그리고 심지어는 후퇴 현상이 있었다. 러시아가 빈곤해졌고 상대적으로 고립되었다는 사실은 교육 전반, 그리고 대규모 석조 건축과 몇몇 사치품 예술 및 수공예품처럼 값이 많이 들고 어려운 작업에 특별히 부정적인 영향을 미쳤다. 사실 많은 공예품과 기술은 완전히 소실된 것 같았다. 문학 역시 이전의 예술적 기교와 기백의 많은 부분을 잃어버린 것처럼 보였다. 저명한 러시아 역사학자인 리하초프가 말했듯이, 11세기와 12세기에 "연대기 서술은 무미건조해지고, 내용이 줄어들었으며, 러시아 영토 전체를 포괄하는 시각이 결여되었다." 그러나 많은 활동 분야에서 이런 쇠퇴 현상이 있었던 것과 동시에, 목조 건축, 특히 성상화와 같은 몇몇 분야에서는 러시아인들의 창조적인 천재성이 최고의 수준으로 발현되기도 했다. 실로 어떤 저술가들은 특히 14세기와 15세기에 드러난 종교생활의 그런 커다란 활력을 "러시아의 정신적 르네상스"라고 설명했다. 그런 르네상스는 종교예술, 수도원의 개화, 신앙과 도덕 문제에 대한 적극적인 관심(그리고 갈등)으로 표현되었다는 것이다.

사람들의 생활과 문화에서 종교가 계속해서 중심적인 위치를 차지했기 때문에, 분령 시기 러시아의 종교는 당대의 강점과 약점, 성취와 실패를 모두 반영했다. 분할의 시기에 교회의 통일성과 조직은 놀라울 정도로 부각되었다. 15세기 초에 러시아 정교회에는 러시아 모스크바의 수좌대주교와 15명의 주교가 있었는데, 주교들 중 세 명인 노브고로드, 로스토프, 수즈달의 경우에는 대주교(arkhiepiskop)라는 칭호를 가지고 있었다. 1448년에 개최된 플로렌스 공의회에 의하여 그리스인 성직자에 대한 의구심이 러시아에서 제기된 이후에, 요나스는 콘스탄티노플 총주교의 승인 없이 수좌대주교가 되었다. 그리하여 러시아인들이 오래 전부터 맺어오던 비잔티움 관구에 대한 충성관계가 단절되었고, 러시아 교회사에서 자치적인(autocephalous) 독립 시대가 시작되었다. 그러나 러시아 교회 내에서의 행정적인 통일은 결국 유지하기 불가능하다는 것이 증명되었다. 모스크바와 리투아니아 사이에 국토와 사람들이 점차 분리되어감으로써 키예프에는 리투아니아국을 위한 별도의 정교회 수좌대주교구가 설치되어, 1458년에는 모스크바와 최종적으로 관계를 단절했다.

우리가 알고 있듯이 교회는 엄청난 토지와 특권적인 지위를 가지고 있었기 때문에, 분령 시기 러시아의 경제와 정치 생활에서 커다란 역할을 담당했다. 교회는 모스크바의 대두로부터 북동부 황무지의 개간에 이르기까지 당대의 거의 모든 중요한 발전에 영향을 미쳤다. 그러나 종교와 영적 분야에서 교회가 미친 영향이 어느 정도인지 정확하게 규정하는 것은 어려운 문제로 남아 있다. 종종, 그리고 대체로 확신 있는 어조로 중세 러시아에서 기독교의 예배 의식적 측면과 미적 측면이 우세했다고 생각되어왔다. 그 완벽한 표현은 예배 의식서와 다른 교회 의식에서 찾아볼 수 있는데, 의식 중의 일부는 매우 길고도 정교하게 진행되었다. 금식을 행하고 종교적인 휴일을 기념하며 일반적으로 교회력을 지키게 된 것이 러시아인들이 의식을 중시하게 된 또다른 계기가 되었던 한편, 성상화와 교회 건축은 러시아인들이 아름다움을 추구할 수 있는 또다른 통로가 되었다. 그렇지만 키예프가 패권을 장악하고 있었을 때와 비교하여, 이 시기에 러시아 기독교가 가지고 있었던 윤리적 및 사회적 의미는 과소평가되어서는 안 된다. 많은 전문가들은 개별 주인들이 종종 마지막 유언이나 유서를 통해서 노예를 해방시킨다고 규정해놓았는데, 그것이 교회의 가르침 덕분이라고 평가한다. 그리고 일반적인 의미에서, 기독교의 행동 기준은 적어도 러시아 사람들의 이상으로 남아 있었다.

성자들은 계속해서 러시아인들의 문제와 염원을 반영하고 있었다. 분령 시기에 시성된 인물들 중에는 알렉산드르 넵스키와 같은 공들과 알렉시이 수좌대주교로 전형적으로 대표되는 성직자 정치인들로부터 이름 없는 은둔자에 이르기까지 다양했다. 그렇지만 러시아의 종교의식에 가장 강력한 영향을 미친 사람은 성 세르기우스였다. 1392년 일흔여덟 살쯤에 사망한 성 세르기우스는 삼림 광야에서 수도사로 시작하여, 러시아의 공인된 영적 지도자로 생을 마쳤다. 그의 축복은 명백히 쿨리코보의 대담한 작전을 위하여 드미트리 대공과 러시아군에 힘을 불어넣었으며, 그의 말은 때때로 공들 사이의 다툼을 멈추게 할 수 있었다. 비록 그는 수좌대주교가 되기를 거절했지만, 사실상 러시아 교회의 도덕적 지도자가 되었다. 이미 언급되었듯이 성 세르기우스에 의해서 모스크바 북부에 설립되었으며 성 삼위일체-성 세르기우스 수도원으로 알려진 곳은 러시아에서 가장 위대한 종교적, 문화적 중심지 중의 한 곳으로서, 강력한 수도원 운동의 원천이 되었다. 성 세르기우스가 사망한 이후 수 세기 동안, 러시아 전역으로부터 매년 수십 만 명의 순례자들이 수도원 교회에 있는 그의 묘소로 계속 찾아왔다. 순례자들은 현재도 그곳을 찾고 있다. 다른 많은 성인들의 경우와 마찬가지로, 성 세르기우스의 영향력은 그가 기독교인들의 신앙의 덕목이자 희망으로 남아 있는 겸손, 친절함, 형제애 그리고 사랑 등의 개념에 어느 정도의 현실성을 부여할 수 있었기 때문이라고 주로 설명된다. 성 세르기우스는 자신의 도움을 필요로 하던 사람들에게 항상 도움을 베풀려고 했고, 종교적인 묵상과 규칙 준수뿐만 아니라 노동과 학습을 강조했음도 덧붙여 말할 필요가 있다.

이미 언급되었듯이, 성 세르기우스의 제자들은 북부 러시아의 방대한 지역에 기독교를 전파하면서, 많은 수도원을 설립했다. 성 세르기우스의 친구들 중에 가장 유명했던 페름의 성 스테판은 핀어를 말하던 지리안느 종족에게 기독교를 전했다. 그는 그들의 언어를 배웠으며, 그들의 장식용 디자인을 기초로 문자를 창안했다. 그리하여 지리안느족은 정교회 전통을 따라서 자신들의 토착 언어로 신에게 예배드릴 수 있었다.

비록 종교에 대한 관심이 종종 인간 활동의 많은 다른 영역을 포괄하기는 하지만, 대체로 중세 유럽과 마찬가지로 중세 러시아의 지적 생활은 종교 문제에 집중했다. 그리하여 분령 시기는 신학과 신앙만이 아니라 일상생활과 사회윤리에 관한 핵심적인 질문들과 관계된 일련의 비정통적 조류들—기존 교회의 관점에서 보면 이런 조류들은 이단이다—을 둘러싼 종교적 분란이라는 특징이 있었다. 주로 러시아는 서구 기독교 세계에서 발전된 합리주의적이고 개혁적인 흐름의 바깥에 머물러 있기는 했지만, 그것으로부터 전혀 영향을 받지 않은 것은 아니었다. 의미심장하게도, 합리주의와 급격한 개혁을 강조하는 러시아의 종교 운동은 국가의 서부 지역, 특히 노브고로드에서 등장했다. 일찍이 1311년에 정교회 협의회는 수도원 제도를 비난한 어떤 노브고로드 사제를 이단으로 규정했다. 노브고로드에서는 14세기 후반에, 소위 스트리골니키(strigolniki)의 가르침이 유명세를 얻었다. 이 급진적 분파주의자들은 서구의 복음주의적 기독교인들과 아주 유사하게도, 교회의 권위와 성직자의 위계만이 아니라 세례 이외의 모든 성사를 부정했고, 사도 시대로 되돌아가기를 원했다. 그 운동 내의 한 극단적인 일파는 심지어 그리스도도 포기했고, 종교 의식을 오직 성부에 대한 기도만으로 제한하려고 시도했다. 항의는 분명히 성사를 위해서 내야 하는 요금 문제를 둘러싸고 시작되었으며, 기존 교회에 반대하는 사람들은 급격히 급진적인 견해를 지지하게 되었다는 점도 덧붙여 지적할 필요가 있다. 온갖 설득이 실패했다. 그러나 노브고로드와 프스코프의 당국과 주민들이 강력하게 억압하고, 스트리골니키 내부에서 이견이 발생했기 때문에, 15세기 초에 이 분파는 사라졌다.

그러나 15세기 후반에 유대교파(Judaizers)라고 알려진 새로운 이단이 나타났다. 이 급진적인 종교운동은 1470년에 노브고로드에 제카리아 혹은 스가랴라는 어떤 유대인이 도착하여, 자신의 가르침을 확산시킨 일과 관련되었다. 유대교파는 구약성서는 받아들였으나 사실상 신약성서는 배척하면서, 그리스도가 메시아라기보다는 예언자라고 생각했다. 따라서 그들은 교회도 부정했다. 두 명의 노브고로드 사제가 모스크바로 옮겨감에 따라 이 운동은 수도의 궁정 내에서도 발판을 얻게 되었다. 볼로콜람스크의 수도원장인 이오시프 볼로츠키는 이 이단자들에 대한 교회 측의 공격을 주도했다. 이 분파는 1504년에 교회 공의회에 의해서 유죄 판결을 받았고, 이반 3세는 마침내 교회의 주류 측의 요구를 받아들여, 유대교파를 잔인하게 억압했고 지도자들을 화형에 처했다.

그 당시에 러시아 정교회 내에서 벌어진 논쟁은 외부로부터 교회에 가해진 도전보다 훨씬 더 큰 역사적인 의미를 가졌다. 당대에 가장 중요하고 유명했던 논쟁은 "소유파"와 "비소유파" 사이에 벌어진 것인데, 이오시프 볼로츠키는 이번에도 소유파의 뛰어난 지도자로서 중심적인 자리를 차지했다. 이오시프 볼로츠키와 소유파는 전제 통치자 및 부유하고 강력한 교회 사이에 긴밀한 동맹이 맺어져 있다고 믿었다. 군주 혹은 차르는 애초부터 교회 및 교회의 모든 토지와 특권을 보호하는 사람이었다. 그에 대한 보답으로 차르는 교회로부터 전적인 지지를 받을 자격이 있고, 그의 권위는 세속의 모든 문제만이 아니라 교회의 행정으로까지 확대되어야 했다. 그리고 소유파가 강조한 것은 종교에 대한 형식적이고 의식주의적인 접근, 교회 미사와 전례, 관례와 가르침의 신성함, 교회에 반대하는 모든 자들에 대한 완전한 억압 등이었다.

비소유파는 북동부의 수도원에 기원을 가지고 있었기 때문에 때때로 "볼가 강 너머에서 온 장로들"이라고 불렸는데, 주로 그들을 대변한 사람은 놀라운 영적 자질을 갖춘 닐 소르스키—혹은 소라의 닐루스—였다. 이름이 가리키고 있듯이 비소유파는 교회의 부, 특히 수도원의 토지 보유에 반대했다. 그들은 수도사들이 자신들의 선서를 실제로 이행해야 하며, 가난하게 살아가면서 생계를 위해서 노동해야 하며, 진실로 "세상에 대해서는 죽어야" 한다고 주장했다. 그리고 교회와 국가는 서로 독립을 유지해야 한다. 특별히, 현실에서 낮은 질서에 속한 국가는 종교 문제에 참견할 권리를 전혀 가지고 있지 않았다. 비소유파는 교회의 형식주의와 의식주의에 반대하고, 묵상과 내적인 영적 빛, 도덕적 완성을 향한 분투를 강조했다. 나아가 그들은 소유파와는 대조적으로 교회의 가르침 속에서 성서, 전통, 인간의 관습을 구분하면서, 성서—즉, 신의 계명—만이 전적인 구속력을 가지고 있다고 생각했다. 그 외의 나머지는 비판받고 변경될 수 있었다. 그렇지만 교회의 근본에 도전한 사람들조차 결코 강압이 아닌 설득으로 다루어야 했다.

1503년, 정교회 협의회는 소유파에게 유리한 결정을 내렸다. 이오시프 볼로츠키와 그의 동료들은 자신들의 입장을 변호하기 위해서 비잔티움의 사례를 인용했고, 실질적으로 교회가 대규모 자선 사업 등의 다양한 기능을 수행하기 위해서는 크고 부유한 시설을 갖추는 것이 필요하다고 주장했다. 비록 수도원 토지를 획득하려고 했던 이반 3세는 비소유파에게 공감하고 있었던 것 같지만, 그들의 견해는 특히 교회와 국가의 관계와 관련하여, 성장하고 있던 모스크바의 절대주의에 대체로 부합되었다. 이오시프 볼로츠키가 1515년에 사망한 다음 성자로 선포된 이후에 다른 고위 성직자들, 특히 1521년에 수좌대주교가 된 다니일이 그의 유업을 이었다. 1524년과 1531년에 개최되었고, 오랜 시간이 지난 1554-1555년에 개최된 협의회에서는 닐 소르스키의 일부 추종자들이 이단으로 선포되었다. 그렇지만 닐 소르스키 자신은 시성되었다.

소유파와 비소유파 사이의 논쟁을 설명할 때, 한 집단으로서의 소련 역사학자들을 포함하여 많은 학자들은 소유파가 모스크바국 통치자들의 권위의 상승, 그리고 러시아 사회 내에서 이러한 상승을 지지했던 사람들의 이익을 옹호했음을 강조했다. 반면, 고위 사회층과 연결된 비소유파는 중앙집권화에 대한 귀족의 반대를 반영했다. 다른 맥락으로서 정교회 역사의 관점에서 보면, 비소유파는 동방 수도원 제도의 신비주의적이고 묵상적인 전통에서, 특히 아토스 산에서 행해진 것과 같은 전통에서 유래되었다고 간주될 수 있다. 그러나 보다 폭넓은 의미에서 보면, 소유파와 비소유파는 현세적인 행동 기준 및 목표와 영원한 행동 기준 및 목표 사이의 양립 불가능이라는 짐을 떠안고 있는 헌신적인 기독교인들이 이 세상사에 대해서 취해왔던 두 가지 반복되는 태도를 표현했다. 비소유파는 서구의 프란체스코파만이 아니라, 이 세상에 속하지는 않으면서도 이 세상 안에 있으려고 열심히 애써온 다른 종교 집단과 유사했다. 그리고 그들은 16세기에 개최된 종교회의의 온갖 결정에도 불구하고, 태도와 관점 면에서 러시아 교회의 중요한 부분으로 남아 있었다. 사실, 이러한 중세의 종교적 및 도덕적 논쟁은 세속 사회에서 살아가는 것과 도덕적 행동 및 자선을 통해서 세속 사회를 더 낫게 만들려고 추구하는 것, 혹은 은둔(세계를 치유하고 구원하기 위한 것이기도 함에도 불구하고), 자기 부정, 묵상 그리고 기도라는 길 사이의 적절한 균형을 잡는 문제에 관한 것이었다. 이런 논쟁은 러시아 역사에서, 특히 20세기 초와 공산주의의 붕괴 이후의 시기처럼 역동성과 불확실성의 시기에 종종 다시 등장했다.

정치적인 권위, 통치자의 지위와 권력의 문제처럼, 겉보기에는 세속적인 지적 문제들도 종종 종교적인 색채를 띠었다. 이 점은 모스크바가 성장하여 "러시아를 모으고" 그곳의 공들이 전제적 차르로 변모되면서 특히 중요해졌다. 이미 언급했듯이, 모스크바 공들의 커져가는 권력과 영역을 정당화하고 지탱하기 위해서 수많은 전설과 신조가 발전되었다. 특히 비잔티움 및 고대 로마를 계승했다는 표지, 그리고 보편적인 기독교 세계의 적법한 새로운 중심으로서 모스크바의 역할을 나타내는 표지가 중요했다. 예를 들면, 16세기 1/4분기에 만들어진 것으로 보이는 블라디미르의 공들에 대한 이야기에서는 모스크바국 공들의 유명한 선조인 키예프의 블라디미르 모노마흐가 자신의 외조부인 비잔티움의 콘스탄틴 모노마흐 황제로부터 자신의 고위 직책을 나타내는 어떤 상징물을 받은 과정이 언급된다. 그런 상징물 중에는 "모노마흐의 모자"(이것은 필시 13세기에 타타르의 장인이 만든 작품이었다)라고 알려진 유명한 왕관도 포함되어 있었다. 훨씬 더 웅대하게도, 모스크바의 공들은 로마 황제들과 연결되었다. 새로운 족보에 의해서, 로마와 세계의 군주인 아우구스투스는 노년에 자신의 영토를 친척들에게 나누어주었는데, 동생 프루스를 비스툴라 강변 지역의 통치자로 삼았다는 것이다. 류리크는 바로 이 프루스의 14대 후손이었고, 성 블라디미르는 류리크의 4대 후손이었으며, 블라디미르 모노마흐는 성 블라디미르의 4대 후손이었다. 모스크바 공들의 족보를 이렇게 개정함과 동시에 러시아 기독교의 시기가 앞당겨져서, 사도인 성 안드레가 러시아 기독교의 진정한 창시자로 선포되었다.

그렇지만 가장 흥미로운 교리—그리고 학자들로부터 다양하게 해석되어온 교리—는 모스크바를 제3의 로마(the Third Rome)라고 부른 것이었다. 이 교리의 창안자인 필로테우스(Philotheus) 혹은 필로페이라는 이름을 가진 프스코프의 수도원장은 1510년에 바실리 3세에게 쓴 편지에서 세 곳의 로마를 묘사했다. 고대 로마 교회는 이단자들 때문에 몰락했고, 콘스탄티노플 교회는 불신자들에 의해서 무너졌고, 마지막으로 바실리 3세의 차르 영토에 있는 교회는 태양처럼 온 세상을 비추게 될 것이었다. 필로페이의 말을 인용하면 다음과 같다. "모든 기독교 영토는 종말에 이르렀고, 단지 우리 군주의 영토로 축소되었습니다.……왜냐하면 두 곳의 로마는 몰락했지만, 세 번째 것은 서 있으며, 네 번째 것은 결코 없을 것이기 때문입니다." 일부 학자들은 모스크바가 보편적 역할을 담당하고 있다는 이 개념에 담긴 세속적이고도 정치적인 함축적 의미를 강조하면서, 러시아의 권위주의와 제국주의의 성장을 그것과 연결시키기도 했다. 그러므로 일차적으로 필로페이는 국가가 아니라 교회에 대해서 생각하고 있었다는 점, 그리고 그는 정치적인 팽창이 아니라 진정한 신앙의 보존에 관심을 가지고 있었다는 것을 강조할 필요가 있다. 당대의 많은 성직자들과 마찬가지로, 필로페이는 야망이 큰 세속 통치자들에 대한 경고를 자신의 글 속에 포함하고 있었다. 그는 이반 3세에게 보낸 편지에서 쓰기를, "만약 당신이 당신의 제국을 올바르게 통치한다면, 당신은 빛의 아들이자 하늘의 예루살렘의 시민이 될 것입니다.……조심하시고 또 조심하십시오." 어쨌든, 모스크바국의 통치자들은 대외정책에서 모스크바를 제3의 로마라고 본 견해를 결코 지지하지 않았고, 앞에서 언급되었듯이 비잔티움의 유산을 물려받을 가능성에 대해서 관심을 두고 있었던 것이 아니라 키예프 공들의 유산을 되찾으려는 결심을 하고 있었다.

문학과 예술

분령 시기의 문학은 일반적으로 아주 낮은 평가를 받아왔다. 이 시기의 구전 전통과 민간전승의 전통 역시 계속해서 풍성하고 다양하기는 했어도, 예술성이라는 면에서 키예프의 영웅담에 필적하는 이야기를 만들어내는 데에는 실패했다. 그렇지만 문학에 대한 낮은 평가는 현존하는 문헌 작품의 경우에만 아주 설득력 있게 적용될 수 있다. 이에 대한 단서로서 어떤 학자들의 견해에 따르면, 남아 있는 자료가 불충분하기 때문에 분령 시기 문학의 범위와 성격에 대해서 확정적인 견해를 가지기가 어렵다는 말을 덧붙일 필요가 있다.

러시아에 대한 몽골의 정복은 수많은 사실적인 내러티브뿐만 아니라, 반전설적인 그리고 전설적인 이야기가 생겨나게 했다. 이런 것들은 격렬한 싸움과 침입으로 인한 공포와 파괴에 대해서 자세히 기술하면서, 그런 사건이 러시아인들이 범한 죄에 대한 신의 징벌이라고 해석했다. 이 파국에 대한 최고의 예술적 설명은 몽골의 랴잔 약탈을 다룬 시리즈, 그리고 13세기 중반 무렵의 분령 시기 초기에 쓰인 『러시아 땅의 파괴 담시(*Slovo o pogibeli Russkoi zemli*)』에서 찾아볼 수 있는데, 뒤의 작품은 시작 부분만 남아 있다. 쿨리코보의 승리 역시 문학에 반영되었다. 그리하여 그 사건보다 약 20년 이후에 쓰인 『마마이와의 대전투 이야기(*Skazanie o Mamaevom poboishche*)』에서는 모스크바로부터 드미트리 공의 출발, 그의 아내의 슬픔, 공이 성 세르기우스를 방문한 내용, 전투 전날, 전투 자체 등의 내용이 담겨 있다. 쿨리코보에 대한 또다른 잘 알려진 서술인 『자돈시치나』는 15세기 말에 쓰였는데, 외적에 대항해서 러시아의 통일의 필요성을 이념적으로 옹호했다는 점과 시적인 방법 면에서 『이고리 원정기』를 약간 모방한 작품이다. 다른 측면에서 볼 때, 모스크바의 팽창은 『프스코프 함락 이야기(*Povest' o pskovskom vziatii*)』에 영감을 주었는데, 이 작품은 슬픔에 잠긴 프스코프의 어떤 애국자에 의해서 쓰였다. 노브고로드와 다른 곳곳에서 저술된 연대기는 자신들의 지방의 상황 변화에 대해서 세세하고도 연속적인 정보를 계속 제공했다.

외부 세계에 대한 내용은 당대에 상당히 많이 쓰였던 여행 문학에서 찾아볼 수 있다. 이 범주에는 무엇보다도 니키틴이 쓴 유명한 『세 바다 방랑(*Khozhenie za tri moria*)』이 있는데, 이것은 트베리 상인 니키틴이 1466년부터 1472년까지 페르시아, 투르크, 인도를 여행한 이야기이다. 특별히 가치 있는 내용은 인도에 대한 탁월한 묘사인데, 니키틴은 바스코 다 가마보다 약 25년 앞서 인도를 가보았다. 이 시기의 다른 흥미로운 여행 기록으로는 스테판이라는 노브고로드 사람이 1350년에 성지를 여행한 것, 1389년에 피멘 수좌대주교가 콘스탄티노플을 여행한 것, 조시마 수도사가 1420년에 콘스탄티노플, 아토스 산, 예루살렘을 여행한 것, 그리고 플로렌스 공의회에 대한 다른 두 편의 여행기가 있다.

설교를 포함한 교회 문학은 상당량에 이르렀음이 틀림없는 정도까지 계속해서 생산되었다. 성자전은 특별히 주목할 만한 가치가 있다. 예를 들면, 스몰렌스크의 아브라함, 알렉산드르 넵스키, 체르니고프의 미하일, 표트르 수좌대주교 등 13세기와 14세기에 쓰인 성인들의 생애는 단순함과 전기적인 세세함을 가지고 있는 것이 특징이다. 역사학자에게는 불행하게도, 15세기에는 사실적인 묘사와는 정반대로 인위적이고 과장된 새로운 스타일이 전면에 나서게 되었다. 이런 스타일은 남슬라브인들로부터 유래되었는데, 성 표트르 수좌대주교의 생애를 쓴 키프리안, 성 세르기우스와 페름의 성 스테판을 다룬 에피파니우스와 같은 저술가들에 의해서 도입되었다. 덧붙여 말하면, 모스크바가 제3의 로마라는 교의가 성립된 것에서 그 사례를 찾아볼 수 있듯이, 남슬라브인들은 분령 시기의 문학과 사상에 강력한 영향력을 행사했다.

분령 시기에는 석조 건축물이 비교적 적었지만, 문학과는 대조적으로 건축은 이 시기의 자랑거리 중의 하나로 종종 간주되어왔다. 조금도 과장 없이, 러시아의 목조 건축은 놀랄 만한 업적이다. 목조 건축은 의심의 여지없이 키예프 시기와 키예프 이전 시기에서 유래되었지만, 그런 초기의 건축물은 하나도 남아 있지 않다. 우리가 이러한 건축의 연속적인 발전을 추적하고 기념비적인 건축물을 연구할 수 있는 것은 오직 분령 시기와 모스크바국 시기 이후부터이다.

각각 약 6-7미터 길이의 나무기둥을 쌓아놓은 직사각형 구조물인 클렛(klet) 혹은 스럽(srub)은 고대 러시아 목조 건축의 기본이었다. 벽은 보통 2.4-2.7미터의 높이였다. 두 개의 경사면을 가진 가파른 지붕은 보호해주는 역할을 하면서 눈이 쌓이는 것을 막아주었고, 처음에는 이끼가, 나중에는 대마가 자라서 틈과 구멍을 메우는 데에 도움이 되었다. 초기에는 바닥이 흙으로 되어 있었으나 나중에는 목재 바닥이 만들어졌다. 하나의 클렛은 가족의 주거 구역이었다. 그보다 좀더 작은 또다른 클렛은 가축과 물품 보관을 위한 곳이었다. 일반적으로

이 두 클렛은 제3의 작은 구조물인 통로로 연결되었는데, 그런 통로에도 역시 외부로 향한 문이 있었다. 그렇게 농가는 서로 연결되기는 했지만 별도의 세 개의 단위로 이루어져 있었다. 집주인이 보다 부유해지거나 그의 아들들이 자신들의 가정을 꾸리게 되면 추가적인 클렛들이 건축되어 이전의 것에 연결되었다. 전체 건물은 다소 무계획적으로 커져가는 모양이었는데, 구분되지만 서로 연결된 구조물들의 복합체라고 할 수 있었다.

러시아인들은 기독교를 받아들인 이후에, 비잔티움의 교회 건축 규범을 자신의 목조 건축에 적용시켰다. 교회에서 필수적인 세 부분은 다음과 같이 세워졌다. 항상 동쪽에 있는 성소는 작은 클렛으로 이루어졌다. 회중이 서 있는 교회의 중심 부분은 커다란 이중 클렛으로 건축되었는데, 하나의 클렛은 다른 클렛 꼭대기 위에 있었다. 마지막으로, 서쪽 편에 있는 또다른 작은 클렛은 프리트보르(pritvor), 즉 독립된 현관 입구를 이루었다. 이곳은 원래 초심자들이 본당으로 들어오기 위해서 잠시 기다리던 곳이었다. 커다란 클렛으로 된 두 개의 경사면을 가진 높은 지붕 위에는 작은 쿠폴라(cupola)*가 얹혀 있었고, 그 꼭대기에는 십자가가 있었다. 이러한 단순한 고대 형태의 교회는 오래된 성상화에서 볼 수 있으며, 그중 북부 러시아에 있는 몇몇 교회—그러나 17세기에 건축된 것들—는 우리 시대까지 전해진다.

교회 건축에서는 다양한 발전이 뒤따랐다. 특히 교회의 지붕은 점점 더 가파르게 되어, 그중의 많은 것들은 쐐기 모양과 비슷해졌다. 하나 혹은 다섯 개의 쿠폴라를 가진 교회를 건축하던 비잔티움의 전통과는 대조적으로, 러시아인들은 석재로든지 목재로든지 간에 더 많은 쿠폴라를 선호하는 성향을 보였다. 키예프에 있는 성 소피아 대성당에는 13개의 쿠폴라가 있었고, 키예프에 있는 또다른 교회인 티테에는 25개의 쿠폴라가 있었다. 수많은 목조 교회 역시 많은 쿠폴라를 가지고 있었는데, 그중에는 17개의 쿠폴라를 가진 놀라운 교회도 있었고, 21개를 가진 또다른 목조 교회도 있었다.

러시아인들은 비잔티움의 석조 교회 건축을 또다른 재료인 나무로 바꾸었을 뿐만 아니라 창의적이고 다양한 방식으로 그것을 더욱 발전시켰다. 특히 독창적이고 놀라운 것은 소위 천막형 혹은 피라미드 교회였는데, 16세기 후반과 17세기

---

* 둥근 지붕을 말한다/역주

에 건축된 천막형 교회 중 일부는 파괴되지 않고 남아 있다. 천막형 교회에서 주요 부분은 팔각형의 긴 원통이었는데—때때로 6면 혹은 12면의 통이기도 했지만—그것은 아주 높은 피라미드형, 혹은 때때로 원추형의 지붕을 위한 기반이 되었고, 그 지붕 위에는 작은 쿠폴라와 십자가가 얹혀 있었다. 이런 지붕의 높이는 38미터부터 60미터가 넘는 경우까지 있었다. 이와 대조적으로 제단과 프리트보르의 지붕은 보통 낮았다. 러시아 건축과 예술에 관한 탁월한 역사학자인 그라바르가 천막형 교회에 대해서 한 말을 인용하면 다음과 같다.

이 거대한 건물들은 놀라울 만큼 엄격하고 거의 난해할 정도이며, 장엄하고도 소박한 모습으로 마치 대지와 하나라도 되는 것처럼 그 안으로 뻗어나 있다.……여기서는 그리스도 교회의 영원함과 무한함이라는 생각이 믿을 수 없을 정도로 강력하고 극히 단순하게 표현되어 있다. 윤곽의 단순성은 그 안에서 최고의 예술적 아름다움을 획득했고, 모든 선은 아주 명확하다. 왜냐하면 그것은 강요되거나 꾸며진 것이 아니라, 절대적으로 필요한 것이고, 논리적으로 필연적이기 때문이다.

웨이들은 러시아에서 충분히 발달되지 못한 고딕 양식에 대해서 글을 썼는데, 이것은 러시아의 봉건제가 충분히 발달되지 않았다는 전반적인 개념과 무관하지 않은 접근 방법이다.

비록 노브고로드에서 석조 교회가 계속해서 건축되었고 다른 몇몇 중심지에서는 그보다 적은 수의 석조 교회가 건축되기는 했지만, 이미 지적했다시피 목조 건축과는 대조적으로 석조 건축은 분령 시기에 쇠퇴했다. 퇴보를 입증하기 위해서 역사학자들은 러시아 건축가들이 1470년대에 블라디미르의 성모몽소승천 대성당을 모델로 삼아서는 모스크바의 수호 교회인 성모몽소승천 대성당을 새롭게 건축할 수 없었다는 점을 종종 인용해왔다. 그러나 이런 사건은 전환점을 이루기도 했다. 왜냐하면 이반 3세는 외국의 전문가들을 모스크바로 초청하여 대규모 석조 건축을 시작했기 때문이다. 석조 건축이 부활된 가장 중요한 결과는 모스크바국 통치자들의 새로운 권위, 권력, 부를 적절히 상징하는 모스크바 크렘린의 심장부를 건설한 일이었다.

1474년부터 이반 3세는 특사를 베네치아로 파견했고, 이탈리아의 건축가들과 기술자들이 모스크바로 와서 자신을 위해서 일하도록 거듭 초청했다. 지원자 중에는 유명한 건축가이자 수학자 그리고 기술자인 피에라반티, 그와 함께 루포, 솔라리오, 알레비시오와 같은 탁월한 건축가들이 포함되어 있었다. 피에라반티는 1475년부터 1479년까지 러시아에 머물면서, 블라디미르의 것을 모델로 했지만 몇몇 차이점도 가지고 있는 성모몽소승천 대성당을 크렘린에 건축했다. 1490년에 프스코프에서 온 건축가들은 동일한 크렘린 안뜰에 수태고지 대성당을 세웠는데, 이것은 네 개의 내부 기둥, 세 개의 제단 애프스, 다섯 개의 쿠폴라, 그리고 흥미로운 장식물을 가진 정사각형 건물이었다. 이 대성당은 블라디미르 건축으로부터 압도적인 영향을 받았음을 보여주었을 뿐만 아니라, 노브고로드와 프스코프의 전통과 목조 건축으로부터 몇몇 요소들을 차용했다. 다음으로, 이반 3세는 여전히 크렘린 안뜰에서의 작업을 진행해나가면서, 자신이 이전에 수태고지 대성당을 건설했던 것과 마찬가지로, 옛 건물의 자리에 새로운 대천사 대성당을 건설할 것을 명령했다. 알레비시오는 수태고지 대성당의 구도를 따라서 1505년부터 1509년 사이에 이 과업을 완수했다. 그러나 그는 정면에 있는 이탈리아식 장식처럼 특이한 모습도 더했다. 성모몽소승천 대성당, 수태고지 대성당, 대천사 미하일 대성당 등 세 대성당은 말하자면 크렘린의 성스런 심장부가 되었고, 무엇보다도 결혼식, 대관식, 러시아 통치자들의 매장지로 각각 이용되었다.

  석조 궁전도 등장하기 시작했다. 성당과 마찬가지로, 아마도 가장 큰 관심의 대상은 모스크바의 크렘린에 있는 궁전일 것이다. 그것은 루포, 솔라리오, 알레비시오를 비롯한 다른 이탈리아 건축가들에 의해서 지어졌지만, 러시아의 목조 건축의 기본 규칙을 따른 것이었다. 궁전은 단일한 건물이 아니라, 별도의 부분들이 합쳐진 것이었다. 사실 석조 구조물은 종종 초기의 목조 구조물을 조금씩 대체했다. 이탈리아의 건축가들은 벽을 다시 세우고, 크렘린의 탑을 건립했고, 알레비시오는 모스크바 강과 네글리나야 강물을 합침으로써 크렘린을 해자로 둘러쌌다.

  건축 이상으로, 성상화는 중세 러시아의 탁월한 예술이자 분령 시기 러시아인들의 창의적인 천재성과 영성의 가장 위대하고도 진정한 표현이라고 흔히 생각되어왔다. 우리가 살펴봤듯이, 성상화는 기독교와 함께 비잔티움으로부터 러시

1475-1479년에 건축된 크렘린의 성모몽소승천 대성당. "러시아적" 양식의 고전적인 표현이라고 생각되었던 12세기의 블라디미르의 성모몽소승천 대성당을 모형으로 하여, 아리스토틀 피에라반티가 설계했다. (*Mark Steinberg*)

아로 왔다. 그러나 아주 일찍이 러시아인들은 계속해서 비잔티움의 유산을 수정하고, 독창적인 스타일의 기초를 발전시켜왔다. 키예프국이 붕괴된 이후의 수세기 동안, 여러 격조 높은 러시아 성상화 유파가 명성을 얻었다. 러시아인들의 삶과 문화에서 이런 유파가 차지하고 있는 역할을 이해하기 위해서 우리는 신자들에게 성상화가 가지는 중요성을 제대로 인식해야 한다. 신자들은 성상화 속에서 내세와의 직접적인 연결점과 사실상 내세가 구현된 모습을 발견하고 있는 것이다. 한편으로 성상화는 미신이자 심지어 우상숭배를 연상시킬 수 있지만, 다른 한편으로는 성육신 및 우주의 변형과 같은 기독교의 기본적인 교리를 가지고 고심하려는 아주 근본적이고도 강력한 시도 중의 한 가지를 표현해주고 있기도 하다. 그리고 분령 시기에 그림으로 된 표현은 문자를 모르는 대중에게 그것을 통해서가 아니면 얻을 수 없는 정보와 교육을 제공했다.

최초의 독창적인 러시아 성상화 유파는 13세기 말에 수즈달에서 등장하여 14세기에 전성기를 누린 다음, 15세기 초에 모스크바국 유파와 통합되었다. 수즈달의 건축과 마찬가지로 성상화는 우아함, 고상함, 섬세한 취향이라는 특징을 가지고 있었다. 그라바르에 따르면, 그것은 "필연적으로 따뜻하고, 노랗고, 황금빛을 지향하는 경향을 가진 노브고로드 회화와는 대조적으로, 항상 차갑고 은빛인 전반적인 색조"로 구분될 수도 있다. 은색을 배경으로 한 성 보리스와 성 글레프에 대한 유명한 성상화, 대천사 미하일의 성상화는 수즈달 성상화의 탁월한 사례를 보여준다.

"따뜻하고, 노랗고, 황금빛"인 노브고로드 유파는 엄청난 크기와 전반적인 밝은 색조 때문에 더욱 주목받을 만하다. 그곳의 성상화는 종종 크기가 아주 크고, 구성 요소가 웅장하며, 인물들과 행동으로 가득 찬 웅대한 스타일을 가지고 있다. 「수즈달 사람들과 노브고로드인들 사이의 전투」라고도 알려져 있는 「성모의 기적」 그리고 「기도하는 노브고로드인들」이라는 성상화는 위에 언급된 특징을 잘 보여준다. 노브고로드 유파는 15세기 중반 무렵에 최고의 발전 단계에 다다랐고, 그 유파의 영향력은 도시가 몰락한 이후에도 지속되었다.

14세기 후반부에는 모스크바 내부와 그 주변에서 독특한 유파가 성립되었다. 그것은 모든 시대를 통틀어 가장 유명한 성상화 화가라고 할 수 있으며, 대략 1370년부터 1430년까지 생존했던 안드레이 루블료프에 의해서 주도되었다. 루블료프의 것으로 알려진 몇몇 현존하는 작품들, 특히 소위 구약성서의 성 삼위일체의 표현인 그의 걸작품은 정교한 도안, 구성, 리듬, 조화, 서정성을 보여준다. 무라토프는 루블료프가 성 세르기우스로부터 받은 영향을 강조하면서, 루블료프의 걸작품에 대해서 다음과 같이 묘사한다.

이 걸작품은 정중하고도 신비로운 영성으로 가득 차 있다. 그 구성은 단순하고 조화롭다. 그것은 그 자체의 리듬을 따르면서, 어떤 것에 대한 강조와 부담으로부터 자유롭다. 그리고 그것은 명확하게 알 수는 있으나 거의 눈에 띄지는 않는 움직임을 따르고 있다. 이 성상화가 만들어내는 조화, 평화, 빛과 진실성이라는 인상은 성 세르기우스의 정신이 드러난 모습이다.

15세기 초에 안드레이 루블료프가 그린 「성 삼위일체」. 학자들은 성부, 성자, 성령(구약에서 아브라함과 사라를 방문한 세 천사의 이야기에 근거하고 있다)이 특이할 정도로 온화하게 묘사되었으며, 사색적이고, 평화로우며, 사랑스런 신의 모습이 강조되어 있다고 설명했다. (*Tretiakov Gallery, Sovfoto*)

다른 학자들은 루블료프의 작품이 가진 "휴머니즘적" 측면을 강조하면서, 조토와 안젤리코, 심지어 라파엘로와 같은 유럽 르네상스의 예술가들과 비교할 것을 제안한다. 이런 해석은 루블료프가 그린 그리스도 및 다른 성인들의 이미지에서, 아름다움과 조화와 인간적인 친밀함을 강조한다.

1510년대에 활동했던 디오니시이는 루블료프 및 모스크바국 유파의 전통을 훌륭하게 계승한 인물로 눈에 띄었다. 당대인들은 루블료프의 이름 바로 뒤에 그의 이름을 언급했는데, 남아 있는 그의 몇 안 되는 작품을 보면 그가 높은 존경을 받는 이유를 알 수 있다. 디오니시이의 성상화는 특히 인물 묘사에서의 놀라운 품위, 어느 정도의 완벽함과 세련됨으로 유명하다. 그가 종종 선택한 주제는 모스크바 시의 수호자인 성모 마리아와 성가족이었다. 루블료프와 디오니시이의 작품으로 인해서 러시아만이 아니라 일반적으로 동방정교회에서 성상화 제작의 높은 기준이 정해졌다는 점도 지적될 필요가 있다. 한편, 이들의 작품은 러시아 예술에서 전환점이라기보다는 최고의 정점이라고 주장되어왔다. 왜냐하면 그 이후의 러시아 화가들이 이런 업적을 낸 경우가 거의 없었기 때문이다.

성상화뿐만 아니라, 분령 시기에 제작된 아주 가치 있는 몇몇 프레스코 화도 우리에게 전해져온다. 이런 작품들은 유서 깊은 교회에 있는데, 아마도 그중에는 루블료프 그리고 디오니시이와 그의 제자들의 작품이 분명 포함되어 있다. 세밀화 예술 역시 계속 발전되어 15세기에는 아주 우수한 수준에 다다랐다. 15세기 초의 소위 히트로보 복음서(Evangelie Khitrovo)와 다른 몇몇 필사본에는 탁월한 삽화와 채색화가 그려져 있다. 한편 이 모든 형태의 회화와는 대조적으로, 조각 분야는 억압되었다. 왜냐하면 일반인들이 오해하고 있는 것과는 반대로 고대 러시아에는 심지어 거대한 조각물이 알려지지 않았던 것은 아니지만, 정교회는 조각상을 계속해서 금지했기 때문이다. 미니어처 조각은 허용되었기 때문에 놀라울 정도로 발전되었다. 러시아 예술가들은 1인치도 안 되는 높이의 인물상을 만들어내면서 성인과 복음서의 광경과 심지어 배경으로 나무와 언덕, 그리고 건물까지 표현할 수 있었다. 이 난해한 예술 분야에서 가장 유명한 인물은 수도사였던 암브로시우스였는데, 그의 작품은 성 삼위일체-성 세르기우스 수도원과 관련된다. 전반적인 빈곤에도 불구하고, 일부 예술 공예품, 특히 자수(刺繡) 역시 분령 시기에 훌륭하게 발전되었다.

우리는 민중문화의 활력을 무시해서는 안 된다. 확실히, 우리는 민중들의 노래, 이야기, 놀이에 대해서는 비교적 아는 내용이 적다. 왜냐하면 이런 문화의 상당 부분은 구술로 이루어졌으며 오래 지속되지 않았으므로 우리에게 전해지는 자료가 거의 없기 때문이다. 하나의 두드러진 예외는 스코모로흐들, 즉 유랑 악사들이다. 이들 세속 예능인들은 키예프 시대부터 존재해오다가, 북동부로 이주하는 사람들과 합류했다. 14세기와 15세기의 필사본 속의 삽화에는 화려한 복장을 입고 공연하는 음악가, 무용수, 연기자, 저글링 곡예사 등의 모습이 나와 있다. 분령 시기의 불안정한 상황은 그들에게 유리했음이 틀림없다. 이 편력 공연자들은 키예프 루시나 후대의 모스크바 러시아국 시기의 경우보다는 북동쪽의 분령지에서 더 큰 관용을 얻었던 것처럼 보인다. 모스크바 러시아국 시기에는 국가의 권력이 아주 강해져서 1648년에는 그들을 금지시키게 되었다. 정교회는 여전히 스코모로흐들의 대중 공연이 이교, 마법, 악마주의와 연결된 죄악스러운 행위라고 비난하면서 스코모로흐들에 대한 싸움을 계속했다. 상황이 그러했으므로, 스코모로흐들은 이 도시 저 도시 그리고 이 마을 저 마을 옮겨 다니면서 움직이고 있는 편이 더 안전하다고 종종 생각했다.

교육

분령 시기에 교육은 쇠퇴했다. 이미 지적되었듯이, 그 시대의 특징이라고 할 수 있는 몽골로 인한 파괴와 상대적인 고립 그리고 빈곤은 문화와 학문의 위축을 초래했다. 키예프 문화는 본질적으로 도시 문화였기 때문에, 러시아의 도시가 쇠락한 것은 이 과정에서 특별히 중요한 역할을 했다. 분령 시기의 자료를 연구해보면, 글자를 모르는 공들이 언급되는 것을 볼 수 있다. 그리고 우리는 고위 성직자들이 사제들의 무지에 대해서 거듭 불평하고 있는 점에 주목하게 된다. 이미 언급된 노브고로드의 자작나무 껍질이라는 자료에 기반을 두고 어떤 중요한 단서를 붙이기는 해야겠지만, 물론 일반 대중은 아무런 교육도 받지 못했다. 그러나 이 장에서 개괄적으로 설명한 문화적 발전이 가능하기 위해서는 어느 정도의 학문과 기술이 남아 있었다고 볼 수 있다. 그런 것들은 모스크바 북쪽에 위치한 위대한 성 삼위일체-성 세르기우스 수도원만이 아니라, 벨로예오제로에 있는 성 키릴 수도원이나 백해에 있는 솔로베츠키 수도원처럼 먼 곳에 있는 수도원 등 주로 수도원에서 보존되고 촉진―이런 일은 초기에 일어났는데, 서구에서도 이와 유사한 상황이 있었다―되었다. 몽골의 침입 이후로 한 세기는 최악의 상황이었던 것 같다. 모스크바가 성장함에 따라서 러시아의 교육과 학문도 힘겨운 발전을 시작할 수 있었다.

제14장

리투아니아-러시아국

그리고 리투아니아 대공국을 그 기원에서부터 구분시켜주는 또 하나의 특징이 드러났다. 이 국가는 처음부터 단지 리투아니아국이 아니라, 리투아니아-러시아국이었다.
—류밥스키

거의 독보적이었다고 할 수 있을 정도로 리투아니아가 빠른 속도로 팽창한 것은 리투아니아인들만의 실질적인 능력을 넘어서는 것이었다. 그리고 그것은 많은 구성원들이 가진 특별한 자질에도 불구하고 다양한 분파의 소소한 경쟁관계 때문에 분열됨으로써, 한 사람의 지도자 아래에서 공동 행동을 보장할 수 없었던 왕조의 실질적인 능력의 범위를 넘어서는 것이기도 했음이 입증되었다.……그 이전에 이미 폴란드와 관련된 땅에 덧붙여 리투아니아 및 루테니아 땅이 폴란드에 통합됨으로써, 실로 새로운 거대한 강국이 등장할 수 있었다. 이 나라는 동유럽의 중앙에 있는 거대하고 핵심적인 지역을 차지하고 있었으며, 독일인들과 모스크바국의 전진을 저지할 수 있을 정도로 강력했다. 거의 환상적이라고 보이는 계획이 놀랍도록 성공한 것은 그 지역만이 아니라 유럽 역사에서 전환점이 되었다.
—할레키

새로 등장한 폴란드와 리투아니아 연합(Rech' Pospolita)의 이념적인 중심은 특별히 귀족의 특권과 정치적 권리의 확대를 포함하여, 폴란드 왕국 내에서 생겨나고 있던 정치 모델에서 찾아볼 수 있다. 이런 특권과 권리 혹은 (보다 강한 표현을 쓰자면) 자유가 이데올로기적인 통합의 근원이 됨으로써, 새로운 영토는 전쟁 없이 폴란드의 중심과 결합될 수 있었다. 이런 팽창 및 마지못해 성립된 연합이 성공을 거둘 수 있도록 보장해준 것은 통치자의 권위와 카리스마 혹은 행정 및 군사 기구가 아니었다. 그 이유는 비교적 폭넓고 통합된 엘리트가 창출되었다는 데에 있었는데, 그런 엘리트는 새로운 국가들의 대표들과 인종 집단을 받아들임으로써 더 이상의 성장을 가능하도록 만들었던 것이다. 이러한 정치 모델에서, "카리스마"의 근원은 점차 신민으로부터 시민으로 진전되어가도록 만들어준 권리와 특권 자체였다.

―노바크

모스크바국의 통치자들은 바실리 3세의 치세 무렵에는 이전에 키예프국의 영토였던 곳의 많은 부분을 자신들의 통제하에 둘 수 있었지만, 키예프국의 유산 중 또다른 많은 부분은 리투아니아 대공국의 땅으로 남아 있었다. 사실상, 서부 러시아의 역사는 수 세기 동안 리투아니아와 폴란드의 사회체제 및 성쇠와 연결되어 있었다. 일부 역사학자들은 점점 강력해지고 있던 리투아니아가 특히 폴란드와 점차 제휴를 맺고 폴란드의 정치 모델을 채택한 이후에, 전제적인 모스크바에 의해서 대표되던 모델에 대한 대안―이런 주장에 아주 적극적인 사람들은 그 대안이 보다 민주적이고 서구적인 것이라고 말한다―으로 등장했다고 주장하기까지 했다. 이런 차이와 경쟁관계는 그 이후에 러시아 역사에서 중요한 역할을 담당했다.

리투아니아국의 발전

인도유럽 어족 중에서 발트 어파에 속하는 언어를 사용하고 있던 리투아니아인들은 비록 오랫동안 발트 삼림지역에 거주하기는 했지만, 역사 무대에는 늦게 등장했다. 가톨릭 국가인 폴란드, 튜턴 기사단, 정교도 국가인 러시아 그리고 몽골인들 사이에 위치하고 있던 이교도인 리투아니아인들은 자신들의 독립을 교묘하게 유지하면서, 국가를 수립한 다음에 극적으로 동부와 남부로 팽창해나갔다. 많은 리투아니아 종족들이 대략 1240-1263년 사이에 통치자로 있던 민도브그 혹은 민다우가스의 주도하에 연합 비슷한 국가로 마침내 통합된 것은 분명히 튜턴 기사단―노브고로드를 공격했던 바로 그 기사단―의 압력 때문이었다. 민도브그는 기독교를 받아들이고 교황인 인노센트 4세로부터 왕관

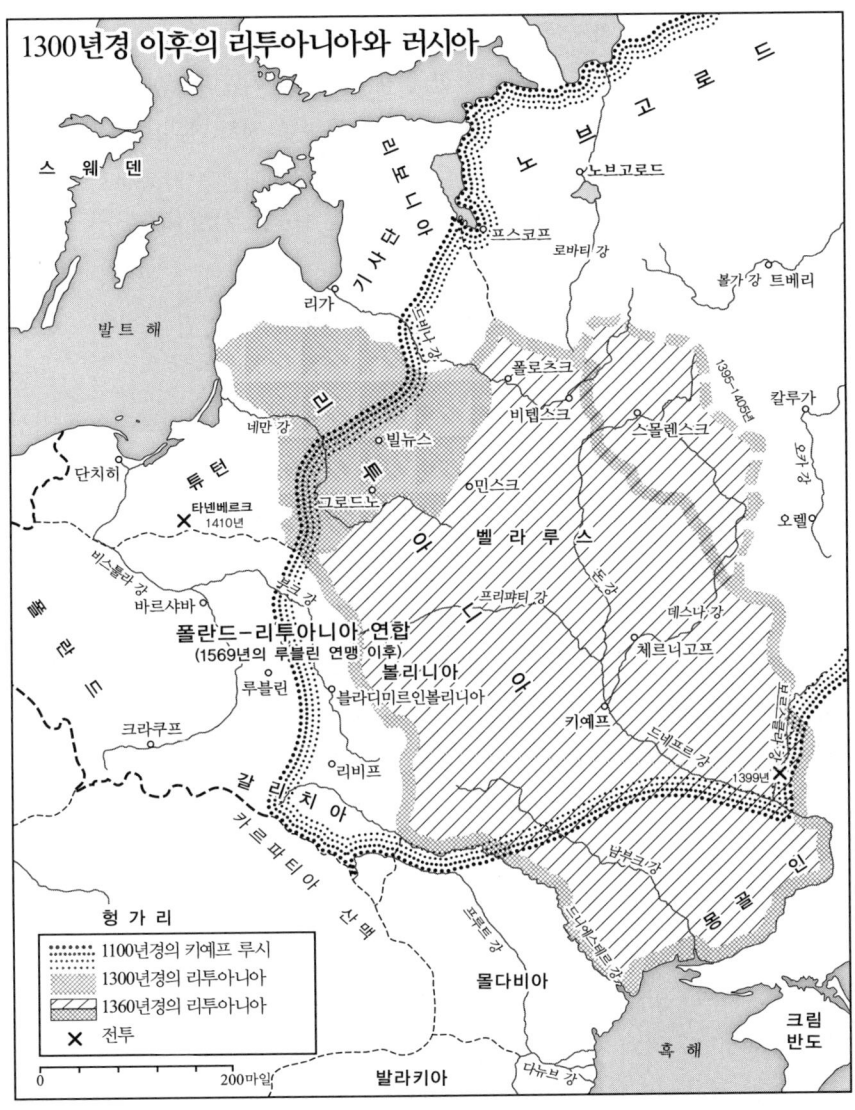

을 수여받았다가, 서구와의 관계를 단절하고 이교 신앙으로 되돌아가고 말았다. 그가 암살된 다음에는 한동안 내분이 일어나서 통치자가 빈번히 교체되었다. 그렇지만 13세기 말 무렵에는 비텐 혹은 비테니스가 리투아니아인들을 다시 통합시키는 것에 성공했다. 그는 1295년부터 1316년까지 대군주 혹은 대공으로 통치하면서 국내와 대외 관계에서 정열적으로 활동하다가 튜튼 기사단과의 전투 도중에 사망했다.

1316년부터 1341년까지 통치자였던, 비텐의 남동생인 게디민 혹은 게디미나스는 리투아니아국을 진정으로 건국한 인물이라고 불려왔다. 그는 리투아니아 종족의 통일을 완성하고, 자신의 영토를 생존 가능한 정치 단위로 조직하기 위하여 커다란 노력을 기울였다. 게다가 그는 자신의 지배권을 남동부로 확대했다. 일부 키예프 영토, 특히 폴로츠크 지역에 있는 영토는 이미 민도브그 통치하에서 리투아니아 공국의 일부가 되기도 했다. 게디민 시절에 그 공국은 러시아 내로 급속히 확대되어가기 시작했다. 빌뉴스는 커져가고 있던 국가의 수도가 되었다.

1377년에 사망한 게디민의 유명한 아들인 올게르드 혹은 알기르다스는 자신의 부친의 업적을 더욱 발전시켰다. 그는 서쪽에서 가공할 만한 튜턴 기사단을 제지하는 막중한 임무를 맡았던 용맹스런 동생 케이스투트 혹은 케스투티스의 도움을 받아, 놀랄 만한 속도로 동쪽으로 자신의 영토를 확대시켰다. 그가 자신의 권한하에 두게 된 땅에는 무엇보다도 볼리니아, 키예프, 체르니고프 그리고 대부분의 스몰렌스크 등이 포함되어 있었다. 이런 과정에서 그는 볼리니아를 차지하려는 폴란드의 시도를 좌절시켰고, 몽골인들에 대항한 전투에서 성공을 거두었다. 그리하여 리투아니아의 지배권은 발트 해로부터 흑해까지 확대되었다. 사실 올게르드는 러시아 전역을 통치하려고 했다. 그는 세 번에 걸쳐 모스크바국에 대한 작전을 펼쳤는데, 비록 모스크바를 점령한다거나 점령 이외의 다른 방식으로 어떤 결말을 보는 것에는 성공하지는 못했지만, 모스크바 자체를 두 번이나 포위한 적이 있었다.

리투아니아의 영토가 러시아 속으로 크게 확대된 이유에는 여러 가지 설명이 있다. 분명히 러시아의 저항력은 내부 분열과 외부 침입으로 인해서 크게 약화되어 있었다. 그렇지만 리투아니아인들의 공격은 파괴의 정도와 잔혹성이라는 면에서 몽골인들이나 튜턴 기사단의 침입에 비교될 수 없었으며, 어떤 의미에서 그들의 지배가 러시아인들에게 외국인의 통치라고 여겨지지 않았다는 점도 지적되어야 한다. 사실 많은 역사학자들은 충분한 증거를 가지고 리투아니아-러시아국에 대해서 말한다. 우리는 인구 통계를 통해서 당시의 상황을 입증하는 데에 도움을 받을 수 있다. 비록 당시에는 여전히 크게 구분되지 않았던 대러시아인, 소러시아인(나중에 우크라이나인으로 알려진다), 백러시아인(후대의 벨라루스인)을 모두 합해서이기는 하지만, 리투아니아인들이 사실상 흑해로까지 확대된 이후에 그 인구의 3분의 2 혹은 심지어 4분의 3이나 그 이상은 러시아인들이었다고 추산된다. 그리고 사회적인 자리의 이동도 거의 일어나지 않았다. 도시는 여전히 러시아적 성격을 유지했고, 러시아의 보야르들과 정교회는 자신들의 높은 지위와 폭넓은 특권을 계속 보유하고 있었다. 러시아의 공들은 모두 리투아니아의 대공에게 속했지만 리투아니아 공들 바로 옆에서 각자의 분령지를 계속 지배했고, 양 귀족 사이의 통혼은 아주 흔한 일이었다. 아주 흥미롭게도, 리투아니아의 통치자들은 비록 이교도이기는 했지만, 정교도 신민들의 통치자로서 자신들이 맡았던 역할을 교회로부터 승인받으려고 했다. 이를 위해서 그들은 콘스탄티노플에 있는 총주교로부터 리투아니아와 키예프 그리고 서부의 정교도 지역을 위해서 새로운 수좌대주교직을 설치해줄 것을 요청하여 성공했는데, 이에 대해서 러시아의 대공들은 격렬하게 반대했다. 나아가 리투아니아 통치자들은 좀더 발달된 키예프 루시의 문화 속에서 가치 있는 것들을 많이 발견했다. 리투아니아의 군대, 행정, 법체계, 재정은 러시아의 형태를 따라 조직되었고, 러시아어는 그 신생 국가의 공식 언어가 되었다. 리투아니아의 대공인 올게르드에 대해서 플라토노프는 다음과 같이 주장했다. "상이한 민족들에 관해서, 올게르드는 주로 러시아 민족을 대상으로 전적인 지지를 표시하며 주의를 기울였다고 말할 수 있다. 올게르드는 그가 가진 견해, 습관, 가문의 관련성이라는 면에서 러시아 민족에 속해 있었으며, 리투아니아 내에서 러시아를 대표했다." 그렇다면 리투아니아국이 러시아를 점령한 외국이라기보다는 키예프 테마(the Kievan theme)의 또다른 변형이자 키예프의 후신이라고 간주될 수 있다는 주장도 전혀 놀랍지 않다. 그리고 이 점 때문에 키예프의 또다른 후신이 되는 데에 성공한 모스크바와의 경쟁관계는 훨씬 더 중요하고도 의미심장한 성격을 띠게 되었다.

올게르드가 사망한 직후에 새로운 중요한 일이 발생함으로써 이런 상황은 복잡해졌다. 즉, 리투아니아와 폴란드 사이에 동맹이 체결되었던 것이다. 팽창하고 있던 이들 두 나라는 그동안 영토 그리고 해당 영토에서의 상업 시장과 교역로라는 두 측면에서 경쟁관계에 있었다. 올게르드의 아들이자 후계자로서 1377년부터 1434년까지 재위에 있었던 야기엘로 혹은 요가일라는 1385년에 체결된 크레보 왕조 합의(Krevskaia uniia)에 따라 1386년에 폴란드의 야드비가 여왕과 결혼했다. 폴란드의 피아스트 지배가문에 제위를 계승할 수 있는 남자가 하나도 남지 않게 되자, 야기엘로는 양국의 합법적인 군주가 되어 폴란드에서는 블라디슬라프 2세가 되었다. 그러나 두 국가는 아직 다른 나라로 남아 있었으며, 국왕 개인적인 차원에서만 통합되었을 따름이었다. 사실, 야기엘로는 1392년에 자신의 조카로서 케이스투트의 아들인 비톱트 혹은 비타우타스가 비록 봉신으로서이지만, 리투아니아의 별도의 대공이라고 인정할 수밖에 없었다. 이 조치는 1413년에 양국의 후대 통치자들에게까지 확대하기로 합의되었다. 그렇지만 1447년에 카시미르 4세가 리투아니아 대공으로서의 자신의 지위를 포기하지 않은 채 폴란드 왕위에 오름으로써, 두 직위는 다시 한번 한 사람의 차지가 되었다. 동일한 통치자이든지 아니면 별도의 통치자이든지 간에 폴란드는 1385년 이후에 리투아니아에 대해서 점차 강한 영향력을 행사하게 되었다.

14세기 후반과 15세기 초반은 리투아니아국의 역사에서 놀랄 만한 시기였다. 1387년으로부터 1396년 사이의 10년간 몰다비아, 발라키아, 베사라비아가 리투아니아의 지배권을 받아들였다. 1392년부터 1430년까지 지속된 비톱트의 통치기에 리투아니아의 영토가 가장 크게 확대되었는데, 대러시아 평원에서의 주도권을 놓고 모스크바에 계속 도전하고 있던 리투아니아로서는 이로써 훨씬 더 매력적인 승리의 가능성을 가시권 내에 두게 되었다. 그러나 모스크바와의 관계가 전적으로 적대적인 것은 아니었다. 바실리 1세는 비톱트의 딸과 결혼했으며, 노브고로드와 프스코프를 둘러싼 갈등이라는 중요한 예외만 뺀다면 해당 지역에서 확대된 리투아니아 지배영역을 대체로 인정하고 협력했다. 비톱트 통치의 말기 무렵에 리투아니아는 루시의 원래 영토의 많은 부분을 직접 통치했으며, 계속해서 동쪽 방향으로 움직이고 있었다. 이 점은 트베리와 랴잔이 리투아니아에 대한 협력을 맹세하는 조약을 체결했다든가 리투아니아인들이 노브고로드에서 점차 영향력을 확대하고 있었다는 사실에서 명확히 드러난다. 나아가, 비톱트는 1410년에 친히 자신의 군대를 이끌고 타넨베르크 혹은 그륀발트에서 결정적인 전투를 벌였는데, 여기에서 폴란드와 리투아니아 연합군은 튜턴 기사단을 격파함으로써 슬라브인들과 리투아니아인들 모두에게 치명적인 위협을 마침내 제거할 수 있었다. 그렇지만 리투아니아 군주는 1399년에 몽골인들에 대한 중요한 작전을 펼치다가 참패를 당함으로써 큰 낭패를 보았다. 일부 역사학자들은 만약 비톱트가 보르스클라 강변에서 패배하지 않고 승리했더라면, 모스크바와 폴란드 양쪽에 대해서 자신의 의지를 성공적으로 관철시킬 수 있었을 것이고 그리하여 동유럽의 역사는 다른 방향으로 전개되었을 것이라고 판단한다.

결국 리투아니아를 위해서는 야기엘로의 결혼이 비톱트가 벌인 전쟁 혹은 리투아니아와 모스크바국 사이의 결혼동맹(바실리 2세는 비톱트의 손자였다)보다 더 중요했다는 것이 증명되었다. 그것은 리투아니아의 폴란드화가 시작되었다는 것을 의미했다. 의미심장하게도, 야기엘로는 야드비가와 결혼하기 위해서 정교회를 포기하고 로마 가톨릭을 선택했다. 게다가 그는 자신의 나라의 이교도들이 가톨릭으로 개종하도록 만들었다. 자연히 성직자들이 폴란드로부터 리투아니아로 건너왔고, 교회는 폴란드가 행사한 영향력의 강력한 거점이 되었다. 예를 들면, 빌뉴스에서 초기에 임명된 네 명의 주교들 중 세 명이 명백히 폴란드인들이었으며, 심지어 15세기 말에도 폴란드인들이 빌뉴스의 사제단에서 다수를 차지했다는 것이 지적되어왔다. 종교 다음으로는 교육 분야에서 폴란드화가 진행되었다. 최초의 학교는 성당 혹은 수도원 부속학교였고, 교사는 주로 성직자들이었다. 리투아니아인들은 국내에서는 가능하지 않은 고등교육을 받기 위해서 크라쿠프에 있는 폴란드의 큰 대학교로 갔고, 이 대학교는 리투아니아의 엘리트들에게 정말 필요한 교육에 대한 기회를 제공했다. 리투아니아인들에 대한 러시아인들의 문화적 영향력을 강조하면서, 폴란드화가 강요에 의한 것이라고 보는 러시아 역사학자들은 중세 후기와 르네상스기의 폴란드 문화가 가진 커다란 매력을 종종 제대로 평가하지 못한다. 리투아니아인들이 폴란드가 제공한 것들에 대해서 황홀한 감정을 가졌던 것도 당연했다. 건축가와 예술가로부터 외교관에 이르기까지 폴란드의 전문가들이 리투아니아에 모습을 드러낸 것도 당연한 일이었다. 심지어 폴란드인 이주민들도 리투아니아로 왔다. 그러나 교회로 돌아가보면, 교회의 영향력은 종교 자체와 교육, 문화를 넘어서, 사회와 경제 그리고 정치로까지 확대되었다. 교회 영지는 확대되었고, 종합 과세 대상으로부터 면제되었다. 교육으로 인하여 크게 존경받고 있던 많은 성직자들이 국가 업무에 참여하는가 하면, 주교들은 대공이 개최한 자문 회의에 참석했다.

궁정과 상층민 사이에서 폴란드화는 아주 널리 확산되었다. 폴란드에서는 봉직귀족에게 폭넓은 특권과 자유가 부여되었기 때문에, 리투아니아의 지주들로서는 폴란드가 지극히 매력적으로 보였다. 사실 러시아 서부의 많은 지주들도 폴란드화되었기 때문에, 가뜩이나 뒤엉켜 있던 해당 지역의 인종적 및 문화적 형태가 더욱 복잡해졌으며, 차후에 발생될 수 있는 또다른 갈등 요소가 생겨났다. 폴란드어 그리고 봉직귀족의 독립과 명예를 강조하던 폴란드의 관습과 태도는 점차적으로 리투아니아의 생활을 지배하게 되었다. 예를 들면, 1413년에 47개의 폴란드 귀족 가문은 같은 수의 리투아니아 귀족 가문과 특별한 관계를 맺었는데, 이를 통해서 각각의 폴란드 가문은 파트너가 된 리투아니아 가문에 문장(紋章)을 제공했다. 한편 야기엘로와 야드비가가 결혼함으로써 리투아니아와 폴란드 사이에 긴밀한 관계가 시작된 해인 1386년부터 루블린 동맹(Liublinskaia uniia)이 성립된 해인 1569년 사이에 리투아니아의 상층민이 커다란 변화를 겪었음도 강조될 필요가 있다. 일반적으로 대토지 귀족의 중요성은 상대적으로 감소했던 반면에, 폴란드의 슐라흐타(szlachta)와 유사한 수많은 봉직귀족이 증가되는 방향으로의 변화가 있었던 것이다.

루블린 동맹 : 폴란드-리투아니아 연합

역사학자들의 주장에 따르면, 리투아니아는 폴란드에 점점 접근함에 따라서 결국 키예프 루시를 계승한 국가라고 볼 수 없는 상태가 되었다. 1569년에 성립된 루블린 동맹으로 인해서 이런 관계는 더욱 강화되어 양국의 연합이 성립되었다. 이것은 리투아니아 공국의 역사적 발전과 폴란드의 문화, 경제적 부, 정치가 가지고 있던 매력의 논리적인 결말이라고 볼 수도 있지만, 이 과정에서 자신들의 권력과 지위를 잃어버릴까 두려워하던 리투아니아의 대귀족들(여기에는 리투아니아의 엘리트로 편입된 슬라브족도 포함)의 저항이 없지는 않았다. 대조적으로 군소 봉직귀족은 이런 과정에서 이익을 얻었다. 폴란드의 왕이자 리투아니아의 대공인 지기스문트 2세 아우구스투스가 상당 부분의 러시아 영토를 리투아니아로부터 분리시켜서 폴란드로 통합하는 정책을 취했을 때가 되어서야, 리투아니아의 대귀족들은 그의 통합 제안을 수용했다.

루블린 동맹은 새롭고도 특이한 국가였다. 공식적으로는 "폴란드 왕국과 리투아니아 대공국"으로 알려져 있는 이 국가는 시간이 지남에 따라서 비록 외국인들이 종종 폴란드라고만 부르기는 했지만, 좀더 일반적으로는 폴란드-리투아니아 연합(폴란드어로는 Rzeszpospolita)이라고 알려졌다. 이 연합은 18세기에 폴란드가 분할될 때까지 다양한 형태로 존속되었다. 역사학자들은 여러 민족의 역사에서 중요한 사건이기도 한 이 나라의 다민족적인 이국(二國) 연합이 가지고 있던 정치적이며 사회적인 관계의 성격에 대해서 많은 논쟁을 벌여왔다. 연합 체제를 찬양하는 사람들(폴란드의 민족주의 역사학자들만이 아니더라도 이런 사람들은 아주 많다)은 폴란드와 리투아니아 귀족들이 통합된 계급이 가졌던 독특한 권리와 자유를 강조한다. 거기에는 주로 폴란드의 귀족(슐라흐타)이 가진 "황금의 자유"가 리투아니아 땅에 있는 귀족에게 확대된 점이 포함된다. 그 연합의 정치질서는 많은 권리와 특권을 가진 강력한 귀족층과 약한 국왕 위에서 성립되었다. 세임(Sejm)이라고 알려져 있는 국회 혹은 의회는 귀족에 의한 통치를 가능하게 한 주요 기관이었다. 폴란드-리투아니아의 귀족은 의회를 통해서(비록 통치 왕가 중에서이기는 했지만) 왕을 선출했고, 국왕의 어떠한 칙령에도 반대할 수 있었다. 사실 의회의 구성원이라면 누구라도 거부권(유명한 자유거부권[liberum veto])을 행사할 수 있었는데, 이것은 소수의 권리를 보호했을 뿐만 아니라 통치행위에서 일종의 혼돈 상태를 낳기도 했다. 학자들은 종종 폴란드-리투아니아를 귀족 "공화국(republic)"이라고 묘사한다.

비판자들은 심지어 1569년 이전에도 폴란드와 리투아니아의 연합에서 민족적인 불균형 요소가 있었다는 것을 강조해왔다. 리투아니아와 폴란드가 공식적으로는 평등했고 리투아니아인들에게 방대한 자치권이 부여되기는 했지만, 새로운 체제는 여전히 근본적으로 폴란드의 승리라고 생각될 수 있다는 것이다. 폴란드 왕은 리투아니아로부터 막 합병한 러시아 영토를 차지했다. 그것은 리투아니아 공국의 남부 전체, 그리고 가장 풍요로운 일부 지역이 포함된 국토 전체의 3분의 1 이상의 면적이었다. 키예프인들은 특히 폴란드인들에 의해서 권력이 중앙집중화(그 과정은 이미 1569년 이전에 시작되었다)되기 이전까지 오랫동안 향유해왔던 자치권을 상실한 것에 대해서 특별히 분개했다. 각 주(州, county)가 의회에 두 명의 귀족 대표를 파견했는데, 리투아니아보다는 폴란드에 더 많은 주가 있었기 때문에, (비록 거부권과 같은 다양한 규정으로 인해서 이런 불균형이 완화되기는 했지만) 폴란드인들은 의회에서 3대 1의 비율로 리투아니아인들보다 수적으로 많았다. 아마도 이보다 훨씬 더 중요했던 점은 비록 공식적으로는 이 연합에서 다양한 종교에 대한 관용정책이 채택되기는 했지만, (로마 가톨릭교를 포함한) 폴란드의 문화가 막강한 영향력을 가지고 확산되어 있었다는 것이다. 한마디로 말해서 리투아니아인들에게 많은 보호조치와 권리가 부여되기는 했지만, 폴란드는 새로운 연합에서 당연히 상급자 역할을 담당한 파트너라고 할 수 있었다. 일부 역사학자들은 폴란드가 일종의 제국이 되었다는 의견을 제시했다. 러시아, 우크라이나, 벨라루스 역사학자들은 이 신생 국가에서 비폴란드계인 슬라브인들의 운명에 각별한 주의를 기울였다. 폴란드가 키예프, 볼리니아, 리투아니아 공국의 다른 남부 지방을 병합한 것은 정교도 슬라브인들이 자치권을 상실하고, 주로 폴란드와 가톨릭이 가지는 권위의 영향력과 지배하에 놓이게 되었음을 의미했다. 특히 폴란드 체제에서 귀족은 많은 특권을 부여받기는 했지만, 절대 다수의 인구는 그러한 권리를 가지고 있지 못했다. 농민들은 언제나 그렇듯이 오직 억압의 대상일 따름이었다.

리투아니아국과 러시아 역사

러시아 역사의 관점에서 보면, 리투아니아 혹은 리투아니아-러시아 공국은 국가의 통일을 두고 모스크바와 경쟁을 벌였지만 성공하지 못한 중요한 적수로서 각별한 관심을 끌고 있다. 류밥스키와 다른 사람들이 발전시킨 주장의 요지에 따르면, 모스크바가 승리하고 빌뉴스가 패배한 이유는 두 국가에서 중앙 권력의 발전과 구조가 상이했다는 데에 있었다. 한마디로, 공을 중심으로 한 모스크바의 절대주의는 리투아니아의 지방 분권적 권력과 연약한 중앙 권력에 비해서 우위에 서게 되었다는 것이다. 비록 비판자들은 이런 주장이 단지 권위주의를 정당화하기 위한 것이라고 규정지었고, 많은 사람들은 리투아니아의 모델이 전제정치보다 정치적으로 더 매력적이라고 생각했다고 할지라도, 그 주장을 아주 간단히 무시할 수는 없다. 리투아니아의 대공들은 강력한 보야르들과 대체로 자치권을 가지고 있던 도시들의 이해관계에 의해서 제약받았으므로, 자신의 신민들에게 점차 권리와 특권을 더 많이 부여해주는 선출된 입헌군주의 모습으로 변모되어갔다. 처음에 그들은 귀족협의회의 승인에 의존했다. 그들은 1529년과 1566년의 법령이 제정된 이후에는 의회에 모인 모든 봉직귀족의 동의를 얻을 필요가 있었다. 그리하여 모스크바 전제정치가 이반 뇌제 시기에 유례가 없을 정도로 최고조에 달했을 때, 리투아니아 대공들의 권위는 새로운 저점을 향해서 더욱 낮아졌다. 모스크바국의 통치자들이 훌륭한 중앙 행정체계를 대체로 성공적으로 수립하고 국가의 생활을 성공적으로 장악하려고 분투하고 있었던 반면에, 리투아니아의 통치자들은 일반적으로 지방 관리와 지주계급의 행정에 점차 의존하거나 체념하는 태도를 가지게 되었다. 이 대결에서 좋든 싫든 모스크바국 체제가 더 강력하다는 것이 입증되었다.

  물론 양국의 대조적인 발전의 이면에는 중요한 이유들이 있었다. 우리가 앞에서 행한 분석을 참조해보면, 모스크바 공국은 비교적 원시적이고 초기적인 발달 단계에 있던 북동부에서 생겨났으므로, 통치자들은 유동적이고 팽창하는 사회에서 지배적인 지위를 획득할 수 있었다. 반면에 리투아니아 공국은 발트 삼림 지역에서 생겨났다가 주로 오래되고 확실히 자리잡은 키예프 영토를 포함하게 되었다. 거기에는 러시아 남서부의 상당 부분이 망라되어 있었고, 그곳의 경제적, 사회적, 정치적 발전은 우리가 앞 장에서 토의했듯이 공에 대해서 보야르가 커다란 권력을 가졌다는 특징이 있는 남서부 유형을 반영했다. 세부적인 연구를 보면, 리투아니아 공국에서는 동일한 귀족 가문이 종종 16세기나 15세기와 마찬가지로 17세기에도 동일한 토지를 차지했다는 것을 알 수 있다. 그리고 그들은 때때로 국가에 돈을 빌려줄 정도로 아주 부유했다. 그리고 보트치나(세습 영지)가 우세했던 반면, 포메스티예 체제는 부차적인 역할만을 담당했다. 통치자들은 이처럼 확고한 기반을 가지고 있는 토지 귀족과 그보다 정도는 덜하지만 유서 깊고 번영하는 도시들과 다투기에는 역부족이라고 생각하고는, 공의 권력에 대한 제한을 그대로 수용할 수밖에 없었다. 리투아니아가 폴란드와 맺은 관계도 이와 동일한 결말에 도움을 주었다. 폴란드는 귀족에게는 포괄적인 특권을 부여하면서 군주는 선출되는 체제의 모델로서 적합했다. 사실 폴란드는 귀족 문화와 생활방식 전체를 제시해주었다. 리투아니아의 사회 및 정치 구조가 그 자체의 과거로부터 발전되었던 반면에, 폴란드의 영향력은 귀족의 성장을 지지해주고 거기에 이론적인 정당성과 법적 토대를 제공했다. 리투아니아에서는 민족적 다양성과 종교적 다양성도 커다란 중요성을 가졌다. 모스크바국은 16세기에 여전히 비교적 동질적인 국가였다. 절대다수의 주민은 정교도이자 대러시아인이었고, 비러시아인과 비정교도는 소수의 주변 집단뿐이었다. 그와는 대조적으로, 확장된 리투아니아는 다민족이자 다종교적인 정치체제로서, 그 안에는 정교도, 가톨릭 교도, 이교도, 유대교도, 이슬람 교도들이 아주 다양한 언어를 사용하며 살고 있었다. 이 점 역시 일원화된 국가보다는 연방 형태의 국가가 성립되도록 자극을 주었다. 결과적으로 이미 지적되었듯이, 리투아니아는 키예프의 계승자가 되기 위한 유력한 경쟁자라기보다는 폴란드의 하급 파트너가 되고 말았다.

좀더 논쟁적인 문제이기는 하지만, 러시아의 역사학자들에게 그에 못지않게 중요한 것은 동슬라브족이 대러시아인, 우크라이나인, 벨로루스인(현재의 벨라루스인)으로 언어적으로 그리고 민족적으로 나뉘게 된 것에 리투아니아 공국의 역사가 미친 영향이다. (민족주의자들만이 아니라) 학자들은 오늘날의 벨라루스인과 우크라이나인의 선조인 고래의 루테니아인들이 사용하던 언어와 북동쪽에서 사용되던 러시아어 사이의 관련성에 대해서 여전히 논쟁을 벌이고 있다. 이 모든 언어가 (비록 어떤 사람들은 보다 오래 전에 언어적인 구분이 있었다고 주장하지만) 고대의 키예프 루시의 동슬라브족으로부터 유래된 듯이 보이는데, 이런 방언 혹은 언어가 언제 달라졌는지의 문제가 제기되고 있다. 학자들은 비록 분화의 근원이 그 이전으로 소급될 수 있을지라도, 14세기에 분리 현상이 뚜렷이 나타나게 되었다는 데에 일반적으로 동의하고 있다. 확실히 많은 요인들이 영향을 미쳐서 이 언어들을 변화시켰는데, 특히 분령 시기의 분열 및 리투아니아와 폴란드인들이 통치하던 영토와 모스크바국 러시아 사이의 심화된 분리가 중요했다. 따라서 대러시아인들은 모스크바국의 영토와, 우크라이나인들과 벨라루스인들은 리투아니아 및 폴란드와 각각 관련을 맺게 되었다. 우리는 만약 러시아인들이 키예프국을 통해서 자신들의 정치적인 통일성을 유지했다면, 혹은 리투아니아-러시아가 모스크바를 대신하여 새로운 중심이 되었더라면, 사건의 전개 양상이 달랐을 것이라고 추정할 수 있다. 비록 모든 것이 동일한 키예프로부터의 유산에서 시작되었지만, 정치적인 분리는 문화적인 이질화도 심화시키는 경향이 있었다. 오늘날 우크라이나와 벨라루스로 알려져 있는 지역에는 폴란드를 통해서 라틴 유럽의 강력한 영향력이 유입되었고, 그 영향력은 그곳에서 상이한 특성을 배양하는 데에 중요한 역할을 한 것이 입증되었다. 우리가 알고 있듯이, 러시아 정교회는 마침내 행정적으로 분열되어, 키예프에 있던 별도의 수좌대주교가 리투아니아국의 정교회를 이끌게 되었다. 러시아인들이 대러시아인, 우크라이나인, 벨라루스인으로 분리되었고, 몇 세기 동안 떨어져 살면서 그런 현상이 더욱 강화되었던 사실은 그 이후의 러시아 역사에서 중요한 역할을 하게 되었다.

제15장

이반 뇌제(1533-1584)와 표도르(1584-1598)의 통치기

이반 4세가 보야르들과 벌인 투쟁에서 중대한 원칙이 있었음을 부인한다거나, 이런 투쟁이 단지 정치력 부족의 결과라고 생각하는 것보다 부당한 일은 없을 것이다. 이반 4세 자신이 시작했든지 그렇지 않든지 간에—아마도 그가 시작하지는 않았을 것이다—이러한 "오프리치니나"는 표트르 시대보다 150년 앞서서 표트르 군주체제와 마찬가지로 개인적인 전제체제를 구축하려는 시도였다.……"개혁 조치들"이 부르주아들과 보야르들의 연합 작업이었다면, 1564년의 정변은 중하층 도시민들과 군소 봉신들의 연합에 의해서 일어났다.
—포크롭스키

그(이반 뇌제)가 세운 새로운 체제는 미친 행동이었으나, 천재의 미친 행동이었다.
—파레스

이반의 생애와 통치를 통해서 우리는 모스크바국의 의식과 사상에서 선언된 것대로 그 나라의 정치가 전제적이었다는 확신을 가질 수 있다.……[그러나] 모스크바국의 정치는 단순히 전제정치라고 부르는 것보다 훨씬 더 복잡했다. 군주 가문 이외에는 어떤 사회세력도 권력에 대한 합법적인 권한을 보유하지 못했다는 점은 인정할 수 있다.……그러나 유럽과는 달리, 모스크바국은 정치적인 관계를 공동의 특권과 법적 권리라고 정의하지 않았다. 오히려 그것은 정치체제에 대한 개인적인 충성에 의존했고, 정치적 단순성이라는 표면 뒤에 복잡한 정치적 현실을 유지하고 있었다. 모스크바국의 정치가 가지는 복잡성은 다음의 사실에 있었다. 즉, 보야르 분파들이 의사결정과 리더십을 대공과 공유했지만, 정치 생활에 참여하던 모든 이들은 의식(儀

式)과 사상 면에서 전제정치라는 외양을 가지고 있었던 것이다.　　　―콜만

　이반 4세, 즉 이반 뇌제의 통치와 더불어, 모스크바국의 절대주의는 완전한 모습을 갖추게 되었다. 이반 4세는 모스크바국 통치자 중에서는 최초로 차르로서 대관식을 가졌고, 이 행동을 동방정교회의 총주교들로부터 승인받았으며, 국가를 통치하고 외교 활동을 할 때에 이 칭호를 일상적이고도 공식적으로 활용했다. 그는 스스로를 "전제군주"라고도 부르면서, 자신이 의존적인 군주가 아니라 절대 권력을 가진 군주라는 사실뿐만이 아니라 국내에서 완전한 권력을 가지고 있음을 강조했다. 그럼에도 불구하고, 이제 러시아라고 불리게 된 모스크바국 통치자의 새로운 자의적 권력을 놀라울 정도로 입증한 것은 그의 칭호나 사상이라기보다는 그의 행동이었다. 실로, 이반 뇌제는 표트르 대제, 파벨 1세, 니콜라이 1세 같은 후계자들이 있음에도 불구하고 러시아의 전형적인 독재군주로 남아 있다.
　그러나 독재군주로서의 이반의 이런 이미지는 앞에 인용된 문구들이 보여주고 있듯이 역사학자들 사이에 커다란 논쟁거리를 낳았다. "개혁"을 실시했다는 이유로 "합리적"이라고 규정되는 통치 전반기가 있었고, 그 뒤를 이어 "공포"에 의해서 규정되는 비정상적인 통치 후반부가 있었는가? 아니면, 공포가 보다 과격한 수단에 의해서 개혁으로 연결되었는가? 우리는 이반 4세의 통치를 다른 근대 초의 국가 건설자들과 비교하여, 그의 행동이 때때로 도가 지나치기는 하지만 "봉건적 분할"(이것은 특히 소련 역사학자들이 선호하는 용어이다)을 극복하고, 이질적인 영토를 단일한 국가로 통합시키며, 정부의 중앙집중화와 체계화를 진전시키기 위한 근대적 노력이라는 특징을 가지고 있다고 규정할 수 있는가? 보야르 친족들과 관습의 영향력이 여전히 강했는가, 아니면 이반이 스스로 원하는 것처럼 보였듯이 보야르의 영향력을 국가에서 마침내 제거했는가? 그리고 특히 그의 행동 중 많은 부분에서조차 제한적이고도 편향된 당대 사료를 가지고서 이반의 성품, 심리, 사고방식에 대해서 무엇을 알고 있는가? 한마디로 그는 기본적으로 병적이었는가, 아니면 합리적이었는가? 이반이 나중에 가지게 된 "뇌제(Groznyi, 그로즈니)"라는 존칭은 영어보다는 러시아어에서 더 모호하다는

점이 지적되어야 한다. 러시아어로 "그로즈니"는 엄정함이라는 뜻과 엄청난 위력이라는 뜻이 복잡하게 혼합되어 대체로 긍정적인 의미를 가지는 단어이다. 특히, 전투에서 "그로즈니" 지휘관은 러시아의 적군들의 마음에 두려움을 가지게 만든다.

이반 뇌제의 어린 시절 및 그의 통치 전반기

이반 4세는 부친인 바실리 3세가 러시아의 통치 책임을 자신의 아내이자 이반의 어머니로서 글린스키 가문 출신인 옐레나와 보야르 두마에게 맡긴 채 사망했던 1533년에, 겨우 3살에 불과했다. 새로운 섭정인 옐레나는 거만하고 독단적인 방식으로 행동하면서 보야르들을 무시했으며, 처음에는 경험 많은 자신의 숙부인 글린스키 공에게, 그리고 그가 사망한 다음에는 그녀의 정부(情夫)로서 젊은 텔랩네프-오볼렌스키에게 의지해서 통치했다. 그녀는 1538년에 갑자기 사망했는데, 아마도 독살이었을 것이다. 그녀의 죽음 이후에는 보야르의 통치(boiarskoe pravlenie)—이 용어가 그 이후의 갈등과 실정(失政)의 특징을 나타내기 위하여 사용될 수 있다면—가 성립되었다. 사건 전개 양상을 간단히 요약한 글을 인용하면 다음과 같다.

> 두 군주 가문인 슈이스키가와 벨스키가 사이에 섭정 자리를 놓고 다툼이 벌어졌다. 권력자가 세 번 바뀌었고, 갈등이 일어나는 동안 수좌대주교도 두 번이나 강제로 교체되었는데, 그중 한 사람인 이오시프는 죽임을 당했다. 슈이스키 가문이 우위에 서서, 이 가문에서 세 명의 후계자가 잇따라 권력을 장악했다. 권력은 철저히 이기적으로 사용되었다. 그것은 심지어 계급의 이해가 아니라, 단지 가문의 이해라든지 총애하는 사람의 이해관계에 의해서 좌우되었다.

투옥, 망명, 처형, 그리고 살인이 다반사로 일어났다.

모든 증거로 보아 이반 4세는 예민하고 총명하며 조숙한 소년이었다. 그는 글 읽는 법을 일찍 배웠고, 자신이 찾을 수 있는 것은 모두 읽었는데 특히 모스크바국의 교회 문헌을 많이 읽었다. 그는 자신을 둘러싸고 전개되던 다툼과 음모를 필연적으로 알게 되었고, 자신의 위치가 양면성을 가지고 있다는 사실도 인식하게 되었다. 공식적으로는 전제군주로서의 그에게 순종하는 척하며 의식 때에는 극진히 존경을 표하던 바로 그 보야르들이, 사적인 자리에서는 그를 무시하고 모욕하며 해쳤다. 사실 그들은 이반이 아끼는 신하들과 친구들을 마음대로 그로부터 떼어냈으며, 러시아뿐만 아니라 궁정도 자신들 마음대로 운영했다. 그리하여 신랄함과 잔인함은 예를 들어 그의 동물 학대에서 표현된 것처럼, 젊은 통치자의 성격에 자리잡은 기본적인 특징이 되었다.

이반 4세는 열세 살의 나이에 갑자기 안드레이 슈이스키에게 덤벼들었고, 슈이스키는 차르의 종들에게 체포되어 처단되었다. 전제군주인 이반은 유산에 대한 권리를 행사하게 되었다. 1547년이라는 해는 통상적으로 이반 4세가 실질적으로 제위에 오른 연도로 간주된다. 그해에 열여섯 살이 된 그는 대공으로서가 아니라 차르로서 대관식을 치르기로 결정했다. 그 이전의 통치자들도 "차르"라는 칭호를 때때로 사용하기는 했지만, 이 칭호를 가지고 이반이 대관식을 치른 것은 의식 전체와 그 이후의 특별 미사와 마찬가지로 획기적인 일이었다. 이반(혹은 아마도 수좌대주교인 마카리우스)은 오늘날 역사학자들이 중시하는 점, 즉 정치에서의 의식과 신화의 중요성을 이해했다. 정교하고 경외심을 불러일으키는 대관식은 비잔티움의 의식에서 차용한 것이었는데, 그것은 차르에게 신성한 권위를 부여하기도 했고 비잔티움에 있는 신성한 통치자들로부터 적법한 혈통을 받았다는 것을 나타내는 데에 도움이 되기도 했다. 그러나 다른 한편으로 이반은 비잔티움의 황제가 그랬듯이 대관식에서 성유를 머리에 바르지는 않았다. 수좌대주교는 이반에게 그의 커다란 권력이 무제한적인 것은 아니라고 조언해주었다. 그는 천국에 들어가기 위해서는 도덕적이고 기독교적인 통치자가 될 필요가 있으며, 신앙과 교회를 보호하고 현명한 조언에 귀를 기울여야 한다고 했다.

같은 해에 이반 4세는 인기 있는 보야르 가문인 로마노프 가문의 아나스타샤와 결혼했다. 이때도 그는 외국과의 결혼동맹이라는 선택을 고려하다가 포기하고는, 젊은 러시아 숙녀들로 이루어진 좋은 신붓감의 특별 목록에서 아나스타샤를 선택했다. 그가 로마노프 가문을 선택한 것은 강력한 보야르 친족들을 세심하게 배려한 "결혼 정치"의 전통에 아주 잘 부합되기는 했지만, 이때 그의 행동은 아주 신중하고 사려 깊은 것이었다. 그들의 결혼생활은 행복하다는 것이 입증되었다. 그러나 그해에 대화재가 모스크바를 휩쓸었고, 그 뒤에 폭동이 일어났다. 도시가 불타고 심지어 크렘린에 있는 이반 대제의 종탑조차 무너져 내리자, 몹시 흥분한 폭도들이 차르의 숙부를 살해하고 차르 자신의 생명에도 위협을 가한 다음에 해산되었다. 차르 자신은 심리적인 위기 중의 하나를 경험했는데, 이런 위기는 격정적인 그의 통치기에 주기적으로 흔적을 남겼다. 그는 분명히 이런 재앙이 자신의 죄에 대한 징벌이라고 믿었다. 그는 붉은 광장에서 공개적으로 참회했으며, 국민들의 이익을 위하여 통치하겠다고 약속했다.

그 이후의 통치기는 전통적으로 이반 4세의 통치기 중에서 훌륭한 전반부라고 묘사되어왔다. 상냥하고 매력적인 아내로부터 좋은 영향을 받은 젊은 차르는 유능하고 개화된 조언자 집단과 함께 일했다. 이 집단은 특선평의회(Izbrannaia rada)였는데, 거기에는 수좌대주교인 마카리우스, 실베스테르라는 이름의 성직자, 비교적 낮은 신분 출신의 궁정 관리인 아다셰프가 포함되어 있었다. 그는 1549년에 다른 유럽 국가에 있었던 신분의 대표자들의 모임과 비슷한 기구인 젬스키 소보르(zemskii sobor)를 최초로 제대로 된 모습으로 소집했는데, 이 기구에 대해서는 다음 장에서 논의할 것이다. 1549년의 회의에 대한 우리의 지식이 단편적이기는 하지만, 이반 4세는 자신이 추진하던 개혁 조치, 특히 새로운 법전, 지방행정에서의 변화에 대한 젬스키 소보르의 승인을 간청하고는 그것을 얻어낸 것으로 보인다. 그리고 그는 이 기회를 이용하여 자신의 신민들이 다양한 문제에 대해서 가지고 있던 불만 사항을 듣고 그들의 의견을 이해했던 것처럼 보인다. 앞으로 살펴보겠지만, 그가 수행한 많은 개혁의 일반적인 목적은 전통적인 정치관계를 전복하는 것이 아니라 그것을 체계화하고 규격화하는 것이었다.

1551년에는 100개 조항 협의회(Stoglavnyi sobor, Stoglav)라고 알려진 대규모 교회 협의회가 구성되었다. 거기서 내려진 결정은 종교 자체의 문제를 조정하는 것만이 아니라, 국가와 사회와의 관계 속에서 교회의 위치를 규정하는 데에 많은 역할을 담당했다. 의미심장하게도, 교회는 차르의 명백한 허락 없이 더 이상의 토지를 획득할 수 있는 권리를 상실했다. 그렇지만 이런 조치가 실제로 실행될 수는 없었다. 일반적으로 수좌대주교인 마카리우스와 그의 동료들은 이리저리 퍼져 있지만 이제 확고히 단결된 러시아 국가 내에서 교회 조직을 결속시키고 완성하는 데에 큰 역할을 수행했다. 이런 과정 중에 이루어진 하나의 흥미로운 사건은 러시아의 다양한 지방 성인들—1547년과 1549년에 많은 사람들이 성인이 되었다—을 단일한 교회력 안에 통합시킨 일이었다.

이반은 자신의 새로운 법전인 1550년의 『수데브닉』과 지방행정 개혁안을 교회 협의회에 제출해서 승인받기도 했다. 새로운 법전은 행정 및 법 집행을 체계화함으로써 좀더 효율적인 통치를 실시하려는 체제의 의지를 나타내주었다. 그러나 이것은 기존의 규범을 폐기하는 것이라기보다는 그것에 대체로 질서를 부여하기 위한 개혁이었다. 특히 제98항은 군주가 새로운 법을 고려할 때에 자신의 보야르들과 협의해야 한다는 전통적인 규칙을 다시 언급했다. 그가 시도한 새로운 지방행정 체계는 러시아 역사에서 항상 난제였던 이 문제를 해결하기 위한 아주 과감한 시도의 하나로서 각별한 관심을 받을 만하다. 새로운 체제는 지방 업무에 일반인들을 참여시킴으로써 중앙에서 임명된 관리들에 의한 부패와 억압을 제거하려는 목적을 가지고 있었다. 여러 지방은 아주 필요한 경우에는 범죄를 다룰 수도 있는 자신들의 사법조직을 선출할 수 있는 허락을 이미 받아냈다. 이제 국고에 일정한 액수의 세금을 내는 지역에서는, 지방에서 선출된 관리들이 중앙에서 임명된 지사들을 대체했다. 그리고 심지어 지사가 있는 지역에서조차도 지사의 활동을 근접하여 감시할 수 있도록 일반인들이 보좌진을 선출할 수 있었고, 필요한 경우에는 그를 탄핵할 수 있었다. 모스크바국의 행정 체계에 대해서는 이후의 장에서 다시 살펴보게 될 것이다.

이반 4세는 1556년에 봉직귀족의 군사 봉직을 위한 일반적인 규정을 마련했다. 이 봉직은 장기간 존속되었지만 포괄적인 조직이나 기준을 갖추지 못하고 있었는데, 이제 영지의 규모 및 지주들이 필요할 때에 제공해야 하는 군사들과 말의 수 사이의 일정한 관계를 새로운 규칙으로 정하게 되었다. 16세기 중반 무렵에는 보트치나(세습 영지)와 봉직 때문에 부여되던 포메스티예 사이의 구분이 대체로 사라졌다는 것도 지적할 필요가 있다. 특히 세습적이든지 아니든지 간에 지주라면 차르에게 봉직을 담당하지 않고는 지주로 남아 있는 것이 불가능해졌다. 1550년과 그 무렵에 이반 뇌제와 그의 조언자들은 군대 개혁에도 착수했는데, 거기에는 남부 방어선의 전개만이 아니라 포병과 공병을 새롭게 강화시킨다는 내용이 포함되었다. 게다가, 소지한 주요 무기 때문에 스트렐치(streltsy) 혹은 소총병들로 알려진 최초의 정규 상비 부대가 러시아 군대에 추가되었다.

1550년대에는 모스크바국이 이미 일련의 전쟁에 가담하고 있었기 때문에, 군사적인 개선 조치는 적시에 이루어진 셈이었다. 가장 중요한 것은 스텝 지대의 민족들에 대한 전투에서 새로운 양상이 나타났다는 사실이다. 이반 4세가 차르가 된 이후에 그의 전임자들의 시대와 마찬가지로 러시아는 특히 카잔 한국, 아스트라한 한국, 크림 한국 등 수많은 타타르 군대에 의한 대규모 습격을 상시적으로 받고 있었다. 전리품과 노예를 노린 거듭된 침입으로 초래된 대량 파괴와 국토의 황폐화, 길고 긴 동남쪽 국경을 방어해야 하는 엄청난 부담 때문에, 모스크바국은 값비싼 비용을 지불해야 했다. 이반 4세 통치 초기에 있었던 몇몇 사건 전개를 보면, 타타르족이 힘을 증대시키고 있었으며 자신들 사이의 협력관계도 증진시키고 있었다는 것을 알 수 있다. 그렇지만 1551년에 러시아인들은 가장 가까이 있던 타타르 계통의 적국인 카잔 한국에 대한 공격을 시작하여, 그에 복속된 몇몇 종족들을 정복하고 카잔 바로 옆에 스비야즈스크 요새를 건설했다. 그러나 카잔에 대한 대작전은 1552년에 시작되었지만, 크림 반도의 타타르인들은 투르크의 일부 친위 보병과 포병의 도움을 받아 모스크바 자체를 목표로 모스크바국 영토를 침입했다. 그들이 제지되고 남부 스텝 지대로 물러간 이후에야 러시아인들은 카잔에 대한 진격 작전을 재개할 수 있었다. 차르의 부대들은 육로와 선박으로 도시를 포위했고, 6주일간의 포위 끝에 몇몇 요새를 화약으로 폭파시키고는 도시 안으로 성공적으로 돌격해 들어갔다. 격렬한 전투에서 활약한 러시아 측 영웅으로는 지휘관인 보로틴스키 공과 쿠릅스키 공을 들 수 있는데, 이들은 선두에 선 파견대를 이끌고 도시 안으로 진입했다. 카잔 한국의 전 영토에 대해서 러시아가 지배권을 확립하는 데에는 또다시 5년이 걸렸다.

　러시아인들은 볼가 강 중류에 있는 카잔을 정복한 다음에, 볼가 강 하구에 있는 아스트라한으로 눈길을 돌렸다. 그들은 1554년에 처음으로 그곳을 점령하고는 자신들이 내세운 사람을 칸으로 앉혔다. 이렇게 임명된 칸이 크림 한국과 관계를 맺자, 러시아인들은 1556년에 다시 한번 아스트라한을 점령하고는 아스트라한 한국을 모스크바국에 합병시켜버렸다. 그리하여 타타르족 계통으로서 러시아의 세 주요 적국 중에는 크림 한국만 남게 되었는데, 종주국인 오스만 제국이 그 뒤를 봐주고 있었다. 크림 한국의 군대는 1554년, 1557년, 1558년에 차르의 영토를 침공했으나 매번 격퇴당했다. 마지막 경우에는 러시아인들이 남부 스텝 지대 깊숙이까지 반격을 가했고, 크림 반도 자체에도 침투해들어갔다.

러시아국의 반대편 끝에 있는 북서 방향에서는 리보니아 기사단을 상대로 또 다른 중요한 전쟁이 벌어졌다. 이 전쟁은 네바 강 입구의 해안에 있는 작은 요새를 넘어서 러시아인들이 발트 해로 접근하여 세력을 확장하는 문제를 두고 1558년에 시작되었다. 1563년까지 진행된 전쟁의 첫 번째 국면에서 모스크바국의 군대는 놀라운 승리를 거두었다. 1558년만 하더라도 모스크바국 군대는 약 20개의 리보니아 측 성채를 함락시켰는데, 그중에서 규모가 가장 큰 것은 원래 야로슬라프 현공에 의해서 건축된 이후 유리예프라고 불리던 도르파트 시였다. 리보니아 기사단은 1561년에 해산되어 그들에게 속했던 땅은 세속 영토가 되었고, 마지막 기사단장(master)이었던 케틀러는 쿠를란트의 세습 공작이자 폴란드 왕의 봉신이 되었다. 그러나 그 이후에 전개된 폴란드-리투아니아의 공격은 성공하지 못했고, 러시아 군대는 1563년에 리투아니아로부터 폴로츠크를 빼앗았다.

이반 4세와 그의 측근들은 전쟁 이외에도 외부 세계에 많은 관심을 가지고 있었다. 일찍이 1547년에 모스크바국 정부는 차르에게 봉사할 전문가들을 초빙하기 위해서, 색슨인인 슬리테를 대리인 자격으로 서유럽으로 보냈다. 그에 따라 독일에서 120명 이상의 의사, 교사, 예술가, 다양한 기술자와 수공업자들이 러시아의 초청을 받아들였다. 그러나 그들이 뤼벡에 도착했을 때, 한자 동맹과 리보니아 기사단 당국이 그들을 통과시키지 않았으므로 그들 중 단지 소수만이 마침내 자력으로 러시아에 도착할 수 있었다. 1553년에 잉글랜드의 선장인 챈슬러는 북극해를 통해서 동쪽으로 나가는 새로운 항로를 찾으려고 하다가 북드비나 강 입구에서 가까운 러시아의 백해 해안에 도착했다. 그는 계속해서 모스크바를 방문하고, 잉글랜드와 러시아 사이의 직접적인 관계를 체결했다. 그리하여 1555년에 체결된 협정에 따라 잉글랜드인들은 모스크바국 내에서 커다란 상업적 이익을 얻게 되었다. 왜냐하면 그들은 어떤 세금도 낼 필요가 없었으며, 자신들의 도매상 대표의 사법권하에서 독자적인 조직을 유지할 수 있었기 때문이다. 북드비나 강에 있는 아르한겔스크는 잉글랜드인들을 위한 입구가 되었다. 이반 4세는 자기가 잉글랜드와 맺은 관계를 아주 중시했다. 특이하게도, 잉글랜드로

바스네초프가 그린 이반 4세의 심리 초상화, 1897년 작. (*Sovfoto*)

파견된 최초의 러시아 사절단은 의학과 광업 분야의 몇몇 전문가들을 데리고 돌아왔다. 역사학자들의 주장에 따르면, 이반 4세의 개혁 정책과 전쟁 그리고 외교적 주도권을 통해서, 러시아는 근대 국가이자 제국이자 세계열강이 되었다.

이반 뇌제의 통치 후반기

그러나 이반 뇌제가 보야르들과 점차 격렬한 투쟁을 시작하게 되었기 때문에, 이 시기의 역사에는 훨씬 더 복잡하고 많은 문제가 생겼다. 그는 특선평의회와 결별했고, 자신의 많은 조언자들과 측근들도 적대시하게 되었으며, 그 이후에는 의심과 분노가 커지자 전체 보야르들과 완전히 등을 지게 되었다. 사실, 이반의 통치 후반기는 가족 관계, 지배 엘리트 사이의 합의, 기존 관습에 뿌리를 박고 있던 러시아 정치의 보수적인 전통을 극복하려는 급진적인 노력을 반영했다고 말할 수 있다. 이런 견해에 따르면, 이반은 개인적이고 절대적인 통치 방식을 위해서 싸우고 있었다. 그런 통치 방식은 이전의 통치자들 시기에 뿌리를 두고 있기는 하지만, 정치이론이나 통치행위의 실제 면에서 과거와는 결별한 것이라고 볼 수 있었다. 그의 이런 노력이 완전히 성공했는지 아닌지의 여부는 별개의 문제이다. 분명한 사실은 그의 노력이 적어도 단기적으로는 정치생활, 사회, 경제에 대단한 파국을 초래했다는 것이다.

어떤 의미에서 차르와 보야르 사이의 갈등은 논리적으로 그 이전의 역사부터 초래되었다. 모스크바국의 절대주의가 이반 뇌제와 함께 최고조에 달했을 때, 모스크바가 팽창됨에 따라서 지속적으로 성장하던 보야르 층은 군주의 권력을 견제할 수 있는 몇 안 되는 세력 중의 하나가 되었다. 더구나, 보야르들은 모스크바국의 통치자들이 파괴하려고 열심히 노력했으며 그리하여 성공을 거두었던 고래의 분령 질서와 부분적으로 연관되었다. 모스크바국의 보야르 층의 규모와 구성은 국가의 급속한 성장을 반영했다. 15세기 전반에 약 40개의 보야르 가문이 모스크바국의 통치자를 섬겼던 반면에, 16세기 전반에는 그 수가 200곳이 넘을 정도로 증가되었다. 모스크바국 보야르에는 이전의 러시아 혹은 리투아니아 대공의 후손들, 과거의 분령지 공의 후손들, 과거의 모스크바국 보야르 가문 사람들, 마지막으로 봉직을 담당하는 장소를 모스크바로 옮긴 다른 러시아 지역의 보야르 가문 사람들이 포함되어 있었다. 그들 중 앞의 두 경우, 소위 봉직 공들은 아주 큰 영향력과 권위, 그리고 과거와의 강력한 연계성을 보유하고 있었다. 그들은 모스크바에서 봉직자가 된 이후라고 할지라도, 자신들의 출신 지방에서 적어도 어느 정도는 지배권을 보유하고 있었다. 그러나 모스크바국의 보야르들이 가진 권력이 과장되어서는 안 된다. 그들은 주도권을 거의 보여주지 못했으며, 자신들끼리 결속되지 못했고 조직력이 없었다. 사실, 그들은 계속해서 소소한 다툼을 벌이며 서로 음모를 꾸미고 있었는데, 이런 개탄스러운 상황은 이반 뇌제 통치 초기에 아주 잘 드러났다. 특정 가문 내에서 개인들만이 아니라 보야르 가문들의 위계적 순위에 기반을 둔 모스크바국의 임명체계, 즉 악명 높은 메스트니체스트보(mestnichestvo)는 보야르의 분열 양상을 증대시켰으며, 관리와 군 지휘관을 임명하는 문제에서 통치자의 자유를 심각하게 제약하기도 했다.

이반이 자신의 조언자들과 보야르들에게 냉혹한 태도로 돌아선 이유와 관련해서는, 가문과 관습에서 유래되는 시대착오적인 영향력으로부터 벗어나서 중앙집권적인 국가를 건설하려는 지속적인—비록 좌절되기는 했지만—노력의 일부분이라는 해석과 함께, 여전히 통치의 문제와 연관되기는 하지만 좀더 개인적이고 심리적인 해석이 있다. 실로, 이반의 태도 변화에 대한 가장 흔한 해석은 이반의 생애에서 그를 엄청나게 불안하게 만들었던 개인적인 사건들에 초점을 맞춘다. 차르는 1553년에 중병에 걸렸을 때 자신의 죽음이 임박했다고 믿었다. 그는 보야르들에게 자신의 어린 아들인 드미트리에게 충성을 서약하도록 요청했으나, 상당수의 보야르들은 물론이고 실베스테르처럼 자신의 가장 가까운 몇몇 측근들의 반대에 직면했다. 그들은 이반 뇌제의 아내가 공의 가문이 아니라 단지 보야르 가문 출신이라는 사실에 대해서 명백히 분개하고 있었으며, 또다시 미성년자가 통치를 하게 될 경우에 모스크바국에 더욱 큰 불행이 닥칠 것이라고 우려하고 있었다. 그래서 그들은 이반 뇌제의 사촌인 스타리차의 블라디미르 공이 차르가 되어주기를 바라고 있었다. 마침내 드미트리에 대한 서약이 이루어지기는 했지만, 이반 뇌제는 이 고통스런 경험을 결코 잊지 않았다. 그 직후에 몇몇 보야르들은 리투아니아로 망명을 계획하다가 체포되었다. 한편 리보니아 전쟁으로부터 새로운 긴장 사태가 초래되었다. 사실 이 전쟁으로 인해서 차르는 그의 조언자들인 실베스테르 및 아다셰프와 결별하게 되었는데, 그들은 발트 지역에서의 공격에 반대하고 크림 타타르인들을 습격하자고 주장했기 때문이다.

1560년에 이반 뇌제의 젊고 사랑스런 아내인 아나스타샤가 갑자기 사망했다. 차르는 실베스테르와 아다셰프가 그녀를 독살하는 음모에 가담했다고 확신하고는 그들이 임시 사법 재판에서 유죄를 받도록 했는데, 심리 과정에서 그들은 진술을 위한 출두도 허락받지 못했다. 사제인 실베스테르는 머나먼 수도원으로 추방되었다고 전해지고, 평신도인 아다셰프는 투옥되었다가 감옥에서 사망했다. 오래 지나지 않아 이반 뇌제의 분노는 특선평의회와 연관된 모든 사람에게 향했다. 아다셰프와 실베스테르의 친척들, 동료들, 친구들이 재판도 받지 않고 죽임을 당했다. 두 명의 공은 단지 차르의 행동을 못마땅해했다는 이유만으로 목숨을 잃었다. 이런 와중에 많은 보야르들이 리투아니아로 도망갔다. 도망친 사람들 중에는 유명한 지휘관이자 차르의 협력자였던 쿠릅스키 공이 있었는데, 그는 자신이 이전에 섬기던 군주에 대항하는 군대 및 연합 세력을 조직하는 데에 여생을 보냈다. 그러나 쿠릅스키는 1564-1579년 사이에 이반 뇌제와 교환한 놀라운 서신으로 아주 잘 알려져 있다. 우리는 모스크바국 러시아의 정치사상을 다룰 때 이 편지에 주의를 기울일 예정이다.

1564년 말에 이반 4세는 갑자기 모스크바를 떠나서 약 97킬로미터 떨어진 알렉산드로프라는 소도시로 갔다. 그로부터 한 달 후에 차르가 수좌대주교에게 쓴 두 통의 편지가 도착했다. 편지에서 이반 4세는 제위에서 은퇴하겠다는 자신의 희망을 표명하면서, 보야르들과 성직자들을 비난했다. 그러나 그는 대중에게 낭독된 편지에서는 자신이 평민들에 대해서는 아무런 불만도 가지고 있지 않다는 점을 강조했다. 혼란과 충격에 빠진 보야르들과 모스크바 사람들은 차르에게 돌아와서 자신들을 다스려줄 것을 간청했다. 이반 뇌제는 자신이 내건 두 가지 조건이 수용된 이후인 1565년 2월에 돌아왔다. 그중 하나는 오프리치니나(oprichnina)—"떨어져서", "옆에"를 의미하는 오프리츠(oprich)에서 나온 용어—라고 알려진 특별 기구와 구역을 창설하여 그곳에서는 전적으로 차르 자신의 재량대로 관리하는 것이고, 다른 하나의 조건은 악한 자들과 반역자들을 차르가 적합하다고 생각하는 대로 벌하며 필요한 경우에는 그런 자들을 처형하고 재산을 몰수하는 권리를 승인해달라는 것이었다. 차르가 모스크바로 돌아온 다음, 그가 또다른 엄청나게 충격적인 심리적 위기를 경험하고 있다는 것은 그를 알고 있던 사람들에게 분명해졌다. 왜냐하면 그의 눈빛은 흐려지고, 머리카락과 수염은 거의 다 빠졌기 때문이다.

오프리치니나는 한 가지 이상의 의미를 획득했다. 그것은 원래는 러시아 내에서 약 20개의 도시 및 그 농촌지역, 국가 전역에 흩어져 있던 여러 개의 특별 구역, 이반 뇌제가 새로운 궁궐을 건축한 모스크바의 일부로 구성된 별도의 관할 구역을 나타냈다. 그런데 그것은 결국 모스크바국의 영토 중 3분의 1 이상으로 확대되었다. 차르는 오프리치니나를 위해서 별도의 국가 행정구역을 설치하고는, 국토의 나머지 부분을 위해서 보유된 기존의 행정구역인 젬시치나(zemshchina)와 병렬 관계에 있도록 했다. 훨씬 뒤에는 타타르의 공으로서 세례를 받은 시메온이 새로운 명목상의 통치자로 앉혀지기까지 했는데, 이반 뇌제는 그에게 충성을 다하는 척했다. 우리가 오프리치니나 행정의 구조와 기능에 대해서 알고 있는 지식은 극히 제한적이다. 플라토노프는 1564년의 개혁 이후에 국가에는 사실상 한 부류의 기구에 두 부류의 관리들이 있었다고 말했다. 이반 뇌제의 직접 통제를 받는 새로운 사람들이 오프리치니나를 운영했던 반면에, 젬시치나는 보야르 두마와 기존의 관료들의 권한 범위 내에 머물러 있었다. 사실상 오프리치니나 영토에 있던 많은 지주들은 다른 곳으로 전출되었고, 그들의 땅은 차르의 새로운 봉직자들에게 수여되었다. 오프리치니나라는 용어는 특별히 오프리치니키(oprichniki)라고 불리면서 이반 뇌제에게 속한 직속 종복(從僕) 부대를 지칭하게 되었는데, 이들은 때때로 오늘날의 헌병 혹은 정치경찰로 묘사되기도 한다. 오프리치니키는 처음에는 1,000명, 나중에는 무려 6,000명이나 되었다. 그들의 목적은 차르가 자신의 적이라고 간주하는 자들을 파멸시키는 것이었다. 다양한 자료에 따르면 그들은 검은색 옷을 입고 개의 머리와 빗자루를 매단 검은 말을 타고 다녔는데, 이것은 차르의 적을 물어뜯고 그들을 쓸어버린다는 것을 상징했다.

공포의 통치가 그 뒤를 이었다. 리투아니아로 도망갔던 쿠룹스키 공과 관계된 보야르들과 그 외 사람들이 최초로 몰락했다. 다음 차례로는 차르의 사촌인 스타리차의 블라디미르 공이 자신의 친척들, 친구들, 동료들과 함께 죽임을 당했다. 혐의자들과 희생자들의 범위는 점점 넓어졌다. 점점 더 많은 수의 보야르들만이 아니라, 그들의 가족들, 친척들, 친구들, 심지어 하인들과 농민들도 숙청되어 완전히 사라졌다. 희생자들의 영지와 농민들의 마을은 국가에 의해서 몰수되었는데, 종종 약탈당하거나 그냥 불태워버려지기도 했다. 이반 뇌제는 어떤 반대도 용납하지 않았다. 감히 차르에게 항의한 필립 수좌대주교는 감옥에 내던져진 다음에, 그곳에서 오프리치니키에 의해서 살해당했다. 토르조크와 클린 같은 도시 전체, 특히 1570년에는 노브고로드가 완전히 파괴되어 폐허가 되었다. 마치 모스크바국 내에서 맹렬한 내전이 일어난 것처럼 보였으나, 공격하는 자들이 아무런 저항도 만나지 않은 특이한 내전이었다. 덧붙여 말하면, 파멸의 물결은 일부 지도적인 오프리치니키 자신들도 삼켜버렸다. 비록 적어도 1575년까지 국가가 두 부분으로 계속해서 나뉘어져 있기는 했지만, 이반 뇌제는 1572년에 오프리치니나가 폐지되었다고 선언했다.

이반 뇌제는 첫 번째 아내의 사망 이후에 정서적인 균형을 잃은 것처럼 보였다. 그 이후에 그가 결혼했던 6명의 아내는 결코 아나스타샤처럼 그에게 좋은 영향력을 행사하지 못했다. 차르는 피해 의식을 점점 더 많이 느끼고, 분노를 폭발하는 경우가 잦아졌다. 그는 온갖 장소에서 반역자들을 발견해냈다. 오프리치니나가 활동을 시작한 이후에, 이반 뇌제의 삶은 그 자신이 만들어놓았던 악몽의 일부가 되었다. 이반 뇌제는 말류타 스쿠라토프 및 다른 오프리치니키와 함께 친히 심문과 무시무시한 고문, 그리고 처형에 직접 참여했는데, 당대의 관찰 기록을 믿을 수 있다면 거기에는 사지절단, 십자가에 매달기, 살가죽 벗기기, 그리고 이보다 더한 일들도 자행되었다. 사건을 기술한 몇몇 당대의 기록을 보면 상상을 초월하는 일들이 벌어졌다. 1581년에 이반 뇌제는 격렬한 발작 중에 자신의 아들이자 후계자인 이반을 뾰족한 몽둥이로 가격하여 치명상을 입혔다. 그때 이후로 그는 전혀 평온함을 알지 못했다고 이야기된다. 이반은 기이한 개인적인 행동과 외모에 더하여, 잔인한 행동을 종교성과 결합시켰다. 그는 계속해서 기도했고, 종교 서적을 읽었고, 새로운 성인들을 배출했다. 그리고 그는 참회를 구하면서 살해당한 모든 사람들의 이름(공식적으로는 4,095명)을 모으도록 하고는, 그들의 영혼을 위해서 직접 기도했다. 잔인함과 경건함이라는 이 역설적인 혼합은 민간 자료에 나타난 이반 뇌제의 이미지에 반영되었다. 민요와 민간 이야기에서 이반 뇌제는—엄격함, 무시무시함, 경외심을 불러일으키는 능력의 혼합물로서의 그로자(형용사 그로즈니의 명사형인 그로자[groza]라는 의미에서—"그로즈니 차르"로서의 모습이 정교하게 표현되어 있으면서도, 분노하고, 전제적이며, 잔인하고, 불공정하며, 끔찍할 수는 있지만 자애로우며, 용서를 잘하고, 관대하며, 정의로우며, 심지어 신하들과 동료들이 훌륭한 조언으로 자신을 반대할 때조차도 그들을 존중하는 통치자로 그려진다. 차르는 1584년 3월에 죽었다. 비록 오늘날 대부분의 역사학자들이 그 결과에 대해서 의구심을 가지고 있기는 하지만, 소련 시대에 이루어진 그의 시신에 대한 부검 결과는 그가 독살되었음을 보여주었다.

러시아 내에서 오프리치니나가 맹위를 떨치고 있을 때에 외부에서 적이 압박해 들어왔다. 크림 타타르인들은 비록 1569년에 아스트라한을 정복하는 데에 실패했지만, 1571년에 칸인 다블레트-게라이는 크림 타타르인들을 이끌고 모스크바로 왔다. 그들은 크렘린을 장악할 수는 없었지만, 도시의 많은 지역을 불태웠다. 그들은 넓은 부분을 폐허로 만들고 엄청난 전리품을 챙기고 10만 명의 포로를 사로잡은 다음에야 모스크바국에서 물러났다. 타타르인들의 파괴 행위가 가져온 공포에 기근과 질병이 더해졌다. 그러나 다음 해에 크림 타타르인들이 다시 침공했을 때에는 러시아 군대에 의해서 파멸당했다.

모스크바국이 크림 타타르인들에 대한 대비를 못한 것은 주로 리보니아 전쟁(1558-1583)에 대한 부담이 점차 증가되었기 때문이다. 비록 최근의 학자들은 이반이 전쟁을 벌인 목적이 국고를 충당하기 위한 공물 확보에 국한되어 있었다고 주장하기는 하지만, 전통적인 해석에 따르면 이 전쟁은 이반 뇌제가 대외교역을 발전시키기 위해서 발트 해로까지 러시아를 확장시키려는 목적을 가지고 시작되었다. 1550년대 후반에 러시아가 일련의 승리를 거둔 다음, 1560년대 초반에 상황은 극적으로 전환되었다. 왜냐하면 이때 폴란드-리투아니아, 스웨덴, 덴마크가 리보니아를 자기들끼리 분할했으며, 이 지역에 대한 러시아의 노력을 중단시키기 위해서 연합했기 때문이다. 폴란드는 1572년에 지기스문트 2세가 사망한 이후에 몇 년 동안의 격동기를 경험했다. 두 번에 걸친 폴란드 국왕 선출에는 많은 이해관계와 음모가 얽혀 있었다. 합스부르크가는 왕위를 확보하기 위해서 커다란 노력을 기울였고, 이반 뇌제 자신도 다른 당파에 의해서 후보자 명단에 올려졌다. 결국 발루아 가문의 앙리가 1573년에 국왕으로 선출되는데에 성공했지만, 그는 프랑스 왕이었던 자신의 형이 죽자 프랑스 왕위를 계승하기 위해서 그 이듬해에 폴란드를 떠났다. 1575년에는 헝가리인으로서 트란실바니아의 공인 스테판 바토리가 폴란드 국왕으로 선출된 이후에 상황이 변했다. 새로운 통치자는 안정을 가져왔고, 탁월한 장군으로서 자신의 명성을 높였다. 폴란드인들은 1578년에 남부 리보니아에서 공격을 시작했다. 다음 해에 그들은 비록 아주 격렬한 전투 끝에 프스코프를 점령하는 데에는 실패했지만, 폴로츠크와 벨리키예루키를 차지했다. 스웨덴인들은 폴란드인 편을 들어 1578년에 벤덴에서 러시아 군대를 분쇄했다. 러시아는 1582년에 폴란드, 1583년에 스웨덴과 체결한 조약에 의해서 전쟁 전반에 획득했던 모든 것을 포기해야 했고, 심지어 스웨덴에게 추가로 몇몇 도시를 양도해야 했다. 그리하여 약 25년 동안의 싸움 끝에, 발트 지역을 향해서 진출하려는 이반 뇌제의 시도는 참담하게 실패했다. 모스크바국은 내부적으로는 오프리치나로 인한 황폐화, 외부적으로는 계속된 전쟁으로 기진맥진해 있었다.

이반 뇌제에 관한 이야기를 마무리하면서, 우리는 러시아가 다민족 제국으로 변모되는 것에서—사실 러시아 정교도 국가의 신민 속에는 비슬라브 계통과 비기독교 계통의 토착민들이 포함되어 있었다—그가 한 중요한 기여를 생각해보아야 하는데, 그러한 변모는 그 이후의 러시아 역사에 아주 많은 결과를 낳게 되었다. 첫 번째 핵심적인 단계는 타타르인들이 세운 카잔 한국과 아스트라한 한국에 대한 모스크바의 점령이었다. 그리하여 러시아는 중요한 볼가 지역에 대한 통제권도 확보하게 되었다. 다음 단계, 특히 서쪽으로의 이동이 저지되고 난 다음에 시베리아 쪽으로의 영토 확대가 이루어졌다. 이것은 러시아로서는 완전히 새롭게 관심을 가지게 된 방향은 아니었다. 몽골 침입 이전에도 노브고로드인들은 우랄 산맥 너머로 침투해 들어간 적이 있었다. 러시아인들은 육로와 해로 모두를 통하여 시베리아로 들어가는 북방 경로를 이용했고, 16세기 중반 무렵에는 이미 예니세이 강 하구에 도달했다. 그러나 시베리아 쪽으로 더 침투해 들어가고 그곳을 점령하는 일의 주도권은 국가가 아닌 스트로가노프 가문이 쥐고 있었다. 16세기에 스트로가노프 가문은 모스크바국의 지원을 받아 대규모 산업을 발전시켰는데, 그중에는 북동부 유럽 러시아, 특히 우스튜크 지역에서의 소금 채취 그리고 생선과 모피 획득이 포함되어 있었다. 스트로가노프 가문은 카잔을 정복한 다음에 정부로부터 카마 강 상류의 대규모 황무지를 획득했는데, 그곳에 수비대를 주둔시키고 개간할 사람들을 끌어들였다. 그들은 모피를 얻기 위해서 우랄 산맥을 가로질러 삼림 쪽으로 점차 눈길을 돌리게 되었는데, 달리 말하면 그곳은 시베리아였다. 대부분 샤머니즘을 믿고 있던 그 지역의 토착 종족들은 자신들의 명목상의 주군, 즉 소위 시비르 혹은 시베리아 칸의 부추김을 받아서 이런 침입에 저항했다. 스트로가노프 가문은 1582년에 시베리아 한국에 원정대를 파견했다. 원정대는 아마도 1,650명의 카자크들과 다른 지원자들로 구성되었는데, 카자크인 예르마크에 의하여 지휘되고 있었다. 러시아인들은 수적으로는 크게 적었지만, 보다 나은 조직력, 화기, 용감성을 이용하여 거듭된 교전에서 원주민들을 패배시켰고, 시베리아 칸인 쿠춤의 본거지를 장악했다. 이반 뇌제는 이 예상 밖의 점령이 가진 중요성을 높이 평가했고,

새로운 영토를 자신의 영토로 받아들이고 증원군을 파견했다. 예르마크는 비록 1584년에 벌어진 전투에서 지원군이 도착하기 전에 사망했지만, 그리고 시베리아 한국이 계속해서 정복되어야 했지만, 스트로가노프 가문의 원정대는 결과적으로 러시아가 서부 시베리아를 통제할 수 있는 기반을 닦았던 셈이다. 요새 도시인 튜멘이 1586년에 그곳에 건설되었고, 또다른 요새 도시인 토볼스크는 1587년에 건설되어 그 이후에는 중요한 행정 중심지가 되었다.

설명과 해석

우리가 처음에 언급했듯이 이반 뇌제의 파란만장하고 비극적인 재위기는 상이한 해석과 평가를 받아왔다. 일반적으로 역사학자들의 판단은 두 범주로 구분된다. 가장 전통적인 견해는 차르의 병적인 성격, 즉 광기를 강조하면서, 차르가 조언자들의 말에 귀를 기울였던 선한 전반부 통치기와 제정신이 아니고 피에 굶주린 폭군이 된 악한 후반부 통치기로 구분하는 입장에 초점을 맞춘다. 이 견해는 안드레이 쿠릅스키와 몇몇 다른 동시대인들의 설명에서 유래된다. 카람진은 매우 영향력 있는 러시아 역사책에서 이 견해를 채택했고, 이것은 후대의 많은 학자들에 의해서 수용되었다. 오늘날 많은 학자들은 이반의 "인격 장애"의 정도가 점점 심해졌으며 통치 중에 비합리적이고 포악하며 잔인한 행위를 많이 했다는 점을 종종 인정하면서도, 그의 행동과 심지어 잔인성을 모스크바국의 기본적인 필요와 문제라는 맥락 내에서, 그리하여 보다 커다란 목적이라는 면에서 설명하는 데에 초점을 맞춘다. 그러나 논쟁은 여기서 끝나는 것이 아니다. 심지어 이반의 병리적인 성격에 초점을 맞추지 않는 주장들 중에서도 이반의 목적과 논리가 무엇인지에 대해서는 다양한 견해가 강조되고 있다.

이반의 통치 전반부에 대한 의견 차이는 주로 표준화와 중앙집중화에 대한 이반의 노력을 어떻게 평가하는가의 문제와 관계된다. 일부 사람들은, 예를 들면 좀더 확대되고 보다 효율적인 중앙 행정, 보다 일관성 있는 법적 규칙과 절차, 더욱 강한 군대, 충성스런 중간 봉직계급, 그리고 충성스럽고 일 잘하는 지방행정의 발전 속에서 정치적인 "근대화"의 증거를 본다. 그렇지만 다른 학자들은 이런 것들은 근대화가 아니라, 주로 정치적인 "동원(mobilization)"을 위한 노력이라고 주장했다. 이 시대는 좀더 자유로운 사회라든지 서구 방식으로 독립적인 시민 영역을 발전시킨 사회도 아니었고, 국가의 필요에 잘 이용되는 사회였다는 것이다.

이반의 통치 후반부를 살펴보면, 오프리치니나는 사학사에서 특히 열띤 논쟁을 불러일으키고 있다. 오프리치니나에 대해서는 여러 가지의 합리적인 목표가 확인되었다. 보야르의 특수한 이익 범위로부터 국가를 해방시키는 것, 군주정치의 독립권에 대한 실질적인 위협 그리고 특히 오래된 공의 친족가문들로부터의 위협에 대한 대응, 엄격한 메스트니체스트보를 건너뜀으로써 차르가 봉직귀족 출신에서 발탁한 봉직자들을 전면에 배치할 수 있었다는 것, 일반적으로 자기들의 토지 때문에 군주에게만 전적으로 의지하고 그러므로 절대적으로 충성을 바치는 새로운 봉직자층을 창출하는 것 등이 바로 그런 목표들이었다. 심지어 투쟁의 격렬함과 잔인함도 차르의 성격이라기보다는 그 과제의 어려움과 귀족들의 강한 저항에서 유래되었다고 보기도 한다. 이와 관련하여 차르는 비교적 온건한 조치로부터 시작했는데, 보야르의 반대가 지속된 이후에야 강한 처벌을 하는 쪽으로 방향을 돌렸다고 주장할 수 있다. 그러므로 이반 뇌제의 통치는 마찬가지로 귀족을 억압했던 프랑스의 루이 11세나 잉글랜드의 헨리 8세의 경우와 비슷하다고 볼 수 있는 것 같다. 그러나 비판자들은 국내에서 군주정치에 대한 "실질적인" 위협은 전혀 없었으며, 보야르들과 공의 오래된 친족들조차 이미 대체로 차르의 통제하에 들어왔으며, 증거를 보면 그들의 입지가 계속 하락하고 있었다고 지적한다. 달리 말하여, 이반은 전임자들이 좀더 덜 소란스런 방식으로 이미 해결해놓은 정치적인 "문제들"을 맹공격하고 있었다는 것이다.

반면에 콜만의 설득력 있는 주장에 따르면, 이반은 미성년자로서 재위에 올랐을 때 모스크바 궁정에서 실질적인 권력이 보야르들에게 있다는 것을 깨닫게 되었다고 한다. 그녀의 주장에 따르면 이런 관점은 보야르의 권력을 부패하며 만사를 방해하고 무질서한 세력으로 보면서, 이반이 그들에게 대항하여 처음에는 늠름하게, 그리고 좌절감이 커지자 혹은 정신이상 상태가 되어가자 광기에 사로잡혀 행동하기로 결심했다는 정형화된 견해—이런 견해는 많은 교과서에서 찾아볼 수 있으며, 가장 유명한 것으로는 1940년대에 나온 예이젠시테인의 2부로 된 영화이다—와는 달랐다. 이기적인 보야르들에 대항한 군주의 영웅적인 투쟁이라는 이런 모델이 모스크바국의 연대기와 역사에 등장했던 공식적인 견해이기도 했다는 점은 그다지 놀랍지 않다. 오히려 콜만이 주장하기로는, 초기 모스크바국의 전통을 따라서 "보야르들은 정치에서 역동적이고 합법적인 역할을 맡았다." 그들은 군주에게 조언을 해주었고, 군사적이며 행정적인 리더십을 제공했다. 그런데 이것은 보야르를 옹호하는 사람들이 묘사하는 방법이기는 하지만, 이상적이고도 조화로운 체제는 아니었다. 그것은 이해집단, 경쟁 파당, 정책에 대한 의견 불일치 그리고 상당한 정도의 권력 균형이라는 특징이 있었다. 이 체제가 기능하기 위해서는 두 가지 사항, 즉 모든 파당에 의해서 존중되는 복잡한 서열 구조(즉 메스트니체스트보)와 의견 차이를 해소하고 기능적인 조화를 확보할 수 있는 카리스마적인 군주 통치자가 필요했다. 전제정치의 많은 상징들과 의식은 그 자체로 왕국 통합의 징표로서, 보야르들 사이에서 벌어지는 갈등에 한계를 그어주었다. 이것은 영향력을 얻기 위해서 많은 다툼을 벌이는 가운데서도 한 사람의 통치자를 둔 골치 아픈 정치체제였다. 여기서는 절대주의적인 통치라는 공식적인 얼굴을 제시하면서도, 계속해서 설득하고 회유하고 책략을 벌이기 위해서 통치자가 필요했다. 많은 역사학자들은 그 체제가 역기능적인 것은 아니라고 주장한다. 그러나 보야르들의 경우는 다르겠지만, 이반과 봉직귀족에게는 그 체제가 제대로 기능하는 것처럼 보이지 않았다. 이 경우에 오프리치나는 이러한 구속적인 체제를 깨고 나가려는 노력이었다고 볼 수 있다. 이반이 어린 군주일 때 강력하며 분쟁을 벌이는 보야르들을 만난 경험이 있었다는 것을 고려해볼 때, 역사학자인 크럼메이는 "의식을 치를 때의 전능함과 실제에서의 무능력이 실로 불쾌하게 생각되었던 것이 틀림없다!"라고 주장했다. 모스크바국의 실제 정치와 전제 권력의 이념 사이의 이러한 충돌은 이반이 오프리치나를 시작할 때까지 그의 전체 경험으로 확대되었을 수 있다.

  그러나 이반 뇌제의 행동을 러시아 역사와 비교 정치의 맥락 안에서 아무리 훌륭하고 유익하게 설명하더라도, 여전히 중대한 의문점은 남아 있다. 만약 우리가 그의 권력에 대한 실질적인 위협은 전혀 없었으며 보야르의 영향력이 실제로 작동되지 않은 것이 아니라는 주장을 받아들인다면, 남아 있는 최상의 설명은 이런 위협과 결함이 이반에게는 실제로 존재하는 것으로 보였다는 것이다. 이것은 이념적인, 그리고 기호학적인(semiotic) 설명 혹은 심리적인 설명이라고 불릴 수 있는 것으로 우리를 이끈다. 첫 번째의 설명은 이반이 차르의 절대적인 권력 신화—그토록 많은 의식과 상징을 통해서 구체화되었다—를 아주 굳게 믿었으므로, 그것을 현실화하기를 바랐다는 것이다. 아주 널리 확산된 두 번째 주장은 이반의 내적인 악마성에 초점을 맞춘다. 심지어 봉건적 분할의 끈질긴 잔재를 극복하기 위한 근대적이고 목적의식 있는 국가라는 개념으로 이반 뇌제를 해석하기 위해서 많은 애를 썼던 소련 시기의 학자들도 이반이 병적일 정도로 의심이 많았고 잔인했다는 점을 인정했다. 이반의 어린 시절의 경험이 그에게 고통스런 영향을 주었다는 점을 의심하는 역사학자들은 거의 없다. 그러나 이 모든 것들이 역사적인 정신분석이라는 위험한 지역으로 우리를 데리고 가지만, 역사학자는 그 앞에서 멈추는 것이 현명하다. 그러나 이반 4세가 정신적인 문제를 가지고 있었으며 변덕스런 인물이었다는 것을 부정하는 사람은 거의 없을 것이다. 그런 성격을 가진 사람들은 개인적으로 많은 비극을 초래해왔다. 그러나 이반 뇌제는 단순히 사적인 인물이 아니라, 권력 행사에서 제도적인 한계가 거의 없었던 거대한 국가의 통치자였다.

표도르의 재위기

이반 4세의 살아남은 아들 중 연장자인 테오도르 혹은 표도르의 통치기(1584-1598)는 러시아에 어느 정도의 평온을 가져다주었다. 새로운 차르는 신체가 허약하고 지력과 능력이 극히 제한되어 있었으나, 아주 종교적이었을 뿐만 아니라 악의가 없는 사람이었고, 전적으로 자신의 자문관들에게 의지했다. 다행스럽게도, 이 자문관들과 특히 보리스 고두노프는 자신의 역할을 아주 훌륭하게 수행했다.

그의 재위기에 일어난 중요하고 특이한 사건은 1589년에 러시아에 총주교직이 설치되었다는 것이다. 대체로 보리스 고두노프의 능숙한 외교술의 결과로, 러시아인들은 콘스탄티노플의 총주교인 예레미아로부터 러시아 교회의 수장을 정교회 세계에서 가장 높은 직책인 총주교 자리에 오르게 한다는 동의를 얻어내는 데에 성공했다. 그 이후에 동방정교회의 모든 총주교들은 마지못한 것이기는 했지만, 이런 조치에 동의했다. 보리스 고두노프의 친구인 욥 수좌대주교가 모스크바국 초대 총주교가 되었다. 러시아 정교회가 새로운 중요성을 가지게 되자, 수많은 수좌대주교, 대주교, 주교들이 임명됨으로써 성직자층이 향상되고 확대되었다. 교회 조직이 이처럼 강화된 것은 동란의 시대에 의미가 컸다는 것이 입증되었다.

표도르 재위기에 대외관계 분야에서는 1586년에 스테판 바토리가 사망한 다음에 표도르가 폴란드 왕위 계승 후보로 나섰다가 성공하지 못했던 일, 스웨덴을 대상으로 벌인 전쟁에서 승리한 일이 있었다. 1595년에 스웨덴과의 전쟁이 끝나면서 모스크바국은 1583년의 조약으로 양도되었던 핀란드 만 근처의 영토와 도시들을 반환받았고, 그리하여 리보니아 전쟁 이전의 국경이 회복되었다. 1586년에는 이슬람 교도들에 의하여 포위된 캅카스 지방의 정교도 국가인 그루지야 왕국이 러시아 차르의 속국이 되게 해달라고 청원했다. 그루지야는 16세기에 명목적이고 일시적인 것 이상의 관계를 맺기에는 너무나 멀리 떨어져 있었지만, 이러한 청원은 나중에 러시아가 팽창해나가는 방향을 가리켜주었다.

또한 표도르가 재위 중인 1591년에는 우글리치의 드미트리 공이 사망했는데, 그것에 얽힌 배경으로 인해서 그 사건은 러시아 역사에서 가장 유명한 추리 소설의 소재가 되었다. 차르의 동생이자 통치 가문에서 살아남은 또다른 유일한 남자인, 아홉 살 반의 나이였던 드미트리는 우글리치에 있는 자신의 집 안뜰에서 목이 베인 채 죽어 있었다. 사람들은 폭동을 일으켰고, 어린 드미트리의 경비원들이 그를 살해했다고 비난하면서, 그들을 죽여버렸다. 바실리 슈이스키 공이 이끈 공식적인 조사 위원회는 드미트리가 칼을 가지고 놀다가 간질 발작을 일으켜서 자신에게 치명상을 입혔다고 발표했다. 많은 동시대 사람들과 후대의 역사학자들은 스스로 차르가 되기로 결심한 보리스 고두노프의 명령에 따라 드미트리가 살해되었다는 결론을 내렸다. 그러나 플라토노프는 이런 견해에 대해서 설득력 있는 반론을 내놓았다. 이반 뇌제의 7번째 아내의 아들―교회법으로는 세 명의 아내만이 용납되었다―인 드미트리는 왕위에 오를 수 있는 가능성이 아주 낮았으며, 더구나 아직 30대에 불과한 표도르가 자신의 아들을 낳을 수도 있었다는 것이다. 만약 보리스 고두노프가 이 일을 벌였다면, 자신의 대리인들 및 측근들과 직접 연결시키지 않고 훨씬 더 교묘하게 살인 사건을 꾸몄을 것이라고 플라토노프는 주장했다. 보다 최근에 베르나츠키는 비록 피살되었다는 주장이 드미트리 공의 사고사 직후에 제기되기는 했지만, 암살의 직접적인 증거는 전혀 없다고 주장했다. 그러나 학자들은 플라토노프와 베르나츠키의 설명에 만족할 수 있어도, 일반 대중은 의심의 여지 없이 푸시킨의 희곡과 무소륵스키의 오페라인「보리스 고두노프(Boris Godunov)」에서 소중하게 간직되어 있는 이전의 해석을 더 선호하는 편이다.

보리스 고두노프는 비록 드미트리를 살해하지 않았을지는 모르지만, 권력을 차지하기 위해서 온갖 다른 노력을 기울였다. 보리스 고두노프는 정교도로 개종하고 러시아화된 어떤 몽골계의 봉직귀족 가문 출신이었는데, 사실상 문맹이었으나 궁정 음모, 외교, 국정 운영에서는 기묘할 정도의 지력과 능력을 발휘했다. 또한 그는 자신의 누이인 이리나가 표도르와 결혼했기 때문에, 차르의 근접 거리에 있다는 점을 십분 활용했다. 보리스 고두노프는 몇 년 안에 궁정 내에서 자신의 경쟁자들을 물리치고, 1588년 무렵에는 러시아의 실질적인 통치자가 되었다. 보리스 고두노프는 권력과 엄청난 개인적 부에 보태어, 그의 높은 지위를 나타내는 특이한 외적 징표들을 획득했다. 즉, 아주 굉장하고 계속 높아진 그의 공식 직함, 모스크바국을 대표하여 외교 문제를 처리할 수 있는 공식적인 권리, 차르의 것을 모방한 별도의 궁정 등이 바로 그런 것들이다. 외국의 사절들은 표도르를 예방한 다음에, 고두노프의 궁정에 모습을 드러내야 했다. 차르가 후계자 없이 1598년에 사망했을 때, 보리스 고두노프는 제위에 오를 준비가 되어 있으며 그 일을 기다리고 있었다. 그러나 그의 재위기는 그의 야망의 성공적인 완성이라기보다는 동란의 시대의 전주곡이 될 운명을 가지고 있었다.

제16장

동란의 시대(1598-1613)

> 오, 신이시여, 당신의 백성을 구원하시고, 당신이 물려준 유산을 축복하소서.……이 도시와 이 거룩한 성전과 모든 도시와 땅을, 역병과 기근, 지진, 홍수, 화재, 칼, 적들의 침입 그리고 내전으로부터 보호해주소서.……　　—정교회의 어느 기도문

동란의 시대(the Time of Troubles)—러시아어로는 스무트노예 브레먀(Smutnoe Vremia)—는 17세기 초, 혹은 대략 보리스 고두노프가 1598년에 모스크바국의 제위를 계승한 때부터 1613년에 미하일이 차르로 선출되어 로마노프 왕조가 성립된 때까지, 러시아 역사에서 특히 혼란스럽고 고통스런 격동의 시기를 가리킨다. 우리는 동란의 시대에 대한 위대한 연구자인 플라토노프를 따라서, 가장 중요한 논점에 기반을 두고 이 기간을 세 개의 연속적인 부분, 즉 왕조적 국면, 사회적 국면, 국가적 국면으로 세분할 수 있다. 이런 분류를 통해서 우리는 이 시기에 대한 연구가 아주 복잡한 것임을 금방 알 수 있다. 마찬가지로 19세기 말에 저술 활동을 했던 플라토노프 이래로, 학자들은 이 혼란스런 시기에 벌어진 사건들을 어떻게 하면 가장 제대로 규정할 수 있는지에 대해서 토론을 벌여왔다. 특히 주로 이 시기가 사회적, 계급적 갈등(고전적인 마르크스주의적 정의에서는 "농민전쟁")이었는가, 아니면 수평적 구분보다는 수직적 구분을 강조하는 견해인 "내전"이었는지의 문제가 논란의 대상이다. 이 두 가지 모델은 외부 개입의 중요성을 낮게 평가하며—이것은 혁명 전의 러시아와 스탈린 시대 소련 역사 서술의 핵심적인 특징이다—내부 문제에 주로 뿌리를 둔 갈등에 주안점을 둔다.

왕조적 국면은 차르인 표도르가 서거하고, 모스크바국의 통치 가문이 단절된 사실로부터 유래되었다. 이제 모스크바국 역사상 처음으로 정상적인 제위 계승자가 한 사람도 남지 않게 되었다. 계승 문제의 해결이 더더욱 어려웠던 이유는 모스크바국에 계승법이 전혀 존재하지 않았고, 제위 계승자라고 주장하는 사람들이 다수 등장했으며, 러시아인들이 서로 다른 방향으로 새로운 통치자를 찾았고, 러시아인들이 단절된 왕조와의 연계성에 명백히 아주 큰 프리미엄을 부여함으로써 기이한 음모 및 사칭을 향한 길을 열어놓았기 때문이었다.

왕조적 문제는 후계자가 우연히 존재하지 않음에 따라서 생겨났다면, 국가적 문제는 서부와 북부에서 수 세기 동안이나 지속된 러시아인들의 투쟁에서 주로 초래되었다. 폴란드, 그보다 적은 정도로는 스웨덴이 러시아의 갑작스런 약화를 이용하려는 강한 충동을 느꼈다. 특히 폴란드가 복잡하게 개입한 것은 동유럽의 역사에서 몇몇 핵심적인 문제와 가능성을 반영했다.

그러나 우리의 주요 관심사는 사회적 측면이다. 왜냐하면 왕조적 문제를 그토록 중요하게 만들었으며, 모스크바국을 외부로부터의 음모와 침입에 노출시킨 것은 사회적 해체, 분쟁, 실질적인 붕괴였기 때문이다. 동란의 시대는 모스크바국이 성장함에 따라서 생겨난 혼란과 긴장의 최종 결과물이었을 따름이라고 이해할 수 있다. 러시아의 역사는 서유럽 국가들의 역사와 비교하여 좀더 조잡하거나 단순한 과정을 겪었으며, 특히 러시아의 사회구조에는 복잡성과 분화가 어느 정도 결여되어 있었다고 흔히 설명되어왔다. 이런 접근법은 신중하게 취급되기는 해야 하지만, 무시되어서도 안 된다. 우리는 분령 시기 러시아를 초기 혹은 미발달된 봉건제라는 용어로 기술하는 것이 적절할 것이라고 앞서 언급했다. 모스크바국의 성장은 러시아의 사회관계가 더욱더 극단적으로 단순화되었음을 의미했다.

모스크바국은 영토를 확장하고, 커져가던 영토를 방어하기 위해서 봉직자들, 즉 전투에 참여하기도 하고 정부를 위해서 행정이나 여타 업무를 담당하기도 하던 사람들에게 의지했다. 봉직자들—결국에는 봉직귀족(service gentry) 혹은 단지 드보랴닌(dvorianin)이라고 알려졌다—은 자신들의 영지를 가지고 생활했다. 이런 식으로 봉직에 대한 대가로 부여된 영지인 포메스티예는 모스크바국의 사회질서의 기반이 되었다. 모스크바국 정부는 포메스티예로 주기에 적합한 토지를 계속해서 찾기 위해서, 노브고로드를 획득한 이후에 노브고로드 보야르들이 가진 보유지의 대부분과 심지어 노브고로드 교회가 보유한 토지의 절반을 몰수했다. 이미 언급했듯이, 세습 지주 역시 국가에 봉사할 의무를 지고 있었다. 모스크바국이 북쪽과 북동쪽 이외의 전 국경에서 계속해서 전쟁을 벌이며 급속히 확대됨에 따라, 정부와 국민들이 가진 재원이 한계점에 다다를 정도로 큰 부담이 가해졌다. 모스크바국 당국은 좀더 많은 봉직귀족을 확보하기 위해서 엄청난 노력을 기울였다. "군사 업무에 적합한 사람들이 부족했기 때문에, 정부는 기존의 봉직자층에 덧보태어, 자유인이든지 비자유인이든지, 귀족이든지 평민이든지, 사방에서 군인으로서의 요건에 부합한 사람들이 있는 모스크바국의 모든 사회층으로부터 필요한 사람들을 선발하여 포메스티예에 정착시켰다." 그리하여, 예를 들면 노브고로드와 프스코프 지역에 있는 소규모 토지 보유자들과 수적으로 점차 증가되고 있던 몽골인들—그중 일부는 기독교로 개종조차 하지 않았다—이 봉직귀족의 일원이 되기도 했다.

모스크바가 "러시아 모으기"에 성공하고 분령지가 사라졌을 때, 공들과 보야르들은 모스크바국의 중앙집권화와 절대주의를 강력히 저지하는 데에 실패했다. 사실, 그들 중 많은 사람들이 제대로 저항도 하지 못한 채 이반 뇌제에 의해서 살해당했다. 그렇지만 모스크바국의 전제자들이 오래된 상층계급에 대해서 거둔 비교적 손쉬운 승리는 그 뒤에 여러 가지 문제점을 낳았다. 특히 모스크바국 정부가 실질적인 대체 인물들을 마련하지도 않은 채, 너무나 성급하게 분령지의 통치 세력을 제거해버렸다는 주장이 있어왔다. 그 결과 정치적 및 사회적 체계가 약화되었고, 이것은 동란의 시대가 발생하는 데에 일조했다. 그리고 보리스 고두노프가 사망한 이후에 차르의 권위가 약화된 것에 이어서, 보야르의 반발도 동란의 시대의 한 원인이 되었다.

모스크바국이 팽창하면서 행정과 기구를 중앙집중화하며 표준화하고, 또다른 계급의 이해를 봉직귀족의 이해에 종속시켰기 때문에 도시도 어려움을 겪었다. 도시는 지방적인 자치권과 상인들, 그리고 대체로 중간계급을 희생시키고, 행정적이며 군사적인 중심지가 되었다. 이런 변화가 가장 놀라울 정도로 발생한 곳은 노브고로드와 프스코프였지만, 유사한 변화는 다른 많은 도시에서도 발생했다.

그러나 좀더 중요한 것은 국민의 대부분을 구성하고 있던 농민의 지위가 악화된 것이었다. 물론 농민들은 봉직귀족의 영지에서 노동력을 제공했고, 따라서 그 계급이 성장했다는 사실로부터 즉각적이고도 직접적인 영향을 받았다. 분명히 봉직귀족의 성장은 점점 더 많은 국유지와 농민들이 포메스티예 제도를 통해서 봉직귀족의 수중에 들어가게 되는 것을 의미했다. 그들 자신이 국가에 대한 과중한 의무를 감당하기 위해서 안간힘을 쓰고 있던 봉직귀족 지주들은 될 수 있는 한 많은 것을 농민들로부터 짜내려고 했다. 게다가 오프리치니나로 인한 파괴 행위는 이미 지나친 부담을 지고 있던 중부 러시아의 많은 지역의 농민 경제를 완전한 파국으로 몰고 갔다. 이반 4세의 통치 후반부에 발생된 기근 사태는 1601-1603년 동안의 끔찍한 시기에 다시 반복되었다.

많은 농민들은 도망치려고 시도했다. 러시아가 카잔 한국과 아스트라한 한국을 정복함으로써 동남쪽 방향의 비옥한 토지로 향한 길이 열렸고, 정부는 처음에 이 지역에 대한 러시아의 장악력을 높이기 위해서 이주를 장려했다. 그러나 이런 정책은 봉직귀족의 이해와 충돌할 수밖에 없었다. 왜냐하면 봉직귀족이 국가에 대한 봉사능력을 보유할 수 있으려면, 그들이 데리고 있던 농민들이 도망치지 못하도록 막을 필요가 있었기 때문이다. 그러므로 16세기의 마지막 4반세기에 모스크바국 당국은 봉직귀족이 노동력을 확보할 수 있도록 보장해주기 위해서 각별히 단호한 노력을 기울였다. 합법적인 이주는 중단되었다. 국가는 교회의 토지 보유를 억제하려고도 했으며, 특히 봉직귀족의 토지가 교회로 양도되는 것을 막으려고 노력했다. 나아가 흔히 말하는 농노제가 마침내 러시아에서 완전히 자리잡게 되었다. 농노제가 성장하게 된 장기적인 과정에 대해서는 나중에 논의하겠지만, 여기서는 봉직귀족의 이익을 보호하는 데에 적극적이던 정부의 태도가 적어도 농노제의 성장에 기여했다는 점이 언급될 수 있다.

경제적으로 점점 곤경에 처하고 점차로 권리를 박탈당한 농민들은 온갖 금지조치에도 불구하고, 계속해서 국경 쪽으로 도망쳐갔다. 오프리치니나로 인해서 초래된 충격적인 결과는, 불안정하고 자신의 자리를 박탈당했으며 불만에 가득찬 하층민들의 수를 증가시키는 또다른 자극을 제공했는데, 이들 하층민들은 동란의 시기에 아주 중요한 역할을 담당하게 되었다. 게다가 일부 도망 농민들은 카자크가 되었다. 1444년의 연대기에 처음 언급되는 카자크들은 자유롭거나 실질적으로 자유로운 군사적 모험가 집단이었는데, 먼 국경을 따라서 관할권이 중첩되거나 정부의 통제가 불확실한 지역에서 생겨나기 시작했다. 카자크들은 군사 조직과 기술과 모험 정신, 그리고 모스크바국의 정치 및 사회체제에 대한 증오심을 결합시켰으며, 사회적으로 광범위한 대중과 연계되어 있었으므로, 동란의 시대에 또다른 중요한 폭발력을 가지게 되었다.

이 당시에 러시아에서 불만을 품은 집단으로는 특히 볼가 강 유역에 있던 수많은 피정복 민족들과 종족들도 포함되었다. 봉직귀족 자체도 비록 특권계급이기는 했지만, 까다롭게 구는 정부에 많은 불만을 가지고 있었다. 마지막으로 거대한 모스크바국의 여러 지역에서는 상황과 문제가 상이했으며, 동란의 시대에는 국가적 사건이 전개된 것만큼이나 지방적 사건도 전개되었다는 점도 알아두어야 한다. 예를 들면, 러시아 북부에는 국가 방어의 문제가 전혀 없었고, 봉직귀족이나 농노도 거의 없었다. 간단하고 일반적인 설명을 통해서는 이런 지역적인 차이에 대해서 별다른 주의를 기울일 수 없기 때문에, 관심 있는 연구자라면 플라토노프의 저술로부터 시작되는 좀더 전문적인 문헌을 참조해야 한다.

동란의 시대의 왕조적 국면 : 보리스 고두노프와 첫 번째 가짜 드미트리

표도르의 서거와 함께 모스크바국의 왕조는 단절되고, 새로운 차르를 찾아야 했다. 보리스 고두노프가 계속해서 상황을 통제하고 있었다고 일반적으로 생각되기는 하지만, 그는 특별히 소집된 젬스키 소보르에 의해서 선출되고, 총주교와 성직자층과 국민들이 간청한 이후에야 공식적으로 제위에 올랐다. 그는 현명하고 유능한 통치자라는 것이 입증되었거나, 혹은 계속해서 그런 통치자의 모습을 보여주었다. 서구의 교육에 관심을 가지고 있던 그는 모스크바에 대학교를 설립하려고까지 생각했으나 성직자들의 반대로 포기했다. 그러나 그는 18명의 젊은이를 외국으로 유학 보냈다. 보리스 고두노프는 대외정책 면에서 다른 나라들과 평화로운 관계를 유지했으며, 교역을 장려하면서 잉글랜드 및 한자 동맹과 상업 조약을 체결했다.

그러나 이러한 노력에도 불구하고, 보리스 고두노프의 짧은 재위기(1598-1605)에는 비극적인 사건들이 발생되었다. 1601년에는 가뭄과 기근이 국민들을

재앙으로 몰아넣었다. 1602년에는 곡물 수확이 좋지 않았고, 1603년도 상당한 정도로 흉작이 든 해였다. 기근은 파국적인 양상을 띠게 되었고, 전염병도 뒤따라 발생되었다. 비록 정부가 모스크바 주민들에게 무상 급식을 실시하고, 다른 도시들에 물자를 제공하고, 극빈자들에게 일자리를 찾아주려고 했으나 이런 조치들은 재앙의 정도에 비해서는 거의 도움이 되지 못했다. 수도에서만 10만 명 이상의 사람들이 사망한 것으로 추산되고 있다. 굶주린 사람들은 풀, 나무껍질, 동물 사체, 그리고 때로는 심지어 다른 사람들조차 먹어치웠다. 절망에 빠진 큰 무리의 사람들이 나타나서 곳곳을 배회하면서 약탈하고, 때때로 정규군에게도 싸움을 걸었는데, 이런 모습은 동란의 시대의 특징적인 현상이 되었다.

 이 시점에서 보리스 고두노프가 범죄자이자 찬탈자이며, 그의 죄 때문에 러시아가 징벌받고 있다는 내용을 담은 소문이 확산되기 시작했다. 그가 드미트리 공을 암살하려는 음모를 꾸몄다는 주장이 제기되었다. 나아가 실제로 살해당한 소년은 다른 사람이며, 드미트리 공은 도망쳤고, 자신의 정당한 유산을 요구하기 위해서 되돌아올 것이라는 주장도 있었다. 머지않아 그런 주장을 하는 사람이 직접 등장했다. 대부분의 역사학자들의 생각에 따르면, 가짜 드미트리(Lzhedmitrii)는 사실 오트레피예프라는 봉직계급 출신의 젊은이로서, 수도사가 되었다가 수도원을 떠난 인물이었다. 아마도 그는 자신이 진짜 드미트리 공이라고 믿었던 것 같다. 분명히 그는 1601년과 1602년 초에 모스크바에서 산 적이 있으나, 당국이 그의 주장에 관심을 가지고 그를 체포하기로 결정하자 카자크들에게로 도망쳤다. 다음에 그는 리투아니아에 나타나서는 자신이 이반 뇌제의 아들인 드미트리 공이라는 주장을 되풀이했다. 폴란드 정부는 그의 주장을 공식적으로 전혀 인정하지 않았다. 비록 가짜 드미트리가 크라쿠프에서 국왕을 만난 자리에서 러시아인들을 로마 가톨릭으로 개종시키겠다고 약속했지만, 의회는 가짜 드미트리를 지원하는 군사적인 모험은 하지 않으려고 했다. 그러나 그는 가톨릭을 확산시키겠다는 약속을 하면서 예수회의 지지를 얻었고, 리투아니아와 폴란드의 일부 귀족들로부터도 지지받았다. 그가 폴란드의 유력 귀족의 딸인 마리나 므니제치와 약혼하고, 아마도 그 자신이 가톨릭교를 받아들임으로써 이런 유대관계는 강화되었다. 이와는 대조적으로, 가짜 드미트리가 부각되는 것에서 모스크바국의 보야르들이 맡은 역할은 그다지 명확하지 않다. 그렇지만 많은 학자들은 증거 자료가 빈약하거나 종종 아예 없기는 하지만, 중요한 보야르 집단이 보리스 고두노프를 파멸시키기 위해서 몰래 가짜 드미트리를 지원했다고 확신하게 되었다. 실로, 가짜 드미트리의 등장이라는 에피소드 전체는 보야르들의 계략이라고 설명되어왔다. 보리스 고두노프로서는 자신의 지위를 지키기 위해서, 제위 주변에 있던 보야르들에 대해서 격렬한 공격을 개시하여 1601년에 그들에 대한 대규모 숙청을 단행했다. 가짜 드미트리는 1604년 10월에 약 1,500명에 달하는 카자크들, 폴란드 용병, 다른 모험가들을 이끌고서 러시아를 침공했다.

아주 놀랍게도, 이처럼 무모한 시도는 성공을 거두었다. 비록 보리스 고두노프가 교회의 파문이나 오트레피예프의 숙부의 증언 등을 통해서, 드미트리 공은 사망했으며 참칭자는 사기꾼이자 범죄자라고 확정하려고 노력했으나, 가짜 드미트리가 자신이 진짜 차르라고 선포한 성명서는 효력을 발휘했다. 체르니고프와 같은 큰 도시를 포함하여 남부 러시아의 상당 부분에서 가짜 드미트리를 환영했다. 많은 지역에서는 당국이나 국민들이 태도를 정하는 데에 망설이기는 했지만, 확실히 저항하지는 못했다. 참칭자의 입장에서는, 모스크바국 내에서의 불만과 불안정이 폴란드 및 리투아니아의 도움보다도 더욱 중요한 것이었음이 증명되었다. 가짜 드미트리의 잡동사니 군대는 패배를 거듭했으나, 다시 등장하여 재집결했다. 그러나 가짜 드미트리가 거둔 승리에는 아마도 행운도 기여했을 것이다. 참칭자에 대한 군사적인 제압 가능성이 아주 높아 보였던 1605년 4월에 보리스 고두노프가 갑자기 사망했던 것이다. 그가 죽은 직후에 그의 휘하 지휘관이던 바스마노프는 가짜 드미트리 진영으로 넘어갔고, 보리스 고두노프의 어린 아들이자 계승자인 표도르는 모스크바에서 퇴위당하고 그의 어머니와 함께 살해당했다. 그리하여 1605년 6월 20일에 가짜 드미트리는 의기양양하게 수도로 들어왔다.

사람들은 진짜 차르가 자신이 물려받은 제위를 기적적으로 되찾았다고 생각하면서 기뻐했다. 폭동으로 고두노프 가문이 타도되기 전날에, 바실리 슈이스키는 자신이 과거에 했던 증언을 공개적으로 부정하면서, 우글리치에서 드미트리 공이 암살자들을 피해서 달아났으며 그 대신에 다른 소년이 살해당했다고 주장했다. 1605년 7월에 사람들은 마르타라는 이름으로 수녀가 되었던 드미트리

공의 어머니를 데리고 와서, 오래 전에 잃어버린 아들이 맞는지 확인하도록 했다. 다정한 만남이 이루어지던 도중에 그녀는 그가 자신의 아들이라고 선언했다. 바스마노프 같은 가짜 드미트리의 추종자들은 제위 주변에 있던 고두노프의 지지자들의 자리를 물려받았다. 일찍 참칭자 편에 섰던 인물들 중의 한 사람으로서 그리스 성직자인 이그나티우스는 보리스 고두노프의 친구인 욥을 대신해서 총주교가 되었다. 새로운 차르는 전임자의 통치 후반기에 고통을 겪었던 보야르들의 명예를 회복시켜주고, 감옥에서 풀어주거나 망명생활로부터 복귀시켰다. 이런 혜택을 입은 사람들 중에는 보리스 고두노프가 강제로 성직자가 되게 해서 추방시킨 뒤 북부의 어떤 수도원장이 되었던 필라레트, 즉 원래 이름이 표도르 로마노프인 인물도 포함되어 있었다. 필라레트는 로스토프의 수좌대주교가 되었다.

가짜 드미트리는 허리선이 없는 옷을 입으며, 양팔의 길이가 다르고, 언제나 곤두선 붉은 머리카락을 가지고 있으며, 얼굴에는 크고 흉측한 사마귀가 나 있고, 커다란 코는 보기 싫을 정도였고, 매정하고도 음울한 표정을 짓고 있는 비호감의 인물로 묘사되어왔다. 차르로서의 그의 업적에 대한 평가는 사료가 부족하기 때문에 쉽지 않았다(많은 사료는 그가 타도된 이후에 불타버렸다). 일부 역사학자들은 그를 보수적인 보야르들과 충돌하며 근대화를 추진했던 인물로 본다. 다른 역사학자들은 그가 보야르들에게 크게 의존하면서, 심지어 폴란드 모델을 따라 봉직귀족이 영향력을 행사하는 모델을 만들어가기 시작했다고 묘사했다. 마찬가지로, 그의 사회 정책이 농민들에게 유리했다고 주장할 만한 증거는 거의 없다. 그의 주된 관심은 자신에게 크게 충성을 바치던 귀족 봉직자들의 이익을 보호하는 데에 있었고, 그들에게 속한 농민들의 처지를 개선시키는 것에 있지는 않았던 것으로 보인다. 그는 누군가의 꼭두각시가 되기를 거부했으며, 특히 가톨릭교의 도입에 관한 약속을 지키지 않았다. 그는 이런 약속을 지키려고 행동하는 대신에, 투르크족을 유럽에서 몰아내겠다는 웅대한 계획을 발표했다.

모스크바국 사람들은 자신들의 새로운 통치자의 태도에 당황했다. 가짜 드미트리는 기존의 관습과 예절을 여러 차례 지키지 않았다. 그는 교회 미사에 참석하지 않으려고 했고, 오후에는 낮잠도 자지 않고 폴란드 옷을 입고는 혼자서

가짜 드미트리. 라틴어가 사용된 것과, 그가 폴란드 옷을 입고 있음을 주목하라. (*Tsartvuiushchii dom Romanovykh*)

도시를 배회했다. 차르를 따라 온 폴란드인들은 훨씬 더 큰 충격을 주었다. 눈에 잘 띄고 소란스러웠던 이 폴란드인들은 보통 러시아인들을 경멸했는데, 러시아인들로서도 그들을 적이자 이단자로 의심하며 혐오했다. 그러나 플라토노프와 다른 많은 전문가들의 견해에 따르면, 가짜 드미트리에게 불리한 주요 논거는 단지 그가 이미 자신의 역할을 다했다는 사실에 있었다. 보야르들은 고두노프 가문에 대항하여 그를 성공적으로 이용했고, 이제 그를 처치하려고 결정했다는 것이다.

가짜 드미트리가 승리를 거둔 직후에, 바실리 슈이스키와 그의 형제들은 새로운 차르가 결국은 사기꾼이라는 취지의 소문을 퍼뜨리기 시작했던 것 같다. 그들은 체포되어 사형 판결을 받았으나, 추방당했다가 몇 달 뒤에 관대한 차르에 의하여 완전히 사면되었다. 일부 전문가들에 따르면, 이것은 가짜 드미트리가 자신이 진정한 제위 후계자라고 믿었던 확실한 징표였다. 치세 중에 일어난 사건으로서 다음으로 가장 중요한 것은 차르와 마리나 므니제치의 결혼이었는데, 이것은 긴장을 더욱 고조시켰다. 결혼식은 1606년 5월 8일에 모스크바에서 거행되었다. 그렇지만 마리나는 여전히 가톨릭 교도로 남아 있었고, 자신과 함께 또 다른 큰 무리의 폴란드인들을 데리고 왔다. 이로써 폴란드인들과 러시아인들 사이에 언쟁과 충돌을 벌이는 일이 잦아졌다.

바실리 슈이스키 공과 바실리 골리친 공을 비롯한 다른 보야르들은 준비 작업을 거친 후인 5월 26일 밤에, 근처에 주둔하고 있던 대규모 병력을 이끌고 모스크바로 들어갔다. 그들의 쿠데타는 차르를 폴란드인들로부터 구한다는 기치하에 시작되었지만, 일이 진전되면서 차르는 사기꾼이라는 비난을 받았다. 궁정을 지키던 사람들은 제압당했다. 가짜 드미트리는 도망치려고 했으나, 봉기를 일으킨 사람들에게 넘겨진 후에 소총 부대원들에 의해서 살해당했다. 이 일은 분명히 소총 부대원들이 우글리치의 드미트리 공의 어머니인 마르타 수녀로부터 차르가 사기꾼이라고 설득당한 이후에 벌어졌다. 바스마노프와 2,000-3,000명의 다른 러시아인들 및 폴란드인들이 죽임을 당했다. 총주교인 이그나티우스는 퇴위당했다.

이리하여 고두노프 가문과 그 가문의 경쟁자는 무대에서 사라졌다. 자신의 추종 세력의 희망 및 모스크바국 군중의 지지하는 고함 이외의 다른 더 큰 승인을 얻지 못한 채, 바실리 슈이스키 공이 다음 차르가 되었다. 새로운 차르는 몇 가지 흥미로운 약속을 확인해주었다. 그는 보야르 두마의 결정 없이는 어느 누구도 처형하지 않겠다고 했다. 그리고 어떤 가문의 죄 없는 사람들은 죄지은 친척 때문에 고통을 겪지 않을 것이라고 했다. 어떤 고발 내용도 자세한 조사가 이루어지지 않고서는 신뢰되지 않을 것이며, 무고꾼들은 처벌받을 것이라고 했다. 비록 바실리 슈이스키의 선언이 전제정치에 대한 효과적인 규제책이라고 보는 역사학자들이 이 문제를 과장하고 있는 것 같기는 하지만, 차르의 공언 속에서는 이반 뇌제나 보리스 고두노프 같은 통치자들이 실시한 박해에 대항해서 최소한의 보호 장치를 확보해놓으려는 보야르들의 노력만이 아니라, 차르가 보야르들과 맺고 있던 유대관계가 반영되어 있었다. 게다가 보야르들은 새로운 군주 아래에서 어느 정도의 자유를 획득했으며, 차르에 대해서 종종 자기들 마음대로 행동하기도 했고 순종적이지는 않았던 것 같다.

정부는 가짜 드미트리가 사기꾼으로서 요술을 사용하여 제위를 차지했으며, 마르타 수녀 및 다른 사람들에게 자신이 진정한 군주라고 인정하도록 강요했다는 점을 사람들에게 확신시키기 위해서 최선을 다했다. 가짜 드미트리의 시신은 붉은 광장에서 공개된 뒤 불태워졌다. 전설에 따르면, 시신을 태우고 남은 재는 대포에 장전되어 폴란드 방향으로 발사되었다고 한다. 이런 일과 가짜 드미트리에 대한 바실리 슈이스키와 마르타의 비난에 더해서, 사람들을 설득하기 위해서 또다른 진기한 일이 벌어졌다. 1606년 6월에 우글리치의 드미트리 공이 시성되었고, 그의 유해가 모스크바로 운반되어왔던 것이다.

사회적 국면 : 볼로트니코프 반란과 제2의 가짜 드미트리

가짜 드미트리가 폐위되어 피살당함에 따라서, 전국적으로 국가의 권위는 더욱 약화된 반면에 불만 및 반란 세력의 규모는 커지고 힘은 강화되었다. 사실, 러시아인들은 13년 반 사이에 보리스 고두노프, 표도르 고두노프, 가짜 드미트리, 바실리 슈이스키 등 네 명의 차르를 가졌고, 음모와 내전과 살인 그리고 전반적인 국력의 약화 속에서 한때 강력했던 정부의 통제력과 리더십은 붕괴되었다. 게다가 변화의 와중에 보야르들이 어떠한 이익을 챙겼든지 간에, 일반 대중은 얻은 것이 하나도 없었으므로 그들의 불만은 커져갔다. 실제로, 바실리 슈이스키의 불행한 통치기인 1606-1610년은 단지 보야르 일파의 승리를 의미할 뿐, 대중적인 인정을 전혀 받지 못했고 대중의 지지도 거의 없었다.

반정부 움직임과 노골적인 반란은 다양한 형태로 전개되었다. 바실리 슈이스키의 정적인 샤홉스코이 공 등의 사람들은 남부 러시아 도시들이 차르에 대항하여 들고 일어나도록 부추겼다. 무질서 사태가 볼가 강 유역의 도시들을 휩쓸었고, 먼 남동쪽에 있는 아스트라한에서는 흐보로스티닌 공이 바실리 슈이스키에게 반기를 들었다. 마찬가지로 다른 지역에서도 지방 당국이 새로운 통치자에게 복종하기를 거부했다. 가짜 드미트리가 죽음을 피해서 살아남았다는 소문이 끈질기게 나돌았고, 그의 이름만 내걸어도 사람들이 모였다. 농노들과 노예들은 지주와 국가에 대항해서 많은 대규모 봉기를 일으키기 시작했다. 경우에 따라서 그들은 모스크바국 러시아의 억압적인 정치 및 사회 체제를 전복시키려고 시도하던 핀어 계통의 모르드바와 같은 토착 민족들과 연합했다.

샤홉스코이와 볼로트니코프가 남부에서 이끌던 반란은 정부에, 그리고 사실상 기존 질서 전체에 아주 중대한 위협을 가했다. 볼로트니코프는 동란의 시대에 사회적 혼란을 일으켜 유명세를 얻게 된 특기할 만한 인물이었다. 그는 전직 군대 노예이자 카자크였는데, 타타르족과 투르크족의 포로가 되었다가 탈출하여 폴란드를 경유해서 러시아로 돌아왔다고 주장했다. 그는 샤홉스코이에게 자신이 폴란드에서 바실리 슈이스키의 살해 기도를 피해서 살아남은 드미트리 차르를 만났는데, 볼로트니코프 자신을 그의 군대 사령관으로 임명했다고 말했다. 샤홉스코이는 이 주장을 받아들였다. 반란군은 정의로운 차르를 위해서 싸우는 것을 넘어, 권위와 부에 대항한 전쟁에서 하층계급 사람들을 결집시켰다. 일부 사료—주로 친슈이스키 군대의 증언에 근거하고 있으므로 사실 여부가 불확실하다—에 따르면, 가난한 사람들이 자신들의 이익을 위해서 싸우며, 주인들에게 들고 일어나서 그들을 죽이도록 촉구하는 성명서도 있다. 그 대가로 그들은 주인들의 땅과 아내와 고위직을 보상으로 받게 되리라는 것이었다. 남쪽에서 온 군대는 1606년 10월에 모스크바 성문 앞에 도달했으나, 차르의 뛰어난 젊은 조카인 스코핀-슈이스키가 지휘하던 정부군에 의해서 제지당했다. 아마도 반란군의 분열은 필연적이었을 것이다. 랴푸노프 형제가 이끌던 랴잔의 봉직귀족 부대와 파슈코프가 이끌던 툴라의 봉직귀족 부대는 계급적인 이유에서 반란을 일으킨 볼로트니코프와 결별하고, 심지어 상당수가 바실리 슈이스키 편으로 넘어갔다. 차르는 다른 원군 부대도 얻게 되었다. 1607년에 대규모 정부군이 툴라에서 반란군을 둘러싼 다음, 4개월 동안 격렬한 포위 공격을 벌이고 도시 일부를 침수시킨 끝에 반란군으로부터 항복을 얻어냈다. 샤홉스코이는 북쪽 지방으로 유배당했다. 볼로트니코프도 유배당했는데, 그 직후에 맹인이 되어 익사당했다.

반란군은 드미트리 차르를 직접 만들어낼 수 없었다는 점 때문에 약화되기도 했다. 그러나 그들에게 잠시 또다른 참칭자인 가짜 표트르(Lzhepyotr)가 있었던 적은 있었다. 가짜 표트르는 자신이 차르 표도르의 아들로서 1592년에 태어났다고 주장했는데, 사실 이런 아들은 결코 존재한 적이 없었다. 가짜 표트르는 툴라가 함락된 이후에 교수형에 처해졌다. 질서가 붕괴되고 무질서가 확산됨에 따라 점점 더 많은 참칭자들이 등장했다. 특히 카자크들은 다양한 이름으로 수많은 참칭자들을 배출했는데, 그들은 자신들이 이끌던 집단과 운동에 어느 정도의 법적 승인을 부여해줄 것을 이상한 방식으로 요구했던 것 같다. 그러나 전국적으로 알려지게 된 인물은 또다른 가짜 드미트리, 즉 제2의 가짜 드미트리였다. 그는 툴라가 함락되기 직전인 1607년 8월에 등장함으로써 샤홉스코이와 볼로트니코프 진영에 가담하기에는 너무 늦었지만, 혼자의 힘으로 곧 인기를 끌게 되었다.

새로운 가짜 드미트리는 자신이 우글리치의 드미트리 공이며, 고두노프 가문을 물리치고 보야르들의 음모에 의해서 폐위되었던 차르 드미트리라고 주장했지만, 그중 어느 누구도 닮지 않았다. 첫 번째 참칭자와는 대조적으로, 그는 자신이 사기꾼이라는 사실을 분명히 깨닫고 있었으며 그의 부관들 역시 이 점에 관한 한 아무런 환상도 가지고 있지 않았다. 제2의 가짜 드미트리의 신원과 배경에 대해서 알려진 확실한 것은 아무것도 없다. 초기의 사료에서 언급된 기록에 따르면, 그는 리투아니아의 국경 도시에서 투옥 생활을 하고 있었다. 출발은 이처럼 유망하지 못했지만, 새로운 참칭자는 수많은 지지자들을 급속히 끌어모았다. 그는 샤홉스코이와 볼로트니코프가 패배한 이후에 사회 불만과 불안정 세력의 구심점이 되었다. 그는 대규모 카자크들, 용병들, 모험가들을 특히 폴란드와 리투아니아로부터 끌어들였는데, 그중에는 여러 명의 유명한 폴란드 지휘관들도 있었다. 마리나 므니제치는 그를 자기 남편이라고 인정하면서, 나중에 그의 아들을 낳았고, 마르타 수녀는 그가 자기 아들이라고 선언했다.

바실리 슈이스키는 새로운 적을 과소평가하여 제때에 강력하게 대응하지 않는 중대한 실수를 저질렀다. 제2의 가짜 드미트리는 1608년 봄에 차르의 형제들 중 한 명인 드미트리 슈이스키가 지휘하는 정부군을 패배시키고, 모스크바로 접근해왔다. 그는 투시노라는 모스크바 근처의 큰 마을에 본부를 설치했는데, "투시노의 도적(Tushinskii vor)"이라는 그의 역사적인 별명은 여기서 유래되었다. 스코핀-슈이스키 공은 또다시 수도가 함락되는 것을 막아냈지만, 참칭자를 패배시키거나 제거하지는 못했다. 이리하여 특이한 상황이 생겨났다. 투시노에서 제2의 가짜 드미트리는 모스크바에 있는 것들과 유사한 자신의 조정, 보야르 두마, 정부를 조직했다. 그는 세금을 징수했고, 토지와 작위와 그 외의 보상을 수여했으며, 재판도 하고 처벌도 했다. 남부 러시아와 수도 북부의 많은 도시들은 그의 권위를 인정했다. 모스크바와 투시노는 바로 옆에 위치하면서 계속적

동란의 시대(1598-1613) 249

으로 비밀스러운 거래를 했다. 많은 러시아인들은 이쪽저쪽으로 편을 옮겨 다녔고, 어떤 가문들은 양쪽 통치자를 동시에 섬겼다. 그러나 제2의 가짜 드미트리의 군대가 북부 러시아의 관문 중의 한 곳으로서 요새화되었던 성 삼위일체-성 세르기우스 대수도원을 장악하려고 했을 때, 제2의 가짜 드미트리는 일을 그르치고 말았다. 전통적인 설명에 따르면, 1,500명의 수비대는 나중에 또다른 900명이 보충되어 16개월 동안 3만 명에 달하는 병력의 포위 공격을 견뎌냈다. 그리고 투시노의 도적의 권위를 인정해오던 북부 러시아 도시들이 그가 파견한 인물들과 그의 정책을 약간 경험해본 이후에는, 그곳에서의 그의 통치는 단명에 그치고 말았다.

절망적일 정도의 곤경에 처한 바실리 슈이스키는 마침내 1609년 2월에 스웨덴과 협정을 체결해서 라 가르디가 지휘하는 6,000명의 스웨덴 파견대의 도움을 얻어냈다. 그 대가로 그는 리보니아에 대한 모든 주장을 포기했으며, 국경지역을 양도했고, 폴란드에 대항해서 스웨덴과 항구적인 동맹을 맺을 것을 약속해야 했다. 그해 남은 기간과 1610년 초에, 스코핀-슈이스키 공은 스웨덴인들의 도움을 받아 북부 러시아에서 투시노의 도적의 부대와 무리를 완전히 소탕했고, 성 삼위일체-성 세르기우스 대수도원의 포위를 풀었으며, 마침내 모스크바를 이웃에 있는 경쟁자인 투시노로부터 구출했다. 참칭자와 그의 일부 추종자들은 칼루가로 도망갔다. 그가 떠난 뒤, 그리고 전체 진영이 해체되기 전에, 투시노에 있던 러시아의 봉직귀족들은 폴란드 왕인 지기스문트 3세에게 그의 아들로서 열여섯 살가량의 젊은이였던 블라디슬라프가 몇 가지 조건하에 러시아의 차르가 되게 해달라고 부탁했다.

지기스문트 3세는 그 요청을 수락한 다음 1610년 2월에 투시노에서 파견된 러시아 사절단과 체결한 협정에 서명을 했으나, 러시아 사절단은 그 무렵이 되면 러시아의 어떤 조직도 대표하지 못하는 형편에 처해 있었다. 폴란드 왕은 1609년 가을에 러시아 문제에 깊숙이 관여하게 되었다. 그 시점에 그는 스웨덴과의 반폴란드 동맹을 구실로 모스크바국에 대한 전쟁을 선포했다. 그러나 그의 진격은 스몰렌스크의 영웅적인 방어에 의해서 제지되었다. 지기스문트 3세는 개입 초기로부터 러시아의 해체에서 큰 몫을 챙기기 위해서 큰 도박을 벌이려고 했던 것처럼 보인다. 그의 주요 목표는 스스로 폴란드만이 아니라 러시아의 통치자가 되는 것이었기 때문이다. 그러나 블라디슬라프를 초청한 일로 인하여, 그는 모스크바국의 문제에 개입할 수 있는 또다른 기회를 얻게 되었다.

1610년 3월, 성공적이었으며 인기를 얻고 있던 스코핀-슈이스키 공이 자신의 군대의 선두에 서서 의기양양하게 모스크바에 입성했다. 그러나 그의 승리는 그다지 오래 지속되지 못했다. 그는 5월 초에 불과 스물네 살의 나이밖에 되지 않았음에도 갑자기 사망하고 말았다. 소문에 따르면 자식이 없던 바실리 슈이스키 차르가 사망하고 나면 자신의 남편이 제위를 확실히 차지하기를 원했던 드미트리 슈이스키의 아내가 그를 독살한 것이라고 한다. 곧 새로운 재앙이 들이닥쳤다. 폴란드의 지휘관인 졸키엡스키가 스몰렌스크를 구하려고 시도하던 드미트리 슈이스키를 패배시키고는 모스크바로 진군해 들어왔다. 폴란드 부대에 의해서 점령당한 지역에 살던 사람들은 블라디슬라프에게 충성을 맹세했다. 사태가 이처럼 반전되자 투시노의 도적 역시 또다시 모스크바로 진격해 들어와서 다시 한번 수도 근처에 자리잡았다. 바실리 슈이스키는 1610년 7월에 마침내 차르 자리를 잃었다. 그는 모스크바국의 성직자, 보야르, 봉직귀족, 평민들이 모인 집회에서 폐위당하여 수도사가 되도록 강요받았다. 므스티슬랍스키를 선임자로 하고, 7명의 보야르로 구성된 보야르 두마가 정권, 혹은 그나마 남아 있던 정권을 인수했다. 공위기는 1610년으로부터 1613년까지 지속되었다.

국가적 국면

이런 정치적 및 사회적 갈등에 폴란드가 개입하고, 그 직후에 스웨덴이 개입한 일, 그리고 특히 폴란드가 모스크바를 점령한 일에 대해서 러시아 사회 내에서 반대의 움직임이 강해짐에 따라서, 동란의 시대의 국가적 국면이 시작되었다. 동란의 시대가 어떻게 극복되었는지에 대한 러시아의 전통적인 설명에서 오래 전부터 기술되어온 대로, 러시아인들의 대대적인 단결은 외국의 이교도 통치자들로부터 국가를 구하려는 본질적으로 국가적이고 종교적인 결단으로부터 영감을 얻었다. 그리고 이처럼 국가적이며 종교적인 투쟁이 점차 부각된 것은 동란의 시대의 마지막 시기에 러시아 교회가 중요한 역할을 담당했던 이유를 설명해준다. 그러나 말할 필요도 없이, 이 시기에는 왕조적 문제와 사회적 문제도 여전히 중요했다. 사실, 엄청나게 복잡한 동란의 시대를 초래한 요소들을 몇 단계로 깔끔하게 분류하는 것은 필연적으로 자의적이고 인위적일 수밖에 없다.

국가의 형편 때문에 젬스키 소보르를 소집하는 일은 쉽지 않았다. 그러나 어떤 결정이든지 아주 시급히 내려져야 했다. 모스크바국의 보야르들, 성직자들, 고위 봉직귀족들의 회합에서는 다양한 의견이 제시되었다. 제위에 오르도록 추천된 사람들 중에는 골리친 공 및 수좌대주교인 필라레트의 아들로서 당시 소년이었던 미하일 로마노프가 포함되어 있었다. 그러나 특히 보야르들에게서 지지받았던 폴란드 왕자인 블라디슬라프를 차르로 추대하자는 소리가 우세했다. 아마도 블라디슬라프는 또다른 보야르가 차르에 오르는 것을 원하지 않았던 전반적인 분위기의 덕을 보았을 것이다. 그러나 보다 중요했던 사실은 그가 계승자 후보로 오른 유력하고도 적극적인 두 명뿐인 후보 중의 한 사람이었다는 점이다. 또다른 후보는 하층계급 가운데에서, 그리고 모스크바에서 크게 지지받고 있었던 투시노의 도적이었다. 모스크바국 사람들은 1610년 8월 말에 러시아를 통치하도록 블라디슬라프를 초치하는 문제에 관해서, 폴란드 군대의 지휘관인 졸키옙스키와 협정을 맺었다. 블라디슬라프가 정교도가 되어야 한다는 점을 강조하는 등 러시아인들이 내건 조건은 비록 봉직귀족보다는 보야르적인 색채를 띠고는 있었지만, 일찍이 투시노 그룹에 의해서 폴란드 왕자에게 제시된 조건과 많은 점에서 유사했다. 열흘 후에 모스크바는 블라디슬라프에게 충성을 맹세했다. 바실리 골리친 공과 필라레트 수좌대주교와 그 외 고위 인사들이 이끈 장엄한 사절단이, 폴란드 왕과 함께 새로운 합의를 확정짓기 위해서 스몰렌스크 근처에 있던 지기스문트 3세의 본부로 출발했다. 졸키옙스키의 부대가 모스크바에 입성하는 동안, 투시노의 도적은 또다시 칼루가로 도망갔다.

모스크바국이 마침내 문제를 해결하고 확고한 정부를 가지게 되는 것 같았던 이 시점에, 상황이 또다시 반전되었다. 예기치 못하게 지기스문트 3세가 러시아 측의 제안을 거부했던 것이다. 그는 특히 블라디슬라프가 정교도로 개종하고, 스몰렌스크의 포위를 풀라는 데에 반대했다. 그러나—이런저런 구체적인 쟁점을 넘어서—그의 속셈은 아무런 조건 없이 그 자신이 러시아의 통치자가 되는 것이었다. 그러므로 어떤 합의도 이루어질 수 없었다. 마침내 국제적인 관례와는 달리, 지기스문트 3세는 자신의 주장을 받아들인 소수의 사람들을 제외한 나머지 러시아 대표들을 체포하여 폴란드로 보내버렸다. 체포된 사람들은 폴란드에서 9년의 세월을 보내야 했다. 그런 다음 지기스문트 3세는 무력과 외교술과 선전을 통해서, 러시아의 제위를 차지하기 위한 작전을 노골적으로 펼쳐나가게 되었다.

1610년 가을에 모스크바국은 완전히 절망적인 곤경에 빠져 있었다. 폴란드인들은 또다시 러시아인들의 적으로 바뀌어 있었고, 서부의 많은 지역은 물론이고 모스크바 시 자체를 차지하고 있었다. 스웨덴인들은 모스크바가 블라디슬라프에게 충성을 맹세하자 러시아인들에게 전쟁을 선포했다. 그들은 북쪽 지역으로 진격하여 노브고로드를 위협했고, 곧 자신들이 내세우던 후보인 필립 공에게 모스크바국의 제위를 넘길 것을 요구했다. 블라디슬라프의 추대가 좌절되자 투시노의 도적은 또다시 추종세력을 늘렸는데, 동부 러시아의 많은 지역이 돌아서서 그를 지지하게 되었다. 수많은 무법자 무리들이 이곳저곳을 돌아다니면서 국토를 유린하고 있었다. 그렇지만—"아무런 유익이 없는 악은 하나도 없다"라는 러시아 속담을 입증하기라도 하듯이—적어도 문제점은 점차로 분명해졌다. 블라디슬라프를 러시아의 차르 자리에 앉히라는 제안을 지기스문트 3세가 거절함으로써, 러시아인들에게 하나의 중요한 대안이 제거되었다. 보다 중요한 사실로서, 스웨덴 그리고 특히 폴란드인들의 침입은 국민적인 단결을 불러왔다. 게다가 1610년 12월에 투시노의 도적이 자신이 주둔하던 곳에서 부하들 중의 한 사람에 의해서 사적인 이유로 살해당함으로써, 러시아의 통합이라는 대의는 예상치 못한 강력한 추동력을 얻게 되었다.

차르도 없고, 폴란드에 의하여 점령된 모스크바에서 보야르 두마와 다른 정부기구가 힘을 쓸 수도 없는 상황에서 단합을 주도한 것은 교회였다. 모스크바의 총주교인 게르모겐은 러시아인들이 블라디슬라프에 대한 충성의 맹세로부터 해방되었다고 선포했다. 그리고 그는 믿을 수 있는 전령들을 통해서 다른 여러 도시에 성명서를 발송해서, 군대를 조직하고 수도를 해방시킬 것을 촉구했다. 폴란드인들이 가톨릭 교도였으므로, 총주교의 호소는 국가적인 성격만이 아니라 종교적인 성격도 강하게 가지고 있었다. 게르모겐은 특히 우니아트의 관할권이 모스크바국의 영토로 확대되는 것을 우려했는데, 이 주제에 대해서는 나중에 우크라이나에 대해서 논의할 때에 검토하게 될 것이다. 다른 성직자들과 평신도들도 국민들을 일깨우는 일에서 총주교와 함께했다. 처음으로 반응을 보인 랴잔에서는 랴푸노프가 봉직귀족, 농민들, 스코핀-슈이스키의 잔존 병력 등을 모아서 부대를 편성했다. 랴푸노프의 부대가 1611년 초에 모스크바로 행군해올 때에는 다른 병력도 합세했다. 그중에는 심지어 이전에 투시노의 도적의 휘하에 있다가 칼루가로부터 온 부대도 있었고, 트루베츠코이가 지휘하던 혼성 집단도 눈에 띄었으며, 자루츠키가 이끌던 카자크들도 포함되어 있었다. 랴푸노프, 트루베츠코이, 자루츠키가 이끌던 소위 제1차 국민군은 모스크바국의 정부로 기능했다는 점을 지적할 필요가 있다. 특히 그것에는 군사 작전과 관련된 좀더 직접적인 필요만이 아니라, 국가의 입법과 정책에 관여했던 대표자 협의회도 포함되어 있었다.

모스크바에 단지 소규모 수비대만 두고 있던 폴란드인들은 압력을 견디지 못하고 도시 대부분을 불태우고는, 주로 크렘린 안으로 피신했다. 이렇게 수가 많은 러시아 군대가 상황을 장악한 듯이 보였다. 그러나 다시 한번 사회적 적대감이 분출되었다. 카자크들은 특히 토지, 도망 농노, 카자크들의 강도 행위를 다룬 일부의 입법 조치가 봉직귀족에게 유리한 방향으로 통과되었기 때문에 격분했다. 그리고 그들은 아마도 폴란드인들이 꾸민 거짓 서류를 믿고서는 1611년 7월에 랴푸노프를 살해했다. 지도자를 잃은 봉직귀족 부대는 카자크들에게 협력할 마음을 접고는 자진 해산해버렸다. 반면에 트루베츠코이와 자루츠키의 병력은 모스크바 주변에서 계속 포위 공격을 하면서, 기능을 상실한 제1차 국민군의 정부 기구를 장악했다. 1611년 6월에 폴란드의 주력군은 마침내 스몰렌스크를 점령했는데, 전통적인 설명에 따르면 그 도시의 인구는 포위 공격 도중에 8만 명에서 8,000명으로 줄어들었다. 7월에는 스웨덴인들이 교묘한 책략을 사용하여 노브고로드를 차지했다. 그리고 프스코프에서는 때때로 제3의 가짜 드미트리라고 불리는 새로운 참칭자가 등장했다. 칼루가에서는 마리나 므니제치 및 "작은 도적"으로 알려진, 투시노의 도적과 므니제치 사이에 태어난 아들이 불만분자들의 또다른 구심점 역할을 담당하고 있었다.

그러나 러시아인들은 이런 온갖 타격을 받고도 좌절하지 않았다. 그들은 적군 측에서 활력과 결단력이 어느 정도 부족했다는 점으로부터 이익을 얻었다. 지기스문트 3세는 모스크바의 폴란드인들을 구출하기 위해서 대군을 데리고 진격하지 않고 기병대만 파견했는데, 이 기병대는 카자크들에 의해서 차단당했다. 그리고 스웨덴인들은 노브고로드를 장악한 이후에 이미 얻은 것에 대해서 만족하는 것 같았다. 그러나 러시아의 회복 능력이 과소평가되어서는 안 된다. 총주교인 게르모겐, 성 삼위일체-성 세르기우스 대수도원의 디오니수스 수도원장 등의 호소에 또다시 자극받아서, 새로운 해방운동이 볼가 강 유역에 있는 니즈니노브고로드 시에서 시작되었다. 그곳에는 지방의 정육점 상인이자 도시민 가운데 선출된 대표로서, 탁월한 지도자인 쿠즈마 미닌이 있었다. 그는 새로운 국민군을 위해서 필요한 재원을 모으는 책임을 담당했다. 니즈니노브고로드 사람들은 이 일을 위해서 재산의 3분의 1을 기부했고, 곧이어 북동쪽에 있는 다른 여러 도시와 함께 대규모 군대를 조직했다. 지휘의 책임은 랴푸노프 군대의 장군이었을 때 입은 상처로 인해서 니즈니노브고로드 근처에서 요양하고 있던 퇴역 전사인 포자르스키 공에게 부여되었다. 이 운동 전체는 국민적인 부흥만이 아니라 종교적인 부흥이라는 성격도 가지고 있었으므로, 금식과 기도를 먼저 한 다음에 시작되었다. 앞서 있었던 국민군과 마찬가지로 제2차 국민군도 군대였을 뿐만 아니라 모스크바국의 행정부 역할도 맡았다. 그곳에도 분명히 각 지방에서 온 대표들의 모임이 있었는데, 이것은 순회 젬스키 소보르라는 성격을 어느 정도 가지고 있었다.

1612년 9월 초에, 제2차 국민군은 모스크바에 도착하여 폴란드인들을 포위했다. 도시를 봉쇄하고 있던 카자크들은 중립적인 입장을 취하고 있었다. 결국 그중 일부는 미닌과 포자르스키에게 합세했지만, 다른 일부분은 자루츠키와 함께 반란을 계속하기 위해서 국경지방으로 이동했다. 11월 초에 러시아인들은 모스크바로 돌격했고, 격렬한 전투 끝에 도시의 심장부, 특히 크렘린에 있는 폴란드인들의 진지를 장악했다. 모스크바는 마침내 적들로부터 해방되었다. 최종적으로 지기스문트 3세가 폴란드 수비대를 돕기 위해서 모스크바로 직접 오는 등 폴란드 측에서 기울인 온갖 노력은 실패로 돌아갔다.

승리자들의 첫 번째 목표는 차르를 선출하여, 러시아에서 합법적이고 굳건한 정부를 수립하고 동란의 시대를 끝내는 것이었다. 이런 목적으로 1613년 초에 소집된 특별 젬스키 소보르는 500명에서 700명 정도에 이르는 사람들로 구성되었다. 그러나 우리에게 알려져 있는 최종 문서에서는 오직 277명의 서명만 있다. 그것에는 성직자, 보야르, 봉직귀족, 도시민 그리고 심지어 일부 농민 대표도 포함되어 있었는데, 여기에 참가한 농민들은 농노가 아니라 북부 러시아의 국가농민들이었음이 거의 분명하다. 서명한 농민들의 수는 12명이었다. 우리는 이 모임에 대한 기록과 토의 사항에 대한 정보를 거의 가지고 있지 않지만, 외국인을 배제하자는 결정에 의해서 일차적으로 차르 후보의 수가 줄었음을 알고 있다. 6명 혹은 그보다 조금 많은 수의 러시아인들이 후보로 거론되었는데, 그중에서 미하일 로마노프가 모임에서 차르로 선출되었다. 그리하여 로마노프 가문이 1613년부터 1917년까지 300년 이상 러시아를 통치하게 되었다.

   이런 선택이 이루어진 것에 대하여 역사학자들은 많은 이유를 제시했다. 미하일 로마노프는 이반 뇌제와 아나스타샤 로마노바의 결혼을 통하여 이전 왕조와 관련되어 있었다. 이 가문은 대중 사이에서 큰 인기를 누리고 있었다. 특히 사람들은 이반 뇌제의 첫 아내였던 착한 아나스타샤, 난폭한 차르의 희생자가 될 뻔했던 몇몇 사람들을 위험을 무릅쓰고 옹호해주었던 그녀의 남자 형제인 니키타 로마노프를 잘 기억하고 있었다. 젬스키 소보르가 소집되고 있을 때 니키타의 아들이자 미하일의 아버지인 필라레트 수좌대주교가 폴란드인들의 포로로 있었다는 점도 로마노프 가문에 이점으로 작용했다. 특히 밀류코프 등의 사람들은 필라레트가 투시노 진영과 아주 가까웠으며, 다른 보야르들보다 카자크들과 훨씬 더 좋은 관계를 맺고 있었다는 점을 강조했다. 미하일이 어리다는 점도 유리하게 작용했다. 열여섯 살에 불과했던 그는 폴란드인들이나 참칭자들과 타협하여 그들을 섬긴 적도 없었고, 일반적으로 동란의 시대에 발생되었던 극히 복잡하고 고통스런 문제에 연루된 적도 별로 없었다. 미하일 로마노프가 지명도를 얻게 된 것은 총주교인 게르모겐이 선택했기 때문이기도 했는데, 총주교 자신은 모스크바가 해방되기 직전에 폴란드인들의 포로가 되어 목숨을 잃었으므로 미하일이 차르로 선출되는 광경은 보지 못했다.

   그리하여 1613년 2월에 젬스키 소보르는 미하일 로마노프를 지지한다는 결정을 내렸다. 그다음에는 지방 여론을 알아보기 위해서 모스크바국 각지에 특사가 파견되었다. 사람들이 이런 결정을 강하게 지지한다는 특사들의 보고가 있자 미하일 로마노프는 차르로서 러시아를 통치하도록 선출되었다. 그리고 차르 칭호는 향후에 있게 될 그의 후계자들이 물려받는 것이 되었다. 그의 어머니

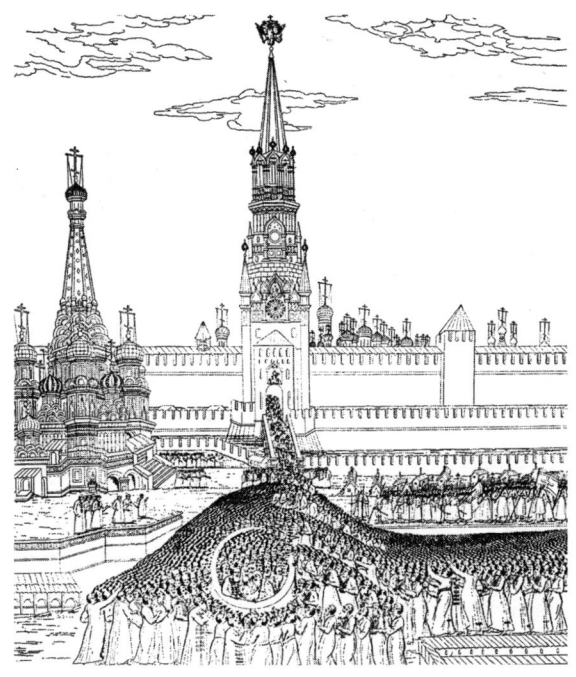

젬스키 소보르가 미하일 로마노프를 선출하고 있다. 원래의 그림 설명에 따르면, "붉은 광장에서 젬스키 소보르 뒤에 있는 모스크바 사람들(나로드)은 그들이 누구를 통치자로 원하는지 질문받고 있다." (*Tsarstvuiushchii dom Romanovykh*)

와 그가 이런 제안을 받아들이도록 설득하는 데에 또다른 시간이 소요되었다. 그리하여 마침내 미하일 로마노프는 1613년 7월 21일에 차르로 즉위했다. 플라토노프의 말을 빌리면, "통칙에 따라, 신 자신이 군주를 선택했고, 러시아 땅 전체가 기뻐하고 즐거워했다." 이 말이 시사하고 있듯이 우리는 이러한 정치적 결과가 어떻게 정당화되었는지에 대해서 좀더 많은 주의를 기울여야 한다. 전 국민의 대표들에 의해서 차르가 "선출된 것"은 확실히 정치적인 원리로서 지지된 것이 분명히 아니었고, 차르의 통치가 국민의 의지라든지 통치권의 대중적인 근원에 대한 개념에 의하여 정당화된 것도 아니었다. 차르의 "선출"은 신이 개입한 결과라고 생각되었다. 게다가 미하일 로마노프는 류리크와 성 블라디미르의 후손으로서 제위의 합법적인 계승자라는 점이 대관식과 그 이후에 강조되었다.

동란의 시대의 성격과 결과

이 일이 시사하듯이, 1598년과 1613년 사이에 발생된 모든 일들에도 불구하고, 전제정체는 원칙이자 정치질서로서 본질적으로 손상되지 않은 채 남아 있었다. 그 시기의 말미에는 오히려 전제정체야말로 유일하게 합법적인 정부 형태이자, 확실한 평화와 안정의 보장책이라는 점이 이전보다 더 명확해졌을 것이다. 그 시기에 벌어진 정치적 및 사회적 혼란에 뒤이어 국가의 중앙집권화는 확실히 강화되었다. 이반 뇌제의 통치기에 발달되었던 지방자치는 동란의 시대를 견디지 못했다. 교회 역시 나라와 백성들의 이익을 위해서 싸운 위대한 옹호자로서, 그리고 세속적인 질서가 붕괴되었을 때에도 존속되었던 가장 효율적인 국가 조직이었다는 점에서 권위와 위신을 얻게 되었다. 일반인들 사이의 반정부 움직임은 완전히 다른 통치 형태가 아니라, 좀더 나은 차르 개념과 여전히 결부되어 있었다고 볼 수 있다. 동시에, 다양한 참칭자의 추종자들이 저지른 잔인한 폭력과 약탈 행위로 인하여 적어도 한동안은 또다른 새로운 차르가 이끄는 새로운 인민 운동이라는 개념이 불신받기도 했다.

대부분의 역사학자들은 전제정치의 지속과 강화를 강조하는 이런 입장에 동의하지만, 어떤 것이 연속되고 또 어떤 것이 변화되었는지에 대해서는 각기 다른 요소들을 강조한다. 예를 들면, 학자들은 어떤 사회집단이 가장 큰 이익을 보았는지에 대해서는 의견의 일치를 보지 못하고 있다. 플라토노프와 다른 많은 역사학자들에 따르면, 최대의 패배자는 보야르와 평민들이었고 주된 승리자는 전제정치 국가와 중간 봉직귀족(middle service nobility)이었다. 보야르는 바실리 슈이스키의 통치기와 그가 폐위된 직후의 시기에 가장 커다란 권력을 획득했다. 그들의 바람은 바실리 슈이스키의 계승과 관련된 놀라울 정도로 온건한 "조건들", 즉 보야르를 자의적으로 숙청하지 않겠다는 그의 약속, 블라디슬라프를 모스크바국의 차르에 오르도록 요청한 초청 문서에서 표현되었다. 블라디슬라프를 초청할 때에는 업적에 따른 승진과 해외 유학에 대한 권리를 배제시킨 투시노의 이전 규정이 수정되었으며, 러시아로 온 외국인들이 모스크바국의 공 가문과 보야르 가문보다 높은 위치에 있어서는 안 된다는 주장이 들어 있었다. 그러나 보야르의 영향력은 지속되지 못했고 국가는 이전에 가지고 있던 권위를 회복했다. 또한 동란의 시기에 많은 보야르 가문 사람이 살해되었으며, 보야르

층은 명백히 차르의 종복이 되었다. 그러나 최근에 학계에서는 이런 해석에 의문을 제기하면서, 형식적으로는 "전제정치라는 외양"을 갖춘 모습이지만, 고래의 공과 보야르적인 귀족정치(old princely-boyar aristocracy)가 국가 내에서 커다란 영향력을 유지하고 있었다고 주장한다.

그렇지만 평민이 패배했다는 데에는 아무도 의문을 달지 않는다. 농노, 노예, 도망 농노, 부랑자, 파산자 등은 카자크들과 함께 볼로트니코프와 다양한 참칭자들을 위해서 싸우기도 하고, 수많은 군소 부대와 집단을 이루기도 했다. 비록 그들은 아무런 기록 자료를 남겨놓지 않았지만, 그들의 기본적인 요구사항은 아주 분명해 보인다. 즉, 그들은 비록 정치질서의 폐기를 요구하지는 않았지만, 모스크바국의 억압적인 사회 및 경제 질서를 철폐하라는 것이었다. 그리고 그들은 자애롭지만 여전히 전능한 차르가 도래하는 꿈에 초점을 맞추고 있었다. 그러나 과거의 사회질서는 그대로 남았고, 오히려 강화되었다. 동란의 시대 이후의 수십 년 동안에 러시아에서는 농노제가 최종적으로 완전히 정착되었고, 일반적으로 근로 대중 다수가 봉직귀족의 이익에 더욱더 복속되었다.

비록 이 현상은 변화라기보다는 16세기에 이미 자리잡은 사회적, 정치적 관계의 연장이기는 했지만, 중간 봉직귀족은 부유한 상인들과 함께 최대의 사회적 수혜자였을 것이다. 우리는 투시노의 봉직귀족이 블라디슬라프에게 모스크바국의 제위에 오르도록 요청하면서 보낸 초청장과 같은 자료를 통해서 이 계급이 원했던 더 이상의 변화에 대해서 어느 정도 이해하고 있다. 블라디슬라프가 가톨릭 교도였으므로, 제안된 조건 속에는 러시아에서 정교회를 충분히 보호해줄 것과 종교의 자유를 요구하는 사항이 포함되어 있었다. 그뿐만 아니라 거기에는 보야르 두마 및 젬스키 소보르의 도움을 받아 통치할 것, 재판 없이 어떠한 처벌도 하지 말 것, 성직자와 봉직귀족 그리고 어느 정도로는 상인들의 권리를 보존해주고 확대할 것, 업적에 따라서 봉직자들에게 포상해줄 것, 해외 유학의 권리, 동시에 농노가 주인을 떠날 수 없도록 금지해줄 것과 노예들이 해방될 수 없도록 보장해달라는 등의 내용이 들어 있었다. 정부를 수립하려는 투시노 봉직귀족의 이런 시도는 실패했다. 그러나 동란의 시기에 봉직귀족은 성공적으로 자신들의 이익을 지켰으며, 자신들이 이미 중심적인 지위를 차지했던 정치 및 사회 질서를 보존하면서 부분적으로는 재수립하는 데에 성공했다는 주장도 있다.

그러므로 우리가 이미 지적했듯이, 동란의 시대의 가장 중요한 결과는 국가의 권위와 정통성이 높아졌다는 점일 것이다. 예를 들면, 역사학자인 솔로비요프는 이 시기가 가문이나 친족보다는 국가 개념이 러시아에서 마침내 승리하는 데에 도움을 주었다고 주장했다. 그에 못지않게 중요한 사실은 장기적인 잠재력 면에서는 훨씬 더 복잡하기는 하지만, 동란의 시대가—적어도 이 시기에 벌어진 사건들이 그 이후의 시대에 기억되고, 신화화되며, 활용된 방법 면에서—민족적 정체성에 대한 새로운 감각을 키워주었다는 점이다. 슬라브주의자들—이들에 대해서는 우리가 19세기의 러시아 사상을 논의할 때 고찰하게 될 것이다—은 동란의 시대가 아마도 러시아인들의 위대성을 드러내는 긍정적인 결과를 초래했다는 주장을 아주 열정적으로 펼쳤다. 그들이 보기에 러시아인들은 아주 힘든 역경과 고난을 견뎌냈으며, 모든 외적을 물리쳤고, 자신들의 신앙과 국가를 구원했으며, 군주체제를 다시 일으켜 세웠다. 이와 유사한 입장으로서, 플라토노프를 포함한 많은 역사학자들은 외국의 개입과 귀족의 반발 그리고 백성들 사이의 혼돈 상태에 대항한 싸움에서 민족 감정이 중요하게 성장했다는 점을 지적하곤 했다. 플라토노프가 보기에 이것은 군주와 신민 모두에게 사적인 것에 대항해서 공적인 권리와 의무에 대한 새로운 인식을 배양하는 유익한 결과를 가져왔다. 물론 모든 역사학자가 그토록 낙관적인 태도를 가지고 있지는 않았다. 자유주의 계열의 많은 저술가들은 전제 권력이 살아남았으며, 오히려 국가 및 민족이라는 근대적 개념에 의하여 강화되었다고 보았다. 그런 전제 권력은 대안적인 정치적 노선을 좀더 가능성이 적게 보이도록 만들었고, 러시아 신민들 대다수, 그리고 제국이 확대되어감에 따라서 비러시아인들을 사회적으로나 정치적으로 예속시키는 데에 기여했다는 것이다. 그와 관련된 관점에서, 러시아 역사학자인 클류쳅스키는 비록 나중에 소련 역사학자들이 했던 것과 같이 긍정적인 방식으로는 아니었지만, 자유주의 저술가들과 비슷한 관점에서 동란의 시대에 발생된 사회적 대변동이 가진 장기적인 중요성을 강조했다. 클류쳅스키는 평민들이 고통을 인내하는 전통을 버렸으며, 이후 시기의 대규모 인민 반란을 향한 불화와 파괴의 유산을 남겼다는 것을 지적했다. 그는 참칭자들이 특이한 역할을 담당하고 중요했던 것은 러시아가 정치적으로 성숙하지 못했다는 것을 입증해주었다고 덧붙였다.

제17장

미하일(1613-1645), 알렉세이(1645-1676), 표도르(1676-1682)의 재위기

17세기는 이전 시기나 그 이후의 시기와 분리되어서는 안 된다. 그 시기는 미래를 위한 준비인 것과 마찬가지로 과거의 연속이자 결과이다. 그 시기는 본질적으로 표트르의 개혁을 위하여 빠른 속도로 기반을 닦았던 이행기이다.   ―밀류코프

코스토마로프의 말을 빌리면, "미성년자인 미하일 표도로비치가 선출되었을 때처럼, 그토록 슬픈 상황 속에서 새로운 군주가 제위에 오른 사례는 역사상 거의 찾아볼 수 없다." 그리고 사실 미하일 로마노프는 다른 수많은 도시만이 아니라 수도 자체가 불타버린 황폐한 나라의 권력을 가지게 되었다. 국고는 텅 비었고, 국가는 재정적으로 완전히 파탄나버린 듯이 보였다. 아스트라한에서는 마리나 므니제치와 그녀의 "작은 도적"을 자신의 진영에 데리고 있던 자루츠키가 카자크들과 다른 불만분자들을 끌어모아, 동란의 시대의 특징인 참칭자 이야기와 사회 반란을 이어갔다. 그중 일부는 수천 명의 병력을 가지고 있던 많은 떠돌이 무리들은 계속해서 국토를 약탈하고 있었다. 게다가 모스크바국은 폴란드 및 스웨덴과 전쟁을 벌이고 있었다. 이 두 나라는 다른 러시아 영토만이 아니라 각각 스몰렌스크와 노브고로드를 점령하고 있었고, 모스크바의 왕위를 위해서 각각 블라디슬라프 공과 필립 공을 자신들의 후보로 내세웠다.

이런 상황에서 열여섯 살의 차르는 젬스키 소보르가 해산하지 말고 모스크바에 남아서 자신의 통치를 도와달라고 요청했다. 젬스키 소보르는 인적 구성이 여러 번 바뀌었으나, 사실상 새로운 통치자가 선출된 초기 10년 동안 러시아의

통치에 참여했다. 플라토노프 등의 사람들은 모스크바국 사회의 "안정된" 계급과 그들이 수립한 군주정치 사이의 이런 동맹관계가 자연스러웠다는 점을 지적했다. 그리고 미하일은 보야르 두마와도 아주 긴밀하게 협력했다. 심지어 일부 역사학자들은 그가 제위에 오를 때 두마에게 전제정치를 제한하겠다는 확실한 약속을 해주었다고 믿는다. 이것은 흥미로운 가정이기는 하지만, 증거로 확인되지는 않았다. 일부가 무능함을 보여주기도 했던 차르의 자문관들 중에는 처음에는 특히 차르의 어머니 쪽 친척인 살티코프 가문 사람들이 포함되었다. 그러나 1619년에 미하일의 부친이자 수좌대주교인 필라레트가 폴란드에서의 투옥 생활에서 귀국하여 총주교가 되어, 러시아에서 가장 중요한 인물이 되었다. 필라레트는 자신의 종교적 위엄에 더해서 대군주(Velikii Gosudar)라는 칭호를 얻었다. 그 결과 국가는 두 명의 대군주를 가진 셈이었고, 서류는 두 사람의 이름으로 발행되었다. 그러나 필라레트의 실질적인 힘은 그의 유능함과 경험 그리고 특히 강한 성품으로 자신의 유약한 아들을 지배할 수 있었다는 데에 있었다. 필라레트는 거의 여든 살이 된 1633년에 사망했다.

    1613년과 그 이후의 시기에 가장 절박한 문제는 내부적인 무질서, 외국의 침입, 경제적인 파탄이었다. 비록 새로운 반란이 일어나기는 했지만, 정부는 약 3년 내에 무질서 사태에 대해서 효과적으로 대처했다. 정부 당국은 카자크들에게 어느 정도의 양보를 해주었고, 만약 스웨덴인들과 싸우는 군대에 입대하는 경우에는 모든 강도들도 사면해주었다. 그런 다음, 당국은 남아 있는 적들을 집단별로 하나씩 계속해서 제압했다. 미하일이 맡은 최초의 과제 중의 하나는 군대를 보내어 자신의 가장 위험한 반대 세력이자 카자크들의 지도자인 자루츠키, 마리나 므니제치, 그리고 제2의 가짜 드미트리의 세 살 된 아들로서 "출생에 의한 비자발적인 참칭자"로 묘사되어온 "작은 도적"을 물리치는 것이었다. 정부군이 1614년에 아스트라한을 장악했을 때 그곳의 시민들은 이미 자루츠키의 잔인한 통치에 반기를 들었으므로, 그 세 사람은 곧 체포되었다. 자루츠키는 칼에 찔려 죽었고, "작은 도적"은 교수형을 당했으며, 므니제치는 투옥 상태에서 곧 사망했다.

    모든 것을 고려해보면, 미하일 차르의 정부는 대가를 치르기는 했지만 외국의 공격을 제지했고, 국제관계를 안정시키는 데에 성공을 거두었다고 주장할 수 있다. 구스타부스 2세 혹은 구스타부스 아돌푸스를 새로운 왕으로 맞아들인 스웨덴은 유럽의 다른 지역을 차지했기 때문에, 1617년에 스톨보보에서 강화조약을 체결했다. 협정에 따라 스웨덴인들은 노브고로드와 그에 인접한 북부 러시아 영토를 반환했으나, 핀란드 만을 따라 난 띠 형태의 영토는 계속 보유했다. 그리하여 그들은 러시아인들을 바다로부터 멀리 밀어낼 수 있었다. 게다가 스웨덴은 2만 루블을 받았다. 폴란드인들은 좀더 큰 야망을 가지고 있었다. 그러나 1617-1618년에 블라디슬라프가 러시아로 원정을 떠났다가 모스크바를 차지하는 데에 실패한 이후에 합의가 이루어졌다. 14년 동안의 효력을 가지는 데울리노 휴전이 1618년에 체결되어, 폴란드는 스몰렌스크와 서부 러시아에 있는 몇몇 다른 점령지를 계속 보유하게 되었다. 필라레트를 포함하여 러시아의 포로들이 귀국할 수 있게 된 것은 바로 이때의 휴전 조항 덕분이었다. 1632년에 휴전 협정 기한이 만료되자, 다시 적대관계가 재개되었다. 그러나 1634년에 강화가 이루어졌다. 폴란드는 또다시 서부 러시아의 점령지를 계속 보유했고, 거기에 더해서 블라디블라프가 최종적으로 모스크바국의 왕위에 대한 주장을 철회하는 대신에 2만 루블을 받았다.

미하일의 재위 기간에 모스크바국의 국경 남쪽에서도 몇몇 중요한 사건이 발생했다. 돈 카자크*들은 1637년에 자신들의 힘으로 저 멀리 아조프 해 옆에 있는, 투르크의 요새 아조프를 점령했다. 1641년에 투르크의 대규모 육해군이 돌아와서 4개월간 서사시와도 같은 포위 공격을 펼쳤으나, 침입한 카자크들을 몰아낼 수 없었다. 카자크들은 투르크인들을 물리친 다음에 아조프를 미하일 차르에게 바쳤는데, 그 요청을 받아들인다면 그것은 투르크와의 전쟁을 의미했다. 1642년에 특별히 소집된 젬스키 소보르에서 봉직계급(the service class)의 대표들은 전쟁을 찬성했으나, 상인 대표와 도시민 대표들은 재정적 압박 때문에 대규모 군사 작전을 펼치기 어렵다고 주장했다. 차르는 후자의 견해를 지지했으므로, 카자크들은 아조프를 떠날 수밖에 없었다. 핀란드 만 지역과 마찬가지로 아조프 지역에서도 러시아인들의 다음번의 시도는 표트르 대제에 의해서 주도되었다.

국내에서 안정을 이룩하거나 대외적으로 평화를 얻는 것보다, 재정적인 안정

* 돈 카자크 집단은 16세기 무렵에 돈 강의 중류와 하류에서 성립되었다/역주

을 이루기는 더욱 어려웠다. 밀류코프 등의 사람들은 모스크바국의 재정이 파국을 맞이한 것은 과도한 영토 팽창, 그리고 국가의 필요와 요구 사항이 국민들의 경제 능력을 초과하는 경향이 있었다는 사실로부터 초래되었다는 점을 지적했다. 동란의 시대는 많은 국력 소모와 혼란을 불러왔다. 미하일 차르의 정부는 재정을 확충하기 위한 필사적인 노력을 기울이면서 다양한 방책을 강구했다. 연체 세금을 징수하고, 새로운 세금을 부과하고, 스트로가노프 가문으로부터 3,000루블, 1만6,000루블, 4만 루블을 차례대로 빌린 것처럼 빚을 얻는 것 등이 그런 방법이었다. 1614년에는 도시에서 "5분의 1세금(piatinnye den'gi)"이라는 특별 세금, 그리고 농촌에서도 상응하는 금액의 세금을 징수하는 법이 제정되었다. 전문가들은 이 세금이 각 사람의 재산의 5분의 1인지 수입의 5분의 1인지 논쟁을 벌이고 있지만, 그 세금이 가혹한 것이었음은 분명하다. 정부는 나중에 "10분의 1세금"이라는 유사한 세금을 두 번이나 제정했다. 대체로, 국가가 업무를 수행하기에 충분한 정도의 자금이 모였다. 그러나 미하일의 통치기에는 처음처럼 마지막에도 재정 상황이 절망적일 정도였다. 재정 상황은 나중에 미하일의 후계자들을 더욱 큰 위기로 몰아넣고 괴롭히게 되었다.

알렉세이와 표도르의 재위기

미하일은 1645년에 마흔여덟 살의 나이로 사망했고, 그의 유일한 아들로서 열여섯 살의 젊은이였던 알렉시스 혹은 알렉세이가 그를 뒤이어 차르가 되었다. 분노를 폭발하기도 하고 충동적이기도 했지만, 전반적으로 "아주 조용한 사람"이라는 뜻의 티샤이시(Tishaishii)로 알려져 있는 알렉세이는 후대의 역사학자들만이 아니라 많은 동시대인들에게도 좋은 인상을 남겼다. 클류쳅스키는 차르의 성격에 대한 탁월한 재구성을 통해서, 알렉세이를 "아주 친절하고 멋진 러시아인"이라고 부르면서, 그가 모스크바국 문화의 전형적인 인물이었으며 서구에 대해서 새롭게 관심을 가진 선구적인 러시아인 중의 한 사람이었다고 설명했다. 우리가 클류쳅스키의 유명한 분석에서 약간의 과장과 양식화된 표현을 허용한다고 할지라도, 다른 사람들과의 관계에서 놀라울 정도로 세심하고 사려 깊은 매력적인 인물이자, 결코 폭군은 아니었던 절대적인 통치자로서의 그에 대한 이

비잔티움 황제의 어깨받이와 같은 어깨 덮개(barmy), 예수가 못 박힌 십자가의 나무 조각을 담고 있다고 믿고 있던 "생명을 주는 십자가", 모스크바의 초기 통치자에게 비잔티움 황제가 주었다고 생각되던 모노마흐의 왕관모자, 그 기원이 로마와 비잔티움 양쪽으로까지 추적 가능한 구와 홀, 그리고 쌍두 독수리 등 러시아 제위에서 선호되는 정통성의 몇몇 근거를 상징적으로 보여주는 군주로서의 표상물을 들고 있는 차르 알렉세이. (*Tsarstvuiushchiii dom Romanovykh*)

미지는 그대로 남아 있다. 알렉세이는 모스크바국의 종교적 전통 속에서 양육되었고, 헌신적이고 박식한 교회 신자로서 평생 동안 금식 기간과 의식을 계속 지켰다. 동시에 그는 서구와 서구 문화에 점차 관심을 더 가지게 되었는데, 그중에는 건축 그리고 당시의 러시아에는 획기적으로 새로운 것이었던 극장도 포함되어 있었다. 한편 차르는 글쓰기를 좋아해서 매력적인 서신을 많이 남겼다.

알렉세이의 긴 통치기(1645-1676)는 결코 조용한 시기가 아니었다. 과거의 위기와 문제들이 여전히 남아 있었고, 새로운 것들도 몇 가지 등장했다. 특히 그는 중대한 대중 봉기에 직면했는데, 그중에는 모스크바 자체에서 발생된 것도 있었다. 설상가상으로 차르는 유약한 통치자로서 특히 통치 초기에는 친척들과 자문관들에게 크게 의존했는데, 그들은 종종 차르에게 별 도움을 주지 못했다. 보야르로서 알렉세이의 처제와 결혼한, 알렉세이의 서구 지향적인 스승인 모로조프, 알렉세이의 장인이었던 밀로슬랍스키 공은 새로운 군주가 제위에 오른 뒤에 특히 유명해졌다. 모로조프는 지적이고 유능했지만, 소금세를 인상한다거나, 교회가 반대하고 그때까지 금지되던 담배를 판매하는 것과 같은 방법으로 국고를 충당하려는 노력을 기울임으로써 많은 도시민들의 적대감을 불러일으켰다. 그리고 그의 부하들과 그가 임명한 사람들의 일부는 사람들을 갈취했다. 밀로슬랍스키와 그의 일파의 행동의 특징은 편협한 이기심, 탐욕, 부패였다.

    1648년 5월과 6월에, 격분한 모스크바 주민들은 대규모 반란을 벌였다. 반란은 처음에는 수공업자들과 상인들로부터 시작되었으나, 곧 소총병들과 일부 봉직귀족들도 가담했다. 도시민들은 젊은 차르인 알렉세이에게 형편없는 도시 행정과 특별히 높은 조세 부담에 대해서 항의하는 청원서를 제출했다. 온정주의적인 전통과는 반대로, 알렉세이는 백성들의 청원을 수용하기를 거절하고, 그 대신에 체포를 명령했다. 곧 대규모 군중이 거리에서 지배 엘리트의 집과 재산을 공격했다. 많은 관리들은 군중으로부터 잔인하게 린치를 당하거나 살해당했다. 비록 모로조프와 밀로슬랍스키는 살아남았지만, 도시 행정을 맡고 있던 관청의 수장은 희생당했다. 원인 모를 화재로 인해서 모스크바의 많은 부분이 불에 탔다. 모스크바의 반란의 소식에 종종 자극을 받아서 다른 많은 도시도 봉기에 휩쓸렸다. 1650년에는 부유한 상인과 도시의 관리에 대항하는 새로운 봉기가 노브고로드와 프스코프에서 발생되었는데, 수도에서 파견된 군대에 의해서 진압되었다.

    그러나 특히 새로운 전쟁 자금을 마련하기 위해서 정부가 지속적으로 세금을 올리려고 하자 사람들의 불만과 반란은 계속되었다. 세금이 인상되었을 뿐만 아니라, 정부는 은화를 동화로 평가절하함으로써 통화량을 증가시키려고 했다. 그러나 이런 개혁은 다른 나라에서 시도된 유사한 조치와 마찬가지로 그다지 성공적이지 못한 것으로 판명되었다. 왜냐하면 위조화폐가 등장하고 물가가 폭등했기 때문이다. 그것은 1662년에 대규모의 "동전 폭동"을 불러일으키기도 했다. 그러나 그의 재위기에 일어난 최대 규모의 반란은 1670–1671년에 스테판 혹은 스텐카 라진에 의하여 주도되었던 것인데, 이 사건은 오래 기억되었고 러시아 민속문화에서 낭만적으로 묘사되었다. 돈 카자크들 공동체의 수장(ataman)

이었던 라진은 카스피 해와 볼가 강 하구를 따라 페르시아 등의 지방을 습격하던 대담한 약탈자로서 첫 주목을 끌었다. 돈 강의 카자크들 사이에서는 모스크바에 대한 불만이 점차 커져가고 있었다. 그 부분적인 이유는 카자크 지역으로 도망친 탈주 농노들을 귀환시키라고 정부가 강한 압력을 넣기도 했고, 그렇게 하지 않는 것에 대하여 물질적인 처벌을 가했다는 것이다. 1670년 봄, 라진은 모스크바에 있는 "보야르 반역자들"을 뿌리 뽑겠다는 목표를 공언하면서 볼가 강 상류에 있는 자신의 카자크들을 이끌었다. 그가 주도한 운동은 아주 모호하기는 하지만 자극적인 이데올로기를 가지고 많은 추종자를 끌어모았다. 그것은 동란의 시대로 되돌아가는 것이라기보다는, 후대의 카자크 반란 그리고 농민의 반란을 가리키고 있었다. 목표는 "선한 차르"의 이름으로 부자들과 권력자들 가운데 "사악한" 사람들("계급"으로서의 부자들과 권력자들이 아니라, 개별적인 부자들과 권력자들의 행동에 따라 "사악한" 사람들이라고 판정하게 되어 있었다)을 권력에서 축출하고, 그리하여 평민들에게 "자유"를 주는 것이었다. 그런 사악한 사람들은 군주가 하려고 하는 일을 방해하므로 사실상 평민들을 억압하는 "반역자"라는 것이다. 어떤 잉글랜드 여행자가 라진의 주장을 묘사한 것에 따르면, "그는 자신이 국가의 압제자들이라고 불렀던 보야르 혹은 귀족의 멍에로부터의 구원과 자유를 약속했다." 모든 설명은—비록 이런 저런 반란에 대한 정부의 진압도 그에 못지않게 잔인했지만—반란군이 흉포할 정도로 잔인했다는 데에 동의한다. 그들은 문자 그대로 적군을 찢어서 죽이며, 시신을 훼손하곤 했다. 폭넓은 방화 및 약탈과 더불어 이런 과격한 행동은 많은 대중 혁명에서 흔히 볼 수 있는 대로, 특권과 압제를 제거함으로써 사회를 정화시키며, 부와 상징적인 권력을 재분배하기 위한 상징적인 신호라고 볼 수 있다. 카자크들의 이 반란은 다양한 많은 추종 세력을 끌어들였다. 좀더 많은 카자크들뿐만 아니라, 수비대 병사, 도시민(이들은 종종 반란자들을 환영했다)도 반란에 가담했는데, 그중에는 일부의 여성, 농민, 볼가 지역에 살고 있는 비러시아계와 비기독교계 민족들, 특히 추바시, 모르드바, 마리, 타타르족도 포함되었다. 한 주장에 따르면, 팽창 중이던 모스크바국에 대해서 이 모든 반란자들이 분개하게 된 이유는 다양했고, 그들은 자신들이 전통적으로 가지고 있던 자유가 모스크바국에 의하여 침해받는다고 생각하고 있었다. 반란군이 가장 규모가 컸을 때 그 수는 2만 명에 달했던 것으로 보인다. 반란군은 아스트라한으로부터 심비르스크 교외에 이르는 볼가 강의 도시들을 점령했는데, 심비르스크에서 서구식으로 훈련된 몇몇 연대를 포함한 모스크바국의 정규군이 마침내 잡다한 사람들이 모인 이 부대의 진격을 막아냈다. 라진과 그의 일부 추종자들은 돈 강으로 도망쳤으나, 라진은 1671년에 지방의 카자크 당국에게 붙잡혀 모스크바로 압송되었고, 고문을 받은 다음 붉은 광장에서 사지가 절단되는 형벌을 당했다. 몇 달 후에는, 반란군의 최후의 근거지이던 아스트라한도 항복했다.

　정부는 봉기를 진압하는 것 이외에도, 국민들의 불만을 달래기 위해서 행정과 사법 업무를 개선하는 조치를 취했다. 그중 가장 중요한 것은 새로운 법전인 1649년의 『울로제니예(*Ulozhenie*)』의 도입이었다. 이 법전은 1648년에 특별 소집된 젬스키 소보르에 의해서 원칙적으로 승인을 받고 선출된 위원회가 편찬한 것인데, 이로써 모스크바국의 법은 1550년 이래 처음으로 체계적으로 정리될 수 있었다. 비록 이 법전으로 농노제가 최종적으로 완성되기는 했지만, 그것은 이전 법전들에 비해서 커다란 발전이라고 볼 수 있으며, 1835년이 되어서야 다른 것으로 대체되었다.

　모스크바국의 관할권이 1654년에 우크라이나로까지 확대된 것은 훨씬 더 크고, 좀더 지속적인 중요성을 가지는 사건이었다. 우리가 기억하고 있듯이, 우크라이나 땅은 1569년 이래로 리투아니아라기보다는 폴란드의 지배하에 있었다. 폴란드와 연합했다는 것은 우크라이나의 정교회 신자들에게 가톨릭교의 압력이 가해진다는 것일 뿐만 아니라, 봉직귀족의 권리 독점과 대중의 노예 상태를 기반으로 하는 폴란드의 사회질서의 압력이 점차로 커진다는 것을 의미했다. 종교를 둘러싼 논란은 1596년 이후에 더욱 격화되었다. 그해에 브레스트 연합이 성립됨으로써, 소위 우니아트 교회(Uniat) 즉, 로마에 연결되어 있지만 미사와 행사와 관습에서는 동방정교회의 의식을 유지하며 슬라브어를 계속해서 사용하는 교회가 등장했다. "우니아트"라는 용어는 그 당시에는 흔히 사용되었지만 오늘날 많은 사람들은 경멸적인 뜻이 담겨 있다고 보고 있기 때문에, 그 대신에 동방 가톨릭(Eastern Catholics), 비잔티움 의식 가톨릭(Byzantine Rite Catholics), 혹은 그리스 가톨릭(Greek Catholics)과 같은 용어들이 선호된다. 정교회 공동체는 연합의 문제를 두고 갈라져서 서로를 파문하는 등 격렬하게 대립하고 있었지만, 폴란드 정부는 마치 연합이 성공적으로 성사된 것처럼, 그리고 마치 우니아트 교회가 국토의 동부에서는 정교회를 대체한 것처럼 사태를 몰아가려고 했다. 그렇지만 사실, 폴란드에 있는 정교회 주교들이 대부분 연합에 찬성했다고 할지라도 정교회 신자들 대다수는 그렇지 않았다. 그러므로 우크라이나에서 두 교회의 분쟁은 계속되었다. 우니아트 교회는 정부에 의해서 권장되었지만, 그 외에는 별다른 지지를 받지 못했다. 반면에, 정교회는 당국이 반대했고 때때로 박해하기도 했지만, 대다수 신자들의 지지를 받았다. 정교도 평신도 형제단 그리고 소규모이고 수가 줄어들고는 있었지만 여전히 영향력을 가지고 있던 정교도 대지주 집단은 일반 신도들이 선호하던 정교회에 도움을 주었다.

이 분쟁에는 카자크들도 끼어들었다. 16세기 중반 무렵에 모든 카자크 "무리(host)"들 중에서 가장 유명했던 드네프르 카자크들은 급류 건너편의 드네프르 강의 한 섬에 세치(Sech)—우크라이나어로는 시치(Sich)—라는 본부를 설치했다. 흐루솁스키 등의 우크라이나 역사학자들이 상세하게 기술한 대로, 그들은 사방으로, 특히 크림 타타르인들과 투르크에 대해서 믿을 수 없을 정도로 대담한 기습 공격을 계속했다. 카자크들은 군사적이면서도 민주주의적인 독특한 사회를 발전시켰다. 왜냐하면 그들의 공직은 선출직이었고, 모든 카자크들의 전체 집회가 가장 중요한 결정을 내렸기 때문이다. 폴란드 정부는 카자크들을 통치하려고 할 때에 많은 어려움에 봉착했다. 스테판 바토리와 그의 후계자들은 카자크들에게 아주 커다란 자치권을 허용해주었을 뿐만 아니라, "무리"를 위해서 확고한 조직을 만들어주고, 등록된, 즉 공식적으로 인정된 카자크들이라는 범주를 설정한 다음에, 그것에 속한 사람들에게 자치권과 새로운 조직이 적용되도록 했다. 다른 모든 카자크들은 그저 농민으로만 취급되었다. 상층 카자크들과 폴란드 귀족 사이에 경제적이며 사회적인 유대관계를 발달시키는 데에 도움을 주었다는 점에서 폴란드 정부의 정책은 어느 정도 성공을 거두었다. 그러나 기반을 잘 잡은 바로 그 카자크들은 우크라이나 사람들과 민족적 그리고 특히 종교적 관계를 유지했고, 폴란드의 지배에 반대하는 우크라이나인들을 대체로 지지했다. 그러나 특히 지도급 인물들은 커다란 내적 갈등을 겪고 있었다. 1625년에 영토가 확장된 이후에 6,000명 정도였던 수장들과 등록된 카자크인들은 폴란드와의 연합을 통해서 어느 정도의 이익을 보았고, 충성심이 나뉘는 경우가 종종 있었다. 그러나 수적으로 몇 배나 많았지만 인정받지 못하고 있던 카자크들은 농민들과 마찬가지로 폴란드의 지배가 농노제와 가톨릭교를 도입하려는 것일 따름이라고 생각하고 있었다.

1624년부터 1638년까지 카자크들 및 농민들이 참가한 일련의 반란이 우크라이나를 휩쓸었다. 폴란드 군대와 정부는 여러 번 패배를 당하고 온갖 노력을 기울이고서야 마침내 우세한 위치에 올라설 수 있었다. 폴란드가 무자비한 방법으로 평화를 회복했지만, 무력을 통해서 얻을 수 있었던 복종은 10년도 가지 못했다. 우크라이나인들은 1648년에 유능한 지도자였던 보그단 혹은 보단 흐멜니츠키의 지휘하에 소위 우크라이나 해방전쟁을 시작했다. 우크라이나인들은 크림 타타르인들의 도움을 받아 몇 번의 놀라운 승리를 거두고, 폴란드와의 두 번에 걸친 협상이 결렬된 이후에는 모스크바의 도움을 기대하게 되었다. 모스크바국 정부는 일찍이 1625년, 1649년, 1651년에도 우크라이나의 요청을 받았으나, 만약 그에 응한다면 폴란드와의 전쟁을 의미할 것이기 때문에 아무런 반응을 보이지 않았다. 그러나 1653년에 소집된 젬스키 소보르는 알렉세이 차르에게 카자크 수장인 흐멜니츠키와 그의 모든 군대를 "그들의 도시 및 땅과 함께" 차르의 권위 아래에 두도록 강력히 촉구했다. 전문가들은 폴란드-리투아니아에 대한 전쟁에서 마침내 모스크바가 흐멜니츠키를 기꺼이 지지하게 된 것은 폴란드가 카자크들에게 패배한 이후에 군사적으로 상대적인 약세에 있었기 때문이며, 특히 리투아니아에게 빼앗겼으나 이제 전쟁으로 인해서 상대적으로 무방비 상태에 있는 과거의 러시아 땅을 수복하려고 했기 때문이라고 주장한다.

1654년 1월에 페레야슬라블(혹은 페레야슬라브)에서 논란의 여지가 있지만 중요한 조약이 서명됨으로써, 우크라이나의 카자크 무리와 그들의 땅이 모스크바와 통합되었다. 협정은 흐멜니츠키가 이끌었으며 대표권을 가진 라다(rada) 혹은 협의회와 모스크바의 차르의 대표들에 의해서 서명되었다. 최종적인 협정 문서가 남아 있지 않기 때문에, 학자들은 실질적으로 합의된 내용과 양측 각각의 근본적인 의도와 생각이 무엇인지에 대해서 때때로 언성을 높이며 논쟁을 계속해왔다. 우리는 흐멜니츠키가 다른 선택을 고려했으며, 심지어 다른 선택을 가지고 협상을 했다는 것을 알고 있다. 그런 선택 중에는 폴란드-리투아니아 연합과 통합하거나, 혹은 오스만 제국의 보호령이 되는 경우도 포함되어 있었다. 그래도 카자크들에게는 모스크바의 차르에게 충성을 바치는 것이 가장 유망한 선택이라고 생각되었다. 많은 역사학자들의 주장에 따르면, 이런 통합의 대가로 카자크들은 폴란드나 투르크로부터 획득할 수 있었던 것 이상으로 상당히 큰 자치권과 권리를 부여받았다. 역사학자인 플로히는 이 사건에 대해서 "카자크 집단의 공동의 특권에 대한 확인이자 카자크의 국가 지위에 대한 국제적인 인정"이라고 기술했다. 다른 역사학자들은 이 새로운 합의가 모스크바의 권위를 무조건적으로 받아들인다는 의미라고 주장했다. 확실히 모스크바가 이 거래를 이해했던 방식은 바로 알렉세이가 선서 문구 속에서 새로운 카자크 수장들에게 강하게 요구했던 것대로 카자크의 완전한 "복종과 충성"이었던 것처럼 보인다. 그 이후의 수십 년과 수백 년 동안, 우크라이나인들은 자신들이 모스크바국의 차르에게 충성을 맹세한 이후로 우크라이나인들에게 부여된 상당한 정도의 자치권이 완전히 폐지되었다는 이유로, 우크라이나의 언어와 문화 발전을 저지하려는 조치와 농노제를 포함하여 우크라이나인들에게 많은 무거운 짐과 제약을 부과했거나 부과하는 데에 도움을 주었다는 이유로, 러시아 정부에 대해서 불평을 가질 수 있는 좋은 구실을 가지게 되었다. 동시에, 우크라이나인들은 특히 서구와 아주 가까운 위치에 있었다는 이유 때문에 모스크바국의 정부와 문화에서 아주 중요한 역할을 담당하게 되었다. 특히 많은 우크라이나인들은 러시아에서 서구화를 향한 개혁의 주도적인 지지자로 두각을 나타냈다.

새로운 카자크-모스크바국의 동맹에 대한 반응으로서, 폴란드-리투아니아는 러시아에 대한 전쟁을 선포했다. 이렇게 하여 벌어진 잔혹한 "13년 전쟁(Thirteen-Years War)"에는 한때 스웨덴이 개입하기도 했는데, 1667년에 안드루소보 조약(the Treaty of Andrusovo)과 함께 종전되었다. 조약에 반영된 대로, 이 전쟁의 가장 중요한 결과는 모스크바국의 영토가 더욱 팽창되었다는 점이었다. 드네프르 강 우측의 우크라이나는 모스크바에 양도되고 좌측의 우크라이나는 폴란드 지배하에 남아 있는 식으로, 드네프르 강은 폴란드-리투아니아와 모스크바국 사이의 새로운 국경이 되었다. 강 좌측에 있던 키예프는 예외였다. 왜냐하면 그곳은 2년 동안 모스크바국의 통치하에 있도록 명시되었기 때문이다. 실제로는 13년 반 동안 차르에게 양도된 스몰렌스크와 마찬가지로, 키예프는 합의된 기간을 넘어 모스크바에 그대로 남게 되었다. 1686년의 조약에서는 이 도시들이 항구적으로 러시아의 소유라는 점이 확인되었다. 한편 모스크바국과 스웨덴 사이의 전쟁은 결론을 내리지 못한 채 1661년에 끝이 났다. 그리고 모스크바국은 우크라이나 내에 있는 새로운 영토를 방어하기 위해서 투르크와 오랜 투쟁을 벌였는데, 그것은 1681년에 끝났다. 우크라이나의 역사에서 페레야슬라블의 동맹이 체결된 이후의 시기, 1657년 흐멜니츠키의 죽음, 그리고 안드루소보 조약은 명백히 "파탄(the Ruin)"이라고 생생하게 묘사되어 있다. 그 시기의 복잡성은 러시아가 겪었던 동란의 시대에 필적할 정도이다. 물리적으로, 그리고 방향성과 충성이라는 면에서 분열되었던 우크라이나인들은 경쟁관계에 있는 수많은 지도자들을 따랐다. 그런 지도자들은 보통 이런저런 방식으로 모스크바와 폴란드 사이에서 어부지리를 얻었다. 카자크 수장인 도로셴코는 심지어 투르크에 충성을 바쳤다. 계속적이고도 빈번한 동족 사이의 전쟁으로 많은 사람들이 죽었고, 국토는 황폐해졌다. 그러나 우측의 우크라이나는 계속해서 모스크바국에 의해서 통치되고 있었고, 1654년의 합의는 시간이 지남에 따라 점차 중요성이 더해졌다.

알렉세이의 통치 후반기에 일어난 의미심장한 사건으로는 니콘 총주교가 시도한 교회 개혁과 그 결과로서 러시아 정교회가 대분열을 일으킨 일을 들 수 있다. 니콘 자신은 분명히 주목을 받을 만한 인물이었다. 농민 출신이었던 그는 지적이었으며 매우 강하고 남들 위에 군림하는 성격을 가지고 있었는데, 차르로부터 우호적인 관심을 끌었고, 노브고로드의 수좌대주교로서 유명해졌다가 1652년에 총주교가 되었다. 의지력이 강했던 그는 자신보다 어리고 부드러운 성품을 가진 군주에게 개인적으로 강력한 영향력을 행사해 나갔다. 알렉세이는 심지어 니콘에게 대군주라는 칭호를 주기도 했는데, 이로써 미하일 차르가 자신의 아버지인 필라레트 총주교에게 극히 예외적인 명예를 부여한 일이 반복된 셈이었다. 신임 총주교는 교회가 국가보다 상위에 있다고 주장했고, 자신의 권위가 군주의 것보다 위에 있음을 주장하려고 노력함으로써, 서방 가톨릭에서는 흔한 일이었지만 정교 세계에서는 그렇지 않은 관점을 표명했다. 교황주의(papism)라는 비난에 대해서, 그는 자신의 성격대로 "마땅한 이유가 있다면 왜 교황을 존경하지 않겠는가?"라고 반문했다. 니콘은 자신의 권력과 지위를 너무 지나치게 키워나갔다. 1658년, 알렉세이는 자신의 까다로운 동료이자 멘토인 니콘과 불화를 빚었다. 마침내, 동방정교회의 총주교들이 참석한 1666-1667년의 교회 협의회에서 니콘은 폐위되고, 성직을 박탈당했다. 한때 대군주였던 니콘은 멀리 떨어진 수도원에서 추방 생활을 하던 중에 일생을 마쳤다.

니콘 총주교가 취한 조치는 아주 지속적인 중요성을 가진 것으로서, 교회 서적 및 관례의 개혁과 관계되는데, 이것은 러시아 정교회 신자들 사이에 항구적인 분열을 초래했다. 구교 신앙이라는 아주 매력적인 논점과 관련된 이 주제 전체는 우리가 모스크바국 러시아의 종교에 대해서 논의할 때 살펴보게 될 것이지만, 1666-1667년에 개최된 바로 그 종교회의가 니콘을 규탄하면서도 그의 개혁을 지지했다는 점은 여기서 언급되어야 한다. 알렉세이 차르 재위기 중 마지막 10년은 종교적인 분쟁과 박해 속에서 지나갔다.

알렉세이의 계승자로서 그의 첫 번째 아내와의 사이에서 태어난 아들인 표도르는 열네 살의 나이에 차르가 되었다가 스무 살에 사망했다. 그는 병약하고 눈에 잘 띄지 않는 사람이었다. 흥미롭게도, 그는 러시아어와 교회 슬라브어만이 아니라 라틴어와 폴란드어도 박식한 신학자이자 저술가인 폴로츠크의 시메온으로부터 교육받았다. 표도르의 짧은 재위기(1676-1682)는 메스트니체스트보를 폐지한 일로 유명했다. 극히 번거로운 이 봉직 임명 제도가 최종적으로 사라진 것은 1682년이었다. 그리하여 나중에 표트르 대제가 개혁을 실시하고 국가를 통치하기가 훨씬 더 쉬워졌다. 메스트니체스트보 문서는 불태워졌다.

제18장

모스크바국 러시아 : 경제, 사회, 제도

차르 혹은 대공은 제위를 물려받은 후에, 홀로 나라 전체를 통치하고 있다. 그의 모든 신민들, 즉 평민들, 도시민들, 농민들뿐만 아니라 귀족들과 공들은 그의 농노이자 노예이다. 차르는 집주인이 자신의 종들에게 하듯이 그들을 대한다.……만약 우리가 합법적인 질서와 폭압적인 질서 사이의 기본적인 차이점―전자는 신민의 복리를, 후자는 군주의 개인적인 욕심을 충족시키려고 한다―을 염두에 둔다면, 러시아 정부는 폭정에 더 가깝다고 생각할 수 있다. ―올레아리우스(1647)

모스크바국이 이룩한 업적을 이해하는 열쇠, 그리고 모스크바국의 공들(혹은 그들의 이름으로 통치하려고 했던 사람)이 거둔 성공의 비밀은 안정적인 정치체제의 발전에 있었다. 그곳에서 이 공들은 보야르 친족들이 주도한 과두정치의 중심인물들―그리고 인질(여기에 진정한 비밀이 있다)―이 되었다. 왜냐하면 이 친족들은 전통에 얽매인 기사들이 긴밀하게 조직되어 성립된 확대가족이라고 볼 수 있는데, 모스크바국 공들의 군사력의 중요한 핵심을 제공한 사람들은 바로 이들 친족이었다. 그리고 러시아의 마을에서 가용 자원을 동원했고, 그럼으로써 이익을 보았던 사람들도 이들 친족이었다. 모스크바국의 궁정에서 전개된 정치 게임을 통제했으며, 거기에서 주요 역할을 하며 활약한 사람들도 이들 친족이었다. ―키넌

전제정치 국가에 있는 작은 틈 속에서 사회는 많은 자율적인 영역을 발전시켰고, 사람들은 차르 체제의 통제사상과는 아주 무관한 방식으로 자신들의 삶을 살아갔다. ―키벨슨

압도적인 다수의 모스크바국 러시아 사람들에게 농업은 경제생활의 중심을 차지했다. 호밀, 밀, 귀리, 보리, 기장은 기본 작물이었다. 농사 기술은 수 세기 전과 별로 다름이 없었다. 농기구로는 목재 혹은 철재 쟁기, 써래, 큰 낫, 작은 낫 등이 있었다. 소와 말은 견인력을 제공했고, 거름이 비료 역할을 했다. 가축 사육, 야채 재배, 아마와 대마처럼 특히 서부 지방에서 행해졌던 특용작물 재배, 수렵, 어업, 양봉업 등이 농민들의 다른 중요한 몇 가지 생업이었다. 그렇지만 이 기간에 농업 분야에서 중요한 변화가 발생되기도 했다. 모스크바국이 확장되고 농민의 이동이 금지됨에 따라, 이용 가능한 자유 토지에 의존한 과거의 화전식 농업 체제는 정착식 삼포제 체제로 대체되었다. 그럼으로써 지조 농법(地條農法, strip farming)이 대두되었다. 이에 따라서 마을은 경작지를 길고 좁은 지조로 나눈 다음, 위험을 분산시키고 가용 노동력에 따라 토지를 조정하기 위해서 이 지조들을 가구에 배분했다. 대부분의 국토에서, 원시적인 농기구와 빈약한 토양 및 기후 조건 때문에 수확량은 적었다. 이 모든 것은 오프리치나와 치명적인 전염병, 내전, 귀족에 의한 농민 착취의 증대 등으로 초래된 16세기 후반의 끔찍스런 경제 위기에 의해서 훨씬 더 악화되었다. 많은 농민들이 국경지방으로 달아났으므로, 노동력 부족 현상과 그로 인한 착취의 정도는 더욱 심해졌다.

 16세기의 경기 침체는 교역, 수공업, 제조업 그리고 도시 생활 전반에 영향을 미쳤다. 러시아 경제가 그 시기에 서유럽보다 훨씬 더 뒤쳐져 있었다는 점에는 모두가 동의하지만, 우리는 동란의 시대 이후에 주로 팽창하고 있던 모스크바국의 수요에 의해서 인상적일 정도로 새로운 경제 성장이 자극받는 모습을 볼 수 있다. 러시아는 계속해서 다른 나라에 천연자원을 팔았고, 잉글랜드인들 및 네덜란드인들과 새롭게 수립한 관계로부터 대외교역은 증가되었다. 그러나 러시아인들은 상선을 가지고 있지 않았고, 상업 활동에서 상선이 차지하는 역할은 극히 낮았다. 국내 교역은 특히 동란의 시대 이후에 증가되었고, 1667년에 반포된 아주 개화된 상법의 도움을 받았다. 금속 채광업과 제조업은 일차적으로 군대와 국고 업무의 필요를 충족시켜야 했다. 기업은 국가에 속한 경우도 있었고, 개인 소유인 경우도 있었다. 후자 가운데에 스트로가노프 가문도 있었는데, 이 가문은 다양한 사업, 특히 소금 채취 사업에 종사했다. 그리고 알렉세이 재위기에 아주 유명해진 모로조프 가문은 탄산칼륨 사업을 크게 벌였다. 모스크바국의 채광업과 제조업이 발전된 데에는 외국인 사업가와 전문가의 역할이 아주 컸는데, 우리는 모스크바국에 대한 서구의 영향을 논의할 때 그들에 대해서 다루게 될 것이다. 경제 활동이 집중화되고 보다 다양해진 결과로, 지역적인 분화의 정도는 증대되었다. 예를 들면, 금속 가공업은 우랄 산맥, 툴라 시, 모스크바에서 발전되었던 반면에, 제염업은 주로 북동부 지방에 집중되어 있었다.

농노제. 모스크바국의 사회

농노제는 모스크바국의 경제와 사회 체제의 기반이었다. 농노는 노동력으로 귀족을 부양했고, 그럼으로써 국가 전체의 구조를 지탱해주었다. 우리가 살펴봤듯이, 농민들이 예속된 역사는 키예프 시기까지 소급될 정도로 오래되었다. 노예제를 포함하여, 초기에 성립된 농민들의 예속 상태는 계약의 결과였다. 농민들은 주로 금전이나 곡물 혹은 농기구를 빌린 대가로, 지주에게 오브로크라고 불리는 지대를 납부하고, 바르시치나라고 불리는 부역을 제공하기로 약속했다. 비록 1년으로부터 10년에 이르는 기한이 정해졌다고 할지라도, 농민들이 채무를 다 갚는 경우는 드물었기 때문에 협정은 연장되는 경향이 있었다. 사실 농민들이 지주들에게 매년 내는 분담금은 종종 대부금에 대한 이자에 불과했다. 결국, 특히 봉직귀족계급(the gentry service class)이 믿을 수 있는 농업 노동력의 근원을 확고히 하려는 필요성 때문에, 농민들의 이동을 제한해야 한다는 요구가 제기되었다. 농민들은 물론 자신의 빚을 다 갚는다면, 늦가을에 성 게오르기의 날을 전후로 하여 1년에 단 한 번 주인을 떠날 수 있는 상황이 점차 조성되었다.

이런 일이 모스크바국의 성장에 앞서 전개되기는 했지만, 농노화는 17세기까지 완성되지 않은 채로 남아 있었다. 포메스티예 농업의 성장은 차르가 봉직을 맡은 귀족들에게 토지와 함께 농민을 하사함에 따라 예속 상태가 급속히 확산되었다는 것을 의미했다. 정부는 특히 농민들의 이주를 제한하거나 금지하고, 농민들의 탈주를 중단시키려는 노력을 통해서 귀족의 이익을 계속해서 확대시켜주었다. 비록 농노제를 직접 확립하는 법은 한 개도 공포된 적이 없지만, 몇몇 입법 조치는 그런 목적에 도움을 주었다. 특히 정부는 금지된 해, 즉 성 게오르기의 날 무렵조차도 농민들이 이동—좀더 현실적으로 말하면, 채무를 다 갚은 농민들만 이동 자격을 가지고 있었다—할 수 없는 해를 선포했다. 예를 들면, 우리는 1601년과 1602년에 농민들을 많은 범주로 나누는 것과 관련하여 이동 금지에 대한 법안이 제정되었다는 것을 알고 있다. 그리고 봉직귀족으로부터 제기된 거듭된 청원에 대한 반응으로, 정부는 탈주 농노를 붙잡아 주인에게 돌려보낼 수 있는 기간을 계속해서 연장했다. 그 기간이 16세기 말에는 5년이었는데, 우리가 1649년에 제정, 공포된『울로제니예』에서 보는 것으로는 무기한이 되었다. 나아가 1607년과 몇몇 다른 해에는, 국가가 탈주 농노들을 숨겨주는 것에 대한 처벌을 입법화했다. 1550년부터 1580년 사이에 행한 최초의 인구조사는 그 이후에 실시된 것과 마찬가지로, 농민들의 거주지에 대한 기록을 제공하고 농노의 자식들을 부모와 동일한 범주에 올려놓음으로써 농노제의 성장에 도움을 주었다.

  1649년의『울로제니예』와 함께, 이제 농노제의 명확한 본질은 법으로 명문화되었고, 효과적으로 강제될 수 있었다. 농민은 주인의 허락 없이는 이동할 수 없게 되었다. 새로운 법전은 탈주자들에 대한 모든 제한 규정을 폐지했으며, 도망자들을 숨겨주는 것에 대한 처벌을 무겁게 부과했다. 그리고 정부는 농촌에서 탈주자들을 수색하기 위한 특별 부서를 설치했다. 몇 가지 아주 특별한 예외가 남아 있기는 했지만,『울로제니예』는 본질적으로 "한번 농노는 영원한 농노이다"라는 카스트적인 원칙을 채택했고, 귀족에게 완전한 만족감을 안겨주었다. 블라디미르스키-부다노프 등의 사람들은 1649년 이후에도 정부가 농노들을 단지 귀족의 재산이라기보다는 책임 있는 신민으로 계속해서 생각하고 있었다고 확실하게 주장했다. 그럼에도 불구하고, 사실 주인과의 관계 면에서 농노들의 지위는 급격히 악화되고 있었다. 무제한적인 의무를 지고 있던 농노들은 전적으로 지주의 수중에 있게 되었고, 지주들은 자신들의 영지에서 사법권과 치안권을 점차 더 많이 행사할 수 있었다. 17세기 말에는 농노의 매매와 증여 관행이 발달되었다. 즉, 농노는 사실상 노예로 취급되었던 것이다. 러시아의 농노제는 어떤 종류의 봉건제가 아니라 중앙집권화된 군주정치와 같은 시기에 등장했다는 점이 지적될 필요가 있다. 여기에는 두 가지 원인이 있다. 예로부터 존재해오기는 했으나 지주에 대한 농민의 경제적 의존도가 점점 더 증가했다는 점, 그리고 모스크바국 정부가 귀족에게 유리한 정책을 폈다는 점이 바로 그것이다.

헬리는 17세기의 모스크바국에서 인구의 85퍼센트나 되는 사람들이 농노였다고 추산했다. 그것에는 좀더 적은 수이기는 하지만, 개인 지주가 아니라 국가나 교회에 대한 봉사 의무를 지고 있었고, 따라서 비교적 덜 가혹한 대접을 받았던 국가농민과 수도원 농민도 포함되었다. 아마도 인구의 10퍼센트는 노예였는데, 그들은 대저택과 대영지에서 계속해서 중요한 역할을 담당했다. 16세기 후반과 17세기 초에 벌어진 혼란과 재앙 속에서 많은 사람들은 자신을 노예로 팖으로써 이 범주에 들어가게 되었다. 농노제가 성장하고 마침내 승리를 거둠에 따라서, 노예와 농노 사이의 구분은 점점 더 희미해졌다. 국가농민은 북부와 북동부에서 인구의 많은 부분을 차지했다.

팽창하고 있던 러시아의 영토를 통제하고 발전시키는 일에서 도시는 핵심적인 역할을 담당했다. 도시민의 중심 계급은 여러 계서적인 집단으로 세분된 상인과 수공업자였다. 1649년의 『울로제니예』는 질서를 유지하기 위해서, 그리고 특히 과세를 위해서 도시 생활을 규제했다. 사실 정부는 세금의 많은 부분을 도시에서 징수했다. 과세를 집단적으로 책임지고 있던 도시 공동체로부터의 청원에 대한 반응으로, 교회나 부유한 상인들이 주로 관리하고 있던 "백민(白民, belyi)" 교외 지역이 법으로 폐지되었고, 모든 도시 집단이 과세 대상자인 "흑민(黑民, chernyi)" 도시로 통합되었다. 그리고 정부는 세금을 납부하는 공동체에 도시 교역과 제조업에 관한 독점권을 부여했다(그러나 정부는 모피 교역에 대하여 아주 커다란 관심을 가지고 있었을 뿐만 아니라, 포도주와 담배처럼 국내에서 판매되는 몇몇 상품과 대외 무역에 대한 독점권은 그대로 보유했다). 이런 혜택과 더불어, 『울로제니예』는 도시민들도 사실상 농노화했다. 도시민들은 도시의 허가 없이는 세금을 납부하는 공동체를 떠날 수 없었고, 도망친 도시민들을 회복시키는 제한 규정도 폐지되었다. 농민들과 마찬가지로, 상인들과 수공업자들도 아들이 아버지의 직업을 이어받아야 하는 폐쇄적이고 세습적인 카스트이자 비유동적인 계급이 되고 말았다.

모스크바국 러시아에서 지주는 상층계급으로 간주될 수 있다. 엄청나게 부유하고 영향력 있는 보야르로부터, 차르에 대한 자신들의 봉직 의무도 제대로 감당할 수 없을 정도로 무일푼 신세인 봉직자(servitor)에 이르기까지 지주의 범위는 넓었다. 그러나 앞서 지적했다시피, 포메스티에 제도가 성장하고 국가 봉직이 통일성 있게 확대되고 표준화됨에 따라서 지주들 사이에 중요성의 차이는 줄어들었다. 지주들은 아주 동질적인 봉직귀족 계급으로 점차 통합되어나갔다.

메스트니체스트보 혹은 우선권(precedence)의 역사를 보면, 고대 러시아의 공과 보야르 가문이 모스크바국의 봉직에 제대로 적응했다는 사실, 그리고 그들이 통치자 및 국가와 복잡한 관계를 맺고 있었다는 사실을 잘 이해할 수 있다. 메스트니체스트보는 국가 업무와 군사 업무에 대한 임명체계로서, 기원을 따지면 1475년에 모든 보야르 가문이 모스크바국의 봉직에 등록된 때부터 시작되었다. 그때 한 사람의 지위는 그가 속한 가문의 등위 및 가문 내에서 자신이 차지하고 있는 자리에 부합되어야 했다. 메스트니체스트보 체제에서는 순위가 아래인 사람은 누구도 자신보다 높은 직책에 임명될 수 없었다. 봉직의 역사에 기반을 두고, 가문의 등위와 명예의 문제는 경험이나 능력보다 훨씬 더 중요했다. 보야르는 자신과 자신 가문의 "명예"와 "정당한 지위"를 아주 대단히 중시했다. 일부 보야르는 자신들의 등급보다 낮다고 생각되는 식탁 자리에 앉기보다는, 차라리 마룻바닥에 앉아서 식사를 하기로 하는 등의 촌극을 빚기도 했다.

최근까지도 대부분의 역사학자들은 메스트니체스트보에 대해서 한결같이 부정적인 태도를 보여왔다. 따라서 그들은 국가에 대한 봉사가 좀더 단순화되고 통일될 것과 성과에 대한 보상의 가능성을 요구했던 절대주의 국가가 1682년에 그 제도를 폐지한 것은 당연한 움직임이었다고 해석했다. 이런 역사학자들은 메스트니체스트보로 인한 다툼 때문에 근대화를 향한 국가의 권위가 훼손되었으며, 귀족이 제대로 된 사회 신분으로 통합될 수 없었다고 설명하는 경향을 보여왔다. 보다 최근에는 크럼메이와 콜만 같은 역사학자들이 프레스냐코프와 베셀롭스키와 같은 20세기 초의 학자들의 주장을 종종 발전시켜서 메스트니체스트보의 긍정적인 기능성을 강조했다. 그들은 메스트니체스트보가 서열에 따른 순차적인 임명체계를 통하여 엘리트의 충성심과 정치적인 응집력을 보장해주었다고 보았다. 그리고 그들의 연구는 그 제도에 대한 비판자들이 생각하는 것보다는, 국가가 임명 업무에서 좀더 유연성을 가지고 있었음을 보여준다. 정부는 특정한 군사 작전에서는 메스트니체스트보 규칙이 적용되지 않는다고 선언했고, 차르는 메스트니체스트보 체계 바깥에서("베즈 메스트[bez mest]" 즉 "자리와 관계없는" 지위를 거명하면서) 다양한 임명권을 행사했다는 것이다. 그렇지만 이런 조치들은 그 체계가 가진 기본적인 엄격한 측면을 변경하지는 않았다고 말할 수 있다. 그 체계에 따르면, 지도적인 귀족 가문에 속하지 않았지만 재능을 가진 어떤 사람이 국가 업무나 군사 업무에서 중요한 지위를 얻기는 극히 어려웠다. 그러므로 이런 보수적인 조처는 진보가 아니라 안정을 추구한 것이라고 생각할 수 있다. 메스트니체스트보가 폐지된 이유를 둘러싼 논쟁은 그와 유사한 관점을 반영한다. 전통적인 설명에 따르면, 통일성과 효율성 그리고 업적 원칙에 기반을 둔, 좀더 합리적인 체계를 위해서 그것이 폐지되었고, 그럼으로써 국가와 중하층 봉직귀족 모두의 이익에 아주 잘 부합했다는 것이다. 다른 사람들은 등급이 점점 더 많아지고 "자리와 관계없이" 군사 작전이 수행될 것이라고 선언됨에 따라서, 그리고 일부 친족들의 후손이 단절됨에 따라서 우선권을 계산하는 일이 점차로 어려워졌고, 많은 새로운 사람들이 국가 봉사와 군사 봉사 업무로 밀려들어와서 메스트니체스트보로 물밀 듯이 들어오게 됨에 따라서, 그 제도가 점점 더욱 비효율적이 되었을 따름이라고 주장했다. 한 주장에 따르면, 엘리트는 자신들의 특권과 지위 그리고 명예를 지키기 위해서 새로운 방법을 찾고 있었다.

알 수 있듯이, 사회집단에 대해서 우리가 일반화시킨 내용은 주로 남성들에 대한 것이다. 우리는 16-17세기에 농민이나 수공업자 혹은 상인 가정 내의 여성들에 대해서는 비교적 아는 내용이 적다. 서구의 다른 중세 사회와 마찬가지로, 종교적 가르침과 대중문화에서는 여성들이란 순수하지 못하고, 도덕적으로 약하며, 위험하고 유혹하는 존재라고 가르쳤을 뿐만 아니라, 여성들은 어머니로서 사회생활에서 핵심적인 역할을 담당한다고도 가르쳤다. 그 시대의 관행적인 텍스트에서는 여성들의 집안 내에서의 역할이 극히 억압되어 있었음을 시사하고 있다. 17세기 초의 성녀인 율리아나 오소리나의 성자전에 나온 문구를 보면, 여성들의 이상은 "온순하며, 조용하고, 순종적인" 것이었다. 그렇지만 여성들의 실제적인 일상생활이 어땠는지 우리로서는 잘 알 수 없다. 엘리트 여성들이 고립되어 생활했다는 점은 아주 분명하고, 그것이 외국인 방문자들에게는 매혹적이었기 때문에 잘 알려져 있다. 모스크바국의 엘리트 여성들은 남성들로부터 떨어진 구역에서 살아가도록 요구되었으며, 공적인 생활로부터 배제되어 있었다. 특히 남성과 남성의 가문이 좀더 큰 정치권력을 가질 수 있다면, 결혼은 주로 가족동맹을 체결하는 한 방편이었다. 일부 학자들은 이것이 가문의 핵심 인물들을 연결시켜주며, 정보를 전달해주며, 혼인관계를 맺은 가문들 사이의 갈등을 완화시켜주는 등 여성들에게 일종의 보이지 않는 권력을 부여했다고 주장했다. 이런 관점에서 보면, 엘리트 여성들은 고립된 생활을 통해서 일종의 지위와 권력을 획득했던 셈이다. 유럽에서는 그런 경우가 드물었지만 러시아의 여성들은 자기 소유의 재산을 가지는 경우도 있었다.

모스크바국의 정치 문화와 기관

여전히 강한 영향력을 가지고 있는 모스크바국의 정치에 대한 전통적인 견해에 따르면, 러시아국은 사실상 전제적이고, 절대주의적이며, 세습적이고(국가와 사회 전체가 통치자의 사유물이라는 생각), 심지어 "동양적 전제정치"의 한 형태이다. 달리 말해서 러시아인들이 차르에 대해서 말할 때 종종 반복되는 문구에 따르면, 이 나라는 모든 모스크바국의 사람들, 심지어 가장 높은 사람들조차 차르의 노예, 즉 홀로피인 체제였다. 그런데 오늘날 많은 전문가들은 모스크바국이 형식적이고 의례적으로만 절대주의의 외형을 가졌다고 판단하고 있는 듯하다. 전문가들은 그런 외형 밑에서 복잡하지만 안정적인 "권력 정치의 게임"이 진행되고 있었다고 생각하는데, 그런 게임 안에는 강력한 보야르 가문에 의한 정치적 책략, 궁정생활에 참여할 수 있는 세습적인 권리를 가진 가문들로 이루어진 중추 세력, 차르와 친족 엘리트 사이의 집단적인 자문 절차, 그리고 궁정 바깥의 지역적인 자치권 등이 포함되어 있다는 것이다. 이런 관점에서 보면, 차르의 "노예들"이 굽실거렸던 것은 문자 그대로가 아니라, 이런 정치형태에 참여할 수 있는 구성원들이 가진 의례적인 "권리"의 표현이자, 상징적으로는 차르의 고귀한 지위를 존중하면서도 통치권한을 실질적으로 요구하던 하나의 방식이라고 해석될 수 있다.

전제정치 이데올로기 자체는 차르의 권력에 대해서 여러 가지 해석을 허용하고 있다고 볼 수 있다. 한편으로는 우리가 살펴본 대로, 의례와 상징과 공식적인 수사적 표현에서는 통치자의 절대적이고도 신성한 권력이 강력하게 강조되었다. 반면에, 이런 동일한 의례와 상징은 모든 사람들에게 차르가 진정한 기독교 통치자로서 자신의 주변 인물들과 협의하여 통치하며, 언제나 백성에게 도움이 되도록 행동해야 할 필요가 있다는 점을 상기시켜주었다. 달리 말하여, 차르의 정통성은 신의 선택과 종교적, 도덕적 의무 양쪽 모두에 근거를 두고 있었다. 차르가 공식적으로 가진 전제권력의 복잡성은 17세기에 행해진 가장 중요한 궁정 의례 중의 하나에서도 찾아볼 수 있다. 종려 주일에 차르는 총주교를 태운 나귀를 걸어서 끌고 갔는데, 이것은 그리스도가 예루살렘에 입성한 일을 상징적으로 재현한 것이다. 한 가지 해석은 이것이 그리스도와 교회 앞에 차르가 순종하며, 세속 정부가 종교 정부에 복종한다는 것을 상징적으로 나타냈다는 것이다. 다른 한편으로—혹은 아마도 동시에—플리어가 주장했듯이, 우리는 차르의 의례 행위가 순종을 드러내려고 함이 아니라, 지상의 정치영역에서 그의 절대적이고 신성한 권위를 드러내려고 한 것이라고 볼 수도 있다. 달리 말하면 그의 겸손함은 자신의 신성한 지위를 과시하고, 그리하여 자신의 권위를 높이는 경건한 행위(podvig)였다는 것이다.

   모스크바국 정치의 복잡성—그리고 공식적인 겉모습과 실제 모두를 검토해야 하는 필요성—은 우리가 주요 통치기구를 살펴볼 때도 확인할 수 있다. 모스크바국의 차르는 실로 1,000만 명에서 1,500만 명 정도의 신민들의 절대적인 통치자라고 주장할 수 있었지만, 자신의 권위를 홀로 행사하지는 않았다. 보야르 두마 혹은 협의회는 차르의 항구적인 동반자로 계속 유지되었고, 젬스키 소보르 혹은 전국집회(the assembly of the land)라는 새로운 중요한 국가기관이 등장했다. 비록 이 용어들 자체는 아마도 18세기 혹은 19세기에 만들어진 듯하며, 이 기관들은 상당히 낭만적으로 묘사되어왔지만, 보야르 두마와 젬스키 소보르가 존재했으며 우리의 관심을 끌 만하다는 점은 분명하다. 왜냐하면 두 기관 모두 모스크바국의 "전제정치"의 복잡한 구조의 일부분으로서 서구의 유사한 제도들을 연상시키고 있기 때문이다.

   물론 모스크바국 차르의 보야르 두마는 모스크바국 대공의 보야르 두마의 연장선상에 있었다. 그러나 그것은 새로운 시대 상황 속에서 몇 가지 변화를 점차적으로 경험했다. 그리하여 거기에는 여전히 고위 보야르가 포함되었지만, 차르가 데려왔으나 신분이 좀더 낮은 귀족들이 차지하는 비율이 점차로 커져갔다. 말하자면 관료적 인물들의 비중이 커졌다는 것이다. 댜코노프의 수치를 인용하면, 두마의 구성원은 보리스 고두노프 때 30명에서 알렉세이 때 59명, 그리고 표도르 때 167명으로 증가되었다. 다양한 특별 위원회가 생기기는 했지만, 규모가 커지면서 업무가 방해받았다. 보야르 두마는 아주 빈번하게, 보통은 매일 모였고, 상시 회기 중이라고 간주될 수 있었다. 그것은 사실상 모든 종류의 국가 업무를 다루었다. 클류쳅스키 등의 사람들은 보야르 두마가 본질적으로 자문기구이며 전제정치를 제한하지 않았다는 점을 확신을 가지고 설명했다. 그러나 다른 한편으로, 상설 기관인 보야르 두마는 단순히 정부의 한 부서나 기관이라기보다는 사실상 국가의 최고 권력의 핵심부였다. 보야르 두마 자체는 다른 유럽 군주정치 국가에 있는 왕실 회의(royal council)와 유사하지만, 국가의 결정에 대한 모스크바국의 유명한 문구, 즉 "군주가 지시했고, 보야르가 동의했다"라는 문구는 "국왕이 추밀원의 자문을 받아서"라는 잉글랜드의 법률 구절을 강하게 연상시킨다. 보야르 두마는 국왕이 모스크바에 없을 때, 혹은 바실리 슈이스키의 폐위 이후처럼 공위기에 권력을 떠맡았다.

젬스키 소보르의 성격과 그 기구가 모스크바국의 전제정치에 대해서 가지는 관련성은 보야르 두마보다도 훨씬 더 복잡한 문제를 보여준다. 또다시 우리는 모스크바국의 정치적 현실이 근대 정치 이론에서 제시된 명확한 권력분립의 증거를 별로 보여주지 않았다는 점, 그것이 성문 헌법이 아니라 관습에 기반을 두고 있었다는 점을 유념해야 한다. 우리가 일찍이 살펴볼 기회를 가졌던 것처럼, 젬스키 소보르는 본질적으로 차르가 "온 땅과 함께(vsei zemli)" 특별히 중요한 쟁점을 논의하고 결정하려고 할 때 소집되는 비정기적인 모임이었다. 이 기구는 서구의 한 기구, 특히 소위 삼부회(Estates General)와 많은 공통점을 가지고 있었다. 사실, 대부분의 학자들의 견해에 따르면 젬스키 소보르의 주요 특징은 적어도 세 개의 신분, 즉 성직자와 보야르 그리고 차르의 봉직귀족을 포함하고 있었다는 바로 그 점이었다. 여기에 보통 도시민이 추가되기도 했고, 적어도 1613년에 소집된 한 번의 경우에는 농민들도 참여했다. 대표권은 신분별로 행사되었다. 때때로 서구에서처럼, 예를 들면 보야르 두마 혹은 교회 협의회에서처럼 각 신분이 먼저 별도로 모임을 가진 다음에 각 신분의 의견을 젬스키 소보르의 전체 회의에 제시했다.

　보통 젬스키 소보르의 "전신"은 이반 3세가 노브고로드 원정을 앞두고 1471년에 소집한 집회라고 알려져 있다. 최초로 완전한 형태의 젬스키 소보르가 소집된 때는 이반 뇌제 재위기인 1549년, 1566년, 1575년 그리고 아마도 1580년이었다. 이때 소집된 젬스키 소보르는 차르의 개혁 프로그램 및 리보니아 전쟁과 같은 중요한 문제를 다루었다. 이반 뇌제가 사망한 직후인 1584년에 또 다른 젬스키 소보르가 소집되어 그의 아들인 표도르를 차르로 확정했는데, 이것은 아마도 이반 뇌제가 아무런 유언도 남겨놓지 않았고, 모스크바국 러시아에서는 어떤 공식적인 계승법도 존재하지 않았다는 사실로 인해서 취해진 조치였을 것이다. 젬스키 소보르는 1598년에 보리스 고두노프에게 제위를 제안했다. 우리가 앞서 논의했던, 1613년에 소집된 유명한 젬스키 소보르는 미하일 로마노프와 그의 후계자들이 러시아를 통치하도록 선택했다. 우리가 알다시피 미하일 차르의 시기에는 젬스키 소보르의 활동이 절정에 다다랐다. 젬스키 소보르는 그의 재위 첫 10년 동안 거의 계속해서 모임을 가졌다. 그 이후에는 1632-1634년, 1636-1637년, 그리고 1642년에는 폴란드에 대한 전쟁을 지속하기 위해서 특별세를 부과하는 문제, 크림 및 아조프 문제, 투르크와의 관계를 다루기 위해서 소집되었다. 젬스키 소보르는 1645년에 알렉세이의 제위 계승을 확인해주었다. 그의 재위기에 소집된 어떤 젬스키 소보르는 1649년의 『울로제니예』를 다루었고, 1650년에 소집된 다른 젬스키 소보르는 프스코프에서의 소요사태를, 그리고 1651-1653년에 소집된 또다른 젬스키 소보르는 우크라이나 문제를 다루었다. 많은 역사학자들은 메스트니체스트보의 폐지 및 새로운 통치자의 즉위와 관련되어 1681-1682년에 소집된 한 번의 모임 혹은 여러 번의 모임도 젬스키 소보르의 소집 목록에 추가한다. 알려지지 않은 젬스키 소보르도 더 밝혀질 수 있다. 그렇지만 어떤 경우든지, 젬스키 소보르가 소집된 시기는 분명히 모스크바국 러시아 때이며, 그 활동기는 모스크바국의 연대적인 범위와 대략 일치했다. 젬스키 소보르는 표트르 대제에 의해서 개혁된 제국에서는 아무런 자리를 발견하지 못했다.

　젬스키 소보르에 관한 문헌에서 핵심적인 논점은 그것이 어느 정도의 권한을 가졌는지, 모스크바국의 국가질서에서 정확히 어떤 위치를 차지하고 있었느냐에 대한 것이다. 클류쳅스키와 몇몇 다른 주도적인 전문가들은 젬스키 소보르가 차르의 정책을 도와주고 지지했지만, 차르의 권력을 제한하지는 않았다는 점을 보여주었다. 군주의 권한을 제약하는 문제는 젬스키 소보르의 모임에서 결코 제기되지 않았다. 게다가 적어도 16세기에는 구성원이 선출된 것이 아니라 정부에 의해서 임명되었다. 동란의 시대에는 중앙정부가 붕괴되고 공위기가 있었으므로, 선출 원칙이 부각되어 젬스키 소보르가 국가의 최고 권력기구로 등장하기는 했지만, 결국에는 새로운 차르에게 모든 권한을 적극적으로 넘겨주고 말았다. 16세기와 마찬가지로 17세기에는, 젬스키 소보르의 구성원은 군주에 대해서 권한이나 특권을 주장하기보다는, 군주에 대한 의무와 봉사를 계속해서 대표했다. 참석자들은 기껏해야 불만 사항을 말하고, 시정을 위한 청원을 할 수 있을 따름이었고, 군주는 결정과 행동에 대한 전권을 보유했다.

이 문제에 대한 다른 견해는 킵과 같은 일부 서구 학자들만이 아니라, 티호미로프 그리고 다른 소련 역사학자들에 의해서 강조되었다. 그들은 젬스키 소보르가 결국 왕위 계승, 전쟁과 평화, 중요한 재정적 조치처럼 아주 중대한 문제를 다루었고, 그것을 종종 단호한 태도로 다루었다는 점을 지적한다. 그리고 미하일의 재위기 대부분 동안 젬스키 소보르의 동의 없이는 어떤 보조금도 징수되지 않았고, 자선세(benevolence)도 강요되지 않았다는 점도 언급되어야 한다. 그러므로 젬스키 소보르는 국가의 재정을 실제로 통제하지는 않았지만, 돈줄을 장악하고 있었다. 많은 칙령에는 "군주와 온 땅의 희망에 의해서"라는 특이한 구절이 있었다. 한편 우크라이나에 대한 차르의 관할권 확대와 같은 획기적인 결정은 젬스키 소보르의 의견에 따랐다. 그 외에도 특히 17세기에는, 선출 원칙이 동란의 시대 이후에 유지되고 여러 차례의 젬스키 소보르가 구성될 때 시행되었으므로, 젬스키 소보르의 집회가 단지 차르의 고무도장 노릇만 한 것은 결코 아니었다. 예를 들면, 1649년의 『울로제니예』는 젬스키 소보르가 정부에 대해서 결정권과 주도권을 강요했음을 보여주었던 사례라고 주장되어왔다. 그런 논의의 연장선에서 보면, 사실 차르와 차르의 자문관들이 17세기 후반에 점차적으로 젬스키 소보르를 드물게 소집하기 시작한 것은 바로 그 기구가 군주의 지위에 대한 잠재적인 위협이 되었기 때문이었다. 러시아에서 젬스키 소보르를 누르고 차르의 절대주의가 확립된 것은 다른 많은 유럽 국가들에서 찾아볼 수 있는 상황 전개와 아주 유사했다. 예를 들면, 프랑스에서는 삼부회가 1614년부터 1789년 사이에 소집되지 않았으며, 잉글랜드에서는 17세기에 스튜어트 가문과 의회 사이에 큰 싸움이 벌어졌던 것이다. 그렇지만 젬스키 소보르에 대한 이야기가 서구의 대응기구와 아주 유사하든지 혹은 아주 희미하게만 유사하든지 간에—비판자들은 서유럽의 경우와는 달리, 젬스키 소보르의 역할이 법이나 심지어 관습에 의해서 규정되지 않았다는 것을 우리에게 상기시킨다—우리는 그 기구의 계속적인 발전이 억제되었다는 것을 알고 있다. 18세기 무렵이 되면, 국가는 심지어 자문을 위해서도 "땅"의 대표들을 소집할 필요성을 전혀 느끼지 못하게 되었다.

모스크바국이 팽창함에 따라서 중앙집권화가 이루어지고 통일성은 증대되었다. 비록 국가는 종종 자신의 실질적인 능력을 넘어서는 의욕을 가지기도 했지만, 17세기에는 사회를 중앙집중적으로 규제하고 자원을 동원하는 일에서 법이 중심에 서게 되었다. 그러나 많은 영역과 집단은 차르의 법의 범위 바깥에 남아 있었다. 예를 들면, 지주는 농노에 대해서 거의 절대적인 권한을 가지고 있었고(사실 법이 이것을 지지했다), 교회는 대부분의 규정으로부터 면제되었다. 그리고 제국이 확대되어감에 따라서, 지방에서는 많은 특수 상황이 유지되도록 허용되었다. 그러나 분령 시기에 있었던 수많은 법적 특수성과 지방적인 관행은 대체로 사라졌고, 1497년과 1550년의 법전(『수데브닉』)과 그 이후의 법의 개정, 그리고 특히 1649년에 편찬된 아주 중요한 법전인 『울로제니예』가 가져온 결과로 중앙의 통제력은 증가되었다. 965개 조항을 가지고 있는 이 거대한 작업은 "가장 높은 지위에 있는 사람으로부터 가장 낮은 지위에 있는 사람까지 모스크바국의 모든 사람들"의 법이라고 선포되었다. 그것은 인쇄되어 널리 배포된 최초의 법전이기도 했다. 그리고 이것은 새로운 입법 작업의 마지막이 아니었다. 한 설명에 따르면, 1,500건 이상의 법령이 17세기 후반에 공포되었다. 법의 목적은 사회를 규제하는 것이었다. 우리가 보았듯이, 농민과 도시민은 거주 이전의 자유를 상실했고, 사람들은 한정된 수의 사회 등급에 묶여 있었다. 사회의 서열은 법으로 고정되었으므로, 어떤 사람의 명예를 모독한 것에 대한 처벌은 당사자의 사회적 지위에 따라서 달랐다. 범죄에 대한 처벌은 더욱 엄격해졌고, 마술이나 마법과 같은 비정교회적인 종교적 행위는 엄격하게 억압되었으며, 차르의 권위의 상징물에 대한 훼손 행위조차 범죄 행위로 기소되었다.

국가의 권한과 이해관계가 확대됨에 따라 관료제도 확대되었다. 중앙행정은 다양한 부서와 부처가 아주 무계획적으로 증가되는 방식으로 발전되었다. 17세기 무렵이 되면, 관청(chancellery) 혹은 프리카즈(prikaz)—복수는 프리카지(prikazy)—라고 알려진 이 기관들의 수는 이미 50개 정도나 되었고, 그 수는 계속해서 증가되었다. 따라서 그곳에서 일하는 관료들의 수도 늘어났는데, 관료 중 많은 사람들은 글자를 잘 알았고 업무에 능숙했다. 프리카즈의 권한은 사절단 프리카즈의 경우처럼 외교정책과 같은 어떤 분야의 업무를, 노예와 소총병들처럼 어떤 범주의 사람들 혹은 시베리아 및 과거에 카잔 한국과 아스트라한 한국에 속했던 지방처럼 어떤 지역에까지 미쳤다. 비록 일부 학자들은 이처럼 통제하기 어려울 정도로 불편한 모스크바국의 부서 배치 방식이 상호 감시와 견제라는 교묘한 의도를 가지고 있다고 보기도 하지만, 시간이 지남에 따라서 업무 중복과 혼란이 증대되었다.

모스크바국 정치제도에서 가장 취약한 부분은 지방행정이었다. 물론 국가가 거대한 규모로 커짐에 따라서 이 문제는 심각한 양상을 띠게 되었다. 모스크바의 통치자는 새로운 영토를 획득하게 되면 그곳을 다스리기 위해서 나메스트니키(nemestniki)와 볼로스텔리(volosteli)라는 자신의 대리인을 파견했다. 코르믈레니야(kormleniia), 즉 "급여"라고 알려져 있는 임명제도는 공식적인 일이었을 뿐만 아니라, 개인적인 보상으로 간주되기도 했다. 관리들은 사실상 전권을 행사했고, 동시에 주민들을 희생시키고 부를 축적하기도 했다. 비록 관습과 법에 의해서 코르믈레니야 관계가 규제됨으로써 행정관료를 위하여 주민들이 제공해야 하는 현금, 물품, 봉사의 양에 제한이 가해지기도 했지만, "부패의 정치 경제학(political economy of corruption)"이라고 불려온 것과 같은 이런 관행(그리고 직접적인 뇌물도 하나의 특징이었다)은 계속되었다. 특히 지방 공동체가 "코르믈레니야"를 상호 의무 체제 속으로 행정가들을 끌어들이기 위한 유용한 방편이라고 생각했기 때문에, 그런 관행은 없어지지 않았다.

그러나 우리가 살펴봤듯이, 지방행정은 16세기에 크게 발전되었다. 지방에서 선출된 사법 및 경찰 관리들—소위 굽니예(gubnye) 관리들—이 범죄에 맞서 싸우는 기능을 이미 맡고 있었던 것 이외에도, 재정, 행정, 재판을 담당하는 지방 젬스키 기관들도 1555년에 제정된 법에 따라서 설치되었다. 주민들이 일정한 금액을 국고에 납부하기로 확약하는 경우에는, 지방에서 선출된 도시 행정가들—고로도비예 프리카즈치키(gorodovye prikazchiki)—이 중앙에서 임명된 관리들을 대체하기도 했다. 중앙의 관리가 남아 있는 경우라고 할지라도, 주민들은 보좌관을 선출하여 그런 관리의 행동을 근거리에서 제지하고, 필요한 경우에는 실제로 그를 탄핵할 수도 있었다. 비록 역사학자들이 16세기의 모스크바국에서 지방 자치기구가 상당히 발전하고 폭넓은 권한을 가지고 있었다는 사실을 보여주었음에도 불구하고, 불행하게도 이런 기구들은 오래 지속되지 못했다. 동란의 시대 이후에 지방자치는 임명직 지사, 즉 전원이 광범위한 군사 및 민사적 권리를 가진 고위 모스크바 봉직자인 보예보다(voevoda)로 대표되는 중앙집권적인 제도로 대체되었다. 동시에 보예보다 행정은 문서화된 법을 따르고, 정기적인 회계를 실시하고, 보고 절차를 밟는 등 점차 근대적인 관료제로 변모해 갔다. 한편 지방귀족에 대한 연구를 보면, 지방 차원의 충성심과 공동체 의식이 강해지고 있었다는 것을 알 수 있다. 그러나 그것은 주로 귀족이 지방에서 자신들의 물질적인 이익을 추구하다가 생긴 결과를 포함하고 있기 때문에, 중앙의 국가 권위에 도전하는 것은 결코 아니었다. 후대의 개혁적인 통치자들을 괴롭힌 취약점이 되어버린 지방 자치의 종말을 통해서, 우리는 모스크바국의 중앙집권화가 계속되고 있었다는 사실, 그리고 혁명 이전의 러시아에서 사회적 독립심, 진취성, 교육이 미약한 발전을 보였다는 사실을 상기할 수 있다.

제국의 등장

17세기에 이루어진 모스크바국의 확장으로 인해서, 과거 모스크바 공국의 서쪽, 북쪽, 남쪽, 동쪽에 있는 영토와 민족들이 차르의 지배하에 들어오게 되었다. 많은 역사학자들은 서쪽으로의 영토 팽창, 특히 우크라이나를 러시아의 통치 아래에 들어오게 만들었던 1654년의 협정이 과거 러시아 영토의 재통일이라고 오래 전부터 주장해왔던 한편, 대부분의 학자들은 동쪽과 남동쪽으로의 팽창은 "식민지적" 성격을 가지고 있다는 것에 대해서 동의한다. 남부 스텝 지대로의 진출은 카잔 한국과 아스트라한 한국을 정복한 이후에 계속되었다. 1610년부터 1640년 사이만 하더라도 러시아의 군사적 경계선과 식민지 개척자들은 크림 타타르인들 및 다른 유목민들과 계속해서 싸워나가면서, 스텝 지대 안으로 약 483킬로미터를 이동해갔다고 추산된다. 그러나 가장 극적인 팽창은 인구가 적었던 동쪽 방향에서 이루어졌다. 비록 실질적인 정착은 좀더 느리게 진행되었지만, 같은 30년 동안 러시아인들은 넓디넓은 시베리아를 탐사하고 정복하면서 오비 강으로부터 태평양에 이르기까지 약 4,828킬로미터를 전진해나갔다. 이 과정에서 러시아인들은 별다른 저항 세력을 만나지 않았다. 왜냐하면 이 지역에는 강력한 정치 공동체가 전혀 없었으며, 지방 엘리트들의 협조도 쉽게 이끌어낼 수 있었기 때문이다. 그러나 러시아가 서쪽과 북쪽에서는 스웨덴 및 폴란드-리투아니아라는 강력하고도 야심에 찬 국가들에 의해서, 남쪽에서는 페르시아 제국과 오스만 제국에 의해서 저지되었던 것과 마찬가지로, 아시아 북부 외곽에서는 중국인들이 러시아의 팽창을 가로막고 나섰다. 러시아의 식민지 개척자들이 아무르 지역에 있는 청 제국의 국경에 다다랐을 때, 중국인들은 군대를 파견하여 러시아인들에게 요새를 철거하고 이 경계지역으로부터 물러날 것을 강력하게 요구했다.

흑담비, 북방족제비, 비버, 그리고 털을 가진 다른 값비싼 동물들이 많이 살고 있던 시베리아에서는 모피가 주요 인기 물품이었다. 모스크바국의 재정과 대외교역에서 모피는 매우 중요한 품목이었다. 러시아의 통치력이 시베리아에서 인구가 희박한 원주민들 사이에 확대되어감에 따라서, 원주민들은 새로운 군주에게 야사크(iasak), 즉 모피세를 바칠 필요가 있었다. 중앙당국은 시베리아의 행정가들이 모피를 개인적으로 구입하는 것을 제한하기 위해서 커다란 노력을 기울였다. 일반적으로, 유럽의 아프리카 탐사와 미국의 서부 진출에 비견되는 시베리아의 병합은 모스크바국 입장에서는 아주 이익이 되는 일이었다. 한편 시베리아는 사람들이 도망갈 수 있는 땅으로서의 중요성도 획득했다. 시베리아에는 귀족도 별로 없고 탈주자에게는 무한할 정도의 공간이 있었기 때문에 농노제가 성립되지 않았고, 국가가 영향력을 미치는 범위는 언제나 그다지 크지 않았다. 시베리아 사회는 유럽러시아로부터 온 이주자들만이 아니라 원주민들이 동화—통혼은 흔한 일이었다—됨에 따라 이익을 얻으면서 발전해나갔다. 그러므로 시베리아 사회는 우랄 산맥 건너편보다 더 자유롭고 민주적인 사회체제를

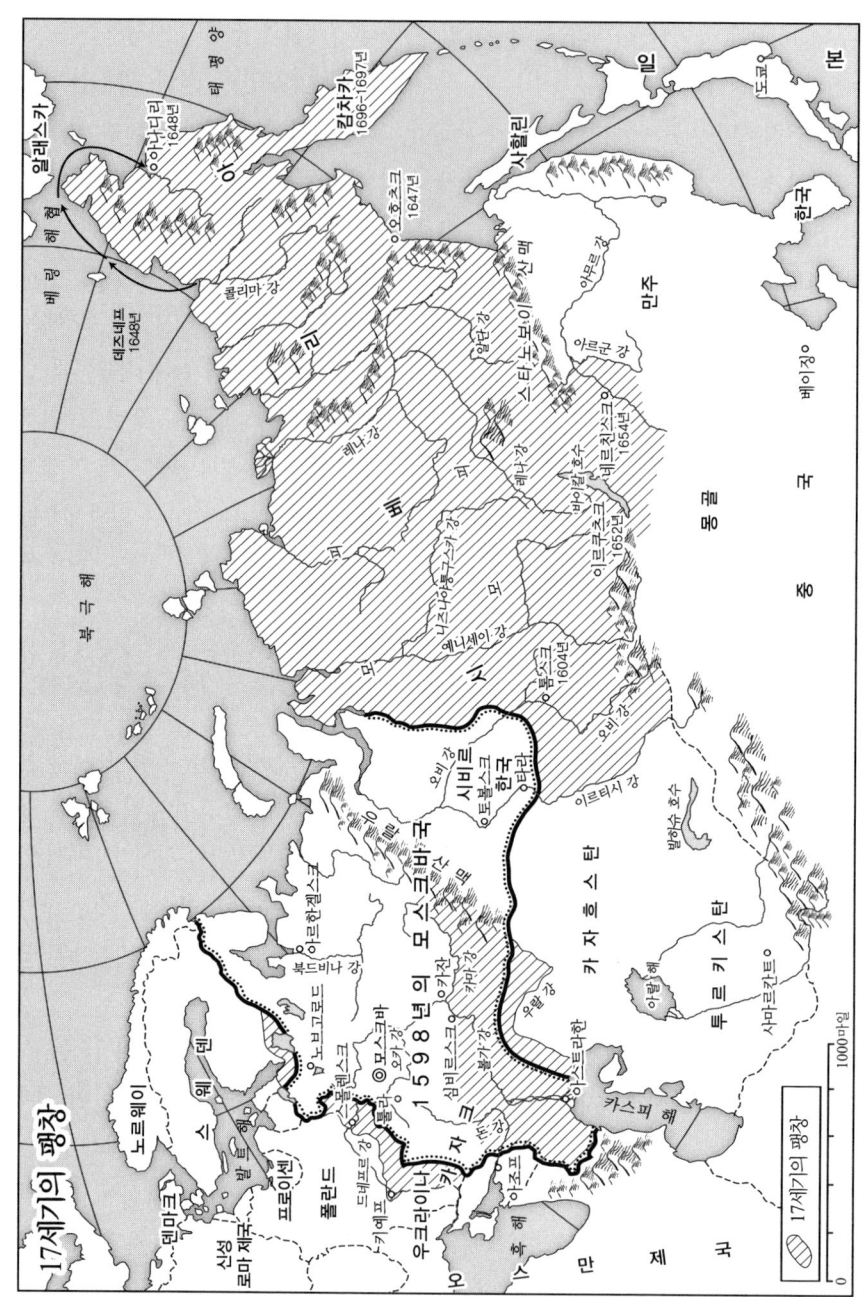

가지게 되었고, 종종 미국의 프런티어를 연상시키는 일종의 강인함과 독립심을 보여줄 수 있게 되었다. 이런 점에 비추어보면, 시베리아는 러시아 문화에서 어느 정도는 신화적인 지위를 획득했다.

비록 최근에 이르러서야 학자들의 면밀한 연구 대상—특히 남부와 동부에 관하여—이 되기는 했지만, 러시아가 수많은 비러시아계와 비정교도 신민들을 역사적으로 어떻게 통치했느냐의 문제는 커다란 논란거리가 되어왔다. 그러나 후대의 좀더 공격적인 제국 정책과 17세기의 상황을 구분하는 것이 중요하다. 이 두 시기의 차이점은 권한의 한계 및 통치 대상인 비러시아인들에 대한 상이한 접근법에서 기인된 듯하다. 모스크바국의 시베리아 정책은 교회의 것과 마찬가지로, 지역적 차이에 대한 관용, 지방 엘리트의 선임, 점진적인 통합 등을 혼합하는 방향으로 추진되었다. 정복의 초기 단계에 모스크바는 보상과 지불, 그들의 전통적인 권력과 특권의 보호를 약속함으로써, 토착 엘리트들을 자기편으로 끌어들이는 데에 역점을 두었다. 만약 원주민들이 정교도가 된다면 환영받았고, 그들은 러시아인으로 대우받기는 했지만 세례를 받도록 강요되지는 않았다. 러시아인이 된다면, 그런 원주민은 무엇보다도 모피세를 납부하지 않았는데, 이 때문에 정부는 당사자의 개종이 바람직한지에 대해서 재고하게 되었을 것이다. 또한 란체프 등의 사람들이 기술하고 있듯이, 정부는 해당 지역의 필요와 문제가 무엇인지 알아보고, 지역 경제를 발전시키며, 원주민들과 러시아인 정착자들 모두를 온정을 가지고 보살펴주려고 노력했다. 그러나 모스크바는 너무나 멀리 떨어져 있었다. 반면에 지방의 상황 덕분에, 관리들과 그 외 러시아인들은 극단적인 착취와 잔인한 행동을 하기가 아주 용이했다. 일반적으로 러시아인들이 정착하는 경우가 증가됨에 따라, 지방 엘리트를 통한 간접 통치 방식은 모스크바에서 파견된 관리에 의한 직접 행정 방식으로 바뀌었다. 그러나 여전히 대부분의 새로운 땅은 통치력이 미치지 못한 채로 남아 있었다. 모스크바는 일종의 간섭과 통제보다는 인센티브를 주는 등의 비강압적인 정책을 선호했다. 그러다가 18세기에 제국이 근대화됨에 따라서 간섭과 통제 같은 정책이 펼쳐지게 되었던 것이다.

제19장

모스크바국 러시아 : 종교와 문화

황제는 머리에는 황제의 관을 쓰고, 오른손에는 홀(笏)을, 왼손에는 구(球)를 들고, 금과 은으로 만든 다리를 가진 서너 계단 높이의 옥좌에 앉아 있었다. 그리고 그는 우리 군주 국왕의 칭호와 그의 칭호를 거듭 말하고, 그에게 폐하의 이름으로 인사를 건넬 때까지, 내가 느낄 수 있는 어떤 움직임도 없이 앉아 있었다.……나는 방 밖으로 나가려고 할 때, 20 내지 30명의 대공들과 고관들이 황제의 왼편에 앉아 있는 것을 보았다. 그들은 모두 진주와 보석으로 장식된 황금색 긴 외투를 입었으며, 머리에는 약 69센티미터 높이의, 흑담비 혹은 검은 여우의 털로 만든 높직한 모자를 쓰고 있었다. 문을 나가다가 내가 그들에게 인사를 하자, 그들 모두는 일어서서 나를 향해서 모자를 벗었다.　　　　　　　　　　　　—디그비가 코크 경에게

오, 그대들 기독교 세계의 스승들이여! 로마는 오래 전에 무너져서 엎어져 있고, 폴란드인들도 넘어져 똑같이 멸망당해서 끝까지 기독교인의 적이 되었다. 그리고 그대들 가운데에서 정교회도 잡종이 되었다. 투르크의 무함마드 무리들의 폭력에 의해서 그대들이 무력해져 있기 때문에, 우리에게 배우러 와야 할 사람들이 바로 그대들이라고 할지라도 전혀 놀라울 것이 없다. 신은 우리에게 전제정치라는 선물을 주셨다. 배교자인 니콘의 때까지 우리 러시아에서는 경건한 공들과 차르들 아래에서 정교회 신앙은 순수했으며, 더럽혀지지 않았고, 교회 안에는 아무런 소동도 없었다.

　　　　　　　　　　　　　　　　　　　　　　　　　　—아바쿰

모스크바국은 외국인들에게는 이상하게 보였다. 잉글랜드의 찰스 2세가 알렉세이에게 보낸 사절단의 서기인 드 미주와 같은 서구의 방문자들만이 아니라 다른 많은 사람들도 모스크바국을 마법의 세계와 비슷한 무엇인가로 묘사했다. 즉 기이하기도 하고, 호화롭기도 하고, 다채롭기도 하고, 그들이 그때까지 보았던 어떤 것과도 달랐으며, 아주 야만적이기도 했다. 외국의 사절들은 호화로운 복장, 특히 모피 옷, 눈에 띄는 회색 수염, 정교한 궁정 예식, 풍성한 연회 그리고 엄청난 음주에 대해서 관심을 기울였다. 모스크바국의 기본적인 특징들은 더욱 중요했는데, 방문자들은 이것을 재빨리 알아챘다. 즉, 차르의 거대한 권력과 권위 그리고 심지어 대수롭지 않은 문제들도 고위 관료의 결정을 요구해야 할 정도로 극심한 중앙집권화가 바로 그것이다.

모스크바국을 떨어져 있는 이상한 세계로 보았던 견해는 어느 정도의 진실을 담고 있다. 예를 들면, 모스크바국 러시아는 키예프 루시와는 대조적으로 비교적 고립되어 있었다. 게다가 모스크바국 러시아는 종교와 의식주의에 기반을 둔 독특한 문화를 발전시켰으며, 외부의 어떠한 영향에 대해서도 의심을 품으며 독선적인 태도를 취했다. 그렇지만 이런 경향은 과장되어서는 안 된다. 실제로 모스크바국 문화의 중요한 요소들—종교, 언어, 법 등의 것들—은 외부 세계와의 연결고리로서 기능했다. 그리고 시간적인 면에서, 모스크바국은 단지 자족적인 문화만이 아니라 전통과 혁신적 경향이 서로 다투며 토착 문화가 외부의 영향력과 서로 소통하는 전환기적 문화를 대변했다. 그리고 마침내 (서유럽 여행자들에게는 동화 속의 나라이기도 하고 때때로 악몽이기도 했던) 자신들의 국가와 문화를 근대 유럽의 위대한 국가들 중의 하나로 변모시킨 이들은 표트르 대제의 인도를 받은 모스크바국 사람들 자신이었다.

종교와 교회, 분열

종교는 모스크바국 러시아의 모든 생활에 스며들어 있었다. 종교적 신앙, 정체성, 의식(儀式)은 국가의 성장과 강화, 좀더 큰 세계와 러시아의 관계에 대한 논란, 예술과 문학, 일상적인 사회생활에서 강력한 역할을 담당했다. 종교는 편협하고 자기만족적인 자존심을 조장하기도 했고, 개혁에 대한 필요성을 인식시키는 데에 도움을 주기도 했다. 이미 언급했듯이, 모스크바국의 팽창과 강화는 모스크바국의 교회의 발전과 아주 유사했다. 1547년, 1549년, 1551년, 1554년의 교회 협의회는 종교조직과 관행을 개선하고, 다양한 악폐를 제거하려고 노력했다. 1547년에는 22명의 러시아인들이 시성되었고, 1549년에는 또다른 17명이 성인으로 공포되었다. 그 결과 국가적으로 성인들의 수가 늘어나게 된 사실은 정치적인 분야에서의 통합이 종교적인 분야에서도 일어난 것을 대변해주었다. 1551년에 개최된 100개 조항 협의회는 그 이름이 지시하듯이 교회생활의 많은 문제들을 다루었다. 1554년의 협의회는 프로테스탄티즘 혹은 비소유파의 가르침에 뿌리를 두고 있던 이단과 러시아의 이단자들을 비난했다. 그런 이단 교파 중 어떤 것도 대중적인 지지를 얻지 못했다는 것을 지적할 필요가 있다.

　콘스탄티노플의 총주교구 자체를 포함하여 다른 많은 정교회가 이슬람 교도인 투르크인들의 수중에 떨어지고 있을 때, 러시아 교회의 위상이 높아졌다는 사실은 모스크바국 사람들의 자신감과 자부심을 증대시켰다. 신성한 러시아 땅 그리고 신성한 러시아에 대한 언급은 16세기 후반에 시작되었다. 우리가 알고 있듯이, 모스크바국은 콘스탄티노플에 많은 정치적 압력을 넣은 결과 1589년에 자체의 총주교를 가지게 되었다. 우리가 이미 보았듯이, 예를 들면, 동란의 시대의 게르모겐이나 아들의 재위 시의 필라레트처럼 나중에 이 직책을 맡게 된 몇몇 사람들은 역사적으로 중요한 역할을 담당하게 되었다. 17세기의 교회는 자신의 권한을 확대하고 문화적 영향력을 강화하기 위해서 많은 노력을 기울였다. 이 시기에 차르 혹은 총주교 중에서 누가 더 중요한지를 놓고 교묘한 책략이 많이 있기는 했지만, 공식적으로 국가와 교회는 통합되어 "조화로운" 권위를 행사하고 있었다. 그리하여 필라레트는 이전에 오직 차르만이 사용하던 대군주라는 칭호를 획득했다. 그리고 교회는 모스크바국이 서쪽으로 확대되고 러시아에 오는 외국인 전문가들의 수가 증가하자, 점차 위협이 된 가톨릭교와 개신교의 경쟁력을 러시아 땅에서 제한하기 위해서도 투쟁했다. 교회는 신앙과 의식을 전파하고 표준화하는 데에 도움을 주는 종교서적을 인쇄하기 시작했고, 기독교와 전통적인 민간신앙과 관습을 계속해서 혼합하던―종종 지식이 부족하던―평신도들은 물론이고, 멀리 떨어져 있는 수도원들과 교구 성직자들을 좀더 잘 통제하기 위해서 애썼다. 교회 그리고 특히 수도원은 정부가 그들의 재산을 제한하고 특히 귀족의 재산을 잠식해 들어가는 것을 막기 위해서 노력을 거듭했음에도 불구하고, 토지와 다른 소유물로 이루어진 엄청난 부를 누리고 있었다.

17세기의 대분열 혹은 분열—러시아어로는 라스콜(raskol)—은 강력하고 단일한 구조를 가진 것처럼 보였던 모스크바국 교회의 심각한 약점을 드러냈다. 교회의 지도부 가운데 러시아의 종교생활을 개혁해야 한다는 필요성이 점차로 강하게 인식된 것은 분열의 핵심적인 역사적 배경이었다. 교회 지도자들은 때때로 교구 성직자들의 청원에 대한 답신에서, 순수한 신앙에서 벗어난 많은 일탈 현상을 지적해주었다. 많은 교회에서는 미사 중 여러 가지 의식을 동시에 진행함으로써 미사를 단축하는 경향이 드러났다(일어선 채로 미사를 드렸던 정교회 미사는 특히 아주 길었다). 평신도들은 기독교 수용 이전의 축제들을 기념하고 있었고, "이교적인" 민간 스코모로흐들이 끈질기게 인기를 끌고 있었으며, 일상생활에서 부도덕한 일이 자행되었을 뿐만 아니라 성직자들 가운데서도 그런 일이 있었다. 그리고 그리스어 원전으로부터 부정확한 내용이라든지 잘못된 내용이 러시아 텍스트와 관례 속으로 몰래 들어왔다. 그러나 개혁의 적극적인 지지자였던 알렉세이가 제위에 오르기 전에는 별다른 일이 일어나지 않았다. 알렉세이의 통치기는 러시아 정교회의 종교적 및 도덕적 부흥의 시기였다. 러시아 정교회는 예배 의식을 개선하고, 교구생활의 도덕적이며 영적인 수준을 높이려고 시도했다. 일부 역사학자들은 이런 시도를 당대에 서구에서 진행되던 프로테스탄트의 개혁 운동 그리고 특히 가톨릭 종교개혁에 비유했다. 핵심적인 인물들은 경건의 열성자들(Zealots of Piety)이라고 역사에 알려져 있는 성직자 그룹이었다. 거기에는 차르의 고해 신부인 보니파티예프, 저명한 사제장인 아바쿰 혹은 하바쿡 등 다른 많은 영향력 있는 성직자들이 포함되어 있었다. 그들은 더 나은 설교를 하기, 올바른 미사 드리기, 그리스도의 도덕적 가르침을 일상생활에서 행하기 등을 주창했다. 알렉세이 차르는 이런 정책 중에서 많은 내용을 법으로 만들었는데, 그중에는 유랑 악사들의 활동을 금지하는 것과 단축되지 않은 미사를 드릴 것에 대한 요구도 포함되어 있었다. 이런 개혁은 평신도들과 지방 사제들 사이에 때때로 폭력의 양상을 띤 반발을 불러일으켰다. 아바쿰은 자신의 도덕적인 비난에 격분한 "사제들, 농민들, 여인들"로 이루어진 대규모 폭도들이 자신을 여러 번이나 매질하고 지방 도시로부터 뒤쫓아왔던 일을 자서전에서 회상했다.

개혁 운동은 경건의 열성자들과 가까웠던 니콘이 1652년에 총주교로 임명된 이후에 운명적인 전환을 하게 되었다. 강력한 의지를 가진 행정가로서 차르의 절친한 친구이자 개혁가들의 동지였던 니콘은 러시아의 영적 행복을 증진시키는 일(니콘도 자신을 "대군주"라고 불렀다)에서 교회가 국가보다 우위에 있다는 주장을 제기하고, 교회에서 고압적인 태도로 개혁을 추진한 일 때문에 논란을 빚었다. 그는 종교적인 성일(聖日)에 보드카를 금지하는 등, 종교생활에서 더 큰 경건과 순결함을 알리기 위해서 지속적인 노력을 기울였다. 그러나 그가 정교회 미사를 다른 동방정교회와 일치시키려고 했을 때에는 문제가 발생했다. 1653년과 1654년에 니콘은 그리스의 전문가들로부터 폭넓은 자문을 얻고 과거의 텍스트를 참조한 이후에, 미사 의식서(sluzhebniki)와 다른 텍스트들을 새롭게 개정하라고 명령했고, 의식 절차와 리투르기아를 아주 철저히 수정할 것을 지시했다. 그리고 그는 두 손가락(집게손가락과 가운뎃손가락)만 사용하던 러시아인들의 성호 긋는 방식을, 그리스에서처럼 세 손가락(펼친 집게손가락과 가운뎃손가락 맞은편에 엄지손가락을 세움)을 사용해서 긋는 방식으로 바꾸었다. 그뿐만 아니라 그는 예수의 스펠링을 이시스(Isys)에서 이이수스(Iisus)로 바꾸었고, 어떤 기도문을 읽은 이후에는 "할렐루야"를 러시아식으로 두 번 말하지 않고 그리스식으로 세 번 말하도록 했으며, 허리를 굽히는 인사의 횟수와 일부 행렬의 방향을 바꾸었고, 니케네 신조의 몇몇 단어를 수정했으며, 성찬식 때의 제병(祭餠)을 교체하는 것 이외에도 이런 종류의 다른 변화들을 시도했다. 의식 절차와 전통이 중심적인 자리를 차지하고 있는 종교에서 이런 변화는 사소한 문제가 아니었다.

이런 개혁 그리고 국가권력이 이러한 개혁을 지지함과 더불어 분열이 본격적으로 시작되었다. 많은 개혁가들은 니콘에게 등을 돌렸고, 니콘이 이런 개혁을 강요하면서 오만함과 고집을 부리며 러시아의 전통을 저버리고 있다고 불평했다. 이에 대해서 니콘은 자신이 늘 해오던 공격적인 방식으로 이전에 동지였던 사람들을 파문하고, 투옥하고, 추방했다. 저항을 계속하는 사람들에게는 더욱 가혹한 처벌이 기다리고 있었다. 총주교는 반대파를 제압하기 위해서, 최고의 권

니콘 총주교. 성직자들을 가르치는 모습이 그려져 있다. 1665년의 그림. (*Ukrainskaia portretnaia zhivopis' XVII-XVIII vv.*)

위를 가진 기구가 자신의 개혁을 지지하도록 만들려고 했다. 즉, 콘스탄티노플의 총주교에 의해서 공의회가 소집되었던 것처럼, 러시아 교회 협의회(Tserkovnye sobory)가 자신이 시도하던 변화를 승인하게 했던 것이다. 그러나 1658년에 니콘은 차르와 결별했다. 알렉세이의 입장에서는 총주교의 고압적인 태도와 커져가던 그의 영향력과 부를 점차로 참을 수 없게 되었다. 갈등의 부분적인 요인은 분명히 니콘이 세속 국가보다 교회가 우위에 있다고 계속 주장했다는 데에 초점이 맞추어졌다. 예를 들면, 그가 전제군주의 총애를 잃어버린 것은 그가 교회를 태양에, 그리고 세속 정부를 달에 비교했기 때문이었을 것이다. 동방정교회의 다른 대표들도 참석한 가운데 1666년과 1667년에 개최된 중요한 교회 협의회는 개혁과 니콘의 위치에 대한 두 가지 문제를 해결했다. 니콘은 폐위되었고, 교회에 대한 국가의 우위는 반복되었으며, 개혁 조치는 전적으로 지지되었다. 반대자들은 굴복하거나 교회와 국가에 저항하는 수밖에 없었다.

비록 교리 혹은 신조 면에서는 아무런 차이도 없었지만, 상당수의 성직자들과 평신도들은 순종하기를 거부했다. 구교도들 혹은 구의식주의자들—스타로베리(starovery) 혹은 스타로오브랴드치(staroobriadtsy)—은 변화를 거부했고, 따라서 공식적인 정교회를 거부했다. 그들이 생각하기로는 비록 나머지 정교회 공동체와의 더욱 큰 통일성을 위해서라고 할지라도, 의식은 그 자체로 신성한 것의 현현(顯現)이므로 변경될 수 없었다. 미첼스 등의 학자들은 분열이 단지 개혁만이 아니라 좀더 큰 위기 때문에 초래되었는데, 그 위기는 "평범한 러시아인들과 그들의 교회 사이의 깊은 단절"을 포함한 것이었다고 주장했다. 구교도들에 대한 박해는 격렬하고 잔혹했다.

아바쿰 자신은 1682년에 화형을 당했지만, 그의 탁월한 자서전은 구교 신앙의 위대한 문헌이자 인류의 신앙의 위대한 작품이다. 멀리 북쪽에 있는 솔로베츠키 수도원은 1668년부터 1676년까지 지속된 포위 공격에 의해서 점령당했다. 이 시기에 러시아 사회 전체를 통해서 확산되고 있던 묵시록적 견해는 특히 초기의 구교도들 사이에서 특히 강력한 지지를 얻었다. 그들은 교회 개혁 속에서 세상의 종말을 보았고, 니콘을 적그리스도라고 보았다. 정부군이 구교도들의 수도원과 마을을 공격했을 때, 개혁을 반대하던 구교도들은 굴복하기보다는 때때로 분신자살했다. 1672년부터 1691년 사이에 알려진 집단 분신만도 37건에 달하는데, 이를 통해서 2만 명 이상의 구교도들이 스스로 목숨을 끊었다.

그러나 구교는 살아남았다. 구교는 18세기에 특히 안드레이 데니소프와 세묜 데니소프 형제 같은 수많은 유능한 지도자들에 의해서 재조직되어, 1917년 혁명과 그 이후까지 수백만 명의 러시아인들의 종교가 되었다. 그것은 오늘날에도 존재하고 있다. 구교 신앙은 어떤 교회법적인 토대도 없고 거론할 만한 독립적인 신학도 없으므로 분화와 분화를 거듭했음에도 불구하고 결코 사라지지 않았다. 중요한 분열은 포폽치(popovtsy)와 베스포폽치(bespopovtsy)로서 성직자를 두느냐 두지 않느냐의 문제로 생겼다. 구교도들은 자신들에게 성직자도 없고, 따라서 리투르기아도 없고, 대부분의 성사(聖事)도 없다는 것을 곧 깨달았다. 성직자가 되려면 주교가 있어야 하는데 어떤 주교도 구교 신앙에 합세하지 않았다. 반대파 중 일부인 성직자파(포폽치)는 가령 기존 교회로부터 성직자들을 유인해내는 등 모든 가능한 수단을 사용하여 성직자를 얻으려고 전력을 기울였다. 반면에 무성직자파(베즈포폽치)는 자신들이 처한 상황의 논리를 받아들이고는, 다른 노선을 따라서 자신들의 종교생활을 해나갔다. 러시아의 많은 교파는 무성직자 구교파에서 유래되었다. 그러나 이런 모든 일은 러시아 역사에서 모스크바국 시기가 지난 이후에 발생되었다.

러시아어로 라스콜이라고 불리는 이 사건은 러시아 정교회의 역사에서 유일하게 주요한 분열이었다. 중요한 의미에서 그것은 서구의 종교개혁과는 정반대였다. 서구에서 기독교인들은 변화를 원했기 때문에 종교 당국에 대항했으나, 러시아에서는 신자들이 전통적인 종교적 관습을 조금도 변경하려고 하지 않았기 때문에 반발했다. 라스콜을 설명하기 위해서 학자들은 많은 시도를 했다. 시차포프 등 많은 학자들은 구교도들의 사회적 구성과 그들이 반발하게 된 사회적 및 경제적 이유를 강조했다. 구교도들은 원래 일반적으로 유복한 농민과 상인들이었고, 계속해서 그런 직업을 가진 사람들이었다. 그러므로 그들의 행동은 귀족의 지배 및 모스크바국의 억압적인 체제 전체에 대한 항의라고 해석될 수 있었다. 보다 직접적으로는, 그들은 니콘 아래에서 교회의 중앙집권화가 강화된 것에 대해서 반발했다. 이전에는 성직자들이 북부 교구에서는 선출되었는데, 니콘 아래에서는 임명되었고, 그로 인해서 교구의 자율권과 민주주의가 소실되는 결과가 초래되었다. 구교도들은 민주주의자들―일부 역사학자들은 그렇게 불렀다―이었을 뿐만 아니라, 러시아인들의 기업 및 사업 수완을 보여주었다. 어느 정도의 기간이 지나자 그들은 상업 분야에서 놀랄 만한 기록을 세워갔다. 심지어 그들과 서구의 칼뱅주의자들의 몇몇 유사점이 지적되기도 했다. 다른 한편으로, 개혁을 위한 동력은 명확한 이유 이외에도 좀더 학식 있는 우크라이나 성직자의 영향력, 모스크바국과 그 교회가 우크라이나인들과 벨라루스인들을 포함하도록 자신들의 관습을 적응시키려는 희망에서 유래되기도 했다. 한 주장에 따르면, 알렉세이는 세계 전체의 정교회에 대한 러시아의 지도적 위치를 차지하기 위한 요청의 일환으로서, 우크라이나와 벨라루스와 그리스 학자들에게 교회의 지적 지도자들로서의 중요한 역할을 부여했다. 젠콥스키에 따르면, 이것은 아마도 발칸 반도와 콘스탄티노플로의 팽창 가능성을 위한 준비 작업이었다.

라스콜에 대한 좀더 유효한 설명은 모스크바국의 문화가 가지고 있는 기본적인 형식주의, 의식주의, 전통주의를 강조하는 것이다. 종교에서 형식과 전통은 권력과 정통성의 일부분이었으며, 타협의 대상이 될 수 없었다. 종교의 행사와 의식은 신자들을 묶는 하나의 거대한 끈이자, 과거와의 연결점이며, 일상생활의 토대의 일부분으로 기능했다. 이 점 때문에, 그리고 이와 관련하여 모스크바국의 교회 및 관습이 우위에 있다고 믿었기 때문에 구교도들이 반발했다고 설명된다. 교회 개혁을 추진한 사람들도 그와 유사한 형식주의를 보여주었다. 콘스탄티노플 총주교 같은 고위 권위자의 조언에도 불구하고 니콘과 그의 추종자들은 지방의 어떤 관행이나 사소한 변형도 그대로 남겨두려고 하지 않았고, 그리하여 그들 측에서는 형식과 내용이 혼동되었다. 그러므로 라스콜은 모스크바국의 문화가 국민들에 대해서 가지고 있던 영향력을 입증하는 것이라고 간주할 수 있다. 또다른 사람들은 라스콜이 모스크바국의 문화가 교착 상태에 빠졌다는 것을 의미했다고 보았다.

밀류코프 등의 사람들은 러시아의 교회가 분열로 인해서 아주 헌신적이며 활동적인 신자들을 잃어버렸고, 결과적으로 활력도 상실했다고 주장했다. 용기 있게 신념을 간직한 사람들은 구교 신앙에 합류했고, 겁이 많고 무기력한 사람들은 기존 교회에 남아 있었다는 것이다. 비록 우리가 이런 관점이 과장이며 아주 무식하고 광적인 많은 사람들도 개혁 반대파에 가담한 것을 주목한다고 할지라도, 손실이 아주 컸다는 점은 명확하다. 그렇기 때문에 분명히 표트르 대제는 고압적인 태도로 교회를 다루기가 훨씬 더 용이했다.

모스크바국의 사상과 문학

참된 신앙이 무엇이냐의 문제 이외에, 올바른 형태의 정부가 무엇이냐의 문제도 일부 모스크바국 사람들의 마음을 사로잡았다. 전제정치의 성격과 새로운 역할에 대한 논쟁은 이반 3세와 바실리 3세의 재위기에 명확히 관찰할 수 있는 지적 흐름으로 남아 있었다. 16세기 중반에 저술 활동을 한 페레스베토프 같은 평론가들은 차르의 새로운 권력과 권위를 지지했던 반면에, 동란의 시대에 발생한 사건들로 인해서 올바른 정부라는 이 주제에 대해서 다양한 주장이 제기되기도 했다. 차르를 찬양하는 글에서는 통치자가 겸손하고, 경건하며, 정결할 뿐만 아니라, 신성한 권력을 부여받았다는 점에서 종종 그리스도에 비유되기도 했다. 비록 키넌은 이것이 17세기 초에 조작되었다는 유명한 주장을 하기는 했지만, 정치에 관한 가장 유명한 논쟁은 1564년부터 1579년 사이에 이반 뇌제와 안드레이 쿠릅스키 공 사이에 벌어졌다. 이때 차르는 쿠릅스키 공에게 2통의 편지를 보냈고, 망명귀족인 쿠릅스키 공은 차르에게 5통을 보냈다. 이반 뇌제는 전제정치의 신성함과 필연성에 기반을 두고 자신의 행동을 아주 열정적으로 옹호했다. 그의 권력은 "신의 뜻이자 우리 조상들의 축복"으로부터, 적들에 대항하여 진정한 교회를 수호하기 위한 자신의 의무로부터, 그리고 이기적이고 다투기 좋아하는 보야르들을 통제할 수 있는 강력한 통치자의 역사적으로 입증된 필연성으로부터 나왔다. 그는 심지어 자신이 폭군이기는 하지만, 기독교인이자 충실한 신하로서 쿠릅스키가 취할 수 있는 유일한 대안은 인내하며 참는 것뿐이라고 선언했다. 반면에 쿠릅스키 공은 이반이 "나병에 걸린 양심", "궤변을 부리는" 주장, 그리고 죄 많은 자부심을 가지고 있다고 하면서 격렬하게 공격했다. 그렇지만 그의 견해도 하나의 정치적 신념 체계를 대변하고 있었다. 그는 통치자와 그의 주요 측근을 분리하는 커다란 벽이 하나도 존재하지 않았고 귀족이 이반 4세가 허용하려고 하는 것보다 많은 자유와 많은 존경을 향유하던 이전 시대의 질서를 지향하고 있었던 것이다.

국내 문제와 마찬가지로 대외관계에서도, 이반 뇌제와 다른 차르들은 전제정치의 영광을 되풀이했고, 전제정치를 절대적으로 존중할 것을 요구했다. 그들은 폴란드 왕이 다른 사람들에 의해서 왕위에 앉혀졌고, 그리하여 세습 통치자라거나 뿌리 깊은 통치자로 간주될 수 없기 때문에 격이 낮아졌다고 생각했다. 그들은 스웨덴의 군주들이 왜 자신들의 자문관들을 동료로 대우해주는지 질문했다. 혹은 자주 인용되고 있는 것에 따르면, 이반 4세가 1570년에 잉글랜드의 엘리자베스 여왕에게 보낸 과격한 어투의 편지글은 다음과 같다. "우리는 당신이 당신의 국가에서 군주이며, 당신 스스로 통치하며, 당신이 군주로서의 당신의 명예와 나라의 이익을 책임지는 것으로 생각해왔습니다. 그러나 이제 보니 당신의 나라에서는 당신 이외에도 백성만이 아니라 장사하는 농민들까지도 통치하고 있습니다."

모스크바국의 문학 생활은—비록 서구와의 비교가 러시아 문화를 해석하는 유일한 방식이 되어서는 안 되지만—당대 서구의 풍성한 문학에 비교하거나, 심지어 모스크바국의 건축이나 다른 예술과 비교할 때에는 아주 빈약했다. 확실히, "서적 문화"라는 척도로 보면 모스크바국은 서구에 상당히 뒤쳐져 있었다. 인쇄술은 구텐베르크보다 한 세기 이상 지난 1560년대에야 러시아에 전수되었고, 아주 소량의 책과 아주 소량의 세속 작품만이 출판되었다. 그러나 인쇄된 서적이 없었다는 것이 문화 혹은 심지어 문화적 변화의 유일한 척도는 아니다. 과거의 방식은 종종 새로운 활기를 찾고 있었고, 새로운 내용을 제공하고 있었다. 가장 널리 확산된 문학은 전통적으로 인기 있는 형태를 지속했다. 성자전, 기적 이야기, 영웅담, 민요, 역사적 사건을 기념하는 이야기 등이 바로 그런 것들이었는데, 역사 이야기에는 카잔의 점령, 시베리아 정복 혹은 스텐카 라진의 반란과 같은 당대의 사건들이 포함되어 있었다. 순례자들과 걸인들은 성지에서 종교적인 시를 지었고, 유랑 악사들은 온갖 금지 조치에도 불구하고 계속해서 사람들을 즐겁게 해주었다. 대중적인 기독교를 연구한 최근의 역사학자들은 기독교의 가르침이 민속문화 및 마술과 복잡하게 혼합되었다고 주장한다. 그리하여 선하든지 악하든지 온갖 종류의 초자연적인 영들로 가득 찬 세계관, 그리고 이 세상에서의 고통에 대처하는 방법에 대한 풍성한 사상과 행동이 생겨났는데, 그런 수단 중에는 기도, 마법을 걸기 위한 주문, 부적, 기적을 일으키는 성상화가 포함되어 있었다. 이런 활기찬 대중문화는 단지 시골 마을이나 가난한 사람들에게만 국한되지 않았다는 사실도 지적할 필요가 있다.

『도모스트로이(*Domostroi*)』(가정의 경영자)는 모스크바국 러시아에서 가장 주목할 만한 작품 중의 하나이다. 이 책의 초판은 약 1556년에 실베스테르에 의해서 쓰였다고 생각되는데, 63개의 교훈적인 장을 통해서 모스크바국의 가장과 다른 가족 구성원들에게 자신들의 가정을 잘 꾸려가는 방법과 인생을 잘 살아가는 방법을 가르치려고 했다. 『도모스트로이』에 담긴 가르침은 의식주의, 경건, 엄격함 그리고 모스크바국 사회의 가부장적 성격을 반영하고 있다. 아마도 『도모스트로이』에서 가장 자주 인용되는 지시사항은 다음의 내용일 것이다.

당신의 아들이 어렸을 때 벌을 주라. 그러면 당신이 노년이 되었을 때, 그 아들은 당신에게 평온함을 줄 것이고 당신의 영혼에 안식을 줄 것이다. 소년을 때리지 못할 정도로 약한 마음을 품지 말라. 왜냐하면 당신이 아들을 회초리로 때린다고 하여 아들이 죽는 것은 아니고, 오히려 더 건강해질 것이기 때문이다. 그의 몸을 때리는 동안, 당신은 그의 영혼을 사망에서 건지는 셈이다. 당신이 아들을 사랑한다면, 그에게 자주 벌을 주라. 그러면 당신은 훗날에 기뻐할 수 있을 것이다.

『도모스트로이』가 일부 사람들에게는 모스크바국의 일종의 『백과전서(summa)』로 생각된다고 한다면, 특히 17세기에는 문학과 관련된 다른 사건들이 새로운 방향을 향하고 있었다. 특히 주목할 만한 것은 모스크바국의 구어 어법에 바탕을 둔 "관청어(chancellery language)"의 발전처럼, 문학 언어에서 일어난 혁신적인 변화였다. 그리하여 이제 공식적인 서류는 관청어로 쓰이게 되었다. 문어적인 슬라브어-러시아어를 대신하여, 민중 언어가 문학 속으로 점차로 침투해 들어오게 된 것도 특기할 만한 일이었다. 러시아 문학의 획기적인 사건으로서, 1670년대 초에 저술된 아바쿰의 자서전은 저속한 구어 어법으로 쓰였다. 17세기에는 종교적인 저술이 전성기를 누렸다. 그런 저술에는 성자전도 있었고, 특히 메놀로기움(menologium), 즉 성인들 각각의 축제일 아래에 성인들의 생애를 정리한 달력도 있었는데, 그중 가장 중요한 것은 마카리우스 수좌대주교가 편집한 것이 있다. 그뿐만 아니라 신학적 및 논쟁적 저술들, 설교들, 그 외 다른 종류의 작품들도 있었다. 우크라이나가 모스크바국에 편입된 이후에는, 고립에서 벗어난 학식 있는 우크라이나 성직자들이 러시아의 문학적 부흥에서 주도적인 역할을 담당하기 시작했다.

서구의 세속 문학도 점차로 러시아에서 확산되었다. 사실 학자들은 16세기와 17세기에 유럽의 흐름과 연결되어 있는, 엘리트를 위한 문학이 등장했다고 본다. 폴란드, 우크라이나, 발칸 반도를 통하거나 때로는 좀더 직접적으로 전해진 이야기들은 낭만적이고, 교훈적이거나 풍자적인 성격을 가지고 있었으며, 고대 러시아의 종교적 저술에서는 대체로 찾아볼 수 없던 모험으로 보통 가득 차 있었다. 일곱 현자의 이야기나 트리스탄과 이졸데 이야기처럼 반복되는 테마를 통해서, 모스크바국 사람들은 기사의 세계, 궁정에서의 사랑, 차르의 영토에서는 알려지지 않은 다른 개념과 관습을 접하게 되었다. 예를 들면, 악마에게 자신의 영혼을 팔았던 사바 그루친, 건달 프롤 스코베예프에 대한 이야기처럼, 서구의 모형을 따른 러시아의 이야기가 곧이어 등장했다. 이런 이야기 중에서 많은 것들은 커다란 인기를 누렸다.

음절에 따른 작시법(作詩法)도 서구로부터, 라틴어와 폴란드어로부터, 주로 1680년에 사망한 폴로츠크의 시메온의 노력을 통해서 전해졌다. 그것은 18세기 중반까지 러시아 시의 지배적인 형태로 남았다. 개인들에 의해서 몇몇 희곡 작품이 준비된 이후에, 알렉세이 차르는 1672년에 독일 목사인 요한 그레고리를 감독으로 하여 궁정 극장을 설립했다. 얼마 지나지 않아, 몇 개의 러시아 희곡이 등장함으로써 주로 성서적 주제에 집중되어 있던 공연 목록은 풍요로워졌.

바뀌고 있던 것은 형태만은 아니었다. 문학사가들은 16세기 후반, 그리고 특히 17세기의 러시아 문학에서, 특별히 개인 및 내면적인 자아에 관해서 심지어 근본적이라고까지 말할 수 있는 중대한 문화적 변화가 일어났다고 서술했다. 리하초프는 러시아의 문학과 예술에서 "인간 개성의 가치에 대한 발견"이 이루어졌고, "개인주의"가 등장했다는 주장을 강하게 펼쳤다. 그루친과 스코베예프에 대한 이야기처럼 비교적 세속적인 소설이나, 율리아나 오소리나의 전기와 아바쿰의 자서전과 같은 종교적인 "생애 이야기"는 일상적인 경험, 개인적인 도덕성, 인간적인 감정 그리고 개인의 고통에 대해서 새롭고도 보다 현실적인 관심을 보여준다. 17세기 러시아 문학에서 자아에 대한 새로운 인식—도덕적 고결함, 고통당하는 개인, 개인적인 용기에 대한 새로운 관심—을 기술하기도 했던 지보프는 초기 러시아의 문학과 문화를 이해하기 위해서는 세속적인 것과 종교적인 것을 별도로 취급하는 것이 잘못이라고 덧붙였다. 왜냐하면 이 둘은 언제나 공존하며, 서로 연결되어 있었기 때문이라는 것이다.

예술

16세기와 17세기에는 목조 건축과 석조 건축이 함께 번성했는데, 대체로 그 이전의 양식을 이어받으면서 더욱 정교한 모습을 갖추게 되었다. 보야르의 목조 가옥과 통치자의 목조 저택—소위 호로미(khoromy)—은 독립적인 개별 건물들이 두드러지게 군집을 이룬 형태로 발전했는데, 비록 대칭미가 부족하기는 했지만 그런 약점은 부분들이 가진 풍성한 다양성으로 보완되었다. 이런 유형의 눈에 띄는 건축물의 사례로는 솔리체곳스크에 있는 스트로가노프 가문의 호로미, 모스크바 인근의 콜로멘스코예 마을에 있는 알렉세이 차르의 거대한 여름 궁전을 들 수 있다. 나아가 러시아의 목조 건축의 원리는 석조 건축 그리고 특히 교회 건축에서 잘 표현되었다. 크렘린 바깥의 붉은 광장 한쪽 끝에 있는 성 바실리 대성당은 석조 건축에서 목조 양식이 아주 놀라울 정도로 잘 구현된 사례를 보여준다. 프스코프 출신의 두 건축가인 바르마와 포스닉에 의해서 1555-1560년에 세워진 이 건축물을 본 방문자들은 계속해서 황홀한 느낌을 받으며, 상상력을 자극받아왔다. 원래는 성모 중보기도 대성당으로 알려져 있는 이 교회 건축물은 사실 9개에 달하는 별도의 교회가 하나의 토대 위에 서 있는 모습이다. 9개 모두는 높은 팔각형 모양—각각의 경우에 넓은 팔각형 꼭대기에 좁은 팔각형이 얹혀 있다—을 하고 있고, 다른 여덟 곳의 교회로 둘러싸인 중앙의 교회는 천막 지붕으로 덮여져 있다. 놀랍고도 다양한 원형 지붕은 교회의 각 부분이 가지는 다양성과 독립성을 더욱 강조해준다. 다소 특이하기는 하지만, 밝은 색채와 풍부한 장식은 강렬한 인상을 준다는 면에서 자신의 몫을 다하고 있다.

17세기 후반에 바로크 양식은 우크라이나를 통해서 모스크바국에 전해진 다음에, 빠른 시일 내에 인기를 얻었다. 이것은 소위 모스크바국 혹은 나리슈킨 바로크 양식으로 발전되었는데, 나리슈킨(Naryshkin)이라는 이름은 그것을 후원했던 보야르 가문을 가리키는 것이다. 인기 있는 장식물의 흐름을 새로운 방향으로 발전시킨 모스크바국의 바로크 양식은 과거의 건물에서 찾아볼 수 있는 비대칭적인 혼합물을 복잡한 대칭물로 교체했으며, 기둥, 페디먼트, 소용돌이꼴, 박공 그리고 다른 고전주의적인 형태를 가지고 "러시아식" 장식을 대체했다. 지금은 모스크바의 일부인 필리의 마을에 1693년에 세워진 교회는 러시아 바로크 양식의 흥미로운 사례를 보여준다.

성상화 제작의 위대한 러시아적 전통은 16세기와 17세기에도 계속되었으나, 그 이후에는 사실상 단절되었다. 새롭고도 유명한 두 유파, 즉 스트로가노프 유파와 차르의 성상화 화가 유파가 등장했다. 북동쪽의 대상인 가문의 후원을 받은 전자는 대략 1580년부터 1630년까지 활동했다. 이 유파의 특징은 밝은 배경, 풍부한 색채, 정교하고 세밀한 구도, 장식적인 요소와 황금색에 대한 선호—예를 들어 황금색 윤곽선—등이었다. 사실, 스트로가노프 유파의 성상화

모스크바 성 바실리 대성당. 이 성당은 1552년에 카잔에서 몽골인들에게 거둔 승리를 기념하도록 이반 뇌제의 명령을 받아서 건축되었는데, 성모 중보기도 대성당이라고 명명되었다. 존경받는 "백치 성자"인 성 바실리의 매장 장소로서 나중에 작은 예배당이 건축되었다. 그래서 이 대성당 전체가 일반적으로 성 바실리 대성당으로 불리게 되었다. (Olearius, Voyages, 1662)

는 세밀화, 즉 어떤 비평가의 말을 빌리면 "더 이상 위대한 예술 작품은 아닐지 모르지만 사랑스럽고도 아주 귀중한 물건"이 되는 경향을 보여주었다. 나중에 차르의 성상화 화가가 되었으며 심지어 미하일 차르가 총애하는 미술가가 되기까지 한 치린은 원래는 스트로가노프 유파에 속한 탁월한 구성원이었다.

차르의 성상화 화가들은 17세기 후반에 그 분야를 주도했다. 그들은 유능하고 계몽된 보야르인 히트로보가 영도하던 소위 무기고(Oruzheinaia Palata)의 후원을 받았다. 이곳은 일찍이 16세기에 무기고로 시작되었으나, 보이스의 말을 인용하면, "그곳은 연이어 기술, 과학, 교육, 예술 연구소가 되었고, 성상화와 초상화와 금은 세공품을 판매하는 가게와 작업실을 보유하고 있었으며, 동시에 원래의 목적인 무기 제조도 계속하고 있었다." 차르의 성상화 화가들은 불후의 양식을 발전시켰으며, 서구의 영향을 반영해서 원근법과 해부학에 대한 지식을 가지고 있었다. 대략 1626년으로부터 1686년까지 생존했던 우샤코프는 이 유파의 유명한 거장이었다. 그는 얼굴 부분의 명암 대비법과 당대 건물 및 사람들에 대한 사실적인 묘사를 포함해서, 성상화 제작에서 새로운 기술과 이미지를 선구적으로 사용했다. 그런 동시에 그의 작품은 정교회의 종교적인 정신으로 가득 차 있었다. 그러나 차르의 성상화 화가들 유파는 기나긴 길의 마지막 단계를 대변했다. 우샤코프와 그의 동료들은 비잔티움적 요소와 서구적 요소를 결합시킨 능력 때문에 높이 평가받아왔지만, 오래 지나지 않아 서구가 동구를 압도하게 되었다. 물론 성상화 제작은 지속되었으나, 그것이 창조적이고 주도적인 예술인 시대는 지나가버렸다.

새로운 형태의 회화가 등장하고 있었다. 우리는 이미 17세기에 세속적 회화가 대두되는 모습을 볼 수 있다. 우샤코프 자신은 무기고에서 비종교적인 회화를 위한 작업장을 마련했다. 여기에서 제작된 작품은 지도에서부터 가구 장식에 이르기까지 범위가 넓었다. 아직 드물기는 했지만, 아주 중요한 발전은 17세기 후반 무렵에 초상화가 그려지기 시작했다는 사실이다. 초상화는 양식 면에서 보면 폴란드의 경우를 모방했는데, 사실 폴란드와 우크라이나의 미술가들이 러시아에서 커다란 역할을 맡고 있었다. 통치자들, 특히 그중 일부는 면도를 하고 폴란드풍의 옷을 입은 보야르들의 초상화는 러시아 예술의 서구화만이 아니라, 개인에 대한 문화적이며 사회적인 관심이 커져갔다는 징후라고 해석된다.

모스크바국에서는 다른 예술, 특히 프레스코 화와 도서 채색, 그와 아울러 종교적인 목판화, 목재 조각(특히 교회의 성화벽에 있는 것), 도자기 제조, 에나멜 제품 제조, 귀금속 가공, 보석 세공 같은 예술품 공예도 번성했다. 여기에서도 우리는 서구의 영향력이 점차로 강해졌다는 증거를 찾아볼 수 있다.

문자 사용 능력과 교육

표트르 이전의 러시아에서 문자 사용 능력이 어느 정도였는지의 문제는 논란거리로 남아 있다. 그 이유는 무엇보다 우리가 그 문제를 판단할 수 있을 만큼 믿을 만한 사료를 가지고 있지 않기 때문이다. 그 당시의 외국인 관찰자들과 많은 비판적인 러시아 엘리트들은 거의 모든 사람들이 문맹이자 무지하다고 기술했고, 많은 역사학자들은 이 점에 동의해왔다. 대조적으로, 19세기 후반의 전문가인 소볼렙스키 같은 역사학자들은 읽고 쓰는 능력이 널리 확산되어 있었다고 생각했다. 지주들 가운데 75퍼센트, 도시민들 가운데 50퍼센트, 농민들 가운데 15퍼센트의 사람들이 문자 사용 능력을 가지고 있었다는 것이다. 그러나 이 두 극단적인 주장에 대해서 의심할 만한 좋은 이유가 있다. 다른 많은 경우처럼 이 경우에 우리는 균형 잡힌 판단을 하기 위해서 노력해야 한다. 확실히, 모스크바국에는 어떤 정규적인 초등교육 체계가 존재하지 않았다. 그러나 교회나 수도원에 있는 소규모 학교, 혹은 친척이나 외국인이 포함된 가정교사, 특히 엘리트에게서 문자 사용을 배울 수 있었다. 기록관 자료를 연구해보면, 17세기 후반에 비록 소수의 사람들만이 인쇄본을 가지고 있었지만, 초급 독본과 입문서의 제작이 크게 늘었다는 것을 알 수 있다. 그런 증거에 근거하여 마커는 문자 사용 능력이 증가되고 있었지만 "읽기는 소수의 특권이었고, 쓰기는 극소수의 영역이었다"고 결론지었다. 17세기에 확대되고 있던 관료제에 대한 연구를 보면, 대부분의 관청 직원들이 자신들의 업무를 수행하기에 충분할 정도로 읽고 쓸 수 있었다는 결론이 나온다. 분명히 우리가 이 장에서 논의한 모스크바국의 문화는 어느 정도의 계몽주의적 요소가 없이는 존재할 수 없었을 것이다.

17세기, 특히 모스크바국이 우크라이나를 얻고 난 이후에 몇몇 상급학교들이 등장한 것은 특별히 의미심장한 일이었다. 서구에 대해서 좀더 개방적이었으며, 정교회가 가톨릭교에 대항하여 스스로를 방어해야 했던 우크라이나의 키예프에서는, 수좌대주교인 모길라 혹은 모힐라가 1631년에 예수회 대학을 모델로 아카데미를 설립했다. 모스크바에서는 르티셰프라는 어떤 보야르가 1648-1649년에 수도원을 설립한 뒤 약 30명의 키예프 수도사들을 초청하여 슬라브어, 라틴어, 그리스어, 수사학, 철학 등의 학문을 가르쳤다. 1666년에는 폴로츠크의 시메온이 학교를 설립하여 자신이 라틴어와 인문학을 가르쳤다. 그가 죽은 이후에 학교는 그의 제자인 메드베데프에 의해서 재창립되었다. 1683년에는 그리스어를 가르치던 어떤 학교가 인쇄소와 연결되어 개교했는데, 마침내 230명이나 되는 학생들을 받기에 이르렀다. 그 이후의 1680년대에는 메드베데프가 세운 학교와 인쇄소 학교가 통합해서 슬라브어-그리스어-라틴어 아카데미가 되었고, 학식 있는 그리스인 수도사들인 이오안니키우스 리추드와 소프로니우스 리추드 형제가 운영을 책임졌다. 계획된 대로, 이 아카데미는 신앙을 전파할 뿐만 아니라 신앙을 수호하고 지식을 통제했다. 키예프와 모스크바는 러시아 계몽주의의 중심지로서 부각되기는 했지만, 일부의 비교적 고등 수준의 교육은 성 삼위일체-성 세르기우스 수도원 및 노브고로드와 하르코프 같은 장소에서도 행해졌다.

모스크바국에서 설립된 학교의 교과과정은 중세 유럽에서 해당 수준의 교육과 아주 비슷했다. 특히 과학이나 기술 교육은 거의 포함되지 않았다. 한편 인문학 중에서 역사는 최고의 대접을 받았다. 16세기 그리고 특히 17세기에는 산수, 역사, 문법과 같은 분야의 러시아 교과서, 사전, 심지어 초보적인 백과사전도 등장했다. 그리고 17세기 말 무렵에 메드베데프는 최초의 러시아 문헌 목록을 편찬했다.

서구의 영향. 자기비판의 시작

우리가 모스크바국의 계몽주의를 충분히 감안한다고 하더라도, 모스크바국이 아주 많은 점에서 서구에 뒤쳐져 있었다는 사실은 그대로 남아 있다. 러시아는 르네상스도 종교개혁도 전혀 경험하지 않았고, 근대 초의 항로의 발견이나 과학적 및 기술적 발전에도 참여하지 않았다. 전쟁과 의학이나 광업 같은 실질적인 문제에서 결함은 좀더 분명해졌다. 그러나 그런 결함은 사실상 모든 분야로 확대되었다. 모스크바국 정부는 서구에 대해서, 그리고 서구가 제공할 수 있는 많은 것들에 대해서 점점 더 많은 관심을 보이고 있었다는 사실도 지적될 필요가 있다. 모스크바국 사회는 온갖 편견과 편협한 태도에도 불구하고 "이단자들"로부터 점차 배우기 시작했다.

외교관계는 모스크바국과 다른 유럽 국가들 사이의 분명한 접촉 방법이었다. 비록 우리는 앞의 여러 장에서 러시아의 외교관계의 주요 사건들을 추적했지만, 여기서는 이런 관계에 폴란드와 스웨덴 같은 이웃 국가뿐만 아니라 잉글랜드와 네덜란드와 같은 먼 국가들도 포함되어 있었다는 점, 그리고 외교관계를 통해서 많은 문제들이 다루어졌다는 점이 지적될 필요가 있다. 예를 들면, 잉글랜드 상인인 메릭 경은 스웨덴과 러시아 사이에 스톨보보 조약이 체결되는 데에 도움을 주었다. 또는 좀더 좋지 않은 경우로는 찰스 1세가 처형당한 뒤에 알렉세이 차르는 잉글랜드 상인들이 아르한겔스크를 벗어나지 못하게 했고, 나중에 찰스 2세가 되는 찰스 1세의 아들을 돈과 곡식으로 도와주었다.

많은 외국인들은 모스크바국으로 온 이후에 그곳에 머물렀다. 외국인들은 이반 3세 재위기에 최초로 크게 유입된 이후부터 그 수가 계속해서 증가했다. 16세기 말에 모스크바국에서 봉직을 맡고 있던 외국인들의 수는 수백 명이었고, 만약 우리가 폴란드인, 리투아니아인, 우크라이나인을 포함한다면 심지어 수천 명이 될 수도 있었다. 그리고 차르의 외인 부대는 2,500명으로 구성되어 있었다. 동란의 시대에는 그 수가 줄었으나, 미하일의 재위 때에는 외국인들의 유입이 재개되었다. 알렉세이 차르는 1652년에 모스크바 북동쪽에 있는 교외지역, 소위 네메츠카야 슬로보다, 즉 외국인 거류지를 외국인들에게 양도했다. 그런데 벙어리(nemoi)라는 뜻의 러시아어에서 파생된 네메츠(nemets), 즉 독일인을 가리키는 러시아어는 슬라브족과 라틴족을 제외한 모든 유럽인들을 의미하게 되었다. 1670년대에 러시아를 방문했던 어떤 사람은 모스크바국에 약 1만8,000명의 외국인이 있었는데, 그중 대부분은 수도에 살고 있었지만, 아르한겔스크와 다른 상업 중심지, 광산지역에도 거주하고 있었다고 추산했다.

특히 국가의 경제 발전에 대해서 외국인 공동체가 가지는 중요성은 외국인들의 수를 훨씬 뛰어넘었다. 새로 온 외국인들은 러시아의 대외교역 업무에 종사하는 것 이외에도, 다양한 제조업과 산업의 기반을 닦기 시작했다. 앞에서 외교관으로 언급되었던 메릭 경은 대마 섬유를 생산하는 일에 전념했다. 네덜란드 사람인 비니우스는 철광석의 산업적 처리 과정을 체계화했고, 모스크바국 최초의 근대적인 제철소를 건립했다. 어떤 스웨덴 사람은 모스크바 인근에 유리 공장을 설립했다. 또다른 외국인들은 화약과 종이 같은 제품을 생산했다. 외국인 2세들은 러시아 경제를 발전시키는 동시에 자신들의 부를 축적하기도 하는 일에서 특별한 능력을 보여주었다. 그뿐만 아니라 외국인들은 군사 전문가, 의사, 다른 전문가로도 활동했다.

러시아 엘리트들은 서서히 그리고 마지못해하면서 서구식 방법으로 눈길을

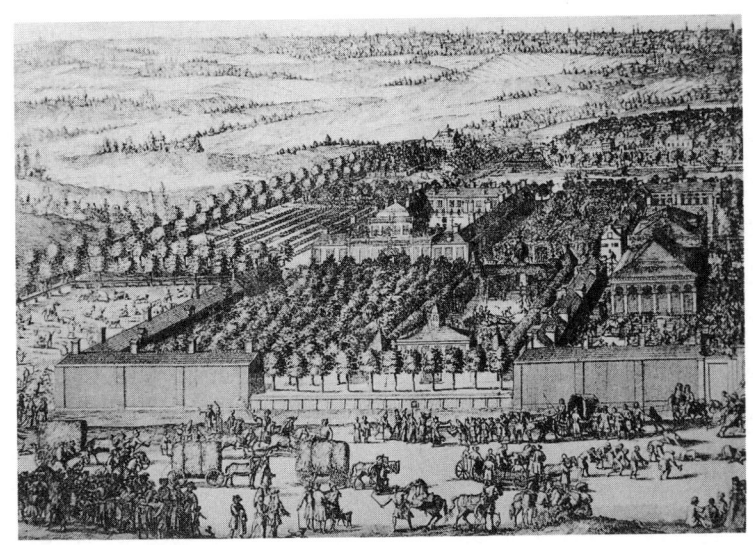

알렉세이가 차르로 있을 때의 모스크바의 외국인 거주지(네메츠카야 슬로보다). 이곳은 도시 내의 특별 구역으로서, 서구의 영향이 모스크바에서 커진 곳의 상징이자 그런 영향을 담으려고 하던 노력의 상징이었다. (*Alekseeva, Graviura petrovskogo vremeni*)

돌렸다. 골리친 공처럼 철저히 서구화된 사람들은 심지어 17세기 말에도 드물었다. 그렇지만 변화의 징조는, 심지어 아주 종교적인 사회로 남아 있던 곳의 경계 내에서도 널리 확산되어 있었다. 우리가 살펴봤듯이, 러시아인들은 세속적인 이야기를 읽고 심지어 쓰기도 했고, 바로크 양식의 건물을 지었으며, 초상화를 그렸다. 일부 사람들은 샐러드와 아스파라거스를 먹기 시작했고, 온갖 금지 조치에도 불구하고 코담배를 흡입하거나 담배를 피우기 시작했으며, 장미를 재배하기 시작했다. 서구식 복장도 유행했다. 일부 대담한 사람들은 머리와 수염을 다듬기도 했다. 1664년에는 서구의 모델에 기반을 둔 우편 서비스가 등장했다. 그리고 표도르 차르의 재위기에는 "새로운 유럽 방식에 따라서" 빈자 문제를 처리하라는 제안서가 제출되었다.

이리하여 표트르 대제를 위한 무대가 준비되었다. 그렇지만 결론적으로, 개혁자인 표트르 대제가 기존 질서를 도매금으로 비난한 것은 아주 특이한 일이기는 했지만, 모스크바국의 과거에서 몇몇 선례를 가지고 있었다는 것을 덧붙여 말할 필요가 있다. 종교적인 한탄은 말할 것도 없고, 세속 저술가들도 페레스베토프의 경우처럼 모스크바국의 통치 형태를 찬양할 때조차도 자신들 나라에 정의가 전혀 없다고 종종 불평했다. 보다 과격한 비판을 가한 사람들 중에는 러시아 최초의 자유사상가라고 묘사되고 있으며 1625년에 사망한 흐보로스티닌 공 그리고 크리자니치, 코토시힌 등이 있었다. 크로아티아인이자 가톨릭 성직자였던 크리자니치는 차르의 영토에서 1659년부터 1677년까지 18년을 살면서 종교, 철학, 언어, 정치 등을 주제로 약 9권의 책을 저술했다. 그는 러시아를 슬라브 세계의 타고난 지도자이자 구원자라고 보면서 아주 커다란 존경심을 가지고 있었지만, 확연한 결점에 대해서, 무엇보다도 지독한 무지에 대해서 맹렬한 비난을 퍼붓기도 했다. 크리자니치의 저술은 러시아의 지배집단에게 알려졌던 것이 분명하다. 외무부서의 관리였던 코토시힌은 개인적으로 몇 가지 곤경을 당한 이후인 1664년에 스웨덴으로 도망갔다. 그곳에서 그는—자신의 지주를 살해했다는 이유로 1667년에 처형당하기 전에—자신의 고국을 맹렬히 비난하는 글을 썼다. 코토시힌은 모스크바국의 자만심, 기만, 국민들의 고립과 무지를 강조했다. 결국 밝혀진 대로, 그가 비난했던 체제는 그가 죽은 뒤 얼마 지나지 않아 무너지고 말았다. 그런데 그 체제를 변화시킨 힘은 이러한 모스크바국의 삶과 문화 내부에서 생겨난 것이었다.

제5부
제정 러시아

제20장

표트르 대제의 통치기(1682-1725)

우리 국민들은 어린아이와 같아서, 주인이 그렇게 하도록 강요하지 않는다면 무지 때문에 알파벳을 배우려는 생각조차 결코 하지 않는다.　　　　　—표트르 대제

러시아 전체는 당신의 절묘한 솜씨로 모양이 바뀐 당신의 조각품이다.
　　　　　　　　　　　　　　　　　　　　　　　　　　—프로코포비치

만약 당신이 그 문제를 철저히 생각한다면, 우리는 러시아인(Russian)이 아니라 표트르인(Petrovian)이라고 불려야 한다.……러시아는 표트르의 땅(Petrovia)이고, 우리들은 표트르 땅의 사람(Petrovian)들이다.　　　　　　　　—칸크린 백작

우리는 세계시민이 되었으나, 어떤 점에서는 러시아 시민이 아니게 되었다. 그 잘못은 표트르에게 있다.　　　　　　　　　　　　　　　　　　　—카람진

표트르 1세는 러시아의 고루한 지주 통치를 유럽의 관청 체제로 교체했다. 스웨덴과 독일의 법전에서 베낄 수 있는 모든 것을……가져왔다. 그러나 권력을 도덕적으로 제어할 수 있는 불문법, 개인의 권리에 대한 본능적인 인식, 사상과 진리의 권리는 전해져올 수도 없었고, 전해져오지도 않았다.……국가는 성장하고 발전되고 있었으나, 개인은 얻은 것이 없었다.　　　　　　　　　　　—게르첸

표트르 대제의 통치기는 러시아 역사에서 새로운 시대를 열었다. 이 시대는 통치자와 영토에 대한 새로운 명칭 때문에 제국 시대, 새로운 수도 때문에 상트페테르부르크 시대, 혹은 국가가 대러시아인들, 즉 과거의 모스크바국 사람들과는 다른 민족들을 점점 더 많이 포함하게 되었기 때문에 전(全)러시아 시대 등 다양하게 알려져 있다. 이 시기는 매우 다양하게 해석되어온 급변의 시기였다. 합리성과 계몽주의, 유례없는 경제적, 사회적, 문화적 진보의 시기로 해석되기도 했고, 아마도 근대화를 위한 혹은 아마도 권력 그 자체를 위한 가혹한 절대주의 통치의 시기라고 해석되기도 했으며, 러시아를 열강에 들어가도록 만들었을 뿐만 아니라 비러시아인들의 예속 상태를 심화시켰던 팽창주의 전쟁의 시기라고 해석되기도 했다. 표트르는 러시아의 위대한 영웅으로 생각되기도 했고, 러시아의 전통을 저버리고 더럽혔다고 생각되기도 했다. 마찬가지로, 많은 사람들은 표트르가 후진적인 모스크바국의 과거와 단호히 결별했다고 주장했던 반면에, 다른 많은 사람들은 그가 모스크바국의 성과를 기반으로 했으며, 새로운 목표를 위해서 과거의 방법을 종종 사용했다고 주장했다. 다만 표트르 대제가 엄청난 영향력을 미쳤다는 사실은 어느 누구도 의심하지 않는다. 이 근대적인 시기를 확립하는 것에서 표트르가 담당한 개인적인 역할을 표시하기 위해서, 그의 통치와 함께 시작되었다가 1917년에 갑자기 종식된 시기 전체는 러시아 역사에서 단지 표트르 러시아로, 그리고 그 이전 시기는 "표트르 이전 러시아"로 역사학자들에 의해서 종종 불려왔다.

시작 : 1682년부터 1694년까지의 러시아 역사

비록 제국 러시아의 연대적인 범위는 그 이전 시기보다 훨씬 더 명확하기는 하지만, 표트르 대제의 통치가 시작된 정확한 연도 자체는 다양하게 규정될 수 있다. 1725년 2월 8일에 사망한 이 개혁 군주는 여러 단계를 거치며, 그리고 운명의 반전을 경험하면서 최고 권력을 획득했다. 그는 1682년에 열 살의 소년이었을 때 제1 차르로, 그리고 같은 해의 조금 뒤에는 건강이 좋지 못한 이복형인 이반과 공동 차르로 선포되었다. 1689년에 그는, 아니 그의 가족과 당파는 정부에 대한 실질적인 통제력을 다시 획득했다. 1694년에 어머니가 사망하자 그는 명실상부하게 통치를 시작했다. 마침내 1696년에 이반이 사망하자 표트르는 모스크바국의 유일하고 절대적인 군주가 되었다. 이 개혁가와 그의 활동에 대한 유명한 역사에 관심을 돌리기 이전에, 우리는 표트르의 권위가 기껏해야 명목에 불과했던 시기를 고찰해보아야 한다.

알렉세이 차르는 두 명, 즉 1648년부터 1669년까지는 마리아 밀로슬랍스카야와, 1671년부터 사망할 때인 1676년까지는 나탈랴 나리슈키나와 결혼생활을 했다. 그는 첫 번째 아내로부터 13명의 아이를 가졌으나, 아들들 중에 부친보다 오래 살아남은 사람은 둘 다 병약했던 표도르와 이반, 두 명뿐이었다. 힘세고 건강한 표트르는 차르의 두 번째 결혼 약 1년 후인 1672년 6월 9일에 태어났다. 우리가 알고 있듯이, 표도르는 알렉세이를 계승했으나 1682년에 후계자 없이 사망했다. 제위 계승법이 없었기 때문에 두 보야르 가문, 즉 밀로슬랍스키 가문과 나리슈킨 가문이 제위를 놓고 다투었다. 나리슈킨 가문은 처음에는 승리를 거두었다. 총주교와 보야르 두마와 봉직귀족 모임의 대부분의 구성원들의 지지를 받은 표트르가 1682년 4월에 차르로 선포되었다. 그는 어렸기 때문에 그의 모친이 섭정이 되었고, 그녀의 친척들과 친구들은 국가에서 중요한 지위를 차지했다. 그러나 얼마 지나지 않은 5월에, 알렉세이의 유능하고 의지력 강한 딸이자 표트르의 이복누이인 소피아가 이끄는 밀로슬랍스키 파가 모스크바에 집결되어 있던 스트렐치, 즉 소총병 연대의 반란을 사주했다. 나리슈킨 파의 지도적인 인물들은 살해당했고—표트르는 이들 중 몇 명이 피살당하는 광경을 목격했다—밀로슬랍스키 가문이 권력을 잡았다. 소총병들의 요청에 따라서 보야르 두마는 이반을 상급차르(starshii tsar)로 선포했고, 표트르는 하급차르(mladshii tsar)가 되도록 허용했으며, 얼마 뒤 소피아가 섭정이 되었다. 구교 신앙의 영향을 강하게 받았던 소총병들은 계속해서 정부에 더 많은 압력을 가하고 더 많은 문제를 야기했지만 실패로 돌아갔다는 것도 덧붙여 말할 필요가 있다. 새로운 섭정은 그럭저럭 지도자들을 처벌하고 부대를 통제할 수 있었다.

이반 5세가 통치를 담당할 수 없었고, 표트르 1세가 나리슈킨 파 전체와 함께 국사에 관여할 수 없었던 1682년부터 1689년까지, 소피아와 그녀의 측근들이 모스크바국을 지배했다. 러시아 최초의 여성 통치자였던 소피아는 러시아가 유럽과 관계를 확대하는 데에 도움을 주었고, 외국의 새로운 사상과 영향력

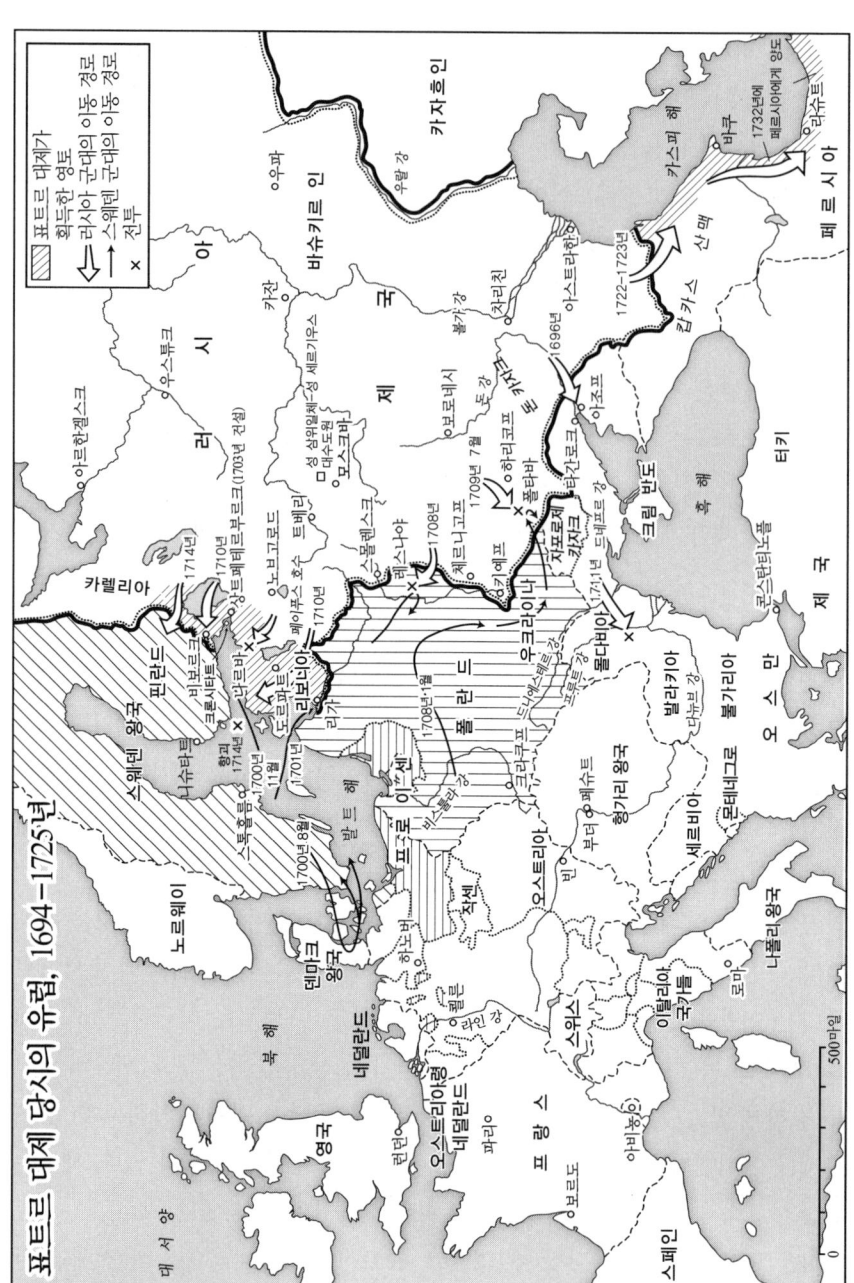

서구의 갑옷을 입은 전사로서 표트르 대제를 상징적으로 초상화로 제작한 것은 이미 1690년대에 시작되었다. 라틴어 호칭인 "황제(imperator)"는 그가 그 칭호를 1721년에 공식적으로 얻기 이전에 초상화에 등장했다. (Sovfoto)

을 점차 받아들이고 있었다. 외무대신이자 아마도 소피아의 정부(情夫)였을 골리친 공은 특별히 중요한 역할을 했다. 개명되고 인도적인 사람이었던 그는 여러 개의 외국어를 말했고, 자신의 집을 서구식으로 꾸며놓고 서구식으로 생활했다. 그는 농노제의 폐지와 대대적인 교육을 포함한 발전과 개혁의 방대한 계획을 마음에 품고 있었다. 그는 비록 좀더 야심에 찬 구상을 실행에 옮기지는 못했지만, 모스크바국의 형법 규정을 완화했다. 골리친은 1686년에 최대의 성공을 거두었다. 이때 러시아와 폴란드는 "항구적인 평화" 조약에 서명했는데, 이로써 키예프의 획득을 포함하여 그 이전의 수십 년 동안에 러시아가 얻은 것이 확정되었다. 그러나 바로 이 조약은 투르크의 후원을 받던 크림 타타르인들과의 전쟁의 단초가 되었다. 골리친이 지휘했던 이 전쟁은 모스크바국 군대에 파국적인 결과로 나타났고, 소피아의 몰락에 기여했다.

표트르가 성장해감에 따라서, 아무런 권한도 없는 차르로서의 그의 지위는 점차 부당하게 느껴졌다. 소피아도 자신의 직책이 불안정하다는 것을 깨닫고서 스스로 통치자가 되기를 희망했다. 1689년에 소피아에 의하여 소총병 부대 지휘관으로 임명된 샤클로비티는 명백히 자신의 부대를 사주함으로써 또다른 정변을 일으켜서, 소피아를 제위에 앉히고 그녀의 정적들을 분쇄하려고 했다. 그런데 소총병 부대가 행동을 취할 형편이 아니었음에도 불구하고 거사가 시작되었다. 음모 소식에 놀란 표트르는 자신이 살고 있던 모스크바 근처의 프레오브라젠스코예 마을에서 성 삼위일체-성 세르기우스 수도원으로 한밤중에 피신했다. 그 뒤의 중요한 시기에, 총주교, 많은 보야르와 봉직귀족, 서구식으로 훈련받았으며 고든 장군에 의해서 지휘되던 군부대 그리고 심지어 소총병들의 몇몇 연대도 표트르 편에서 결집했다. 다른 많은 사람들은 망설였으나, 소피아를 지지하지는 않았다. 결국 누이는 싸움을 하지 않고 남동생에게 굴복했고, 수녀원에 살도록 보내졌다. 샤클로비티와 그의 측근 두 명은 처형당했고, 골리친을 비롯한 여러 명의 다른 장교들과 보야르들은 유형 보내졌다. 그리하여 비록 이반이 공동 차르로서의 지위를 유지하기는 했지만, 1689년 8월에 표트르는 러시아의 실질적인 통치자로 인정받았다. 그러나 열일곱 살의 표트르는 국사를 개인적으로 책임지려는 의사를 전혀 보여주지 않았다. 그 대신에, 정부는 그의 모친인 나탈랴와 그녀의 측근들, 특히 그녀의 오빠이자 보야르인 레프 나리슈킨, 요아힘 총주교의 수중에, 그리고 요아힘이 1690년에 사망한 이후에는 하드리안 총주교의 수중에 들어갔다. 그 이후의 일은 소피아의 통치기의 서구화 방향에 대한 전통주의자들의 반발이라고 설명되어왔다. 전통적인 종교적 규범들이 복귀되도록 장려되었다. 러시아에 오려고 하는 외국인들은 심문을 받았고, 이미 와있는 사람들은 의구심의 대상이 되었다. 심지어 서구 방식으로 군대를 훈련시키는 것조차 금지되었다. 그리하여 1689-1694년에는 모스크바국의 종교적 성향이 마지막 개화기를 맞이했고, 의식주의(ritualism), 지방적 편협성(parochialism), 모든 외국적인 것에 대한 의구심 등의 현상들이 분명히 드러났다. 그러나 1694년에 나탈랴가 사망하자, 표트르 1세는 마침내 스물두 살의 나이로 국가의 경영을 떠맡게 되었다.

표트르 대제 : 그의 성격, 유년기와 청년기

표트르 1세가 당대인들에게 보통 심어준 인상은 엄청난 힘과 에너지를 가진 사람이라는 것이었다. 2미터가 넘는 키와 단단한 체구를 가지고 있던 차르는 깜짝 놀랄 만한 육체적 힘과 활력을 소유하고 있었다. 이런 지칠 줄 모르는 에너지는 그의 통치기 전체를 상징하는 개인적인 특성이었다. 앞의 어떠한 러시아 통치자와도 달리 표트르는 능동적이고 적극적이었는데, 이런 태도는 정치로 표현되었다. 그는 국가생활에서 정부가 능동적이고 적극적인 역할을 맡아야 한다고 믿고 있었다. 강한 의지와 결단력을 가지고 있었던 그는 최악의 패배 상황에서조차도 재빨리 회복되었다. 그것은 그가 개인적으로 육체적인 일을 좋아했던 것과 관련 있었다. 그는 모형 배, 가구, 그릇 등 무엇인가를 자신의 손으로 끊임없이 만들었다. 심지어 그는 마치 자신이 훌륭한 치과의사인 것처럼, 궁신들의 이를 뽑아주기도 했다. 그는 국정 운영과 전쟁의 모든 사항에 직접 관여했다.

그는 처음에 사병으로 복무를 시작하여, 초급 장교로 승진하기 전에 모든 무기의 사용법을 배움으로써 보병과 수병의 업무를 맨 밑바닥부터 익혔다. 군주는 폴타바에서의 승리 이후에는 육군대장 계급을, 대북방 전쟁의 성공적인 마무리 이후에는 해군대장 계급을 획득했다. 그는 성격상 모든 곳에 가보고 모든 것을 직접 보기를 원했으므로, 방대한 자신의 국토를 이전의 어떤 모스크바국 군주도 하지 않았던 정도로 지칠 줄 모르고 이리저리 여행했다. 더구나 전례가 없는 방식으로 그는 1697-1698년과 1717년의 두 차례에 걸쳐서 배움을 목적으로 서유럽으로 갔다. 표트르 1세는 적극적이고 실제적이었으며, 문제점을 재빨리 파악하여 해결책을 강구해낼 수 있었던 인물이라고 설명하는 것이 아주 타당할 것이다. 그는 이론이 아니라 기술과 기능을 익히기 위해서 서구로 갔다. 더 정확히 말하면, 그는 서구 문명이란 세련미나 자유주의적 가치가 아니라, 합리성과 기술이라는 유용한 문화라고 생각했다.

동시에, 표트르는 과격하고 거칠고 잔인하기도 했는데, 이것은 그의 인상적인 정치인으로서의 모습과 완전히 무관한 것은 아니었다. 그는 필요하다고 느낄 때에는 자신의 곤봉을 가지고 귀족들, 친구들, 다른 궁정 사람들을 직접 때렸다. 정치적으로 더욱 중요한 것은 그가 주저하지 않고 반대자들을 유혈 진압했다는 점이다. 살펴보겠지만, 그는 대외적으로 자신을 전사 군주(royal warrior)

라고 불렀다. 개인적으로, 그는 공개적으로 거칠게 밀고 때리는 장난을 즐겼으며, 엄청나게 술을 많이 마시면서 다른 사람들도 자신을 따라서 마시도록 요구했다. 아마도 이런 지나친 행위가 가장 악명 높게 표현된 것은 그가 주도한 "모두가 미치고, 모두가 농담하며, 모두가 술 취한 모임"이었다. 즉, 표트르는 그의 측근들과 함께 교회와 국가의 의식을 흉내 내는 가짜 의식을 거행했는데, 그것은 때때로 며칠 동안 계속되기도 했다. 그 모임은 종종 전통을 극복하기 위한 준비로서 전통을 조롱하는 방법이라고 해석되어왔다. 실제로 정치적인 용어로 보면, 그것은 표트르의 측근들 사이에서 동지애와 결속력을 강화하는 하나의 방법이자, 유머와 술을 통하여 러시아를 변모시키려는 표트르의 노력을 이끌고 있던 사람들을 통합시키는 하나의 방법이었다고 볼 수도 있다. 그것은 도를 넘는 행위를 하는 표트르의 성격을 반영하기도 했다.

그렇기는 하지만, 표트르 대제는 그가 숭배했던 이반 뇌제와 혼동되어서는 안 된다. 그 개혁가는 결코 스스로 과대망상증이나 피해망상증의 편집증적인 세계에 빠져 있지도 않았고, 자신을 국가와 동일시하는 것조차 거절했다. 하나의 구체적 사례를 언급하면, 표트르 1세는 군사적 헌신의 대상으로서 "폐하를 위해서"라는 구절을 지워버리고 그것을 "국가를 위해서"로 대체했다. 그는 자신의 국가에 봉사하고, 자신의 국가를 변화시키고 깨우치기 위해서 온갖 노력을 일관되게 기울였다. 이 군주는 생애의 마지막 달에 베링의 첫 번째 원정대 파견과 관련하여 "적에 대항하여 국가의 안전을 확보하면서, 예술과 학문으로 국가의 명예를 드높이기 위해서 노력하는 것이 필요하다"라고 썼다. 혹은 다른 인용문—그리고 특히 교과서에 적합한 인용문—을 가지고 표트르 대제가 교육을 강조했다는 점을 보여주면, "배움은 좋은 것이고 필수적인 것으로서, 사실상 교회와 국가에서 좋고 유용한 모든 것의 뿌리이자 씨앗이며 첫 번째 원칙이다."

표트르는 체계적인 교육을 전혀 받지 않았고, 읽기와 쓰기도 거의 배우지 않았다. 그 대신에 그는 아주 어려서부터 무엇인가를 스스로의 힘으로 익히고, 다양한 관심거리를 추구하기 시작했다. 그는 특히 놀이 친구들을 다양하게 조합해서 벌이는 전쟁놀이에 몰두했다. 이것은 아주 놀랍게도 일정한 시간이 흐른 다음에 중요한 군사적인 프로젝트로 발전되었고, 최초의 근위 연대인 프레오브라젠스키 연대—표트르가 프레오브라젠스코예 마을에 살았기 때문이다—와 그 인근에 있던 마을 이름을 따서 세묘놉스키 연대가 탄생하는 결과를 낳았다. 마찬가지로, 젊은 차르는 일찍부터 해군에 대한 관심을 보였다. 그는 처음에 작은 배를 만들었으나, 일찍이 1694년에 아르한겔스크에 조선소를 건설하고 스스로 그곳에서 대형 선박을 건조했다. 그는 정보와 가르침을 얻기 위해서 모스크바의 외국인 거주 구역으로 갔다. 그곳에서 그는 육군과 해군 업무, 기하학, 요새 축성에 대하여 자신이 가장 알려고 하던 것을 다양한 전문가들로부터 배웠다. 그리고 차르는 스스로 결코 적응하지 못했던 보수주의적이고 전통에 얽매인 궁정의 분위기보다는, 분주하고 격의 없고 거리낌 없는 그곳의 분위기 속에서 훨씬 더 편안함을 느낀 것이 분명하다. 표트르 대제가 모스크바의 외국인 거주 구역에서 처음 접하게 된 흡연, 음주, 성관계, 거칠지만 쾌활한 분위기, 각종 외국어 등은 그 이후로도 그의 삶의 한 부분이 되었다. 표트르의 모친이 단호한 마음을 먹고 1689년에 그를 예브도키야 로푸히나와 결혼시킴으로써 그의 생활방식을 고치려고 시도해보았지만, 바라던 결과를 얻는 데에는 완전히 실패하고 말았다.

표트르의 조력자들

표트르는 국사 운영을 떠맡고 모스크바국에 대한 개혁을 시작한 이후에, 협력자를 거의 발견하지 못했다. 그 자신의 가문 사람들, 궁정 서클과 보야르 두마는 압도적으로 변화에 반대했다. 그는 국가구조의 꼭대기에서 지지자를 거의 발견하지 못했고, 출신이나 지위를 결코 중요시하지 않았기 때문에 가능한 모든 곳에서 조력자를 찾아 나섰다. 얼마 지나지 않아, 매우 잡다하기는 하지만 대체로 유능한 집단이 등장했다. 이 일에 관해서 클류쳅스키가 화려한 문체로 쓴 간단한 글을 인용해보면 다음과 같다.

> 표트르는 지위나 출신을 신경 쓰지 않고 온갖 장소에서 필요한 사람들을 모았다. 다양한 방향에서, 그리고 있을 수 있는 온갖 처지의 사람들이 그에게로 왔다. 첫째로, 새로운 수도의 경찰 수장인 드 비에르는 포르투갈의 선박에서 사환으로 있다가 왔다. 둘째로, 원로원의 초대 검찰총장인 야구진스키는 소문에 따르면 리투아니

아에서 돼지를 치던 사람이었다. 셋째로, 부재상인 샤피로프는 작은 가게의 점원으로 일하던 사람이었다. 넷째로, 아르한겔스크의 부지사이자 인지(印紙)의 발명자인 쿠르바토프는 어떤 러시아 집안의 농노였다. 그리고 다섯째로, 오스테르만은 베스트팔렌 지방의 한 목사의 아들이었다. 전하는 이야기에 따르면, 모스크바 거리에서 한때 파이를 팔던 멘시코프 공과 더불어 이 모든 사람들은 표트르의 사회에서 러시아의 보야르 귀족들의 후손들과 만났다.

외국인들 가운데, 차르는 고든 그리고 스위스인으로서 1699년에 요절할 때까지 눈에 띄는 활약을 펼쳤던 르포트 같은 그의 몇몇 오랜 친구들로부터 소중한 도움을 받았다. 그 이후에 독일에서 온 새로운 인물들로서, 외교관인 오스테르만과 군사 전문가인 뮈니히가 군주의 측근으로 합류했다. 차르의 수많은 외국인 조력자들 중 일부, 예를 들면 포병, 광업, 해군 등의 문제에 도움을 주었던 스코틀랜드인인 브루스는 러시아에서 태어나, 모스크바국의 외국인 정착자의 제2세대에 해당되었다.

러시아인으로서 표트르를 도와준 사람들은 모든 사회계층을 망라했다. 다른 누구보다도, 멘시코프, 야구진스키, 샤피로프, 쿠르바토프는 하층 출신이었다. 가장 많은 사람들은 봉직귀족에 속했다. 그중 두 명만 예로 들면, 표트르의 통치기에 해군 참모총장이었던 아프락신과 재상이었던 골롭킨이 그런 사람들이었다. 육군 원수였던 셰레메테프 백작과 원로원 구성원이었던 야코프 돌고루키처럼 많은 중요한 인물들은 심지어 유서 깊은 귀족 가문 사람들이었다. 교회 역시 비록 전반적으로 개혁에 반대하기는 했지만, 표트르 대제의 일을 추진시킨 몇 명의 유능한 성직자들을 공급했다. 그런 사람들 중 가장 고위직은 프로코포비치 대주교였는데, 그는 러시아에서 변화를 옹호하던 다른 많은 사람들처럼 우크라이나 출신이었다. 모든 "표트르 둥지의 어린 새들"—푸시킨의 표현—중에서 가장 유명했고, 가장 큰 권력을 얻었던 사람은 멘시코프였다. 하사관 혹은 마부의 아들이었던 이 사람은 분신이라고 할 수 있을 정도로 군주와 가까웠고, 군주의 활동 전반에 두루 참여했다. 멘시코프는 프레오브라젠스키 연대에서 소년 차르의 당직병으로 출발하여, 가장 눈에 띄는 칭호만 언급하더라도 러시아의 대원수, 러시아의 공, 신성 로마 제국의 공으로 출세했다. 허영심 많고 철저히 부패한 인물이었지만 유능하고 정력적이기도 했던 그는, 심문과 궁정 소송의 대상이 되는 경우가 빈번했고 표트르 대제의 곤봉으로 약식 처벌을 거듭 받기는 했지만, 어떻게든 용케 자신의 자리를 유지했다. 동시에 부시코비치의 주장에 따르면 표트르는 전통적인 엘리트로부터 완전히 자유로웠던 것은 결코 아니었다. 그는 과거 사람들과 새로운 사람들의 기여로부터 이익을 보았고, 자신의 전임자들과 마찬가지로 궁정 정치에서 균형을 유지할 필요성 때문에 한계를 가지고 있었다.

전쟁, 유럽 대사절단, 반란

모친이 죽고 난 이후인 1694년에 러시아 정부를 수중에 넣은 다음, 표트르 1세가 최초로 한 주요 행동은 투르크에 대한 전쟁이었다. 크림 타타르인들의 보호 세력이자 흑해와 남부 러시아 해안을 통제하던 강국이던 투르크와 싸웠다는 점에서, 새로운 군주는 자신의 전임자들의 발자취를 따라갔던 셈이다. 그러나 오래 지나지 않아, 그가 일을 다른 식으로 처리했다는 것이 분명해졌다. 전쟁은 1695년에 시작되었고, 아조프에 대한 러시아의 최초의 군사 작전은 실패했다. 그 요새는 바다를 통해서 보급품을 받고 있었기 때문에 모스크바국의 군대에는 난공불락으로 남아 있었다. 그런데 차르는 그해 겨울을 이용해서 돈 강 유역에 있는 보로네시에서 함대를 조직했다. 그는 다른 사람들에게 명령을 내리고 일을 독촉했을 뿐만 아니라, 스스로 지칠 줄 모르고 일했다. 그리고 그는 자신이 이전에 습득했던 지식과 함께 모든 활용 가능한 외국인 전문가들의 지식을 최대한 이용했다. 표트르 대제는 곳곳에서 엄청난 에너지를 발휘함으로써, 1696년 5월에 항해가 가능한 30척의 선박과 약 1,000척의 수송용 바지선을 아조프로 끌고 갔다. 이렇게 해서 육로와 해로가 봉쇄당하자, 투르크인들은 7월에 아조프를 포기했다.

그다음에 차르는 투르크와 계속 싸움을 벌일 목적으로, 그리고 러시아의 군사력을 증강시키고 근대화시킬 목적으로 50명의 청년들을 네덜란드, 이탈리아, 영국으로 공부하도록 파견했다. 그들이 공부할 분야는 무엇보다도 선박 건조와 항해술이었다. 표트르는 자신의 통치기에 그 외에도 여러 번에 걸쳐서 러시아인들을 외국으로 유학 보냈다. 학생들이 돌아오면 군주는 종종 그들에게 직접 시험을 치르게 했다. 투르크와의 전쟁을 수행하기 위해서, 차르는 전문가들뿐만 아니라 동맹국들을 필요로 했다. 표트르는 오스만 제국에 대항한 강력한 연합을 결성하려고 하는 희망과 서구에 대한 강력한 호기심 때문에 대규모 사절단을 조직하여—모스크바국 통치자로서는 아주 특이한 행동으로서—사절단과 함께 여행을 하기로 결정했다.

르포트가 이끌던 약 250명의 사절단은 1697년 3월에 출발했다. 군주는 표트르 미하일로프라는 이름으로 신분을 숨기고 여행했다. 그러나 그가 방문한 나라의 통치자나 관리들 혹은 종종 그의 주위에 몰려들었던 군중에게, 그가 누구인지는 결코 비밀이 아니었다. 차르는 외교 문제와 다른 국사에 대한 수많은 중요한 회의에 관여했다. 그러나 무엇보다도, 그는 서구로부터 가능한 한 많은 것을 배우려고 노력했다. 그는 항해술에 가장 큰 관심을 가지고 있는 듯이 보였으나, 그뿐만 아니라 유럽인들의 생활방식 및 관습과 더불어 항해술 이외의 다른 기술과 기능, 그리고 자신이 보는 것대로의 유럽인들의 생활 전체를 흡수하려고 노력했다. 소위 대사절단이 대륙을 횡단하며 나아갔고, 표트르 미하일로프도 특히 영국 제도로 몸소 여행을 했기 때문에, 그는 발트 지역에 있는 스웨덴의 주들, 프로이센, 독일의 다른 영방국가들, 네덜란드, 잉글랜드 그리고 합스부르크 제국에 대한 어느 정도의 직접적인 지식을 얻게 되었다. 차르는 빈으로부터 이탈리아로 가려고 계획했으나, 소총병들의 반란 소식을 접하고는 모스크바로 급히 돌아왔다. 표트르 대제는 1697-1698년에 총 18개월을 외국에서 보냈다. 그때 750명 이상의 외국인들, 특히 네덜란드인들이 러시아에서 일하도록 선발되었다. 차르는 1702년과 다른 기회에도 온갖 국적의 유럽인들을 자신의 영토로 초청했다. 이때 그는 러시아로 오는 여행 비용을 지급하고, 유리한 고용조건을 제공하고, 종교적인 관용과 별도의 법정을 보장해주겠다고 약속했다.

소총병들은 차르가 서구로 여행을 떠나기 전에 말썽을 일으켜서 처벌을 받은 적이 있었고, 이 때문에 사실상 표트르의 여행은 늦게 시작되었다. 표트르를 폐위시키고 소피아를 권좌에 앉히려는 새로운 음모는 군주의 귀국 전에 사실상 처리되었음에도 불구하고, 차르는 예외적일 정도로 강력하고 엄중하게 행동했다. 1,000명 이상의 소총병들이 심문과 고문을 받은 후에 처형되었고, 심하게 훼손된 그들의 시신은 유익한 교훈이 되도록 대중에게 공개되었다. 소피아는 강제로 수녀가 되었고, 반란자들에게 동조했던 표트르의 아내인 예브도키야도 같은 운명에 처해졌다.

소총병들의 섬뜩한 죽음이 구질서의 파괴를 상징적으로 보여주었다면, 새로운 질서가 도래한다는 많은 징표들도 있었다. 차르는 서구로부터 돌아온 다음에, 궁신들과 관리들과 군인들에게 턱수염을 깎고 외국 옷을 입을 것을 요구했다(이것은 1705년에는 상인과 수공업자를 포함하여 모든 "관등을 가진 사람들"에게 법이 되었다. 수염 깎기를 거부하는 사람은 세금을 내야 했다. 심지어 도시를 방문하는 농민도 턱수염을 길렀다면 소액을 지불해야 했다). 새로운 세기의 시작과 더불어, 군주는 러시아의 역법을 변경했다. 그 이후로는 세계의 창조가 아니라 그리스도의 탄생으로부터 연도가 계산되었고, 새해는 9월 1일이 아니라 1월 1일에 시작되었다. 보다 중요한 사실은, 표트르 대제가 자신의 군대를 서구의 형태에 따라서 급속히 재편성해나갔다는 것이다.

대북방 전쟁

대사절단은 투르크에 대항한 표트르 대제의 계획을 추진시키지는 못했다. 그러나 비록 유럽 강국들이 오스만인들을 상대로 중요한 전쟁을 벌이자는 제안에 반응을 보이지는 않았지만, 다른 정치적 기회가 생겼다. 얼마 지나지 않아, 표트르는 작센과 폴란드의 통치자인 아우구스투스 2세가 조직한 대(對) 스웨덴 군사 동맹에 합류했다. 스웨덴이 30년 전쟁에 참여하여 아주 커다란 성공을 거둔 이후에 발트 해와 발트 지역에서 지배적인 지위를 획득하자, 동맹국들인 덴마크, 러시아, 폴란드-작센의 이해관계는 스웨덴의 이해관계와 충돌하게 되었다. 1697년에 불과 열다섯 살밖에 안 된 칼 12세가 스웨덴의 왕위에 올랐기 때문에, 공격 시기가 무르익은 것처럼 보였다. 표트르 1세가 오랫동안 질질 끌어오던 투르크와의 평화협상을 마무리 짓는 데에 정신을 집중하는 사이에, 아우구스투스 2세는 1700년 1월에 스웨덴에 대한 전쟁을 선포했고 몇 달 뒤에는 덴마크가 그 뒤를 따랐다. 7월 14일에는 마침내 러시아와 투르크 사이의 조약이 콘스탄티노플에서 체결되었다. 러시아인들은 투르크에 변리공사(辨理公使)를 둘 수 있는 권리만이 아니라, 아조프와 타간로크를 획득했다. 표트르 대제는 투르크 정부와의 조약 체결에 대해서 알고 난 지 열흘 뒤이자 그것을 공식적으로 선포한 바로 다음 날인 8월 19일, 스웨덴에 대한 전쟁을 선포했다. 그리하여 러시아는 대북방 전쟁(Severnaia voina)으로 알려진 전쟁에 돌입했다.

곧바로 러시아인들은 자신들이 예상했던 것보다 훨씬 더 어려운 처지에 빠지고 말았다. 칼 12세는 아주 대담하게도 해협을 건너 덴마크의 심장부에서 전투를 벌이면서, 덴마크인들로부터 재빨리 항복을 받아냈다. 스웨덴 왕은 덴마크를 처리하고 난 다음에 새로운 적을 신속하게 공격했다. 그는 1700년 11월 30일에 군대를 발트 해를 건너 리보니아로 이동시킨 다음, 나르바 요새를 포위하고 있던 러시아 주력 부대를 급습했다. 스웨덴인들은 엄청난 수적 열세에도 불구하고 러시아 군에 완승을 거두었다. 그들은 약 1만 명의 적군을 죽이거나 사로잡았고, 나머지 3만 명은 대포도 버리고 황급히 후퇴하게 만들었다. 한 역사학자는 나르바에서의 러시아군의 상황을 다음과 같이 요약한다. "구식 기병과 비정규군은 싸우지도 않고 도망치기에 바빴다. 새로 징집된 보병은 '훈련받지 못한 민병대나 다름이 없음'이 밝혀졌고, 외국인 장교들은 무능하고 신뢰할 수 없었다. 오직 두 근위대와 다른 보병 연대 하나만이 제대로 된 모습을 보여주었다."

그 당시에 일부 사람들이 믿었던 것과 그 이후에 다른 사람들이 주장해온 것에 따르면, 칼 12세는 나르바 전투 이후에 러시아를 밀어붙여서 더 이상 전쟁을 수행하지 못하도록 만들었어야 했고, 신속하고도 단호한 방식으로 이런 목적을 달성할 수도 있었다. 그런데 스웨덴 왕은 그렇게 하지 않고 자신의 반대 세력인 모스크바국을 수년 동안 과소평가하고 무시했다. 그는 1701년 여름에 리가에 대한 작센의 포위를 푼 다음에, 아우구스투스 2세를 가장 위험한 적이라고 판단하고는 폴란드를 주된 공격의 대상으로 삼았다. 스웨덴 군대는 또다시 눈에 띄는 승리를 거두었지만 약 6년 동안 항복을 받아낼 수 없었다. 그러는 동안 표트르는 자신에게 주어진 휴식 시간을 최대한 이용했다. 차르는 자신의 성격대로 아주 정열적으로 활동하면서, 나르바에서 참패당한 지 1년도 안 되어 새로운 육군과 포병대를 준비시킬 수 있었다. 전쟁의 수요에 맞추기 위해서 징집, 행정, 재정 그리고 여타 모든 것이 한계점에 다다랐으나, 군주는 자신이 정한 목표에서 방향을 돌리지 않았다. 대포를 만들기 위해서 교회의 종을 녹인 일은 전쟁 수행을 위한 엄청난 노력의 지속적인 상징으로 남아 있다.

표트르 1세는 자신의 재건된 군사력을 두 가지 방향으로 이용했다. 즉, 그는 아우구스투스 2세에게 원군을 보냈으며, 칼 12세가 별로 방어하지 않고 남겨두었던 리보니아와 에스토니아 쪽을 향해서 조직적으로 진격하기 시작했다. 대군을 이끌고 간 셰레메테프는 이미 1701년과 1702년에 스웨덴의 약한 부대를 두 번이나 물리치면서 이 지역을 유린했고, 러시아인들은 핀란드 만에 확고하게 자리잡기 시작했다. 1703년은 네바 강 입구에 상트페테르부르크를 건설한 해였다. 상트페테르부르크는 원래 스웨덴인들과 싸우기 위해서 요새화된 전초기지였으나, 곧 러시아 제국의 새로운 수도가 되었다. 그곳의 이름은 표트르의 수호성인을 기념하기 위해서 붙여졌으나, 네덜란드와 관계된 모든 것에 대한 표트르의 애정을 표시하기 위해서 원래의 철자는 상트피터부르크(Sankt Pieter Burkh)였다가, 상트페테르부르크(Sankt Peterburg)로 점차 근대식 표현으로 바뀌었다. 그 이듬해에 표트르는 미래의 수도를 방어하기 위해서 크론시타트 섬에 요새를 건설했고, 러시아 군대는 에스토니아에 있는 오래된 도시인 도르파트 혹은 유리예프와 나르바 요새 자체를 점령했다. 차르는 자신이 보유하고 있던 남부의 함대가 북방 전쟁에서는 쓸모없었기 때문에, 발트 해에서 재빨리 해군을 건설했다. 그래서 새로 건조된 배가 육해군 합동 작전과 해군 작전에 효과적으로 참여할 수 있었다.

그러나 아우구스투스 2세의 운은 다했다. 그는 자신의 영토인 작센에서 막다른 곳으로 내몰리자 1706년 9월 하순에 칼 12세와 알트란슈태트 조약(Treaty of Altranstädt)에 서명할 수밖에 없었다. 그는 조약에 따라서 친스웨덴 성향의 스타니슬라프 레시친스키에게 폴란드 왕위를 물려주었고, 물론 전쟁에서도 물러났다. 그리하여 표트르 대제는 유럽에서 가장 두려운 군대 중의 하나이자 가장 성공적인 장군 중의 한 사람과 혼자 맞서야 했다. 스웨덴 왕은 1708년 1월에 러시아를 대상으로 한 결정적인 군사 작전을 시작했다. 그는 거의 5만 명에 달하는 병력과 함께 비스툴라 강을 건너서 모스크바 방향으로 진격해 들어왔다.

러시아 정부의 무거운 세금과 차르의 개혁에 대한 반대로 촉발된 반란을 진압해야 했기 때문에, 표트르 1세의 입지는 더욱 위태로워졌다. 1705년 여름, 어느 수도사와 소총병은 아스트라한에서 상층계급과 외국의 영향에 반대하는 목적으로 봉기를 일으켜서 초기에 성공을 거두었다. 아스트라한에서는 러시아 처녀들을 강제로 독일인들과 결혼시킬 것이라는 소문이 나돌기까지 했는데, 이런 위협 때문에 많은 사람들이 서둘러 결혼하기도 했다. 아스트라한은 격렬한 전투가 치러진 뒤인 1706년 3월이 되어서야 셰레메테프에 의해서 다시 장악되었다. 1707년에 돈 카자크들의 지도자였던 불라빈은 돈 강의 유역에서 대규모 반란을 일으켰다. 불라빈의 운동은 도망 농노들을 추적하겠다는 정부의 결정에 의해서 촉발되었고, 구교 신앙의 영향을 받았는데, 과거에 발생된 대규모의 사회 봉기의 유형을 따랐다. 반란은 절정기에 달했을 때 수십 곳의 도시를 포함한 남부 러시아의 넓은 지역으로 확산되었고, 반란군의 수는 약 10만 명이나 될 정도로 많았다. 그러나 이런 식의 봉기가 으레 그렇듯이, 이처럼 많은 병력은 조직력을 갖추지 못했으며, 훈련도 되어 있지 않았다. 정부군은 스웨덴과의 전쟁이 1709년 여름에 절정에 다다르기 약 1년 전에 반란군을 결정적으로 패배시킬 수 있었다. 그러나 국가의 무거운 세금뿐만 아니라 러시아가 자신들의 생활방식을 강제로 변경시키려는 데에 반대한 투르크 계통의 바슈키르인들이 1705년에 볼가 강 중류 유역에서 또다른 반란을 일으켰는데, 이것은 1711년이 되어서야 최종적으로 진압되었다.

일부 역사학자들은 칼 12세가 1708년에 모스크바에 대한 공격을 계속했더라면, 전쟁을 승리로 이끌었을 것이라고 생각한다. 그렇지만 칼 12세는 남쪽으로 방향을 돌리고는 우크라이나 지방으로 들어갔다. 스웨덴 왕은 공격을 재개하기 전에, 전투가 벌어지지 않은 풍요로운 땅에서 휴식을 취하면서 자신의 군대를 강화하기를 원했다. 그리고 그는 러시아에 몰래 등을 돌린 적이 있던 카자크들의 수장인 마제파를 지나치게 신뢰했다. 그러나 그의 계산은 틀렸다. 마제파는—나중에 수천 명이 더 합세하기는 했지만—겨우 2,000명 정도의 카자크들을 스웨덴 편으로 데려올 수 있었을 따름이었다. 그리고 멘시코프가 정열적이고도 신속하게 대응책을 마련한 것과 더불어 우크라이나인들이 스웨덴인들에게 전반적으로 동조하지 않았기 때문에, 표트르 대제에 대한 우크라이나의 충성은 확고했다. 칼 12세가 남쪽으로 움직임에 따라, 차르가 이끌던 러시아군은 레스나야에서 1만5,000명의 스웨덴 증원군과 대규모 보급 대열을 손쉽게 가로막고 격파할 수 있었다. 스웨덴군은 고국의 기지로부터 멀리 떨어진 곳에서 국민들로부터도 대체로 고립된 채, 보급품도 부족하고 군사적으로나 외교적으로 계속 밀고 나갈 명분을 가지지도 못한 상태에서 1708–1709년의 추운 겨울을 우크라이나에서 우울하게 보냈다. 그러나 칼 12세는 후퇴하려고 하지 않았다. 결정의 시간은 이듬해 한여름에 다가왔다. 그때 마침내 러시아의 주력군이 스웨덴인들에게 포위당한 폴타바의 작은 요새를 구하기 위해서 왔고, 양쪽 군대는 탁 트인 들판에서 만났던 것이다.

 1709년 7월 8일에 벌어진 폴타바 전투에서 스웨덴군은 궤멸당했다. 4만 명 이상의 병력을 가지고 있던 러시아군에 비해서, 2만2,000–2만8,000명에 불과했으며 포병대도 현저히 열세이던 스웨덴군은 엄청난 투지를 보이다가 전열이 무너지고 말았다. 장군들을 포함하여 대부분의 스웨덴군은 들판에서 항복하거나, 건널 수 없었던 드네프르 강 부근에서 며칠 뒤에 항복했다. 칼 12세와 마제파는 투르크 영토로 도주했다. 돌이켜보면 폴타바의 성과는 전혀 놀라운 일이 아니었지만, 몇 년 전에 스웨덴인들이 나르바에서 훨씬 더 심한 열세를 극복하고 승리했으며, 칼 12세가 불패의 지휘관으로서 명성을 얻었다는 사실을 기억해야 한다. 그러나 나르바에서의 참패와 대조적으로 러시아의 지휘력, 훈련, 사기, 효율성은 크게 개선되었다. 전투가 한창일 때, 부하들을 직접 지휘했던 표트르 대제는 전투의 결과가 가지는 중요성을 제대로 평가했다. 실로 그는 그 승리를 기념하고, 아주 유익한 "교훈"을 준 것에 대하여 포로로 잡힌 스웨덴인 "스승들"에게 감사해야 할 타당한 이유를 가지고 있었다.

 그러나 폴타바의 승리 이후 얼마 지나지 않아 표트르 1세와 러시아는 최악의 상황을 맞이했다. 그때까지 교전에 참가하지 않았던 투르크가 칼 12세만이 아니라 프랑스의 부추김을 받아, 1710년에 러시아에 선전포고를 했던 것이다. 표트르는 적을 과소평가했으며, 오스만 제국의 봉신 국가였던 몰다비아 공국과 발라키아 공국, 술탄 지배하의 곳곳에 있던 기독교인 신민들, 특히 세르비아와 몬테네그로의 기독교인들로부터의 불확실한 지원을 과도하게 믿었기 때문에 성급하게 행동에 돌입했다. 1711년 7월, 차르는 탄약과 보급품이 부족하고 전투 준비도 되지 않은 군대를 지휘하다가, 상당히 우세한 투르크 군대에 의해서 프루트 강 부근에서 포위당했다. 투르크인들이 무슨 이유 때문에 압도적으로 유리한 상황을 더 이용하지 않았는지에 대해서는 오늘날까지도 논쟁이 계속되고 있다. 투르크 군대가 피곤하고 손실이 컸다는 것에서부터, 러시아의 외교술이 교묘했고 심지어 뇌물을 주었다는 것에 이르기까지, 제시된 답변은 아주 다양했다. 어쨌든 표트르 대제는 강화조약에 서명했는데, 조약에 따라서 그는 남부의 함대를 포기했고, 1700년에 획득했던 아조프 및 다른 이익을 반환했으며, 폴란드에 개입하지 않겠다고 약속했고, 칼 12세가 무사히 스웨덴으로 갈 수 있게끔 해주겠다고 보장했다. 그러나 그는 남부에서 얻은 것을 포기한 대가로 파국적인 상황에서 빠져나올 수 있었으며, 대북방 전쟁에서 우위를 계속 유지할 수 있었다.

대북방 전쟁은 사실상 이미 1709년에 승패가 결정되었지만, 더 오랜 기간 질질 끌었다. 폴타바 전투 이후에, 차르는 주된 노력을 발트 지역으로 향하고는, 1710년에 비보르크―비이푸리―그리고 리가, 레발을 점령했다. 칼 12세가 우크라이나에서 참패당함으로써 그에 대항한 연합이 부활되었다. 작센, 폴란드, 덴마크, 프로이센, 하노버가 스웨덴에 대항해서 러시아에 합류했다. 새로운 상황을 맞이한 표트르 대제는 두 개의 주요 선을 따라서 자신의 군사 작전을 전개했다. 즉, 러시아의 일부 부대는 발트 해의 남쪽 해안에서 작전을 전개하던 동맹국들을 도와주는 한편, 다른 부대는 발트 해 동쪽 지역에서 진격을 계속했던 것이다. 그리하여 차르는 1713-1714년에 핀란드의 대부분을 점령했다. 새로 조직된 러시아 해군은 훨씬 더 적극적인 태도로 나와서, 1714년에 표트르가 직접 지휘한 가운데 항괴 바깥에서 스웨덴 함대에 승리를 거두었다.

러시아의 갑작스러운 부상(浮上)은 다른 유럽 국가들에게 충격 비슷한 것을 안겨주었다. 예를 들면, 영국과 러시아 사이에는 긴장이 조성되었다. 그것은 상당한 두려움과 함께, 북방의 이 거대 국가가 가진 의도와 앞으로의 조치에 대한 근심 어린 추측을 낳게 되었다. 이것은 나중에 표트르 대제의 유언이라고 알려진 위조문서에 반영되었는데, 그것에 표트르는 자신과 러시아의 목표가 세계를 정복하는 것이라고 적었다는 것이다. 차르는 1717년에 파리로 여행하여, 비록 스웨덴을 돕지 않겠다는 프랑스의 약속을 받아내는 것 이상의 다른 외교적인 성과를 거두지 못하기는 했지만, 다시 한번 많은 것을 보고 배웠다. 칼 12세는 1718년에 노르웨이에서 벌어진 소규모 전투에서 전사했다. 스웨덴의 왕위는 그의 누이인 엘레오노라와 나중에 그녀의 남편이 되는 프리드리히 1세가 계승했다. 전세를 역전시킬 수 없었고, 사실 표트르 대제가 1719-1721년에 스웨덴 본토로 계속해서 군대를 파견함에 따라서 점차로 위협을 느끼게 된 스웨덴인들은 마침내 패배를 인정하고 평화를 선택했다.

1721년 8월 30일에 스웨덴은 러시아와 니슈타트 조약(Treaty of Nystadt)을 체결했다. 조약의 내용에 따라 러시아는 핀란드의 상당 부분을 반환하고 200만 릭스-달러*를 지불하기는 했지만, 리보니아, 에스토니아, 잉게르만란트, 카렐리아의 일부 그리고 몇 개의 섬을 획득했다. 사실상 러시아는 베르사유 조약에 의해서 나중에 에스토니아와 라트비아라는 독립국이 되는 소위 발트의 주들, 그리고 상트페테르부르크와 핀란드 만 옆에 있으며 전략적으로 중요한 위치에 있는 남동부의 핀란드 국경지방을 얻었다. 특히 러시아는 비보르크라는 요새를 점령하고 보유하게 됨에 따라, 핀란드 만을 실질적으로 통제할 수 있게 되었다.

근대 유럽사에서 대북방 전쟁은 중요한 전쟁 중의 하나이며, 폴타바 전투는 결정적인 전투 중의 하나였다. 스웨덴에 대해서 러시아가 거둔 승리와 그 결과로 체결된 니슈타트 조약은 러시아가 발트 지역에서 확고히 자리잡았으며, 아주 중요했던 "유럽을 향한 창"을 획득했고, 사실상 스웨덴을 대신하여 대륙 북부의 지배 강국이 되었다는 것을 의미했다. 역사학자들은 이런 승리들을 통해서 러시아가 진정한 제국이 되었다고 주장했다. 게다가 러시아는 스웨덴에게 굴욕을 안겨주었을 뿐만 아니라, 오랜 적수인 폴란드에 대해서 우세를 확보했으며, 독일 문제에 직접 관여―이런 관계에는 차르가 자신 및 이복형제인 이반 5세의 딸들을 위해서 결혼동맹을 주선한 것도 포함되었다―하게 되었다. 그리하여 러시아는 유럽의 주요 강국으로 성큼 나서게 되었다. 표트르 통치기에는 또다른 두 차례의 전쟁, 즉 투르크에 대한 아조프 작전과 페르시아 작전이 있었다. 이 두 전쟁은 비록 성공적이지는 못했지만, 상업항과 해군항을 얻기 위해서 벌였다는 점에서 대북방 전쟁과 공통점을 가지고 있었다. 대체로 비군사적인 것이기는 했지만, 중앙 아시아에 대한 러시아의 관심은 인도 및 중국과의 관계와 교역을 확장하기 위한 관심을 반영했다.

이러한 승리들에 대한 기념행사는 러시아와 그 통치자를 상징적으로 새롭게 격상시켜주었다. 워트만이 보여주었듯이, 표트르는 언어와 이미지 작업을 통해

---
* 옛 네덜란드와 독일 등지의 은화이다/역주

서 마르스, 헤라클레스, 삼손, 다윗 등 고전과 성서에 나오는 영웅 및 신들에 비유되었다. 원로원은 표트르 1세에게 "위대한", "조국의 아버지", 특히 위대한 군사 지도자(imperator)라는 옛날의 의미로서의 "황제(Emperor)"등 여러 칭호를 받아들이도록 설득했다. 그러나 영예와 권력의 이미지를 만드는 작업에는 단지 세속적인 것만 있었던 것은 아니었다. 폴타바 전투를 위한 기념행사에서, 표트르는 통상적으로 종려 주일 의식에서 그리스도의 역할을 맡은 총주교에게 바치는 찬송, 즉 "주의 이름으로 오시는 이여, 찬미받으소서. 지극히 높은 하늘에서도 호산나, 주 하느님이 우리 앞에 나타나시도다"를 통해서 찬미되었다. 포로코포비치 대주교는 성 삼손의 축제일에 벌어진 폴타바 전투가 "내가 생각하기로 신의 보살핌이 없이 된 것은 아니다"라는 확신을 표명했다.

러시아의 개혁 : 서언

표트르 대제 통치기의 대내적인 문제에 관해서, 학자들은 두 가지의 극단적이고도 정반대인 접근을 해왔다. 한편으로는, 러시아에 대한 차르의 개혁은 당대의 긴급사태, 특히 대북방 전쟁의 압력에 의해서 필요해졌던 것이고, 일관성 없으며 임기응변적인 일련의 조치들 혹은 뒤죽박죽 섞여 있는 조치들이었다고 설명되어왔다. 반대로, 그의 동일한 행동은 포괄적이고도, 매우 새로우며, 잘 통합된 프로그램의 실행이라고 묘사되기도 했다. 많은 점에서 볼 때, 첫 번째 견해가 사실에 보다 가까운 듯하다. 클류쳅스키가 지적했듯이, 표트르가 통치했던 모든 기간 중에 1724년 단 한 해만 전쟁이 전혀 없이 지나갔으며, 1724년을 제외하면 모든 기간에 걸쳐서 전쟁이 없었던 기간은 불과 13개월밖에 없었다. 모스크바국의 재정체계가 부적절하게 운용된 것은 전쟁으로 인한 엄청난 긴장과 관련되어 있었다. 재정에는 과도한 부담이 가해졌고, 표트르 대제가 훨씬 더 많은 요구를 하기 전이라고 할지라도 사실상 파산 상태였다. 그러한 국가가 가진 문제점은 오직 생존이었는데, 생존을 위해서는 많은 비용이 요구되었다. 표트르 대제 치하에서 러시아 인구는 줄어들었을 것이다. 밀류코프 등의 학자들은 군사적인 고려로 인해서 재정적인 조치들이 반복적으로 나와서 러시아의 상업과 산업을 진작시키기 위한 칙령으로 귀결되었으며, 행정체계의 개선 없이는 이런저런

유럽 지도에 나타나는 표트르 1세의 이미지. 반란을 일으킨 소총병들, 적인 투르크인들과 타타르인들에게 그가 거둔 승리의 모습이 묘사되어 있다. (Alekseeva, Graviura Petrovskogo vremeni)

칙령이 효과가 없었으므로 행정체계의 변경을 가져왔으며, 교육 없이는 근대적인 행정이 기능할 수 없었으므로 교육을 발전시키려는 시도로 귀결된 등의 과정을 보여주었다. 나아가 표트르 대제는 어떤 경우이든지 이론가나 기획자가 아니라 아주 정열적이며 실무적인 인물이었다는 주장은 대체로 설득력이 있다.

그러나 균형 잡힌 판단을 위해서는 반대의 관점도 마찬가지로 고려되어야 한다. 표트르 대제는 대부분의 통치기 동안에 대북방 전쟁에 몰입해 있었으며, 성공적인 전쟁 수행을 위해서 다른 많은 것을 희생해야 하기는 했지만, 러시아에 대한 그의 개혁 작업은 결코 전쟁을 뒷받침하기 위한 소모적인 조치에만 국한되지 않았다. 사실 그는 러시아 정부, 사회, 생활방식과 문화 등 모든 것을 서구화하고 근대화하기를 원하고 있었다. 그의 노력이 이 거대한 목표에 훨씬 미치지 못했고 엄청난 격차가 있기는 했지만, 기본적인 패턴은 분명하다. 비록 황제와 그의 측근들이 아주 다양한 유럽 국가와 사회 가운데서 선택해서 러시아의 필요와 가능성에 서구의 제도를 적용하려고 시도하기는 했지만, 서구 국가들은 그들의 업무에서 모델이 되었다. 비록 황제는 결코 이론가는 아니었지만 선견지명이라는 자질을 갖추고 있었다. 성격상 대담하고 낙관적이었던 그는 근대적이고, 강력하고, 번영하고, 교육받은 나라에 대한 이미지를 예견했다. 그렇다면 분명히, 그 당시의 필요와 장기적인 목적이라는 두 가지 요소가 그의 개혁을 평가할 때 함께 고려되어야 한다. 시간이 지남에 따라서, 표트르는 전반적인 쟁점과 더 큰 패턴에도 더욱 많은 관심을 가지게 되었다.

그러나 표트르 대제의 통찰력을 해석할 때, 우리는 많은 것을 고려할 수 있다. 개혁은 러시아의 과거와 어떤 관련을 맺고 있었는가? 서구의 유형들이 러시아적 상황 속에서 발전될 때 어떤 변화가 일어났는가? 표트르와 그의 측근들에게 진보와 문명이라는 말이 실제로 무엇을 의미했는가? 그것은 주로 합리화와 기술적 진보였는가? 아니면 더욱 개명되고 문화적인 사회 속에서 인간의 삶이 개선되는 것에 대한 깊이 있는 통찰력이었는가? 많은 역사학자들이 그렇게 부르고 있듯이, 이런 "위로부터의 혁명"을 위해서 사용된 수단이 목적에 영향을 미쳤는가? 개혁은 얼마나 지속되었는가? 그리고 변화와 진보를 위하여 얼마나 많은 인적 희생이 있었는가? 논의의 여지가 없는 것은 표트르 대제가 러시아를 변모시켰다는 점뿐이다.

육군과 해군

군 개혁은 전쟁으로부터 직접 비롯되었다. 이 분야에서 표트르 대제가 취한 조치는 서구를 모방한 것이었을 뿐만 아니라, 급진적이고 성공적이고 지속적인 것이었다고 평가될 수 있다. 그가 러시아의 근대적 군대의 창시자로 평가되어온 것은 정당하다. 황제의 전임자들은 많은 수의 병력을 가지고 있었지만, 그들은 제대로 조직되지 않았고, 기술적인 결함을 가지고 있었으며, 전반적으로 질이 낮았다. 그들은 군사 작전을 위해서 소집되었다가 작전이 종료되면 해산했다. 서구의 장교와 기술자들을 가진 "정규" 연대는 아주 느린 속도로 등장하기 시작했다. 심지어 이반 뇌제에 의해서 창설되었으며 각각 약 1,000명으로 구성된 22개의 연대를 보유할 정도로 확대된 스트렐치, 즉 소총병들조차 자질이 의심스러웠다. 그들은 주로 모스크바에 주둔하면서 다양한 교역과 수공업에 종사했으므로, 기껏해야 절반 정도만 직업군인이라고 말할 수 있었다. 게다가 앞서 언급했듯이, 소총병들은 모스크바국의 정치에 참여했으며, 봉기를 일으켰고, 표트르 대제에 의해서 심한 처벌을 받고 해산당했다. 개혁 군주는 전면적인 징집제를 실시했고, 군대를 재조직하고 근대화했다. 물론 봉직귀족은 모스크바국이 성립된 이래로 개인적으로 군사적인 의무를 담당해왔다. 표트르 치하에서 이런 의무는 훨씬 더 효과적이고, 무엇보다도 지속적으로 강제적인 성격을 띠게 되었다. 부적격자나 비군사 분야의 임무를 부여받은 자들 이외에 모든 봉직귀족은 평생 군대에 남아 있어야 했다. 다른 분야에서 필요한 상인 길드 구성원들과 성직자를 제외한 모든 계급 사람들이 징집의 대상이 되었다. 특히 대북방 전쟁 초기에 많은 사람들이 징집되었다. 1715년에 원로원은 농노 75가구당 한 사람씩 징집한다는 기준을 마련했다. 아마도 동일한 기준이 국가농민의 경우에도 적용되었을 것이고, 추가적인 신병들은 도시민 가운데서 확보되었다. 징집된 사람들은 모두 가족과 일터로부터 떨어져서 평생 복무해야 했다. 군 복무 기간은 1790년대가 되어서야 25년으로 단축되었다.

표트르 1세는 대병력을 얻은 다음에 이들을 근대적인 군대로 계속해서 변모시켜갔다. 그는 최신식 군사 교범을 직접 소개했고, 모든 무기를 능숙하게 다룰 줄 알았으며, 소규모 부대부터 대규모 부대까지 지휘하는 방법을 배웠다. 그는 귀족이든지 농노든지 간에 징집된 모든 군인들은 밑바닥부터 시작하여, 정확하게 자신의 실력만큼의 속도로 높은 계급으로 진급해야 한다고 주장했다. 군 관련 부분에서의 중요한 변화로는, 정예 근위 연대와 수많은 다른 정규군 연대의 창설, 화승총과 총검의 채택, 포병대의 엄청난 개선 등이 포함되어 있었다. 폴타바 전투 무렵에 러시아는 자체적으로 대부분의 화승총을 제작하고 있었다. 러시아 군대는 총검—이 무기는 원래 돌격해오는 적에 대항한 방어용으로 고안되었다—을 공격 시에 사용한 최초의 군대였다. 포병대에 관해서 보면, 표트르 대제는 중포대(重砲隊)를 발전시켰는데, 이것은 러시아가 1704년에 나르바를 점령할 때 아주 효과적임이 입증되었다. 그리고 그는 약 1707년 무렵에는 경포대(輕砲隊)를 발전시켜서, 보병 및 기병을 따라 전투에 참여하도록 했다. 턱수염을 길렀으며 외국인을 혐오하고 구식으로 훈련받았으며 1698년에 반란을 일으켰던 소총병 부대와, 말끔하게 면도를 하고 근대식으로 훈련받았으며 때때로 외국인에 의해서 지휘되었고 서구식 복장을 한 근위대를 비교하는 것은 얼마나 많은 변화가 있었는지를 상징적으로 보여주었다. 물론 스웨덴에 대한 승리도 그와 마찬가지였다.

근위대는 표트르의 군대 중에서 정예 부대 이상의 의미를 가지고 있었다. 이 부대는 말하자면 황제와 함께 성장했고, 가장 헌신적이고 열성적인 많은 지지자들을 포함했다. 특히 통치 후반기에 표트르 대제는 통상적인 행정 경로를 거치지 않고, 특별한 임무를 위해서 근위대의 장교들과 하사관들을 자주 활용했다. 그들은 법을 어긴 지사나 다른 고위 관료들을 체포할 수 있는 권리 등 즉결 처분 권한을 종종 부여받았고, 세금 징수와 신병 모집의 속도를 높이거나, 사법부서의 기능을 향상시키거나, 행정부의 부패와 권한 남용으로 기소된 사건을 조사하기 위해서 파견되었다. 이런 밀사들은 정식 관료조직 바깥에서 활동하면서, 군주 개인의 분신으로 간주될 수도 있었다. 알렉산드르 1세와 니콜라이 1세 같은 후대의 황제들은 표트르 대제의 이 새로운 관행을 대규모로 계속 실시했다. 그래서 그들은 다양한 문제에서 즉각적인 결과를 얻기 위해서, 일반적으로는 정부 기구의 활동을 감시하기 위해서, 보통은 군인이었던 특별 대리인에 의존했던 것이다.

러시아의 근대적 해군은 표트르 대제가 육군에 대해서보다 훨씬 더 높은 정도의 노력을 기울여서 탄생된 것이다. 해군은 표트르가 열정을 쏟아 부은 분야 중의 하나라고 할 수 있다. 그는 아무것도 없이―정확히 말하면, 아주 구식인 배 한 척과 함께―시작해서 자신의 후임자에게 2만8,000명이 복무하는 48척의 대형 전함과 787척의 소형 전함 및 보조선을 남겨놓았다. 그리고 그는 자기 이후의 통치자들에게 러시아 최초의 조선 산업은 물론 발트 해의 항구들과 해안을 물려주었다. 게다가 영국을 모델로 창설된 해군은 스웨덴 함대에 승리를 거둠으로써 이미 상당히 높은 평가를 받았다. 영국인들은 러시아의 선박들이 같은 급에서 최상의 영국 배에 비견될 만하다고 생각하고 있었다. 영국 정부는 러시아 해군이 갑작스럽게 부상한 것을 우려하게 되면서, 1719년에 러시아에서 일하고 있는 자국 사람들을 소환했다.

행정 개혁 : 중앙정부, 지방정부, 교회

표트르는 비록 군사 문제에 주로 몰두하기는 했지만, 러시아의 중앙정부와 지방정부, 교회 행정과 재정도 개혁했고, 러시아의 사회, 경제, 문화에 중요한 변화를 가져왔다. 표트르 1세는 모스크바국의 차르이자 전제군주로서 제위에 올랐고, 당대 혹은 모든 시대에서 가장 강력하고 인상적인 절대주의 통치자 중의 한 사람으로 판명되었다. 그러나 그를 이반 뇌제나 다른 모스크바국 전임자들과 비교하는 것은 오해를 낳을 수 있다. 표트르 대제는 소위 이성의 시대 동안에 유럽에서 설파되고 어느 정도는 실행에 옮겨진 계몽 전제주의를 믿었다. 그는 전제정치 및 통치자와 신민 사이의 관계에 대한 자신의 개념을 모스크바국의 전통이 아닌 스웨덴으로부터 빌려왔다. 이반 뇌제와는 달리 표트르 대제는 법을 최고로 존중했고, 스스로 국가의 첫 번째 종이라고 생각했다. 그러나 그는 자신의 일반적인 관점에 따라서 보야르 두마나 젬스키 소보르를 싫어했고, 전임자들보다 훨씬 더 고압적인 태도로 교회를 다루었다. 그리하여 그 개혁 군주는 모호하지만 실질적으로 절대 권력의 행사를 방해하던 모스크바국의 전통적인 제도들을 대체로 피했다. 그런 것들 대신에 그는 통치기구라는 완전히 새로운 조직을 구축해놓았다.

1711년에 투르크에 대한 군사 작전을 위해서 떠나기 전에, 표트르 대제는 원로원의 설치에 관한 두 개의 명령을 발표했다. 원로원은 모든 사법적, 재정적, 행정적 업무를 감독하는 최고의 국가기구로 창설되었다. 이 기구는 원래 군주가 부재할 경우를 위해서만 설치되었으나, 그가 돌아온 이후에 항구적인 조직이 되었다. 원로원 구성원의 수는 처음에는 9명이었다가, 1712년에는 10명으로 늘어났다. 특별한 고위 관리인 행정장관은 군주와 원로원 사이의 연결고리 역할을 맡았고, 군주 자신의 말을 빌리면, "군주의 눈"으로서 행동했다. 그의 서명 없이는 원로원의 어떠한 결정도 효력을 발휘할 수 없었다. 행정장관과 원로원 사이에 어떤 이견이 발생하면 그것은 군주에 의해서 해결되어야 했다. 일부의 다른 관리들과 관청도 원로원에 부속되어 있었다. 원로원은 그 이후에 많은 변화를 겪으면서도, 특히 행정과 법 분야에서 제정 러시아의 가장 중요한 기구 중의 하나가 되었다.

1717년과 그 이후의 시기에 표트르 대제는 수가 많고 서로 중첩되며 다루기 어려운 과거의 프리카즈 대신에, 콜레기야(collegia)를 설치했다. 후대의 장관 부서(ministry)에 비하여, 새로운 기관은 원래 9개, 즉 외무, 전쟁, 해군, 국가 비용, 국가 수입, 재판, 재정 감사와 통제, 상업, 제조업 등의 콜레기야가 각각 있었다. 나중에 광업, 토지, 도시조직을 다루는 3개의 콜레기야가 추가되었다. 각각의 콜레기야는 1명씩의 의장과 부의장, 4명의 자문관(councilor)*, 네 명의 위원(assessor), 1명의 서무(procurator), 1명의 서기와 1명의 관청관리(chancellery)로 구성되어 있었다. 초기에는 자격 있는 외국인이 각 콜레기야에 포함되어 있기는 했지만, 그들은 대체로 의장은 아니었다. 그 당시에 콜레기야를 통한 행정은 유럽에서 상당히 선호되며 실시되고 있었다. 표트르 대제는 스웨덴의 사례에 의해서, 그리고 아마도 라이프니츠의 조언에 특별히 영향을 받았다. 정부가 부서에 의해서 운영된다면 개인의 의지가 아니라 다수결에 의해서 결정이 내려지기 때문에, 더 많은 다양성과 의견 교환이 보장될 수 있었다. 그리고 그것은 국가의 업무를 엄격하게 법적으로, 그리고 적합하게 다루는 데에 도움을 준다고 생각되었다. 황제는 집행부의 다양한 분야를 전적으로 책임지게 할 수 있을 정도로 믿을 만한 보좌관들이 충분하지 않으므로, 서로를 견제할 수 있는 사람들로 구성된 집단에 의지할 수밖에 없다고 단도직입적으로 말했다. 콜레기야는 알렉산드르 1세 통치기에 장관부서에 의해서 대체되기 전까지 거의 1세기 동안 존속되었다.

지방정부도 개혁을 경험했다. 1699년에 세금 징수를 용이하게 하고, 국가의 수입을 늘리기 위해서 도시가 재조직되었다. 상인들이 지방정부의 운영을 맡았던 이 체제는 재정 이외의 것은 거의 고려하지 않았는데, 서구의 영향이라기보다는 모스크바국의 관행에서 유래된 것이었다. 다른 한편으로, 1720–1721년에 표트르 대제는 선진 유럽 국가들의 노선을 따라서 철저한 지방자치 개혁을 도입했다. 선거 원칙에 근거하고, 도시민들의 창의력과 활동을 진작시키기 위한 의도를 가지고 있던 이 야심에 찬 구상은 지방의 타성과 이해관계 때문에 실천에 옮겨지지는 못했다.

주(州)에 대한 개혁은 표트르의 개혁에 대한 노력이 수포로 돌아간 대표적인 사례일 것이다. 이번에도 대체로 전쟁의 압력으로 인해서 필사적으로 재원을 마련하려고 하는 도중에, 다소 우연적인 방식으로 변화가 시작되었다. 1708년

* 러시아어로는 "소베트닉(sovetnik)"이다/역주

의 개혁 이후에 국가는 거대한 주—"정부(government)" 혹은 "구베르니야(guberniia)"—로 나뉘어졌는데, 그 수는 8개에서 10개로 늘어나고, 마침내 11개가 되었다. 그러나 1719년의 입법 조치로 성립된 체제는 제대로 발달되었으며, 아주 광범위하게 적용되었다. 이제 보예보다가 각각의 수장인 50개의 주가 주요 행정단위가 되었다. 주는 코미사르(commissar)에 의해서 관리되는 군(郡), 즉 우예즈드(uezd)로 세분되었다. 보예보다에게 소속된 2–4명으로 구성된 협의회와 마찬가지로, 코미사르는 지방 귀족에 의해서 그들 중에서 선출되도록 되어 있었다. 모든 관리들은 봉급을 받았고, 과거에 모스크바국에서 있었던 코르믈레니야(급여) 관행은 사라졌다. 표트르 대제는 자신이 모델로 삼고 있던 스웨덴의 사례를 넘어, 지방의 의료, 교육, 경제 발전에 대한 책임을 주 정부에게 맡겼다. 1719년의 개혁으로 인해서 러시아에서 행정권력과 사법권력이 분리되었다는 점도 특별히 주목할 만하다. 그렇지만 이 모든 것들은 시기상조였으며 비현실적이었다는 것이 밝혀졌다. 지방이 주도권을 잡도록 일깨우는 일은 쉽지 않았고, 그런 일을 담당할 관리를 찾을 수도 없었다. 행정과 사법의 분리는 1727년경이 되면 사라졌고, 일부의 다른 야심에 찬 개혁 조치들도 서류상으로만 존재하게 되었다.

표트르의 통치기에는 몇몇 국경지방에서 정부의 통제가 강화되었다. 불라빈의 대규모 반란을 진압한 이후에 황제는 돈 강 유역을 더욱더 단단하게 장악했고, 그 지역은 나머지의 러시아와 더욱 긴밀하게 연결되었다. 그러나 카자크들은 러시아 제국의 말기, 그리고 심지어 소비에트 시기까지도 별도의 행정적 및 군사적 조직과 생활방식을 보유했다. 마찬가지로, 마제파가 칼 12세에게로 망명한 일도 우크라이나에 대한 러시아의 통제를 강화하는 결과를 낳았다. 무엇보다도, 우리는 나중에 실시된 제국의 러시아화(Russification)라고 할 수 있는 현상의 초기 사례를 볼 수 있다. 즉, 1714년의 명령에서는, 우크라이나인들과 러시아인들이 뒤섞여서 살도록 하는 것, 러시아 관리들이 우크라이나에서 일하도록 하는 것, 스코틀랜드와 웨일스와 아일랜드 문제에서 성공적인 영국의 정책을 거론함으로써 정부의 논리를 뒷받침하는 것 등이 강조되었던 것이다.

표트르의 교회 개혁은 본질적으로 교회를 정부의 한 부서로 삼음으로써, 정부와 유사한 노선을 따라서 운영되도록 만들었다. 보수주의자인 하드리안 총주교가 1700년에 사망했을 때, 차르는 그의 자리를 공석으로 남겨두었다. 그래서 20년 이상 동안이나 교회는 아주 유능한 인물로서 개혁을 온건하게 지지했던 야보르스키 수좌대주교가 단지 임시 대리인이 되어 관리했다. 마침내 1721년에, 주로 프로코포비치 대주교에 의하여 작성된 것이 분명한 소위 "영적 규정(Dukhovnyi Reglament)"에 의해서 교회의 새로운 조직이 설치되었다. 10명이었다가 나중에는 12명의 성직자로 구성된 신성종무원(the Holy Synod)은 총주교를 대체했다. 이 조직이 완벽하게 법에 따라서 올바르게 업무를 수행하는지 살펴보도록 평신도 관료인 신성종무원장이 임명되었다. 비록 이 새로운 조치는 정교회에 널리 확산되어 있던 공의회의 원칙에 따라서 실시되었고, 동방정교회의 총주교들로부터 승인을 받기는 했지만, 개혁의 내용은—표트르 대제가 실시한 다른 개혁들과 마찬가지로—모스크바국이나 비잔티움의 전통이 아니라 서구의 전통에 속한 것이었다. 특히 교회와 국가 사이의 관계에 대해서는 북유럽의 루터교 국가들의 경우를 모방하려고 했다. 일부 저술가들의 주장처럼 이런 조치가 러시아를 비잔티움으로 만들지는 않았지만, 그리고 심지어 황제교황주의(caesaropapism)가 도입된 것도 아니었지만—왜냐하면 황제는 신앙 문제에서는 아무런 권한도 가지고 있지 않았기 때문이다—그것으로 인해서 정부는 교회의 조직과 재산과 정책을 효과적으로 통제할 수 있게 되었다. 모스크바국이 차르와 총주교라는 두 명의 최고 지도자를 가지고 있었다고 한다면, 상트페테르부르크 시기에는 오직 차르만 남게 되었다. 신성종무원과 정부에 의한 교회 지배는 1917년까지 지속되었다.

  교회와 종교에 대한 또다른 정책은 표트르의 전반적인 관점을 반영했다. 그는 교회가 공공의 선 그리고 전체적으로 나라와 제국의 이익을 위해서 봉사하기를 기대했다. 그는 교회학교를 강화하고 확대하려고 했으며, 빈민 구호소 같은 복지제도를 조직하는 일을 교회에 맡겼다. 그는 가난한 재속 성직자들의 형편을 개선하려고 노력하는 한편, 수도사란 게으름뱅이며 일은 하지 않고 낭비만 하는 사람이라고 생각했다. 그리고 그는 비록 교회 토지를 세속화하는 작업을 거의 실시할 뻔하다가 중단했지만, 종교의 소유물을 제한하고 종교의 부를 통제하는 조치를 취했다. 한편 정부는 사제들에게 고해성사 때 어떤 선동의 이야기를 듣는 경우에는 보고하도록 명령했다. 예상할 수 있는 대로, 개혁 군주는 모스크바국의 전임자들보다는 다른 종파에 대해서 훨씬 더 관용적인 태도를 보여주었고, 대체로 가톨릭 교도들보다는 개신교도들을 선호했다. 1721년에 신성종무원은 정교도와 서방 기독교인 사이의 결혼을 허용했다. 황제는 구교파 신도들에게 아무런 종교적 적대감도 가지고 있지 않았고, 그들에 대해서 관용정책을 실행하려고 했다. 그러나 구교파 신도들은 그의 개혁 정책에 대해서 격렬하게 반대하고 있음이 밝혀졌다. 그러므로 구교파 신도들을 온건하게 다루던 태도는 특별 과세 같은 새로운 제약과 처벌로 대체되었다.

표트르 대제의 행정 개혁의 총체적인 영향을 평가하는 것은 그다지 쉬운 일이 아니다. 이런 개혁은 서구의 모델을 따라 실시되었으며, 유럽 곳곳에서 찾아볼 수 있는 최상의 제도와 관행을 러시아에 도입하려는 시도였다. 모든 관청의 업무 범위를 명확하게 정하고, 권한과 기능을 분리하고, 절차를 표준화하며, 세부 사항을 문서로 만들기 위해서 노력하는 일은 과거의 모스크바국의 관점에서 보면 가히 혁명적이라고 생각될 수도 있었다. 표면적으로 볼 때, 적어도 새로운 체제는 선량한 알렉세이 차르의 경우보다는 스웨덴이나 독일 영방국가들의 경우와 훨씬 더 유사한 듯이 보였다. 새로운 기구와 직책의 명칭 및 그런 것들과 관련된 전문 용어를 보면, 서구의 영향이 홍수처럼 밀려들어왔다는 사실과 모스크바국의 과거와 단절되었다는 사실이 입증될 수 있다. 그렇지만 현실은 이러한 겉모습과는 상당히 달랐다. 심지어 개혁 조치가 지속되고 있었던 분야에서조차—그리고 지방정부의 경우처럼 때때로 개혁 조치는 중단되었다—개혁의 깊이는 황제가 의도했던 것에 거의 미치지 못했음이 판명되었다. 각종 법령, 지시사항, 엄밀한 규칙은 서류로서는 아주 훌륭한 것 같았다. 그러나 실제로는 많은 도시들, 특히 러시아의 방대한 주에서는, 모든 것이 과거와 마찬가지로 관리들의 주도권, 능력, 행동에 달려 있었다. 코르믈레니야 제도는 폐지되었을지 모르지만, 뇌물과 부패가 곳곳에 만연했다. 요컨대, 대체로 독단적이고 개인적인 지배 형태가 러시아 행정의 근간으로 남아 있었다. 러시아를 변화시키려던 표트르 자신의 관점 및 욕구와 긴밀하게 관련되어 있던 개혁 정책 자체가 개인적인 지배라는 러시아적 전통을 영구적으로 고착시킨 것은 물론이다. 그리고 새로운 체제를 고안할 때 기울인 개혁 군주의 엄청난 노력—그 과정은 너무나 복잡하기 때문에 여기서 충분히 논의할 수 없다—의 결과로서, 새롭기는 하지만 통합력과 조화와 응집력이 결여된 질서가 창출되었다. 사실 플라토노프와 같은 몇몇 학자들은 표트르 대제에 의해서 수립된 행정질서가 모스크바 러시아국의 경우보다 일관성이 없고 비체계적이었다는 것이 밝혀졌다고 주장했다.

재정 조치와 사회적 조치

표트르 대제의 사회입법과 그가 러시아 사회에 미친 전반적인 영향을 생각해보면, 러시아의 현실을 새롭고도 서구적인 것으로 변모시키려고 할 때 겪었던 어려움이 좀더 분명하게 드러난다. 그러나 우리는 이 주제를 다루기 전에, 황제의 재정정책을 간단하게 언급할 필요가 있다. 왜냐하면 재정정책은 그의 계획과 행동에서 중요하고도 지속적인 역할을 담당했기 때문이다.

표트르 대제는 계속해서 돈이 엄청나게 부족한 상태였는데, 상황이 완전히 절망적인 경우도 때때로 있었다. 유일하게 의지할 데라고는 이미 과중한 부담을 지고 있는 상태에서 거의 한계점에 다다를 정도로 압박을 받고 있던 러시아 대중을 더욱 쥐어짜는 수밖에 없었다. 어떤 추정에 따르면, 1702년에 정부가 거두어들인 세입은 1680년의 세입에 비교해서 2배였고, 1724년에는 5배 반이었다. 그 과정에서 정부는 벌통, 방앗간, 어업, 턱수염 그리고 대중목욕탕 등 거의 모든 것에 세금을 부과했다. 그리고 정부는 국가 독점권이 적용되는 품목을 새롭게 확대했다. 예를 들면, 법적 처리 과정에서 필요했던 인지는 국가에 추가적인 세입원이 되었고, 오크 나무로 만든 관(棺)도 그랬다. 사실, 정부 재정을 증가시키기 위한 새로운 방법을 찾아내거나 꾸며내는 일은 그의 통치기 동안에 특별한 하나의 업무로 발전되었다. 직접세의 주요 형태에서 또다른 혹은 아마도 좀더 중요한 변화가 일어났다. 즉, 표트르 대제는 1718년에 가구별 세금과 경작지에 대한 세금 대신에 인두세(人頭稅)를 도입했던 것이다.

인두세가 가진 하나의 목적은 가구를 통합하거나 자신들의 땅을 경작하지 않는 탈세자들을 포착하는 것이었다. 인두세는 하층계급 전체에게 부과되었고, 세금 평가액도 아주 많았으며—인두세가 대체했던 세금보다 훨씬 더 많다—현금으로 납부해야 했다. 1718년부터 1722년 사이에는 인구조사, 즉 인두세를 내야 하는 소위 인구 수정 작업이 이루어졌다. 애초에 인구조사에는 사유지를 경작하던 농노와 노예만 포함되었다. 그런데 경작을 담당하지 않는 가구 내의 노예와 모든 부자유민과 심지어 부랑자들도 추가하라는 명령이 내려졌다. 인구조사 동안에 등록된 각 사람은 동일한 액수로 정해진 인두세를 내야 했다. 영지에서 지주들은 돈을 국고로 즉각 이관하는 책임을 맡았다. 학자들은 인두세로 인해서 마침내 농노와 노예의 차이가 완전히 사라졌으며, 모든 농민이 하나의 예속민(bonded mass)으로 통합되었다는 것을 강조해왔다. 물론 우리는 지주의 독단적인 권력과 농민의 약한 위치 때문에, 러시아 농노제는 노예제와 별로 다르지 않다는 사실을 이미 살펴본 적이 있다. 인구조사 이후에 농노들은 주인의 서면 허가증을 가지고서야 영지를 떠날 수 있었는데, 이것은 통행증 제도의 출발을 의미하는 조치였다. 그리고 인두세는 황제의 지속적인 혁신정책 중의 하나로 밝혀졌다.

대체로 표트르 대제는 농노제 및 귀족의 경제적 및 사회적 지배와 함께, 러시아 사회를 있는 그대로 받아들여야 했고, 실제로 그렇게 받아들였다. 그러나 황제는 그 사회가 성공적인 전쟁 수행, 서구화, 개혁이라는 자신의 목적에 도움이 되는 방향으로 돌아서도록 엄청난 노력을 기울였다. 무엇보다도 정부는 돈과 인력을 필요로 했다. 인두세는 재정적인 이유 때문에 통과된 중요한 사회적 조치 중의 두드러진 사례에 해당되었다. 인두세가 하층계급에게 영향을 미쳤던 반면에, 다른 사회집단 역시 황제와 그의 커져가는 국가로부터 끝없는 요구를 받게 되었다. 예를 들면, 상인, 소수의 기술자들, 다른 중간계급 사람들은 비록 인두세를 면제받기는 했지만 경제 영역과 다른 활동 분야에서 국가에 대한 자신들의 의무를 이행하기 위해서 이전보다 더 열심히 일해야 했다.

알 수 있듯이, 황제는 아주 많은 영역에서 봉직을 고집했다. 이것은 특히 귀족에게 적용되었다. 우리가 알고 있듯이 국가에 대한 봉직은 귀족이 과거부터 해야 하는 의무 사항이었다. 그러나 우리가 군대의 경우에서 이미 본 것처럼, 그것은 훨씬 더 무거운 의무가 되었을 뿐만 아니라 더욱 정규적이고 지속적인 의무가 되었다. 모든 귀족 구성원은 약 열여섯 살의 나이부터 죽을 때까지 봉직을 맡도록 요구되었다. 군주 자신은 열네 살 혹은 심지어 열 살밖에 되지 않은 소년들에게 시험을 치르게 하고는 학교나 직장에 배정했다. 귀족 청년들은 통상적으로 모스크바에서 실시되던 검사를 받은 이후에, 군사 봉직과 민간 봉직 사이에 대략 3분의 2와 3분의 1의 비율로 분류되었다. 표트르 대제는 육군이나 해군과 마찬가지로 민간 분야에서도 모든 신참들이 밑바닥에서부터 시작하여, 오직 자신의 실력에 따라서만 승진해야 한다고 강력하게 주장했다. 1722년에 반포된 관등표(Table of Ranks)는 질서 있고 보편적인 봉직에 대한 이러한 원칙들의 아주 생생하고도 유명한 표현이었다. 관등표는 계서적인 질서 안에 14관등의 단계를 열거했는데, 봉직자들은 육군, 해군, 민사 봉직, 궁정 등 병렬적인 줄을 따라서 올라갈 수 있었다. 관등의 인상적인 명칭은 일반적으로 외국의 관등을 차용했거나 변형시킨 것이었다. 관등표는 업적에 대한 보상을 주기도 하고, 사회 지도층으로서 귀족을 계속해서 인정하기도 했다. 일정 단계를 넘어서서 승진한 사람들은 개인적으로 귀족이 되도록 허락되었다. 훨씬 더 높은 단계에 다다른 사람들은—민사 봉직에는 8관등, 군사 봉직에는 12관등—세습 귀족이 되어 자신의 후손들에게 귀족 신분이 승계될 수 있었다. 표트르는 또한 특별한 업적을 낸 경우에는 "공"을 포함하여 귀족 작위를 수여하기 시작했는데, 후임 황제들도 이런 관행을 따랐다. 관등표는 제정 러시아 관료제의 기반이 되었으며, 약간 수정되기는 했지만 1917년까지 존속되었다.

표트르 대제는 아주 절묘한 솜씨로 귀족을 다루었다. 그래서 황제는 그 계급으로부터 상당한 봉사를 얻어낼 수 있을 정도까지 성공을 거두었다는 것이 밝혀졌다. 그러나 개혁 군주의 후계자들은 그의 과감한 정책을 이어갈 수 없었다. 우리는 18세기가 경과되면서 귀족이 봉직의 의무로부터 점차로 벗어나게 되는 과정을 살펴보게 될 것이다. 동시에 귀족계급으로 진입하는 것도 훨씬 더 어려워지게 되었고, 재능 있는 모든 사람들에게 길을 터주려던 표트르 대제의 노력은 다소 위축되었다. 황제의 일부 사회 입법은 사실상 출발점에서부터 실패했다는 것도 덧붙여서 말할 필요가 있다. 예를 들면, 1714년에 개혁 군주는 아들들 사이에 토지를 분배하는 러시아의 기존 관행에 반대되는 상속법을 공포했는데, 그것에 따르면 영지 전체가 오직 한 명의 아들—선택에 의해서든지, 선택이 이루어지지 않는 경우에는 나이 많은 아들—에게만 돌아갔고, 나머지 아들들은 영국의 귀족과 마찬가지로 오직 봉직에 의해서만 살아가야 했다. 그러나 이 법은 심지어 표트르 대제의 통치기 동안에도 실시하기가 극히 어려웠고, 1731년에 일찌감치 폐기되고 말았다.

국가경제의 발전

항상 그러했듯이, 황제는 러시아 경제를 발전시키려고 결심할 때 전쟁 및 전쟁의 직접적인 수요를 가장 먼저 고려했다. 그러나 이에 더하여, 그는 1710년경부터는 군사적인 필요와 관련되지 않은 산업을 발전시키고, 러시아의 수출을 늘리며, 국가가 전반적으로 좀더 다양하고 활력 있는 경제를 갖추게끔 만들기 위해서 분투했다. 표트르 대제는 사기업 활동을 자극하기 위해서 온갖 노력을 다할 뿐만 아니라 직접 국가를 통한 대규모 경제 활동을 실시하기도 했다. 이념적으로 황제는 당시에 유럽에서 유행하고 있던 중상주의를 지지했다. 그래서 그는 정부의 역할, 무역수지의 흑자, 국내 산업의 보호 등을 강조했는데, 1724년의 러시아 관세에서 국내산업 보호정책이 반영되었다. 한 설명에 따르면, 1695년 무렵에 러시아에 존재하던 제조업체의 수는 21개였는데, 표트르 통치기에는 200개—그 중 86개는 국영기업이었고, 114개는 개인 혹은 회사에 의하여 설립되었다—가 더 생겨났다. 또다른 설명에서는 황제가 사망할 무렵에 250개의 제조업체가 가동되고 있었다고 언급되어 있다. 금속업, 광업, 직물업에서도 아주 큰 발전이 이루어졌다. 사실상, 황제는 러시아의 직물 산업을 창시했으며, 광업과 금속업의 경우에는 아주 보잘것없는 데에서부터 출발하여 인상적인 발전을 이루어냈고, 특히 우랄 산맥에 자리잡게 했다. 그는 도자기와 유리 생산을 포함한 다른 많은 산업도 발전시켰다.

　교역을 용이하게 하기 위해서, 표트르 대제는 운하를 건설하고 상선 건조를 시작했다. 예를 들면, 1703년부터 1709년 사이에 네바 강과 볼가 강을 연결하는 운하가 건설되었다. 사실, 제2차 세계대전 이후에 소비에트 정부에 의하여 최종적으로 완성된 볼가 강과 돈 강 사이의 운하는 그 자체로 개혁 군주의 프로젝트 중의 하나였다. 비록 러시아 상인이 아니라 주로 외국 상인이 계속해서 담당하기는 했지만, 표트르 대제의 통치기에 러시아의 대외교역은 4배나 증가되었다. 확실히, 이런 급속한 발전에는 특히 하층계급의 부담스럽고 예속된 삶에서 무거운 사회적 비용이 요구되었다. 그리고 그의 일부 계획은 실패했다. 그러나 전반적으로 표트르 대제는 러시아의 경제 발전을 위해서 중요하고도 창의적인 영향을 미쳤고, 후세대가 딛고 일어설 수 있는 기초를 마련해주었다. 되돌아갈 수 있는 길은 전혀 없었다.

교육과 문화

문화에서도 뒤로 돌아가는 일은 있을 수 없었다. 어떤 의미에서 표트르 대제의 교육 및 문화 개혁은 모든 것 중에서 가장 지속적이었다는 것이 밝혀졌다. 왜냐하면 그런 개혁은 확고하고도 돌이킬 수 없을 정도로 러시아를 서구로 향하는 방향으로 밀고 나갔기 때문이다. 18세기의 러시아 문화를 다루는 장에서 이 조치들을 좀더 자세하게 다루겠지만, 여기에서는 그런 개혁들이 황제가 벌인 활동의 전반적인 유형에 아주 잘 부합되었다는 점을 지적할 필요가 있다. 실용주의적인 태도를 가지고 있었던 이 군주는 봉직을 맡기 위해서 적어도 최소한의 교육이 필요하다는 점을 강조했고, 1701년에 설립된 수학 및 항해술 학교처럼 전문가를 배출하는 학교를 장려했다. 좀더 폭넓은 그의 계획 속에는 귀족에 대한 의무교육—그 당시에는 실행에 옮겨질 수 없었다—그리고 러시아의 학문을 발전시키고 지도하고 완성시키기 위한 학술원의 창립이 포함되어 있었다. 학술원은 개혁 군주가 사망한 지 몇 달 후에 설립되었다. 전 생애 동안 표트르 대제는 과학과 기술에 대해서 열렬한 관심을 보였을 뿐만 아니라, 다른 분야의 지식에도 어느 정도 관심을 가지고 있었다.

황제는 서구 문명을 자신의 고국에 도입할 때, 종종 명령을 내리고 강한 반대도 받아가면서 서구식 복장, 예절, 관습을 도입하려고 노력했다. 턱수염을 깎게 한 것은 그의 통치기의 유명하고도 변치 않는 상징이었다. 표트르 대제에 대해서 섬너가 쓴 탁월한 소책자의 한 구절을 인용하면, 정부가 "국가와 군인 직책의 영예와 단정함을 위하여" 턱수염을 깎으라고 요구했을 때, 전통주의자들은 수염 깎는 일이 사람들 안에 있는 신의 형상을 훼손하는 것이며, 러시아인들을 루터교도, 폴란드인, 칼미크인, 타타르인, 고양이, 개 그리고 원숭이처럼 불쾌한 존재로 보이게 만들 것이라는 이유에서 반대했다. 마찬가지로, 전통주의자들의 주장에 따르면, 이미 언급된 달력 개혁은 신으로부터 시간을 훔치는 일이었으며, 새롭게 간소화된 일반 서체가 교회 슬라브어를 대체하도록 허용되어서는 안 되었다. 아상블레(assemblée), 즉 여성들도 참석하는 사교 모임도 큰 파문을 불러일으켰다. 서구식 옷을 입은 남녀들이 이처럼 품위 있게 모인 모임은 엘리트 여성들을 격리시켰던 모스크바국의 전통을 종식시켰다. 그리하여 이 단계에서 여성들을 포함시킨 것은 아직 대체로 장식용이기는 했지만, 공적 분야에서 여성들의 위치에 대해서 매우 새로운 관점이 제시되었다. 그러나 표트르의 통치 마지막 무렵에는, 특히 모스크바와 상트페테르부르크라는 두 중심 도시에서는 관료들, 군인들, 상층계급 사람들, 그리고 어느 정도로는 심지어 중간계급 사람들도 턱수염을 깎았고, 외국 옷을 입었다. 시간이 지남에 따라, 다른 서구식 혁신 조치들도 더욱 많은 지지자들을 확보하는 데에 성공했다. 비판자들은 표트르 대제가 서구화된 엘리트와 전통적인 다수 사이에서 러시아 사회를 둘로 분열시켰다고 오랫동안 주장해왔다. 물론 그가 원했다고 할지라도(우리는 사실 그가 원했는지 알 수는 없다), 다수를 문화적으로 변모시키는 일은 비현실적이었을 것이다. 엘리트를 변화시키는 것도 아주 어려운 일이었다. 점차로 커져가던 이 간격을 메우도록 시도하는 과제는 어쨌든 그의 후계자들에게 남겨졌다.

계승 문제

과거의 모스크바국과 새로운 러시아 제국 사이의 갈등은 군주 자신의 가문에서 벌어졌다. 표트르 대제의 모친과, 표트르에게 모친이 선택해준 아내로서 1698년에 강제로 수녀가 된 예브도키야는 개혁 반대파에 속했다. 1690년에 예브도키야는 표트르의 아들 알렉세이를 낳았다. 알렉세이는 모친이 유폐당할 때까지는 모친과, 그 이후에는 숙모들과 함께 과거의 모스크바국 궁전에서 살았다. 황제는 아들에게 쓸 시간이 별로 없었고, 아들과 친밀한 관계를 결코 수립하지 못했다. 그 대신에, 알렉세이는 새로운 질서를 반대하던 사람들의 희망이자 그들의 구심점이 되었다. 1711년에 표트르 대제는 알렉세이를 어떤 독일 공주와 결혼시켰다. 1712년에는 황제 자신이 마르타라는 이름을 가진 리보니아의 농민으로서 정교회로 개종하여 예카테리나라는 이름을 얻게 된 문맹의 여인을 아내로 맞아 두 번째로 결혼했다. 표트르는 자신의 친구인 멘시코프의 집에서 예카테리나를 처음 보았는데, 그녀는 거기서 수 년 동안 멘시코프와 행복하게 살아가면서 그와의 사이에서 아이들을 낳기도 했다. 그녀는 황제에게 훌륭한 반려자였다는 것이 밝혀졌다. 그녀는 분명히 황제처럼 술과 파티를 좋아했다. 이해력 있고 정열적인 성격의 그녀는 군사 작전에서 황제를 동행하기도 했다. 표트르는 결혼식 이후에 예카테리나가 자신의 합법적인 배우자이며, "황후(sovereign tsaritsa)"라고 선포했다.

　1715년에 알렉세이의 아내는 아들인 표트르를 낳은 후에 죽었다. 이 무렵에 표트르 대제는 자격 없는 합법적 후계자보다는 "자격 있는 낯선 사람"을 임명하여 자신을 계승하게끔 할 것이라고 알렉세이에게 경고했다. 그리고 그는 알렉세이가 자신의 개혁을 지지하든지, 아니면 제위에 대한 권리를 포기할 것을 요구했다. 성격상 소극적인 저항을 하던 알렉세이는 자신의 권리를 포기하는 데에 동의했다. 그로부터 얼마 되지 않은 시점인 1716년에 덴마크에 있던 표트르 대제가 자신의 아들을 불렀을 때, 알렉세이는 이 기회를 이용해서 오스트리아로 도망을 가서 (알렉세이의 죽은 아내의 자매와 결혼했던) 칼 6세 황제에게 보호를 요청했다. 그리고 그곳에서 표트르 대제를 폐위시키고 암살하려는 음모가 꾸며졌다는 소식이 전해졌다. 결국 알렉세이는 제위에 대한 권리를 포기하고 자신이 도망가도록 재촉한 사람들의 이름을 밝히면 용서받는다는 조건으로 유혹되어서 1718년에 모스크바로 되돌아왔다. 알렉세이는 조사단 앞으로 끌려왔고, 조사단은 그가 새로운 질서를 극력 반대하며 적대시하고 있다는 사실을 밝혀내게 되었다. 그 결과 용서는 철회되고 재판을 하기로 결정되었다. 100명 이상의 러시아의 고위 관리들로 구성된 특별 법정이 설치되어, 반역과 황제 시해 기도 혐의를 받은 알렉세이에게 사형이 선고되었다. 그러나 형이 집행되기도 전에, 알렉세이는 심문 도중에 사용된 고문과 쇼크로 인해서 1718년 여름에 페트로파블롭스크 요새에서 세상을 떠났다. 그에게 협조해준 사람 중 9명이 처형당했고, 또다른 9명은 중노동을 선고받았으며, 다른 많은 사람들은 그보다 약한 처벌을 받았다.

　예카테리나는 표트르의 자녀를 10명 낳았으나, 유아 시절을 넘기고 살아남은 아이는 두 딸뿐이었다. 그러므로 제위를 계승할 수 있는 사람들 중에는 황제의 손자인 표트르, 황제의 딸들, 황제의 이복형인 이반 5세 차르의 딸들과 황제의 아내인 예카테리나가 있었다. 1722년에 표트르 대제는 제위 계승법을 통과시켰는데, 그에 따르면 세습적인 연장자 원칙이 무시되고 그 대신에 군주가 후계자를 지명할 수 있다고 선포되었다. 황제도 업적과 의지가 있어야 될 수 있게 되었다! 그렇지만 황제는 자신이 만든 새로운 법을 결코 이용하지 못했다. 강력했던 그의 신체는 병, 긴장, 불규칙한 생활로 인해서 너무나 허약해졌기 때문이다. 영광스러운 승리를 거두었고, 다민족국가였고, 근대화의 도상에 있었으며, 대대적인 개혁 속에서 기진맥진한 제국의 후계자를 지명하지 못한 채 그는 1725년 2월 8일에 사망했다.

표트르 대제에 대한 평가

표트르 대제는 당대와 그의 사망 시에 주피터, 마르스, 넵튠, 헤라클레스 그리고 다윗, 모세, 삼손에 비유되었다. 그들과 마찬가지로, 그도 적들에 대한 승리와 법과 이성의 통치를 러시아에 안겨주었다고 언급되었다. 그러나 우리가 살펴봤듯이, 그가 러시아에 해놓은 일들을 증오하던 적들이 있었다. 그 개혁가는 알렉세이 차르의 아들이 아니며, 진짜 차르가 외국 여행을 할 때 그를 대신한 외국인으로서 사기꾼이자 참칭자이며 실로 적그리스도(Antichrist)라는 소문이 나돌았고, 그에 관한 전설은 커져갔다. 표트르 자신도 이런 양극단의 의견이 생기는 데에 일조했다. 그 역시 사물을 흑백논리로 보았으며, 과거의 모스크바국을 증오하면서 자신이 새로운 러시아의 창시자라고 믿었다. 그리고 우리는 그의 통치가 가진 어두운 측면들을 무시할 수는 없다. 그는 문명이라는 이름을 내세워서 자신에 대한 비판자들에게 관용을 베풀지 않았으며, 자신의 목적을 달성하기 위해서는 서슴지 않고 강압과 폭력을 행사했다. 이런 것들은 그의 통치기의 특징이기도 했다.

18세기와 19세기의 대부분의 시기에 표트르는 어둠에 대응한 빛의 담대한 투사이자 문명으로써 야만을 대체한 개명된 통치자로서 존경받았거나, 러시아의 독특한 민족정신을 훼손하고 왜곡시키면서 서구 합리주의라는 이질적인 정신을 수입한 상스러운 독재자라고 비난받았다. 이 양극단 사이에 균형을 잡기 위해서는 푸시킨 같은 감성 있는 시인이 필요했다. 푸시킨은 표트르 대제가 행한 개혁의 필요성과 위대함을 강조하면서도, 인적 희생에 대해서는 애통해했다.

많은 면에서 상트페테르부르크는 이런 모순들의 적절한 상징이었다. 표트르가 전쟁으로 얻은 국경의 늪지대를 놀라운 서구식 제국 수도로 변환하기로 결정했던 것은 실질적인 중요성만큼이나 상징적인 행위이기도 했다. 그렇게 하기 위해서, 그는 상트페테르부르크에 수천 명의 농노, 기결수, 전쟁 포로를 데리고 와서 늪지의 물을 빼내도록 했고, 오크 나무 말뚝을 땅에 박아넣었으며, 위대한 도시를 건설했다. 과로와 질병으로 인해서 아마도 폴타바의 전사자보다도 더 많았을 정도로 끔찍이도 높았던 사망률은 그 도시에 얽힌 전설의 항구적인 한 부분이 되었다. 역사학자이자 시인인 카람진이 1811년에 쓴 말에 따르면, "페테르부르크는 눈물과 시체 위에 건설되었다." 러시아의 문화사에서 페테르부르크는 모순의 전형이었다. 근대의 진보와 근대적 고통의 장소, 문명과 그에 대한 불만의 장소, 권위주의적인 권력과 개인적인 자유의 장소, 우아한 건축과 낡은 빈민가의 장소, 밝고 개방된 공간과 안개 및 먼지의 장소였던 것이다.

역사학자들은 역사학의 좀더 근대적인 개념과 자료 연구를 통해서 더욱 균형 잡히고 복잡한 해석을 내놓을 수 있었음에도 불구하고, 이런 과거의 논쟁을 종종 그대로 따라해왔다. 솔로비요프와 클류쳅스키 같은 19세기 후반의 러시아 역사학자들은 비록 표트르가 성취한 것을 존경했고, 근대화의 필요성을 이해하기는 했지만, 개혁 군주의 업적을 축소하지 않으면서도 표트르를 비신화화하기 위해서 많은 일을 했다. 후대의 역사학자들은 표트르의 통치를 역사화하기 위한 노력을 계속했다. 그리하여 솔로비요프 이래로 학자들은 표트르의 독창성을 덜 강조하면서, 표트르 대제와 모스크바국의 과거 사이에 많은 밀접한 관련성이 있다는 것을 인정하고 있다. 예를 들면, 대외정책과 사회정책에서는 비교적 변화가 거의 없었다. 그리고 물론, 중심 사안인 서구화의 과정도 개혁 군주의 통치기보다 오래 전에 시작되었으며, 17세기에 급격하게 동력을 얻게 되었다는 것이다. 그리고 역사학자들은 표트르의 개혁 추진에는 종종 혼돈스러웠고, 단편적이며, 비효율적인 측면이 있었다는 것을 인정했으며, 마찬가지로 변화의 필요성이 있었을지라도 변화로부터 야기된 잔인성, 폭력, 고통이 있었다는 것을 인정했다. 최근의 학계는 더욱 복잡한 설명을 제기하며, 표트르를 단순히 칭찬하거나 비난하는 것과는 점점 멀어져가는 경향을 보인다. 예를 들면, 연구 결과는 황제가 자신의 통치를 합법화하기 위해서 종교를 이용했다는 점, 궁정 의식과 격식의 의미가 복잡했다는 점, 그가 기존 엘리트와 신진 엘리트 양쪽의 연계망에 의존했다는 점을 보여준다.

러시아는 서구화되는 운명을 가지고 있었을 가능성이 높았다. 그러나 표트르 대제는 이런 운명의 주요 집행자의 역할을 거부할 수 없었다. 혹은 근대의

한 학자가 쓴 대로, 표트르 대제는 러시아가 역사적 경로를 무의식적으로 따라가다가 의식적으로 따라가게 되는 전환점을 의미했다. 적어도 황제의 통치는 서구화의 과정을 엄청나게 가속화시켰으며, 이전에는 개인의 선택과 우연이 지배하던 곳에서 국가정책과 통제의 책임에 일을 맡겨놓았다. 그러나 표트르 대제는 실제적이고 실용적인 사람이었기 때문에, 역사적인 운명에 대한 논의보다는 오히려 아주 일상적인 분야에 미친 표트르의 영향력을 평가하는 것으로 이 논의를 종결짓는 편이 더 나을 것이다. 19세기의 보수주의 역사학자이자 언론인이었던 포고딘은 다음과 같이 썼다.

그렇다. 표트르 대제는 러시아를 위해서 많은 일을 했다. 우리는 그것을 보고도 믿을 수 없다. 우리는 한없이 더하더라도 합계에 다다를 수 없다. 우리는 눈을 뜨기만 하면, 조금 움직이기만 하면, 어떤 방향으로든 몸을 돌리기만 하면, 집에서, 거리에서, 교회에서, 학교에서, 법정에서, 군대에서, 산책로에서, 모든 곳에서 그와 맞닥뜨리게 된다—매일, 매분, 매 발걸음마다 항상 그가 있고, 또 항상 그가 있다!

우리는 깨어난다. 오늘이 며칠인가? 1841년 1월 1일이다. 표트르 대제는 그리스도의 탄생으로부터 햇수를 계산하라고 우리에게 명령했다. 표트르 대제는 1월부터 달을 셈하라고 명령했다.

옷 입을 시간이다. 우리의 의복은 표트르 1세가 정해준 모양에 따라서 만들어졌고, 우리의 제복은 그의 기준에 맞추어졌다. 옷감은 그가 세운 공장에서 짜졌고, 양털은 그가 기르기 시작한 양에서 깎은 것이다.

책이 우리 눈에 들어온다. 표트르 대제는 이 서체를 도입했고, 스스로 그것을 도안했다. 당신은 책을 읽기 시작한다. 이 언어는 이전의 교회 언어를 대신하여, 표트르 1세 때에 쓰인 언어, 즉 문어가 되었다.

신문을 가져온다. 표트르 대제가 신문을 도입했다.

당신은 여러 가지 물건을 사야 한다. 비단 목도리로부터 구두창에 이르기까지 그 모든 것들이 당신에게 표트르 대제를 생각나게 해줄 것이다. 어떤 것들은 그가 주문한 것이고, 어떤 것들은 그가 사용하도록 했거나 그에 의해서 개선되었고, 그의 배에 실려서 그의 항구와 운하와 길로 운반된 것들이다.

저녁 식사 때 소금에 절인 청어로부터 그가 기르도록 명령한 감자를 거쳐, 그가 재배하기 시작했던 포도로 만든 포도주에 이르기까지 모든 코스가 당신에게 표트르 대제에 대해서 말할 것이다.

저녁 식사 후에 당신은 어떤 곳을 가기 위해서 무엇인가를 타고 나간다. 도착한 곳은 표트르 대제가 시작한 아상블레이다. 당신은 그곳에서 숙녀들을 만난다. 그들은 표트르 대제의 명령으로 남성 사회 속으로 들어오도록 허락받았다.

대학으로 가보자. 최초의 비종교 계통의 학교는 표트르 대제에 의해서 건립되었다.

당신은 표트르 대제의 관등표에 따라 관등을 받는다.

관등은 나에게 귀족으로서의 지위를 부여한다. 표트르 대제가 그렇게 배정해놓았다.

나는 고소장을 작성해야 한다. 표트르 대제는 그 양식을 규정해놓았다. 그것은 표트르 대제의 정의의 거울 앞에서 접수될 것이다. 그것은 일반 규정에 근거해서 처리될 것이다.

당신은 표트르 대제의 예를 따라서 외국을 여행하기로 결정한다. 당신은 좋은 대접을 받을 것이다. 표트르 대제는 러시아를 유럽 국가들 사이에 위치시켰고, 러시아에 대한 존경심을 심어주기 시작했다. 그리고 기타 등등, 기타 등등, 기타 등등.

제21장

표트르 대제로부터 예카테리나 대제까지의 러시아 역사 : 예카테리나 1세(1725-1727), 표트르 2세(1727-1730), 안나(1730-1740), 이반 6세(1740-1741), 엘리자베타(1741-1762), 표트르 3세(1762)

그녀는 신에 의해서 선택된 전제군주가 된 다음에, 전(全)러시아의 왕좌를 자신의 친절함과 아름다움으로 장식해주었습니다. 그리고 모든 사람들은 한목소리와 한마음으로, 신의 은혜와 축복으로, 그녀가 끝없는 기쁨과 영원한 번영 가운데 만세토록 그녀의 조국을 다스리기를 바라고 있습니다.

    ―엘리자베타 여제가 모스크바를 방문했을 때, 노브고로드의 암브로시이 대주교가 한 연설(1742)

표트르 대제로부터 예카테리나 대제의 즉위 사이, 즉 1725년부터 1762년 사이의 기간은 일부 역사학자들에 의하여 천박함, 혼란, 쇠퇴의 시기라고 생각되어왔다. 반면에 다른 역사학자들은 러시아가 정신적으로 성장하고 정치적으로 발전된 것은 이 시기 덕분이라고 본다. 두 입장 다 일리가 있는 듯하다. 표트르 치하에서처럼 급격하고 격렬한 변화는 중단되었으나, 서구화 과정은 느린 속도로 진행되면서 깊이를 얻게 되었고, 국가의 야망과 실질적인 잠재력 사이에서 보다 적절한 균형에 다다르게 되었다.

    ―커치너

표트르 대제의 죽음으로부터 예카테리나 대제의 즉위까지의 러시아 역사는 부당하게도 무시당해왔다. 더구나 나와 있는 자료도 내용이 피상적이고 냉소적인 논조로 기술된 경우가 드물지 않다. 두 명의 유명한 통치자 사이에 끼어 있는 이 시기—한 작가의 말을 인용하면, "정부(情夫)들이 러시아를 통치하던 때"—는 강한 인상을 주거나, 눈부시게 하거나, 영감을 줄 만한 점을 거의 보여주지 못하고 있다. 오히려, 이 시기는 부적절한 후보들의 계속적인 제위 분쟁, 한결같이 개탄스러운 총신들의 끊임없는 등장과 몰락, 온갖 종류의 궁정 음모, 비론의 경찰 테러, 프랑스 패션에 대한 엘리자베타의 몰입, 표트르 3세의 정신박약 등으로 얼룩져 있는 것 같다. 냉소적인 논평가들의 말에 따르면, 이 37년 동안 러시아의 6명의 전제군주 중에는 여자가 3명, 열두 살짜리 소년이 1명, 젖먹이 1명, 정신박약자가 1명이었다.

그러나 서구화는 러시아 생활의 폭넓은 영역 속으로 계속해서 확산되고 있었다. 러시아는 대외관계를 통해서 다른 유럽 강국들과 점점 더 가까운 사이가 되어갔다. 그리고 귀족들은 자신들의 장점을 발전시키고, 스스로 국가 봉직의 명령으로부터 자유로워질 수 있었다. 최근 몇몇 역사학자들의 주장에 따르면, 18세기에 여성 통치자들—1725년에 표트르 대제가 사망한 이후, 7년만 제외하고 나머지 18세기 동안에는 여성들이 통치했다—이 맡은 역할은 권력이 적어도 "자비롭고", "사랑스러우며", 국가에 "행복"을 가져다줄 수 있다는 기대를 불러일으킴으로써, 러시아의 정치생활에 새로운 정신을 불어넣었다. 물론 여성들이 러시아의 권좌에 앉았던 이유에는, 군주가 업적과 이성에 기반을 두고 후계자를 선택할 수 있어야 한다는 표트르 대제의 인식, 여성들이 좀더 다루기 쉽다고 생각했을 법한 궁정 귀족 및 귀족적인 근위 연대의 권력과 영향력 그리고 특히 유능하고 건강한 성인 남성 후계자의 부족 등 다른 조건들도 반영되어 있었다.

예카테리나 1세 그리고 표트르 2세

최초의 황제가 후계자를 지명하지 않고 사망했을 때, 여러 명의 제위 후보자가 등장했다. 유력한 두 명 중 한 사람은 알렉세이의 아들이자 표트르 대제의 손자인 표트르였고, 다른 한 사람은 표트르 대제의 두 번째 아내인 예카테리나였다.

사망한 군주의 딸들인 안나와 엘리자베타, 그리고 그의 조카딸로서 그의 이복형제인 차르 이반 5세의 딸들인 예카테리나와 안나는 그 당시에는 가능성이 적어 보였다. 그렇지만 얼마 지나지 않아 그들 중 두 사람은 러시아를 통치하게 되었고, 다른 두 사람의 후손들 역시 제위에 올랐다. 표트르는 유일한 남성 직계 상속자였으므로, 논리적으로 보면 자신의 조부를 계승할 것처럼 보였다. 그는 초대 황제의 제위기에 그중 몇 명이 유명해진 구 귀족의 지지를 받았다. 1724년에 특별 의식—일부 사람들의 견해에 따르면, 표트르 대제는 이 의식을 통해서 승계와 관련된 자신의 의사를 명확하게 표시했다—을 통하여 황후의 관을 쓴 예카테리나는 야구진스키 그리고 특히 멘시코프 같은 "새로운 사람들"의 후원을 얻었다. 개혁과 함께 출세했던 사람들은 표트르의 아들인 알렉세이 및 구 모스크바국과 관계된 모든 것을 두려워했다. 프레오브라젠스키 근위대와 세묘놉스키 근위대는 황후 쪽을 지지하는 시위를 벌임으로써 승계 문제를 결정지었다. 그녀를 반대하는 세력은 분쇄되었고, 국가의 고관들은 "표트르 대제의 바람에 따라서" 예카테리나를 러시아의 군주로 선포했다. 살펴보겠지만, 이 두 근위대는 러시아의 통치자를 결정할 때 나중에도 한 번 이상의 결정적인 역할을 담당하게 되었다.

멘시코프가 정부에서 주도적인 역할을 맡았던 예카테리나의 통치기는 불과 2년 3개월밖에 지속되지 못했다. 여제의 가장 중요한 조치는 아마도 1726년 2월에 "각별히 중요한 문제들"을 다루도록 하기 위해서 추밀원(Verkhovnyi tainyi sovet)을 신설한 일일 것이다. 멘시코프를 포함한 6명의 추밀원 구성원들은 사실상 항존직 자문관이자 어떤 의미에서는 군주의 동료가 되었는데, 이것은 표트르 대제 때의 행정부 조직 및 관행과의 결별을 의미했다. 예카테리나 1세는 1727년에 어린 표트르를 자신의 후계자로 지명하고, 안나와 엘리자베타 그리고 자신의 딸들과 새로운 통치자의 숙모들이 추가된 추밀원을 섭정으로 임명하고 난 다음에 사망했다.

황제가 되었을 때 불과 열두 살도 되지 않았던 표트르 2세는 멘시코프의 수중에 들어가게 되었고, 멘시코프는 심지어 군주의 거처를 궁궐로부터 자신의 저택으로 옮기게 하고 자신의 딸과 군주를 약혼시키기까지 했다. 그러나 표트르 2세는 멘시코프를 좋아하지 않았다. 그는 젊은 이반 돌고루키 공을 신뢰했다.

돌고루키 가문은 이 기회를 이용해서 멘시코프를 체포했다. 한때 무소불위의 권력을 가졌으며 표트르 대제의 최측근이었던 이 총신은 시베리아 북부로 유형당한 지 약 2년 후에 사망했고, 돌고루키 가문 사람들이 궁정과 정부에서 그를 대신했다. 그 가문에 속한 두 사람은 추밀원에 들어갔고, 1729년 말에는 표트르 2세와 돌고루키 공의 딸 사이의 약혼이 공식적으로 발표되었다. 그러나 상황은 또다시 갑작스럽고 급격하게 바뀌었다. 결혼식이 거행되기도 전인 1730년 초에, 표트르 2세가 열다섯 살도 안 되어 천연두로 사망했던 것이다.

안나 그리고 이반 6세

어린 황제는 후계자를 지명해놓지 않았다. 게다가 그의 사망으로 인해서 로마노프 가문의 남자 혈통은 끝나게 되었다. 그 뒤에 진행된 복잡하고 혼란스러운 논의 끝에, 이반 5세의 딸이자 쿠를란트 공의 자식 없는 미망인인 안나에게 제위를 제안하자는 골리친 공의 조언이 추밀원 및 다른 고관들 사이에서 우위를 점했다. 안나는 유약하고 위험하지 않아 보였기 때문에, 귀족 파벌에게 권력을 맡겨놓을 것 같았다. 게다가 독자적으로 행동하던 추밀원은 안나를 초청할 때 몇 가지 엄격하고 아주 까다로운 조건을 내걸었다. 그녀가 여제가 되면 결혼도 하면 안 되고, 후계자를 지명해서도 안 되었다. 추밀원은 8명의 구성원을 유지하고, 국사를 통제할 수 있어야 했다. 새로운 군주는 추밀원의 승인 없이는 전쟁을 선포하거나 강화를 체결할 수 없었고, 세금을 징수하거나 국가기금을 사용한다거나 영지를 수여하거나 몰수하거나 어느 누군가를 대령 이상의 자리에 임명하는 일도 할 수 없었다. 모든 다른 병력뿐만 아니라 근위대도 여제가 아닌 추밀원의 관할하에 있어야 했다. 러시아 역사에서 어떠한 선례도 없는 이 극단적인 조건은 군주의 지위와 기능에 관한 표트르 대제의 견해라든지 이런 견해를 실천에 옮겼던 그의 입장과는 극과 극의 관계였다. 그러나 잃을 것이 별로 없었던 안나는 이런 조건을 수용했고, 러시아에서 입헌주의적 통치가 성립되었다.

그러나 러시아의 입헌주의는 매우 단명했다는 것이 밝혀졌다. 추밀원은 협소하고 배타적인 자체의 이해관계에 따라서 활동했기 때문에, 귀족들 사이에 긴장이 높아졌다. 일부 비판자들은 정치적인 이익을 귀족 전체에 확산하자는 내용의 말을 하고 글을 썼던 반면에, 다른 이들은 단지 절차만을 맹비난했다. 안나는 도착한 직후에 근위대와 일부 귀족들의 시위를 이용해서, 자신이 받아들였던 조건들을 파기해버렸다. 그리고 그녀는 그런 조건이 신민들의 바람을 대변하는 것이라고 생각했는데, 이기적인 파당의 술수로 판명되었다고 주장했다. 그녀는 추밀원을 폐지해버렸고 이로써 전제정치가 원상 복귀되었다.

 10년 동안의 안나 여제의 통치는 쓰라린 추억을 남겼다. 전통적으로, 이 시기는 개별 독일인들과 심지어 러시아 내의 "독일당파(nemetskaia partiia)"에 의한 잔인하고 어리석은 통치라고 소개되어왔다. 이런 해석이 지나치게 과장되어서는 안 되지만—왜냐하면 결국 대외정책, 사회입법, 그 외 다른 중요한 측면에서 18세기의 러시아 발전의 핵심적인 부분을 구성했던 것은 특별히 독일적인 어떤 것이라기보다는 1730년대라는 시기 자체였기 때문이다—안나가 쿠를란트로부터 한 무리의 총신들을 데리고 왔고, 그녀가 전반적으로 다른 외국인들보다는 독일인들을 후원했고 러시아의 상층 귀족을 불신했다는 점은 사실로 남아 있다. 그녀는 러시아 상층 귀족의 영향력을 제한하기 위해서 할 수 있는 모든 일을 다 했다. 안나는 정부에서 적극적인 역할을 담당하는 것을 좋아하지 않았으며, 관리들과 보좌관들로 구성된 측근의 집단에 의지했다.

 오스테르만이 수장을 맡았던 외무부나 뮈니히가 수장을 맡았던 육군부 등 몇몇 부서는 표트르 시대에 러시아로 들어온 유능한 독일인 지도부로부터 이득을 보았으나, 많은 새로운 총신들은 자신들의 지위에 합당한 자격을 전혀 갖추지 못했다. 그런 사람들은 단지 자신 개인의 이해관계에 따라서 행동하고, 러시아적인 것이라면 무엇이든지 혐오하는 태도를 가지고 러시아에 대한 자신들의 놀랄 만한 무지를 뒷받침했다. 쿠를란트에서 온, 여제의 정부(情夫)인 비론은 최고의 명예와 보수를 받았으며, 가장 미움을 받은 인물이자 여제 통치기의 상징이 되었다. 비로놉시치나(Bironovshchina), 즉 비론주의(Birionism)는 특히 여제의 통치기에 자행된 경찰에 의한 탄압과 정치적인 테러를 가리키는 말이다. 그 결과 수천 명의 사람들이 처형되었고, 약 2만 내지 3만 명의 사람들이 시베리아로 유형을 당했다. 희생자들 중 많은 사람들은 정치적 반대 세력이라기보다는 구교 신도들이거나 심지어 평범한 범죄자들이었다. 비론과 그의 측근들의 잔혹한 조치는 아마도 그 시대에 비추어볼 때 예외적이라고 생각될 수는 없겠지만,

박해 행위는 대중의 상상력을 촉발시켰고, 안나의 통치기를 예를 들면 그 이후의 엘리자베타의 통치와 비교해서 부정적으로 평가하도록 만들었다. 추밀원을 폐지한 이후에, 안나는 최고 통치기관으로서의 원로원을 이전의 중요한 위치로 복귀시키지 않았고, 그 대신에 계속해서 2-3명으로 구성된 내각이 국사를 책임지도록 했다.

안나는 1740년 가을에 사망했다. 그녀는 죽기 직전에 2달 된 유아인 이반을 자신의 후계자로 지명했다. 이반은 이반 5세의 증손자이자, 안나의 언니인 예카테리나의 손자였는데, 예카테리나는 1716년에 메클렌부르크의 공작인 레오폴트와 결혼한 적이 있었다. 이들의 결혼에서 태어난 딸인 안나 레오폴도브나는 브룬스비크-베베른-뤼네부르크의 안토니 울리히 공작의 아내가 되었다. 새로운 황제는 안나 레오폴도브나와 안토니 울리히 사이에 태어난 아이였다. 그렇지만 그의 부모가 모두 러시아 궁정에서 거주했음에도 불구하고, 안나는 비론을 섭정으로 임명했다. 그러나 이런 식의 처리는 오래가지 못했다. 첫째로, 한 달이 안 되어서 비론은 뮈니히에 의해서 타도되고, 안나 레오폴도브나가 섭정이 되었다. 그런 다음, 그 이듬해인 1741년 말에는 이반 6세, 안나 레오폴도브나, "독일당파" 전체가 권력과 권위의 자리로부터 축출당했다. 이 마지막 쿠데타는 표트르 대제의 딸인 엘리자베타가 이끈 근위대에 의해서 수행되었고, 그녀는 그다음에 러시아의 엘리자베타 여제로서 제위에 올랐다.

엘리자베타 그리고 표트르 3세

러시아 사학사에서 안나와 그녀의 통치가 과도하게 비난받고 있는 것과는 대조적으로, 엘리자베타는 정당한 몫 이상의 찬사를 받아왔다. 그러나 그것은 그녀의 시대에 그녀가 받았던 과찬이 부분적으로 반영된 것이었다. 많은 당대인들과 후대의 논평가들이 보기에, 아름답고 젊고 매력적인 이 새로운 군주는 비론으로 연상되는 잔혹하고도 가증스러운 "외국인" 지배의 종말을 상징했다. 그리고 그녀는 어느 정도로는 표트르 대제의 영광스러운 시절로의 복귀를 상징했는데, 엘리자베타 자신은 할 수 있는 대로 많은 정도로 이런 연상을 불러일으키려고 했다. 엘리자베타는 러시아인들과 러시아 엘리트를 존경하며, 러시아 정치에서 새로운 온화함을 약속하는 것처럼 보였다. 아마도 그녀는 어떤 의미에서는 지나친 매력을 가지고 있었다. 정력적이고 강력한 부친과는 달리, 엘리자베타 여제는 비록 결코 어리석지는 않았지만 지독할 정도로 나태하고, 제멋대로 생활했으며, 쾌락을 즐겼다.

엘리자베타, 혹은 적어도 그녀의 행정부는 표트르 대제의 유산을 지속하기 위해서 많이 노력했다. 원로원은 이전의 권위를 되찾았고, 정부 기구들은 더욱 합리화되었다. 그녀의 정부는 대부분의 국내 관세 장벽을 철폐하고, 사기업을 장려함으로써 경제에 자극을 주려고 노력했다. 그녀는 모스크바 대학의 설립을 포함하여 예술 및 문화 발전을 지원했다. 그리고 외교정책에서, 그녀의 군대는 7년 전쟁의 일부분으로서 프로이센을 패배시키는 데에 도움을 주었고, 잠깐 동안이기는 하지만 베를린을 점령함으로써 유럽 강국으로서의 러시아의 지위를 과시했다. 비록 거대하고, 집요하며, 사실상 확대되고 있던 농노제라는 악에 비하면 하찮아 보이기는 하지만, 사회생활에서 사형제도의 폐지는 안나 정부의 관행이나 러시아의 많은 전통에 비추어 볼 때 눈에 띄는 발전이었다.

비록 정치 관행의 변화보다는 정치 이데올로기의 변화의 징후이기는 하지만, 공적인 정치 담론에서 국민들에게 기쁨과 행복을 주는 친절하고(표트르 대제에 대한 온갖 찬사에도 불구하고, 그의 시대에 그가 친절하다고 말했던 사람은 아무도 없었을 것이다) 사랑스러운 군주로 통치자를 그리는 모습이 부각된 것은 실로 새롭고도 의미심장한 일이었다. 부분적으로는 이 새로운 기준은 엘리자베타의 정변으로 끝이 난 비로놉시치나와의 비교를 통해서 생겨났다. 그렇지만 그것은 또한 유럽에서 발전되고 있던 계몽된 권력이라는 개념들의 반향이기도 했다. 엘리자베타는 독일인들을 타도한 "토착" 여제로서만이 아니라, 과거의 온갖 "억압과 모욕"을 새로운 "황금시대"로 교체시킨 통치자로서 계속해서 칭찬받았다. 역사학자들인 베르와 워트만이 보여주었듯이, 새로운 "행복의 도상학(iconography of happiness)"은 정치적인 의식, 텍스트, 설교에서 확산되었다. 엘리자베타는 자신의 신민들에게 행복과 즐거움을 가져다주었다고 계속 묘사되었으며, 신민들은 이러한 국가적 선에 대한 그녀의 헌신적인 자세 때문에 그녀를 사랑한다고들 말했다.

즐거움과 사랑에 대한 이러한 숭배 의식은 엘리자베타의 사생활에서 아주 다

엘리자베타. 그녀의 초상화는 언제나 그녀의 여성스러움과 온화함이 강조되어 있다. 이것은 그녀의 공식적인 이미지 중의 핵심 요소이다. (*Tsarstvuiushchii dom Romanovykh*)

르기는 하지만 무관하다고 볼 수는 없는 방식으로 반영되었다. 결혼하기 이전에 그녀는 몇 명의 연인들과 잇달아서 사귀었는데, 이들 모두는 알려졌고 공개되었다. 사실 이것은 그녀가 즐거움에 부여한 가치와 권리의 문제라고 간주되었다. 비록 엘리자베타의 측근들이 안나 여제에 의하여 후원받던 측근들보다 대체로 더 유능하고 매력적이라는 것이 드러나기는 했지만, 일반적으로 엘리자베타는 안나 여제와 마찬가지로 행정부의 업무에서 총신들과 친척들에게 널리 의지했다.

귀천상혼(貴賤相婚)으로 엘리자베타와 결혼했다고 할 수 있는 라주몹스키는 군주의 최측근이었다. 그는 고향인 우크라이나에서 마을의 가축 떼를 돌보던 평범한 카자크였다. 이 미래의 총신은 아주 훌륭한 목소리를 가지고 있었기 때문에 가수로 궁정에 불려왔다. 그녀는 그와 사랑에 빠졌고, 그녀의 애정은 죽을 때까지 지속되었다. 그러나 라주몹스키는 아주 가까운 측근이 되었지만 국사에는 별다른 관심을 보이지 않았고, 일상적인 정부 활동보다는 작위와 훈장을 취득하는 것을 더 좋아했다. 그와는 대조적으로, 슈발로프 가문의 사람들인 표트르와 알렉산드르 형제 그리고 그들의 사촌인 이반은 정열적이고 영향력이 큰 인물이었다.

여제의 총신이었던 이반 슈발로프는 청렴성과 친절, 명예와 보상의 거절, 여러 가지 지위를 가지고 행한 사심 없는 봉사, 특히 러시아에서 계몽을 촉진시킨 일 등으로 거의 독보적인 명성을 남겼다. 그가 설립한 모스크바 대학교는 그의 변함없는 기념비적 업적으로 남아 있다. 한편 표트르 슈발로프는 여제에 의해서 백작—이반 슈발로프는 이 작위를 거절했다—이 되었고, 궁정에서의 자신의 강력한 지위를 이용해서 모든 종류의 국가 업무, 특히 재정적 및 경제적 문제와 군대의 정비에 관여했다. 유능했지만 파렴치할 정도로 부패하고 냉소적이었던 표트르 슈발로프는 엘리자베타 통치기의 재정정책이 파국을 맞이하게 된 데에 크게 기여했다. 그는 동전을 평가절하하면 들고 다니는 것이 짐이나 마찬가지일 것이고, 고통의 시기에 사람들은 취하고 싶어할 것이기 때문에 보드카에 세금을 붙이는 정책은 그런 시기에 적합하다고 말했다고 전해진다.

엘리자베타의 사치스러운 미에 대한 집착도 국가의 재정 위기에 기여했다. 그녀는 아주 돈이 많이 드는 겨울궁전의 건축을 의뢰했고, 전하는 말에 따르면 1만5,000벌이나 되는 옷을 구입함으로써 재정 위기를 크게 확대시켰다. 프랑스의 어떤 여성 모자 제작업자는 마침내 러시아의 여제에게 더 이상 외상을 줄 수 없다고 말하기까지 했다! 농노제라는 근본적이고도 엄청난 부담과 더불어, 재정적인 혼돈 사태로 인해서 그 시대의 특징이 되어버린 농민들의 도주와 봉기가 초래되었다는 사실은 훨씬 더 중요했다.

표트르 3세가 제위에 올랐을 때, 엘리자베타에 의해서 타도되었던 친독일적 경향—그런데 그녀의 측근들은 프랑스 문화 및 프랑스에 보다 많은 매력을 느끼고 있었다—이 비록 아주 잠시이기는 하지만, 강력한 모습으로 부활되었다. 엘리자베타가 1761년 말 혹은 1762년 초—우리가 러시아 달력을 따르느냐 유럽의 달력을 따르느냐에 따라서 연도가 다르다—에 사망했을 때, 여제에 의해서 일찍이 1742년에 후계자로 지명된 표트르, 즉 홀스타인-고토르프 공작이 표트르 3세 황제가 되었다. 새로운 통치자는 엘리자베타의 언니인 안나와 홀스타인-고토르프 공작인 카를 프레데릭의 아들—따라서 표트르 대제의 외손

표트르 3세. 심지어 공식적인 초상화에서도 표트르 3세의 악의에 찬 오만함과 천박함에 대한 단서를 주는 듯하다. (Brikner, *Illustrirovannaia istoriia Ekateriny vtoroi*)

자—이었다. 그는 유아기 때 모친을 잃고 소년 시절에 부친을 잃었는데, 그의 부친이 칼 12세의 누이의 아들이었으므로 처음에는 스웨덴의 왕위를 계승할 작정으로 양육되었다. 그러나 엘리자베타가 결정을 내린 이후에, 그는 로마노프 가문의 제위를 계승하도록 교육받았다. 표트르 3세는 열네 살 이후부터는 러시아에서 살았지만, 자신의 새로운 나라에 결코 적응하지 못했다. 행동이 막돼먹고 난폭할 뿐만 아니라 지적 능력이 극히 낮았던 그는 러시아와 러시아인들을 계속해서 무서워하고 경멸했던 반면에, 프로이센을 지향했으며 특히 프리드리히 2세를 자신의 이상으로 삼고 있었다. 궁극적으로는 귀족의 국가 봉사 의무를 폐지한 법으로 잘 기억되는 몇 달 동안의 그의 통치는, 많은 당대인들에게는 모든 러시아적인 것에 대한 난폭한 공격, 프로이센의 이익을 위해서 러시아의 이익을 고의로 희생시킨 것으로 강한 인상을 남겼다. 새로운 황제는 정치적인 박해를 하지도 않았고 사실상 비밀경찰을 폐지하는 법안에 기꺼이 서명했지만, 근위대를 해산하겠다고 위협했고, 심지어 교회에서 성상화를 치우고 러시아 성직자들이 루터교 목사들과 같은 복장을 하도록 요구하기까지 했다. 신성종무원은 뒤의 두 명령을 감히 실행에 옮기지 못했다. 한편 대외정책에서 표트르 3세는 프리드리히 대제를 존경했기 때문에 7년 전쟁에서 러시아군을 철수시켰다. 이 조치로 인하여 아마도 프로이센은 참패를 면했을 것이고, 러시아는 얻을 수 있었던 커다란 이익을 놓치고 말았다. 실로 러시아 황제는 프리드리히 대왕이 러시아의 철군의 대가로 기꺼이 그에게 주려고 했던 것조차 받기를 거절했고, 나아가 프로이센 왕과 동맹을 체결했다.

 표트르 3세가 급속하게 적을 만드는 동안, 1745년에 그와 결혼했으며 원래는 안할트-제르프스트라는 독일의 소공국의 공주였던 예카테리나는 아주 지혜롭고 사려 깊게 처신하고 있었다. 그녀는 애정 문제를 연이어 일으키고 연인 중에서 한 명과 결혼하기를 원하던 상스러운 남편으로부터 위협을 받으면서 고립되어 있으면서도, 자신의 어려운 처지에 잘 적응했고, 정부와 국가에 대해서 많은 것을 배우면서 지지자들도 찾아냈다. 1762년 한여름에 예카테리나는 표트르 3세에 대한 전반적인 불만을 이용하여 근위대를 이끌고 또다른 궁정 혁명을 일으켰다. 황제는 손쉽게 폐위되었고, 그 직후에 반란의 지도자들 중 한 사람인 알렉세이 오를로프에 의해서 아마도 술에 취해서 다투던 중에 살해당했다. 예카테리나는 표트르 3세와 결혼 중이던 1754년에 태어난 아들 파벨을 제치고 여제가 되었고, 파벨은 단지 후계자로만 선포되었다. 비록 1762년의 정변은 18세기의 러시아 역사의 특징으로서 잇따라 발생되었던 정권 전복 사건 중의 또다른 사례에 불과한 것처럼 보였지만, 그리고 비록 예카테리나가 권력을 지켜낼 수 있는 가능성이 그녀의 많은 전임자들보다 유망하지는 않은 것처럼 보이기는 했지만, 사실 그녀가 거둔 초기의 성공은 길고도 유명한 통치가 시작되었음을 알려주는 사건이었다.

귀족의 이익과 농노제의 성장

1725년부터 1762년 사이에 러시아에서는 통치자가 빈번히 교체되고 총신들이 계속해서 등장했다가 몰락했지만, 근본적인 사회적 변화 과정은 계속되었다. 그중에서 가장 중요한 것은 지주의 권력과 지위가 강화되었고, 그에 반비례해서 농노의 지위는 더욱 악화되었다는 점이다. 우리가 알고 있다시피, 아들 한 명만이 부친의 영지를 상속해야 한다는 표트르 대제의 주장은 심지어 개혁 군주의 통치기에도 거의 시행되지 못했고, 1731년에는 공식적으로 철회되었다. 안나 여제는 대규모의 국가 토지를 자신을 지지하는 귀족들에게 넘겨주었는데, 그런 땅에 있던 농민들은 농노가 되었다. 엘리자베타도 이런 관행을 열심히 따랐다. 이렇게 하사된 토지는 봉직 의무와도 더 이상 관련되지 않았다.

1731년에 안나 여제는 상트페테르부르크에 귀족을 위한 사관학교를 개교했다. 이 학교의 졸업생들은 낮은 계급으로 복무하지 않고도 장교가 될 수 있었는데, 이런 특권은 표트르 대제의 의도와 관행과는 정반대되는 것이었다. 18세기에는 후반기로 갈수록, 귀족은 교육과 승진을 위해서 그런 사관학교에 점차로 더 의존하게 되었다. 그리고 엘리자베타 여제가 상트페테르부르크에 설립했고 모스크바에 지점을 두었던 귀족은행은 낮은 이자로 지주들에게 대출을 해줌으로써 귀족들에게 이익이 되었다. 귀족들은 점차로 강한 계급의식을 가지게 되었고, 배타적인 성격을 띠게 되었다. 1746년에 내려진 어떤 명령에 의하면, 귀족 이외에는 어느 누구도 "토지가 있든지 없든지 간에 사람들과 농민들"을 구입할 수 없도록 했다. 1758년에는 농노를 소유한 다른 계급의 구성원들은 농노를 팔도록 요구받았다. 1756년의 원로원의 결정에 따르면, 귀족 출신임을 입증한 사람들만이 귀족 명부에 등재될 수 있었고, 1758-1760년에 내려진 결정은 국가 봉직을 통하여 세습적인 귀족 지위를 얻을 가능성을 사실상 제거함으로써 표트르 대제가 실시한 특징적인 조치들 중 또다른 하나를 폐기한 셈이 되었다. 동시에 귀족이기는 하지만 "개인적인" 혹은 "비세습적인" 귀족은 귀족으로서의 자신들의 권리를 엄격하게 제한받게 되었다.

국가에 대한 귀족의 봉직 의무와 관련하여 가장 의미심장한 변화가 발생되었다. 그때까지 기한이 정해지지 않았던 이 봉직은 1736년에 25년—귀족들 자신은 20년을 요청했다—으로 한정되었고, 추가 규정에 따라서 아들 한 명은 영지를 관리할 수 있도록 봉직에서 면제되었다. 법이 공표된 직후와 그 이후의 수십 년 동안, 많은 귀족이 봉직을 버리고 자신들의 보유지로 되돌아갔다. 게다가 일부 지주들은 용케도 여덟 살 혹은 열 살에 군대 명부에 올려져서, 25년의 봉직 기간을 완수하고도 나이가 많지 않았다. 마침내 표트르 3세의 통치기인 1762년

2월 18일에 귀족의 봉직 의무는 폐지되었다. 그 이후에 귀족들은 자의에 따라서 국가의 봉직을 맡을 수도 있었고, 그렇게 하지 않을 수도 있었다. 그리고 그들은 원한다면, 자국에서 봉직을 맡는 대신에 심지어 외국에서 외국 정부의 봉직을 담당할 수도 있었다. 이 칙령은 또한 교육 및 적절한 영지 관리가 중요하다는 것, 달리 말해서 정부를 직접 섬기지 않을 때라고 할지라도 자신이 쓸모 있는 존재라는 점을 귀족들에게 각인시켰다.

1762년의 법은 역사학자들의 많은 관심을 끌었다. 클류쳅스키로 대표되는 과거의 많은 학자들에게, 그것은 농노들이 지주에게 봉사하고 지주들은 국가에 봉사해야 하는 식으로 모든 사람들이 봉사해야 한다는 러시아 사회의 기본 구조를 훼손하는 것이었다. 공평하게 하자면, 귀족에 대한 봉사 의무의 철회 다음에는 즉각 농노해방이 뒤따라야 했다. 그러나—또다시 클류쳅스키를 인용하면—농노제가 다음 날인 2월 19일에 폐지되기는 했지만, 그날은 99년이 지난 후의 다음 날이었다. 농노들 스스로는 부당한 일이 저질러졌다는 느낌을 가졌던 것 같다. 왜냐하면 귀족의 자유에 뒤이어 농민들의 자유에 대한 요구가 그들이 일으킨 봉기의 반복적인 주제가 되었기 때문이다. 이와는 대조적으로, 일부 전문가들은 1762년 법으로 인한 긍정적인 결과들을 강조했다. 그것은 러시아 사회에서 적어도 한 계급이 국가로부터 본질적으로 독립을 획득했다는 것을 뜻했으며, 그리하여 자유주의로의 길을 향하여 러시아가 중요한 첫 번째 발걸음을 내디뎠다는 것이다. 그 외에도 그것은 풍요로운 귀족 문화의 성장, 그리고 그것을 뛰어넘어 인텔리겐치아의 등장에도 기여했다.

귀족들의 형편이 나아짐에 따라서 농노들은 더욱 심한 고통 속으로 빠져들었다. 표트르 2세의 통치기에 그들은 이미 군 복무를 지원하는 일이 금지되었고, 따라서 자신들의 처지를 벗어날 수 있는 길이 막히게 되었다. 안나 여제 때에 공표된 일련의 법에 의해서 농민들은 부동산이나 방앗간을 구입한다거나, 공장을 설립한다거나, 정부와 임대차나 다른 계약의 당사자가 될 수 없게 되었다. 나중에 엘리자베타의 시기에, 농노들은 금전적인 채무를 지기 전에 주인의 허락을 얻으라는 명령을 받았다. 특히 1731년의 법에 따라서 지주는 농노들의 세금에 대해서 책임을 지게 되었으므로 자신의 농노들에 대한 경제적인 통제권을 더욱 많이 가지게 되었다. 1736년 이후에는, 농노들은 일자리 때문에 다른 곳으로 임시로 떠나기 전에 주인의 허락을 받아야 했다. 나아가 지주는 농노들을 어떤 영지에서 다른 영지로 옮길 수 있는 권리를 획득했고, 엘리자베타 때 제정된 어떤 법에 의해서 지대를 납부하지 않은 농노들을 시베리아로 유형 보낼 수도 있었고, 돌아오게 만들 수 있기까지 했다. 정부는 이렇게 유형을 떠난 농노들을 특정 영지에서 필요로 하는 경우에 새로운 농노로 편입시켰다. 1754년의 형사법전에서 농노들은 오직 귀족의 재산 항목 아래에 기록되었을 따름이었다. 비록 노예제와 결코 동일하지는 않았고, 러시아의 경우에 인종이나 민족과는 아무 관련이 없었지만, 러시아의 농노제는 노예제와 아주 비슷해졌다.

표트르부터 예카테리나까지의 러시아 외교정책

표트르 대제로부터 예카테리나 대제까지의 러시아의 외교정책은 어느 정도 명확하게 확립된 노선을 따랐다. 우리가 알고 있듯이, 최초의 황제는 러시아를 유럽 국가들의 공동체 속으로 강제로 밀어넣었다. 이제 러시아는 과거처럼 투르크, 폴란드, 스웨덴과 같은 이웃 국가들의 행태만이 아니라, 주요 강국의 하나로서 대륙 전체의 문제에 관심을 가지게 되었다. 표트르 대제 때부터, 러시아와 다른 주요 유럽 국가들 사이에서는 계속적으로—필요가 있을 경우에 따라서보다는—대표들을 교환했다.

한 명의 역사학자만 언급하면, 카르포비치가 지적했듯이 1726년부터 1762년까지 그리고 그 직전과 그 직후의 러시아의 외교정책은 서양장기판이라고 불릴 수 있는 것에 가까웠다. 즉, 러시아는 상당한 정도로 이웃 국가들의 적이었으며, 동시에 이웃 국가들의 이웃 국가들의 친구였는데, 다른 국가와의 관계도 이런 기본적인 유형에 의해서 영향을 받았다. 예를 들면, 프랑스는 계속해서 러시아의 적대국으로 남아 있었다. 왜냐하면 프랑스는 대륙의 지배권을 위한 투쟁에서 최대의 적인 합스부르크 가문을 포위하고 약화시키기 위해서 투르크, 폴란드, 스웨덴에 의존했기 때문이다. 물론 러시아는 그전부터 동유럽에 있는 이들 프랑스의 세 동맹국과 반복적으로 싸움을 벌여왔다.

그와는 대조적으로, 합스부르크 가문이 지배하던 오스트리아는 러시아가 가장 신뢰할 만한 동맹국으로 부각되었다. 이 두 나라는 프랑스에 대한 적대감,

그리고 러시아에게는 좀더 중요한 사실로서 투르크와 스웨덴에 대한 적대감을 공유하고 있었다. 그중 스웨덴은 30년 전쟁에 대대적으로 개입한 것을 출발점으로, 독일 지역에서 계속해서 합스부르크 가문의 이익에 거스르는 행동을 해왔다. 러시아와 오스트리아는 폴란드에서도 프랑스 측과 대립했다. 이들 두 동유럽 군주국 사이에 체결된 최초의 동맹은 1726년에 조인되었다. 그리고 약간의 예외는 있었지만, 그것은 19세기 중반의 크림 전쟁에 이르기까지 러시아의 외교정책의 초석으로 남아 있었다. 러시아와 오스트리아는 폴란드에서도 프랑스의 영향력을 대체하려고 노력했다. 폴란드-리투아니아 연합의 상황이 악화됨에 따라, 러시아는 그곳에서 자신의 영향력을 지속적으로 증대시켰다. 사실, 일부 역사학자들은 18세기 중반에 영향력이라는 관점에서 폴란드가 러시아의 보호국이나 다름없게 되었다고 설명한 적이 있다.

독일 지역 내의 또다른 주요 강국인 프로이센은 잠재적인 동맹국이라기보다는 러시아에 위협이 되었다. 표트르 대제 치하에서 열강의 대열에 올라선 적이 있었던 러시아를 뒤이어, 1740년 이후에 프리드리히 대왕 치하에서 프로이센이 열강의 대열에 올라섬으로써 유럽의 정치적인 균형 상태가 깨졌다. 베스투제프-류민 백작은 프로이센의 위협을 지적한 최초의 대륙 정치가 중의 한 사람이었다. 그는 특히 발트 지역에서의 러시아의 지위에 대해서 우려했으며, 프리드리히 대왕을 "갑작스러운 군주"라고 불렀다. 그리고 그는 18세기의 전형적인 교조적 방식대로 러시아의 "타고난 친구"로 오스트리아와 영국을 꼽았고, "타고난 적"으로는 프랑스와 프로이센을 꼽았다. 프로이센에 대한 러시아의 적대적인 태도는 잠시 중단된 시기가 있기는 했지만, 예카테리나 대제 통치기와 폴란드 분할 때까지 지속되었다. 두 군주국은 폴란드 분할로 인해서 만족했고, 서로 화해하게 되었다.

우리가 살펴보고 있는 이 시기에, 영국은 러시아의 "타고난 친구"라고 불리는 것이 마땅했다. 표트르 대제와 그의 해군이 이룬 업적으로 인해서 불안감이 야기되기는 했지만, 18세기 후반까지 이 두 나라 사이에는 심각한 갈등이 전혀 발생하지 않았다. 반대로, 영국은 프랑스에 대한 평형추로서, 제조품을 주는 대신에 해군 장비를 포함한 원재료를 획득할 수 있는 교역 상대로서 러시아를 소중하게 여겼다. 그러므로 러시아가 영국과 최초의 근대적인 통상조약을 체결한 것도 전혀 놀라운 일이 아니다.

러시아는 자체의 이익과 동맹관계에 따라, 1725년부터 1762년 사이에 5번의 전쟁에 참가했다. 1733-1735년에 러시아와 오스트리아는 폴란드 왕위 계승 전쟁에서 프랑스와 싸웠는데, 이 전쟁에서 프랑스 측의 후보자였던 레시친스키가 패하고 아우구스투스 2세의 아들이 폴란드의 아우구스투스 3세로 왕위에 오르게 되었다. 1736-1739년에 러시아는 또다시 오스트리아와 동맹을 맺고, 프랑스의 지지를 받았던 투르크와 전쟁을 벌였다. 뮈니히를 비롯한 다른 러시아 지휘관들은 오스만 군대에게 놀랄 만한 승리를 거두었다. 그러나 오스트리아의 패배와 프랑스의 중재 때문에, 러시아는 거의 10만 명에 달하는 병력을 잃고서도 베오그라드 조약의 규정에 따라서 별다른 이익을 얻지 못했다. 러시아가 얻은 것은 도네츠 강과 부크 강 사이의 스텝 지대의 한 부분, 아조프의 요새를 완전히 파괴하고 흑해에 함대를 건설하지 않는 조건하에 전쟁 동안 함락당했던 아조프를 보유하는 권한에 불과했다. 1741-1743년에 오스트리아의 지원을 받은 러시아는 프랑스의 지원을 받은 스웨덴과 싸웠다. 스웨덴은 복수하기 위해서 전쟁을 시작했으나 패배했고, 오보 조약(Treaty of Åbo)에 의해서 핀란드 영토를 추가적으로 러시아에 양도했다.

그뿐만 아니라 러시아는 열강으로서 맡게 된 새로운 역할 때문에, 러시아의 이익과 직접적으로 관련되지 않은 문제를 두고 국경으로부터 멀리 떨어진 곳에서 벌어진 전쟁에도 연루되었다. 그중에서 가장 중요한 것은 1756-1763년에 또다시 주로 슐레지엔을 두고 벌어진 7년 전쟁에 개입한 일이었다. 1760년에 한때 러시아 군대는 심지어 잠시 베를린을 장악하기까지 했다. 게다가 러시아와 그 동맹국들은 프로이센을 파멸 직전까지 몰고 가는 데에 성공했다. 1762년에 엘리자베타 여제가 사망하고, 프리드리히 대왕을 존경했던 표트르 3세가 제위에 오르게 되었다는 단 한 가지 이유 때문에 프로이센 국왕은 구원을 받았다. 러시아는 아무런 배상금도 받지 않고 전쟁에서 물러나서 프로이센과 동맹을 맺었다. 예카테리나 대제가 표트르 3세를 대신하게 되었을 때, 이 동맹은 파기되었다.

1725년부터 1762년 사이의 러시아의 외교정책은 인력의 손실과 비용의 지출이 컸다는 점, 러시아에 직접적으로 관계되지 않은 유럽 문제에 공연히 간섭했다는 점, 오스트리아 혹은 국내에 있던 "독일당파"의 이익을 위해서 러시아의 이익을 희생시켰다고 알려진 점 등의 이유 때문에 심한 비판을 받아왔다. 그러나 이런 비판은 대체로 설득력이 없다. 새로운 역할을 맡게 된 러시아는 유럽의 주요 사건과 갈등으로부터 초연한 자세로 물러나 있는 것이 거의 불가능했다. 일반적으로 러시아의 외교관들은 자국의 이익을 성공적으로 추구했으며, 러시아는 전쟁 자체를 통해서 눈에 띄는 이익을 얻을 수 있었다. 비록 표트르 3세가 7년 전쟁으로 생겨난 기회를 기가 막힌 방식으로 없던 일로 만들어버리기는 했지만, 예를 들면 러시아는 폴란드에서 지위를 강화했으며, 스웨덴의 도전을 물리칠 수 있었다. 예카테리나 여제는 자신의 전임자들의 기본 정책을 이어가게 되었다. 러시아는 군사적으로 훌륭한 실력을 발휘했다. 재조직되고, 개선되고, 전쟁을 통해서 단련된 러시아 군대는 1736-1739년에 투르크를 대상으로 최초로 중요한 승리를 거두었고, 7년 전쟁 동안에는 유럽의 중심부에서 최초로 중요한 역할을 담당했다. 루먄체프나 수보로프와 같은 유명한 지휘관들은 표트르 대제와 예카테리나 대제 통치기 사이의 중간 시기에 자신들의 경력을 쌓기 시작했다.

제22장

예카테리나 대제(1762-1796), 파벨의 통치(1796-1801)

러시아는 유럽 국가이다.……군주 개인에게 집중된 권력 이외의 어떤 권위도 이토록 방대한 영토에 적합한 힘을 행사할 수 없기 때문에, 군주는 절대적이다.……온갖 다른 정부 형태는 러시아에 해로웠을 뿐만 아니라, 러시아를 완전히 파멸로 몰아넣었다는 것이 입증되었다.……군주정치의 진정한 목적은 무엇인가? 사람들에게서 천부적인 자유를 빼앗는 것이 아니라, 최고의 선을 얻기 위해서 그들의 행동을 교정하는 것이다. 따라서 이런 목적을 가장 잘 이루고 동시에 다른 어떤 것보다도 천부적인 자유를 적게 제한하는 정부 형태는 이성적인 피조물의 견해 및 목적에 가장 잘 부합되는 정부 형태이다.……이 법 이후에 신은 러시아 사람들이 인간으로서 지구상의 어떤 나라보다도 더 행복하도록……그리하여 어떤 국가보다도 더 정의롭고 더 번영하도록 지켜주신다. ─예카테리나 대제의 「훈시(Nakaz)」로부터

예카테리나 대제는 러시아의 제위에 올랐을 때 서른세 살이었다. 그녀는 많은 교육을 받았고 상당한 경험을 가지고 있었다. 미래의 러시아 여제는 독일의 안할트-제르프스트 소공국에서 공주로 태어나서, 대단하지는 않지만 교양 있는 환경에서 성장했다. 18세기의 다른 많은 유럽 궁정과 마찬가지로 안할트-제르프스트의 궁정도 프랑스 문화의 영향을 강하게 받았으므로, 예카테리나는 어린 시절에 프랑스 서적을 읽기 시작했다. 그녀는 열다섯 살이 되던 1744년에 홀스타인-고토르프의 표트르와 결혼하고, 러시아 군주의 아내가 될 준비를 하기 위해서 러시아로 왔다.

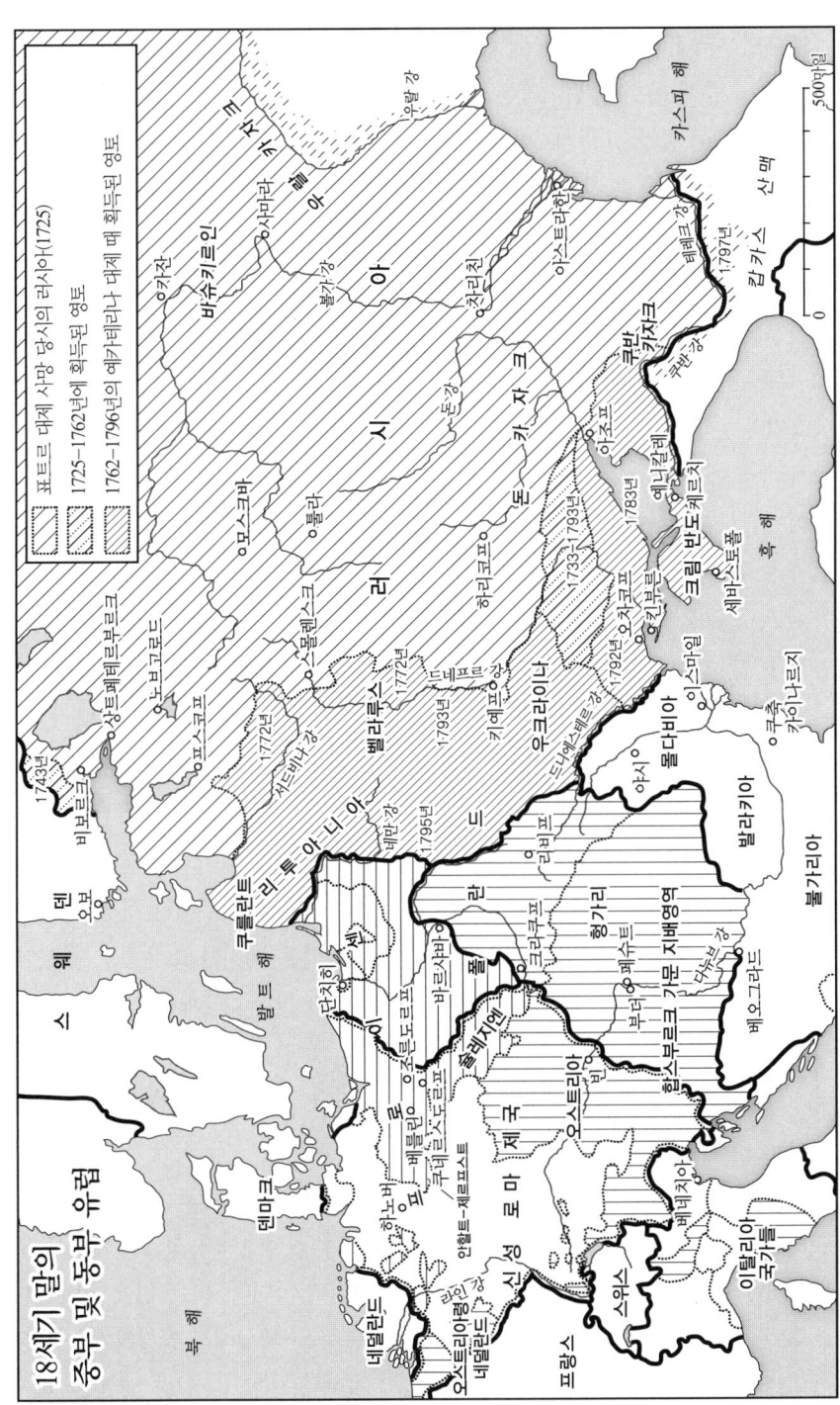

1744년부터 1762년까지의 시기는 예카테리나에게는 힘든 기간이었다. 표트르는 성질이 좋지 못한 남편이라는 것이 드러났고, 제국 궁정에서 독일 공주의 위치는 고립되어 있었으며, 심지어 위태로웠다고까지 말할 수도 있었다. 게다가 예카테리나의 모친이 프리드리히 대왕의 첩자라는 것이 발각되어 러시아를 떠나야 했으므로, 그녀의 어려움은 가중되었다. 그러나 미래의 여제는 단지 궁정에서 생존하는 것 이상의 많은 일을 해냈다. 그녀는 표트르와 결혼하기 위해서 정교도가 되는 것 이외에도, 계속해서 러시아어와 러시아 문학을 많이 배웠고 자신의 새로운 나라에 대해서 어느 정도의 지식도 얻었다. 동시에 그녀는 볼테르, 몽테스키외 등 계몽주의자들의 저서에 관심을 돌리게 되었는데, 그녀는 일찍이 프랑스 문학에 대한 기초를 닦았기 때문에 그런 저서를 읽을 준비가 되어 있었다. 살펴보겠지만, 예카테리나 대제가 계몽주의에 대해서 가진 관심은 그녀의 통치기의 중요한 부분을 구성하게 되었다. 젊은 공주는 새로운 환경에 능숙하게 적응했고, 친구를 만들었으며, 궁정 집단 내에서 어느 정도 사랑을 받았고 인기를 얻었다. 그녀는 순진하고 고분고분한 척하면서도, 정치적인 음모와 계략에 참여했다. 그렇지만 그녀는 자신이 연루되었다는 흔적을 주의 깊게 감추다가, 급기야 1762년 한여름에 성공적인 쿠데타를 이끌게 되어 자기 남편의 폐위와 죽음을 초래했고, 예카테리나 2세 여제가 되었다.

    예카테리나 대제의 인격과 성격은 후대의 논평자들만이 아니라 많은 당대인들에게도 강한 인상을 주었다. 여제는 높은 지적 능력, 천부적인 행정 및 통치 능력, 놀랄 만한 현실 감각, 넘치는 에너지, 무쇠 같은 의지를 소유하고 있었다. 그녀는 결단력 이외에도 용기와 낙관주의도 가지고 있었다. 예카테리나는 자신이 모든 장애물을 극복할 수 있다고 믿었는데, 그녀가 옳았다는 것이 종종 여러 사건에서 입증되었다. 자제력, 토론과 선전 기술, 자신의 목적에 맞도록 사람들과 상황을 교묘하게 다루는 솜씨 등은 이 비범한 군주가 가진 또다른 자산들이었다. 여제 자신은 스스로를 지탱해주는 것이 야망이라고 단호하게 말했다. 그녀가 말한 야망이 단지 왕위를 낚아채거나 전쟁에서의 승리로 영예를 얻는다거나 계몽주의자들의 존경을 받아내는 것만이 아니라, 모든 일에서 탁월하고 모든 것을 자신의 통제하에 두려고 하는 충동을 계속해서 강렬하게 느끼는 것으로 이해한다면, 역사학자들은 그녀의 주장에 동의할 수 있다. 표트르 대제 이후에 처음으로, 러시아는 밤낮 일하면서 크거나 작거나 온갖 종류의 일에 개인적인 관심을 기울이는 군주를 가지게 되었다.

그러나 예카테리나 대제는 어마어마한 장점과 더불어 어느 정도의 약점도 가지고 있었다. 사실 이 둘은 본질적으로 연결되어 있었다. 결단력은 쉽사리 무자비함이 되었고, 허영심이 야망을 키운 것처럼 야망이 허영심을 키웠으며, 선전 기술은 거리낌 없이 거짓말을 할 수 있도록 만들었다. 외국인 관찰자들은 그녀가 자신의 풍모와 지력을 가지고 다른 사람들에게 강한 인상을 심어주기를 끝없이 바랐다고 종종 지적했다. 많은 사람들은 그녀가 항상 어떤 역할을 맡고 있다고 믿었다. 결국, 그녀는 자신의 아주 강력한 의도 이외에는 어떤 신념이나 가치의 기준도 가지고 있지 않은 극단적인 이기주의자라고 주장되어왔다. 그녀의 통치기에 대한 사학사에서, 계몽주의에 대한 그녀의 관련성은 가장 논란을 불러일으키는 주제일 것이다. 예카테리나는 비록 계몽의 시대적인 원칙을 고수한다고 종종 선언했지만, 많은 역사학자들은 여제가 실제로 무엇을 믿었는지, 혹은 그녀가 어떤 것이라도 믿고 있었는지 정확하게 확인하기는 어렵다고 주장해왔다. 예카테리나 2세의 숭배자들조차 그녀가 자애나 자비 혹은 인간적인 동정심 같은 것을 거의 가지고 있지 않았다고 때때로 생각했다. 그 시대에 흔히 그러했듯이, 당대인들은 성(性)에 대한 추정이라는 관점으로 그녀의 특질을 바라보았다. 즉, 그녀는 여성적인 허영심과 아첨을 좋아하는 태도를 남성적인 힘 및 완고함과 결합시켰다는 것이다. 그런데 어떤 사람들은 때때로 남성 복장을 했던 그녀에게는 남자 옷이 아주 잘 어울린다고 생각했다.

영국 대사의 말에 따르면, 그녀는 여성적인 "관능성"을 가지고 있었다고 전해진다. 예카테리나 대제의 악명 높을 정도의 연애 사건은 분명히 그녀의 통치 중에서 대중의 상상력 속에서 지속적으로 기억되는 일들 중의 하나가 되었다. 이것도 역시 의욕 넘치고, 열정적이며, 허영심 많은 그녀의 성격을 반영했던 것 같다. 예카테리나의 최초의 연인은 그녀가 아들을 낳아 러시아에 제위 계승자가 생기도록 그녀에게 강요된 사람이었으며, 파벨은 표트르와의 결혼생활이 아니라 그런 식의 혼외정사로부터 생겼다는 주장이 있다. 어쨌든 예카테리나는 곧 자신의 일을 스스로 처리하게 되었다. 알려진 경우만 해도, 그녀는 21명의 연인을 두었다고 하는데, 마지막 연인은 그녀가 60세를 넘었을 때 생겼다. 총신들 가운데에

1762년 6월 29일에 남편인 표트르 3세에게 대항하여 군대를 이끌고 있는 예카테리나 2세. 예카테리나는 (이 유명한 에칭화에서는 말의 성[性]은 모호하게 처리되기는 했지만) 애마 브릴리앙을 탄 채 기병도를 칼집에서 뽑은 모습으로, 남성 군복(여기서는 프레오브라젠스키 연대의 대령복장)을 입고 있다. (Brikner, *Illustrirovannaia istoriia Ekateriny vtoroi*)

는 예카테리나 대제가 제위에 오를 때 중요한 역할을 맡았던—그리고 그의 동생이 표트르 3세를 살해했을 것이다—그리고리 오를로프, 폴란드 귀족이었다가 여제가 폴란드 왕으로 만들어준 포냐톱스키, 그리고 아주 중요한 인물로서 포템킨이 포함되어 있었다. 포템킨은 여제의 사생활과 그녀의 통치기에 가장 중요한 정치인으로 간주될 수 있을 정도로 러시아 정부에서 독보적인 지위를 차지했다. 일부 전문가들은 그가 그녀와 결혼했다고 믿는다. 그는 분명히 다른 총신들이 부상한 뒤에도 계속해서 영향력을 유지하고 있었다.

통치 초기. 입법 위원회

예카테리나 2세는 제위에 오른 초기에는 조심스럽게 처신해야 했다. 여제는 제위를 차지할 만한 합법적인 근거도 없이 궁정 혁명을 통해서 권력을 잡았으나, 오를로프 형제 같은 근위대원들의 열렬한 지지를 제외한다면 별다른 지지 세력이 없었다. 원로 정치인들은 약간의 의구심을 가지고 그녀를 바라보았다. 운명이 또다시 반전되어 그녀의 아들인 파벨이 군주가 되고, 예카테리나 자신은 섭정의 위치로 강등되거나 심지어 완전히 제거될 가능성도 상존했다. 게다가 그녀는 통치 초기에 몇몇 위기에 의해서 위협을 받았다. 1764년에는 슐뤼셀부르크 요새에 감금되어 있던 이반 6세를 구출하려다가 실패한 일이 있었다. 이 일은 이반을 지키는 경비병들이 이반 6세를 살해하고, 나중에 음모자를 처형한 것으로 끝이 났다. 그리고 예카테리나가 교회 토지를 세속화했을 때인 1763-1764년에 일부 교회 지도자들이 반란을 일으켰다. 그렇지만 예카테리나 2세는 점차 자신의 지위를 강화해가고 있었다. 그녀는 훈장과 보상을 대규모로 베풀어주었는데, 특히 농민이 딸린 국유지를 줌으로써 그곳의 농민은 농노가 되었다. 그녀는 러시아에 대해서 더 많이 알고 인기를 얻으려는 두 가지 목적으로, 표트르 대제의 관행을 부활시켜서 러시아 전역을 널리 여행했다. 그녀는 자신의 보좌관을 아주 주의 깊고 적절하게 선발했다. 시간은 여제에게 유리하게 작용했다. 시간이 흐를수록 1762년의 쿠데타에 대한 기억은 희미해졌고, 예카테리나 2세가 계속해서 제위를 차지하고 있다는 사실 그 자체가 그녀의 통치에 어느 정도의 정통성을 부여해주었다.

예카테리나는 1766년 말에 계몽주의자들의 가르침에 근거하여, 러시아에 중요한 변화를 불러일으킬 준비가 되어 있다고 스스로 느꼈다. 그런 목적으로 그녀는 입법 위원회(Ulozhennaia komissiia)를 소집했다. 이 위원회의 목적은 법을 편찬하는 것이었다. 그 이전에 러시아에서 마지막으로 그런 작업이 수행된 때는 러시아가 서구화되기 이전인 1649년이었다. 게다가 예카테리나 대제는 위원회의 작업이 러시아의 법과 러시아인들의 생활을 합리적으로 만들고 근대화시키는 데에 큰 도움을 줄 것이라고 믿었다. 위원회를 준비하면서, 예카테리나는 위원들의 논의에서 지침이 될 수 있는 눈에 띄는 문서를 기안했다. 이것은 아주 길었던 「훈시」(나카즈[Nakaz])인데, 여기서 그녀는 러시아가 어떻게 통치되어야 하며,

사회가 어떻게 조직되어야 하는지에 대한 자신의 구상을 밝혀놓았다. 18개월 동안 예카테리나에 의해서 직접 작성된 본문은 그녀의 애독서들, 특히 여제가 자신의 기도서라고 지칭했으며 일반적인 정치원칙을 위해서 사용된 몽테스키외의 『법의 정신(De l'esprit des lois)』(1748), 그리고 덜 잔인한 방법으로 범죄자를 다룰 수 있는 가능성에 대해 예카테리나의 사고에 영감을 준 베카리아의 『범죄와 형벌(Dei delitti e delle pene)』(1763)에 크게 의존했다. 예카테리나는 이런 저서들을 러시아의 상황을 이해하는 자신의 방식에 적용했다고 말할 수 있다. 그러므로 비판자들은 그녀가 몽테스키외의 핵심적인 많은 것들을 포기했다고 주장해왔다. 예를 들면, 예카테리나의 해석에서 권력 분립은 전제정치의 기능을 향상시키기 위해서 행정적인 합의를 하는 것이라고 의미가 축소되었다. 분명히 그녀는 러시아에서 전제정치를 폐지할 마음이 전혀 없었다. 비록 중앙 권력이 기본법에 토대를 두고 있어야 하며 "최고의 선"을 구현한다고 해서 폭정이 되어서는 안 되겠지만, 그녀는 러시아처럼 거대한 국가를 통합시키고 진보를 보장하기 위해서는 전제체제만이 유일하게 실현 가능한 정부 형태라고 강력히 믿고 있었다. 물론, 정부에 대한 이런 견해는 많은 계몽주의 사상가들도 가지고 있었다. 마찬가지로, 그녀는 농노제가 도덕적으로 불쾌한 것이라고 주장하기는 했지만 그 제도를 종식시키기를 권고하는 것은 주저했다. 사실, 그녀는 초안에서는 그 문제에 대해서 강한 어조로 썼지만, 이런 구절을 제거하라는 조언을 받았다. 「훈시」의 최종판은 주인이 자신의 농노들을 학대하지 말라는, 실현되기 힘든 바람만을 담게 되었다. 베카리아의 영향에 관해서 살펴보면, 예카테리나 대제는 사회계약에 근거한 그의 정부 개념을 명백히 배격했으나, 형법의 자의성과 가혹함에 대한 그의 비판은 아주 유용하다고 생각했다. 그리하여 「훈시」는 고문과 함께 사형제도를 비난했으며, 범죄를 예방할 것을 주장했다. 전체적으로, 「훈시」는 놀라울 정도로 자유주의적인 문서였기 때문에 프랑스에서는 금지될 정도였다.

1767년 여름에 심의를 시작한 입법 위원회는 지명된 사람 28명과 선출된 사람 536명을 포함하여, 총 564명으로 구성되었다. 지명된 위원들은 원로원처럼 국가 기관을 대표했고, 선출된 위원들은 제국 국민의 여러 부분을 대표하는 사람들로 구성되었다. 지주 귀족 가운데서는 161명, 도시민 가운데서는 208명, 국가농민 가운데서는 79명, 카자크와 소수민족 가운데서는 88명의 대표가 나왔다. 그러나 이 많은 사람들의 모임—클류쳅스키의 말을 인용하면, "러시아 전체의 민족 박람회"—에는 러시아인의 최대 집단, 즉 농노가 명백히 배제되어 있었다. 그뿐만 아니라 단 한 사람의 지명 대표를 통해서 신성종무원이 대표되기는 했지만, 계몽주의의 세속주의적인 경향에 따라 성직자 계급도 제외되어 있었다. 위원들은 선거민들로부터 문서로 된 지시 혹은 위임을 받았다. 선거민들 가운데 국가농민들은 카자크들과 소수민족들과 함께 1,000건 이상의 지시 사항을 제출했다. 1767년의 지시 사항은 모두 취합해보면 역사학자들에게 18세기 후반의 러시아 사회에 대한 소중한 자료로서, 1789년에 취합된 프랑스의 유명한 카이에(cahier : 진정서)에 견줄 만하다. 키제베테르 등의 학자들은 지시 사항에 담긴 다음과 같은 거의 일반적인 특징들, 즉 실천적인 성격, 기존 체제에 대한 확고한 동의, 탈중앙집권화에 대한 요구, 견딜 수 없는 재정적 요구에 대한 불만, 특히 세금 인하 요청, 사회 전 계급의 권리와 의무를 명확하게 규정해달라는 바람 등을 강조했다.

입법 위원회는 1년 반 동안 모임을 가졌고, 203번의 회의를 진행했다. 이에 더하여 특별한 안건을 다루기 위한 토대를 마련하도록 특별 소위원회가 설치되었다. 그러나 이 모든 노력은 수포로 돌아갔다. 위원회는 통제하기 쉽지 않다는 점이 드러났고, 사전 준비가 충분히 되지 않았으며, 종종 여제의 「훈시」에 담긴 프랑스의 철학과 러시아의 현실 사이의 관련성은 별로 없는 것 같았다. 그러나 보다 중요했던 점은, 위원들이 계급별 노선에 따라서 분열되었다는 것이다. 예를 들면, 귀족 대표들은 농노 소유권 및 교역과 산업에 종사할 수 있는 권리를 놓고 상인 대표들과 논쟁을 벌였다. 더욱 불길하게도 귀족 위원들은 농노제라는 핵심 사안에 관해서 농민 계급 위원들과 충돌했다. 예카테리나 대제는 그런 대립이 안고 있던 잠재적인 위험을 재빨리 알아챘던 것이 분명하다. 1768년에 투르크를 대상으로 발발한 전쟁은 입법 위원회의 해산을 위한 좋은 기회를 제공했다. 몇몇 소위원회는 푸가초프 반란이 일어날 때까지 몇 년 더 모임을 계속했지만, 역시 어떤 실천적인 결과를 도출하지는 못했다. 그렇지만 입법 위원회의 소집은 실패로 끝나기는 했어도, 어떤 목적에는 도움이 되었다. 그것은 예카테리나 대제에게 러시아에 대한 상당한 정보를 제공했으며, 그 이후에 그녀가 취한 정책의 전반적인 노선과 특정한 개혁조치에 영향을 주었던 것이다.

푸가초프 반란

입법 위원회에서 끓어오르던 사회적 적대 감정은 푸가초프 반란으로 폭발했다. 푸가초프는 돈 카자크로서, 카자크 기득권층이 모스크바의 권위를 점차 받아들임에 따라서 소외감을 느끼고 있었다. 그는 여러 차례의 전쟁에 참전했다가 그 당시에는 탈주병 신세였다. 그는 1772년 11월에 우랄 카자크들과 농민들에게 나타나서는, 자신이 압제로부터 그들을 구원하기 위해서 온 차르 표트르 3세라고 주장했다. 많은 농민들은 표트르가 농노를 해방하려고 했기 때문에 살해당했다고 믿고 있었던 것이다. 우랄 강(그 당시에는 야이크 강)의 위아래 지역과 서쪽으로는 볼가 유역에서 반란이 급속히 확산되었다. 반란이 절정에 달했을 때, 반란 세력은 카잔 같은 중요한 도시를 포함하여 유럽 러시아의 동부에서 많은 영토를 장악했다. 1774년 1월 무렵에는 푸가초프의 군대는 약 3만 명의 추종자를 거느리고 있었다고 목격자들은 전한다.

봉기는 제정 러시아에서 널리 확산되어 있던 사회적 불만에 토대를 두고 있었다. 카자크들의 운동으로 시작된 봉기에는 농노들, 국가농민들, 광산과 공장에 "소속된" 농노들, 도시 빈민들, 구교도들이 참여했고, 바슈키르인들, 타타르인들, 칼미크인들 등 비러시아인들 등이 재빨리 가담했다. 이 모든 집단들은 이런저런 방식으로 자신들이 전통적인 자유를 잃어버렸다고 느끼고 있었다. 반란의 흉포한 폭력성은 불만의 강도를 시사해주고 있었다. 도시가 공격받았을 때에는, 부자들을 약탈하고 노략질하고 매질하고 살해하는 일이 다반사로 일어났다. 농촌의 영지가 습격받았을 때에는 아주 많은 지주들이 죽임을 당했다.

연설과 선언문을 통해서, "표트르 3세"는 자신의 추종자들에게 농노제를 종식시키고(정확히 말해서, 모든 농민들은 사적 지주가 아닌 차르가 소유한 땅에서 일하게 될 것이라는 말), 대가 없이 모든 토지를 자유롭게 이용할 것이고, 세금과 징병으로부터 면제받을 것이며, 구교도들에 대해서는 과거의 종교적 전통("과거의 십자가와 기도서, 머리칼과 수염, 자유와 해방")을 돌려받을 것이라고 약속했다. 선언서에는 종교적 언어가 널리 사용되고 있었는데, 푸가초프는 "노예 노동의 멍에로부터 러시아를 해방시키기 위해서" 그리스도의 이름으로 온 구원자라고 때때로 묘사되기도 했다. 무엇보다도, 선언서는 압제자들에 대한 응징과 완전한 자유 그리고 행복을 약속해주었다. "이 적들을 몰살시킴으로

반란자이자 참칭자인 푸가초프가 체포당한 뒤의 모습. (Brikner/*Illiustrirovannaia istoriia Ekateriny vtoroi*)

써……모든 사람들은 조용하고 평화로운 삶을 누릴 수 있을 것이며, 그런 삶은 늘 계속될 것이다."

부분적으로는 투르크와의 전쟁 때문에 이 지역들의 군사력이 약했다는 점도 이 운동이 저지되지 않고 확산된 하나의 이유였다. 일단 잘 훈련된 부대가 도착하자, 반란군은 곧 패배했다. 푸가초프 군이 패배하고 그가 우랄 지역으로 도망쳤던 1774년 하순에, 그의 부하들은 그를 정부군에게 넘겨주었다. 그는 쇠사슬에 묶인 채로 창틀에 갇혀서 모스크바로 압송되어 재판을 받고는, 사회 반란자들을 위해서 정해진 방식으로 처형당했다. 그는 참수당하고 사지가 절단되어, 머리는 꼬챙이에 꽂혔고 신체 부위는 경고의 의미로 옛 수도의 여기저기에서 전시되었다. 반란의 원인을 조사하기 위해서 정부 위원회가 소집되었다. 예카테리나 2세는 푸가초프의 선언문을 읽고 나서는, "공중 누각"을 약속하고 있다고 일축했다. 그녀는 합리주의자였기 때문에, 사람들을 동원하는 데에 복수, 구제, 완전한 자유 같은 꿈이 가질 수 있는 힘을 알 수 없었다. 반란은 정치적인 영향력을 가진 충격이기도 했다. 예카테리나의 통치를 초기의 자유주의적인 시기와 후기의 보수주의 및 반동의 시기로 명확하게 구분하는 것은 굉장한 설득력을 가진 것 같지는 않지만, 반란은 입법 위원회의 경험과 결합되어, 프랑스의 철학과 러시아의 현실 사이의 간극을 드러내줌으로써 예카테리나가 환상에서 깨어나는 데에 도움을 주었을 수는 있다. 그리고 그녀는 비록 결코 지주 귀족의 이익에 반하여 행동하려고 하지 않았지만, 반란은 군주와 귀족 사이의 동맹관계를 더욱 굳건하게 해주고, 그것을 보다 명확하게 하고 심지어 전투적인 모습을 띠도록 하는 데에 도움을 주었다. 그러나 예카테리나 대제는 아주 지적이었기 때문에 간단하게 반동주의자가 될 수는 없었다. 그 대신에 그녀는 억압과 강제를 개혁 조치 및 많은 선전 활동과 결합시키려고 의도했다.

개혁. 귀족과 농노

1775년에 예카테리나 대제가 도입한 새로운 지방정부 체제는 지방이 부적절할 정도로 형편없이 통치되고 있다는 만성적인 문제를 해결하려는 시도이기도 했지만, 푸가초프 반란이 진행될 동안에 지방의 권위가 무서울 정도로 붕괴된 것과도 밀접한 관련을 가지고 있었다. 학자들은 이 개혁 조치의 목적이 지방행정 분야에서 좀더 합리적이고 효율적이고 효과적인 구조를 창출하는 것—이런 일은 분명히 필요했다—이었는지, 아니면 참여와 자치 원칙에 기반을 둔 지방 정치생활의 극히 상이한 모델을 발전시키려는 것이었는지에 대해서 논쟁을 벌이고 있다. 이 두 측면은 1775년의 주(州) 행정규정에서 찾아볼 수 있다. 그것은 행정권과 기능을 보다 명확하게 배분할 뿐만 아니라, 중앙의 통제를 분산시켰으며, 지방귀족의 참여를 지시하는 것이었다. 그리고 이 두 측면은 "질서 있는" 행정 및 신민들의 능동적인 관여를 위한 필요에 대한 예카테리나의 발언에서도 찾아볼 수 있다.

이 개혁의 범위는 넓었다. 그녀는 국가의 행정 지도를 재조직했다. 50개의 주, 즉 구베르니야를 설치하고, 각각의 주는 약 10개의 군, 즉 우예즈드로 세분했다. 각 주는 30만 명에서 40만 명의 주민을, 각 군은 2만 명에서 3만 명의 주민을 포함하고 있었다. 이러한 "질서 있는" 경계를 책정할 때, 역사적이나 지역적인 것에 대한 고려는 완전히 무시되었다. 각 주는 지명된 주지사와 원칙적으로 행정, 입법, 사법 기능으로 나뉜 기구 및 관리들의 연계망에 의해서 운영되도록 되어 있었다. 아주 중요한 것은 예카테리나가 지방귀족들이 능동적으로 참여할 것을 기대했고, 그들이 주도력과 정력을 발휘하도록 촉구했다는 사실이다. 이처럼 귀족의 관여를 용이하게 하기 위해서 그녀는 귀족의회를 설치했고, 귀족들이 각 군에서 귀족단장(predvoditel' dvorianstva)을 선출하고, 주지사의 추천으로 군의 재판관과 "군수(land captain)"를 선출하도록 권한을 부여했다. 이와 비슷하게 도시의 개혁 조치로서 시장과 시 관리가 선출되도록 규정했다. 그뿐만 아니라 예카테리나는 신분에 따라서 법정과 절차를 달리함으로써 명백히 계급적 기반 위에 있도록, 주의 사법제도를 재조직했다. 그리고 그녀는 지방의 책임범위를 확대했다. 주 행정부는 새로운 공공복지국을 조직해서 학교, 병원, 구호소, 정신병원, 빈자를 위한 다른 기관을 세우도록 명령받았다.

귀족의 공동 정체성(corporate identity)을 인정하고 러시아의 생활에서 지주의 지위와 역할을 강화하기 위한 과정은 1785년의 귀족헌장(Zhalovannaia gramota dvorianstvu)에서 완전한 발전 단계에 다다랐다. 귀족은 비록 국가 봉직에 등록되어 있지는 않더라도 국가에 봉사하도록 여전히 기대되었지만, 헌장에 따르면 봉직계급으로서 러시아 귀족의 역사를 규정했던 "봉사, 충성 그리고 열정"이라는 말은 세습적인 명예인 "위엄 속으로"라고 변경되었다. 이 신분의 권리와 특권은 절정에 다다랐다. 통합된 주의 귀족들은 새로운 귀족의회를 통해서 "공동의 필요와 이익에 관해서" 군주에게 직접 청원할 수 있었는데, 이 권리는 다른 국민들은 가지지 못한 것이었다. 헌장은 이전의 특권을 확인해주었고, 새로운 특권을 추가했다. 귀족들은 개인적인 봉사와 과세 의무로부터 벗어나 있었고, 체벌로부터도 면제되었다. 그들은 오직 법정의 판결을 통해서만 귀족으로서의 지위, 영지 그리고 목숨을 잃을 수 있었다. 지주의 재산권은 새로운 최고 수준에 도달했다. 귀족들은 영지의 완전한 소유자로 인정받았으며, 토지나 삼림 혹은 광물자원의 판매나 이용에서 아무런 제약도 받지 않았다. 범죄로 인하여 몰수당하는 경우에도 영지는 가족들의 소유로 남아 있었다.

이전과 마찬가지로 귀족의 지위 상승은 농노제의 확대와 강화를 의미했는데, 이런 진전은 예카테리나 대제의 통치 기간 전체의 특징이기도 했다. 농노제는 새로운 지역, 특히 우크라이나에서 확산되었다. 예카테리나 정부는 본질적으로 우크라이나에서 이미 존재하던 제도를 확고히 했을 따름이지만, 우크라이나에서 농노제를 합법화하는 데에 기여했으며, 말하자면 그 악습을 제국 전역에서 표준화했다는 책임을 면할 수는 없다. 1763-1783년에 공포되었으며 재정과 관련된 일련의 법으로 인해서 우크라이나 농민들은 지주의 허락 없이는 영지를 떠날 수 없었고, 일반적으로 "자신들이 사는 곳과 일터에 그대로 남아 있도록" 지시받았다. 예카테리나 대제는 1762년의 쿠데타의 지도자들로부터 시작해서 자신의 총신들에게 국유지와 농민들을 빈번하고도 대규모로 하사해줌으로써, 스스로 농노제를 크게 확산시켰다. 그렇게 농노가 된 농민들의 전체적인 숫자는 다양하게 제시되고 있지만, 대략 수십만 명의 남성 노동력(working males)—제정 러시아에서 농민을 셀 때 흔히 사용되던 기준—그리고 100만 명은 족히 넘은 사람들이었다. 1794-1796년의 인구조사는 농노제의 성장을 보여주는데, 농노는 전체 농민의 53.1퍼센트, 전체 인구의 49퍼센트를 차지하고 있었다. 농노에 대한 주인의 권한은 거의 추가될 수 없으나, 정부는 최선의 노력을 기울였다. 지주는 농민들을 시베리아 중노동형에 처하기가 아주 쉬워졌으며, 원한다면 그들을 다시 데려올 수 있는 권한도 부여받았다. 농노들은 지주들을 대상으로 시정에 대한 요망 사항을 담은 청원을 여제나 지방정부에 제출하는 것도 금지되었다. 그런 경우에는 농노들은 가혹한 처벌을 받는다는 위협을 받았다. 예카테리나 대제는 카자크들을 보다 확고하게 장악했으며, 1775년에는 드네프르 강에 있는 그들의 유명한 본부인 세치를 폐기하고 돈 강과 우랄 지역의 "무리들"의 자치권을 제한했다.

토지 및 인력과 관련된 정부의 다른 조치로는, 토지 경계와 소유권에 대한 대대적인 조사,—토지 보유를 법제화하고 확인하기 위한 중요한 단계—위에 언급된 대로 방대한 교회 영지를 최종적으로 세속화시켜서 그곳에 딸린 약 200만 명의 농민들을 소위 경제 콜레기아(College of Economy) 아래에 두게 된 것, 식민지 건설 계획 등이 포함되어 있었다. 농노제와 정부의 규제 때문에 러시아인들의 이동은 극히 제약되었기 때문에, 투르크 및 다른 지역에서 새롭게 얻은 영토에 정착하게 될 식민지 이주자들은 종종 아주 관대한 조건과 많은 비용을 들여서 외국에서 모집했다. 엘리자베타는 이미 러시아에 세르비아인 공동체를 건설한 적이 있었다. 예카테리나 대제는 외국인들의 훨씬 더 많은 집단 거주지, 특히 볼가 강 유역과 남부 러시아에서 독일인 거주지를 장려했다.

러시아에서 경제, 교육, 문화를 발전시키려는 예카테리나 2세의 노력은 나중의 장에서 좀더 자세하게 논의될 것이다. 그러나 그녀의 활동의 규모는 여기에서 살펴볼 필요가 있다. 경제생활에서 여제는 어떤 측면에서는 엄격한 중상주의로부터 자유로운 기업과 교역이라는 새로 유행하는 사상으로 옮겨갔고, 농업에 종사던 귀족들과 기업 소유자들에게 대출과 인센티브로써 경제 활동에 자극을 주려고 노력했다. 문화생활에서, 그녀는 러시아를 문명화시키는 것이 자신의 사명이라고 보았다. 그녀의 말에 따르면, 그녀는 "사람들을 더 낫게" 만들기를 원했다. 그녀는 무료 공립 초등 및 중등학교를 설립했고, 러시아 역사상 처음으로 사설 출판사와 인쇄소를 인가해주었다. 그녀는 동일한 사명감을 가지고 병원을 건립했고, 전염병에 대항한 투쟁을 이끌었으며, 러시아가 자체적인 의약품과 수술 도구를 생산하도록 명령했다. 그뿐만 아니라 그녀는, 예를 들면 생계가 어려운 과부들과 고아들을 돕기 위해서 몇 가지 조치를 도입함으로써, 대단하지는 않지만 사회복지에서 선구자적인 역할을 하기도 했다.

대외 문제 : 서언

예카테리나 대제는 자신과 나라의 성공 및 영예를 추구하면서, 제국을 확대하고 유럽의 국제 질서에서 러시아를 강국의 위치에 올려놓을 수 있었다. 파닌과 포템킨 같은 정치가들, 루먄체프와 수보로프와 같은 장군들의 도움을 받아서 여제는 국제무대에서 연전연승을 거두었다. 그 결과 제국의 국경은 크게 확대되었고, 수백만 명의 신민이 추가되었으며, 러시아는 유럽에서 새로운 위상과 명성을 얻게 되었다. 그렇지만 예카테리나 대제의 외교정책이 결코 새로운 출발이라고 볼 수는 없었다. 새로운 구상이 몇 가지 등장하기는 했다. 예를 들면, 파닌은 오스트리아, 프랑스, 에스파냐를 견제하기 위해서 북유럽의 모든 주요 국가들이 북부 협정 혹은 동맹을 체결해야 한다는 구상을 일찍이 내놓았다. 그리고 포템킨은 유명한 "그리스 프로젝트"를 만들어냈는데, 이것에 대해서는 아래에서 논의할 것이다. 그러나 사실 이런 구상들은 일시적인 것으로 드러났고, 러시아는 과거의 노선을 계속 유지했다. 러시아인 역사학자들이 즐겨 표현하듯이,

표트르 대제는 러시아 외교관계의 세 가지 근본적인 문제 중의 하나, 즉 스웨덴 문제를 해결했다. 예카테리나 대제는 투르크 문제와 폴란드 문제라는 다른 두 가지를 풀었다.

예카테리나 치하에서 러시아의 외교정책의 중요한 사건들은 두 기간에 집중되어 있었다. 1772년의 제1차 폴란드 분할과 함께, 1768-1774년에는 제1차 투르크 전쟁이 있었다. 러시아는 1787년과 1795년 사이에 제2차 투르크 전쟁에 참가했으며, 1788년에 스웨덴이 러시아를 공격한 이후에 1787-1792년에는 스웨덴과 전쟁을 했으나 결말을 보지 못했고, 1793년과 1795년에는 제2차 및 제3차 폴란드 분할이 있었다. 주목할 만한 다른 하나의 전개는 영국이 반란을 일으킨 아메리카 식민지와 전쟁을 벌이는 동안에 예카테리나가 비교전국(非交戰國)에게 바다에서의 자유로운 상업 원칙을 추진해서 성공시켰던 일이다. 이것은 1780년에 무장중립동맹(League of Armed Neutrality)의 성립으로 이어졌다. 한편 1789년의 프랑스 혁명은 또다른 우려를 낳았다. 처음에 예카테리나는 프랑스에서 일어난 사건들의 의미를 최소화하려고 했고, 자신이 좋아하던 계몽사상으로부터 그 사건들을 분리시키려고 했다. 그러나 혁명이 더 과격해지자 여제는 격렬한 적대감을 가지고 반발했다. 국내에서 그녀는 비판적인 지식인들에 대해서, 그리고 그녀 자신이 그토록 애써서 만들었던 문화적 분위기의 상당 부분에 등을 돌렸다. 1793년에 루이 16세가 처형당한 이후에 그녀는 프랑스와의 관계를 완전히 단절했고, 프랑스에 반대하는 군사적 연합을 고려했다. 그러나 프랑스 혁명 및 서구가 당면했던 다른 골칫거리들도 예카테리나를 도와주었다고 할 수 있다. 즉, 제1차 투르크 전쟁 후반부에 영국은 북아메리카 식민지와의 싸움에 몰두해 있었고, 제2차 투르크 전쟁의 중요한 순간에 모든 강국들은 혁명기의 프랑스 쪽으로 주의를 돌려야 했던 것이다.

러시아와 투르크

투르크와의 싸움을 통해서 러시아인들은 흑해에 다다르고, 키예프국의 일부였으나 동쪽의 침략자들에게 빼앗겼던 비옥한 땅을 되찾을 뿐만 아니라, 남부의 자연적인 국경선이라고 생각되는 곳을 획득하는 것을 목표로 삼고 있었다. 그 지역에서 킵차크 한국을 계승했던 크림 타타르인들은 투르크 술탄의 종주권을 인정했다. 예카테리나 대제는 모스크바국 차르들 및 표트르 대제와 안나 차르 같은 제국 시대의 전임자들의 유서 깊은 사례를 따라서 남부로 밀고 들어갔다. 1768-1774년에 벌어진 제1차 투르크 전쟁의 전투는 육상에서도 벌어졌고, 러시아에게는 아주 특이하게도 해상에서도 벌어졌다. 루먄체프가 지휘하던 러시아 육군은 베사라비아와 발칸 지역으로 진격했는데, 투르크의 대군에 대승을 거두면서 지배자들에 대항해서 봉기할 것을 기독교도들에게 호소했다. 또다른 러시아 육군은 크림 반도에 진입하여 그곳을 결국 점령했다. 알렉세이 오를로프 휘하에 있던 러시아 함대는 발트 해로부터 투르크 해역으로 이동하여, 1770년 7월 6일에 체즈메 만에서 오스만 제국의 해군을 격침시켰다. 그러나 러시아 함대는 다르다넬스-보스포루스 해협을 무리하게 통과하려고는 감히 생각하지 못했다. 발칸 지역에 대한 러시아의 공세가 수렁에 빠져 있었음에도 불구하고, 투르크는 1774년 여름에 강화를 체결할 준비가 되어 있었다.

한때 강력했던 오스만인들에게는 치욕적인 타격이었다고 할 수 있는 쿠축 카이나르지 조약(Treaty of Kuchuk Kainarji)에 의하여, 러시아는 흑해 및 다른 전략적 요충지로 접근할 수 있는 권한을 얻을 수 있었다. 그런 요충지에는 예니칼레와 케르치라는 크림 반도의 항구, 킨부른에 있는 요새, 거의 캅카스 산맥의 기슭에 다다르는 흑해 연안의 일부와 아조프가 포함되어 있었다. 크림의 타타르인들은 비록 술탄을 칼리프, 즉 이슬람의 종교 지도자로 인정하기는 했지만 독립이 선포되었다. 러시아는 투르크 해역에서 자유롭게 상업적 항해를 할 수 있는 권리를 얻었다. 그것에는 상인들이 다르다넬스-보스포루스 해협을 지날 수 있는 허가도 포함되어 있었다. 몰다비아와 발라키아는 투르크에 반환되었으나 관대한 통치를 해야 했고, 러시아는 그들을 위해서 개입할 수 있는 특권을 보유했다. 이에 더하여 러시아는 콘스탄티노플에 정교회 교회를 건립할 수 있는 권리를 획득했고, 투르크인들은 자신들의 수도에 세워질 새로운 교회에서 일할 러시아 대표들을 받아들이고, 기독교 교회당을 보호하기로 약속했다. 그 조약에서 기독교인들 및 기독교 예배와 관련되어 규정된 조항들은 나중에 투르크와 관련하여 러시아가 제기한 수많은 요구 사항의 근거가 되었다.

예카테리나 대제의 통치기에 벌어진 제1차 투르크 전쟁이 투르크가 러시아에게 당한 최초의 결정적인 패배였고, 쿠축 카이나르지 조약이 러시아의 승리를 반영하기는 했지만, 러시아의 목표는 단지 부분적으로만 충족되었을 따름이었다. 흑해의 북부 연안 지역 중 일부는 투르크에 남아 있었고, 크림 반도는 독립국이 되었다. 오스만 제국의 관점에서 보면 이 전쟁은 재앙이었으며, 투르크가 이전에 가졌던 위상을 군사력으로 되찾고 복수를 함으로써만 치유될 수 있었다. 크림 지역의 불안정한 정치 정세는 긴장을 더해주었다. 1783년에 러시아가 크림 반도를 병합함으로써, 많은 크림 타타르인들은 술탄 영역으로 도망갔다. 러시아는 1785년 무렵에는 흑해에 상당한 규모의 함대를 건설하고 세바스토폴을 주요 기지로 삼게 되었다.

포템킨은 새롭게 합병된 크림 반도를 발전시키기 위해서 많은 노력을 기울였다. 그는 그곳에 정착민들을 이주시키고, 경제를 발전시켰으며, 도시와 흑해 함대를 건설했다. 예카테리나는 1787년에 프랑스, 영국, 오스트리아의 대사들을 데리고 배로 그 지역을 여행했다. 포템킨은 방문자들에게 강한 인상을 심어주기 위해서 할 수 있는 모든 일을 했다. 그는 길을 따라 마을을 장식하고, 그림처럼 멋진 마을에서는 반드시 멈추도록 했고, 그런 곳에서는 행복한 표정의 농민들이 노래를 부르는 모습을 보여주었다. 해안을 따라서 건설된 마을이 단지 그림이었을 뿐이며, 노래하는 농민들은 방문자들이 움직일 때 같이 움직였다는 것을 시사하는 궁정에서의 소문은 무대 연출 능력을 과장한 것이었다. 이런 이야기는 "포템킨의 마을들(Potemkinskie derevni)"이라는 유명한 표현의 근거가 되었다. 그러나 역사학자들이 보여준 것에 따르면, 포템킨의 쇼맨십을 무시할 수는 없더라도, 제국의 이 남부 지역은 실제로 발전되었다.

그 당시에 포템킨과 예카테리나 대제는 "그리스 프로젝트"라고 알려지게 된 아주 원대한 꿈을 키워가고 있었다. 대략적으로 말하면, 이 프로젝트는 오스만인들을 정복하거나, 적어도 그들이 유럽에 가지고 있는 영토를 정복한 다음, 콘스탄티노플을 중심으로 하는 거대한 기독교 제국을 건설—이 프로젝트를 지지하는 사람들은 그것이 재건이라고 주장했다—한다는 내용을 담고 있었다. 예카테리나 대제는 자신의 두 번째 손자 이름을 콘스탄틴이라고 지었고, 그리스인 유모에게 그를 맡겼으며, 성 소피아 대성당 모양을 담은 메달을 만들도록 명령하기까지 했! 오스트리아는 새로운 제국이 러시아와는 완전히 별개의 국가가 될 것이라는 확약을 받은 후에, 그리고 발칸 지역에서 보상을 해주고 다른 이익을 넘겨주겠다는 제안을 받은 이후에 마침내 이 프로젝트를 인정하기로 동의했다. 그러나 지나치게 야심에 찬 다른 많은 구상과 마찬가지로 그리스 프로젝트는 오래가지 못했다. 그 프로젝트, 그리고 그 프로젝트의 주요 추진자였던 포템킨은 제2차 투르크 전쟁 이후까지 살아남지 못했다.

러시아인들이 크림 지역과 흑해 북부 연안에서 철수하라고 요구하는 최후통첩을 거절한 이후인 1787년에, 투르크는 러시아에 선전포고를 했다. 투르크 정부는 유럽의 여러 열강, 특히 영국의 지지를 확보했다. 영국은 1791년에 전쟁에 거의 개입할 뻔했으며, 오래 지나지 않아 스웨덴은 러시아를 공격함으로써 투르크를 적극 지지해주었다. 예카테리나 대제는 오스트리아라는 군사 동맹국을 가지고 있었다. 1787년부터 1792년까지 진행된 제2차 투르크 전쟁은 육상 작전에만 국한되었다. 수보로프가 이끌던 러시아 군대는 투르크군에 대해서 일련의 승리를 거두었다. 특히 1790년에 수보로프는 난공불락이라고 생각되던 이스마일 요새로 돌격하여 승리를 거두었다. 그런데 이스마일로 처음 진입해 들어간 사람은 다름 아닌 1812년의 영웅인 쿠투조프였다. 전쟁 막바지에, 수보로프는 콘스탄티노플로 진격해가고 있었다. 1792년 1월 9일에 체결된 야시 조약(Treaty of Jassy)에 의하여, 러시아는 오차코프 요새와 드니에스테르 강에 다다르는 흑해 연안을 얻었고, 투르크는 러시아가 크림 반도를 합병하는 것을 인정했다. 러시아는 남쪽에서 자연적인 국경으로 보이던 곳까지 다다랐다. 투르크 문제는 본질적으로 해결되었다고 간주될 수 있었다.

폴란드 분할

유럽의 중요한 국가인 폴란드의 분할은 대체로 사람이 살지 않는 스텝 지대의 거대한 영토를 오스만인들로부터 빼앗는 것보다 훨씬 더 대단한 일이었다. 그렇지만 투르크 문제의 해결이 거의 완벽했으며, 많은 학자들이 주장해왔듯이 논리적이고도 자연스러웠다고 밝혀진 반면에, 아무리 상상력을 동원하더라도 폴란드의 경우에는 동일한 주장을 할 수 없었다. 사실 폴란드 분할은 러시아와 유럽에 지속적인 고통과 갈등의 근원이 되었던 것이다.

약 17세기 중반부터 폴란드—올바르게 말하면, 폴란드-리투아니아 연합—의 정치체제가 가진 약점과 무질서는 이런 파국으로 이끈 하나의 요인이었다. 우리가 살펴봤듯이, 폴란드-리투아니아는 세임(의회)을 통해서 권력을 행사하던 아주 강력한 귀족과, 선출된 유약한 왕에 의해서 지배받고 있었다. 분명히 다른 곳의 군주들과 마찬가지로 이곳의 통치자들도 자신들의 권력을 확대하려고 시도했으나, 성공하지 못했다. 지방 의회로부터 지시받는 대표들로 구성된 의회는 절차상 전국적인 입법기구라기보다는 외교적인 회의체(diplomatic congress)와 유사했다. 의원이라면 누구든 어떤 법에도 거부권을 행사할 수 있고 심지어 의회를 해산할 수 있는 권리—유명한 혹은 악명 높은 자유 거부권(liberum veto)—그리고 부패의 확대, 외국의 간섭(점차 영향력이 커져가던 러시아의 간섭도 포함된다) 등은 빈번한 정치적 혼돈 상태를 낳았다. 전통적으로 의회가 해산될 때 주로 의지했던 방법은 특정한 입장을 가진 사람들의 모임인 "동맹(confederation)"을 선언하는 것이었다. "동맹"은 거부권에 의해서 방해될 수 없었고, 강제로 자신의 견해를 부과할 수 있었다. 이런 정치체제는 "내전에 의해서 단련된 무정부 상태"라고 설명되어왔다. 이 체제의 신봉자들은 이 체제가 가지는 민주주의적인 성격을 존경했다. 혹은 적어도 그들은 국민 대다수가 선거권이 없었기 때문에, 이 체제가 절대주의를 방지하는 데에 맡았던 역할을 칭찬하고 있다. 그러나 대부분의 역사학자들은 이웃 국가들이 점차 정치적으로 안정되고 중앙집권화되었다는 점을 고려해보면 이것은 치명적인 노선이었다고 주장해왔다.

 물론 폴란드가 스스로 분할된 것은 아니었다. 그 나라는 강력하고 탐욕스러운 세 이웃 국가들에 의해서 해체되었다. 폴란드는 외부의 간섭 없이도 자체의 문제를 해결해내고 존속될 수 있었을 것이기 때문에, 이 점은 강조할 필요가 있다. 폴란드 사회는 18세기에 지적 및 문화적 부흥을 경험했고, 이런 부흥은 정치 분야로까지 확산되기 시작했다. 시간이 있었다면 폴란드는 자체의 정치체제를 성공적으로 개혁하고 질서와 효율성을 창출할 수 있었을 것이다. 그러나 이웃 국가들은 폴란드에게 그런 시간을 주지 않기로 결심했다. 사실 역사학자들은 세 국가가 폴란드의 내부 문제를 이용하기 위해서 그것을 조장했다고 주장했다. 폴란드의 마지막 왕—그리고 예카테리나 대제의 옛 연인—인 포냐톱스키

1662-1667년의 폴란드와 폴란드 분할

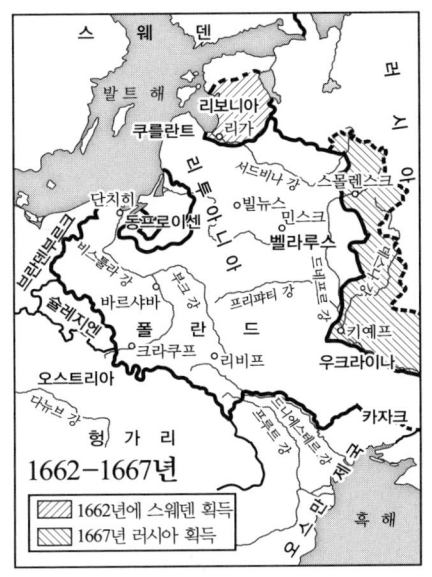

는 1764년부터 1795년까지 통치하면서, 어떤 개혁을 시작하려고 시도했으나 러시아와 프로이센으로부터 확고한 지지를 얻는 데에 실패했다. 그 두 나라는 1764년에 이미 폴란드 사태에 영향을 미칠 때 협력하기로 합의했다. 1766-1768년에 이 두 동맹국은 정교도와 개신교 소수파에 대한 관용 문제를 다시 끄집어내서, 가톨릭 교도들과 동일한 권리를 그들에게 부여하도록 폴란드 정부에 강요했다. 비판자들은 이것이 종교적 관용 원칙을 수호하려는 것보다는 폴란드의 통일성을 약화시키려는 고의적인 노력이었다고 주장한다. 아무튼 양보조치가 있게 되자, 개혁 조치, 포냐톱스키, 러시아의 폴란드 간섭에 대해서 격렬한 항의가 제기되었다. 다른 한편으로, 이것은 바르 동맹(Bar Confederation)의 성립과 내전을 초래했다. 프랑스는 이 동맹에 대해서 어느 정도의 지원을 해주었고, 투르크는 "폴란드의 자유"를 수호한다는 구실을 가지고 러시아에 선전포고를 했다. 결국 러시아 군대는 동맹을 진압했고, 1772년에 폴란드의 제1차 분할이 이루어졌다.

폴란드 문제가 이처럼 특이하게 해결되려는 시도에서는 열강들의 정책이 커다란 역할을 했다. 투르크 전쟁에서 러시아가 거둔 성공은 오스트리아를 놀라게 했다. 프로이센의 프리드리히 대왕은 예카테리나 대제의 팽창주의적 야망을 충족시키고, 동시에 오스트리아—1769년에 폴란드의 일부 국경지역을 점령하고 "재통합"함으로써 오스트리아는 사실상 주도권을 잡았다—에게 보상을 해주기 위한 방편으로, 그리고 프로이센으로서는 자국의 영토에서 떨어져 나갔으나 오랫동안 탐내오던 폴란드 땅을 얻기 위한 방편으로, 폴란드의 일부를 분할하자고 제안했다. 제1차 폴란드 분할에 의해서 러시아는 드비나 강과 드네프르 강에 이르는 벨라루스 및 라트비아 리투아니아 땅을 약 130만 명의 주민과 함께 획득했다. 오스트리아는 갈리치아라고 부르던 지역을 총 265만 명의 주민과 함께 얻었다. 거기에는 렘베르크로 개명된 리비프(러시아어로는 리보프, 우크라이나어로는 리비프)는 포함되었으나, 크라쿠프는 들어가지 않았다. 프로이센은 그단스크(단치히), 토룬(토른) 이외에 소위 왕령 혹은 폴란드령 프로이센을 차지했다. 프로이센이 얻은 곳은 크기도 가장 작고 인구도 가장 적었으나, 정치적, 군사적, 경제적 관점에서 보면 세 나라가 획득한 곳 중에서 가장 가치 있는 성과물이었다. 모두 합해서 폴란드는 영토의 약 3분의 1, 인구의 3분의 1 이상을 상실했다.

이런 재앙으로 인해서 폴란드인들은 오랫동안 요구되던 개혁을 실시하도록 자극받았으나, 폴란드-리투아니아 연합이 새로운 활력을 얻을 것을 우려하던 이웃 국가들에 의해서 개혁은 중단되었다. 변화는 1773년에 시작되어, 1788-1792년의 유명한 4년 동안의 의회의 작업과 1791년 5월 3일의 헌법에서 절정에 다다랐다. 그것에 따르면, 군주직은 세습되고 국왕은 효율적인 집행권을 가지게 될 것이었다. 입법 권한은 양원으로 된 의회에 귀속되었는데, 그중 하원이 지배적인 위치에 있었다. 의회는 중간계급의 대표들을 포함하게 되어 있었다. 역기능을 초래한 자유 거부권은 폐지되고 다수결 원칙으로 대체되었다. 근대적 노선에 따라 조직된 내각이 구성되어, 의회에 대해서 책임을 지게 되어 있었다. 폴란드의 개혁파는 새로운 폴란드로부터 더 많은 양보를 얻기를 바라는 듯한 프로이센의 호의적인 태도로부터 이익을 얻었다. 러시아와 오스트리아도 공식적으로는 헌법을 인정했다. 그러나 이 모든 관용적인 태도는 전술적이었고 임시적이었다. 러시아는 1792년 5월에 과거의 질서를 옹호하는 타르고비차 동맹(Confederation of Targowica)의 결성을 부추기고는, 이 동맹을 지지하기 위해서 폴란드로 군대를 파견했다. 이 시점에서 프로이센인들은 입장을 바꾸어 침입자들 편에 합류했다. 1793년 1월에는 제2차 폴란드 분할이 이루어졌다. 이번에 러시아는 총 300만 명의 주민과 함께, 또다른 리투아니아 지역과 대부분의 서부 우크라이나를 차지했다. 프로이센은 도합 100만 명 정도의 주민과 함께, 단치히, 토른, 대폴란드를 장악했으나 오스트리아는 제2차 폴란드 분할에 참가하지 않았다. 그뿐만 아니라 러시아는 나머지 폴란드 지역에 대한 파병권과 대외정책 통제권을 획득했다.

폴란드인들은 1794년 3월에 코시치우슈코에 의해서 주도된 대규모 민족 봉기를 일으킴으로써 반발했다. 그러나 그들의 용기에도 불구하고 싸움은 아무런 희망도 없었다. 폴란드인들은 수보로프가 지휘한 러시아인들과 프로이센인들에 의해서 분쇄당했다. 오스트리아는 동맹국에 가담해서, 1795년 10월에 성립된 제3차 폴란드 분할에 참여했다. 규정에 의해서 러시아는 리투아니아와 우크라이나 나머지 지역과 100만 명 이상의 주민 그리고 쿠를란트 공국을 획득했다. 프로이센은 100만 명의 주민과 함께 바르샤바를 포함한 마조비아를 차지했다. 오스트리아는 크라쿠프와 함께 리틀 폴란드의 나머지 지역과 150만 명의 또다른 주민을 얻게 되었다. 이로써 독립국가로서의 폴란드는 사라졌다.

폴란드 분할은 폴란드인들에게 비극을 가져다주었다. 성공을 거둔 침략자들에게 그 일이 미친 영향은 평가하기가 더욱 어렵다. 한편 프로이센, 러시아, 오스트리아는 사실상 전례가 없는 놀라운 외교적 및 군사적 성공을 거두었다. 이 국가들은 거대한 유럽 국가를 해체하고 완전히 파멸시켰으며, 과거의 적이자 경쟁자이자 갈등의 근원인 국가를 제거함과 동시에 자신들의 영토, 자원, 인구를 크게 늘렸다. 동유럽은 완전히 이 나라들의 통제하에 들어갔으며, 프랑스는 자신들의 옛 동맹국을 잃어버렸다. 의미심장하게도, 폴란드 분할 이후 오랫동안 동유럽의 이들 세 군주국은 국제무대에서 서로 긴밀히 협력했다. 말하자면 공범들이었던 셈이다.

다른 한편으로, 폴란드 분할은 지속적인 결과를 낳은 고통스러운 유산을 남겼다. 특히 우리는 러시아 제국 내에서의 "민족 문제"의 출발이 폴란드 분할로부터 유래되었다고 말할 수 있다. 대부분의 러시아 학자들이 강조하곤 하는 것에 따르면, 세 차례의 분할을 통해서 러시아는 한때 키예프국의 일부였으며 주로 정교도인 우크라이나인들과 벨라루스인들이 거주하던 과거의 러시아 땅을 차지했을 따름이지만, 독일의 두 강국들은 민족적이며 역사적인 폴란드 영토를 차지했다. 그러나 이런 견해는 사실적인 측면에서는 옳지만 아주 많은 점을 간과한다. 첫째로, 폴란드에 대한 러시아의 잔혹한 정책은 다른 침략국들이 자신들의 이익을 추구하도록 허용해주었고, 이것이 더 많은 분할로 이어져서 1815년에는 바르샤바와 폴란드의 심장부가 러시아에 통합되는 결과가 초래되었다. 둘째로, 합병된 폴란드-리투아니아의 농민들은 사실 주로 리투아니아인들, 벨라루스인들, 우크라이나인들이었지만, 귀족은 일반적으로 언어와 문화 면에서 폴란드인들이었다. 어쨌든 예카테리나 대제는 새로운 신민들의 신앙이나 민족적 기원에 대해서는 별다른 관심이 없다는 것을 보여주었다. 그리하여 러시아 군대는 바르 동맹을 진압한 이후에, 폴란드 지주 및 폴란드화된 지주들에게 대항한 우크라이나 농민들의 필사적인 봉기도 진압했다. 사실 우크라이나의 일부 역사학자들은 러시아의 점령하에서 폴란드 지주들의 억압의 정도가 늘어났을 따름이라고 주장했다. 왜냐하면 강력한 러시아 정부가 유약한 폴란드 당국보다 더 성공적으로 법과 질서를 유지했기 때문이라는 것이다.

달리 말해서 폴란드 분할은 러시아에 이익이 되기도 했지만, 커져가고 있던 제국에 민족 갈등과 반러시아적 민족주의의 몇몇 잠재적 근원을 가져다주기도 했던 것이다. 단기적으로 러시아에 가장 큰 걱정을 안겨준 사람들은 폴란드의 가톨릭 교도들과 유대인들이었다. 대부분의 폴란드인들이 자국의 해체와 외국의 지배를 받아들이려고 하지 않았음은 물론이다. 러시아 제국내의 다른 민족들 사이에서는 나중에 가서야 민족의식이 생겨난 데에 비해서, 폴란드의 엘리트들은 이미 높은 수준의 민족의식을 가지고 있었고, 서구와의 강력한 연대감을 가지고 있었다. 그렇다면 어떤 의미에서, "폴란드 문제"는 분할에 의해서 악화된 것이다. 그리고 폴란드의 해체로 인해서, 오랫동안 적대시했고 조심스럽게 러시아 바깥으로 내몰았던 종교적 "이방인" 집단인 유대인들이 대거 제국 안으로 들어왔다. 사실, 러시아 제국은 이제 유럽에서 가장 크고 오래된 유대인 공동체 중의 일부를 흡수하게 되었던 것이다.

예카테리나 대제에 대한 평가

예카테리나 대제는 자신이 통치하던 시대와 역사에 대한 서술에서, 많은 찬사와 비난을 동시에 받았다. 그녀를 존경하는 사람들은 러시아의 서구화와 국제적 지위를 향상시킨 그녀의 업적에 주로 초점을 맞춘다. 그녀를 폄하하는 사람들은 그녀가 말한 목표 중 많은 것이 이루어지지 않았으며, 특히 농노제가 계속 확대되었다는 점을 주목한다. 비판자들은 그녀가 공언했던 계몽주의적 견해와 농노제라는 커다란 사회적 악습에 쉽고도 철저하게 순응했던 그녀의 태도 사이의 대조에 대해서 혐오감을 느꼈다. 보다 일반적으로 보면, 역사학자들은 계몽주의 원칙에 대한 그녀의 헌신이 얼마나 진실하며 깊이가 있는지에 대해서 논쟁을 벌이고 있다. 이것이—외국인들과 러시아 엘리트들에게 강한 인상을 심어주기 위한 바람과 그녀 자신의 자존심에 근거한—단지 허영심에 불과했는가? 아니면 진정한 확신이었는가? 혹은 전통적인 주장대로, 자유와 평등권이라는 계몽주의 사상에 대한 순박한 신념을 일찍부터 가지고 있었고 그것이 러시아를 잘 모르는 상태에서 프랑스 계몽주의자들의 지식에 의해서 육성되었는데, 그것이 적대적인 귀족의 압력, 농민 반란, 프랑스 혁명이라는 무서운 사례에 의해서 나쁜 쪽으로 변질되었는가?

이런 주장은 아주 단순하다. 좀더 균형 잡힌 평가—비록 최종적인 판단이 가능하기 이전에, 그녀의 정책의 실질적인 작용과 결과에 대해서 여전히 많은 연구를 할 필요가 있기는 하지만—는 이런 손쉬운 이분법을 피한다. 드 마다리아가는 정치에 대한 예카테리나의 통찰력을 규정하고 제한했던 것이 "가능한 것에 대한 그녀의 감성(her sensitivity to the possible)"이라고 주장했다. 그렇다면 예카테리나는 자신의 개혁을 믿었을 뿐만 아니라, 가혹한 현실을 인정했다고 주장할 수 있다. 「훈시에 썼던 것처럼, 그녀는 인류가 천부적인 존엄성과 자유를 가진 "합리적인 피조물"일 뿐만 아니라 교육받을 필요가 있다고 믿었다. 그녀는 심지어 지방의 주도권처럼 능동적인 사회의 필요성을 믿었을 뿐만 아니라, "최고의 선"을 추구하기 위해서는 강력하고 능동적인 국가가 행동을 규제해야 한다고 믿었다. 한마디로 말해서 드 마다리아가를 비롯한 다른 최근의 역사학자들이 주장하고 있듯이, 그녀는 자유주의자도 아니었고 민주주의자도 아니었다. 그리고 그녀는 개명된 폭군도 아니었고, 위선적인 폭군은 더더욱 아니었다. 프랑스의 계몽주의와 독일의 관방학(官房學) 그리고 그녀 자신의 관찰과 본능에서 이끌어낸 그녀의 이상은 모든 사람들이 공동의 선을 위해서 자신들의 역할을 잘 수행하는 규율과 질서 잡힌 정치체제였다.

그녀의 오랜 통치 기간에는 많은 약점, 모순, 잔혹한 일들이 있었다. 그리고 예카테리나의 극단적인 자신감이 항상 그녀를 올바르게 이끈 것도 아니었다. 그러나 대부분의 역사학자들은 그녀의 업적이 아주 많았다는 점에는 동의한다. 그녀는 자신의 이전부터 시작된 많은 흐름을 지속했다. 그녀는 러시아를 강국으로 계속 전진시켰으며, 제국을 확대했고, 행정을 근대화했으며, 학문과 예술을 발전시켰다. 그녀의 통치기는 그 자체로 하나의 정점이었다. 그러나 그녀는 배를 새로운 방향으로 조종해가기도 했다. 더 큰 사회적 주도권과 지방의 참여를 장려하여(일부 학자들은 여기서 근대적 시민사회 사상을 보기도 했다), 전국적인 토의와 논의가 이루어질 수 있다는 생각이 가능하도록 만들어줌으로써, 합법성과 정의라는 새로운 개념을 고취함으로써, 그녀는 통치자와 피치자 사이의 새로운 관계에 대한 약속을 조심스럽게, 그리고 심지어 머뭇거리면서 발전시켰다. 따라서 그녀는 19세기를 위한 무대를 마련할 수 있었던 것이다.

파벨의 통치

파벨 황제가 1796년에 제위에 올랐을 때 그는 자기 모친의 업적을 원상태로 되돌려놓는 것을, 1801년 궁정 쿠데타 때 자신의 죽음으로써 끝이 난 짧은 통치기의 핵심적인 특징으로 삼았다. 예카테리나는 자신의 통치기에 파벨을 권력에서 멀리 떨어뜨려놓았다. 그에 대한 반발로서 그는 자신의 모친, 그녀의 총신들과 조언자들, 그녀가 추구했던 모든 것을 증오하게 되었다. 상징적으로, 파벨은 피살된 부친인 표트르 3세의 시신을 보잘것없는 무덤에서 파내서 화려하게 재매장했다. 그는 자신의 모친에 의해서 투옥되고 유형 당한 사람들을 풀어준 반면에, 자신이 적으로 인식한 사람들로 감옥을 다시 채워넣었다. 자유를 얻은 사람들 중에는 코시치우슈코 같은 폴란드 반란의 지도자들과 자유주의 및 급진주의 지성인들이 포함되어 있었다. 이데올로기와 정책에서 그는 모든 독립적인 사회활동, 특히 귀족의 사회활동에 대해서 의심을 품었다. 그는 귀족헌장과 도시헌장을 취소했고, 국가와 사회 모두에 군사 모델을 적용시켰다. 그리고 그는 프랑스 패션, 외국 서적, 외국 여행을 금지시켰다. 파벨의 정치는 그의 인격과 성격에 의해서 형태를 갖추었다. 역사학자들은 파벨을 "변덕스러우며", "신경질적이고", "조증(躁症)이 있으며", 심지어 "왕관을 쓴 사이코패스"라고까지 다양하게 묘사했다. 의심이 아주 많았으며, 짜증을 자주 내고, 자주 분노를 폭발시켰던 황제는 측근들을 놀라울 정도로 빨리 승진시켰다가 좌천시켰는데, 그 이유는 종종 명확하지 않았다. 무엇보다도 그는 군사적인 것이라면 전부 좋아했다. 그는 아주 많은 시간을 연병장에서 보냈다. 그는 교범을 직접 변경하고, 러시아군의 제복을 다시 디자인했다. 제국의 군사적인 행사에 참석한 사람들은 공포감을 느낄 정도였다. 더욱 중요한 것은, 황제는 궁중 축제에서 춤출 때라든지 인사할 때와 같이 소소한 일에서조차 전제군주로서의 권력과 위엄을 고집했다는 것이다. 파벨은 프랑스 대사에게 러시아에서 유일하게 중요한 사람은 황제에게 말을 하고 있는 사람이며, 그것도 그가 그렇게 말하고 있는 동안뿐이라고 알려주었다고 전해진다. 군주국으로서의 위엄에 대한 동일한 개념을 염두에 두고서, 그리고 군주가 되기까지 오랫동안 고통스럽게 기다려야 했던 데에 대한 것이 분명한 반발심에서, 파벨은 1797년의 자신의 대관식에서 러시아 제위 계승법을 변경했다. 통치군주의 자유로운 선택에 따르도록 한 표트르 대제의 규정은 남성 혈통의 장자상속제로 대체되었던 것이다. 러시아는 마침내 법으로 엄격히 정해진 안정적인 제위 계승체계를 갖추게 되었으나, 그것은 명백히 여성을 배제한 것이었다.

황제의 견해와 태도는 그가 농노제와 귀족이라는 중요한 문제를 다룰 때에도 반영되었다. 한편, 파벨은 예카테리나 대제의 농노제 지지 및 확대 정책을 지속함으로써, 1797년에 소위 새로운 러시아(New Russia)라고 불리던 남부 러시아의 맨 끝까지 농노제를 확산시켰고, 자신의 모친이 했던 것보다 훨씬 더 빠른 속도로 총신들에게 국유지와 농민들을 분배해주었다. 그리고 그는 농민들의 온갖 소요를 가혹하게 진압했고, 하층계급의 불복종이나 저항을 전혀 용납하지 않았다. 그러나 모친과는 달리 파벨은 귀족을 신뢰하지 않았고 귀족을 좋아하지 않았다. 그래서 그는 1797년에 농노가 지주와 자신을 위해서 1주일에 각각 3일씩 일하고 거룩한 일요일은 휴식의 날로 남겨두라고 선포함으로써, 주인에 대한 농노의 의무를 최초로 조절하고 제한하려고 시도했다. 비록 파벨의 새로운 법은 시행되지 않았고 아마도 시행될 수도 없었지만, 그것은 농노제에 대한 러시아 정부의 태도에서 전환점이 되었다. 그때부터 농노제의 제한 그리고 궁극적으로 농노제의 폐지는 국가정책의 실질적인 쟁점이 되었다. 황제는 도시민뿐만 아니라 귀족들에 대한 체벌을 부활시키는 것과 같은 조치를 통해서, 지방자치정부와 행정 전반에서 귀족보다는 점차로 관료제에 많이 의지하는 태도를 통해서, 귀족에 대한 자신의 불쾌감을 더욱 분명하게 표현했다.

파벨의 통치를 가장 지속적으로 기억에 남도록 만든 것은 대외정책과 특히 전쟁 때문이었다. 예카테리나 대제는 사망하기 직전에 대프랑스 동맹에 거의 가담하기 직전까지 갔다. 파벨은 평화에 대한 러시아의 바람을 선언하는 것으로 출발했으나, 얼마 지나지 않아 프랑스의 승리 및 프랑스 측에서 저지른 몇 가지 작은 실수에 의해서 화가 난 파벨 역시 혁명정부의 적들 편으로 돌아섰다. 러시아, 영국, 오스트리아, 나폴리, 포르투갈, 투르크로 구성된 소위 제2차 대프랑스 동맹은 주로 파벨에 의하여 조직되었는데, 러시아는 이 동맹의 일원으로서 프랑스에 대한 전쟁에 돌입했다. 그 뒤에 전개된 군사 작전에서, 우샤코프가 지휘하던 러시아 함대는 다르다넬스-보스포루스 해협을 통과하고, 프랑스인들로부터 이오니아 제도를 탈취하고, 그곳에 투르크의 보호령 아래에 러시아가 통제하는 공화국을 세웠다. 파벨이 자신이 몰타 기사단(the Knights of Malta)의 대기사단장(grand master)으로 선출된 결과를 수용함으로써 전략적으로 중요한 그 섬의 통치자가 되었으므로, 러시아의 영향력은 지중해 서쪽으로 훨씬 더 멀리 확대되었다.

그러나 작전의 주무대는 육상에 남아 있었다. 러시아군은 저지대 지방과 스위스에서 동맹국 군대와 합류했으나, 가장 효과적으로 개입한 지역은 북부 이탈리아였다. 그곳에서 수보로프가 지휘하는 1만8,000명의 러시아인들과 4만4,000명의 오스트리아인들은 1798-1799년에 5개월에 걸쳐 프랑스인들을 몰아냈다. 수보로프는 프랑스를 침공하기를 원했다. 그러나 그는 다른 전선에서의 패배와 동맹군 고위 지휘부의 계획의 변경으로 인해서 1799-1800년에 프랑스군이 장악하고 있던 스위스의 알프스 산맥을 거쳐서 독일 남부로 후퇴할 수밖에 없었다. 그가 후퇴 작전을 성공적으로 해낸 일은 군사 역사에서 위대한 업적 중의 하나로 간주되고 있다. 전반적으로 보아, 스위스 군사 작전 바로 직후에 70세의 나이로 사망한 수보로프는 러시아가 배출한 가장 유능한 군 지휘관으로 간주된다. 이 괴짜 같으며 예측 불가능한 장군의 특성으로는 신속성과 추진력에 대한 큰 신뢰, 휘하 병사들과의 놀라운 심리적 친밀 관계 등이 있었다.

파벨은 네덜란드에서 러시아 군대를 적절하게 지원해주지 못한 오스트리아와 영국에 대해서 혐오감을 느끼고는 동맹을 포기했다. 사실 1800년에 그는 나폴레옹의 등장과 함께 안정이 보장되고 혁명이 종식되었다고 생각하면서, 편을 바꾸어 프랑스와 연합했다. 이렇게 관계가 새롭게 정렬됨으로써 러시아는 영국과 대립하게 되었다. 파벨은 몰타를 영국에게 잃은 다음에, 지도에도 나오지 않는 영토 너머에 있는 머나먼 인도를 침공하도록 돈 카자크들을 파견하는 기상천외한 조치를 취했다. 이 시점에 황제가 사망하자, 알렉산드르 1세는 카자크들을 재빨리 돌아오게 했다.

파벨은 1801년 3월에 궁정 혁명으로 인해서 피살되었다. 그의 무례함, 난폭한 기질, 예측 불가능한 행동은 황제가 가장 신뢰하던 측근과 그의 가족 내에서조차도 음모가 생기도록 만들었다. 그가 가치나에 있던 자신의 영지에서 훈련된 부대를 편애한 것은 근위대의 적대감을 불러일으켰으며, 근위대를 위협하는 것으로 보이기도 했다. 게다가 황제가 영국에 등을 돌리게 됨으로써 새로운 적들이 생겨났다. 상트페테르부르크의 군정 장관인 표트르 팔렌 백작은 이 음모에서 적극적인 역할을 담당했고, 파벨의 아들이자 후계자인 알렉산드르 대공은 이 음모에 분명히 동의했다. 파벨을 살해하는 것이 음모자들의 원래 계획에 포함되어 있었는지—알렉산드르는 이것을 예상하지 못했던 것 같다—아니면 그것이 우연에 의한 것이었는지는 여전히 불확실하다.

제23장

18세기 러시아의 경제적, 사회적 발전

완전한 형태의 농노제는 서구 국가들보다는 러시아에서 오랫동안 지속되었다. 왜냐하면 농노제의 경제적 약점들이 그 장점들을 일찍이 능가하지 못했기 때문이며, 인구 증가가 19세기 전반까지 농민들 사이에 극심한 토지 부족 사태를 야기할 만큼 충분히 이루어지지 않았기 때문이며, 농노 소유자들과 비교해서 중간계급이 약했기 때문이며, 개인 정신의 가치에 대한 인도주의적인 사상과 기타 사상이 덜 발달되어 있었기 때문이며, 프랑스 혁명 사상에 대한 반발로 인해서 오랫동안 존재하던 제도에 내재된 타성이 강화되었기 때문이며, 마지막으로 농노제는 농노 소유자들의 경제적 기반이었을 뿐만 아니라, 새로 편입된 수많은 사람들을 어떻게든 통치해야 하는 거대한 임무를 안고 있던 러시아의 주요 기반이었기 때문이다. ―섬너

18세기 후반과 19세기 초반의 러시아 경제에 대해서 글을 쓴 당대의 서유럽의 저술가들 중에 어느 누구도 러시아가 경제 면에서 후진적인 국가라고 말하지 않았다는 것은 의미심장하다. 사실, 18세기의 일부 기간 동안 러시아의 산업은 적어도 일부 분야에서는 다른 모든 대륙 국가들만이 아니라, 영국보다도 앞서 있었다.
―카르포비치

러시아의 역사를 설명할 때, 특히 경제를 논의할 때 러시아의 "후진성"이라는 개념은 오랫동안 유혹적인 은유적 표현이었다. 그러나 경제사가들은 18세기―혹독한 기후와 빈약한 토양이 끈질긴 부담으로 작용해서 생산성을 억누르고 있었지만―의 대부분은 곡물 가격이 급격히 인상되었고, 교역과 시장이 왕성하게

발전했으며, 화폐경제가 성장했고, 심지어 농민경제가 활력을 찾아간 근본적인 변모의 시기였음을 강조해왔다. 표트르 대제와 예카테리나 대제의 개혁은 이런 발전을 가능하게 하는 데에 결코 적지 않은 역할을 담당했다. 앞으로 보게 되겠지만, 다른 한편 이런 발전은 종종 모순적이었다. 농업이 번영하고 지주가 점점 더 많은 이익을 얻는 동안에 농노제는 이전보다 강력해졌고, 빈자에 대한 세금 부담은 증대되었고, 도시 및 도시의 제조업은 약화되었던 것이다.

러시아가 발전하고 있었다는 하나의 중요한 징표는 인구 곡선의 변화였는데, 그것은 유럽의 다른 국가들의 곡선과 유사했다는 점을 덧붙여 말할 수 있다. 표트르 대제 시대보다 한 세기와 그 이상의 이전에 러시아의 인구는 명백히 대체로 정체 상태로 남아 있었으며 개혁 군주의 어려운 통치기에는 감소했었던 반면에, 그때 이후로는 급격히 증가되었다. 1725년에 러시아 영토에는 약 1,300만 명, 1762년에는 1,900만 명, 1796년에는 2,900만 명이 살고 있었다. 제국의 국경선이 확대된 결과로 약 700만 명의 새로운 신민이 더해진 것을 감안하면, 러시아의 인구는 18세기 말 무렵에 3,600만 명 이상이었다.

인구의 직접적인 증가 이외에도, 18세기에 이루어진 러시아 제국의 확대는 나라의 경제생활에 중요한 다른 많은 결과를 낳았다. 표트르 대제가 대북방 전쟁에서 승리함으로써 러시아는 발트 해에 접근할 수 있게 되었다. 그리하여 항해술과 상업에서 러시아인들보다 더 능숙했던 리가 같은 항구의 주민들이 제국 내로 편입되었다. "유럽을 향한 창"이라는 말은 문화나 정치만큼이나 경제 문제에도 적용될 수 있다. 이에 더해서 예카테리나 대제가 폴란드 분할로부터 얻은 거대한 이익도 러시아를 다른 유럽 국가들과 더 가깝도록 해주었고, 상대적으로 더 발달된 경제를 가진 도시와 지역들을 얻는 결과를 가져다주었다. 발트 지역의 독일인 지주들, 그리고 서부 주(州)들이라고 알려지게 된 곳의 폴란드인 지주 혹은 폴란드화된 지주들은 어떤 점에서는 러시아 지주들보다 앞서 있었다. 러시아가 남부에서 얻은 지역도 마찬가지로 중요하다고 입증되었다. 두 차례에 걸친 투르크와의 전쟁에서 예카테리나 대제가 승리함으로써, 남부 러시아의 방대한 옥토―그 이전의 몇십 년과 몇백 년에 획득된 것이 더 연장된 것이다―가 식민지 개발과 발전을 위해서 개방되었고, 제국은 흑해에서 확고한 기반을 마련하게 되었다. 농노제로 이동이 제약을 받기는 했지만, 자발적인 이주 및 농노들과 국가농민들에 대한 소유권 이전으로 인해서 남부의 인구는 급격하게 증가되었다.

농업 및 다른 일거리들

팽창에는 분화가 뒤따랐다. 대부분 "흑토"인 남부의 비옥한 농업 지대는 중부와 북부의 척박한 지역과는 점점 더 구별되었다. 바르시치나, 즉 주인에게 노동지대를 바치는 제도는 남부에서 우세했고, 오브로크, 즉 생산물이나 화폐로 지대를 지불하는 제도는 북부에서 우세했다. 남부의 풍요로운 흑토에서 농노들은 자신의 땅만이 아니라 주인의 경작지에서도 일했고, 땔감을 마련한다거나 건초를 베는 것 등 주인을 위해서 다른 일도 했다. 곡물 및 다른 농산물의 생산량 증가뿐만 아니라, 목축도 대규모로 발전되었다. 일반적으로 지주들은 자신들의 가계에서 생산된 것을 국내 시장에 팔았으나, 수출은 18세기 말 무렵으로 갈수록 증가되었다.

땅이 그다지 비옥하지 않은 중부와 북부의 주들에서는 오브로크, 즉 화폐지대 관행이 증대되었다. 그런 토양에서는 혹독한 기후에 적합한 호밀이나 다른 곡물의 적은 수확물밖에 얻을 수 없었으므로, 농민들은 생계를 유지하고 지주와 국가에 대한 의무 사항을 이행하기 위한 다른 방법을 찾아야 했다. 여러 지방에서는 특별한 수공업이 발달되었다. 어떤 지역의 농민들은 자물쇠, 칼, 포크 같은 철제 도구를 만들었고, 다른 지역의 농민들은 목제 용품, 숟가락, 컵, 접시, 장난감 같은 것들과 가죽 제품을 만들었다. 그런 부업거리가 없는 지방의 경우 많은 농민들은 주기적으로, 특히 겨울 동안에 다른 곳에서 일을 찾기 위해서 집을 떠났다. 농민 집단은 종종 아르텔(artel)이라고 알려진 조합(association)에서 함께 일거리를 찾았고, 목수, 페인트공, 혹은 건설 노동자가 되었다. 산업 생산, 운송, 혹은 소규모 장사로 돈을 버는 농민들도 있었다. 비록 생활수준이 매우 낮기는 했지만, 아주 많은 농민들은 빈약한 농사와 함께 이런 다양한 벌이를 통해서 지주에게 지대를 바치고 의무 사항을 이행하면서 자신과 가족을 부양할 수 있었다. 비옥하지 않은 주들에 살던 농민 중에서 약 4분의 1이 다른 곳의 겨울 일거리를 위해서 자신들의 마을을 떠났던 것으로 추산된다.

러시아의 농업이 규모가 크며 지속적으로 팽창했다고 해서 그것이 기술 면에서 근대적이었다거나 생산성이 아주 높았음을 의미한 것은 아니었다. 러시아의 농업은 오히려 원시적인 상태로 남아 있었으며, 후진적인 경작 기법 때문에 아주 양질의 농토에서도 수확량이 비교적 적었다. 농노제는 노동력의 비효율적인 사용과 농촌의 인구 과잉에 크게 기여했다. 사실 농업 분야에서는 서구화가 아주 느리게 진행되고 있었다. 1765년에 창립된 자유경제협회와 몇몇 다른 단체와 개인들의 노력에도 불구하고, 18세기 말까지 실질적인 농업근대화는 전혀 이루어지지 않고 있었다. 소련 역사학자들이 거듭 강조했듯이, 풍부한 비숙련 노동력과 함께 농노제는 아주 느리게 움직이면서 지역주의적이었던 18세기의 러시아 농업경제의 필요를 여전히 실질적으로 충족시킬 수 있었던 것이다.

산업과 노동력

어떤 의미에서 러시아인들은 산업 분야에서 18세기 동안에 커다란 진전을 이루어냈다. 한 주장에 따르면, 표트르 대제가 사망할 때 200개 내지 250개였던 공장의 수는 18세기 말 무렵이면 1,200개, 혹은 소규모 제조업체를 포함시키는 경우에는 3,000개 이상으로 늘어났다. 노동자들의 총 인원은 상당히 증가되었는데, 10만 명에서 22만5,000명 사이에서 다양하게 추산된다. 많은 공장들이 수백 명의 일손을 고용했고, 가장 많은 사람을 고용했다고 알려진 곳은 대략 3,500명을 고용했다. 매우 중요했던 광업과 금속 산업은 획기적인 발전을 이루어냄으로써, 이 부문의 생산에서 러시아는 유럽에서 선두의 자리를 차지하게 되었다. 우랄 지역에서는 그 당시에 러시아 전체의 구리의 약 90퍼센트, 선철의 약 65퍼센트가 생산되었다. 그보다 규모가 작은 금속 산업의 중심지는 핀란드 국경 근처의 올로네츠와 모스크바 남쪽의 툴라에 있었다. 섬유 산업은 모스크바와 그 근처, 몇몇 이웃 주들, 그리고 보다 적은 정도로는 상트페테르부르크 지역에서 번창했다. 18세기의 러시아에서는 다른 많은 산업도 발전되었다.

그러나 러시아 사회의 여건상, 적합한 노동력을 얻으려고 할 때는 종종 특별한 문제들이 생겨났다. 러시아의 제조업체들은 제국의 사회구조를 반영하기도 했고, 반대로 그것에 영향을 끼치기도 했다. 그리하여 국가는 몇몇 공장을 노골적으로 소유하고 운영했을 뿐만 아니라, 노동력 공급이 원활하지 못했던 지역에서는 수많은 "농노 차용 공장(possessionnaia manufaktura)"들을 설립했다. 그 공장들은 상인들에 의하여 운영되었는데, 국가농민들이 "차용 노동자(possessionnyi rabotnik)"들로서 배속되어 있었다. 그런 사람들은 사실상 공업 농노였으나, 소속은 개인이 아니라 공장이었다. 이러한 농노 차용 공장은 중공업에서 각별한 명성을 얻었다. 이번에는 일부 지주들은 특히 경공업을 위하여 장원 공장을 설립하고는, 자기 농노들의 부자유 노동력을 이용했다. 그럼에도 불구하고, 18세기에 러시아의 산업 발전에서는 자유 노동력이 점차로 중요한 역할을 담당하게 되었다. 종종 그러하듯이, 지대를 벌려는 어느 누군가의 농노의 노동력이라고 할지라도 그것은 공장에서 좀더 "자본주의적인" 새로운 관계로 이어졌다. 예를 들면, 18세기 중반에 상인들은 사실상 모스크바와 상트페테르부르크 지역의 산업 전체만이 아니라, 러시아 전역의 직물 공장의 약 70퍼센트를 소유하고 있었다.

정부에 소속된 경영자, 상인, 귀족 기업가만이 아니라, 농민과 심지어 농노를 포함하여 다양한 배경을 가진 사업가들이 등장했다. 수많은 경우에 농민 수공업자들은 점차로 산업화되었고, 이전에 농노였던 일부 사람들은 공장 노동자가 되었다. 예를 들면, 유럽러시아의 중부에 있던 이바노보-보즈네센스크와 그 부근의 직물 산업에서 그런 일이 발생되었다. 국가는 직접 산업 발전에 종사했을 뿐만 아니라, 사기업을 장려하기도 했다. 개업할 때의 각종 제한의 철폐—특히 귀족이 경제생활의 모든 영역에 참여할 수 있게 되었다—그리고 1782년과 1793년에 실시된 보호관계와 같은 조치들을 통해서 정부의 기업 장려정책은 명확하게 드러났다.

교역

18세기의 러시아에서는 교역도 성장했다. 1753년에 엘리자베타 여제의 입법으로 완결된 국내 관세의 폐지, 표트르 대제의 사례를 따라서 건설된 새로운 운하, 영토 획득, 특히 경제생활의 다양성 증대와 가속화 등으로 인해서 국내 상업은 활성화되었다. 농촌은 대체로 곡물과 다른 식품 및 원재료를 도시에 공급한 반면, 특히 비옥한 남부는 공산품과 수공업 제품을 받는 대신에 잉여 농산물을 중부와 북부에 제공했다. 모스크바는 대외 교역품의 주요 분배처이자 수송 지점이었을 뿐만 아니라, 국내 상업의 가장 중요한 중심지이기도 했다. 국내의 다른 중요한 시장으로는 상트페테르부르크, 리가, 아르한겔스크 같은 도시들, 펜자, 탐보프, 칼루가 같은 곡물 생산지대의 중심에 있는 소도시들, 야로슬라블, 니즈니노브고로드, 카잔, 사라토프 같은 볼가 강의 항구도시들이 포함되어 있었다. 멀리 시베리아에서는 토볼스크, 톰스크, 이르쿠츠크가 행정 중심지였을 뿐만 아니라, 중요한 상업 중심지로 발전되었다. 많은 대규모 정기 시장과 수없이 많은 작은 시장은 교역품의 회전을 도왔다. 그중 가장 잘 알려진 것으로는 니즈니노브고로드 주에 있는 볼가 강 유역의 성 마카라우스 수도원 옆에서 열린 유명한 정기 시장, 남부 초원지대의 쿠르스크라는 소도시 인근에서 열린 정기 시장, 우랄 지역에 있는 이르비트 정기 시장이 있었다.

특히 18세기 후반에는 대외교역이 급속히 발전되었다. 루블로 계산한 수출과 수입의 연간 총액은 예카테리나 대제 통치기에 3배 이상 늘어났는데, 이것은 인플레이션을 감안해서 어느 정도 줄잡는다고 하더라도 대단한 성과였다. 러시아가 대북방 전쟁에서 승리한 이후에, 상트페테르부르크, 리가, 리바우(리예파야) 같은 발트 해의 항구들은 러시아와 교역할 때의 주요 통로가 되었는데, 이 항구도시들은 19세기까지 이런 지배적인 위치를 유지했다. 러시아는 유럽의 다른 국가들에 목재, 대마, 아마, 수지, 다른 몇몇 원자재, 철제품과 몇몇 직물, 특히 돛을 만들 때 사용하는 범포를 수출했다. 그리고 18세기에는 곡물 교역도 시작되었는데, 이것은 나중에 커다란 중요성을 획득하게 되었다. 대규모의 곡물 교역은 예카테리나 대제가 러시아 남부를 획득하고 그곳에서 러시아 농업이 발전되었을 뿐만 아니라 흑해의 항구들이 건설된 이후에 가능해졌다. 흑해의 항구 가운데에는 특히 1792년에 투르크인들에게서 빼앗은 다음 1794년에 항구로 변모시킨 오데사가 있었다. 러시아의 수입품으로는 제조품만이 아니라 포도주, 과일, 커피, 설탕, 고급 직물 등이 있었다. 18세기 내내 수출액은 수입액보다 아주 많았다. 영국은 러시아가 유럽과 하는 교역의 절반쯤을 차지할 정도로 러시아의 최고 고객으로 남아 있었다. 한편 러시아인들은 서구와의 상업적 거래에서 계속해서 수동적인 입장을 취하고 있었다. 외국인 사업가들은 상트페테르부르크와 제국 내의 다른 중심지로 와서 상품을 부린 다음, 러시아 제품을 외국 선박, 특히 영국과 네덜란드 선박에 싣고 떠나갔다. 이 외에도 러시아는 성 마카리우스 정기 시장, 모스크바, 아스트라한 그리고 몇몇 다른 장소를 상품 유통 경로로 하여 중앙 아시아, 중동, 심지어 인도와 중국과의 상업에도 종사했다. 18세기에는 상당히 큰 인도 출신 상인들의 집단 거주지가 아스트라한에 있었다.

제국의 사회

18세기의 러시아는 압도적으로 농촌 사회였다. 1724년에는 인구의 97퍼센트가 농촌에서 살았고, 3퍼센트만이 도시에서 살았다. 1796년이 되면 그 수는 95.9퍼센트 대 4.1퍼센트로 약간 바뀌었다. 물론 인구의 대부분은 농민이었다. 그들은 농노와 국가농민이라는 두 부류로 나뉘어졌는데, 대략 수는 비슷했다. 18세기 말 무렵에는 농노가 농민 전체 중에서 53.1퍼센트를 차지했다. 앞 장에서 개관한 대로, 농노의 처지는 표트르 대제로부터 파벨과 알렉산드르 1세의 통치기를 거치면서 더욱 악화되었고, 1800년 무렵에는 최악의 상황에 다다랐다. 세금 부담의 증가—물건을 매매할 때의 세금만이 아니라 인두세도—이외에도 농민들은 점점 더 경제적 착취의 대상이 되었고, 농노들이 시정 요망 사항에 대한 청원권조차 가지지 못하고 주인의 의지에 사실상 완전히 예속됨에 따라서 이런 형편은 더욱 악화되었다. 화폐지대는 1760년과 1800년 사이에 화폐 가치로 2배 반이나 증가되었고, 부역은 1주일에 3일에서 4일로, 그리고 어떤 경우에는 심지어 5일 혹은 그 이상으로 늘어났다고 추산된다. 파벨 황제가 실시되지 못한 1797년의 법으로 저지하려고 했던 것은 바로 이런 부역의 두드러진 확대였다. 경작할 땅을 전혀 가지지 못하고 그 대신에 집안의 하인으로 있거나 장원 가구 내에서 어떤 다른 일을 하고 있던 수많은 가내 농노들이 가장 불운한 경우에 해당되었을 것이다. 지주가 새로운 취향을 가지게 되거나 보다 고상한 생활방식을 발전시킴에 따라서 이런 부류의 사람들은 수적으로 증가되었다. 사실 일부의 가내 농노들은 페인트공이나 시인 혹은 음악가가 되었고, 심지어 소수의 그런 농노들은 외국에서 교육을 받았다. 쉽게 상상할 수 있듯이, 주인의 계속적이고도 완전한 통제를 받고 있던 사람들은 특히 가내 농노였다. 그들의 형편은 노예와 다르지 않았다. 국가농민의 경우에는 비록 18세기 동안에 의무 사항이 역시 늘어나기는 했지만, 그들의 형편은 농노보다는 나았다. 최상의 경우에 그들은 상당한 정도의 자율권과 재산을 보유했다. 그러나 "차용 노동자들"에서 사례를 볼 수 있듯이 최악의 경우에는, 그들의 운명은 농노들조차도 부러워하지 않을 정도였다.

살펴보았듯이, 농민들은 자신들의 비참한 상태에 대해서 완전히 침묵하지는 않았다. 표트르 통치기의 불라빈과 예카테리나 대제 통치기의 푸가초프와 관련된 중요한 반란을 제외하고서라도, 곳곳의 예속민들과 마찬가지로 농민들은 일상적인 방법으로 자신들의 불만을 표현했다. 그들은 부역을 하는 동안 느릿느릿 대충 일을 하거나, 영지에서 소소한 것을 훔치기도 했다. 많은 사람들은 정부의 통제가 약한 국경지방으로 도주했다. 농민들은 종종 자신들의 노동에 대한 새로운 요구 때문에 특히 짜증이 날 경우에는, 법으로 금지되어 있기는 하지만 지역별로 함께 모여서 지주나 차르에게 청원을 하는 경우도 때때로 있었다.

그와는 대조적으로, 18세기와 특히 예카테리나 대제의 통치기는 러시아 귀족의 황금기라고 간주되어왔다. 인구의 1퍼센트보다 조금 더 많았던 이 계급은 확실히 국가의 삶을 지배했고, 자신들에게 유리한 경제체제 속에서 재산을 증가시켰다. 그들의 생활방식은 하인, 고상한 가구, 수입 서적과 예술품, 값비싼 무도회, 자녀에 대한 최상의 교육 그리고 해외여행을 필요로 할 정도로 점차로 우아해지고 비용이 많이 들게 되었다. 봉직 의무가 약화되고 마침내 폐지되자 많은 귀족들은 이런 삶을 누리는 데에 집중했던 반면에, 많은 지주들은 자신들의 영지에 보다 많은 관심을 가지게 되었으며, 그중 일부는 제조업 같은 다른 노선의 경제 활동을 추구하기도 했다. 1786년에 예카테리나 대제에 의하여 설립된 국가대부은행(Gosudarstvennyi zaemnyi bank)은 귀족의 토지 보유에 대한 지원을 주요 과제로 삼고 있었다. 귀족은 러시아의 서구화를 용이하게 했고, 러시아의 근대 문화를 발전시키기도 했다고 여겨진다. 그리고 물론 귀족들은 계속해서 황제를 둘러싸고 있었고, 군대의 장교를 공급했으며, 행정직을 채우고 있었다.

귀족이 번영하는 동안, 성직자와 그들에게 딸린 사람들의 처지는 나빠졌다. 러시아 전체 인구의 약 1퍼센트에 달하는 이 상당한 규모의 집단—정교회 성직자들은 결혼하여 가족을 부양하고 있다는 사실을 기억해야 한다—은 당대의 반종교적인 분위기, 특히 1764년에 실시된 교회 토지의 세속화로부터 고통을 받았다. 러시아의 성직자들은 부유하기는커녕, 1764년 이후에는 더욱 가난해졌고 재정적으로 더욱 불안정해졌다. 그들은 보통 빈곤에 허덕이던 교구민들로부터의 기부금과 봉급에 거의 전적으로 의지할 수밖에 없었는데, 이것은 종종 분노를 자아냈다. 성직자들과 그들의 가족의 생활방식은 특히 시골에서는 흔히 농민들의 경우와 별로 다르지 않았으므로, 종종 멸시를 당할 정도였다. 이에 더해서, 프리즈가 보여주었듯이 18세기에는 교구 공동체가 해체되고 있었다. 과거에 종교 활동과 세속 활동의 경계가 중복되었을 때는 지방의 교회가 통합의 중심이 되었으나, 이 두 영역은 이제 분리되었고 교회는 단지 종교기관으로만 남게 되었던 것이다.

대부분의 도시 주민들은 법적으로 세 부류, 즉 상인, 수공업자, 노동자로 나뉘어졌다. 이 계급들은 커져가고 있었다. 예를 들면, 제조업자로 기반을 잡았거나 다른 방식으로 사업에 성공한 농민들은 상인이 되었다. 그럼에도 불구하고 이들 중 어느 계급도 18세기의 러시아에서는 수가 많지도 않았고, 눈에 잘 띄지도 않았다. 길드를 만든다거나 1785년의 도시헌장을 통해서 도시의 자치행정을 가능하게 하는 등의 조치를 통함으로써 도시민들 사이에서 지방 문제에 대한 참여도를 높이려고 했고 진취성과 공공심을 고취시키려고 노력했던 당사자는 늘 그랬듯이 바로 정부였다. 그리고 이런 노력은 늘 그랬듯이, 실패했다.

서구화되고 종종 교육받은 엘리트의 아내들(황후들은 말할 것도 없었다)이 누리던 특권의 배타적 집단 바깥에 있던 여성들은 남자들과 동일한 경험을 하고, 동일한 부담을 졌으며, 가사 책임 및 가부장적 가족 질서에서 생기는 부담을 추가로 지는 경향이 있었다. 여성들은 들판에서 일했고, 종처럼 노동했으며, 때때로 상업에 종사했고, 가정을 꾸렸으며, 아이들을 돌봤고, 충분한 식량이 있는지 걱정했으며, 늘어나던 세금을 지불하는 문제를 고민했다. 모스크바국의 관심사를 반영하여, 정부는 여성들의 성(性)을 통제하기 위해서 각별한 노력을 기울였다. "타락한" 여성들은 특별한 기관에 감금되었고, 때때로 처벌받았다. 반면에 예카테리나 대제는 소녀들에게 초등교육을 확산시키기를 희망했다.

18세기에 일어난 결정적인 사회적 변화 중의 하나는 러시아 군주의 지배하에 들어온 비러시아인들과 비정교도들의 수가 극적으로 증가했다는 점이다. 제국의 팽창 원인이 무엇이든지 간에—역사학자들은 "바다로의 충동", 아직 자연적인 국경선에 다다르지 않았던 점, 국경의 불안정성, 메시아적인 야망, 국제적인 경쟁 등에 대해서 이야기해왔다—그 결과는 많은 상이한 민족들과 종교를 대변하는 사람들이 러시아 생활 속으로 강제로 들어온 일이었다. 독일계 러시아인 경제학자였던 스토르치가 1797년에 말했듯이, "러시아 제국의 주민들은 적어도 8개의 뚜렷이 다른 민족으로 구성된다.……그토록 엄청난 수의 민족들과 인종 집단이 단일한 하나의 국가 속에서 연합되어 있는 것을 보는 것은 아주 드문 현상이며, 우리는 그런 또다른 사례를 세계사에서 찾아보기 어렵다." 일부 집단은 자치조직이라고 할 만한 것이 거의 없었던 반면, 폴란드 귀족들, 카자크 지도자들, 발트 지역의 독일인들, 유대인들, 이슬람 교도들과 같은 집단들은 이미 별도의 정체성과 기구를 발전시켜놓고 있었다. 우리가 살펴봤듯이, 특히 남부와 동부의 일부 민족 집단은 러시아 세력의 침략에 맞서 싸우고 있었다.

상이한 집단에 대한 정책은 아주 달랐다. 여기에는 기존의 편견이 영향을 미치고는 있었지만, 그런 정책은 보통 해당 집단들이 군주와 국가에 대해서 제공할 수 있는 잠재적인 봉사를 국가가 어느 정도로 많이 평가하느냐에 달려 있었다. 일반적으로는 엘리트를 통합하고 동화하려고 했지만, 지방의 특수성을 무시하는 경향이 있었다. 제국정부는 18세기에 모스크바국의 전통을 뒤따라, 그리고 오스만의 경험에 대한 연구로부터 영향을 받아서, 일반적으로 언어, 종교 그리고 공동체 조직에서의 지방적인 차이점은 문제 삼지 않았다. 그러나 관용의 대상에는 우니아트파 우크라이나인들과 벨라루스인들은 포함되지 않았다. 왜냐하면 그들은 진정한 신앙의 관점에서 보면 이단이라고 보였기 때문이다. 대체로 유대인들과 이슬람 교도들은 의구심을 가지고 바라보는 대상이었다. 그리고 예카테리나 대제는 새로운 신민들을 러시아의 사회적 위계질서 속에 편입시키기 위해서, 지방의 공동체 조직들을 단일한 지방행정체제로 대체하기 위해서 어느 정도의 노력을 기울였다. 그러나 카펠러와 같은 역사학자들이 보여주었듯이, 19세기의 민족주의 시대와 비교하면 비러시아 민족과 종교 집단에 대한 러시아의 정책은 눈에 띨 정도로 실용적이었고, 유연했으며, 관용적이었다. 여기에는 많은 이유가 있었다. 민족을 그 유용성에 따라서 바라보는 합리주의 철학, 제국의 먼 거리와 지방정부의 취약성, 자신들의 전통적인 방식이 간섭당한 것에 대한 토착민들이 저항 등이 그런 이유에 포함되었다. 그러나 우리는 러시아 민족과 정교회가 국가에 의해서 러시아의 정치와 사회를 통합시키고 안정시키는 토대라고 간주되지 않고 있었다는 사실을 간과할 수는 없다. 양 측면의 관련성에 대한 민족주의는 나중에 등장하게 되었다. 따라서 카펠러의 주장에 따르면, 러시아는 19세기 초에 여전히 "전근대적인" 제국으로 남아 있었다. 그러나 갈등과 저항을 위한 여지는 그곳에 있었다. 그리하여 다민족 제국이라는 점은 불안정하게 만드는 현실이 되어, 점차적으로 러시아 제국에서 관심 사항이 되었다.

분명히, 우리는 러시아의 경제와 사회를 논의할 때 국가를 결코 무시할 수는 없다. 18세기에는 국가의 야망을 위해서 국민들과 자원을 쥐어짜낼 필요가 있었다. 러시아는 가난하고 덜 발달되고 문맹인 국가이기는 했지만, 명예로운 대군과 복잡한 관료기구 그리고 유럽에서 가장 화려한 궁정 중의 하나를 보유하고 있었다. 서구화가 진행됨에 따라서, 꼭대기 층에 있는 소수의 개명된 특권층과 밑바닥 가까이 살고 있던 대다수의 사람들 사이의 비극적인 간격은, 그리고 치명적인 것으로 드러난 간격은 이전보다 더욱 벌어졌다. 우리는 18세기의 러시아 문화를 다룰 때, 그리고 사실 제정 러시아의 역사에 대해서 논의할 때 이 점을 또다시 고려하게 될 것이다.

제24장

18세기의 러시아 문화

……뒤섞인 언어들,
프랑스 말이 니즈니노브고로드 말과.

―그리보예도프

한편으로 보면, 18세기는 모스크바국이라는 과거와의 결정적인 단절을 의미했다. 표트르 대제의 왕성한 활동은 문화 영역에서 가장 혁명적이었을 것이다. 러시아는 갑자기 스콜라주의, 르네상스, 종교개혁이라는 전 시기를 건너뛰어서, 지역 분파주의적이고 종교 중심주의적이며 중세와 유사한 문명으로부터 이성의 시대로 이동했다. 그러나 다른 한편으로 보면 18세기의 러시아 문화는 다른 시기의 문화와 중요한 점에서 다르기도 했다. 표트르 대제의 개혁의 출발로부터 예카테리나 대제의 사망에 이르기까지, 러시아인들은 서구로부터 배우는 거대하고 근본적인 작업에 몰두했다. 그렇다면 러시아의 18세기는 견습과 탁월한 모방의 시기였다. 표트르 대제는 세기의 첫 몇십 년 동안에 서구의 기술을 빌려왔고, 엘리자베타 여제는 세기 중반에 서구의 유행과 예절 쪽으로 상당한 관심을 돌렸으며, 예카테리나 대제는 세기의 마지막 30년 동안 서구의 사상을 러시아에 들여왔다고 말해져왔다. 상당히 단순하기는 하지만, 이런 설명은 어느 정도의 진실을 담고 있다. 그것은 서구 문화가 러시아에 흡수되는 단계를 지적하고 있으며, 1800년 무렵이 되면 포병대로부터 철학에 이르기까지 모든 것에 걸쳐서 그런 과정이 확산되었다는 점을 시사하고 있기 때문이다.

러시아 계몽주의

러시아가 빌려온 계몽주의 문화는 수많은 두드러진 특징을 가지고 있었다. 그것은 특히 세속주의의 승리를 대변했으며, 교회 중심적인 모스크바국의 문명과 현저한 대조를 이루었다. 분명히, 정교회는 제정 러시아에 남아 있었고, 심지어 어떤 의미에서는 계속해서 국가와 연결되어 높은 지위를 차지하고 있었다. 그러나 정교회는 적어도 정부와 교양 있는 대중에 관계되는 한에서는 러시아의 삶과 문화에서 중심이 아니라, 동떨어져 있고 아주 무시당하는 구역이 되었다. 게다가 플로롭스키 등의 전문가들에 따르면, 우리는 이 구역 안에서는 독창성이라든지 성장 같은 것을 찾아볼 수 없다. 18세기의 유럽에서 무대를 지배했던 세속주의 철학은 이성, 교육, 사회의 이익을 증가시킬 수 있는 계몽된 사람들의 능력을 강조했다. 마지막 사항은 특히 통치자들에게 적용되었는데, 이들은 자신들이 원하는 대로 어떤 국가의 삶의 방향을 정할 수 있는 아주 커다란 수단을 가지고 있었다. 이런 관점은 제정 러시아에 아주 놀라울 정도로 잘 맞았다.

계몽주의는 다방면에 걸친 정부의 후원 이외에도, 교육받은 귀족을 통해서 러시아에 들어왔다. 우리가 알고 있듯이, 표트르 대제의 선구자적인 시기 이후에 귀족들은 외국인과 러시아인으로 구성된 잡다한 사람들의 도움을 받아서 러시아의 발전의 대부분의 국면을 장악하겠다는 생각을 점차 분명히 밝혔다. 몇몇 놀라운 개별적인 예외가 있음에도 불구하고, 근대 러시아 문화는 귀족 문화로 등장했으며 그런 성격은 19세기에도 그대로 유지되었다. 러시아 문화는 살롱과 프랑스에 대한 지식을 가졌으며, 교육받고 귀족적인 엘리트의 문명이 되었다. 그 문명은 철학이나 정치보다는 우아한 문어체와 품위 있는 예절에 좀더 많은 관심을 보이고 있었다. 그렇기는 하지만, 이 문화는 근대 러시아의 지성사와 문화사의 첫 번째 단계이자 그 이후의 발전을 위한 토대에 불과했다.

교육

표트르 대제가 러시아인들에 대한 교육정책을 실시하기 시작했을 때, 그것은 예카테리나 대제 시대의 빛나는 모습과는 아주 멀리 뒤떨어져 있었다. 필연적으로 그의 노력은 많은 방향을 향하고 있었고, 다양한 기본적인 문제들을 다루

"수학의 알레고리", 1703년. 표트르 대제 시기에는 종종 책에서 그림으로 된 알레고리를 보여주는 것이 사상을 표현하는 흔한 방법이었다. 위의 이미지는 과학적, 기술적 지식에 높은 가치를 부여하고 있다. 이 신전 위에 히브리어로 된 신의 이름은 수학 위에 있다. 여성으로 의인화된 수학은 천문학으로부터 축성술에 이르기까지의 많은 학문의 열쇠를 쥐고 있다. (Alekseeva, *Graviura Petrovskogo vremeni*)

어야 했다. 일찍이 1700년에 그는 네덜란드의 어떤 인쇄소에서 러시아 서적을 출판하도록 조치했는데, 몇 년 뒤에 그 출판사는 러시아로 옮겨왔다. 개혁 군주의 통치기에 출판된 600권의 서로 다른 서적이 우리 시대에 전해져 내려오고 있다. 1702년에는 러시아 최초의 신문인 「베도모스티(*Vedomosti*)」가 발행되기 시작했는데, 군주 자신이 창간호를 편집했다. 다음으로 표트르 대제는 상용 러시아 문자(civil Russian alphabet)라고 알려지게 된 것을 만들기 위해서 알파벳을 개혁하는 일에 참여했다. 슬라브어, 그리스어, 라틴어 문자로 구성된 이 새로운 알파벳은 고대 슬라브어를 상당히 단순화시킨 것이었다. 구 알파벳은 교회 서적에서는 허용되었으나, 1710년 초에 공표된 법령에 따라 다른 모든 서적은 새로운 문자체계를 사용해야 했다. 그리고 표트르 대제는 아라비아 숫자를 도입해서, 쓰기에 번거로운 슬라브 숫자를 대체했다.

표트르 대제는 모두 합쳐 수백 명에 달하는 러시아 젊은이들을 외국으로 유학 보냈고, 러시아에 새로운 형태의 학교를 개교했다. 예를 들면, 그는 일찍이 1701년에 수학 및 항해 학교를 모스크바에 설립했다. 본래 중등학교인 이 교육기관은 산수, 기하학, 삼각법, 천문학, 지리학 교육에 역점을 두었다. 학생의 수는 1715년에는 500명에 달했고, 그곳에 입학할 러시아 소년들을 준비시키기 위해서 두 곳의 초등학교가 세워졌다. 1715년에는 300명의 생도를 교육하는 해군 사관학교가 상트페테르부르크에 문을 열었다. 모스크바에서도 대체로 동일한 형태의 포병 사관학교와 공병 사관학교가 세워졌다. 소위 "해군성" 학교와 "수학" 학교 같은 몇몇 다른 특수학교들도 표트르의 통치 기간에 등장했다. 폭넓은 교육체제를 발전시키려는 노력의 일환으로서 1716년에, 정부는 주의 도시들에 12곳의 초등 "기수법(記數法)" 학교의 문을 열었다. 그 수는 1723년이 되면 42개로 늘어났다. 1706년에는 50명의 학생을 둔 의료학교가 모스크바에서 수업을 시작했다. 1709년에는 30명의 학생을 둔 또다른 의료학교가 상트페테르부르크에서 운영되기 시작했다. 이에 더해서 표트르 1세는 중국어, 일본어, 제국 내의 몇몇 비러시아계 민족들의 언어 같은 특수한 과목을 공부시키는 소규모 교실도 설치했다. 국립학교를 설치하는 것 이외에, 개혁 군주는 교회 부속학교를 개선하고 근대화하기 위해서 노력했다. 마지막으로, 러시아의 교육은 사립학교에 의하여 확대되기 시작했는데, 그런 학교들은 표트르의 통치 기간에 등장하기 시작했다.

　러시아에서 계몽주의를 촉진시키기 위한 표트르 대제의 조치에는 상트페테르부르크에 자연과학 박물관 및 대규모 일반 도서관을 건립하는 일도 포함되었다. 두 곳은 모두 일반인들에게 무료로 개방되었다. 그러나 개혁 군주의 가장 야심에 찬 문화적 프로젝트는 학술원의 창설이었다. 학술원은 비록 표트르 대제가 사망한 지 몇 달 후에 생기기는 했지만, 그것은 개혁 군주의 말년의 주요 프로젝트가 실현된 것을 의미했다. 학술원에는 세 분과, 즉 수학, 물리, 역사 분과가 각각 있었고, 이것에 추가하여 예술과가 있었다. 학술원 회원들은 교수로 활동했는데, 이 고등 교육과정에 입학할 학생들을 준비시키기 위해서 학술원에 고등학교가 부설되어 있었다. 학술원은 비록 처음에는 소규모였고, 전원이 외국인으로서 단지 17명의 전문가만으로 구성되었지만, 계획대로 얼마 지나지 않아 러시아 제국의 학문 및 학술 활동의 주요 지휘 센터가 되었다. 러시아가 초등학교도 만들기 전에 학술원부터 먼저 두었다는 사실은 때때로 부적절한 조롱의 의미를 가지고 거듭 거론되어왔다. 그런데 이것은 표트르 대제의 개혁의 성격, 그리고 18세기의 러시아 문화에서 국가가 차지한 역할에 대한 의미심장한 지적이기도 하다.

 표트르 대제가 사망한 후에, 러시아의 교육은 어느 정도 쇠퇴했다. 일단 정부가 압력을 늦추자 국립학교에는 학생들이 입학하지 않게 되었고, 교육체계는 와해되는 경향을 보이게 되었다. 개혁 군주에 대한 의존도가 훨씬 더 낮았던 교회학교들은 오히려 형편이 나아졌다. 여기서는 훈련된 러시아인들을 많이 배출할 수 있었고, 그중에서 일부는 18세기와 그 이후의 세기에 다양한 활동으로 명성을 얻게 되었다. 그러나 교회학교들은 대체로 교회의 필요, 즉 성직자의 훈련이 주요 목적이었고, 러시아 교육의 주요 교육과정과는 동떨어져 있었다. 18세기에 귀족이 부상하게 됨에 따라서 졸업생에게는 몇 가지 특권이 주어졌으며, 귀족만 입학할 수 있는 학교가 점차 중요해졌다. 표트르 대제의 포병 사관학교와 공병 사관학교는 귀족계급에게만 허용되었고, 안나 여제와 그녀의 후임자들 시절에는 아래 계급부터 점차 승진시켜야 한다는 초대 황제(표트르 대제)와는 달리, 귀족 아들들에게 장교의 의무를 맡기도록 준비시키기 위해서 새로운 사관학교가 설립되었다. 종종 외국인 가정교사가 담당했던 가정교육도 귀족들 사이에서 성행했다. 표트르 대제의 개혁 시기에 러시아인들이 서구로부터 배우기 시작했던 훌륭한 예절과 사교 에티켓에 대한 관심은 점차 높아져갔다. 일찍이 1717년에 초대 황제는 사교 에티켓에 관한 독일어 책인 『젊은이를 위한 거울(A Mirror for Youth)』을 번역하게 했다. 귀족을 교육시킬 때에는, 사교계에서의 올바른 행동, 펜싱, 댄싱, 프랑스어 그리고 때때로 다른 외국어와 같은 과목에 많은 시간과 노력을 들이도록 했다. 앞에서 언급된 계획에서 지적되었듯이, 서구의 예절과 유행은 교육받은 러시아인들의 많은 관심을 끌게 되었다.

 표트르 1세와 예카테리나 2세의 통치기 사이에는 러시아의 학교가 비교적 활력을 보여주지 못했고 발전되지도 못하기는 했지만, 적어도 정부는 앞날을 향한 하나의 결정적인 조치를 취했다. 1755년에 모스크바에 러시아 최초의 대학교가 건립되었던 것이다. 슈발로프와 로모노소프에 의해서 추진된 러시아 최초의 이 고등교육 기관은 다른 대학들의 모델이었을 뿐만 아니라, 러시아 역사에서 전반적으로 가장 중요한 학교였다. 이 대학교는 원로원에 직접 보고할 의무를 가졌으며 상당한 정도의 행정적 자율권을 부여받았는데, 법학, 의학, 철학의 세 개 학부를 가지고 있었다. 철학부에는 오늘날의 철학박사 학위의 수여 범위에 상당수가 속해 있는 인문학과 자연과학이 포함되었다. 모스크바 대학교는 10명의 교수와 몇 명의 조교로 출발했다. 10명 중에 2명, 즉 수학자와 수사학자는 러시아인이었다. 10년이 지난 다음에 교수의 수는 약 2배가 되었는데, 그중에서 러시아인은 대략 절반 정도였다. 교육은 원래 라틴어로 진행되었으나, 1767년에 대학교에서 러시아어가 사용되기 시작했다. 모스크바 대학교는 1756년에 「모스크바 베도모스티(Moskovic Vedomosti)」(「모스크바 소식」)라는 신문을 발행하기 시작했다. 학술원과 모스크바 대학교 양쪽에서 러시아의 고등교육은 느리고도 힘든 출발을 했다. 자격 있는 학생도 별로 없었고, 관심이나 지원이 전반적으로 부족했다. 실제로, 한때는 교수들이 서로의 강의를 듣기도 했다! 그러나 다른 많은 분야와 마찬가지로 이 분야에서도, 18세기는 더 이상의 발전을 위한 필수불가결한 토대를 후대에 남겨주었다.

예카테리나 대제의 통치기 혹은 대략 18세기의 마지막 3분의 1 동안에는, 러시아의 문화생활이 놀랄 만하게 성장하고 발전했다. 예를 들면, 우리는 표트르 대제의 통치기에 러시아에서 600종의 다른 서적이 출판된 사실을 알고 있다. 1725년부터 1775년 사이에는 2,000종, 그리고 1775년부터 1800년 사이에는 7,500종의 서적이 출판되었다. 사설 출판사를 허가한 예카테리나 대제의 1783년 칙령은 이런 흐름에 도움을 주었다. 정기 간행물의 성장은 훨씬 더 놀라운 것으로 밝혀졌다. 이 분야의 기원은 표트르 대제로까지 소급될 수 있었지만, 예카테리나 2세의 즉위 때까지는 별다른 발전이 없었다. 러시아의 언론이 갑작스럽게 개화기를 맞이한 것은 여제가 자신의 견해를 반포하는 데에 개인적으로 관심을 가지고 있었던 것과 더불어, 점점 늘어가던 교육받은 러시아인들의 필요 및 이해관계가 있었기 때문이었다. 1770년 무렵에는 약 8종의 정기간행물이 등장하여, 러시아 및 유럽의 상황에 대한 논평을 하고, 러시아 사회의 문제점을 비판했으며, 서로 활발한 논쟁을 벌이게 되었다. 예카테리나 대제 자신은 이런 논쟁에 활발하게 참여했다. 그녀의 통치기에는 유명한 자유경제협회처럼 다양한 종류의 지식을 발전시키고 촉진시키기 위한 단체가 급증했다.

교육 분야에서 우리는 두 가지 사항을 명확히 볼 수 있다. 첫째는 사회를 변화시키려던 예카테리나의 포괄적인 야망이며, 둘째는 주로 기술과 전문 지식에 대한 표트르 대제의 방향성으로부터 폭넓은 자유주의적, 인문주의적 접근으로 이동한 강조점의 변화였다. 예카테리나는 인간, 따라서 사회가 교육을 통해서 개선될 수 있다는 계몽주의적 견해에 공감했다. 그녀와 철학적 관심사를 공유했던 주요 협력자는 베츠코이였다. 그 두 사람의 낙관주의적인 목표는 다름 아니라 "새로운 생활 태도를 부여하며", "새로운 종류의 인간"을 육성하는 것이었다. 이것은 지적으로, 그리고 도덕적으로 인간들을 발전시키고, 그들에게 지식과 기술을 전해줄 뿐만 아니라 시민적인 책임감과 덕에 대한 사랑을 기르는 것을 의미했다. 이런 목적을 위하여 그들은 루소를 따라서, 학생들을 타락한 환경으로부터 분리시킬 필요가 있다고 믿었다. 그러므로 예카테리나와 베츠코이는 선별된 기숙학교를 신뢰했는데, 그중에는 러시아 제국의 역사에서 소녀들을 위한 최초이자 가장 유명한 국립학교로서 귀족 소녀들을 대상으로 신설된 스몰니 학교도 포함되어 있었다.

예카테리나와 그녀의 협력자들은 이런 노력이 한계와 약점을 가지고 있다는 것을 알 수 있었다. 엘리트를 위한 기숙학교는 결국 아주 소수의 사람들에게만 가능했다. 그러나 그들의 야망은 더욱 컸다. 그들은 계몽사상을 사회 깊숙이 확대시키고, 심지어 교육받은 "제3신분"을 육성하는 것을 원했다. 그리고 선발된 소수를 위해서조차, 기숙학교의 벽을 가지고는 문화적인 환경을 명확하게 보장해줄 수 없었다. 학생들은 종종 덕(德)과 계몽주의의 귀감이 되지 못했던 것이다. 그러므로 범위는 더 넓지만 목적은 더 제한적인 다른 접근 방법이 시도되어야 했다. 여제는 1774년에 오스트리아 제국에서 시작되었으며, 요제프 2세로부터 그녀 자신이 직접 설명을 들었던 보통교육 제도에 특별한 관심을 가지고 있었다. 1782년에 그녀는 오스트리아 군주의 조언에 따라서, 세르비아인 교육자인 드 미리에보를 오스트리아로부터 초청하여 보통교육 설치 위원회를 구성했다. 이 위원회는 세 단계의 학교 연계망 및 학교 프로그램을 담은 드 미리에보의 계획을 승인했다. 그런 다음 그 세르비아인 교육자는 러시아 학교를 위해서 오스트리아의 교과서를 번역하고 사용하게 하는 일, 러시아인 교사들의 훈련을 감독하는 일에 온 힘을 쏟았다. 사범대학은 1783년에 상트페테르부르크에 창립되었다. 최초로 공부한 100명의 학생들은 교회학교 출신으로서 1786년에 졸업했다. 그해에 교사들을 위한 특별 전문 교육과정이 운영되기 시작했다. 그 학교는 15년 동안 존속되며 425명의 교사를 배출했다. 이 새로운 교사들을 기반으로 정부는 1786년 가을에 26개의 좀더 발전된 보통학교를 설립했고, 1788년에는 14개의 학교를 더 세웠다. 이 모든 학교는 주의 중심지에 위치하고 있었다. 그리고 정부는 나아가 군의 도시들에서는 보통 초등학교를 운영하기 시작했다. 총 1만 1,000명의 학생이 공부하는 169개의 학교가 1787년에 활동을 시작했고, 18세기 말에 그 숫자는 2만 명의 학생이 공부하는 315개로 증가되었다.

모든 것을 고려하면, 예카테리나 대제는 교육 분야에서 상당히 높은 평가를 받을 만하다. 러시아 최초로 소녀들을 교육시키는 선구적인 일에서부터 주요 교사 훈련 프로그램을 마련하고, 주와 군의 많은 도시에 학교를 확대 설치하는 등 그녀가 취한 소중한 조치는 아주 다양했다. 물론 정부의 제한적인 노력이 러시아 교육의 전부를 대변한 것은 아니었다. 교회학교는 계속 존속했고, 18세기의 마지막 1/3분기에는 귀족 교육도 발전했다. 귀족 자제들은 이런저런 종류의 귀족 전용 군사학교에 입학할 수 없을 때에는 국내에서 개인교사로부터 교육을 받았다. 그런 개인교사의 수는 외국 여행에 의해서 점점 증가하고 있었다. 프랑스 혁명이 발발하여 러시아인들의 여행길에서 프랑스가 배제되기는 했지만, 많은 프랑스인 망명자는 러시아로 와서 가정교사로 일하게 되었다.

엘리트를 교육시키고 서구화시킨 데에서 생긴 장기적인 영향은 상당했다. 첫째, 교육받은 러시아 젊은이들의 수가 늘어나게 되어 사회와 인간에 대한 진보적인 개념을 가진 사람들이 생겼다. 그들은 자신들의 사상을 러시아의 현실에 적용하기 위해서 종종 안달했다. 우리는 국가가 의도하지도 않았고 바라지도 않았지만, 그 결과들을 특히 19세기 초에 볼 수 있다. 둘째, 교육과 문화적 개혁은 러시아에서 "공공 영역"이 성립되고 있다는 최초의 징후를 만들었다고 주장되어왔다. 그것은 국가와 사생활 사이에 있는 중요한 사회적 공간으로서, 개인들이 함께 모여서 일반적인 관심사를 논의하는 곳이었다. 이런 주장에 따르면, 비록 정부의 간섭으로부터 완전히 자유로운 것은 아니었지만, 18세기 후반 무렵에는 대학교, 학술원, 프리메이슨 지부와 같은 장소에서, 새로운 독립적인 출판사 주변에서, 부자들의 집에서 개최되던 살롱에서 정확히 그런 사례를 찾아볼 수 있었다.

   교육의 역사를 보면, 우리는 러시아 사회가 확연히 분열되고 있었다는 것을 상기하게 된다. 18세기의 문화혁명은 국민 대다수의 사람들과는 대체로 상관 없었다. 엘리트 사이의 지배적인 문화적 흐름은 세속화의 증대였다면, 농민들의 문화는 종교적인 것, 영적인 것, 신비로운 것 그리고 전통으로만 가득 차 있었다. 그러나 우리는 이 점을 과장해서는 안 된다. 비록 증거가 산재해 있기는 하지만, 이 두 집단 사이의 관련 및 변화의 징후를 찾아볼 수도 있다. 학자들은 전통적으로 농민들을 별도의 세계로 보아왔다. 18세기 후반의 교육받은 러시아인들은 이런 견해를 가지고 있었고, 항구적인 문화의 증거로서 민속문화를 수집하기 시작했다. 그러나 그로미코 같은 역사학자들의 연구를 보면, 농민들이 완전히 고립되어 있지 않았다는 것을 알 수 있다. 예를 들면, 민속문화에는 당대의 전쟁들—농민들은 결국 군인이었다—과 다른 사건들에 대한 이야기가 포함되어 있었다. 농민들 사이에 구전으로 회자되던 군주정치에 대한 소문은 농민들이 더 큰 세계를 알고 있었다는 점, 그리고 사람들에게 자유를 가져다줄 정의로운 군주라는 이상이 가진 힘을 알고 있었다는 점을 드러내준다. 왜냐하면 이것이 종종 소문의 주제였기 때문이다. 심지어 인쇄술도 영향을 미쳤다. 값싸고, 종종 요란한 색을 가진 루보크(lubok) 혹은 민간 판화는 도시와 시골 모두에서 유행했는데, 종종 민속문화적 주제들과 이국적인 사건들, 혹은 외설적인 상황을 보여주었다. 역시 인기를 끌고 있었던 인쇄된 종교적인 이미지와 텍스트와 함께, 이런 것들은 구입할 수 있었다.

언어

18세기의 새로운 필요에 맞게 러시아어를 고치는 일은 러시아의 교육, 문학, 문화 전반에서 중요한 과제가 되었다. 표트르 대제의 개혁이 시작되기 직전에 일상적인 러시아어가 구식의 딱딱한 고대 슬라브어 형태를 대신하여 문헌 속에서 자리잡기 시작하면서 러시아의 언어 용법은 과도기 상태였다는 사실이 기억날 것이다. 이런 기본적인 과정은 18세기 동안 계속되었으나, 서구화와 함께 들어왔으며 어떻게든지 처리되어야 했던 외국 단어 및 외국어 표현의 대량 유입에 의해서 더욱 복잡해졌다. 표트르 대제와 그의 측근들이 사용한 언어는 혼돈 상태였다. 그래서 한때 최초의 황제는 교육받은 러시아인들에게 네덜란드어를 그들의 언어로 채택하도록 함으로써 이 문제를 해결하기를 원했다고도 한다!

18세기가 지나는 동안, 언어학적인 기본 문제들은 해결되었고 근대적인 러시아 문어가 등장했다. 문체의 전투는 비록 1800년 무렵까지 완전히 끝난 것은 아니었지만, 고대 슬라브어보다는 당대의 러시아어가, 형식적인 러시아어보다는 유려한 러시아어가, 격식에 치우치고 인위적인 러시아어보다는 실제적이고 자연스러운 러시아어가 확고한 승리를 거두게 되었다. 18세기의 말과 19세기 초에 저술 활동을 했던 카람진은 극히 인기 있는 저서에서 새로운 문체를 효과적으로 사용함으로써, 최종적인 결정을 내리는 데에 크게 기여했다. 외국어 단어와 표현에 관해서 살펴보면, 그것들은 배격되기도 하고, 러시아어 속으로 점차로 흡수되어 어휘를 크게 증가시키기도 했다. 1800년에 사용된 러시아어는 모스크바국에서는 들어보지 못했던 많은 용어와 개념을 다룰 수 있었다. 18세기의 러시아의 언어학적인 발전이 놀라울 정도로 성공적이었다는 점은 여전히 근대 러시아어에서 언어학적인 탁월성과 문학적인 탁월성의 기준이 되는 러시아 문학의 황금시대가 그 직후에 도래했다는 사실에서 가장 잘 알 수 있다. 실제로 푸시킨은 18세기의 마지막 해에 태어났던 것이다.

언어학적인 발전은 언어에 대한 의식적인 심취, 러시아 최초의 문법과 사전 그리고 언어학 및 문학 논문들과 관련되어 있었다. 서구화의 한 측면이기도 한 이런 노력은 근대 러시아의 문학적 소양이 자리잡는 데에 기여했다. 로모노소프는 1755년에 출판된 러시아 최초의 실질적인 문법책에 대해서 각별한 찬사를 받을 만한데, 그 책은 아주 영향력이 있는 것으로 드러났다. 한편, 명망 있는 거의 대부분의 저술가가 포함된 약 50명의 저자들로 구성된 사전은 풍부한 내용을 담아 1789-1794년에 전6권으로 모습을 드러냈다. 트레댜콥스키, 로모노소프 등이 이론적으로 논의하고 실험한 내용은 근대 러시아의 작시법이 새로운 체계를 갖추고 성립되는 결과를 낳았다.

문학

근대 러시아 문학의 출발은 표트르 대제의 개혁에서 찾아야 한다. 분명 러시아 문학의 전통이 키예프 시대의 『이고리 원정기』와 다른 작품 및 심지어 선사 시대의 민요와 이야기로까지 소급되기는 하지만, 최초의 황제의 통치기는 현저한 구분선이 되었다. 러시아는 일단 서구 쪽으로 방향을 돌리자마자, 모스크바국의 경우와는 공통점이 별로 없는 유럽의 지적 및 문학적 세계에 합류했다. 시, 희곡, 소설 같은 서구의 주요 문학적 표현 형태를 자신의 고국에 도입하고 발전시키는 일은 교육받은 18세기의 러시아인들이 안고 있던 시급한 과제였다. 독창적이고 아주 창의적인 러시아 문학이 등장하는 데에는 당연히 시간이 걸렸고, 이렇게 느린 발전은 언어적인 변모에 의해서 강조되었다. 18세기는 주로 모방적이었고, 어떤 의미에서는 실험적일 수밖에 없었으며, 단지 마지막 몇십 년 동안만 상당히 풍부한 창의적 재능이 발휘되었을 따름이다. 그럼에도 불구하고, 18세기 작가들의 선구적인 작업은 근대 러시아 문학의 성립과 발전에 중요한 기여를 했다.

러시아에서 교육받았던 몰다비아의 공이자 러시아 외교 업무에 종사했던 칸테미르(1709-1744)는 "근대 러시아 순수문학의 창시자"라고 불려왔다. 칸테미르는 번역을 했을 뿐만 아니라, 시와 산문, 풍자시, 시가, 서정시, 우화, 그리스 수필 등의 독창적인 작품을 썼다. 로모노소프(1711-1765)는 칸테미르보다 시적 재능이 더 뛰어났다. 그는 문학 분야에서 특히 송시(頌詩)로 기억되며, 그중의 일부는 여전히 송시의 고전으로 남아 있는데, 특히 우주의 광대함과 장관을 다룬 작품이 그렇다. 수마로코프(1718-1777)는 많은 작품을 쓴 영향력 있는 작가로서 러시아 희곡의 아버지라는 명예를 가지고 있다. 수마로코프는 비극과 희극만이 아니라 풍자시와 시를 쓰고 정기간행물을 출판한 것과 더불어, 러시아의 한 상설극장의 초대 감독이기도 했다. 수마로코프는 당대의 특징인 의사-고전주의적(pseudo-classical) 방식으로 극본을 썼으며, 종종 역사적인 주제를 다루었다.

예카테리나 대제의 통치기에는 러시아 문학 작품의 양이 놀라울 정도로 급증했을 뿐만 아니라, 질적인 면에서도 상당한 진전을 이루었다. 18세기와 19세기에 걸쳐 살았던 카람진은 말할 것도 없고, 그 시대에는 두 명의 작가가 러시아 문학에서 항구적인 명성을 획득했다. 데르자빈과 폰비진이 바로 그들이었다. 공정하게 말하면, 데르자빈(1743-1816)은 예카테리나 대제의 관변 시인이었다고 할 수도 있다. 그는 허영기 있는 여제와 포템킨이나 수보로프처럼 그녀의 통치기의 유명한 러시아인들을 계속해서 찬미했다. 그는 대부분의 궁정 시인처럼 아주 많은 작품을 썼다. 그러나 전성기 때, 데르자빈은 유명한 "신"에 의해서 대표되는 탁월한 송시와 일부의 덜 알려진 서정시에서 대단히 훌륭한 시 작품을 써냈다. 그 시인은 자신에게 영감을 불러일으킨 궁정 세계에 속해 있었고, 심지어 알렉산드르 1세 정부에서는 법무부 장관으로 일하기도 했다.

폰비진(1745-1792)은 러시아 최초의 주요 극작가로, 정확히 말해서 희극작가라는 폭넓은 찬사를 받아왔다. 폰비진의 지속적인 명성은 『미성년(*Nedorosl*)』이라는 단 하나의 희극 작품에 주로 근거한다. 이 극본은 형식 면에서 의사-고전주의적이며 수많은 인위적인 등장인물과 꾸며낸 상황을 담고 있음에도 불구하고, 러시아의 지방귀족의 태도를 묘사할 때에 엄청난 풍요로움과 사실성을 발휘한다. 이 희극의 주인공으로서 마지못해서이기는 하지만 변화하는 러시아 상황 속에서 초등교육을 받아야만 했던 게으르고 반응 없는 아들, 그리고 그를 애지중지하며 군림하는 태도를 가지고 있고 반계몽주의적인 그의 어머니는 불멸의 인물상들이 된 듯하다. 폰비진은 『미성년』 이외에도 다른 극 작품을 번역하고, 개작하거나 쓰기도 했다. 그의 작품 중에는 훌륭한 희극으로서 러시아 내의 지나친 프랑스 찬양 분위기를 비웃은 『여단장(*Brigadir*)』도 포함되어 있었다. 그리고 그는 풍자적인 글 시리즈와 외국에 대한 자신의 인상을 다룬 주목할 만한 일련의 비판적인 서간문을 써내기도 했다.

고전주의 혹은 신고전주의가 18세기 유럽 문학의 주류를 대표했다고 한다면, 그 시대의 말기 무렵에는 다른 흐름들도 전면에 부각되었다. 여기서도 러시아인들은 서구의 원작들을 열정적으로 번역하고, 개작하고, 흡수했다. 카람진(1766-1826)은 러시아 문학에서 감상주의의 창시자라고 불릴 수 있다. 1790년대 초에 등장한 작품들로서, 섬세하고 눈물 나게 만드는 『어떤 러시아 여행자의 편지(*Pis'ma russkogo puteshestvennika*)』와 선풍적인 인기를 끈 『가련한 리자(*Bednaia Liza*)』는 러시아에서 새로운 감성이 큰 성공을 거두었다는 것을 나타내주었다. 카람진은 출판업자로서도 성공했으며, 일반적으로 러시아인들의 삶에서 전업 작가의 위상을 높이는 데에 도움을 주었다는 점도 덧붙여 말할 필요가 있다. 18세기의 러시아에서 "민족의식"에 대한 로저의 연구에 의해서 밝혀졌듯이,

하나의 중요한 새로운 흐름은 민속문화에 대한 새로운 흥미였다. 이것은 자기 나라의 역사에 대한 관심이자, 서구적인 것과 상반된 러시아적인 것들에 대한 강조로 나타났다.

사회비평

사상사는 문학사와 분리될 수 없거니와, 러시아적 상황에서는 더더욱 그러했다. 18세기의 러시아에서 사회비평은 이 두 부분의 중심 내용을 차지했다. 이성의 시대의 두드러진 특징이었던 이런 교훈적인 경향은 모든 것을 아주 빨리 배워야 했던 러시아에서 특별하게 적용되었다. "근대 러시아 문학의 창시자"인 칸테미르는 풍자문학 작품을 즐겨 썼던 한편, 그의 번역물 중에는 몽테스키외의 『페르시아인의 편지(Lettres persanes)』도 포함되어 있었다. 풍자문학은 18세기 러시아 작가들이 선호하던 장르였다. 그것은 폰비진의 눈부신 희극에서부터 예카테리나 대제를 비롯하여 명성을 얻으려는 다른 수많은 저술가들의 평범한 노작에 이르기까지 다양했다. 그와 같은 풍자와 사회비평은 언론에 영감을 주었다. 사실, 이 두 영역은 명확하게 구분되지도 않았다. 러시아의 저술가들과 정치 평론가들은 자국민들의 후진성, 천박함, 부패에 대해서 맹렬한 비난을 퍼부었고, 기회가 있을 때마다 자국민들을 문명과 개화 쪽으로 이끌려고 했다. 동시에 그들은 가끔 "볼품없는 짐승들"이 서구, 특히 프랑스를 지나치게 존경하고 자신들의 나라를 경멸하기 시작했다는 것을 알아챘다. 그리하여 이제 반대로 그 점이 18세기 내내 풍자되고 비난되었다.

비판정신은 특히 예카테리나 대제의 통치기에 발전되었으며, 여제 자신의 후원과 모범에 의해서 도움을 받았다. 사실, 그녀는 말하자면 계몽사상가들의 폭넓은 비판과 견해를 공식적으로 지지해주었다. 자유경제협회는 심지어 농노제 폐지를 옹호하는 저술에 최초의 상을 수여하기도 했다. 일종의 러시아식 볼테르주의도 등장하여, 페르네의 현인에 대한 존경심을 러시아 생활의 많은 측면에 대한 회의적인 태도와 결합시켰다. 일부 역사학자들은 이런 볼테르주의가 피상적인 유행이라고 묵살하고 있지만, 그것이 일부의 러시아인들에게 비평 학파(a school of criticism) 구실을 했다는 것은 의심의 여지가 없다.

프리메이슨 운동은 러시아인들에게 비평과 사상의 또다른 흐름이 되었는데, 서로 이질적인 가르침과 흐름을 결합한 것이기 때문에 더욱 복잡한 것이었다. 그것은 물론 또다시 서구, 즉 영국, 독일, 스웨덴, 프랑스로부터 러시아로 전해졌다. 최초의 프리메이슨 형제단 지부는 엘리자베타 여제 시기에 등장했지만, 이 운동은 예카테리나 대제의 통치기가 되어서야 유명해졌다. 그 당시에 이 운동은 상트페테르부르크, 모스크바 그리고 몇몇 지방 도시에 약 100개의 지부를 두고 있었고, 거의 전적으로 귀족 출신이었던 회원은 대략 2,500명이었다. 프리메이슨 운동은 아마도 대부분의 회원들이 주된 매력을 느끼고 있었던 품위 있는 사회생활에 기여했다는 점 이외에도, 전문가들은 18세기의 러시아에서 이 운동 안에 존재했던 두 개의 주된 흐름을 구분한다. 그 둘 사이의 차이는 모든 프리메이슨 단원들이 맡도록 기대되었던 이중적인 의무로부터 생겨난 것이었다. 첫째는 개인적이고 종종 신비로운 것이었다. 그것은 영적 묵상과 자기완성, 신을 알려고 하며 자신의 개인 생활에서 모든 인류가 신의 형상으로 창조되었다는 원리를 깨달으려는 노력이었다. 둘째는 자신과 동류인 인간들에 대한 의무였다. 그것은 굴욕감을 주는 자선 행위가 아니라 인쇄물을 주는 것 등 교육을 통해서 사람들을 향상시킴으로써, 다른 사람들이 자신들이 신으로부터 부여받은 존엄성을 깨닫도록 도와주는 것이었다. 좀더 사회적인 방향성을 가진 프리메이슨 중 많은 단원들은 모스크바 대학교 주변에 집중되어 있었다. 그들은 교육과 출판 활동에 종사했는데, 사립학교를 설치하고, 정부 바깥에서 러시아 최초로 대규모 출판 프로그램을 수립했다. 그들은 정기간행물 문헌과 그것의 사회 비평에 크게 기여했다. 예카테리나 대제는 프리메이슨 단원들의 신비주의에 대해서 경멸감을 표현했으나, 1790년대까지 그들의 사회적 행동주의를 장려했다.

노비코프(1744-1818)는 이런 노력을 주도했다. 때때로 당대의 미국 프리메이슨인 벤저민 프랭클린과 비교되기도 하는 노비코프는 사설 인쇄소와 출판사를 설립한 다음, 논문을 편집했으며, 많은 잡지에 논문을 기고하기도 했다. 그뿐만 아니라 그는 러시아의 서적 유통을 촉진시켰고, 러시아 최초의 아동용 도서 시리즈를 만들었다. 예카테리나 대제가 존경했던 그의 초기 저술은 주로 부드럽고 유머러스한 풍자문이었다. 그런 글들은 특히 귀족으로서의 지위에 대한 허황된 자만심은 가지고 있으나 공동의 선을 위해서는 거의 기여하지 못하고 자

니콜라이 노비코프. 이것은 예카테리나 대제를 그리기도 했던 레비츠키가 1797년에 그린 유명한 그림을 동판화로 제작한 것이다. 논리적인 주장을 하는 듯이 손을 펴고 입을 약간 벌린 모습을 주목하라. (Brikner/*Illiustrirovannaia istoriia Ekateriny vtoroi*)

신의 농민들에게는 잔인한 태도를 보이던 지주들을 대상으로 했다. 그의 후기 저술은 도덕적이고 윤리적인 문제들에 대한 무겁고도 신랄한 논문들이었다. 그는 러시아의 생활에 있는 "연약함, 불완전함, 악덕"을 꾸짖었고, 인간이 (전통적인 교회의 어투대로) "원죄를 범한 부패하고 악취 나는 그릇"이 아니라, 신의 위엄 있는 피조물이며, 따라서 모든 인간은 존엄성과 권리 면에서 천부적으로 평등하다는 점을 깨닫도록 사회에 호소했다.

러시아에서 비판받아야 할 것 중에서 농노제는 가장 크게 부각되고 있었다. 그러나 이 제도는 러시아인들의 삶에 아주 잘 수용되었고, 삶의 기초를 이루고 있었기 때문에 18세기에는 감히 그것에 도전하려는 사람이 거의 없었다. 많은 저술가들은 어떤 주인이 잔인하다거나 또다른 주인이 낭비를 일삼는다는 등 농노제에서 일어나는 일부의 개별적인 과잉 행위를 비판했을 따름이지, 농노제 자체를 공격하지는 않았다. 노비코프를 비롯한 극소수 사람들은 거기서 더 나아갔다. 그들에게 비친 농노적 관계는 개별적인 일탈 현상으로 귀결될 수는 없었고, 개혁을 위한 외침이었다. 그러나 농노제에 대한 비판을 총체적이고도 오류

없이 명확하게 해내는 일은 라디시체프의 몫으로 남아 있었다. 예카테리나 대제의 통치기를 대표했던 문화적 진보주의와 행복이라는 허울을 깨뜨리고, 정부와 비판적인 지식인들 사이에 날카로운 단절을 초래한 계기가 되었던 것은 바로 라디시체프의 농노제 비판이었다.

라디시체프(1749-1802)는 러시아에서만이 아니라 라이프치히 대학교에서 공부했으며, 18세기 사상에 대한 폭넓은 지식을 가지고 있었다. 특히 그는 루소와 마블리 그리고 계몽주의 후기의 평등주의적인 경향만이 아니라 일반적으로 보다 급진적인 경향을 경험한 적이 있었다. 귀족의 일원이자 관리였고 어느 정도로 명성이 있는 저술가였던 라디시체프는 1790년에 너무나 충격적인 『페테르부르크로부터 모스크바까지의 여행(Puteshestvie iz Peterburga v Moskvu)』을 출판함으로써 러시아 역사에 자신의 발자취를 남겼다. "출발"이라는 첫 부분에 뒤이어, 길가의 역 이름을 따서 붙인 20여 개의 장으로 구성된 이 책은 농노제가 가진 특별하고도 다양한 참상을 묘사한다. 나머지 날에는 부역에 전념해야 하므로 오직 일요일에 자신의 땅을 경작할 수밖에 없었던 농노들의 광경이라든지, 하나의 가족 구성원들이 여러 명의 구매자에게 경매로 팔리는 광경이라든지, 열성이 지나친 주인이 강제로 결혼을 주선하는 일 등이 그 책의 파노라마 속에 담겨 있었다. 게다가 라디시체프는 『여행』 및 다른 저술들에 반영된 포괄적인 철학적, 사회적, 정치적, 경제적 관점과 농노제에 대한 명확한 비난을 결합시켰다. 그는 러시아의 전제정치와 행정상의 부패를 공격했고, 그 대신에 개인들이 완전한 자유를 가진 공화정을 제안했다. 그리고 그는 실제로 농노해방 계획 및 그에 수반되는 토지 문제의 해결책을 작성하기도 했다.

라디시체프는 자신의 이런 격렬한 공격으로 인해서 사형선고를 받았다가, 다행스럽게도 10년의 시베리아 유형으로 감형되었다. 프랑스 혁명으로 깜짝 놀란 예카테리나 대제는 자신이 진흥시키기 위해서 아주 많은 일을 해왔던 계몽주의 사상에 마침내 등을 돌리게 되었다. 노비코프와 모스크바에 있던 그의 동료 프리메이슨 단원들도 1792년에 고초를 당했고—여제는 노비코프를 체포한 다음, "체제 전복" 혐의를 적용해서 재판도 없이 상트페테르부르크 근처의 슐리셀베르크에서의 15년 투옥형을 선고받도록 했다—그들의 교육 및 출판 활동도 갑작스런 종말을 맞이하게 되었다. 여행 및 서구의 혁명가들과의 다른 접촉을 금하는 칙령이 아주 빈번히 공표되었고, 파벨의 통치기에는 그런 칙령의 횟수는 터무니없는 정도에 다다르게 되었다. 그러나 계몽주의를 둘러싼 문제는 프랑스 혁명에 대한 반발보다도 훨씬 더 중요한 의미를 가지고 있음이 판명되었다. 그리고 이 주제의 의미는 프랑스 혁명에 대한 반응보다 훨씬 더 심오했다는 것이 밝혀졌다. 러시아 정부는 1790년까지는 러시아인들을 계몽주의의 길로 인도했다가, 그해 이후로 제동을 걸기 시작했다. 그런데 라디시체프의 『여행』은 러시아에 급진적인 인텔리겐치아의 선구적인 모습이라고 할 수 있는 급진적인 지식인의 저항이 등장한 것을 의미했던 것이다.

과학과 학문

계몽주의의 중심에는 세속주의적 철학, 문학 토론, 사회비평이 있기는 했지만, 그 시대에는 다른 문화 분야들도 발전되고 있었다. 러시아는 늘 그래왔듯이 서구를 뒤따라서 근대 과학, 학문, 예술을 계속해서 흡수하고 있었다. 과학은 러시아에서 느린 속도로 뿌리를 내렸다. 그중 일부는 아주 탁월했던 외국에서 초빙된 학자들 이외에는, 이 분야에서 러시아인들이 오랜 세월 동안 이루어놓은 일은 상대적으로 별로 없었다. 그러나—일반화와 도식화가 가진 위험을 명확히 보여주는 하나의 사례로서—한 사람의 위대한 러시아인 과학자가 18세기에 아주 일찍 무대에 등장했다. 더구나 그가 남긴 업적은 러시아의 과학 연보 전체에서 필적할 만한 사람이 거의 없을 정도였다. 이 비범한 인물은 로모노소프였다. 그는 북부 끝에 있는 아르한겔스크 주의 농민 가정에서 태어나, 러시아 그리고 5년 동안 독일—대부분 마르부르크 대학교—에서 교육받았다. 이미 선구적인 문법학자이자 유명한 문학가이자 재능 있는 시인이었다고 언급했던 로모노소프는 화학자, 물리학자, 천문학자, 기상학자, 지질학자, 광물학자, 금속학자, 항해전문가, 지리학자, 경제학자, 역사학자였을 뿐만 아니라, 다양한 수공업 기술을 가진 대가였고 지칠 줄 모르는 발명가이기도 했다. 후대에 푸시킨은 아주 적절하게도 그를 최초의 러시아 대학교라고 불렀다. 우리는 로모노소프의 업적을 고려할 때, 그가 살았던 시대는 과학이 매우 전문화되기 이전이었으며 단 한 사람이 많은 학문을 습득하고 그것을 진전시킬 수 있었던 때였다는 것을 기억할 필요가 있다. 달리 말해서, 로모노소프는 서구의 위대한 백과전서파 학자의 러시아판에 해당되었던 셈이다.

아마도 로모노소프는 화학과 물리학 그리고 이 두 학문의 경계 분야에서 가장 훌륭한 일을 했을 것이다. 사실 그는 물리 화학을 발전시켰고, 1751년에는 그것에 관한 세계 최초의 과정을 개설했으며, 1752년에는 그 분야의 교과서를 출판했다. 이 러시아인 과학자가 남긴 다른 탁월한 업적 중에는 라부아지에보다 한참 앞서서 행한 질량과 에너지 보존 법칙의 발견, 금성의 대기권 발견, 전기에 관한 눈부신 연구, 열 이론, 광학, 그리고 수정, 목탄, 흑토의 성질과 구조의 규명 등이 포함되어 있었다. 그러나 불행하게도 로모노소프의 과학 활동은 특히 러시아에서는 자신의 시대를 너무 앞선 것으로 판명되었다. 그래서 그것은 러시아에서 추종자를 아무도 발견할 수 없었고, 멘슈트킨 및 20세기의 다른 학자들에 의해서 비로소 제대로 다시 발견될 수 있었다.

비록 로모노소프는 기본적으로 고립된 개인으로 남아 있었지만, 18세기는 러시아 역사상 대규모로 조직적인 과학적 노력이 이루어진 시기로서 주목받을 만했다. 그런 노력은 제국의 먼 지역, 때때로 이웃 바다와 영역을 발견하고, 조사하거나 연구하기 위한 탐험의 형태로 이루어졌다. 지리학, 지질학, 광물학, 식물학, 동물학, 인종학, 언어학뿐만 아니라 다른 몇몇 학문들은 아주 면밀하게 진행되었고, 때때로 매우 대담했던 이런 기획들로부터 도움을 받았다. 표트르 대제에 의해서 시작된 탐험대는 이미 18세기 전반부에 중요한 성과를 올렸다. 예를 들면, 1732년에 알래스카가 발견되었다. 1733년부터 1742년까지 지속되었으며 570명이 참가한 소위 제1차 학술 탐험대(Pervaia Akademicheskaia ekspeditsiia)는 시베리아 북부 해안에 대한 지도를 만들면서 탐사하는 엄청난 과제를 수행했다. 위대한 학술적 가치를 가진 수많은 탐험 활동은 그 이후에도 계속되었다.

러시아인들은 사회과학과 인문학이라고 부를 수 있는 분야에도 많은 노력을 기울였다. 언어와 문학과 관련된 새로운 러시아 학문에 대해서는 이미 언급했다. 근대 러시아의 경제학 연구는 표트르 대제 시기에 시작되었다. 특이하게도 초대 황제를 비판하기도 했고 찬양하기도 했던 부유한 농민으로서 놀라운 논문인 「빈곤과 부에 대한 책(Kniga o skudosti i bogatstve)」을 저술한 포소슈코프는 이 분야의 창시자로 일컬어져왔다. 포소슈코프가 영감을 얻었던 것은 표트르 대제의 개혁, 그리고 러시아가 당면하고 있던 문제점이었고, 그 자신이 잘 몰랐던 서구 학문은 아니었다. 한편 역사 연구도 러시아에서 빠르게 발전되었다. 18세기 내내 러시아인들은 독일인으로서 탁월한 역사학자였던 슐뢰처 같은 외국 학자들로부터 도움을 받았다. 18세기의 러시아 역사학자로는 중요한 행정가로서 표트르 대제 시대의 협력자였던 타티시체프, 예카테리나 대제의 입법 위원회에서 귀족의 권리를 주장했으며 수많은 다양하고 흥미로운 저서를 펴낸 시체르바토프 공, 볼틴 소장 등이 있었다. 당연하기는 하지만, 타티시체프의 시기부터 러시아 역사학자들은 군주와 국가의 역할을 강조하는 경향을 보여주었다.

예술. 맺음말

표트르 대제와 그의 후계자들이 관심을 가졌고 대단한 씀씀이를 보여주었기 때문에, 18세기의 러시아에서는 건축이 융성했다. 예카테리나 대제는 열정적인 건축가로 밝혀졌는데, 이 말은 파벨만이 아니라 19세기의 알렉산드르 1세와 니콜라이 1세에게도 적용될 수 있었다. 늦지대였다가 세계에서 진정으로 아름답고 인상적인 도시 중의 하나가 된 상트페테르부르크는 러시아 제국이 건축 분야에 헌신한 결과로 얻게 된 최상의 기념비적 성과로 남아 있다. 18세기 초에는 바로크 양식이, 18세기 말 무렵에는 신고전주의 양식이 유럽과 러시아의 건축을 지배했다. 로마노프 가문이 지배하던 제국의 건축가 중에는 수많은 재능 있는 외국인들이 포함되어 있었다. 그중에서 특히 표트르 대제에게 초청받은 조각가 부친을 따라서 소년 시절에 이탈리아로부터 러시아로 온 라스트렐리 백작은 상트페테르부르크에 있는 겨울궁전과 스몰니 학교 그리고 차르스코예 셀로의 대 궁전과 다른 많은 건물들을 설계했다. 18세기 후반에는 바제노프와 카자코프와 같은 몇몇 탁월한 러시아인 건축가도 등장했다.

다른 예술 분야도 성장하고 발전했다. 1750년대에 학술원 예술분과는 독립적인 예술 아카데미가 되었다. 레비츠키(1735-1822)—그는 우크라이나인으로서 부친은 성직자이자 종교 화가였다—의 작품에서 사례를 찾아볼 수 있듯이, 회화 분야에서는 초상화가 가장 눈에 띄었다. 로모노소프와 마찬가지로 북쪽

상트페테르부르크의 겨울궁전. 그녀가 사망한 이후에야 완공되었으나, 엘리자베타가 건축 명령을 내렸고, 라스트렐리가 설계했다. 이 궁전은 1917년 혁명 때까지 러시아 황제들과 황후들의 거처였는데, 원래 예카테리나 대제가 궁궐의 부속 건물로 세운 에르미타시 박물관의 일부로서 대중에게 혁명 이후에 공개되었다. (Sovfoto)

끝 지방의 농민이었던 슈빈(1740–1805)은 러시아 최초의 중요한 조각가였다. 그는 뼈 조각가 가문에서 최초의 훈련을 받은 다음에, 계속해서 상트페테르부르크, 이탈리아, 프랑스에서 가능한 최상의 예술 교육을 받았고, 국내만이 아니라 외국에서도 높은 평가를 받게 되었다. 슈빈의 조각 작품은 풍부한 표현성과 사실성이라는 특징을 가지고 있었다.

18세기에는 러시아에서 근대 음악, 특히 오페라만이 아니라 발레와 극장이 등장하기도 했다. 이 모든 예술 분야는 서구에서 들어왔다. 그러나 다른 많은 것과 마찬가지로, 모방과 견습 과정은 장인의 경지로 발전되었고, 시간이 지남에 따라 독창성이 발휘되었다. 극장에 관해서 말하면, 표트르 대제는 독일인 배우들을 초청했고 그 이후의 군주들은 프랑스와 이탈리아의 극단을 후원했지만, 러시아 자체의 극장이 세워진 것은 1750년대가 되어서였다. 극장의 창립자는 상인의 아들로 태어나서 볼가 강 유역에 있는 야로슬라블에서 성공적으로 극장을 세운 다음, 같은 일을 하도록 수도로 초청받은 볼코프였다. 18세기 말 무렵에, 러시아에는 여러 곳의 대중 극장과 연극 학교가 있었고, 1786년부터는 『러시아 극장(Russkii teatr)』이라는 정기간행물이 발간되기 시작했다. 더 나아가 극장은 대지주들 가운데서도 인기를 얻게 되어, 그들은 모스크바에만 약 15개의 사설극장을 보유하고 있었다. 최근의 학자들은 러시아 계몽주의의 문화적 사명에서 극장이 핵심적인 역할을 수행했을 뿐만 아니라, 극장 관객이라는 새로운 사적 세계는 러시아에서 비정부적 시민 활동과 사회성의 핵심적인 새로운 장소 중의 하나로서 시민사회의 발전을 위하여 아주 중요한 잠재력을 가지고 있었다고 주장한다.

　1800년의 러시아 문화는 1700년의 문화와 유사점이 별로 없었다. 물론 특히 종교적 신앙이 지속적인 영향을 미쳤다는 점에서 연속성도 있었다. 일반 사람들의 문화 세계는 거의 변화되지 않았고, 부르주아지는 여전히 성립되지 않았으며, 소수의 다른 목소리는 쉽게 침묵하도록 강요받을 수 있었다. 그렇지만 변화한 것도 많았다. 무엇보다도, 교육받은 상층은 서구화되었다. 나중에 카람진이 19세기 초의 민족적 정체성과 천재성 개념에 영향을 받아서 주장했듯이, "우리는 세계시민이 되었으나, 어떤 점에서는 러시아 시민이 아니게 되었다." 카람진과 마찬가지로, 많은 러시아인들은 서구로부터 아주 많은 것을 차용한 것에 대해서 우려했다. 아주 많은 저술가들, 특히 소련 역사학자들은 민족정신에 이질적인 것은 폐기되었다고 주장하고, 러시아의 고유한 성취와 독창성을 강조하면서 서구의 역할을 축소했다. 흔한 일이기는 하지만, 상처받은 민족적 자존심은 불행하기도 하고 보통 정당화되지 못하는 감정이다. 확실히, 19세기에 러시아가 세계문화에 유명할 정도로 기여한 것과는 대조적으로, 18세기의 저술가나 예술가들 중 러시아 바깥에 많이 알려진 인물은 한 사람도 없다. 이것은 부당하게 무시당했기 때문이 아니었다. 사실 러시아 문화는 아직 모방 단계에 있었지만, 이것은 예외적이라고 볼 수 없었다. 유럽 국가들 중에 단지 영국과 프랑스만이 지적, 문학적, 문화적 발전이 충분히 연속성을 가진다고 주장할 수 있다. 물론 그 두 나라조차도 어느 정도로는 외국의 영향을 경험했다. 더 중요한 것은, 러시아인들이 서구로부터 차용은 했으나, 서구의 문화를 완전히 이해하고, 자신들에게 적응시키고 발전시켰다는 점이다. 유산의 근원이 역사학자들에게 중요하기는 하지만, 그것이 어떻게 이용되느냐는 것은 훨씬 더 의미심장하다고 말할 수 있을 것이다. 우리는 이 장에서 그런 이용의 사례를 약간 보았는데, 앞으로 러시아 문화에 대해서 논의할 때 그에 대한 훨씬 더 많은 것을 보게 될 것이다.

제25장

알렉산드르 1세의 통치(1801-1825)

당신은 천사처럼 빛납니다,
선함과 아름다움으로.
그리고 당신이 처음 한 말은 약속합니다.
예카테리나의 황금시대와,
행복과 기쁨과 영광의 나날을.
현명한 법이 우리의 국내에서 평온을 지켜줄 때,
러시아는 외국에서 영예를 얻었습니다. ─카람진이 알렉산드르 1세에게(1801)

우리는 그들에게 우리가 곰이 아니라는 것을 보여주어야 한다.
─알렉산드르 1세(1815)

표트르 대제 시대의 러시아와 볼셰비키 혁명 사이의 두 세기 동안에, 권위주의적인 과거에 대한 마력이 극복될 수 있었으며, 국가 형태가 헌법으로 자유화되고, 러시아의 발전 방향이 서구의 역사적 흐름과 통합될 수 있었던 어떤 시기가 있었다고 한다면, 그것은 알렉산드르 1세 통치의 초기이다. 설사 그렇지 않다고 할지라도, 누구든지 그렇게 생각하려는 유혹을 어느 정도는 받고 있다. ─차크스

부친의 축출 및 암살에 뒤이어 스물세 살의 알렉산드르 1세의 제위 승계는 환호와 커다란 희망으로 받아들여졌다. 그의 젊음, 계몽된 교육, 통치자로서 처음으로 한 발언이 이런 기대가 옳다는 생각을 불러일으킨 것 같았다. 영국 역사학

자인 차크스로부터의 인용문이 시사하고 있듯이, 후대의 몇몇 역사학자들은 알렉산드르 1세의 통치기가 권위주의의 길로부터 러시아를 최종적으로 벗어나게 만들 수 있는 가능성을 가졌다고 본다. 사실 보수주의적인 당대인들은 알렉산드르의 의도가 정확하게 이것이라고 우려하기도 했다. 그러나 역사학자들은 알렉산드르 1세를 혼란스러울 정도로 모순된 인물, 즉 "수수께끼 같은 차르", "스핑크스", "왕관을 쓴 햄릿"과 같은 사람으로 보면서 접근해왔다. 당대인들의 설명도 극히 다양했다. 그는 제퍼슨을 포함한 많은 저술가들에 의하여 자유주의자로 불렸으나, 바이런 경 같은 다른 많은 사람들에 의해서는 반동주의자로 비난받았다. 그는 신성동맹(the Holy Alliance)의 창안자로서 평화주의자라는 영예, 그리고 일반적으로 지구상에서 기독교적인 형제애와 평화를 확립하기 위하여 최선을 다했던 사람이라는 영예를 얻었다. 그러나 이 "천사"—종종 알렉산드르 1세에게 붙는 별칭—는 훈련교관이자, 연병장을 열광적으로 좋아하는 사람이기도 했다. 일부 사람들은 그의 입장이 계속해서 동요하고 있었다고 보고, 또다른 사람들은 그의 통치 초기와 마지막 사이에 자유주의로부터 반동으로 변화되었다고 보기도 한다.

황제의 모순된 이미지는 심리적인 측면, 즉 그의 불안정하고 불확실하고 모순된 성격으로 흔히 설명된다. 심리학은 역사학자들에게 위험한 영역이기는 하지만, 알렉산드르는 극히 예민하고, 매력적이며, 잠시도 가만히 있지 못하는 사람들의 부류에 속한다고 말할 수 있다. 그런 사람들은 계속해서 짜증을 내고, 무엇인가를 찾으며, 실망을 하면서 살아간다. 그들은 균형, 일관성, 확고한 목적을 결여하고 있다. 그들은 근본적인 모순을 안고 있다. 알렉산드르 1세의 행동은 냉소주의라는 혐의 혹은 마키아벨리즘이라기보다는, 알렉산드르 1세가 스스로와 타협할 수 없었고, 안정된 노선을 추구할 수 없었던 것으로 설명될 수 있다. 그런 유형의 성격을 가진 사람의 특징은 시간이 지남에 따라서 개인적인 문제들이 증가된다는 것이다. 그래서 황제는 점점 더 짜증을 내고, 피곤을 느끼고, 사람들을 의심하며, 삶에 대해서 더 불만을 가지고, 점점 더 초월적인 해결책을 열렬히 찾게 되었다.

그것과 관계된 설명은 그의 양육 과정에 초점을 맞춘다. 우선 알렉산드르의 유년기와 소년기는 특히 서로를 미워하던 부친인 파벨과 조모인 예카테리나 대

알렉산드르 1세. 당대에 제작된 이 초상화는 알렉산드르 1세의 이미지가 가진 두 측면을 포착하고 있다. 한편으로 그는 러시아의 정치적, 군사적 힘을 위해서 헌신했고, 다른 한편으로는 "복 받은 사람"이라는 칭호를 얻었으며, 사망 시에는 "우리의 천사"라고 불릴 정도로 온화하고 선한 성품을 가지고 있었다. (*Tsarstvuiushchii dom Romanovyh*)

제와의 관계가 애매했기 때문에 힘들었던 시기였다. 알렉산드르는 자신의 부모보다도 예카테리나와 더 많은 시간을 보내면서, 적어도 그의 소년 시절의 편지에 따르면 아첨, 시치미 떼기, 위선의 기술을 일찍부터 익혔다. 여제는 애초부터 알렉산드르를 아주 좋아했으며, 파벨을 건너뛰고 그를 자신의 후계자로 삼기를 명백히 원했다. 그러나 이런 계획은 그녀가 갑자기 사망했기 때문에 실행에 옮겨지지 못했을 가능성이 아주 높다.

교육 또한 미래의 황제의 성격, 관점, 행동에 영향을 미쳤다. 예카테리나 대제는 계몽사상에 의해서 지도되던 알렉산드르의 교육에 친히 관심을 가지고 있었다. 예카테리나는 군주의 이상을 규정하는 원칙들을 가지고 그를 개인적으로 반복하여 교육했다. 그런 원칙 안에는 이성의 높은 목소리를 들을 수 있도록 해주는 스토아적인 자기 절제, 연민과 친근감, 공통의 선에 대한 헌신 등이 포함되어 있었다. 이런 것들은 예카테리나가 대공(알렉산드르 1세)을 위해서 선택해준 개인교사로서 스위스의 계몽철학자인 라 하르프에 의하여 더욱 자세히 교육되었다. 공화주의자라고 공언하던 라 하르프는 알렉산드르에게 이성의 인도를 받으면서 자신의 국민들의 선을 위해서 일하는 덕스러운 통치자의 고전적인 사례를 보여주었을 뿐만 아니라, 인간들의 천부적인 평등이 존중되고 시민들이 시민생활에 적극 참여하는 "시민사회"의 이상에 대해서 상세히 설명해주었다. 그는 알렉산드르에게 과거와 당대의 모든 위대한 계몽주의 서적을 읽도록 했고, 유럽의 모든 국가와 새로운 미국의 공화정의 역사에 대해서 읽게 했다. 예카테리나는 알렉산드르에게 한 종교 교사도 주선해주었다. 그 종교 교사는 신이 모든 인간의 행복을 주로 바란다는 믿음 및 명상을 통한 신의 진리에 대한 추구에 초점을 맞추면서, 개인적이고도 보편구원론적(universalistic)인 신앙을 옹호했다. 역사학자들이 주장하기로는, 라 하르프의 가르침이 러시아의 현실과 별로 공통점이 없었다는 것이 문제였다. 일부 학자들은 알렉산드르 1세 통치기의 특징이라고 할 수 있는 이론과 실천 사이의 차이가 이런 일방적인 교육에서 유래되었다고 믿는다.

알렉산드르 1세가 제위에 오를 때의 상황도 군주의 성격과 통치에 영향을 미쳤기 때문에 분석의 대상이 되어왔다. 특히 파벨은 자신의 부인과 이혼하고 그녀가 낳은 알렉산드르 및 다른 아들들의 상속권을 박탈할 생각을 하고 있었으므로, 알렉산드르는 자신이 파벨의 통치 동안에 불안한 위치에 있다는 것을 깨달았다. 젊은 대공(알렉산드르)은 자신의 아버지를 대상으로 한 음모를 거의 확실히 알고 있었으나, 파벨 황제의 살해는 분명히 놀랍고도 충격적인 사건이었다. 어떤 비평가들은 알렉산드르 1세가 가지고 있던 강한 죄의식, 말년의 신비주의, 불안정한 상태의 원인이 즉위 때의 비극에 있다고 본다.

마지막으로, 알렉산드르 1세 통치기의 모순은 역사와 정치 문화에 의해서 설명될 수도 있다. 우리는 사랑스럽고 자애로우며 러시아의 선에 헌신하는 차르로서의 이상과 경외스러우며(groznyi) 전능한 권력을 가진 차르로서의 이상 사이의 긴장에 대해서 이미 몇 차례 살펴봤다. 이론적으로는 이 두 가지 이상 사이에는 모순이 전혀 없었다. 왜냐하면 국가를 통합하고 공동의 선을 진전시키기 위해서는 절대적인 권력이 필수적이었기 때문이다. 알렉산드르가 제위를 이어받을 때 카람진이 한 말처럼, "행복, 기쁨, 영예"를 보장하기 위해서는 강력한 중앙권력이 필요했다. 그러나 우리가 종종 보아왔고 앞으로도 보게 되듯이, 실제에서 이 두 원칙은 갈등관계에 있을 수 있었다.

이 전제군주는 1825년에 불과 마흔여덟 살의 나이로 죽었다. 그러나 일부 전문가들은 마치 알렉산드르 1세의 미스터리를 계속 이어가려는 것처럼, 그가 죽지 않았으며 제위를 버리고 시베리아로 가서 표도르 쿠즈미치라는 성인 은자(聖人隱者)로 살았다고 주장한다. 황제는 자신의 직책이 주는 부담을 벗어 던지기를 계속해서 갈망했으며, 궁중 의사가 사망 증명서에 서명하기를 거절했다는 등의 상황 증거에 기반을 둔 이런 추정은 비록 완전히 무시될 수는 없겠지만, 증거가 더 필요하다. 군주의 죽음과 연관된 어느 정도의 기묘함과 혼란에 대한 또다른 설명으로는 그가 자살했다는 주장도 있을 수 있다.

자유주의와 개혁

알렉산드르 1세 자신은 제위에 오를 때, 교육받은 러시아인들에게 그가 계몽주의 정신을 가지고 통치하리라는 희망을 가지게 만들 충분한 근거를 주었다. 대관식 때 발표한 성명서에서 그는 "우리는 우리 국민들의 행복을 얼마나 진지하게 원하고 있는지, 조국의 진정한 아들들 앞에서 조국에 대한 우리의 사랑과 조국의 선에 대한 관심을 입증하는 것이 얼마나 즐거운 일인지"라고 하면서, 이해심 많고 덕스러운 통치자로서의 자신의 이상을 공표했다. 새로운 황제의 첫 번째 조치도 자유주의적인 희망을 불러일으켰다. 파벨에 의해서 해임된 1만2,000명에 이르는 사람들은 사면을 받고 원래의 자리로 되돌아갔다. 외국 서적과 정기간행물은 물론이고, 해외여행과 외국인들의 러시아 입국에 대한 불쾌한 제한 조치들이 폐지되었다. 검열은 완화되었고, 사설 출판사는 다시 문을 열도록 허용되었다. 수사 때의 고문은 폐지되었고, 예카테리나 대제에 의해서 귀족과 도시에 승인된 헌장은 다시 완전한 효력을 되찾았다. 그러나 물론 환영받았던 이런 조치들은 기껏해야 자유주의적 프로그램의 시작에 불과했다. 맞닥뜨려야 하는

알렉산드르 1세의 대관식 메달. 뒷면에는 "각 사람과 모든 이가 행복하기를"이라고 적혀 있다. 왕관을 쓴 기둥에는 "법"이라는 단어가 있다. (*Tsarstvuiushchii dom Romanovykh*)

핵심적인 사안 중에는 농노제, 전제정치, 국가의 전반적인 후진성 및 행정기구의 무능과 부패 등이 있었다. 알렉산드르 1세의 통치기에서 눈에 띄는 일들 중의 하나는, 개혁에 대한 이야기는 엄청나게 많았던 데에 비해서 실제로 실시된 것은 거의 없었다는 점이다. 전임자들과는 달리 알렉산드르는 전제정치를 제한하고 농노제를 폐지할 것을 기꺼이 원했다. 그러나 그는 실질적인 변화를 초래하기는 원하지 않았고, 그렇게 원할 수도 없었다.

일반적으로, 알렉산드르 1세의 통치기에는 두 차례의 "자유주의적" 시기가 있었다고 말해진다. 첫 번째는 1801년부터 1805년까지, 두 번째는 1807년부터 1812년까지인데, 공교롭게도 각 시기 뒤에는 프랑스와 전쟁이 벌어졌다. 알렉산드르 1세가 제위에 오른 직후인 개혁의 첫 번째 시기는 목표가 아주 원대했고, 아주 희망찬 때였다. 새로운 황제는 네 명의 젊고, 교양 있고, 지적이며, 자유주의적인 친구들, 즉 소위 비공식 위원회(Neglasnyi komitet)의 도움을 받아서 러시아를 변모시키기로 결심했다. 노보실체프, 스트로가노프 백작, 코추베이 백작, 그리고 폴란드 애국자인 차르토리스키 등 위원회의 구성원들은 친영주의로부터 자코뱅주의에 이르기까지 당대의 개화된 견해를 반영했다. 이들 네 사람은 급진파로 분류될 수는 없었지만, 파벨 행정부 이후의 새로운 출발을 의미했다. 황제는 그들을 농담조로 부르기를, 자신의 전임자들을 몸서리치게 만들었을 법한 프랑스 혁명기의 "공안 위원회"라고 했다. 그는 이 위원회와 비공식적으로, 그리고 거의 매일이다시피 할 정도로 자주 커피를 마시며 만났다.

비공식 위원회의 활동에 대해서 우리가 가진 정보—여기에는 모임에 대한 스트로가노프의 기록도 포함되어 있다—는 알렉산드르 1세가 처음에는 전제정치와 농노제를 폐지할 의도를 가지고 있었다는 것을 시사해준다. 그러나 행정부와 인민 대중이 개혁에 대한 준비가 되어 있지 않았을 뿐만 아니라, 이런 문제와 연관된 위험과 어려움이 곧 분명하게 드러나게 되었다. 말하자면, 농노제는 제국 내에서 가장 큰 관심거리였으며, 그것을 폐지하는 것은 러시아 사회 전체, 특히 극히 중요한 귀족계급에 영향을 미칠 수밖에 없었다. 전제정치와 관련해서는, 황제 자신은 비록 한때 공화국에 대해서 말하기는 했지만, 실제로 자신의 권위가 줄어드는 것을 받아들이기를 주저했다. 그는 자신의 성격대로 비공식 위원회의 회의 진행에 대해서 환멸감을 가지고 짜증을 내게 되었으며, 그것을 소집하는 횟수는 점점 줄어들게 되었다. 1805년에 발발한 전쟁으로 인해서 결국 그 위원회의 활동은 종식되었다. 그리하여 러시아는 쇄신되지 않고 개혁되지 않은 상태로 남게 되었다. 심지어 러시아의 권리장전을 공포하는 일처럼 훨씬 더 제한적인 기획조차 실행에 옮겨지지 못했다.

사실 최근의 학자들은 알렉산드르 1세가 전제정치의 폐지를 진지하게 고려한 적이 결코 없었으리라고 주장한다. 물론 그는 종종 "헌법"에 대해서 말했으나, 그가 이 말을 어떻게 이해했느냐가 문제이다. 라예프 등의 역사학자들의 주장에 따르면, 알렉산드르 1세 그리고 적어도 그의 대부분의 자문관들은 민주주의적인 권력 균형을 통해서 집행부의 권력을 제한하는 것이 헌법이라고 생각하지는 않았다. 오히려 당대의 유럽의 많은 다른 국가에서처럼, 그는 주로 자의성과 제멋대로의 변덕으로부터 자유로운 질서 있는 행정 및 법 체계를 도입하고, 그런 체계가 다양한 사회 신분의 대표들에 의해서 강화되는 것을 헌법이라고 생각하고 있었다. 한마디로 말해서 "법"에 기반을 둔 국가인 법치국가(Rechtsstaat)가 그의 이상이었다. 그것은 합리화된 문서 절차와 명확하고 합리적인 기능분화에 기반을 둔 강력한 중앙 정부를 의미했다. 달리 말해서 알렉산드르는 표트르 대제와 예카테리나 대제와 마찬가지로, 질서와 행복을 보장해줄 수 있고 변화를 위한 동력이 될 수 있는 강력하고 합리적이며 중앙집권화된 국가의 필요성을 믿었다. 이런 견지에서 보면, 그가 전제군주로서의 자신의 특권을 애써 지키려고 했던 것은 위선이나 우유부단함이 아니라, 특정한 정치철학이 반영된 결과라고 볼 수 있다.

이 모든 논의로부터 위대한 개혁이 하나도 구현되지는 않았지만, 알렉산드르 통치 초기에는 몇몇 중요한 특별 조치들이 입법화되었다. 예를 들면, 원로원은 부활되어 국가에서 가장 높은 자리로 격상되었다. 그것은 제국 내에서 최고의 사법적 및 행정적 기관이 되었고, 그곳의 법령은 황제만이 집행을 중단시킬 수 있는 칙령과 동일한 권위를 행사할 수 있었다. 18세기에 많은 변화를 겪었으며 전반적으로 불행한 역사를 가지고 있던 표트르 대제의 콜레기야는 1802년과 그 이후의 시기에 한 명의 장관이 각 부서를 책임지는 장관부서로 점차 대체되었다. 처음에는 8개의 장관부서, 즉 전쟁부, 해군부, 외무부, 법무부, 내무부, 재무부, 상업부 그리고 교육부가 있었다. 나중에 상업부는 폐지되고 경찰부가 신설되었다. 장관부서의 책임을 규정한 1810년의 법령에서 "국사를 좀더 공평하게 분리하고 그 집행에서 보다 통일성을 도입하기 위해서, 그리고 권한과 책임의 한계가 정확하게 규정될 수 있도록 그 기능을 단순화시키고 좀더 용이하게 하기 위해서"라고 표현되었듯이, 그 이유는 특징상 합리주의적인 것이었다.

정부는 몇몇 제한적인 사회입법에도 착수했다. 1801년에는 영지를 소유할 수 있는 권리가 귀족으로부터 다른 자유민 러시아인들에게로 확대되었다. 1803년에는 소위 "자유농민법"이 시행되었다. 이 법은 지주에 의한 자발적인 농노해방을 규정했으며, 해방된 농노가 토지를 받도록 보장해주었고, 모든 조항이 반드시 준수되도록 규정을 제정하고 법원을 설치했다. 새롭게 해방된 농노는 많은 점에서 국가농민의 지위를 얻을 수 있었으나, 국가농민과는 대조적으로 좀더 강력한 재산권을 향유하며 일부 의무로부터는 면제될 수 있었다. 그렇지만 자신의 농민들을 해방시키기를 바라는 지주는 많지 않았다. 보다 정확히 말하면,

법이 제정된 때로부터 반세기 이상이 지난 "대개혁" 직전에 그 법이 폐기될 때까지, 자유농민법의 규정에 따라서 384명의 지주가 11만5,734명의 남성 농노들을 그들의 가족과 함께 해방시켜주었다.

　군주와 비공식 위원회가 국가의 상황을 검토했을 때, 그들은 러시아의 후진성과 무지함을 충격적일 정도로 분명하게 알게 되었다. 따라서 교육 분야는 통치 초기의 공식적인 계획과 활동에서 우선순위에 들게 되었다. 다행스럽게도 교육을 위한 노력을 기울일 때는 농노제 및 전제정치 문제와 연관된 위험과 장애물이 별로 없었다. 알렉산드르 1세는 러시아 역사상 처음으로 교육 분야에 거액의 돈을 투자하여, 기존의 모스크바 대학교 이외에 몇 개의 대학교와 42개의 중등학교 및 상당수의 다른 학교를 설립했다. 19세기 전반기의 러시아 교육에 대해서는 나중 장에서 논의될 것이지만, 여기서는 알렉산드르 1세의 교육기관 설치와 그의 전반적인 학교에 대한 정책이 당대로 볼 때는 명백히 자유주의적이었다는 점을 지적할 필요가 있다. 실제로 그런 일들은 대체로 머뭇거리고 견고하지 못한 군주의 자유주의가 맺은 최상의 결실이라고 일컬어져왔다.

　알렉산드르 1세 통치 중 개혁의 제2기인 1807-1812년 동안의 기간은 프랑스와의 동맹기에 해당하며, 황제의 가장 주목할 만한 조력자인 스페란스키에 의해서 주도되었다. 1772년부터 1839년까지 생존했던 스페란스키는 완전히 자수성가한 사람이었다. 군주의 대부분의 다른 측근뿐만 아니라 비공식 위원회의 구성원들과는 대조적으로, 그는 귀족 출신이 아니라 가난한 시골 성직자 출신이었다. 당시에는 수상이라는 공식적인 직책이 없었기 때문에, 명칭으로는 아니지만 사실상 그가 한동안 알렉산드르 1세의 수상이 될 수 있었던 것은 그의 지적 능력, 업무 능력, 걸출한 행정 능력 덕분이었다. 스페란스키에 대한 대부분의 전문가들이 믿고 있듯이, 이 비범한 정치인은 러시아에서 법과 합법적 절차에 확고한 기반을 둔 강력한 군주체제를 수립하고, 따라서 전횡과 부패와 혼란으로부터 러시아를 해방시키려고 시도했다. 달리 말해서 스페란스키는 진보적인 자유주의 혹은 급진적인 계획이 아니라 법치국가라는 전망 속에서 영감을 얻었다. 그러나 이 주제에 관해서 가장 최근에 주요 저작을 집필한 라예프는 이 러시아 정치가가 전혀 자유주의적이지 않았다고 주장했는데, 이 입장은 도를 지나친 감이 있다. 당대인들이 충분히 느끼고 있었듯이, 스페란스키의 관점은 러시아의 상황에서는 분명히 자유주의적인 것이었다. 더 나아가, 기회가 주어졌더라면 그의 관점은 더 자유주의적인 방향으로 발전될 수 있었을 것이다.

스페란스키는 1809년에 황제의 요청에 따라서 헌법 제정을 위한 철두철미한 기안을 제출했다. 이 정치가는 자신의 몸에 밴 체계적인 방식에 따라서 국민을 세 범주로 구분했다. 귀족이 한 범주이고, 다른 범주는 "중간적 위치에 있는" 사람들, 즉 상인, 수공업자, 농민 혹은 일정량의 재산을 보유한 다른 소자산가였으며, 다른 한 범주는 농노, 하인, 도제가 포함된 노동하는 사람들이었다. 그리고 이 계획안은 세 가지 종류의 권리, 즉 일반적인 시민권, 봉사 의무로부터의 면제와 같은 특별한 시민권, 재산 자격에 달려 있는 정치적 권리를 상정했다. 귀족은 이 모든 권리를 향유할 수 있었다. 중간 집단에 속한 사람들은 일반적인 시민권을 부여받았고, 재산 요건을 충족시킬 수 있을 때에는 정치적 권리를 가질 수 있었다. 노동하는 사람들도 일반적인 시민권을 획득했지만, 정치에 참여할 수 있을 정도로 충분한 재산을 가지지 않았던 것은 분명하다. 러시아는 4개의 행정단위로 재조직되어야 했다. 때때로 "칸톤(canton)" 혹은 "타운십(township)"이라고 번역되는 소행정단위인 읍(volost, 볼로스트), 군(우예즈드), 주(구베르니야), 그리고 국토 전체가 바로 그 네 단위였다. 각 단위에는 다음과 같은 기구가 설치되어야 했다. 즉, 러시아 전체의 국가 두마(Gosudarstvennaia duma)를 정점으로 하는 입법의회 혹은 두마와 원로원을 정점으로 하는 사법체계, 그리고 궁극적으로 장관부서와 중앙 행정부로 이어지는 행정부서들이 바로 그것이었다. 스페란스키의 구상 중에서 가장 흥미로운 부분인 국가 두마는 그 정치가가 얼마나 조심성을 가졌는지 잘 보여주었다. 왜냐하면 그 기구는 유권자에게 재산에 따른 규제를 부과한 것 이외에도, 일련의 간접선거에 의존했기 때문이다. 읍 의원은 군 의원을 선출했고, 군 의원은 주 의원을 선출했으며, 주 의원은 국가 두마, 혹은 전국 의회의 의원을 선출하게 되어 있었다. 그리고 국가 두마의 활동은 명백히 아주 좁게 제한되어야 했다. 그러나 다른 한편으로, 국가 두마는 국민들이 입법 과정에 참여할 수 있는 가능성을 제공했다. 기능의 분화, 법치에 대한 엄격한 존중, 대중에 의한 재판관의 선출 같은 몇몇 다른 규정에 대해서 스페란스키가 주장한 내용과 함께, 만약 국가 두마가 성공적으로 적용되었더라면 그것은 러시아를 제때에 변모시켰을 것이다. 사실, 지방자치와 전국 단위의 입법의회에 관한 스페란스키의 4단계 계획안은 러시아의 미래를 위하여 선견지명이 있는 구도라고 언급되어왔다. 그러나 그가 그린 미래는 구현되기에는 매우 많은 시간이 걸리는 것이었으므로—많은 전문가들의 견해에 따르면—그것은 너무나 적은 규모로 너무나 늦게 행해진 일의 고전적인 사례를 제공했다. 말하자면, 러시아에서는 1864년에 소위 젬스트보 개혁에 의해서 군과 주에서의 자치제가 실시되었고, 1905-1906년에는 전국적인 입법기구인 두마가 설치되었으며, 1917년에는 읍 단위의 지방자치제가 실시되었던 것이다.

알렉산드르 1세는 1809년과 그 이후의 몇 년 동안, 스페란스키의 제안을 실천에 옮기는 데에 실패했다. 1812년에 그 정치가가 실각한 것은 행정과 재정 분야에서 그가 취한 조치와 계획에 대한 관료들과 귀족들의 반대, 황제의 우려와 의구심과 우유부단한 태도, 스페란스키가 친프랑스주의자라고 낙인 찍혔던 상황에서 나폴레옹과 결별한 것 등의 이유들 때문이었다. 비록 스페란스키는 나중에 공직으로 복귀해서 그 이상의 유용하고 중요한 업적을 이루기는 했지만, 1809년에 그가 계획한 규모로 근본적인 개혁을 제안할 수 있는 기회를 결코 다시 가지지 못했다. 그리하여 알렉산드르 1세의 통치기 중 제2의 자유주의 시기도 제1기와 마찬가지로, 러시아에 기본적인 변화를 가져오지 못했다.

그러나 또다시 제1기와 마찬가지로, 제2의 자유주의 시기에도 보다 제한적인 성격을 가지는 몇 가지 의미심장한 입법 조치가 이루어졌다. 1810년에 스페란스키의 조언—실제로 이 일은 그 정치가의 계획 중에서 군주가 실천에 옮긴 유일한 것이었다—에 따라, 알렉산드르 1세는 나폴레옹의 참사원(Conseil d'Etat)을 본떠서 국무 협의회(Gosudarstvennyi Sovet)를 신설하고, 스페란스키를 국무장관직에 앉혔다. 입법 문제에서 군주를 돕도록 군주가 임명한 이 전문가 조직은 전제정치 원칙을 결코 제한하지 않았다. 오히려 국무 협의회는 극히 보수적인 경향을 가지고 있었다. 그럼에도 불구하고, 이 기구는 스페란스키가 그토록 중시했던 법치, 권한, 정당한 절차에 강조점을 둔다는 것을 분명하게 보여주었다. 그리고 그 이후의 제정 러시아 역사에서 잘 알려진 것처럼, "모든 중요한 개혁안은 국무 협의회를 통하여 정상적인 절차를 거쳐서 통과되었던 반면에, 그 이후의 정부에서 마련된 거의 모든 해롭고 아주 나쁜 법령들은 가능한 한 국무 협의회의 권한이 미치는 범위에서 벗어나서 명목상으로는 임시적인 행정법규로서만 통과되었다." 그리고 스페란스키는 장관부서를 재조직하고, 행정부에 두 개의 특별 기관을 추가로 설치했다. 그중 하나는 정부 재정의 감독을 위한 것이고, 다른 하나는 운송의 발전을 위한 것이었다. 1년 단위의 예산체계가 수립되었고, 그 밖에 다른 재정 조치들이 제안되어 그중 일부는 채택되었다. 아마도 훨씬 더 중요한 것은, 스페란스키가 공무원 시험 비슷한 제도를 도입함으로써, 다른 한편으로는 업적과 효율적인 조직을 강조함으로써 러시아 관료제를 강화하는 데에 커다란 공헌을 했다는 사실이다.

스페란스키의 헌법안은 알렉산드르 1세 통치기에 가장 탁월한 것이기는 했지만, 정부 측에서 나온 유일한 안은 아니었다. 다른 것 중에서 여기서 언급할 만한 것으로는 노보실체프의 안이 있다. 노보실체프의 「러시아 제국 헌법 헌장(Ustavnaia gramota Rossiiskoi imperii)」은 군주의 지위와 권위를 아주 비중 있게 강조했으며, 법치와 권리 그리고 협소한 기반과 미약한 권리만을 가진 입법의회를 강조했다는 점에서 스페란스키의 계획과 아주 유사했다. 그러나 노보실체프는 연방제 원칙과 비슷한 것을 허용했다는 점에서 스페란스키의 엄격한 중앙집권주의와 달랐다. 그는 핀란드와 러시아령 폴란드를 포함한 러시아 제국이 12개의 커다란 주로 나뉘어져서 각각의 주가 어느 정도의 자치권을 향유할 수 있기를 바랐다. 노브실체프의 안이 나온 시기는 주목할 만한 가치가 있다. 그것의 두 번째이자 마지막 버전은 알렉산드르 1세의 통치 후반기인 1820년에 황제에게 제출되었다. 나아가 군주는 그 안을 호의적으로 받아들였을 뿐만 아니라—일부의 주장에 따르면—그것을 일부 실시했다. 말하자면, 그는 노보실체프가 제안한 12개의 행정단위 중 하나를 만들기 위해서 여러 주를 통합하여 하나의 모델을 만들었다는 것이다. 1825년에 알렉산드르 1세가 사망하고 나서야 노보실체프의 계획은 완전히 폐기되었으며, 실험의 대상이었던 주들에서는 과거의 행정체계가 다시 수립되었다. 노보실체프의 「헌장」 이야기는 몇몇 다른 사건의 전개와 더불어, 알렉산드르 1세의 통치기를 자유주의적인 전반부와 반동적인 후반부로 명확하게 분리하는 통상적인 방법에 대해서 단서가 달려야 한다는 점을 제시한다. 그리고 그것은 "수수께끼 같은 차르"가 나라의 운명을 통제하는 한, 헌법이 러시아를 위해서 하나의 가능한 대안으로 남아 있었음을 시사한다.

대외정책, 전쟁 그리고 제국의 확대 : 1801-1812년

개혁이 실패한 것에 대한 하나의 설명은 알렉산드르 1세가 외교 문제와 전쟁, 특히 어렵기도 하고 심지어 대재앙이기도 했던 나폴레옹과의 전쟁에 지나치게 몰두했기 때문이라는 것이다. 알렉산드르 1세의 통치는 평화에 대한 바람과 일종의 고립주의를 천명함으로써 시작되었다. 차르토리스키(알렉산드르는 폴란드 분할에 대해서 어느 정도의 유감을 가지고 있으며, 그것이 되돌려질 수 있기를 바란다고 그에게 고백했다)의 영향을 받은 고립주의 정책은 러시아의 이해가 열강들 사이의 기존 균형을 지킴으로써 가장 잘 확보될 수 있다는 전제에 기반을 두고 있었다. 그러나 1805년 무렵에는, 러시아가 전략적인 이점으로 인해서 프랑스의 팽창주의에 위협받고 있는 대륙에 진정한 평화를 가져다주기 위한 책임감을 부여받았다는 가정에 기반을 둔 행동주의 정책이 고립주의 정책을 대체하게 되었다.

프랑스와 전쟁을 했고, 나중에는 영국에 대항하여 프랑스에 합세했던 파벨의 뒤를 이은 새로운 황제는 중립을 선언했다. 그러나 러시아는 유럽에서 격렬히 전개되고 있던 분쟁으로부터 오랫동안 초연할 수는 없었다. 알렉산드르 1세가 프랑스의 반대 세력에 합세한 것은 놀라운 일이 아니었다. 영국과의 경제적인 유대관계, 러시아가 전통적으로 오스트리아 및 영국과 맺어온 우호관계, 이에 더해서 프랑스에 대한 동일한 정도의 전통적인 적대감 등이 그가 이러한 결정을 하는 데에 기여했다. 나아가 알렉산드르 1세는 나폴레옹이 유럽에 위험한 인물이라고 일찍이 생각하게 되었는데, 그가 새로운 유럽 질서에 대한 자기 나름대로의 구상을 가지고 있었기 때문에 더욱 그랬다. 나중에 결성된 신성동맹 및 종교적 색채를 띠지 않은 유럽의 화합에 대한 개요는 영국 주재 러시아 대사에게 1804년에 발령된 훈령에서 찾아볼 수 있다.

제3차 대프랑스 동맹 전쟁은 오스트리아, 러시아, 스웨덴이 프랑스 및 그의 동맹국인 에스파냐에 대항해서 영국에 합세했던 1805년에 발발했다. 오스트리아와 러시아 연합군은 1805년 12월 2일에 아우스터리츠에서 나폴레옹에게 참패했다. 비록 오스트리아는 타격을 입고 전선에서 이탈했지만, 러시아인들은 전쟁을 계속했고 심지어 1806년에는 새로운 동맹국인 프로이센을 얻었다. 그러나 프랑스군은 19세기판 전격전(電擊戰)으로 예나와 아우어슈테트 전투에서 프로이센군을 신속하게 격파했고, 비록 러시아인들을 괴멸시킬 수는 없었지만 마침내 프리들란트에서 러시아군에게 커다란 패배를 안겨주는 데에 성공했다. 그리하여 1807년 7월 초에는 프랑스와 러시아 그리고 프랑스와 프로이센 사이에 틸지트 조약이 체결되었다. 프로이센은 러시아 군주의 주장에 의해서 완전한 파멸은 모면했지만, 프랑스와 프로이센 사이에 체결된 합의로 인해서 2등 국가로 전락했다. 프랑스와 러시아 사이의 협의는 다른 문제였다. 왜냐하면 비록 알렉산드르 1세가 나폴레옹이 새롭게 작성한 유럽의 지도를 수용해야 했고 특히 영국에 반대하여 심지어 그를 지지해야 했지만, 러시아는 동유럽의 많은 지역 중에서 주도국으로 부상했고 대륙에서는 프랑스를 제외하면 유일한 주요 열강으로 등장했기 때문이다.

러시아인들은 프랑스와 임시적인 화의를 체결한 결과로 인해서 다른 여러 적국들과 싸울 수 있었고, 또 알렉산드르 1세의 통치기 전반에 제국의 경계를 확대할 수 있었다. 1801년에는 캅카스 산맥 너머에 있는 오래된 정교도 국가인 그루지야의 동쪽 지역이 러시아에 합병되었으며, 1803-1810년에 러시아의 지배권은 그루지야 서부로까지 확대되었다. 그루지야인들은 강력한 이슬람 이웃인 페르시아인들과 투르크인들로부터 심한 압박을 받아서 러시아의 도움을 거듭 요청했으며, 가끔 도움을 받기도 해오던 터였다. 특히 이란과 오스만 제국이 약화됨에 따라서 러시아의 팽창은 이런 과정의 논리적인 정점을 의미했다. 확실히, 나중에는 러시아의 통치에 대해서 그루지야가 점차로 환멸감을 가지기는 했다. 그러나 그 당시에 그루지야가 자발적으로 제국에 편입되었다는 러시아의 공식적인 견해는 사실에 부합된다. 이것은 또한 대캅카스 산맥을 가로질러서 러시아 제국의 권위가 확대된 첫 발걸음이기도 했다. 그에 대한 반응으로서, 영국과 프랑스는 러시아를 식민지 경쟁의 적수로 바라보기 시작했다.

예상대로, 러시아의 그루지야 병합은 1804년부터 1813년까지 계속된 러시아와 페르시아 사이의 전쟁을 초래했다. 러시아인들은 승리했고, 굴리스탄 조약에 의해서 페르시아는 그루지야에서의 러시아 지배를 인정하고, 캅카스에 있는 다게스탄과 셰마하 지역을 러시아에 양도해야 했다. 그루지야 합병은 1806년부터 1812년까지 지속된 러시아-투르크 전쟁의 원인 중의 하나로도 작용했다. 이번에는 쿠투조프가 지휘하던 러시아군은 또다시 수많은 승리를 거두었다. 나폴레옹의 러시아 침입이 임박하여 쿠투조프가 서둘러 체결한 부쿠레슈티 조약을 통해서 로마노프 가문의 제국은 베사라비아와 흑해 동부 연안에 있는 좁고 긴 지역을 획득했고, 다뉴브 강 유역에 있는 몰다비아 공국과 발라키아 공국에서 광범위한 권리를 부여받았다. 마지막으로 알렉산드르 1세는 1808-1809년에 스웨덴과 싸워서 이겼고, 그 결과 체결된 프레데릭샴 강화조약(Peace of Frederikshamn)으로 핀란드를 얻었다. 핀란드는 러시아 황제를 대공으로 하는 자치 대공국이 되었다.

18세기 후반에 알래스카에서 시작된 북아메리카에서의 러시아의 팽창은 알렉산드르 1세의 통치 전반부에 계속되었다. 알래스카만이 아니라 캘리포니아 북부에도 1812년에 포트 로스가 세워지는 등 새로운 요새들이 건설되었다.

1812년

나폴레옹과 러시아 사이의 동맹은 한계가 있는 것이었다. 두 황제가 1807년에 틸지트에서 도달한 합의는 1808년에 에르푸르트에서의 두 사람의 만남을 통해서 갱신되었으나, 결국 어느 편도 만족시킬 수 없었다. 러시아인들은 군사적인 패배 때문에 어쩔 수 없이 그 합의를 수용해야 했으나, 나폴레옹의 대륙 지배, 러시아의 이해관계에 대한 그의 무시, 특히 소위 대륙봉쇄에 참여해야 한다는 의무 사항에 대해서 분개했다. 영국과 다른 유럽 국가들 사이의 모든 교역을 금지함으로써 영국 경제를 옥죄려는 의도를 가지고 있던 대륙봉쇄는 실제로 특히 섬유 산업에서 영국이 경쟁에 참여하는 것을 배제함으로써 러시아 제조업자들에게 도움이 되었다. 그러나 그것은 러시아의 수출업자들과 강력한 지주계급에게 피해를 입혔다. 특히 러시아는 한 세기 동안 거의 연속적으로 승리를 거둬온 끝에 프랑스인들에게 군사적인 패배를 당했기 때문에, 복수하자는 목소리가 높았다. 게다가 끔찍한 프랑스 혁명으로부터 등장했으며, 유럽의 합법적인 질서를 전례가 없을 정도로 뒤엎어버렸고, 대중을 상대로 한 러시아의 일부 선전물에서 적그리스도로까지 비난받았던 나폴레옹은 특이하고도 바람직스럽지 못한 동맹자인 것처럼 보였다. 나폴레옹과 그의 부관들로서는 러시아가 전적으로 신뢰할 수 없는 상대이며, 실로 그들의 완전한 대륙 지배에서 마지막으로 남은 주요 장

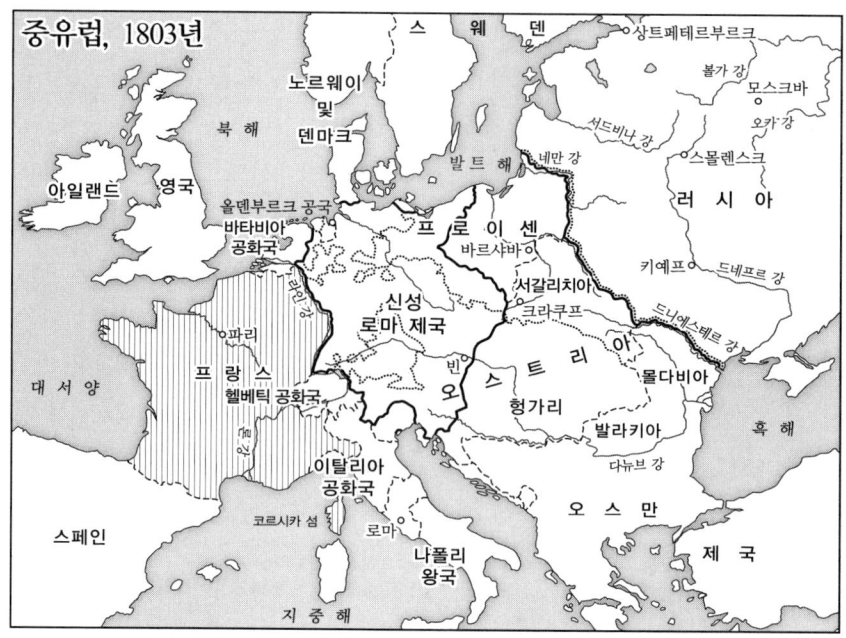
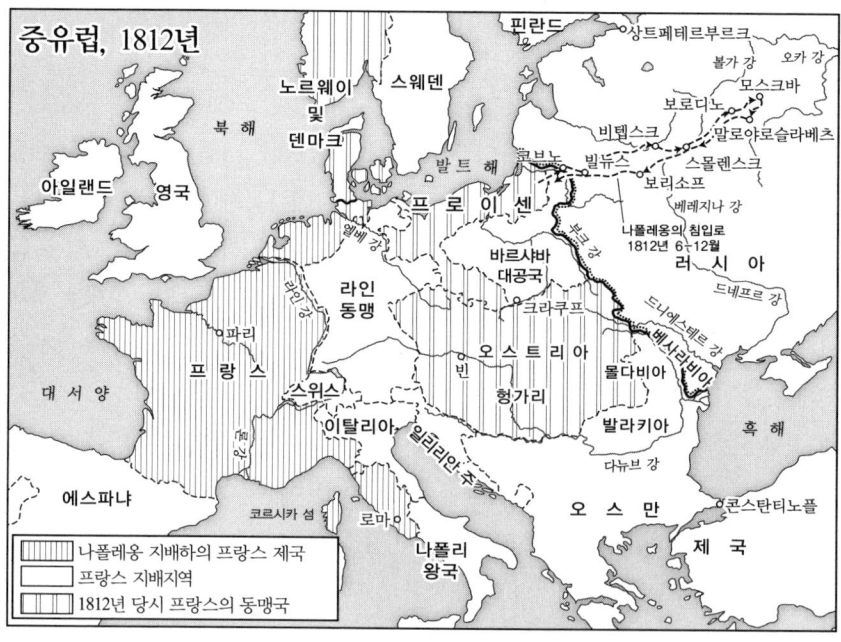

애물이라고 생각하게 되었다.

열강 사이의 전통적인 경쟁관계, 제국으로서도 적수이고 식민지 확보에 관해서도 적수라는 새로운 요소가 혼합된 일 등으로 인해서 긴장과 위기는 증폭되었다. 프랑스인들은 1809년에 나폴레옹이 오스트리아를 상대로 벌인 전쟁에서 러시아가 형식적으로, 사실상 거짓으로 참가한 일, 알렉산드르 1세가 1810년 이래로 대륙봉쇄를 준수하지 않고 있는 일에 대해서 항의했다. 러시아인들은 근동 지역에서 프랑스가 적극적인 정책을 펴고 있는 점, 나폴레옹이 발칸 지역과 근동에서 러시아의 입지와 목표를 지지해주기보다는 저지하려고 노력한다는 점에 대해서 불만을 토로했다. 프랑스는 러시아가 다뉴브 강 유역에 있는 공국들을 통제하는 것과 지중해 동부에 기지를 설치하는 것을 반대했으며, 콘스탄티노플 및 두 해협과 관련하여 러시아인들이 마음대로 행동할 수 있도록 놔두려고 하지 않았다. 나폴레옹이 중부와 동부 유럽을 정치적으로 재편한 것도 러시아인들의 적개심을 자극했다. 특히 그가 독일에 대한 정리 작업의 일환으로서 올덴부르크 공작을 폐위시킨 다음에 공국을 프랑스에 합병한 것은 그 공작과 가까운 친척이던 러시아 군주의 감정을 상하게 만들었다. 러시아에게 훨씬 더 불길했던 사건은, 1809년에 프랑스가 오스트리아에 승리를 거두고 쇤브룬 조약을 체결함으로써, 서부 갈리치아는 프로이센령 폴란드를 가지고 나폴레옹이 만든 국가인 바르샤바 공국에 병합된 일이었다. 이런 변화는 폴란드 분할로부터 러시아가 획득했던 방대한 영토에 대한 러시아인들의 지배권에 위협을 가하는 것처럼 보였다.

나폴레옹은 필요한 외교적 및 군사적 준비를 한 이후 1812년 6월에 러시아를 침공했다. 프랑스는 오스트리아와 프로이센을 포함한 수많은 유럽 국가들, 동맹국들, 위성국들, 즉 러시아의 민간 전통에 따르면 12개의 침입하는 혀들(the twelve invading tongues)의 지지를 받았다. 러시아는 투르크와 강화를 체결하는 데에 성공하고, 스웨덴과 영국이라는 적극적인 동맹국을 확보했다. 학자들은 양측 군대의 정확한 규모에 대해서는 계속해서 논쟁을 벌이고 있지만, 프랑스 침입군의 수가 압도적으로 많았다는 데에 대해서는 어느 누구도 의심을 품지 않는다. 나폴레옹은 45만에서 60만 명의 병력을 가지고 네만 강을 건너 러시아로 들어왔는데, 그에 맞선 러시아군과 카자크들의 수는 아마도 20만 명 정도였을 것이다. 러시아 측은 증원군이 더해졌어도 40만 명 정도의 병력밖에 없었다. 러시아군은 두 부분으로 나뉘어져 있었는데, 한쪽은 드 톨리 공에 의해서, 다른 한쪽은 바그라티온 공에 의해서 지휘되고 있었다. 나폴레옹 군대는 엄청난 수의 병력뿐만 아니라, 비교가 불가능할 정도로 유능하다고 생각되는 지휘부를 가지고 무적이라는 명성을 얻고 있었다. 그렇지만 모든 이점이 한쪽에만 있었던 것은 아니다. 나폴레옹의 대군(Grand Armée) 중에 참전 경험을 가진 병사들은 놀라울 정도로 적은 비율을 차지했다. 그중에서 프랑스인들은 절반도 되지 않았고, 동맹국 군대 중에서는 위대한 독립 폴란드를 위해서 싸웠던 폴란드인들만이 눈에 띄는 활약을 펼쳤을 따름이다. 러시아군이 투르크 전선에서 돌아오고, 러시아의 다른 증원군이 도착하고, 보호되어야 하는 프랑스의 병참선이 확장됨에 따라서 프랑스의 수적인 이점은 많이 줄어들었다. 게다가, 전체적으로 러시아는 알렉산드르 1세 뒤에서 확고하게 단결되어 있었고, 러시아 군인들은 놀라운 불굴의 정신으로 싸웠다. 사실, 러시아인들을 초기 전투에서 패배시킴으로써 강화를 간청하게 만들 수 있을 것이라는 나폴레옹의 기대는 근거가 없음이 판명되었다. 예외적으로 추웠으며 일찍 시작된 겨울도 러시아 측에 유리하게 작용했다. 그러나 무엇보다도 프랑스가 펼친 작전과 연관된 병참 업무에 관한 문제는 나폴레옹과 그의 부관들이 예상했던 것보다 훨씬 더 해결하기 어려웠던 것으로 판명되었다.

   나폴레옹은 스웨덴의 칼 12세가 한 세기 전에 했던 것과 똑같이, 빌뉴스-비텝스크-스몰렌스크 노선을 따라서 러시아의 심장부로 진격해왔다. 러시아인들은 침입군을 저지할 수 없었고, 스몰렌스크에서 벌어진 피비린내 나는 전투를 포함해서 여러 번의 교전에서 패배당했다. 그러나 러시아군은 적군에게도 상당한 손실을 입혔고, 스몰렌스크 근처에서는 둘로 분리된 러시아군이 합류하여 침략군에 대한 연합 전선을 구축할 수 있었다. 프랑스 군대의 계속된 진격에 분노한 여론의 압력을 받은 알렉산드르 1세는 쿠투조프 공을 러시아군의 최고사령관으로 임명했다. 수보로프의 제자로서 수많은 전투의 베테랑인 예순일곱 살의 쿠투조프는 드 톨리의 후퇴 전략에 사실상 동의했다. 그렇지만 그는 모스크바를 포기하기 전에 싸우는 것이 자신과 자신의 군대가 지고 있는 의무라고 생각하고서, 9월 7일에 모스크바로부터 120킬로미터 떨어진 곳에 위치한 보로디노

마을 근처에서 나폴레옹과 중요한 일전을 치렀다. 보로디노 전투는 역사상 유례를 찾기 어려울 정도로 격렬하게 전개되었다. 전투는 단지 하루 동안만 벌어졌지만, 유혈 사태의 규모는 가히 충격적이었다. 러시아 군대 중에서 전사자와 부상자(이 부상자들 중 많은 사람들이 나중에 사망했다)의 수는 전투에 나섰던 약 10만 명 중에서 대략 4만 명에 달했던 것 같다. 프랑스 측의 사상자는 12만 명의 참전자 중에 대략 2만8,000명이었다. 사상자 중에는 수십 명의 장군, 수천 명의 장교들이 포함되어 있었는데, 전사자 혹은 치명상을 입은 이들 중에는 바그라티온 공과 다른 유명한 지휘관들도 포함되었다. 해가 질 무렵이 되었을 때 중앙과 왼쪽 측면에 있던 러시아인들은 약간 후퇴할 수밖에 없었던 반면에, 우측에서는 대열이 굳게 유지되고 있었다. 그러나 쿠투조프는 전투를 중지하고 모스크바의 남동쪽으로 후퇴하기로 결정했다. 나폴레옹은 9월 14일에 크렘린에 입성했다.

최종 승리와 강화에 대한 그의 기대는 무참하게 깨졌다. 알렉산드르 1세는 보기 드물 정도의 완강한 태도로, 단 한 명의 프랑스 군인이라도 러시아 땅에 남아 있다면 강화를 고려조차 하지 않겠다고 선언했다. 여전히 주로 목재로 건설되었던 모스크바는 프랑스 황제와 그의 군대에게 호사스러운 시설을 제공하기는커녕, 프랑스의 점령 이후 며칠 사이에 불태워졌다. 모스크바의 주지사이자 사령관인 로스톱친 백작이 고의로 방화를 시작했을 가능성도 있지만—대부분의 프랑스 및 일부 러시아 전문가들이 이렇게 주장하고 있다—방화의 원인은 아직도 논란거리로 남아 있다. 나폴레옹은 알렉산드르와 강화조약을 체결할 수도 없고 러시아의 버려진 땅에서 대체로 고립되어 있던 상황에서, 겨울이 시작되기 전에 후퇴할 수밖에 없었다. 10월 19일에 시작된 대군의 귀환 행렬은 점차 오합지졸이 되어갔다. 우선 말로야로슬라베츠에서 러시아군이 벌인 작전 때문에 프랑스군은 전쟁의 영향을 입지 않은 곡창지대 쪽의 새로운 길을 갈 수 없었고, 자신들이 가려고 했던 길을 포기할 수밖에 없었다. 나폴레옹 군인들이 느린 속도로 서쪽으로 행군해갈 때, 겨울이 들이닥쳤다. 그들은 추격하던 러시아군으로부터 계속해서 압박을 받고 있었고—비록 쿠투조프가 대규모 전투를 회피하기는 했지만—농민 게릴라를 포함한 비정규군과 카자크들로부터 반복적인 공격을 당했다. 프랑스군과 동맹군은 단체로 죽어나갔고, 군기는 무너지기 시작했다. 대군의 잔여 병력이 베레지나 강을 건널 때인 11월 하순, 그들은 운좋게도 한 러시아 지휘관의 실수 덕분에 붙잡히지 않을 수 있었다. 총병력 가운데, 최종적으로 러시아를 빠져나간 인원은 3만에서 5만 명 정도에 불과했다.

프랑스의 파국적인 패배의 요인으로는 러시아군의 전투 정신, 쿠투조프의 현명한 결정, 나폴레옹의 중대한 실수, 전쟁을 지속하려는 알렉산드르의 결단, 겨울 등 많은 것을 들 수 있다. 그러나 대군의 붕괴에 대한 이유 중에서 아주 중요한 것으로는 수송 및 보급 체계의 실패를 꼽아야 한다. 나폴레옹 측의 많은 군인들은 추위보다는 기아와 전염병 때문에 죽었다. 엄청난 거리라는 불리한 조건 속에서의 보급업무, 불안정한 통신망, 좋지 못한 계획은 군사적인 노력을 뒷받침하는 데에 전반적으로 실패했다. 전설과는 달리, 역사학자들이 규명한 것에 따르면 러시아 지휘부가 나폴레옹의 군대를 황폐화된 국가 속으로 깊숙이 유인하려는 의도를 가지고 "스키타이식 작전"을 전혀 펴지 않았다는 점이 언급될 필요가 있다. 프랑스의 진격은 오히려 러시아가 침입군을 저지할 수 없었다는 점, 그리고 나폴레옹이 모스크바 점령에 크게 집착했다는 점에서 비롯되었다. 많은 점에서 1812년 전쟁은 인기 있고 애국적인 전쟁으로서 러시아 역사에서 높은 평가를 받을 만하다. 소수의 일부 궁정 집단을 제외한다면, 러시아 정부와 교육받은 대중, 혹은 국민 가운데 어떤 패배주의의 기미도 없었다. 더욱이, 러시아 농민들은 정규군 사병으로 영웅적으로 싸웠을 뿐만 아니라 게릴라 부대를 조직하여 자발적으로 적을 공격했는데, 이것은 당대에 에스파냐를 제외하면 유례를 찾아보기 힘든 활동이었다. 사실 앞에서 언급된 사상자의 숫자 가운데에는, 전쟁의 진행 방향에 따라 발생된 민간인 희생자들, 즉 유격대원들과 평범한 마을 사람들의 많은 희생자 수는 포함되지 않았다.

러시아의 대외정책, 1812-1825년

알렉산드르 1세는 러시아의 국경 너머에서 전쟁을 수행했다. 프로이센 그리고 몇 개월 후에는 오스트리아가 러시아, 스웨덴, 영국 편으로 돌아섰다. 오스트리아, 프로이센, 러시아로 구성된 연합군은 1813년 10월 16일부터 19일까지 "열국의 전투"라고 알려진 라이프치히의 대전투에서 나폴레옹에게 마침내 결정적인 승리를 거두었다. 그해 하반기에 연합군은 라인 강을 건너서 프랑스를 침공하기 시작했다. 프랑스 황제의 군사적인 천재성이 또다시 발휘되었음에도 불구하고, 연합군은 아주 필사적인 전투를 벌인 끝에 1814년 3월 31일에 의기양양하게 파리에 입성했다. 알렉산드르 1세는 그날이 자신의 생애 중에서 가장 행복했다고 말했다. 나폴레옹은 무조건 퇴위당해서 엘바 섬으로 은퇴할 수밖에 없었다. 그는 1815년 3월 1일에 돌아와서 프랑스 왕위를 신속히 되찾은 다음, 6월 18일에 워털루에서 최종적으로 패배할 때까지 동맹국들을 위협했다.

그리하여 프랑스 황제의 복귀는 수포로 돌아갔고, 빈 회의에서 전승국들이 유럽을 위해서 마련한 새로운 합의를 되돌리지는 못했다. 1814년 9월부터 회의 결과가 서명된 1815년 6월 9일까지 계속된 빈 회의는 역사상 가장 인상적이고 중요한 외교 모임 중의 하나였다. 알렉산드르 1세 자신은 러시아를 대표하면서, 오스트리아의 메테르니히, 영국의 캐슬레이, 프로이센의 하르덴베르크, 나중에 참석한 프랑스의 탈레랑과 함께 회의에서 주도적인 역할을 담당했다. 빈에 모인 열강들은 유럽의 정치 지도를 다시 그렸고, 아프리카와 아시아의 식민지 영토에 대한 일부 갈등을 해결했다. 이 모든 것은 자신들의 이익을 보호하고 확대할 뿐만 아니라, 안정을 더욱 확고히 하려는 목적을 가지고 있었다. 러시아의 지정학적인 야망은 회의에서 가장 논란거리가 되었던 쟁점 중의 하나인 폴란드에 특히 집중되어 있었다. 알렉산드르 1세는 러시아와 직접 연합된 커다란 폴란드 왕국을 수립하고, 그 왕국에서 자신이 왕이 되기를 원했다. 그가 이렇게 생각한 이유는 지정학적인 팽창만이 아니라, 그것이 폴란드의 부당한 분할을 무효로 만들고 자유주의적 개혁을 위한 시험 무대를 창출하는 방법이라고 생각했기 때문일 것이다. 보상으로서, 그는 작센 전체에 대한 프로이센의 요구를 지지하겠다고 제안했다. 프로이센인들은 동의했으나 영국과 오스트리아는 이 안에 대해서 강력하게 반대했다. 탈레랑은 이 기회를 이용해서, 영국과 오스트리아 편에 서서 프랑스가 외교 무대 속으로 돌아오도록 만들었다. 이 문제를 둘러싼 갈등으로 인해서 거의 전쟁이 발발할 뻔했다. 알렉산드르는 양보할 수밖에 없었는데, 이것은 "나폴레옹으로부터 유럽을 해방시켜준" 것에 대한 "감사 표시"를 기대했던 많은 러시아인들을 분노하게 만들었다. 그는 폴란드 왕국을 획득했으나 그 크기는 축소되었던 반면에, 프로이센은 작센의 약 5분의 3을 얻게 되었다. 보다 정확히 말해서 폴란드 왕국에는 바르샤바 자체가 수도인 이전의 바르샤바 대공국이 대부분 포함되었으나, 프로이센은 폴란드의 북서부를 되찾았고, 오스트리아는 이전에 가지고 있던 폴란드 땅의 대부분을 그대로 보유했다. 크라쿠프는 러시아, 오스트리아, 프로이센의 공동 보호를 받는 자유시가 되었다. 새로 탄생한 폴란드는 알렉산드르 1세로부터 자유주의적인 헌법을 받았다. 그리하여 알렉산드르 1세는 전제체제인 러시아의 황제, 입헌주의적인 핀란드의 대공, 입헌주의적인 폴란드 왕이라는 여러 직책을 겸했다. 덧붙여 말하면, 그는 부르봉 가문이 왕위에 복귀한 프랑스에서 절대주의가 아닌 입헌주의를 지지했다.

빈 회의 당시에 의기양양하고, 신비주의적이며, 심지어 메시아 같기도 했던 알렉산드르 1세의 기분—이런 복잡한 감정은 나폴레옹의 충격적인 몰락 이후의 수 개월 혹은 수 년 동안 러시아 군주만이 아니라 다른 많은 유럽인들도 어느 정도는 가지고 있었다—은 신성동맹이라고 알려진 놀랍고도 특이한 문서에서 가장 잘 표현되었다. 1815년 9월 26일에 러시아, 오스트리아, 프로이센이 서명하고 그 이후에 절대 다수의 유럽 강국들이 서명한 이 동맹은 단지 기독교인 통치자들에게 형제로서 살아가며, 유럽에서 평화를 유지할 것을 호소했다. 신성동맹은 적어도 서구의 두 가지 주요한 전통인 기독교와 국제법에 깊은 뿌리를 두고 있었지만, 그것은 당대의 국제 문제에는 별다른 관련을 가지지 않았고, 기독교적 형제애를 적용하거나 강제할 수 있는 제도적 장치를 가지지는 않았다. 사실, 캐슬레이는 그것이 하나의 숭고한 신비주의와 난센스라고 적절히 표현했고, 교황은 아주 오랜 옛날부터 역대 교황들이 기독교적 진리를 간직하고 있었으므로 그것을 새롭게 해석할 필요는 없다고 무미건조하게 논평했다.

그러나 신성동맹이 어떠한 실질적인 결과를 낳지 못했던 반면에, 4국동맹 그리고 나중에 그것과 혼동되었던 5국동맹은 그렇지 않았다. 4국동맹은 전쟁 때의 동맹국들의 제휴가 지속된다는 것을 의미했으며, 1815년 11월 20일부터 발효되었다. 그때 영국, 오스트리아, 러시아, 프로이센은 프랑스와의 합의를 유지한다는 데에, 그리고 특히 나폴레옹이나 그의 왕조가 프랑스 제위로 복귀하는 것을 막자는 데에 동의했다. 이 동맹은 20년 동안 지속되도록 되어 있었다. 게다가 제6조는 서명 당사자인 열강들이 주기적으로 협의할 것을 규정했으며, 회의체제(Congress System) 혹은 유럽 연방(Confederation of Europe)이라고도 알려진 소위 "회담에 의한 정부"를 성립시켰다. 회담은 1818년에 액스라샤펠에서, 1820-1821년에 트로파우와 라이바흐에서, 1822년에는 베로나에서 개최되었다. 프랑스는 배상금을 지불하고 점령했던 동맹군이 철수하자, 액스라샤펠에서 패전국의 지위에서 벗어나 다른 네 곳의 유럽 열강에 가담하게 되었는데, 이로써 4국동맹은 5국동맹이 되었다.

빈 체제는 인상적인 출범을 한 이후에는 제대로 작동되지 못했다. 영국과 다른 세 나라, 즉 오스트리아, 프로이센, 러시아 사이에 근본적인 입장 차이가 점점 커져갔다. 영국은 1820년 5월 5일자의 자국의 정부 문서가 명시하고 있듯이 주권국가의 내정에 간섭하는 것을 반대했으나, 나머지 세 나라는 트로파우 의정서에 쓰여 있듯이 어디에서든지 혁명이 고개를 들게 되면 그것을 진압할 각오가 되어 있었다. 그리고 영국은 점차 러시아를 유럽과 해외 식민지의 이해관계에서 위협적인 경쟁자로 보게 되었고, 영국의 대중은 러시아 전제정치의 억압적인 경향을 혐오스럽다고 생각했다. 프랑스는 비록 에스파냐에서 성립된 자유주의적 체제를 무너뜨리기 위해서 그곳을 침공하기는 했지만, 어느 정도는 중립적인 입장을 취했다. 메테르니히는 특히 정예 부대인 세묘놉스키 근위 연대의 반란 및 다른 사건들로 겁을 먹은 알렉산드르 1세가 오스트리아 재상을 추종하여 어느 곳에서든지 혁명 세력과 싸우려는 열의를 보이던 1820-1822년이라는 중요한 시기에 동유럽 군주국들과의 합동 정책에서 주도권을 행사하려고 했다. 그리하여 정교도인 그리스인들이 1821년에 오스만 통치자들에게 대항하여 일어났을 때, 메테르니히는 (비록 이슬람 통치자가 경멸의 대상이기는 하지만) 이슬람 군주체제의 정통성을 보존하는 일이 (심지어 기독교도인들이라고 할지라도) 소수민족의 권리보다 더 중요하다는 점을 알렉산드르에게 납득시켰다. 그 이후의 19세기의 유럽사가 보여주게 된 것처럼, 비록 그 승리가 오래간 것은 아니었지만, 보수주의적인 유럽 열강은 유럽 대륙에서 자유주의적인 일련의 혁명을 물리치는 데에 성공했다.

많은 역사학자들은 빈 체제가 유럽의 질서와 안정을 유지하는 데에 유해했으며, 본질적으로 비효율적인 반동의 도구였다고 강력하게 비난해왔다. 그러나 그런 특이한 정치 현상 및 그 안에서 알렉산드르 1세가 맡았던 역할에서 적

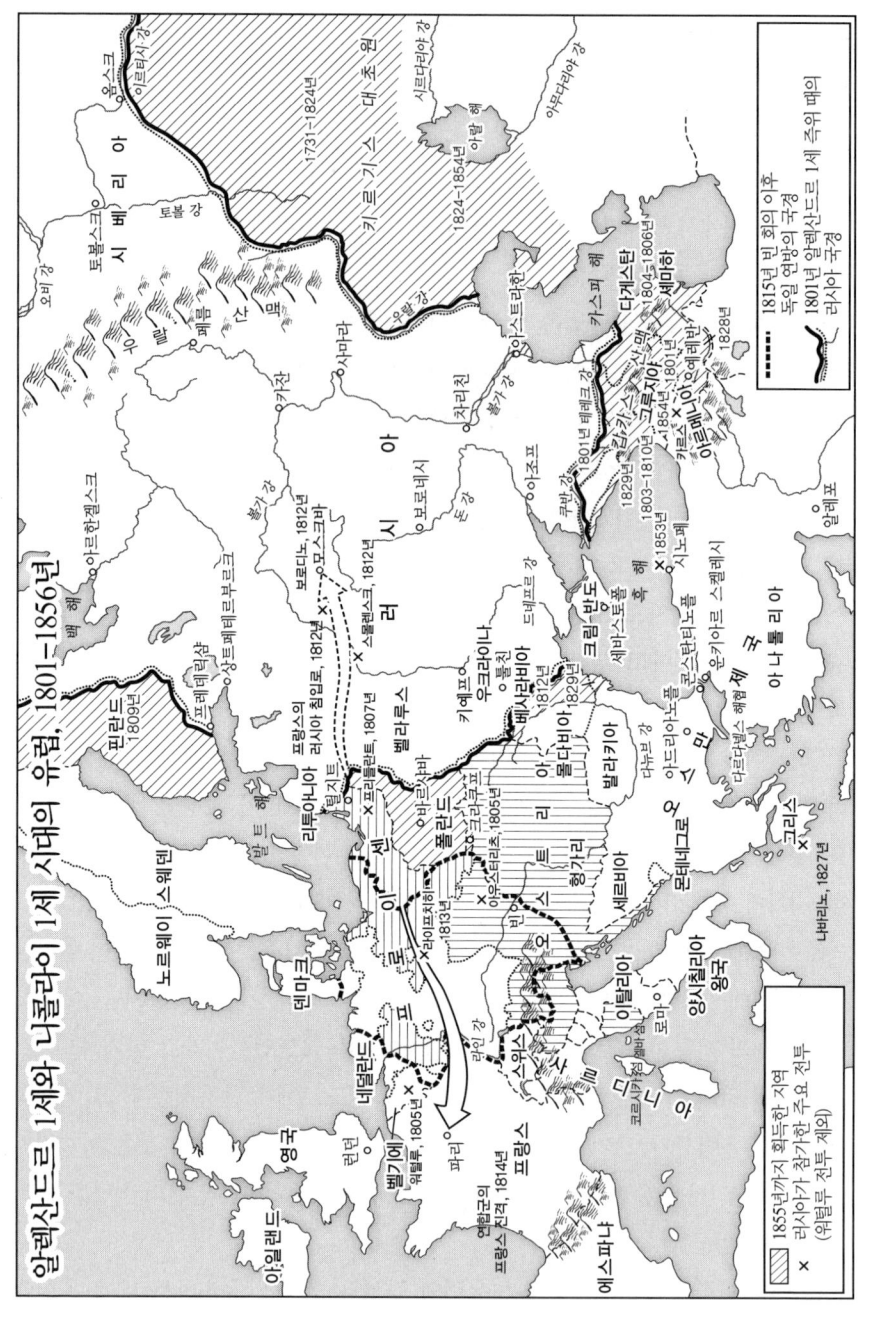

어도 한 가지의 긍정적인 측면은 주목할 만한 가치를 가진다. 빈 체제의 설계자들은 최상의 경우라면, 단순히 열강들의 외교적인 동맹 이상의 것을 만들어낼 수 있었을 것이다. 엑스라샤펠 회의에 대해서 쓴 어느 영국 역사학자는 그것을 "유럽의 대표 기구"이며, 심지어 "군주들과 신민들 모두로부터 온갖 종류의 호소를 듣고 청원을 받아들이는 일종의 유럽 최고 재판소"라고 불렀다. 물론 유럽의 이런 화합은 지속되지 못했고, 빈 회의로 성립된 동맹을 가리켜 "유럽 연방(Confederation of Europe)"이라는 원대한 명칭을 붙이는 것은 지나친 것 같다. 그러나 빈 체제는 오늘날 여전히 진전 중인 유럽 연합의 초기 형태 그리고 어떤 의미에서는 선구적인 형태라고 볼 수는 있을 것이다. 유럽의 어떤 다른 지도자보다 4국동맹과 5국동맹의 폭넓은 결성을 더 강조하고, 유럽 내에서 협력과 통일을 발전시키려고 시도했던 사람은 바로 알렉산드르 1세였다. 심지어 그는 유럽 문제의 해결을 보장하기 위해서 국제 상비군을 창설할 것을 제안했고, 그러한 목적을 위해서 러시아군을 제공하겠다고까지 말했다. 그러나 이 제안은 캐슬레이와 메테르니히에 의해서 재빨리 거절당했다. 그는 군비 축소도 제안했으나, 이것도 성공을 거두지 못했다.

알렉산드르 1세의 통치 후반기

"유럽의 황제"가 국제회의에 참석하여 외국의 문제에 몰두해 있는 동안, 러시아의 국내 상황은 더욱 좋지 않은 방향으로 돌아가고 있었다. 알렉산드르의 통치 후반기, 즉 1812년 이후의 시기에는 사실상 어떤 진보적인 입법도 없었고, 그런 쪽을 향한 계획도 거의 없었다. 노보실체프의 헌법안은 극히 예외적인 경우에 속했다. 알렉산드르 1세가 입헌군주로서는 자질이 부족했다는 주된 이유 때문에, 서류상으로는 인상적이었던 폴란드의 입헌체제는 제대로 기능하지 못했다. 그는 비판이나 반대 의견에 대해서 참지 못하고 짜증을 냈고, 법을 반복적으로 무시했다. 발트 지역의 여러 주에서는 농노들이 해방되었으나, 토지가 없는 상태에서 자유를 얻었으므로 신분상의 변화가 그들에게 과연 축복이었는지는 의심스러웠다. 비록 군주가 마지막까지 농노해방을 분명히 고려했을지라도, 농노제는 러시아 자체에서는 약화되지 않고 도전받지 않은 채로 남아 있었다.

통치 전반기에 스페란스키가 알렉산드르 1세의 눈에 띄는 조력자라고 한다면, 후반기에는 아락체예프가 그런 위치를 차지하게 되었다. 이 두 사람 사이의 차이점은 19세기 1/4분기의 러시아 역사의 진행에 대해서 우리에게 많은 것을 말해준다. 한때 파벨 황제의 충성스러운 신하였고 일반적으로는 대포와 군사 문제에 관한 탁월한 전문가였던 아락체예프는 잔인하고 거친 성격의 소유자로서, 아주 나쁜 의미에서 규율에 철저한 인물이었다. 그는 알렉산드르의 전쟁장관이 되었고, 결국에는 직함은 없었지만 실질적으로는 수상이 되어 러시아 국내 문제에서 중요한 거의 모든 일을 군주에게 보고했고, 온갖 종류의 책임을 지게 되었다. 그러나 자신의 뜻을 황제에게 강요했다는 사악한 천재로서의 아락체예프에 대한 아주 일반적인 이미지는 두 사람 사이의 관계를 매우 왜곡하는 것이다. 정확히 말해서, 그가 군주에게 없어서는 안 될 사람이 되었던 것은 사실 그가 알렉산드르의 명령에 대해서 아무런 의심을 품지 않고 즉각 실천에 옮겼기 때문이었다.

나폴레옹 전쟁 이후의 시기에 알렉산드르는 점차로 규율과 질서라는 이상에 집착하게 되었는데, 이것은 자신의 신성한 권위와 사명에 대한 관심이 점차 높아진 것과 종종 관련되었다. 군사 열병식과 건축은 질서 정연함과 청결함이라는 원칙의 사례가 되었으며, 워트만의 말에 따르면 "다루기 힘든 현실에 대한 황제의 천하무적의 권력"을 과시하는 것이었다. 아락체예프는 그런 경향에 아주 잘 맞는 인물이었다. 이런 질서 정연함에 대한 숭배가 완벽하게—그리고 결점이라는 면에서도 완벽하게—표현된 것은 소위 군인 거주지역(voennye poseleniia) 혹은 군사 식민지(military colony)였다. 이 프로젝트는 아락체예프라고 하면 종종 기억되는 중요한 일로서 아락체예프에 의하여 실행되기는 했지만, 분명히 알렉산드르의 생각이었다. 그 계획은 알렉산드르가 1810년에 아락체예프의 영지를 방문했을 때 봤던 정확함과 질서에서 주로 영감을 받은 것이었다. 아락체예프는 자신의 영지에서 농노에 대한 엄격한 감시와 가혹한 처벌—특히 모든 기혼 여성은 매년 한 명씩의 아이를 낳으라는 명령을 받았다고 한다—을 어느 정도의 농촌 복지라는 이상과 결합했다. 그는 마을의 오두막 같은 집을 대칭적인 질서로 정렬된 막사로 대체했다. 알렉산드르는 그곳이 가진 "대칭과 우아함" 그리고 "청결함"에 아주 감탄했다. 그 생각은 군사 부문에 적용되어 군복무를 농업과 결합하게 되었다. 그렇게 되면 군대의 경비를 절감할 수도 있고,

그것은 인도주의적인 시도이기도 했기 때문에, 군인들이 정상적인 가정생활을 꾸려갈 수도 있게 될 예정이었다. 개혁은 1810년에 시작되었으나 전쟁 때문에 중단된 다음, 1816년부터 1821년 사이에 가장 큰 추진력을 얻어서 널리 실시되었다. 그리하여 평시의 러시아 군대의 3분의 1, 혹은 아마도 절반 정도가 군인 거주지역에 정착했고, 그곳에서 군인들은 가운데에 감시탑을 두고 정사각형으로 배열된 질서 있는 막사에서 생활했다. 모든 것이 "훌륭한 질서" 속에 있다고 말해졌다. 학자들은 군인 거주지역이 질서 있고 합리적이며 통제된 사람들과 공간의 실험적인 "유토피아"라고 설명했다. 그러나 군인 거주지역에서 발생된 혼란과 봉기가 그곳의 성장을 가로막았다. 니콜라이 1세는 1831년에 반란이 일어난 이후에는 그 개혁 조치에 대해서 단호한 반대 입장으로 돌아섰다. 그러나 최후의 군인 거주지역은 훨씬 더 많은 시간이 지난 다음에야 폐지되었다. 알렉산드르 1세와 아락체예프의 구상은 주로 참을 수 없을 정도로 가혹한 규율과 그에 수반된 세부적인 사항에 대해서까지 폭압적인 정책을 취했기 때문에 실패했다. 나아가 파이프스의 주장에 따르면, 러시아 군인들은 심지어 자신들에게 유익했던 위생 문제에 대한 규제조차도 분개할 정도로, 국가가 지도하고 온정주의적인 간섭을 펴는 모험을 하기에는 아주 부적당한 대상이었다.

알렉산드르 통치의 말년에는 그가 행복에 이르는 최상의 길로서 합리적인 질서에 대해서 가졌던 이런 신념에 대한 확신을 상실하고 있었다는 징후가 있다. 그는 죽을 수밖에 없는 인간들이 세상의 고통과 악을 실제로 끝장낼 수 있다는 것에 대해서 의심을 표명하기 시작했다. 그는 점점 더 경건하고 신비주의적인 태도를 가지게 되었고, 세속적인 변화보다는 종교적인 신앙이 국민들의 행복을 보장하기 위한 최상의 수단이라고 보게 되었다. 그러므로 그는 성경을 배포하는 러시아 성서협회의 대규모 운동을 지원했고, 고등교육 분야에서 이성의 시대의 해로운 영향력을 축출하려고 노력하던 교육 관리들을 지지했다. 그는 국정 운영에 대해서 점점 관심을 덜 보이기 시작했다. 심지어 그는 자신이 과거에 가졌던 매력을 상실하고, 짜증을 잘 내고 위압적인 모습으로 바뀌어갔다. 알렉산드르는 부분적으로는 수도로부터 벗어나기 위해서뿐만이 아니라 국민들에게 그들의 어려운 형편을 보살펴준다는 점을 보여주기 위해서, 말년에는 러시아 이곳저곳을 여행하면서 많은 시간을 보냈다. 그는 따뜻하게 환대받았고, 상냥하고 사랑스러운 차르이자 기꺼이 국민들 가운데에서 걸어가려고 하는 겸손한 사람으로서 칭찬받았다. 그러나 그가 여행 중에 목격한 후진성과 고통은 그의 우려와 의구심을 한층 더 강화했을 뿐인 것 같다. 중대한 순간은 1824년에 상트페테르부르크에 거대한 홍수가 밀어닥쳐서 끔찍한 파괴와 인명 피해를 초래했을 때였다. 알렉산드르는 피해지역을 따라 도시를 돌아다니면서 대참사 현장을 목격했다. 한번은 그가 마차에서 뛰쳐나와 멈추어 서서 울었다고 전해진다. 곧이어 푸시킨은 이 홍수를, 자연을 통제하고 세상에 질서를 부여할 수 있다는 제국의 합리주의적인 프로젝트에 담긴 자만심의 상징으로서 문화적으로 유명하게 만들었다. 우리는 알렉산드르가 대재앙을 이런 방식으로 이해했는지의 여부는 알지 못한다. 그러나 전하는 말에 따르면, 홍수가 국민들의 죄와 잘못에 대한 신의 징벌이라고 누군가 말했을 때 알렉산드르는 "아니다. 나의 죄 때문이다"라고 대답했다고 한다. 신화와 현실 사이의 불일치는 기로에 다다르게 되었던 것이다.

데카브리스트 운동 및 반란

알렉산드르 1세의 통치노선에 대한 실망감은 1825년 12월(December)에 성공하지 못한 봉기를 일으킨 이후에 데카브리스트(Dekabrist)들이라고 알려진 러시아 최초의 혁명 집단이 등장하는 데에 중요한 역할을 담당했다. 대부분의 데카브리스트들은 군 장교였고, 종종 귀족가문과 정예 부대 출신으로서 훌륭한 교육을 받은 사람들이었다. 이들은 프랑스어와 때때로 다른 외국어를 배웠으며, 나폴레옹에 대항한 군사 작전 도중 그리고 그 직후에 서구에 대한 지식을 직접 얻을 수 있었다.

애초에 이 젊은 사람들은 알렉산드르 1세의 계몽주의적인 목적에 공감했다. 그러나 처음에는 긍정적인 결과가 나오지 않은 것에 대해서, 그다음에는 보수주의가 강화된 것에 대해서 점차 환멸감을 가지게 되었다. 데카브리스트들은 본질적으로 계몽주의와 프랑스 혁명의 전통을 따르던 자유주의자들이었다. 그들은 러시아에서 입헌주의와 기본적인 자유를 수립하고, 농노제를 폐지하기를 원했다. 그들은 다양한 진술서와 프로그램을 작성했는데, 이것들은 19세기 초에 교육받은 러시아인들 사이에서 자유주의적 견해가 널리 확산되었다는 점을 보여준다. 무라비요프에 의하여 기초된 「헌법(Konstitutsiia)」에서 반영된 가장 온건한 견해는 선출된 입법부와 함께 권력을 공유하는 세습 군주에 의하여 러시아가 통치되는 모습을 그렸다. 페스텔 대령의 「루스카야 프라브다(Russkaia Pravda)」라는 아주 과격한 문서는 혁명을 일으킨 다음, 초기의 10년 동안의 자코뱅식 독재를 거쳐 강력한 중앙집권적 공화정을 수립할 것을 주장했다. 알 수 있듯이, 모든 사람들은 진보를 확실히 하기 위해서 강력한 국가의 필요성에 동의하고 있었다. 최소한, 개인의 권리를 보호하고, 농노제(천부적인 자유와 개인의 존엄성에 대한 최악의 파괴)를 폐지하며, 교육과 사회복지를 진전시키며, 기본적인 시민권, 특히 언론, 출판, 종교, 결사의 자유를 보장하는 것이 이런 혁명국가의 책임이었다. 데카브리스트들은 아주 재능 있고 유명한 러시아 젊은이들을 일부 포함하고 있었고, 푸시킨과 그리보예도프와 같은 문학계의 권위자를 포함하여 많은 교육받은 러시아인들의 공감을 얻기는 했지만, 자신들의 반란에 대한 사회적 지지는 거의 얻지 못했다. 아직 러시아 자유주의는 잉글랜드나 프랑스에서와 같은 광범위한 사회운동은 결코 아니었다. 러시아 중간계급이 미약하고 후진적이었다는 점은 많은 핵심적인 차이들 중의 하나였다.

1816년에 상트페테르부르크에서 창립된 구제동맹과 그 이듬해에 그것을 대체한 복지동맹처럼 미래의 데카브리스트들이 조직한 초기의 단체들은 여전히 알렉산드르 1세와 협력하려고 했으며, 군사적인 반란보다는 러시아에서의 자선활동, 교육, 시민정신의 발전에 관심을 가지고 있었다. 그러나 반동적인 분위기가 강해지고, 위로부터의 자유주의적인 변혁을 위한 희망이 희미해져감에 따라서, 이들 이상주의적인 젊은이들 중의 일부는 혁명을 진지하게 고려하기 시작했다. 이 운동은 두 곳의 중심지를 가지게 되었다. 북쪽의 상트페테르부르크에서는 구제동맹이 1821년에 보다 정치적이고 음모적인 북부 결사가 되었고, 페스텔이 이끌던 급진적인 남부 결사는 제2군의 본부가 있는 서부 우크라이나의 툴친에 위치했다. 조직적으로, 남부 결사는 특별히 효과적이었고, 점차 커져가고 있었다. 그 단체는 곧 연합 슬라브인 협회(Obshchestvo soedinennykh slavian)—이 단체는 귀족적인 색채가 옅었던 하사관들의 동맹으로서, 데카브리스트들과 일반적인 목적은 공유했으나, 모든 슬라브 민족들의 민주주의적인 연방이라는 추가적인 목적을 가지고 있었다—를 통합했고, 폴란드의 혁명 집단과도 접촉했다. 그러나 반란의 시간이 갑자기 도래했을 때, 페스텔이 체포되었다는 불리한 조건을 안고 있던 남부 결사는 북부 결사보다 준비가 덜 되었다는 것이 밝혀졌다.

행동의 기회를 제공한 것은 왕조의 위기였다. 알렉산드르 1세가 예상치 못하게 1825년 12월에 사망했을 때, 누가 제위를 승계하느냐의 문제는 아주 불분명했다. 고인이 된 황제에게는 아들이나 손자가 한 사람도 없었기 때문에, 파벨의 계승법에 따라서 다음 순서는 알렉산드르의 바로 아래의 동생인 콘스탄틴이었다. 그러나 그는 왕가 혈통이 아닌 폴란드 귀족과 결혼했을 때인 5년 전에 제위에 대한 권한을 포기했다. 1822년에 알렉산드르가 작성한 성명서에서는 이 점이 인정되고 있었고, 제위 후계자를 다음 동생인 니콜라이로 지명해놓았다. 그러나 그 성명서는 공개되지 않았고 단지 소수의 사람들만이 그에 대한 정확한 정보를 알고 있었다. 물론 문제는 단순히 불확실한 것에만 있었던 것이 아니었다. 많은 교육받은 사람들 사이에서 니콜라이는 반동주의자로 보였던 반면에, 콘스탄틴은 좀더 자유주의적인 견해를 가졌다고 생각되고 있었다. 어쨌든 수도와 군대는 새로운 황제인 콘스탄틴 1세에게 충성을 맹세했고, 콘스탄틴은 그런 권리를 거부한다는 자신의 입장을 재확인해주었다. 니콜라이는 1822년에 작성된 알렉산드르의 성명서를 공표했고, 상트페테르부르크의 근위 연대들은 두 번째로 새로운 통치자에게, 이번에는 니콜라이 1세에게 충성을 맹세하게 되었다.

이 순간에 데카브리스트들의 북부 결사는 반란을 시작했다. 음모에 가담한 장교들은 이때가 행동할 수 있는 유일한 기회라는 것을 깨닫고, 사병들에 대한 자신들의 영향력을 행사하여 몇몇 부대에서 군사 봉기를 시작했다. 그들은 제위를 찬탈한 동생에 대항해서 콘스탄틴의 정당한 권리를 보호해주자고 사병들에게 호소했다. 모두 합해서 약 3,000명 정도였으며, 상황을 오해한 반란군은 수도의 심장부인 원로원 광장에서 대형을 이루었다. 정부는 예상치 못한 상황에 직면했지만, 봉기군은 곧 수와 힘에서 몇 배나 되는 부대와 마주해야 했다. 양쪽 병력은 몇 시간이나 서로 대치했다. 데카브리스트들은 전반적인 혼란과 지도력 부족 때문에 행동에 나설 수 없었다. 새로운 황제는 신민에 대한 대량 학살과 함께 자신의 통치를 시작하는 것이 망설여졌기 때문에, 그들이 설득을 통해서 굴복하기를 희망했다. 그러나 말로 하는 권유가 실패하고 북방의 겨울날의 오후에 땅거미가 지기 시작하자, 대포가 불을 뿜었다. 단지 몇 발로 반란군은 해산되었고, 60-70명이 사망했다. 대대적인 체포가 뒤따랐다. 한편 남부의 봉기도 쉽게 제압당했다. 결국 페스텔 및 북부 결사의 선동가이자 시인이었던 릴레예프를 포함하여 5명의 데카브리스트 지도자들이 처형당했고, 거의 300명에 달하는 다른 가담자들은 시베리아로 유형을 가거나 다른 처벌을 받았다. 독재적인 권력을 강화했던 것으로 유명해진 니콜라이 1세의 통치는 이렇게 시작되었다. 그러므로 우리는 데카브리스트 반란의 시도 및 몰락과 함께 러시아의 혁명운동이 시작된 날짜를 잡을 수도 있을 것이다.

제26장

니콜라이 1세의 통치(1825-1855)

이곳에는[군대에는] 명령이 있고 무조건 따라야 하는 엄격한 법이 있는 반면에, 모든 답변을 알려고 무례하게 요구하는 일은 전혀 없고, 모순된 일도 전혀 없다. 모든 것이 하나씩 순서에 따라 진행되며, 스스로 순종하기를 배우기 전에는 어느 누구도 명령을 내리지 않는다. 어느 누구도 타당한 이유 없이 다른 누군가의 앞에 나서지 않는다. 모든 것은 하나의 명확한 목표 아래에 종속되어 있고, 모든 것에는 그 목적이 있다. 바로 이런 이유 때문에 나는 이 사람들 가운데에서 아주 편안하게 느끼고 있으며, 군인이라는 직업을 언제나 명예롭게 여기고 있다. 나는 인간의 삶 전체가 단지 봉사에 불과하다고 생각한다. 왜냐하면 모든 사람은 봉사하고 있기 때문이다.
―니콜라이 1세

전제군주 중에 가장 일관성 있는 사람.
―쉬만

니콜라이 1세는 자신의 형인 알렉산드르 1세와 인간으로서도 통치자로서도 아무런 공통점도 가지고 있지 않았다. 전임자의 심리적인 역설, 모순, 우유부단함과는 대조적으로, 새로운 군주는 결단력, 한 가지 목표에만 집중하는 태도, 그리고 철석같은 의지를 가지고 있었다. 그는 강한 의무감과 업무를 수행할 수 있는 커다란 능력도 가지고 있었다. 성격으로 보아, 그리고 심지어 그의 빼어나고 강력한 용모로 보아, 니콜라이 1세는 완벽한 절대 군주인 것처럼 보였다. 적절하게도, 그는 마음속으로는 언제나 군인이었고, 군대의 규율 잡힌 질서 속에서 즐거움과 기운을 찾았다. 그는 군사 훈련, 연병장, 제복의 마지막 단추까지

니콜라이 1세. 여기에서 그는 폴란드 군복을 입은 모습이다. 니콜라이 1세는 육체적인 아름다움과 위풍당당함 때문에 종종 존경받았다. 미국 외교관인 앤드류 화이트는 그가 "키가 매우 크며 그리스의 동전에서 볼 수 있는 것 같은 얼굴을 가지고 있지만, 그 얼굴은 러시아적인 우울감의 그림자로 뒤덮여 있다"고 묘사했다. (*Tsartvuiushchii dom Romanovykh*)

많은 신경을 썼다. 사실 그는 황제로서 심지어 단추의 숫자를 바꾸면서까지 제복의 교체를 명령했다. 마찬가지로 전제군주는 자신을 둘러싼 모든 것을 세심하고도 정밀하게 조정하고 명령할 것을 고집했다. 사실 니콜라이에게는 연병장이 사회와 정치를 위한 모델이었다. 공학, 특히 방어시설의 건축은 니콜라이가 꾸준히 열정을 바친 또다른 분야였다. 심지어 어린아이였을 때에도 "그는 의자와 흙과 장난감을 가지고 자신의 유모나 가정교사를 위하여 여름 별장을 지을 때마다, 방어를 위해서 대포로써 그곳을 요새화하는 것을 결코 잊지 않았다." 그는 나중에 요새 분야를 전공하여 공병대의 지휘관이 되었고, 그리하여 국가에서 지위가 가장 높은 공병이 되었다. 나중에 그는 황제가 되었을 때에 전 국토를 난공불락으로 만드는 데에 모든 것을 걸었다.

니콜라이가 종교적이고, 도덕적이고, 가정적인 인물이었다는 점—적어도 그는 지독한 전제군주로서의 자신의 공적인 모습과 함께, 이런 공적 이미지를 쌓았다—은 이러한 성격을 더욱 복잡하게 만들었다. 그러나 그의 종교는 자신의 형인 알렉산드르나 당대의 다른 교육받은 러시아인들의 경우와는 달랐다. 니콜라이 자신의 표현에 따르면, 그것은 진리를 향한 쉼 없는 추구가 아니라 "농민의 방식으로" 소박하고도 의심하지 않는 종교였다. 그리고 그의 도덕의식은 훈련, 질서 그리고 충성 같은 가치에 주로 헌신하는 것이었다. 마지막으로, 아마도 놀랍게도, 그는 스스로 가정적인 사람이라고 생각했고 공식적으로 그렇게 묘사되었다. 차르와 그의 가족의 모습은 러시아 최초로 널리 배포되었다. 그리고 그는 가족의 쉼터인 페테르고프의 "오두막집(kottedzh)"에서 아늑하고도 목가적인 가정을 꾸몄다.

법이나 제도보다도 권력을 가진 사람이 더 중요했던 국가와 시대에서, 차르의 성격과 취향에 대한 이러한 질문은 사소한 의미 이상을 가지고 있었다. 게다가 그의 성품은 권력과 통치라는 자신의 이데올로기에 아주 잘 부합되었다. 1796년에 태어난 새로운 통치자는 자신의 형처럼 후기 계몽주의의 분위기에서 성장한 것이 아니라, 나폴레옹에 대항한 전쟁과 보수주의가 강화되는 분위기 속에서 자랐다. 그가 살던 때는 민족주의의 시대이기도 했다. 니콜라이는 자신이 가지고 있는 거대한 권력은 서구의 계몽전제주의 개념보다는 러시아의 가부장적 권위주의의 전통에 뿌리를 두고 있다고 점차 생각하게 되었다. 이 이데올로기가 가장 잘 표현된 것은 나중에 "관제 국민성(Ofitsial'naia narodnost)"이라고 불리게 된 독트린이었다. 차르의 교육부 장관이었던 우바로프 백작에 의해서 1833년에 공식적으로 선포된 관제 국민성 이론은 정교회, 전제정치, 국민성이라는 세 가지 원칙을 포함하고 있었다. "신앙, 차르, 조국"처럼 다른 용어가 사용되었을 때조차도 그 순서는 중요했고 변하지 않았다. 이 기본적인 한 묶음의 원칙들은 변형되기는 했지만 러시아 정치에서 오랫동안 강한 영향력을 미치고 있었는데, 그 점은 오늘날도 마찬가지이다.

"이것들은 '통합된 정신'을 이루고 있다"라고 우바로프가 말했듯이, 이 세 원칙은 별개의 사상이 아니었다. 정교회(Pravoslavie)는 공식적인 교회의 역할과 윤리 및 이상의 궁극적인 근원을 강조했다. 많은 점에서 이것은 이성의 시대에 대한 거부이자, 인간의 이성과 인간의 능력에 중심적인 자리를 부여하는 관점을 배격하는 것이었다. 그 대신에, 인생의 "신비와 불가해성" 그리고 이성의 무의미함이 강조되었다. 정치적인 원리로서 이것은 사회를 완전하게 하려는 인간의 노력을 배격할 뿐만 아니라, 기존의 권위를 신으로부터 유래된 것으로서 신성화하는 것을 의미했다. 당시에 말해지고 있었듯이, 각 사람은 "자신의 자리에서 신을 섬겨야 한다." 신성한 권위로서의 전제정치(samoderzhavie) 원칙은 이것에서 비롯된다. 덧붙여서, 인간은 본래 약하고 죄짓기 쉽다—당대의 지도적인 정치 평론가인 그레치의 말을 빌리면, "비열하고 감사할 줄 모르는 족속"—고 상정되었기 때문에, 질서를 잡기 위해서는 정부의 강력한 통제가 필요했다. 관제 국민성의 주창자들은 러시아의 역사가 이런 교훈을 뒷받침하고 있다고 보았다. 동시에, 그리고 전통을 따라서 그들은 전제정치가 러시아의 진보와 행복을 보장해줄 수 있는 최상의 수단이라고 간주했다. 그 자체로 보면 전제정치는 폭정이 아니라, 국민들과 사랑 안에서 연합된 아버지가 가진 권력이라고 설명되었다. 그리하여 또다시 러시아의 정부 형태는 "가족"으로 묘사되었다. 그 안에서 차르는 엄하지만 자애로운 아버지이고, 국민들은 종종 규율과 도움을 필요로 하기는 하지만 순종적이고 사랑스런 자녀들이었다.

마지막 순서에 있지만 앞의 두 원칙처럼 중요했던 국민성(narodnost)은 러시아 국민의 특별한 성격을 가리켰다. 부분적으로 이것은 전제정치의 또다른 측면에 불과했다. 왜냐하면 그것은 러시아인들을 독특할 정도로 사랑스럽고 순종적인 신민이지만 동시에 강한 통제를 필요로 한다고 보는 관점이었기 때문이다. 니콜라이 1세의 견해는 분명 이것이었다. 예를 들면, 데카브리스트 반란 이후에 그는 "이런 계획은 러시아 민족의 성격……혹은 방식에 부합되지 않았다.……군주에 대한 사랑과 제위에 대한 헌신은 민족의 천부적인 특성에 기반을 두고 있다"라고 주장했다. 마찬가지로, 그는 1831년의 군사 봉기 동안에는 평범한 군인들은 자신을 반대하지 않는다고 주장했다. "오를로프와 체르니셰프(고위 관리들)를 제외하면, 내가 그들 가운데 혼자 있었다는 사실을 보라. 모두가 넙죽 엎드리며, 자신들의 얼굴을 땅에 대고 있다! 당신의 러시아 민족은 이런 사람들이다." 알 수 있다시피, 국민성에 대한 이런 이상은 당대의 러시아적 전통과 유럽 사상, 특히 각 민족이 스스로의 독특한 천재성, 독자적인 역사, 제도, 언어, 기질, 덕성을 가지고 있다는 낭만주의적 민족주의 사상에 그 뿌리를 두고 있었다. 러시아의 천재성은 국민과 차르 사이에 사랑과 헌신이라는 독특한 유대관계라고 생각되고 있었다.

니콜라이 1세의 "체제"

니콜라이 1세의 통치 초기에 일어난 데카브리스트 반란은 새로운 황제의 기본적인 생각만이 아니라, 혁명 세력과 끝까지 싸워야 한다는 그의 결심을 굳게 만들었을 따름이었다. 의심의 여지 없이, 그것은 귀족에 대한 황제의 신뢰를 떨어뜨렸으며, 황제가 어떤 일부 신하들이 가진 독립성과 자주성에 대해서도 불신하도록 만들었다. 니콜라이 1세는 자신의 성격대로 데카브리스트들의 체포, 조사, 재판, 처벌에 대해서 개인적으로 세세한 관심을 나타냈으며, 체제 전복의 위험에 대한 이런 생각은 통치 기간 내내 그의 뇌리를 떠나지 않았다. 새로운 체제는 현저히 군국주의적이고 관료주의적인 성격을 가지게 되었다. 황제는 군인들에게 둘러싸여 있었고, 치세 후기에는 그의 측근 중에 민간인이 거의 한 사람도 없을 정도가 되었다. 그리고 그는 밀사에게 과도하게 의지했는데, 밀사들 중 대부분은 그를 수행하던 장군들이었다. 그들은 특별한 임무를 띠고 러시아 전역으로 파견되어 군주의 뜻을 즉각 실행에 옮겼다. 그들은 정식 행정체제의 범위 바깥에서 활동하는, 말하자면 군주의 분신인 셈이었다. 사실, 직접 명령, 절대적인 복종 그리고 적어도 공식적인 보고와 겉모습에 관한 한, 정확성이라는 군인 정신이 모든 정부기구에 스며들어 있었다. 그러나 규율과 매끄러운 일 처리라는 이런 외양의 바로 이면에는 부패와 혼란이 자리잡고 있었다.

니콜라이 1세는 국무를 처리할 때 종종 정식 경로를 건너뛰었고, 공식적인 토의와 협의, 혹은 절차상 지연되는 것을 전반적으로 몹시 싫어했다. 그의 통치기에는 장관 위원회, 국무 협의회, 원로원의 중요성이 낮아졌다. 황제는 그런 기구들을 제대로 이용하지 않고, 자신의 직접적이고도 완벽한 통제를 받아서 즉각 자신의 뜻을 실행할 수 있도록 특별 관료기구에 점점 더 의존했다. 니콜라이 1세는 보통의 국가기구 범위 바깥에 있는 특별위원회를 폭넓게 이용하는 방법을 애용했다. 그런 위원회는 보통 황제가 아주 신임하는 보좌관 몇 명으로 구성되었는데, 그 수가 아주 적었기 때문에 니콜라이의 통치기 내내 동일한 사람들이 구성만 바꾸어가며 위원회를 구성했다. 대체로 위원회는 비밀리에 업무를 수행했으며, 이미 거추장스럽게 되어버린 제국의 행정을 더욱 복잡하고 혼란스럽게 만들었다.

이들 위원회 대부분은 공들여 일했으나, 그 결과는 일반적으로 무시할 만했다. 코추베이 백작에 의해서 영도되어 1826년 12월부터 1832년까지 모임을 가졌으며, 사실상 광범위한 권한을 가지고 러시아 정부와 사회조직의 모든 주요 문제들을 다시 살펴보고 개선점을 건의하도록 요청받았던 위원회가 그런 경우에 속했다. 실제로 종종 황제 자신이 회의 진행 과정에 적극 참여했지만, 최초의 특별 위원회가 애를 쓰고도 아무런 결실을 거두지 못하던 현상은 니콜라이 1세의 통치기 이후에 소집된 대부분의 위원회의 일반적인 특징이 되었다. 하나의 위원회가 임무를 수행하지 못하게 되면 단지 또다른 위원회가 구성될 따름이었다. 예를 들면, 농노제 문제를 다루기 위해서 약 9개의 위원회가 구성되었다.

황제원(Sobstvennaia Ego Imperatorskogo Velichestva kantseliariia)은 관료기구와 법의 정식 조직 바깥에서 개인적인 권위를 행사하기 위한 효과적인 기구로서, 특별 위원회보다 훨씬 더 유용했다. 황제원은 원래 군주가 개인적으로 참여할 필요가 있는 사안을 다루고 황제의 명령의 집행을 감독하기 위한 부서로서 조직되었는데, 니콜라이 1세 통치기에 급속히 성장했다. 일찍이 1826년에 2개의 새로운 부서가 추가되었다. 제2부는 법 편찬을, 제3부는 신설된 헌병대 관리를 각각 담당했다. 1828년에는 황태후인 마리아의 관할하에 자선 및 교육 기관을 관리할 목적으로 제4부가 창립되었다. 그리고 8년 뒤에는 국가농민들의 처지를 개선하는 일을 담당하는 제5부가 설치되었다. 그 기구는 활동을 시작한 지 2년 후에는 신설된 국유지부(Ministerstvo gosudarstvennykh imushchestv)에 의해서 대체되었다. 마지막으로 1843년에는 황제원의 제6부가 생겨났는데, 이것은 캅카스 산맥 남쪽 지역의 행정계획을 입안하는 임무를 맡은 임시기구였다. 황제원에 속한 부서들은 니콜라이 1세가 정식 국가 경로를 건너뛰고 개인적인 정책을 실시하기 위한 주요 도구로 사용되었다.

황제원의 제3부인 정치경찰—이것은 많은 러시아인들에게 니콜라이 1세의 통치를 상징하게 되었다—은 체제 전복과 혁명에 대항한 전제군주의 주요 도구이자, 신하들의 행동을 통제하고 그들에게 처벌 혹은 포상을 내리기 위한 주요 기관으로 기능했다. 이 기관에 위임된 활동의 범위는 "모든 경우에 고등경찰에게 속한 모든 명령과 모든 보고"로부터 "모든 사건에 대한 예외 없는 보고"에 이르기까지 다양했다! 하늘색 제복을 입은 국가의 이 새로운 수호자들은 부단한 활동을 벌였다.

그들은 국민의 모든 생활을 감독하려고 노력하면서, 사실상 개입할 수 있는 모든 일에 개입했다. 가정생활, 상업적인 거래, 개인들 사이의 분쟁, 발명 프로젝트, 수련 수사의 수도원 탈출 등 모든 것이 비밀경찰의 관심사였다. 동시에 제3부에는 엄청난 양의 청원, 고소, 고발이 들어왔는데, 그 모든 것은 조사되었으며 각각 별도의 사안으로 취급되었다.

그리고 제3부는 황제를 위하여 자세하고, 흥미롭고, 놀라울 정도로 솔직한 온갖 종류의 보고서를 준비했고, 문학을 감독―푸시킨에 대한 세세한 통제로부터 러시아 및 기존 체제를 방어하기 위해서 "영감을 받은" 여러 가지 글을 주문하는 일에 이르기까지 그 활동 범위는 다양했다―했고, 혁명 세력에 감염된 모든 흔적과 싸웠다. 연이어서 제3부의 우두머리가 되었던 벤켄도르프 백작과 알렉세이 오를로프 공은 아마도 어떤 다른 측근들보다 니콜라이 1세와 많은 시간을 보냈을 것이다. 예를 들면, 그들은 니콜라이 1세가 러시아 전역을 반복적으로 시찰하며 여행할 때 그를 수행했다. 그렇지만 헌병들의 열성적인 활동 중 대부분은 아무런 성과를 내지 못했던 것 같았다. 군주 자신의 의심에 의해서 촉발된, 체제 전복이라고 생각되는 사건들이 끊임없이 조사되었지만, 밝혀진 것은 거의 없었다. 심지어 그의 재위기에 밝혀진 가장 중요한 급진 집단인 페트라솁스키 서클을 잡은 기관은 헌병대가 아니라, 헌병대의 주요 적수로서 내무부 소속으로 계속 남아 있던 일반 경찰이었다.

사람들의 삶과 사상을 면밀히 통제하고, 무엇보다도 체제 전복을 방지하려는 바람은 제3부의 주요 목표이기는 했지만, 그것은 특히 검열을 통한 교육부―이 부서에 대해서는 나중 장에서 논의할 것이다―의 정책 지침이기도 했다. 실제로 어떤 의미에서 그런 정책은 니콜라이 체제 전체의 정책을 인도했다. 요새 건설에서와 마찬가지로 여기에서도 강조점은 방어, 즉 적에 대항하여 굳건하게 버티며 적의 침투를 예방하는 데에 있었다. 군주 자신은 방어진지를 떠받치기 위해서 지칠 줄 모르고 일했다. 그는 거대하고 어려운 정부 업무에 대해서 아주 세세한 관심을 기울였고, 나라를 몸소 시찰했으며, 콜레라 전염병과 폭동으로부터 군인 거주지역의 반란에 이르기까지 온갖 비상사태에 대처하기 위해서 서둘러 달려갔고, 군대에 각별한 관심을 기울였다. 그 외에도, 황제는 국민들에게 아버지로서의 차르의 이상을 구현하기를 원했기 때문에 국민들이 안심하고 격려받을 수 있도록 온갖 곳들을 친히 방문했다. 최상층에서의 정치 방식과 분위기가 바뀐 사실을 잘 보여주는 사례가 있다. 즉, 1824년에 상트페테르부르크에 홍수가 났을 때 알렉산드르 1세는 아무런 확신도 없이 비통한 반응을 보였던 데에 비해서, 1830년에 모스크바에서 콜레라가 창궐했을 때 니콜라이 1세는 대담하게도 대책을 마련하기 위해서 자신감 있는 태도로 현장에 나타났던 것이다. 벤켄도르프 백작은 "모든 사람들이 보기에 질병 자체는 그의 전능함에 항복할 것 같았다"라고 썼는데, 아마도 비꼬려는 의도는 없었을 것이다.

개혁 문제

그러나 이미 지적되었듯이, 황제와 정부의 모든 노력은 결실을 거의 맺지 못했으며, 개혁에 대한 니콜라이 1세의 접근 방식의 한계점은 농노제라는 중대한 사안에서 아주 명확하게 드러났다. 니콜라이 1세는 개인적으로는 그 제도를 못마땅해했다. 그는 군대와 국가 전체적으로 농노제가 야기한 비참한 일들에 대해서 너무나 잘 알고 있었고, 소요사태의 위험성에 대해서도 계속 염려하고 있었다. 게다가 전제군주인 그는 귀족의 특권이 국가의 이해관계와 충돌할 때에는 그런 특권에 전혀 동의할 수 없었다. 그러나 그가 1842년에 국무 협의회에서 이 문제를 설명했던 것처럼, "현재 우리나라에 존재하고 있는 농노제는 의심할 것 없이 뚜렷하고 모두가 알 수 있는 악이다. 그러나 그것을 지금 건드리는 것은 훨씬 더 위협적인 악이 될 것이다.……푸가초프 반란은 대중의 분노가 얼마나 멀리까지 갈 수 있는지 보여주었다." 사실 황제는 통치 기간 내내 두 가지의 상이한 혁명을 동시에 걱정했다. 만약 정부가 지주로부터 농노를 빼앗겠다고 결정한다면, 귀족이 헌법을 요구할 수 있다는 위험이 있었다. 다른 한편으로는 갈망하던 해방을 통해서 기존 질서에 중대한 충격을 가하게 되면, 격렬한 인민 봉기가 촉발될 수도 있었다.

결국, 정부는 농노제에 대해서 거의 지속적으로 관심을 기울이기는 했지만 이룬 것은 거의 없었다. 새로운 법률은 농노의 지위 변화를 지주의 자유재량에 맡김으로써, 의도는 좋았지만 효과는 별로 없었던 알렉산드르 1세의 노력을 단지 지속시켰을 따름이거나, 어떤 가족 구성원들을 여러 구매자에게 판매하는 것과 같이 농노제와 관계된 일부 극단적인 학대 행위만을 금지시켰다. 심지어 농민들에게 부여된 소소한 양보 조치도 때때로 취소되었다. 1848년에 유럽에서 혁명이 발생한 이후에, 농노에게 마지못해 보여주던 정부의 미약한 배려도 종말을 맞이했다. 니콜라이 1세의 통치기에는 오직 러시아 서부의 몇몇 주(州)의 예속 농민들만이 실질적인 이익을 얻었다. 살펴보게 되겠지만, 그들은 그 지역의 지주들 사이에 만연해 있던 폴란드의 영향을 대상으로 정부가 투쟁을 벌이는 과정에서 그들을 이용하려고 했기 때문에 이런 특별대우를 받을 수 있었다.

황제와 그의 정부는 전제정치를 유지하기로 결심했고, 농노제 폐지를 두려워했으며, 모든 독립적인 발의와 대중적인 참여를 의심스러워했다. 그리하여 아주 필요한 근본적인 개혁 조치는 러시아에 도입될 수 없었다. 이론에서만이 아니라 실제에서도 그들은 시대에 뒤처진 것 같았다. 그러나 변화가 일어나더라도 러시아 제국의 기본적인 정치적, 사회적, 경제적 구조에는 위협을 가하지 않을 몇몇 분야에서는 중요한 발전이 이루어졌다. 특히 법전 편찬 및 국가농민의 처지에 지대한 영향을 미칠 개혁이 아주 의미심장했다. 스페란스키와 그의 동료들이 엄청난 노력을 기울임으로써 1820년대 말과 1830년대 초에 나온 새로운 법전은 결함이 없지는 않았지만, 러시아 법체계에서 거대한 업적이자 획기적인 사건이었다. 1835년 1월에 나온 그 법전은 알렉세이 차르 통치기인 1649년에 반포된 과거의 『울로제니예』를 대체했고, 1917년까지 계속 사용되었다.

1837년에 파벨 키셀레프 백작이 새로 설치된 국유지부의 수장이 된 지 몇 년 뒤에, 국가농민들이 재조직되었다. 인두세의 토지세로의 전환, 빈농들에 대한 추가 토지 할당, 농민들에 의한 자치의 부분적 허용, 농촌 지역에 대한 재정 지원, 학교 및 의료의 발전 등을 포함한 키셀레프의 개혁 조치는 거의 대부분의 혁명 전 역사학자들로부터 찬사를 받았다. 그러나 이 주제에 대한 지도적인 소련 전문가인 드루지닌은 신뢰할 만한 증거에 근거하여, 키셀레프의 개혁이 가지고 있는 긍정적인 측면은 좁은 범위에만 적용되었을 따름이라고 주장했다. 반면에 그의 개혁은 기본적으로는 국가농민들에게 매우 무거운 부담을 안겨주었고, 지방 행정기관의 부당한 요구와 위법 행위 때문에 농민들은 더욱 참기 어려웠을 것이라고 드루지닌은 주장했다.

통치 말기

그러나 1848년 이후에는 제한적인 개혁조차도 불가능해졌다. 유럽의 혁명 사태에 겁을 먹은 니콜라이 1세는 완전히 반동적인 입장으로 돌아섰다. 러시아인들에게는 해외여행이 금지되었는데, 이 명령으로 특히 교사들과 학생들이 타격을 입었다. 의과대학을 제외하고는, 정부 장학금을 받지 않는 대학생의 수는 대학별로 300명으로 제한되었다. 우바로프는 전적으로 반동적이고 순종적인 관리에게 자리를 내주기 위해서 교육부 장관 자리를 사임해야 했다. 신임 교육부 장관은 언젠가 자신의 보좌관에게 "당신은 내가 정신도 없고 스스로의 의지도 없는 사람이라는 것을 알아야 한다. 나는 황제의 뜻을 실행하는 맹목적인 도구에 불과하다"라고 말할 정도였다. 새로운 제한 조치로 인해서, 대학의 자율권과 학문적인 자유는 더욱 축소되었다. 헌법과 철학은 교육과정에서 배제되었고, 논리학과 심리학은 허용되었지만 신학 교수가 가르쳐야 했다. 사실 일부 역사학자들의 견해에 따르면, 대학교 자체가 거의 폐지될 뻔했으나, 다만 일부 고위 관리들이 시의적절하게 개입했기 때문에 이런 재앙을 막을 수 있었다. "검열관들에 대한 검열"을 수행하는 새로운 기관이 등장할 정도로 검열은 터무니없는 정도에 이르렀다. 검열관들의 행동 중에서 단지 몇몇 사례만 인용하면, 그들은 물리학 교과서에서 "자연력"이라는 용어를 삭제했고, 수학 책에서 생략 부호의 숨겨진 의미를 조사했으며, 로마 황제들에 대한 설명에서 "피살되었다"라는 말을 "사망했다"로 바꾸었고, 점성술 서적의 저술가에게 별이 인간의 운명에 영향을 미친다는 그의 견해의 이유를 설명하도록 요구했고, 음표에서 숨겨진 암호가 있을 수 있는지에 대해서 우려했다. 문학과 사상은 사실상 질식 상태였다. 심지어 우익 역사교수이자 관제 국민성 이론의 지도적인 주창자였던 포고딘조차도 니콜라이 1세의 재위 말기에 정부가 러시아에 "육체적으로나 정신적으로 썩어 문드러져서 악취를 풍기는 묘지의 침묵"을 강요하고 있다고 비난할 정도였다. 러시아가 크림 전쟁에서 엄청나게 충격적인 패배를 경험한 것은 이런 질식할 것 같은 사회 분위기 속에서였다.

대외정책과 제국

많은 학자들이 주장하고 있듯이, 크림 전쟁에서의 큰 낭패는 비록 니콜라이 1세의 대외정책과 통치의 논리적인 귀착점이었다고 할지라도, 그것은 역사적인 논리로 볼 때 그 당시에만 독특했으며 그 이후에는 일어나기 어려운 경우였다. 왜냐하면 우선 러시아 황제는 유럽의 다른 열강과 싸우려는 의도를 조금도 가지고 있지 않았기 때문이다. 사실, 국내적으로 전제정치를 헌신적으로 옹호했던 그는 외국에서는 정통주의를 위한 불굴의 투사가 되었다. 니콜라이 1세는 자국에서 오래된 체제를 유지하는 것이 자신의 신성한 의무라고 생각했던 것과 마찬가지로, 유럽에서도 기존 질서를 유지하고 방어하기로 결심했다. 그는 러시아와 유럽이 전체와 부분의 관계로서 서로 밀접히 연결되어 있다고 보았고, 그 둘이 동일한 적에 의해서 위협을 받고 있다고 생각했다. 그 적이란 나폴레옹의 최종적인 패배와 더불어 커다란 타격을 입었으나 죽지 않은 혁명이라는 머리 많은 히드라였다. 사실 혁명은 1830년, 1848년 그리고 다른 해에도 거듭 발생되었고, 1815년의 합의 내용을 뒤집어엎고 무효화하려고 했다. 자신의 원칙에 충실했던 단호한 성격의 황제는 적과의 교전을 시작했다. 싸움 중에 이 "러시아의 경찰"은 "유럽의 헌병"으로서의 추가적인 책임도 떠맡았다. 니콜라이 1세의 통치 기간 내내 외무장관으로 일했던 네셀로드 백작이 이끌었던 대외정책 분야의 황제의 조력자들은 대체로 군주와 견해가 같았으며, 그의 의지에 복종했다.

니콜라이 1세가 제위에 오른 직후에 러시아는 페르시아와 전쟁을 벌였는데, 이것은 1826년 6월부터 1828년 2월까지 계속되었다. 그루지야를 위한 투쟁의 또다른 라운드에 해당했던 이 교전은 페르시아의 패배로 끝났다. 러시아는 투르크만차이 조약(Treaty of Turkmanchai)을 통해서 예레반 시와 함께 아르메니아의 일부, 카스피 해에 해군을 보유할 수 있는 독점권, 상업적인 이권, 거액의 배상금을 얻었으나, 니콜라이 1세는 자신의 성격대로 자신의 승리를 더 밀고 나아가려고 하지 않았다. 특히 그는 샤(shah)를 타도하고 그의 통치를 종식시키려는 원주민 운동을 지지하려고 하지 않았다.

러시아는 페르시아와 강화를 체결한 지 몇 주 후에 투르크에 선전포고를 했다. 이번 충돌은 1821년에 투르크 지배자들에 대항해서 그리스인들이 일으킨 반란, 즉 소위 그리스 독립전쟁과 더불어 시작된 국제적 위기의 절정이었다. 러시아 정부는 그리스 혁명에 대한 태도를 정할 수 없었다. 왜냐하면 한편으로는 러시아인들이 정교도인 그리스인들을 동정했고 전통적으로 투르크인들에 대해서 적대적이었던 반면에, 다른 한편 러시아는 유럽의 현상 유지를 열성적으로 지지하고 있었기 때문이다. 게다가 그리스의 위기는 외교적인 판도와 가능성을 유례없이 복잡하게 만들어놓았다. 다른 유럽 열강들도 투르크에 대항한 그리스인들의 투쟁에 대해서 일관성 있는 정책을 유지하기가 어렵다는 것을 깨달았다. 자신의 형보다 더 단호하게 행동했던 니콜라이 1세는 처음에는 영국 및 프랑스와 함께, 그다음에는 독자적으로 투르크를 제압하고 발칸에서의 갈등을 해결하려고 시도했다. 1827년 10월 20일에 벌어진 나바리노 전투에서 영국, 프랑스, 러시아 연합 함대는 투르크 종주(宗主)를 돕기 위해서 동원된 이집트 함대를 격파했다. 그러나 러시아-투르크 교전이 공식적으로 시작된 것은 1828년 4월부터였다. 투르크 정부를 물리치는 일은 러시아 황제가 예상했던 것보다 어렵기는 했지만, 러시아 군은 비싼 값을 치르면서 두 번째 주요 군사 작전에서 결정적인 승리를 거두고, 오스만 제국이 1829년에 아드리아노플 조약(Treaty of Adrianople)에 동의하도록 강요할 수 있었다.

강화를 통해서 러시아는 캅카스의 많은 지역만이 아니라 다뉴브 강 입구를 얻을 수 있었다. 다뉴브 강 유역에 있던 몰다비아 공국과 발라키아 공국은 러시아의 보호령으로서 자치를 약속받았고, 투르크에는 막대한 배상금이 부과되었으며, 러시아 상선은 해협 통행을 보장받았다. 부수적으로 그리스 혁명의 승리가 확인되었으나 차르는 그 혁명을 계속 혐오했다. 그러나 조약에서 구체화된 러시아의 이런저런 이익에도 불구하고, 그 조약은 국제관계에서 온건한 조치의 한 사례라고 종종 생각되어왔는데 그런 판단은 옳다고 할 수 있다. 러시아 황제는 이전의 적대 세력인 투르크가 유럽의 세력 균형에서 중요하고도 있어야만 하는 구성요소라고 간주하고, 그 나라를 없애버리려고 하지 않았다. 1829년에 니콜라이 1세는 투르크의 패배에 의해서 야기된 수많은 문제들과 발칸 지역의 상황 변화를 다루도록 특별 위원회를 구성했는데, 그 위원회는 숙고 끝에 오스만 제국을 유지시켜야 한다는 판단을 내렸다. "유럽에서 오스만 제국을 유지함으로써 얻을 수 있는 이점들은 그 제국이 야기하고 있는 불편함을 능가한다."는 취지를 담은 위원회의 보고서는 러시아 군주로부터 전폭적인 지지를 받았다.

1830년 7월에 파리에서 일어난 혁명은 차르에게 엄청난 충격을 안겨주었는데, 그 충격은 9월에 일어난 벨기에의 봉기 그리고 이탈리아와 독일에서의 소요사태로 인해서 더욱 커졌다. 빈 회의에 의해서 성립된 체제에 대항한 반란이 분명히 진행 중이었고, 확산되고 있었다. 니콜라이 1세는 그것을 분쇄하기로 결심했다. 그는 프로이센과 행동을 조율하기 위해서 베를린에 특사를 파견했고, 서쪽으로 진군할 수 있도록 폴란드에 군대를 집결시키려고 시도했다. 루이 필리프 체제는 다른 유럽 정부들에서는 즉각 수용되었던 데에 비해서, 러시아 황제는 여전히 4개월 동안 공식적인 인정을 보류했고, 프랑스의 새로운 통치자를 마지못한 태도로 무례하게 대했다. 마찬가지로 네덜란드인들에 대항한 벨기에인들의 혁명 역시, 그것을 신성한 정통성 원칙에 대한 또다른 공격이자 나아가 빈 조약의 영토 규정에 대한 명백한 위반이라고 간주한 러시아 전제군주의 분노를 불러일으켰다. 그러나 니콜라이 1세는 다시 한번 다른 열강들로부터 외교적인 지지를 얻지 못했으므로, 그 문제를 국제적 해결에 맡기는 데에 동의할 수밖에 없었다. 그런데 비록 그가 런던 조약의 비준을 수개월 동안 지연시키고, 1852년까지 신생국가인 벨기에와 정식 외교관계를 수립하지 않았다고 할지라도, 상황은 반란자들에게 유리한 방향으로 결정되었다. 덧붙여 말하면, 1830년 11월 하순에 일어났으며 러시아 정부가 진압하는 데에 거의 1년이나 소요된 폴란드 혁명이 아니었더라면, 서유럽 문제에 군사적으로 개입하려던 러시아의 원래 계획은 실행에 옮겨질 수 있었을 것이다.

폴란드에서 러시아의 통치에 대한 분노는 분할 이후에 계속해서 커져갔다. 1815년의 합의에 의해서 러시아 황제가 통치하는 폴란드 왕국("폴란드 회의 [Congress Poland]"라고 알려지기도 했다)이 생겨났다. 많은 폴란드인들은 그것이 자신들의 역사적 국가의 재수립이 아니라 "제4차 분할"이라고 하면서 분개했다. 그러나 이것은 자체의 입법부, 군대, 화폐, 학교 제도, 행정부를 갖춘 입헌군주국이었다. 모든 공식적인 업무는 폴란드어로 진행되었다. 이런 권리와 자치권은 알렉산드르 1세, 그리고 특히 황제를 대신하여 폴란드를 통치하고 있던 그의 동생인 콘스탄틴 대공에 의해서 때때로 침해되었다. 그러나 니콜라이 1세가 헌법을 폐지하려는 어떠한 조치를 취하지 않았음에도 불구하고, 입헌주의에 대한 그의 강력한 반대 입장은 아주 큰 위협으로 보였다. 유럽에서 혁명이 발발했을 때, 차르가 이러한 봉기를 진압하기 위해서 자신의 폴란드 군대를 이용하려고 계획하고 있다는 소문이 폴란드의 반란을 촉발시킨 것 같다. 폴란드 반란은 1830년 11월에 바르샤바의 장교단 사이에서 시작되었다. 니콜라이 1세가 어떤 타협도 거부했기 때문에, 그 운동은 재빨리 폴란드의 독립과 자유를 위한 민족 봉기로 확대되었다. 러시아는 폴란드에서 정부와 군대 모두에 대한 통제권을 곧 상실했고, 본격적인 전쟁을 통해서 폴란드를 재정복해야 했다. 파스케비치 장군이 지휘하던 러시아군은 비록 폴란드의 울창한 삼림 속에 있는 애국자들의 부대와 집단을 뿌리 뽑는 데에 수개월을 소요하기는 했지만, 그들의 수는 폴란드군의 수를 훨씬 능가했다. 그러나 폴란드 측에는 몇몇 약점이 있었다. 일부 폴란드 역사학자들은 승리를 거둘 좋은 기회가 있었다고 주장해왔다. 그러나 지도부는 전혀 조직되어 있지 않았고, 심지어 충분한 정도의 결단력도 전혀 갖추지 못했다. 보다 중요하게도, 상트페테르부르크의 데카브리스트 봉기와 마찬가지로 폴란드의 반란은 우크라이나와 벨라루스의 농민은 물론이고 폴란드 농민의 지지도 받지 못한 상층계급의 사건으로 남아 있었다.

그 결과는 폴란드에게는 또다른 비극이었다. 1815년의 폴란드 헌법은 1832년의 유기령(有機令, Organicheskii statut)으로 대체되어, 폴란드를 러시아 제국의 "분리할 수 없는 부분"으로 규정했다. 그 법령 자체는 시민의 자유, 법과 지방행정의 분리체계, 폴란드어의 폭넓은 사용 등을 약속하고 있었지만 시행되지 않은 상태로 남아 있었던 반면에, 폴란드는 정복자로서 새로운 바르샤바 공이자 니콜라이의 총독인 파스케비치 제독에 의해서 잔인하고도 권위주의적인 방식으로 통치되었다. 군주 자신은 그의 활동을 세심하게 지시하고 감독했다. 봉기자들의 영지는 몰수되었고, 폴란드의 고등교육 기관은 폐쇄되었다. 그리고 가톨릭 교회 소유의 토지는 세속화되었고, 성직자들은 고정 급료를 받게 되었다. 동시에, 폴란드는 법, 행정, 교육, 경제적 문제에서 점점 더 러시아식 틀을 강요받았다. 러시아어는 행정부서뿐만 아니라 중등학교에서도 아주 중요하게 사용되었고, 엄격한 검열로 인해서 대부분의 지도급 폴란드 저자들의 저술은 체제 전복을 목적으로 하고 있다는 이유로 금지되었다. 다른 한편으로, 반란 및 그에 대한 진압은 보다 극단적인 폴란드 민족주의에 자극을 주었다. 그리하여 많은 교육받은 폴란드인들이 서구로 망명하여 중요한 공동체를 설립했고, 그 공동체는 주로 폴란드의 독립을 위해서 열성을 다했다.

러시아화는 폴란드에서보다, 벨라루스 및 우크라이나 농민들과 폴란드화된 지주계급이 있던 서부 및 남서부 주들에서 더욱 철저히 진전되었다. 심지어 1830-1831년 봉기 이전이라고 할지라도, 니콜라이 1세 정부는 그 영토를 러시아 본토와 더욱 밀접하게 관련시키는 방향으로 움직이고 있었는데, 그것은 차르가 중앙집중화와 획일화를 선호했던 것과 연관된 과정이었다. 혁명이 진압된 이후에, 특별 위원회의 지시에 따라서 동화정책이 신속하게 진행되었다. 리투아니아, 벨라루스, 우크라이나 주들 출신의 반란자들은 폴란드 출신에게 부여되었던 사면을 받을 수 없었다. 1839년에 우니아트 교회가 로마와의 관계를 단절하고 정교회 안으로 들어왔을 때, 정교회가 가장 커다란 이익을 얻은 곳은 바로 이 영토에서였다. 1840년에는 리투아니아 법령이 철회되고 러시아 법이 적용되었다. 지주들은 폴란드적 성향을 대변하고 있었기 때문에, 니콜라이 1세와 그의 보좌관들은 통상적인 정책을 변경해서, 그들의 이익에 반하는 입법 조치를 취했다. 그들은 일부 주에서는 농노들이 주인들에게 행해야 하는 의무 사항을 규정하고 규칙화하는 "일람표"를 도입했고, 1851년에는 서부 지역의 귀족이 국가에 대해서 강제적으로 봉사하는 제도를 확립하기까지 했다. 수천 명에 달하는 가난하고 궁핍한 소귀족들은 농민이나 도시민으로 재분류되었고, 그중 일부는 캅카스로 이주되었다.

1830년대와 1840년대에는 독일 낭만주의의 영향을 받은 민족적 정체성 이념이 러시아 제국의 서부 국경에서 확대되고 있었다. 그에 따라 니콜라이 1세는 이런 사상이 러시아의 민족적 통합과 통치에 도전하도록 허용해서는 안 된다고 결심했다. 이런 현상은 특히 우크라이나에서 찾아볼 수 있었다. 그곳에서는 제국정부가 비밀단체인 키릴과 메토디우스 형제단(Kirillo-Mefodievskoe bratstvo)—이 단체는 우크라이나의 지식인들이 문화적 행동주의로부터 정치적 행동주의로 옮겨가게 된 최초의 시도라고 설명된다—을 해산시키고 회원들을 가혹하게 처벌했는데, 특히 우크라이나의 위대한 낭만주의 시인인 셉첸코가 그랬다.

유럽의 상황이 비교적 안정된 이후에, 근동에서는 새로운 문제들이 발생되었고, 러시아의 개입 사례는 더욱 빈번해졌다. 1832년에 이집트의 무함마드 알리는 그리스 전쟁에서 자신의 명목상의 종주인 오스만의 술탄을 지지한 대가로서 시리아를 얻으려고 했으나 실패한 후에, 군대를 파견하여 시리아를 정복하고 아나톨리아 지방을 침공했으며, 투르크 군대를 격파했다. 상트페테르부르크를 제외하고는 어떤 유럽 국가의 수도도 술탄의 절박한 도움 요청에 답변을 보내지 않았다. 니콜라이 1세가 필요한 때에 투르크 정부를 도와주려는 열의를 보인 것은 러시아가 이러한 중요한 개입정책으로부터 얻을 수 있는 정치적인 이익이라는 점에서 충분히 정당했다. 그러나 그 행동은 무함마드 알리를 또다른 중요한 반란자로 간주했던 러시아 전제군주의 정통주의적 신념에 완벽하게 부합되기도 했다. 1833년 2월 20일에, 러시아의 해군 소함대가 콘스탄티노플에 도착했고, 몇 주 후에는 약 1만 명의 러시아 병력이 보스포루스 해협의 아시아 쪽 지역에 상륙했다. 이것은 다르다넬스-보스포루스 해협에 러시아의 무장 병력이 모습을 나타낸 역사상 유일한 경우였다. 이런 예상치 못한 사태의 진전에 대해서 극히 우려했던 열강은 일제히 투르크와 이집트를 화해시키기 위한 조치를 취했다. 그래서 두 교전국 사이에 퀴타히아 협정(Convention of Kutahia)을 주선해서 술탄이 그 조항들에 동의하도록 유도했다. 러시아인들은 오를로프가 1833년 7월 8일에 투르크와의 조약인 운키아르 스켈레시 조약에 서명한 직후에 철수했다. 8년 동안 유효했던 그 협정은 제3자에 의해서 공격을 받는 경우에 상호협의와 원조를 제공하는 포괄적인 규정을 포함하고 있었다. 동시에 비밀 조항을 통해서 투르크는 다르다넬스 해협에 모든 외국 군함이 통행하지 못하도록 하는 대가로, 러시아를 도와주어야 하는 의무로부터 면제받았다. 그 당시와 그 이후에 널리 추정되던 것과는 반대로, 운키아르 스켈레시 조약에서 러시아 군함의 해협 통행이 규정되지는 않았지만—이것은 모슬리가 규명한 사실이다—그 조약은 러시아를 위해서는 승리의 신호였다. 왜냐하면 이로써 각별한 동맹국이 된 차르의 제국은 어느 정도로는 쇠퇴해가고 있던 오랜 적국의 보호국으로서, 투르크 문제에 개입하고 그 나라의 장래에 영향을 미칠 수 있는 중요한 수단을 획득했기 때문이다.

  1830-1831년에 유럽에서 터져나온 사건들 그리고 그보다 적은 정도로 근동에서 발생된 충돌로 인해서, 니콜라이 1세는 보수주의 열강들 사이의 긴밀한 협력과 공동보조의 필요성을 절감하게 되었다. 오스트리아 그리고 어느 정도

로는 프로이센도 동일한 필요성을 느끼고 있었으므로, 동유럽의 세 군주국은 1833년 말에 한자리에 모였다. 뮌헨그래츠와 베를린의 모임에서 협정이 체결되었다. 특히 민족주의에 대항해서 함께 투쟁하고, 근동에서 투르크의 지배를 유지해야 한다는 희망을 고려했다는 점에서 러시아는 합스부르크 제국과 전적으로 같은 견해에 도달했다. 마찬가지로, 러시아가 프로이센과 맺은 협정에서는 분할된 폴란드와 관련된 공동정책이 강조되었다. 규정과 의미 면에서 훨씬 더 지대한 영향을 가져온 것은 1833년 10월 15일에 세 열강이 서명한 베를린 협정(Convention of Berlin)이었다. 여기에서는 "각각의 독립 군주가 자국에 대해서 외부로부터 위협이 가해질 때뿐만 아니라 내부적인 문제가 발생했을 때에도 다른 독립 군주에게 도움을 요청할 수 있는 권리를 가지고 있음이 인정"되었고, "어떤 열강"이 군사력을 가지고 오스트리아, 프로이센, 러시아가 서로에 대한 "상호 원조"를 제공하지 못하도록 막으려고 한다면, "이들 세 궁장"은 그런 적대 행위를 "그들 각각의 나라를 대상으로 한 것으로" 간주할 것이라고 명시되었다. 이렇듯 1833년의 회의는 서명 당사국들의 직접적인 이해관계만이 아니라, 유럽 전체의 보수적인 질서를 수호하기 위한 의도를 가지고 있었다. 니콜라이 1세는 특히 대륙에서 경찰의 역할을 담당하려는 열망을 가지고 있다는 것이 드러났다. 1846년에 크라쿠프에서 봉기가 일어난 후에 다소 굼뜨고 머뭇거리는 오스트리아 정부에게, 자유로운 폴란드에 속한 이 자투리땅이 과거에 동유럽 군주국들 사이에 합의된 대로 합스부르크 국가의 일부가 되어야 한다고 강력히 주장했던 사람은 바로 러시아 황제였다.

프랑스에서 1848년 2월에 발발한 혁명은 유럽의 급변하는 경제적, 사회적, 지적 변화가 초래한 정치적 결과를 포함하여, 19세기 유럽의 근대적 자유주의, 민족주의, 사회주의라는 신흥 세력과 과거의 질서 사이의 투쟁에서 새로운 장을 열었다. 프랑스에서 막 공화국이 선포되었다는 소식을 무도회에서 접한 니콜라이 1세가 하객들에게 자신들의 말에 안장을 얹으라고 말했다는 유명한 일화는 정확하지는 않다고 할지라도, 러시아 전제군주는 파리에서 온 소식에 즉각적이고도 강력한 반응을 보여주었다. 차르는 정통주의에 대한 배반자요 찬탈자라고 혐오했던 루이 필리프의 몰락에 기뻐하기는 했지만 혁명을 용납할 수는 없었고, 그리하여 프랑스와 외교관계를 단절하고는 라인 강 쪽으로의 행군에 대비해서 서부 러시아에 30만 내지 40만 명의 병력을 소집해놓았다. 그러나 반란은 러시아 군주의 대응 조치보다 더욱 빠른 속도로 확산되었다. 한 달도 되지 않아, 프로이센과 오스트리아 그리고 다른 독일 영방국가들 사이에 대중 반란이 폭발했고, 대륙의 기존 질서 전체는 급속하게 무너져내리기 시작했다.

그 이후의 힘든 몇 달 동안, 니콜라이 1세는 유럽에서 정통주의의 옹호자로서 최고의 명성을 얻게 되었다. 처음에는 성공을 거두었던 1848년과 1849년의 혁명이 결국에는 놀랍도록 실패한 것은 여러 관련 국가들의 특수한 정치적, 사회적, 경제적 상황에 의해서 가장 잘 설명될 수 있다. 그러나 러시아 군주는 분명히 반혁명 쪽으로 국면을 전환시키기 위해서 할 수 있는 모든 것을 다했다. 그는 3월 14일에 전격적으로 공표한 반혁명 성명서에서, 혁명 세력이 "법적 권위와 모든 사회제도를 전복시키려고" 위협하고 있다고 서술하면서, 이런 위협을 끝내기 위해서 "모든 러시아인들이 군주의 요청에", 그리고 "'신앙, 차르, 조국'을 위한 우리의 오래된 외침에 기꺼이 응할 것"을 호소했다. 그는 대륙을 장악했던 수많은 봉기 세력에 대항하기 위해서, 자신의 수중에 있는 모든 자원을 이용하려고 노력했다. 예를 들면, 러시아 정부는 오스트리아에게 600만 루블의 차관을 제공했으며, 영국에게는 만약 외부 세력이 합스부르크 가문에 대항하는 이탈리아의 어떤 국가를 지원한다면 러시아는 모든 군사력을 동원하여 오스트리아에 합세할 것이라고 지적했다. 혁명 세력을 진압하려는 러시아의 최초의 군사적인 개입은 1848년 7월에 다뉴브의 몰다비아 공국과 발라키아 공국에서 이루어졌다. 러시아는 이곳에서 루마니아의 민족주의 운동을 좌절시키려는 목적으로 자국과 투르크를 위해서 싸웠다. 가장 중요한 활동은 1849년 여름에 이루어졌다. 이때 니콜라이 1세는 1833년의 합의에 근거하여 헝가리에서 일어난 봉기 세력과의 싸움을 도와달라는 오스트리아의 호소를 받아들여서, 파스케비치가 지휘하는 거의 20만 명에 달하는 병력을 파견했다. 러시아의 성공적인 헝가리 개입―이것은 헝가리인들 사이에 항구적인 적대감을 심어놓았다―은 부분적으로는 폴란드의 위험에 대응하기 위한 것이기도 했다. 왜냐하면 폴란드 혁명가들이 헝가리 편에서 싸우고 있었기 때문이다. 그러나 그것의 주요 이유는 러시아 전제군주가 유럽의 기존 질서를 유지하겠다고 결심했다는 데에 있었다. 왜냐하면 오스트리아 제국은 유럽 기존 질서의 중요한 버팀목 중의 하나였기 때문이다.

1848-1849년에 대륙에서 혁명이 좌절됨으로써 러시아가 획득했던 인상적인 지위, 어떤 면에서는 우세한 지위는 지속되지 못했다. 사실 "유럽의 헌병"과 그가 통치했던 국가의 국제적인 위상은 겉보기에 강했던 것이지, 실제로는 그렇지 못했다. 자유주의와 민족주의는 비록 패배했지만 결코 소멸되지 않았고, 폴란드와 헝가리로부터 프랑스와 영국 쪽으로 유럽 여론을 몰고 갔다. 심지어 평소에는 차르와 친밀했던 국가들조차 프로이센의 경우처럼 차르가 자신들의 이해관계에 간섭하는 것에 대해서 불평하거나, 오스트리아의 경우에 해당되었던 것처럼 적어도 차르의 고압적인 배려에 대해서 분개했다. 반면에, 니콜라이 1세 자신은 이런 성공으로 말미암아—일부 전문가들의 견해에 따르면—이전보다 더욱 통명하고, 비타협적이며, 교조적이며, 군림하려고 드는 입장을 보이게 되었다. 이로써 대실패를 위한 무대가 마련된 것이다.

크림 전쟁

그러나 대실패의 순간이 다가왔을 때, 그에 수반된 상황은 극히 복잡하다는 것이 밝혀졌으며, 특히 그것은 근동 문제와 연관되었다. 1839-1840년에 투르크와 이집트 사이에 교전이 재개됨에 따라서, 운키아르 스켈레시 조약은 무효가 되었다. 유럽 열강들은 1840년 7월 15일의 런던 조약의 조건에 따라서 교전국들이 화해하도록 압력을 행사했고, 1841년 7월 13일에 해협 협정(Straits Convention)에 서명하기도 했다. 영국, 오스트리아, 프로이센, 러시아, 프랑스가 참여한 이 협정은 평시에 모든 외국 군함이 보스포루스 해협과 다르다넬스 해협을 통행할 수 없음을 재확인해주었고, 이로써 서명에 참여한 5개국에 의한 국제적인 확약은 러시아와 투르크 사이에 별도로 체결된 조약을 대체하게 되었다. 니콜라이 1세는 다른 국가들과 기꺼이 협력하려고 했음을 입증했고, 동일한 정신으로 다음 수년 동안 영국과 완전한 합의에 이르기 위해서 각별한 노력을 기울였다. 1844년 여름에 그는 친히 영국을 방문하여 외무장관인 애버딘 경과 근동의 상황 및 전망에 대해서 논의했다. 이 회담의 결과는 네셀로드가 준비한 러시아의 외교 각서에 요약되었는데, 영국 정부는 그것이 정확하다는 것을 확인해주었다. 그것에 담긴 내용에 따르면, 러시아와 영국은 투르크를 가능한 한 오래 유지시키며, 급격한 해체가 일어날 경우에는 양측이 해당 영토를 재분할하는 문제와 다른 문제들에 대해서 사전에 합의에 도달해야 했다.

크림 전쟁 이전의 몇십 년 동안의 러시아와 영국 사이의 중대한 관계는 여러 학자들에 의하여 다양하게 해석되고 평가되어왔지만, 그 상황 속에서 몇 가지 요소는 명확하다고 할 수 있다. 니콜라이 1세는 성공인 듯이 보이는 영국과의 합의에 도달했지만, 그것은 환상에 불과했으며 사실상 위험한 성격을 가지고 있었다. 합의에 담긴 두 가지 주요 사항—투르크의 유지와 분할—은 어떤 의미에서는 모순이었다. 따라서 완전한 합의가 이루어지기 위해서는 근동의 사태 진전에 대해서 양측이 동일하거나 적어도 아주 유사한 해석을 내려야 한다는 전제가 달려 있었으나, 이 문제에 대한 의견은 결코 일치될 수 없는 것이었다. 게다가 합의의 형식도 어느 정도의 갈등과 의견 차이의 발생에 기여했다. 니콜라이 1세와 그의 보좌관들은 그것이 근본적으로 중요하며 확고한 협정이라고 생각했던 반면에, 영국인들은 그것이 비밀스러운 의견 교환으로서 후임 수상들과 외무장관들에게 구속력을 가진 것은 아니라고 보고 있었다. 그리고 우리는 영국에서 공공연한 러시아 혐오증이 영향을 미쳤다는 것도 과소평가할 수는 없다. 고위 관리들도 종종 그런 경향을 가지고 있었는데, 이것은 특히 투르크에 대한 러시아의 영향력이 커짐에 따라서 강화되었다.

러시아가 1848년 이후에 겉보기에는 무적이었다는 사실 때문에, 니콜라이 1세는 유럽, 특히 동맹국들 사이에서 러시아에 대한 불신과 적대감이 점차 자라고 있다는 사실에 대해서는 눈을 감고 있었다. 그리고 영국과의 복잡하고 불운한 관계는 니콜라이 1세가 자신의 근동 정책이 유럽에서 강력한 지지를 받고 있다는 잘못된 신념을 가지도록 부추겼다. 그러나 이것 중에서 어느 것도 전쟁이 필연적으로 발생하도록 만들지는 않았다. 사건을 촉발시킨 것은 기독교의 가장 신성한 몇몇 장소와 관계된 어떤 권리를 놓고 가톨릭 교도들과 정교회 교도들 사이에 성지에서 벌어진 논란이었다. 니콜라이 1세는 가톨릭을 옹호하던 나폴레옹 3세의 주장을 반박하면서, 투르크인들에 대한 최후통첩과 함께 1853년 2월에 멘시코프 공을 파견함으로써, 평소처럼 단도직입적이고도 강압적인 방식으로 대처했다. 성지에 대한 논쟁은 정교도에게 유리하게 해결되어야 했으며, 투르크 정부는 제국 내의 수많은 정교도들의 권리를 명백하게 인정해주어야 했다.

투르크는 앞의 문제에 대한 요구 사항들은 수용했으나, 투르크 정부에게 속한 정교도 신민들에 대한 러시아의 개입은 투르크의 주권에 대한 침해라고 간주하면서 러시아의 간섭을 용인하려고 하지 않았다. 그러자 멘시코프는 회담을 중단하고 콘스탄티노플을 떠났다. "물질적인 보장"이라는 명분으로 러시아가 다뉴브 유역의 공국들을 점령한 것은 불에 기름을 부은 격이었다. 비록 니콜라이 1세가 아마도 충돌을 피하려고 했을지라도, 그의 성급한 행동이 전쟁을 촉발시켰다는 것은 거의 의심의 여지가 없다. 앞서 기술된 분쟁의 첫 단계 이후에, 러시아 정부는 유화적인 자세를 취해서 타협안으로서 소위 빈 각서(Vienna Note)를 받아들였고, 점령지역에서 군대를 철수시켰으며, 교전 발발 이후에도 거듭 평화를 추구했다. 이런 후기 단계의 전쟁에 대한 책임은 주로 투르크, 프랑스, 영국, 심지어 까다로운 요구를 가지고 압력을 넣고 있던 오스트리아에게 있었다. 아무튼 1853년 10월에 러시아와 투르크 사이에 전투가 시작되어 러시아인들이 투르크의 함대와 수송선을 11월 30일에 시노페 바깥에서 격침시킨 이후에, 영국과 프랑스는 1854년 3월에 투르크 정부에 합세했고, 사르디니아는 그 이듬해에 개입했다. 오스트리아는 러시아와 교전을 벌이기 직전에 멈추었으나, 동맹국들 편에서 외교적인 압력을 강하게 행사했다. 니콜라이 1세는 유럽의 연합 세력에 대항해서 자신의 나라가 홀로 싸우고 있다는 것을 깨닫게 되었다.

크림 전쟁으로 막을 내린 니콜라이 1세의 근동 정책은 다양하게 해석되어왔다. 많은 역사학자들은 투르크에 대한 러시아의 공격성을 강조하면서, 흑해를 통한 곡물 교역을 보호하려는 필요처럼 러시아의 경제적 필요이거나, 양 해협을 통제하려는 전략적인 고려이거나, 대략 예카테리나 대제를 뒤따라 정치적으로 팽창하려는 웅대한 계획 등을 들어서 그 공격성의 원인을 설명해왔다. 그러나 우리가 살펴보았듯이, 오스만 제국에 대한 차르의 태도는 정통주의에 대한 그의 기본적인 신념에서 유래되었다는 특징을 오랫동안 보유하고 있었다. 심지어 투르크 제국을 분할해야 한다는 그의 최종적인 결정도 투르크 정부가 근대 세계에서 생존할 수 없다는 신념, 따라서 유럽의 주요 국가들이 혼돈, 혁명, 전쟁을 피하기 위해서 발칸 지역과 근동에서 소유물과 권력을 적절하게 재배분하기 위한 준비를 해야 한다는 그의 신념의 결과라고 해석할 수 있다. 달리 말해서 영국에 대한 니콜라이의 접근 태도는 아주 진지하다고 생각될 수 있으며, 따

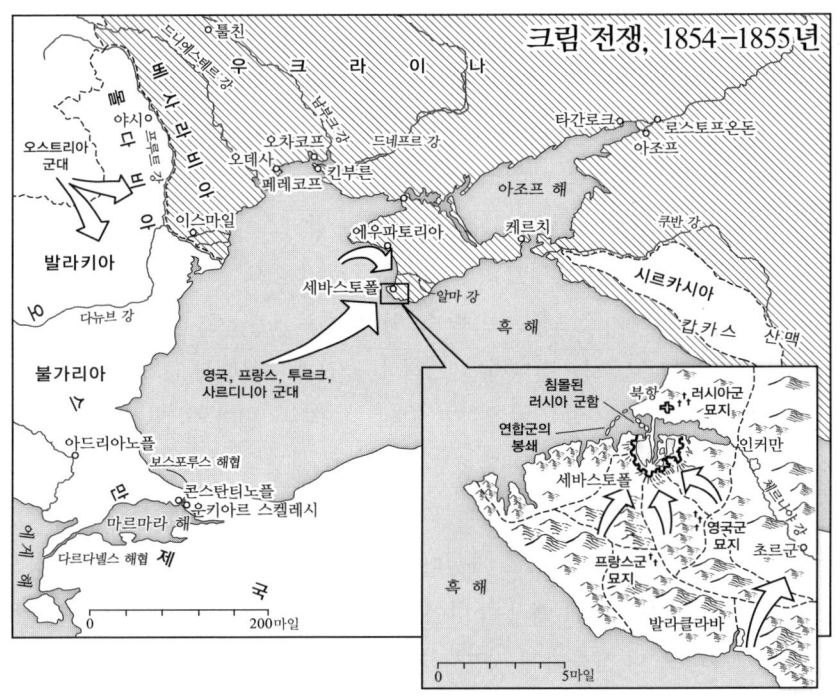

라서 그 뒤의 오해는 아주 비극적인 것이었다. 그러나 니콜라이 1세의 근동 정책을 평가할 때는 또다른 요인도 비중 있게 다루어져야 하는데, 그것은 바로 정교회이다. 크림 전쟁은 부분적으로는 종교적인 충돌에 의해서 유발된 것이 틀림없다. 그리고 차르 자신은 통치 기간 내내 술탄에게 어느 정도 이중적인 태도를 견지했다. 그는 오스만 제국에서 술탄의 지배의 정통성을 거듭 인정했지만, 그럼에도 불구하고 많은 정교도 신민들을 포함한 채 마구 확대된 이슬람 국가인 투르크 제국에 대해서 계속해서 불편한 마음을 가지고 있었다. 일단 충돌이 벌어지자, 니콜라이 1세는 자신이 불신자들에게 대항한 십자가의 수호자라고 기꺼이 선언했다.

크림 전쟁에는 비록 여러 주요 국가들이 연루되기는 했지만 그 전선은 좁게 한정되어 있었다. 오스트리아 군대가 발칸 지역에서 몰다비아와 발라키아를 점령함으로써 러시아인들과 투르크인들을 갈라놓자 양 교전국이 공통적으로 가지게 된 유일한 국경은 캅카스에만 있게 되었는데, 극히 험악한 지형의 그 머나먼 지역은 주요 군사 작전을 펼치기에는 적합하지 않았다. 동맹국들은 바다를 장악한 다음, 수많은 해상 시위를 벌였으며, 흑해와 발트 해와 백해로부터 베링 해에 이르기까지 러시아 해안에 대한 많은 소규모 공격을 감행했다. 그런 다음에 그들은 결정적인 전선을 찾아서 1854년 9월에 크림 반도에 상륙했다. 전쟁은 이제 크림 반도에 있는 세바스토폴 해군 기지를 장악하려는 연합군의 노력에 집중되었다. 크림 반도를 제외한다면 전투는 캅카스에서만 벌어졌는데, 그곳에서 러시아인들은 훨씬 우세했고 심지어 투르크의 중요한 요새인 카르스를 점령하기까지 했다. 세바스토폴은 프랑스, 영국, 투르크, 사르디니아의 군대가 우세한 무기를 가지고 거듭 감행하던 포격과 돌격에 대항해서 11개월 반을 버텨냈다. 러시아의 보급 지원이 단절되고 고위 지휘부는 별다른 결단력을 보여주지 못한 상황에서, 나히모프 제독과 코르닐로프 제독—두 사람 모두 전사했다—과 같은 헌신적인 장교들이 이끌던 흑해 함대의 병사들과 선원들은 자신들의 도시를 위해서 필사적으로 싸웠다. 세바스토폴에 있던 러시아 공병대장으로서 대령이었던 토틀레벤 백작은 방어 진지 구축의 대가로서 연합군의 진격을 어느 누구보다도 더 훌륭하게 지연시켰다. 크림 전쟁 때의 생지옥 같은 상황과 영웅적 행동은 포위된 도시에서 직접 포병 장교로서 참전했던 톨스토이가 쓴 『세바스토폴 이야기』(*Sevastopolskiye rasskazy*)』에 아주 잘 묘사되어 있다. 덧붙여 말하면, 많은 학자들이 불필요했으며 오해의 결과라고 생각하는 이 전쟁은 실제 전투에서보다도 발진티푸스와 그 외의 다른 전염병 때문에 훨씬 더 많은 사람들이 죽었기 때문에, 더욱 비극적이었다.

　러시아군은 남아 있는 군함을 침몰시키고—다른 함정들은 항구를 봉쇄하기 위해서 일찍이 침몰되었다—요새를 폭파시킨 다음, 1855년 9월 11일에 세바스토폴을 마침내 포기했다. 니콜라이 1세는 이미 3월에 사망했고, 그를 계승한 알렉산드르 2세와 동맹국들은 실질적으로 오스트리아로부터 외교적인 지원을 받아서 1856년 초에 강화를 체결할 준비가 되어 있었다. 인상적인 국제회의가 2월 하순부터 3월 하순까지 한 달 동안 파리에서 개최되었다. 그 결과 3월 30일에 파리 조약이 체결되었다. 조약의 규정에 의해서, 러시아는 투르크에 다뉴브 강 입구와 베사라비아 일부를 양도했고, 흑해의 중립화를 받아들였다. 그것은 흑해에 해군이나 해안 요새를 보유하지 않겠다는 데에 동의한 것이었다. 나아가, 러시아는 오스만 제국 내의 정교도들에 대한 보호권을 주장하는 것을 포기했다. 미래에 루마니아의 기반이 되는 다뉴브 공국들은 서명에 참여한 열강들의 공동 보호하에 놓이게 되었고, 다뉴브 강의 안전 항해를 보장하기 위해서 국제위원회가 설치되었다. 파리 조약은 남동부 유럽과 근동 그리고 사실상 전세계에서 러시아의 입지가 충격적일 정도로 낮아지게 된 것을 보여주었다.

니콜라이 1세는 자신이 사랑하는 대군이 서구의 근대적인 군대에 맞서서 이기지 못하는 모습을 보면서, 분명히 짧은 기간이지만 중병을 앓고는 1855년 2월 18일에 사망했다. 군사 역사학자인 풀러는 "크림 전쟁은 전제정치를 정당화시켜주는 원칙 중의 하나, 즉 군사력과 안보를 유지할 수 있었던 전제정치의 능력을 폭파시켰다"라고 썼는데, 이 점에 대해서는 역사학자들의 의견이 거의 일치한다. 단지 전설에 불과하기는 하지만, 니콜라이 1세의 사망에 대한 하나의 설에 따르면 충격을 받고 환멸을 느낀 황제는 음독자살했다고 한다.

맺음말

역사학자들은 니콜라이 1세와 그의 확고한 신념이 러시아의 역사에 커다란 영향을 미쳤으나, 그가 러시아 역사에 새로운 방향을 제시하지는 않았다는 데에 동의한다. 반대로, 그는 필사적인 투지를 가지고 과거의 체제와 방식을 고집했다. 관제 국민성 이론의 창시자인 우바로프 백작은 자신이 "이론적으로 준비되어 있는 것보다 러시아를 약 50년 정도 후퇴시키는" 데에 성공할 수 있다면 임무를 완성한 것으로 알고 죽을 것이라는 말을 한 적이 있었다. 어떤 의미에서 니콜라이 1세와 그의 보좌관들은 그 일을 해냈다. 유럽의 나머지 국가들이 변화하고 있는 동안, 그들은—비록 50년은 아니지만—30년 동안 할 수 있는 한 최대한 러시아를 얼어붙게 만들었다. 크림 전쟁이라는 대파국은 러시아에서 근본적인 개혁이 절실히 필요할 뿐만 아니라, 그 시간이 늦었다는 것을 분명하게 보여주었다. 알렉산드르 2세의 "대개혁"은 변화의 필요성에 대한 새로운 인식을 반영한 것이었다. 그러나 이런 개혁은 러시아의 경제, 사회, 문화 내의 변화를 반영하기도 했는데, 이제 우리는 이런 주제로 관심을 돌리려고 한다. 사실, 니콜라이의 정치와는 대조적으로 이런 분야에서는 정체(停滯)보다는 움직임이 우세했다.

제27장

19세기 전반기 러시아의 경제적, 사회적 발전

> 19세기가 되어서야 화폐경제가 두 번째 발전 단계로 진전되기 시작했다. 이때 대부분의 사람들은 경기 순환의 영향 속에 완전히 들어가게 되었고, 시장을 위해서 일했으며, 자신의 필요를 충족시키기 위해서 다른 누군가의 노동으로 만들어져서 시장에 상품으로 나온 생산품을 구매했다.
> ―로즈코프

그 당시의 많은 외국인 관찰자들과 대부분의 초기 역사학자들에게 19세기 전반의 러시아의 경제와 사회생활은 엄청난 후진성, 정체, 압제로 규정되었다. 그러나 이런 견해는 후대의 역사학자들, 특히 소련 전문가들과 러시아의 망명 학자들에 의해서 도전받았다. 그들은 어려웠던 수십 년 동안에 러시아인들이 이룬 일들, 즉 러시아 문학과 문화의 탁월함만이 아니라, 자본주의가 국가 속으로 침투하고, 일부 기술적 진전이 있었으며, 철도와 목면 산업이 발달하고, 교역이 확대되었으며, 중간계급이 증가된 것을 강조했다. 사실 과거의 사회구조는 붕괴되고 있었고, 전통적인 사회집단, 즉 귀족, 성직자, 상인, 도시민, 농민이라는 기존 구조 속에 제대로 부합되지 않는 사회집단이 발전하고 있었다.

그러나 러시아의 경제와 사회가 다른 유럽 국가들을 따라잡는 데에 성공하지 못했다는 사실을 무시할 수는 없다. 러시아에 영향을 미치고 있던 자본주의의 힘은 영국, 벨기에, 프랑스를 혁명적으로 변화시키고 있었다. 농노제와 사회의 국가 통제는 러시아의 경제 발전을 명백히 후퇴시켰다. 러시아의 산업은 1860년에 1800년보다는 유럽 전체와 세계적 범위에서 중요성이 낮아졌고, 고율의 관세로 보호받아야 했다. 러시아의 도시계급들은 빠르게 성장했지만, 서유럽의 부르주아에 비해서는 소수였고 약했다. 러시아에는 어느 정도의 증기선과 철도가 있었지만, 수송체계는 평화시의 수요라든지 크림 전쟁 때의 수요에 제대로 대처할 수 없었다. 러시아의 무기와 군사 장비는 유럽의 교전국들에 비해서 열세라는 것이 밝혀졌다. 목제 선박으로 구성된 흑해 함대는 증기로 추진력을 얻던 연합국의 전함과 경쟁할 수 없었다. 그러나 19세기에 러시아는 표트르 대제 때보다는 후진성의 상대적인 정도를 훨씬 더 좁힐 수 있었다. 확실히, 식민지 독립 이후의 오늘날의 역사학자들이 주장하고 있듯이 유럽은 근대화의 유일한 척도가 될 수는 없다. 그러나 19세기에 러시아 같은 국가들로서는, 유럽의 모델과 기준을 무시한다면 위험에 처할 수밖에 없었다.

농업, 지주, 농민들

18세기 후반부는 러시아에서 영지 경제와 농노 농업이 절정기에 달했던 때였으나, 19세기 초의 몇십 년 동안에는 경제 분야에서 중요한 변화가 일어났다. 러시아의 영지는 국내시장뿐만 아니라 남부 러시아가 흑해를 통해서 곡물을 수출하기 시작했기 때문에 심지어 외국시장에도 점점 더 많은 생산물을 보내게 되었다. 지속적인 인구 성장과 더불어 시장을 위한 새로운 기회가 생김에 따라서, 토지 가격은 꾸준히 큰 폭으로 올랐다. 그러나 교육에 의해서나 세계관에 의해서나 그런 일을 할 준비가 전혀 되어 있지 않던 대부분의 지주들은 경쟁에 효과적으로 적응할 수도 없었고, 자신의 영지에서 효율적인 생산 활동을 할 수도 없었다. 19세기의 전반부에는, 비록 귀족만이 농노를 소유할 수 있었다는 사실에도 불구하고 비귀족 지주들의 비율이 증가되었다. 게다가 국가에 대한 귀족의 부채가 급격하게 증대되어, 19세기 중엽이 되면 엄청난 정도에 달했다. 농노해방 직전인 1861년에 국가는 전체 농노의 3분의 2를 저당 잡고 있었다고 추산된다. 소규모 영지는 특히 타격이 컸다. 대체로 자산이 많은 지주들은 그럭저럭 새로운 상황에 효과적으로 적응했던 반면에, 자본이나 다른 재산이 충분하지 않았던 지주들은 경쟁에서 밀려났다. 그리하여 19세기 전반부에는 귀족 토지 보유의 집중 현상이 일어났고, 소귀족 지주들은 몰락하거나 종종 빈곤에 빠져들었다.

한쪽 극단에는 성공을 거둔 토지 거부로부터 다른 극단에는 수많은 가난한 귀족, 심지어 극히 궁핍한 귀족에 이르기까지 귀족의 분화의 정도가 점차 증가된 것은 18세기 후반의 "황금시대"가 지난 지 얼마 되지도 않아, 계급으로서의 귀족 가운데서 쇠락 현상이 일어나고 있다는 명백한 징후라고 생각되어왔다.

물론 개혁 이전의 러시아 농업의 핵심은 농노제였다. 많은 증거에 따르면, 처음에 지주들은 자신들의 경작지에서 더욱 많은 수확을 하려고 노력함으로써 시장에서 생긴 새로운 기회와 점차적으로 빨라지는 경제생활 속도에 대처했다. 따라서 부역은 규모 면에서 증가했으며 더 많이 요구되었는데, 그 과정은 1840년대에 절정에 도달했다. 그러나 농노 노동력을 훨씬 더 철저히 이용한다고 해도 그것은 생산량의 효율성과 증대를 이룩하는 문제에 아무런 해결책도 제공할 수는 없었다. 농노는 근대적인 기술을 몰랐고 변화를 거부했을 뿐만 아니라, 영지에서 더욱 열심히 일할 만한 인센티브도 가지고 있지 않았다. 농업 경영을 직접 맡는 데에—농업 방식과 장비를 개선하기 위해서 자신들이 많이 받은 교육을 이용하고, 재원을 이용하려고 하는 데에—관심을 보인 지주들은 거의 없었기 때문에, 농민들이 원하는 대로 농사를 지어 시장에 내다 팔게 하고, 더욱 많은 지대를 요구하는 것이 최선의 선택인 것 같았다. 그러므로 1840년대와 특히 1850년대에 부역을 대신해서 화폐지대가 증가되었다. 농민들은 1800년에 비해서 1860년에는 대략 10배나 되는 화폐지대를 바쳐야 했다. 농노들은 화폐지대에 대한 대가로서 추가적인 토지를 받았으나, 이처럼 급증하는 지대를 감당하기 위해서 점점 더 많은 농노들이 공장, 교통수단, 그리고 자신들의 집에서 멀리 떨어진 농사일에 고용되는 등 다른 일터에서 일하면서 추가적인 수입을 벌어야 했다. 의미심장하게도, 특히 볼가 지역과 흑해의 주들에서 점점 더 많은 자유노동이 농업 분야에서 고용되었다.

농업 분야에서 긍정적인 변화의 징후도 있었다. 일부 영지는 기계와 비료를 쓰면서 보다 근대적인 농업을 이용함으로써, 성공적인 "자본주의적" 생산자가 되었다. 러시아 농업이 더욱 집약적이 됨에 따라, 대체로 생산성도 어느 정도 증대되었고 생산물도 점차로 더욱 다양해졌다. 과거부터 주곡이었던 곡물, 특히 호밀과 밀은 계속 대규모로 경작되었다. 그러나 감자와 사탕무 그리고 성공적인 생산을 위해서 상당한 지식과 기술을 요하는 남부의 포도주 등 러시아 농업에서 몇 가지 새로운 품목도 아주 중요한 지위에 올라서게 되었다. 감자 생산은 1840년대에 4배 증가되었고, 포도주 생산은 1830년대 초와 1850년 사이에 3배 증가되었다. 사탕무의 생산량 증가는 수많은 사탕무 공장에 의해서 가능할 수 있는데, 공장의 수는 1825년에 7개, 1836년에 57개, 1844년에 206개, 1850년대 초에는 380개였다. 캅카스 산맥 남부에서는 명주실과 일부 식물성 염료 재배도 발전되었다. 새롭고도 우수한 품종의 양이 1803년에 러시아에 도입됨으로써 훌륭한 양모도 생산되기 시작했다. 정부 보조를 통해서, 양의 수는 1812년에 15만 두에서 1853년에는 약 900만 두로 증가되었다.

과거와 마찬가지로, 농민들은 물질적인 곤경과 불확실한 생활에 대처할 수 있는 많은 방법을 찾아냈다. 우리가 살펴봤듯이, 그런 방법은 깊은 종교적 세계관부터 크고 작은 저항 행위에 이르기까지 다양했다. 여기에서는 러시아 농민들이 얼마나 많은 자율성—왜냐하면 그것은 점차로 개혁자들에 의해서 도전을 받게 될 것이기 때문이다—을 누렸는지 강조하는 것이 중요하다. 그들은 법적으로 노예와 별로 다를 것이 없었지만, 그들의 사회생활은 1800년대 초의 미국 남부의 노예와는 아주 달랐다. 콜친이 보여주었듯이, 러시아 지주들은 자신들의 영지로부터 멀리 떨어져서 영지를 경영하는 것을 선호했기 때문에, 농민들의 생활에서 중요했던 것은 지주나 그의 대리인들—비록 이 대표들은 지주들이 기대했던 것을 명확하게 알려주었고, 농민들을 순종시키기 위해서 체벌을 자유롭게 사용했다고 할지라도—이 아니라 농민공동체 혹은 옵시치나(obshchina, 때때로 미르[mir]라고 불리기도 하는데 보통 가장들이 정기적으로 모였던 공동체의 모임을 의미했다)였다. 공동체는 농민들과 지주 및 국가의 관계 그리고 공동체의 복지 규칙을 정하는 일을 책임지고 있었다. 일상적인 공동체 업무는 선출된 관리들에 의해서 행해졌지만, 중요한 결정은 공동체의 모임—이 모임은 때때로 여성도 포함된 공동체 전체가 참석하기도 했지만, 보통은 가장들로 구성되었다—에서 내려졌다. 공동체는 국가에 바쳐야 하는 세금과 지주들에게 바쳐야 하는 화폐지대를 징수했고, 마을의 질서를 유지했으며(공동체의 규칙과 규범을 어기는 자들을 처벌했다), 군대에 복무할 사람을 결정했고, 가장 중요한 일로서 경작지를 배당했으며(농민들은 가족 소유 농지가 아니라, 영지와 농민들 토지에 흩어진 지조[地條]에서 일했다), 모든 가족이 그 인원에 따라서 적절한 양의 토지를 가질 수 있게 하기 위해서 지조를 재분배했다. 학자들은 공동체가 섬긴 대상이 누구인지 논쟁을 벌이고 있지만—당국이거나 농민들 자신—그것은 이중적인 기능, 즉 지주의 이익에 봉사하기도 했고, 농민들의 이익을 보호하고 증진시켰다고도 볼 수 있는 것이다. 호치가 보여주었듯이, 공동체는 마을을 목가적인 조화의 장소로 만들었다. 농민계급들의 어떤 구조라기보다는 가족별 상황과 개인별 상황에 주된 원인이 있기는 했지만, 좀더 부유한 농민들도 있었고 좀더 가난한 농민들도 있었다. 남성 가부장들은 여성들과 젊은이들을 통제하는 경향을 보였고, 분개, 분노, 사소한 범죄라는 고질적인 문제도 발생되었다.

공업과 노동

농업에 못지않게, 공업도 시장경제의 성장으로부터 영향을 받았다. 15명 이상의 노동자를 고용한 러시아의 제조업체의 수는 19세기 초에 약 1,200개 정도였으나, 1860년 무렵에는 2,818개로 증가되었다. 노동자의 수는 훨씬 더 빨리 증가되었는데, 1800년의 10-20만 명에서 "대개혁" 직전에는 50-90만 명으로 증가되었다.

러시아에서 계약을 통한 강제 공업 노동이 확산된 것은 서유럽에서의 산업 발전과는 커다란 차이를 가지고 있었다. "차용" 노동자들과 "국영기업 소속" 노동자들—공장에 묶여서 사기업 혹은 국영기업에서 장시간 일할 의무를 가진 국가농민들—은 표트르 대제 이후의 시기에 크게 증가되었다. 농노 소유자들도 1820년대 초에 이 관행이 금지되기 전까지는 계약을 체결해서 자신의 농노들을 비귀족 제조업자들에게 넘겨줄 수 있었다. 그러나 1830년대부터는 자유롭게 고용된 공장 노동자들의 수가, 특히 급격히 성장하고 있던 면직물 산업에서 성장하고 있었다. 비교적 새로운 이 산업의 생산량은 반세기 동안에 16배 성장했다. 1842년에 영국 정부가 면사 방적 기계의 수출 금지 조치를 해제시킨 결정이 중요한 자극제가 되었다. 러시아의 산업기계 제조업은 여전히 아주 낮은 수준이었고, 대부분의 공업 노동자들은 여전히 수공업 방식 혹은 종종 가내노동 방식으로 작업하고 있었다. 그러나 이제 적어도 면사 방적 분야(방직의 기계화는 몇십 년 후에 이루어졌다)에서는 수공업과 가내노동 방식은 진정한 공장에 의해서 대체될 수 있었다. 그리하여 노동자들은 한 지붕 아래에서 직접적인 감시를 받으면서, 증기로부터 동력을 얻은 기계를 가지고 일하게 되었던 것이다.

대체로 자유 노동력이 농노 노동력보다, "자본주의적" 공장이 농노 차용 공장과 장원 공장보다 꾸준히 우위에 섰다. 한 통계 자료에 따르면, 1825년까지에는 "자본주의적" 공장이 공업에 종사하는 전체 업체의 54퍼센트에 달했다.

언급된 대로, 수입된 설비의 대량 증가로 인해서 기계 사용은 더욱 촉진되었다. 러시아인들은 1825년에 4만2,500은루블(silver ruble)에 상당하는 기계류를 수입했는데, 그 양은 1845년에 116만4,000은루블, 1860년에 310만3,000은루블로 증가되었다. 게다가 러시아인들은 자체적으로 기계를 제작하기 시작했다. 러시아는 1851년에 연간 50만 루블에 상당하는 생산능력을 갖춘 19개의 기계 제작 공장을 가지고 있었는데, 그런 공장의 수가 1860년에는 800만 루블의 가치를 가진 생산능력을 갖춘 99개로 증가되었다. 그러나 러시아의 공업은 대체로 우랄 산맥, 모스크바 지역, 급속히 성장하고 있던 상트페테르부르크-발트 지역, 그리고 이미 자리를 잡고 있던 몇몇 중심지에 한정되어 있었다. 특히 방대한 남부 러시아에는 그때까지 공장다운 공장은 하나도 세워지지 않았다.

교역과 수송

교역도 19세기 전반의 러시아의 경제생활의 빠른 템포를 반영했다. 국내 교역은 현저하게 증가되었다. 남부의 곡물 생산지대와 중부와 북부의 곡물 소비지대가 더욱 확연하게 구분됨으로써, 기본적인 대규모 교환이 이루어질 수 있는 아주 강력한 기반이 마련되었다. 그리하여 북부와 중부는 남부로부터 곡물, 고기, 버터를 받는 대가로, 자신들이 생산한 공산품과 공예품을 남부로 보내주었다. 일부 지역은 특산품을 발전시켰다. 예를 들면, 북서부 지역은 사실상 러시아 전체를 대상으로 아마를 생산했다. 머나먼 아르한겔스크 주에 있는 어떤 군은 특별한 품종의 북방 소를 사육했다. 우크라이나의 몇몇 주들은 말로 유명해졌고, 볼가 강과 돈 강 사이의 남부 러시아에서는 최고의 양들이 사육되고 있었다. 모직 양말과 같은 품목들조차 지역적인 특산품이 되었다. 많은 학자들은 19세기 전반에 농민들 사이에서 어떻게 기성복이 집에서 손수 짠 의복을 점차 대신하게 되었는지에 대해서 설명했다.

상인 자본은 증가되었고, 시장은 확대되었다. 니즈니노브고로드 주의 성 마카리우스 수도원 근처에 있던 유명한 시장은 1817년에 니즈니노브고로드 시 안으로 옮겨가서, 새롭게 발전했다. 1825년에는 1,270만 루블에 상당하는 상품이 그 시장에서 판매되었는데, 그 액수는 1852년에는 5,750만 루블로 증가되었다. 다른 많은 시장에서도 상당량의 거래가 이루어졌다.

보다 느리기는 했지만 수송도 발전되었다. 강과 호수는 교역과 여행에서 여전히 아주 중요한 역할을 담당했다. 특히 1804년과 1810년 사이에 건설된 것들을 포함하여, 수많은 운하는 수로망의 유용성을 증대시켰다. 예를 들면, 서드비나 강을 드네프르 강과, 상트페테르부르크를 볼가 강과 연결시킴으로써, 볼가 강 상류로부터 발트 해로 물품을 보내는 것이 가능해졌다. 1815년에는 네바 강에 러시아 최초의 증기선이 모습을 드러냈다. 1820년에는 정기적인 증기선 항해가 볼가 강에서 시작되어, 나중에는 다른 중요한 강과 호수로 확산되었다. 한 공장의 필요에 의해서 소규모 사설 철도가 건설된 지 수 년 뒤인 1837년에는, 상트페테르부르크와 교외의 황제 거주지인 차르스코예셀로를 연결하는 러시아 최초의 공영 철도가 개통되었다. 1851년에는 니콜라이 1세의 바람에 따라서 아주 똑바른 직선으로 부설된 상트페테르부르크와 모스크바 사이의 철도가 러시아 최초의 주요 철도로서 운행을 개시했다. 러시아인들은 나아가 심지어 철도 산업에 착수해서 자체적으로 기관차와 객차를 제작하게 되었다. 이 분야에서는 화가인 제임스 휘슬러의 부친인 조지 휘슬러를 포함한 미국인들이 눈에 띄는 활약을 펼쳤다. 그러나 국토의 크기를 고려한다면, 수송체계는 대단히 불충분한 상태로 남아 있었다. 특히 1850년에 러시아는 4,828킬로미터를 약간 상회하는 일급 도로만을 보유하고 있었다. 크림 전쟁 때, 러시아군과 본국 기지와의 거리는 바다를 통하여 보급품을 받고 있던 동맹군이 그들의 본국 기지로부터 떨어진 거리보다 훨씬 더 멀었다는 것이 밝혀졌다.

대외교역—이것에 대해서 우리는 국내 상업에 관한 것보다 더 정확한 자료를 가지고 있다—은 19세기 전반에 빠른 속도로 성장했다. 19세기 초에 러시아의 연간 수출액은 7,500만 루블, 수입액은 5,200만 루블에 불과했는데, "대개혁" 직전에는 그것이 각각 2억3,000만 루블과 2억 루블로 증가된 것으로 추산된다.

러시아는 목재, 목제품, 대마, 아마, 수지 그리고 점차로 양이 증가되던 곡물처럼 원자재를 계속 수출하고 있었다. 곡물 교역이 가능해지게 된 것은 특히 남부 러시아의 밀 재배 등 농업의 발전, 주로 그리스 선박을 이용하여 흑해를 경유하는 곡물 수출 조직, 산업화가 진행 중이던 서유럽의 곡물 수요 급증 때문이었다. 곡물 교역은 18세기에서 19세기로 넘어갈 무렵에 겨우 시작되었지만, 1855년에는 러시아 수출 총액의 35퍼센트를 차지할 정도로까지 증대되었다. 그것은 오데사와 타간로크 같은 항구의 급성장을 가져왔고, 러시아와의 상업로로서 흑해가 발트 해에 필적하도록 만들었다. 이와는 대조적으로 러시아의 제조업은 서유럽에서 아무런 수요를 찾을 수 없었지만—장래의 맛보기로서—투르크, 중앙 아시아, 몽골, 중국에서는 일부 고객들을 끌어들일 수 있었다. 이미 언급했듯이, 러시아의 수입품으로는 과일과 커피 같은 열대 지방의 산물, 기계류와 같은 공산품 등이 있었다.

사회적 분화

이 시기에 인구는 계속해서 성장해서 1796년에는 3,600만 명, 1815년에는 4,500만 명, 1851년에는 6,700만 명이 되었다. 동시에 사회는 더욱 다양해졌다. 블룸에 따르면, 18세기에 급증했던 농노의 수는 1796년에 러시아 전체 인구의 49퍼센트, 1811년에는 58퍼센트만큼 많았다가, 1858년 무렵에는 총인구의 44.5퍼센트만 차지하게 되었다. 비록 최근의 역사학자들은 농민 빈곤의 정도에 대한 과거의 주장에 대해서 의문을 제기하기는 하지만, 참담한 생활 조건은 분명히 농노 감소의 하나의 원인이었다. 그에 못지않게 중요한 것은 사회 내에서 다른 집단이 성장했다는 사실이었다. 특히 1800년과 "대개혁" 사이에 도시 인구는 절대적인 수도 늘었고, 총인구에서 차지하는 비율도 높아졌다. 17세기에서 18세기로 넘어갈 무렵에 제국 주민들의 약 4.1퍼센트에 불과했던 도시민은 1851년에는 7.8퍼센트가 되었다.

특히 중요했던 점은 "중간에 있던(in between)" 사람들의 수가 증가한 사실이었다. 이들은 모든 사람들을 규정하고 포함하려고 결정했던 국가에 의해서 라즈노친치(raznochintsy), 즉 문자 그대로는 다양한 계급이나 출신 사람들로 종종 지칭되던 전통적인 사회집단이었다. 여기에는 관등표에서 가장 낮은 관등 아래의 공무원, 세습 귀족이 되지 못했던 봉직자들의 자녀들, 김나지움과 대학교의 비귀족 학생들, 비귀족 학자들과 예술가들, 부친의 직업을 승계하지 않은 성직자 아들들, 상인으로 등록되지 못한 다양한 기업인들, 군인의 아내와 아이들(이들은 농노제의 일반적인 제약으로부터 자유로웠다) 등이 포함되어 있었다. 워트샤프터가 주장했듯이, "제국정부는 세습적인 사회적 범주 내에서 사회의 발전을 가두어두려고 노력하면서도, 인적 자원과 물적 자원을 동원할 필요성이 있었으므로 사회적 경계를 넘어설 수 있는 합법적인 기회가 생기게 되었다." 이들 중간계급은 정부가 교육받고 훈련된 봉직자들을 필요로 했다는 점 이외에도, 교육과 노력을 통하여 스스로를 발전시킨 많은 평민들의 정열, 재능, 진취성으로 인해서 성장하게 되었다.

제국이 계속 확대됨에 따라서 러시아 국민들은 민족, 언어, 종교 면에서 아주 다양해졌다. 1801년에 그루지야를 병합하고 곧 아르메니아와 아제르바이잔을 포함한 캅카스 산맥 너머 지방을 정복함에 따라서 지구상에서 인종적으로, 그리고 종교적으로 가장 다양한 지역 중의 한곳이 러시아 제국으로 편입되었다. 나중에 민족 문제라고 점차 공식적으로 인식되게 된 현상은 니콜라이 1세 통치기부터 시작해서 시베리아의 비기독교 민족들을 이나로드치(inorodtsy), 즉 "이민족(aliens)"이라고 지칭한 데에서 그 징조가 나타났다. 이 용어는 그 적용 범위를 계속해서 확대해가게 되었다. 또다른 관련된 징후로는 유대인 공동체 기구를 약화시키려는 정부의 노력, 서부 국경지방, 특히 봉기 이후에 폴란드에서 러시아화가 시작된 것 등이 포함되었다. 반면에 러시아의 통치는 몇몇 피지배 민족들의 저항을 점차로 많이 받게 되었다. 그중 가장 극적인 경우는 폴란드였고, 교육받은 우크라이나인들 사이에 이루어진 독립적인 민족적 문화 발전으로부터 캅카스 산악 민족들이 러시아의 지배에 대항해서 벌인 게릴라전에 이르기까지 다양한 집단에 의해서 저항운동이 전개되었다.

다양한 방식으로 드러난 이런 분화와 차이의 모든 양상들은—농촌의 경제적 압력, 새로운 산업과 자유노동의 등장(그리고 이런 발전에 대한 제약), 지리적 이동과 사회적 이동을 위한 가능성의 증대, 골치 아픈 민족적 다양성—19세기 및 그 이후에 러시아 사회를 점차로 규정하게 되는 흐름들을 가리키고 있었다.

제28장

19세기 전반기의 러시아 문화

푸시킨. 이 이름, 이 소리는 우리 시대를 가득 채우고 있다. 황제들, 군 지휘관들, 살인무기 발명가들, 고문자들, 순교자들 같은 암울한 이름들이 있다. 그런데 그런 것들 이외에, 하나의 빛나는 이름, 푸시킨이 있다. ―블로크

우리는 인류 중에 어떠한 위대한 가문에 속해 있지 않다. 우리는 서구 사람도 아니고, 동구 사람도 아니며, 그 어느 쪽의 전통도 가지고 있지 않다. 이를테면, 우리는 시간 바깥에 서 있다.……우리는 시간 안에서 아주 특이하게 움직이고 있어서, 우리가 나아갈 때에는 바로 직전의 과거는 되찾을 수 없을 정도로 소실되어버린다. 그것은 전적으로 수입되었으며 모방적인 문화의 자연스런 결론일 따름이다.……우리는 인류의 사상 전체에 단 하나의 사상도 보태지 못했다. 우리는 인간 정신의 진보에 기여한 바도 없다. 그리고 우리는 우리가 이러한 진보로부터 차용한 것을 왜곡해왔다. ―차다예프(1829)

신선한 힘이 펄펄 끓어오르며 표현하기 위하여 투쟁하고 있으나, 아주 부담스러운 압제에 의해서 짓눌려 있다. 그리고 아무런 출구를 발견하지 못한 이 힘은 단지 실의, 피곤, 무관심을 유발시킬 따름이다. 타타르식의 검열에도 불구하고, 문학만이 여전히 살아 있으며, 앞으로 전진하고 있다. 그것은 우리가 작가라는 칭호를 그토록 존경하는 이유이다.……우리에게 시인과 작가라는 칭호가 견장과 천박한 제복의 반짝이 장식을 무색하게 만든 것은 오래 전부터이다. ―벨린스키(1847)

러시아 민족은 정치의 영역을 포기하고, 무제한적인 정치권력을 정부에 부여했으나,

스스로를 위해서 "생명"을 보존했다—그들의 도덕적, 공동체적 자유인 그것의 높은 목적은 기독교적 사회를 성취하는 것이다.　　　　　　　　　—악사코프(1855)

19세기 초는 러시아 문학의 "황금시대"의 시작이라고 불려왔다. 그에 못지않게, 전제정치 및 엄격한 검열에도 불구하고 철학, 사회, 정치 사상도 성장하고 발전되었다. 건축, 회화, 음악, 연극도 번성했으며, 과학과 학문도 중요한 진전을 이루었다. 18세기는 주로 서구로부터 배운 시기였다. 이런 현상은 19세기 초에도 지속되었고 강화되었다. 그러나 단순히 빌려오기만 하던 경향은 창조적인 적용과 독창성에 자리를 내주기도 했다. 아마도 19세기 초에 가장 눈에 띄고 독창적인 문화 발전은 "인텔리겐치아"의 대두일 것이다. 이 용어—나중인 1860년대에야 만들어지기는 했지만—는 단지 교육받은 사람들이거나 심지어 이념적인 삶에 헌신한 사람들만이 아니라, 교육받고 지적인 일에 종사하는 개인들로서, 당대의 유럽 사상으로부터 이끌어냈을 뿐만 아니라 러시아의 경험에 의하여 형성된 절대적인 원칙들의 이름으로 억압적이고 구속적인 정치 및 사회의 질서라고 생각하던 것에 대항한 사람들을 의미했다.

　이 문화는 여전히 주로 귀족 문화였다. 그 문화의 정신과 색조는 톨스토이의 『전쟁과 평화(*Voina i mir*)』, 투르게네프의 『귀족의 둥지(*Dvorianskoe gnezdo*)』, 악사코프의 가족 연대기, 게르첸의 탁월한 회고록과 같은 놀라운 문학과 회상록 작품에서 보존되어왔다. 이 문화—농노 노동에 의해서 부양되던—는 풍요롭고 희소한 세계에서 성장했다. 교육받은 귀족은 소수의 외국인 및 러시아인 가정교사들에 의해서 세계시민주의 정신에 따라 가정에서 양육되었는데, 프랑스어와 문학 그리고 그보다 적은 정도로는 독일어와 문학에 강조점을 두었다. 그들의 영지에는 종종 귀중한 도서관이 있었다. 그들은 서구의 발전을 추종했으며, 자주 외국을 여행했다. 귀족의 아들들은 장교로 입대하기 전에 종종 선별된 군사학교에 입학했는데, 그런 곳에서는 또다시 프랑스어 및 적절한 사회적 예절이 강조되었다. 그들 중에서 점점 더 많은 사람들이 국내와 서유럽의 대학교에 입학했다. 귀족 여성들도 비록 대학교에 입학할 수는 없었지만, 종종 세계시민주의적인 교육을 받았고, 외국어를 말했으며, 음악을 연주할 수 있었다.

교육

알렉산드르 1세의 개혁 이후에는, 국립학교의 중등교육만이 아니라 대학 교육의 문호도 더욱 넓어졌다. 1802년에 교육부가 신설됨으로써, 제국은 각 구역마다 학술감독관(popechitel)이 우두머리로 있는 6개의 교육 구역으로 나뉘어졌다. 계획에 따르면, 모든 교육 구역에는 하나의 대학이, 모든 주의 중심지에는 하나의 중등학교가, 그리고 모든 군에는 개량된 초등학교가 한 군데씩 설립되어야 했다. 그의 통치 말 무렵에는 교육 확대 계획이 대체로 완수되었다. 그때 러시아에는 6개의 대학교, 48개의 국립 중등학교, 그리고 337개의 개량된 국립 초등학교가 있었다. 알렉산드르 1세는 카잔, 하르코프, 상트페테르부르크에 대학교—상트페테르부르크 대학교는 처음에는 교육대학으로 설치되었다—를 설립했고, 빌뉴스의 "주요 학교" 혹은 아카데미를 대학교로 바꾸었고, 도르파트의 독일 대학교를 부활시켰다. 그리하여 원래 있던 모스크바 대학교와 함께 대학교의 수는 6개가 되었다. 그뿐만 아니라 핀란드 대공국에도 대학교가 하나 있었다. 이것은 원래 오보—핀란드어로는 투르쿠라고 불렸다—에 있다가, 1827년부터는 헬싱포르스, 즉 헬싱키에 있게 되었다. 러시아의 대학교들은 유럽의 전통적인 형태를 따라서 폭넓은 자율권을 향유했다. 등록된 대학생의 수는 각 대학교마다 보통 수백 명 혹은 그 이하였으며, 중등학교 학생들의 총수는 1825년 무렵에 겨우 약 5,500명까지 증가했지만, 이 정도의 숫자이더라도 러시아가 부인할 수 없을 정도로 진보하고 있다는 것을 보여주었다. 게다가 사립학교가 등장하여 정부의 노력을 보완해주었다. 하르코프 대학교가 설립될 때에 개인의 역할이 중요했고, 두 곳의 사립 고등교육 기관도 개인들에 의해서 설립되었다가 나중에는 결국 야로슬라블의 데미도프 법률학교와 네진의 베즈보롯코 공의 역사언어 단과대학이 되었다. 마지막으로 푸시킨이 다녔던 차르스코예 셀로의 유명한 황립 남자 귀족학교도 알렉산드르 1세의 통치기에 설립되었다는 점을 지적할 필요가 있다.

알렉산드르의 통치 말년에, 교육 관리들은 여러 대학교들에서 일련의 반계몽주의적 정화 작업을 실시했다. 가장 극단적인 경우는 카잔 대학교를 일종의 수도원 같은 막사로 변모시키려던 마그니츠키의 시도였다. 그는 학부와 도서관을 없애고서 대학교를 성경으로 가득 차게 했고, 학생들 사이에 엄격한 규율 제도를 도입했으며, 서로 스파이 활동을 하고 종교 의식에 강제로 참석하도록 요구했다. 이런 극단적인 정책은 마그니츠키가 신임을 잃음으로써 끝이 났다. 그러나 이렇게 해서 교육이 이런 종류의 위협으로부터 구원받은 것은 아니었다. 교육에 대한 니콜라이 1세의 영향은 궁극적으로 훨씬 더 큰 피해를 끼치고 있었다. 우바로프 자신이 1833년부터 1849년까지 교육부 장관으로 일했으며 관제 국민성 이론이 득세하던 30년 동안, 정부는 교육을 중앙집중화하고 획일화하려고 시도했다. 정부는 사회적 배경에 따라 개인의 교육 정도를 제한함으로써 각 개인이 자신의 정해진 위치에서 살아가도록 했으며, 관제 이데올로기만을 발전시켰고, 무엇보다도 지식층의 반대나 체제 전복의 흔적 혹은 가능성을 제거하려고 노력했다. 니콜라이 1세가 마차를 타고 모스크바 대학교 옆을 지나면서 옆 사람에게 "저곳은 늑대 소굴이다"라고 말했다는 일화를 들어보면, 황제가 대학교에 대해서 어떤 견해를 가지고 있었는지 알 수 있다.

　니콜라이 1세와 그의 보좌관들은 러시아의 교육제도 안에 절대적인 질서와 규칙성을 도입하기 위해서 할 수 있는 모든 일을 다했다. 심지어 국가는 사립학교와 가정교육을 대상으로 해서도 세세한 통제를 가했다. 공립학교가 없는 경우가 아니면 차후에 새롭게 증설될 수 없었던 사립학교는 1833-1835년에 공표된 일련의 법과 규칙에 의해서 중앙 당국으로부터 규제와 지시를 받아야 했으며, 준수되었는지 여부를 확인하기 위해서 감독관이 임명되었다. "사립학교는 통치의 기반을 이루는 통일성이라는 법칙에 따라야 했다." 가정교육은 교사에 대한 정부의 엄격한 통제를 통해서 국가의 영향력하에 있게 되었다. 러시아의 가정교사는 자격시험을 치러야 했고, 동급의 관리와 같은 정도의 연금과 보수를 받는 국가 공무원으로 간주되기 시작했다. 동시에, 정부는 학문적인 능력과 모범적인 "도덕적" 품성을 입증하는 데에 필요한 증명서를 소지하지 않은 외국인 교사의 고용을 엄격하게 금지했다. 니콜라이 1세 자신은 앞장서서 러시아의 학교를 감독하고 감시했으며, 황제의 보좌관들은 그의 사례를 따랐다.

　논리적으로 보면, 교육부의 구속적인 정책은 그 부서의 사회관과 목표에서 유래된 것이었다. 정부는 러시아의 각 계급이 단지 "계몽이라는 전반적인 보고(寶庫)로부터 필요한 부분"만을 얻도록 보장해주기 위하여, 사회의 하층에 속한 학생이 중등학교에 입학하기 전에 마을이나 도시로부터 특별 허가 증명서를 받게끔 한다든지, 수업료를 인상하는 등의 방법을 사용했다. 이와는 대조적으로 상층계급의 구성원들은 교육을 계속 받도록 장려되었으며, 그런 목적을 위해서 귀족을 대상으로 하는 기숙학교들이 다수 건립되었다. 정부의 구도에서 이상적으로 보면—그런데 실제는 이상에 따르지 못했다—농민들과 하층계급의 자녀들은 일반적으로 교구학교나 그와 유사한 수준의 학교만을 다녀야 했다. 그리고 중간계급 출신의 학생들은 군(郡) 학교에서 공부해야 했고, 중등학교와 대학은 비록 독점적이지는 않다고 할지라도 주로 귀족을 대상으로 한 것이었다. 니콜라이 1세의 통치기 내내, 농노에 대한 교육을 초등 과목이나 "쓸모 있는" 과목에 제한하기 위해서 각별한 노력이 기울여졌다. 황태후의 후원과 황제원 제4부의 관할하에 있던 여학교들도 남학교들과 동일한 목표를 가지고 있었다.

우리가 알고 있듯이, 교육부의 핵심적인 활동은 진정한 가르침인 관제 국민성 이론을 주입하고, 모든 해로운 사상에 대항해서 무자비한 투쟁을 전개하는 것이었다. 오직 공식적으로 승인된 관점만이 허용되었고, 그런 관점도 토의되기보다는 질문 없이 받아들여져야 했다. 교사와 학생 그리고 강의와 책은 의심의 대상이 되었고, 감시의 눈길 아래에 놓이게 되었다. 1834년에는 강의실 밖의 학생들의 행동을 지켜보기 위해서 전담 장학관 제도가 대학에 도입되었다. 황제와 그의 보좌관들의 평가에 따르면, 교육과 지식은 손쉽게 체제 전복을 위해서 사용될 수 있었다! 이미 언급되었듯이, 1848년이라는 혁명의 해와 더불어 강력한 탄압이 시작되었다.

그러나 니콜라이 1세 정부는 러시아에서 교육의 발전을 위해서 몇몇 중요한 기여도 했다. 교육부가 새로운 건물, 실험실, 도서관을 건축하고, 탁월한 풀코보 천문대와 같은 학술보조기관을 설립하는 데에 막대한 재정을 투입했다는 것을 지적할 수 있다. 교사들의 봉급도 크게 인상되었는데, 1835년의 대학령에 따라서 특히 교수들의 봉급이 크게 올랐다. 일반적으로, 니콜라이 1세 정부는 교육에 필요한 시설과 교수 활동에 종사하는 사람들의 복지에 대해서 칭찬받을 만한 관심을 보여주었다. 교육의 질도 무시되지 않았다. 우바로프는 특히 교육부의 수장으로 있던 16년 동안 러시아에서 교육 및 학문 수준을 높이는 데에 많은 역할을 했다. 특히 중요했던 것은 많은 새로운 강좌를 개설했으며, 그에 상응하기 위해서 제국의 대학 내에 수많은 새로운 학문 분야를 설치했고, 전도유망한 젊은 러시아 학자들을 더 훈련시키기 위해서 해외로 파견한 일 등이다. 러시아의 교육제도는 근본적인 결점에도 불구하고 학문적인 철저함과 높은 수준을 강조하게 되었다. 사실 정부는 그런 수준을 이용해서, 모든 교육 단계에서 교육이 더욱 배타성을 띠도록 만들었다. 폴란드 반란 이후에 빌뉴스의 폴란드 대학교는 폐쇄되었다. 그 대신에 1833년에 키예프에 러시아 대학교 한 곳이 개교했다. 니콜라이 1세는 또다른 종합대학을 신설하지는 않았지만, 기술대학, 법과대학, 건축대학, 그리고 미술공예대학, 농업대학, 수의과대학 등 기술적이고 "실생활과 관련된" 고등교육 기관을 많이 설치했다.

과학과 학문

고등교육이 확산됨에 따라서 러시아에서 과학과 학문이 발전했다. 이런 발전을 선도한 분야는 수학이었다. 1793년부터 1856년까지 살았으며 카잔 대학교에서 가르쳤던 로바쳅스키는 당대 혹은 실로 모든 시대를 통틀어서 가장 위대한 러시아 수학자였다. 이 "기하학의 코페르니쿠스"는 비유클리드 기하학을 정립함으로써 사상사에 큰 업적을 남겼는데, 그의 기하학 내에서 유클리드의 체계는 단 하나의 사례에 불과하게 되었다. 로바쳅스키의 혁명적 견해는 러시아나 다른 나라의 당대인들에게는 별로 인정받지 못했지만—정확히 말하면 몇몇 서구 학자들도 당시에 유사한 결론에 접근해가고 있었기 때문에, 그가 아주 예외였던 것은 아니었다—그의 견해는 수학과 물리학의 근대적인 발전 방향에 중요한 돌파구를 열어주었다. 19세기 전반에는 여러 명의 다른 재능 있는 러시아 수학자들도 학문의 발전에 기여했다.

19세기 전반에는 러시아에서 천문학도 상당한 발전을 이루었다. 1839년에는 유명한 풀코보 천문대가 상트페테르부르크 부근에 건설되었다. 이 천문대는 이전에 도르파트 대학교의 교수였으며 당대의 지도적인 천문학자 중의 한 사람이었던 스트루베가 책임자로 있었으며, 당대에 세계에서 가장 큰 망원경과 최신식 설비를 갖추고 있었다. 이곳은 곧 러시아에서 가장 중요한 천문학 중심지가 되었을 뿐만 아니라, 다른 유럽 국가들과 미국으로부터 온 천문학자들을 위한 소중한 훈련 근거지가 되었다. 스트루베는 3,000개 이상의 이중성(二重星)을 조사했고, 별의 무게를 계산하고 통계학을 별 연구에 적용시키는 방법을 발전시켰으며, 별의 분포, 우리 은하의 모양, 성간 공간(星間空間)에서의 빛의 흡수 같은 문제를 다루었다. 스트루베의 동료들과 학생들—사실상 스트루베 가문의 여러 다른 구성원들—은 러시아의 천문학 연구를 더욱 발전시켰다.

이 시기에는 물리학(페트로프는 특히 주목할 만한 실험 물리학자였다), 화학 (특히 지닌은 유기화학에서 영향력이 컸다), 생물학(발트 지역의 위대한 독일인 발생학자인 베어 같은 인물) 등 다른 분야의 자연과학도 발전되었다. 18세기, 그리고 다른 강국들의 경우와 마찬가지로, 자연과학은 탐험과 발견에 의하여 풍요로워졌다. 러시아인들은 시베리아와 북쪽 바다를 계속해서 탐사했으며, 세계 일주 항해를 위한 탐험대를 조직하기도 했다. 러시아 탐험가들은 비록 러시아 정부가 자신들에게 그렇게 하도록 요구하지는 않았지만, 태평양에 있는 많은 섬들을 만나게 된 최초의 유럽인들이었다. 그리고 벨링스하우젠은 1819년부터 1821년 사이에 남극 지역 탐사대를 이끌면서, 남극 대륙을 처음 본 유럽인 중의 한 사람이 되었다.

마찬가지로 인문학과 사회과학도 발전했다. 또다시 러시아의 제국적 이해관계와 지구적 이해관계가 강력한 영향력을 가지고 있었다. 유럽과 아시아에 걸쳐 있는 러시아의 위치는 "동방 연구" 발전을 자극했다. 1818년에는 아시아 박물관이 상트페테르부르크에 건립되었고, 그와 유사한 연구소가 많은 대학교에 설치되었다. 이 분야에서는 중앙 아시아 민족들에 대한 초창기의 민족지학적(民族誌學的) 설명으로부터 비추린 신부의 중국에 대한 폭넓은 연구에 이르기까지 다양한 업적이 나왔다. 이 민족주의 시대에, 당연하게도 역사 서술은 크게 발전되었고 새로운 독서 대중을 얻을 수 있었다.

러시아 언어와 문학의 발전과 관련하여 한 번 이상 언급되어야 하는 카람진은 최초로 가장 인기 있는 역사학자이기도 했다. 풍부한 사료를 활용한 그의 12권짜리 『러시아 국가사(Istoriia gosudarstva rossiiskogo)』는 1816년에 출간되기 시작했는데, 저자가 1826년에 사망했을 때에는 동란의 시대에 대한 설명 부분에서 미완성인 채로 남게 되었다. 이 책은 러시아의 다채로운 과거를 아주 읽기 쉽게 카람진이 재구성해놓은 것으로서, 그것을 읽고 즐겼던 교양 대중의 열화와 같은 찬사를 받았다. 그러나 카람진의 주된 의도는 사람들을 즐겁게 하기 위한 것이 아니라 중요한 정치적 및 민족적 주장을 펼치기 위한 것이었다. 즉, 전제정치와 강력한 국가는 러시아를 위대하게 만들며, 침해되어서는 안 된다는 것이었다. 카람진은 1811년에 스페란스키의 개혁주의적 영향에 대응하기 위해서 알렉산드르 1세에게 보낸 「고대와 근대 러시아에 관한 회상(Zapiska o drevnei i novoi Rossii)」이라는 비공개 글을 통해서 유사한 생각을 간략하게 표명했다. 러시아의 여러 대학교에서는 역사에 관한 새로운 강좌들이 개설되었으며, 관제 국민성 이론의 지지자인 포고딘은 1835년에 엄밀한 의미에서 모스크바 대학교 최초의 러시아 역사교수가 되었다.

언어와 문학

러시아어는 더욱 발전되었으며, 언어학과 문학 연구도 마찬가지였다. 카람진의 저술이 과거의 문체에 대한 새로운 문체의 승리를 의미했다면, 푸시킨의 저술은 근대 러시아어와 문학의 절정을 대표했고, 그것의 고전적인 모델이 되었다. 푸시킨의 언어가 가진 단순성, 정확성, 우아함, 자연스러운 흐름은 표트르 대제 이래로 러시아의 문어가 엄청나게 발전했다는 것을 증명한다. 1824년부터 1828년까지 교육부 장관을 지냈으며 반동적이었던 시시코프 제독 같은 사람들은 이런 과정을 반대했으나, 그들은 승산 없는 싸움을 벌인 격이었다. 작가들은 러시아어를 발전시켰고, 학자들은 그것을 연구했다. 19세기 전반의 몇십 년 동안, 주목할 만한 언어학자인 보스토코프의 저서와 몇몇 다른 탁월한 언어학자들의 초기 연구가 출간되었다. 문학 비평은 새로운 명성을 얻을 정도로 발전되었다. 관제 국민성 이론을 고수했던 모스크바 대학의 셰비레프로 대표되는 보수적인 대학교수들로부터 급진적인 선동가인 벨린스키에 이르기까지, 비평가들의 성향은 다양했다. 실로, 우리는 러시아에서 벨린스키의 문학 비평이 광범위한 사회적 및 정치적 의미, 그리고 일반적으로 이데올로기적 의미를 획득했음을 보게 될 것이다.

문학은 19세기 전반에 러시아 문화의 영광이었다. 앞의 장에서 언급했던, 18세기 말과 19세기 초에 인기를 끌었던 카람진의 감상주의는 점차로 호소력을 상실해갔다. 낭만주의와 사실주의에 대한 정의와 이런 범주의 유용성이 논쟁의 대상이 되기는 하지만, 혁명 전과 소련 시절의 학자들이 낭만주의와 사실주의라고 설명했던 이 두 사조는 새로운 문학적 흐름 안에 포함되었다. 낭만주의는 수많은 재능 있는 시인들과 작가들을 끌어들였고, 푸시킨, 레르몬토프, 고골과 같은 문호의 예술적인 성장에 도움을 주기도 했다. 그중에서도 주콥스키는 각별히 주목할 만한 인물이다. 1783년부터 1852년까지 생존했던 그는 자신의 시 속에서 감성 및 주관적인 감정에 대한 배려, 과거에 대한 관심과 이상화, 신비함과 유령적인 것, 낯선 것에 대한 편향 등 어느 정도 널리 퍼져 있는 낭만주의적 분위기와 특질을 반영했다. 전반적으로 그 시인은 낭만주의의 "악마적"이고 능동적인 측면보다는, 인간적이고 애수적이며 관조적인 측면을 묘사했다.

19세기 및 소련 시기의 비평가들은 러시아의 "사실주의(realism)"에 좀더 큰 가치를 부여했다. 그들이 보기에 러시아 문학은 사실주의와 더불어 마침내 진정한 독립과 독창성을 획득했으며, 지속적인 위대성을 누릴 수 있는 확고한 기반을 다질 수 있었다. 사용하기 난해한 사실주의라는 개념은 19세기 전반에 러시아에서 다양한 문학적 발전에 적용되었다. 역설적으로 들릴지 모르지만, 우화 작가인 크릴로프는 모범적인 사실주의 작가라고 일컬어져왔다. 1768년부터 1844년까지 생존했던 크릴로프는 희극, 비극, 풍자문학에 몰두하다 실패한 이후인 30대 후반이 되어서야 우화를 쓰기 시작했는데, 자신의 새로운 장르에 대해서 거의 완벽에 가까운 경지에 이름으로써 이솝이나 라 퐁텐과 같은 세계적인 우화 작가들에게 필적하게 되었다. 거의 200편에 달하는 크릴로프의 우화는 작가의 생시에 출판되었을 때 베스트셀러가 되었고 그 이래로도 베스트셀러로 자리매김해왔다. 그의 작품은 대중 언어의 풍성함과 짜릿함, 생생함과 정확함, 간결한 대화에서의 흠잡을 데 없는 언어 구사, 작가의 인간에 대한 관찰 능력 및 비평 능력으로 독자들을 압도한다. 종종 주인공으로 등장하는 동물들이 가진 약점과 그들이 처한 곤경은 크릴로프가 살던 러시아와 인간의 상황 전반에 대한 적절한 묘사라고 할 수 있다.

1795년에 태어나서 1829년에 테헤란 주재 러시아 공사관에서 페르시아 폭도들에 의해서 살해됨으로써 끔찍하게 생애를 마감했던 알렉산드르 그리보예도프는 하나의 작품만으로, 즉 영어로는 Woe from Wit 혹은 The Misfortune of Being Clever라고 번역되는 『지혜의 슬픔(Gore ot uma)』이라는 희극만으로 사실주의자로서 불후의 명성을 얻었다. 이 명작은 1824년에 완성되었으나, 러시아 상류사회의 강력한 비판 때문에 1831년이 되어서야, 그것도 상당 부분이 삭제된 채 무대에 올려졌다. 『지혜의 슬픔』은 형식상 신고전주의 작품으로서, 사건은 별로 없지만 위트가 넘치는 작품이다. 이것은 짓궂은 하녀로부터 비탄에 빠진 주인공인 차츠키에 이르는 많은 등장인물들의 재기 넘치며 터무니없거나 비꼬는 투의 말과 관찰로 주로 구성되어 있다. 모든 것은 모스크바의 상류사회의 분위기를 배경으로 한다. 이 작품의 재치는 아주 대단하기 때문에, 그리보예도프의 연극은 언제나 참신하고 활기차며, 등장인물들의 발언 중 많은 부분—크릴로프의 우화의 많은 구절과 마찬가지로—은 러시아인들의 일상 언어의 한 부분이 되었다. 물론 희극적인 형식이라고 해서 진지한 내용이 없는 것은 아니다. 『지혜의 슬픔』은 알렉산드르 1세 통치기의 러시아 상류사회에 대한 탁월한 비판으로서, 세대 간의 갈등이라는 주제—이것은 나중에 투르게네프와 다른 러시아 작가들이 발전시킨 주제이다—를 일찍이 통찰력 있게 다루었으며, 주인공 차츠키를 통해서 주변 환경에 적응하지 못하는 "잉여 인간"이라는 러시아 문학의 전형적인 주인공 원형을 제시했다는 점에서 높이 평가받아왔다.

당대의 가장 위대한 러시아 작가였던 푸시킨은 그리보예도프와 마찬가지로, 18세기 말 무렵에 태어나 알렉산드르 1세의 통치 말기에 유명해졌다. 그 역시 그리보예도프처럼 짧은 인생을 살다가 갑작스러운 죽음을 맞이했다. 그는 1799년에 태어나서 1837년에 어떤 결투에서 살해당했다. 자신의 최초의 대표적 시 작품으로서 기발하며 은근히 풍자적인 「루슬란과 류드밀라(Ruslan i Lyudmila)」를 완성한 1820년에서부터 사망할 때까지, 푸시킨은 모든 점에서 볼 때 러시아에서 가장 위대한 시인이자 러시아 산문 작가의 한 사람이고, 서정시와 서사시와 드라마 형식의 작품의 대가이자, 심지어 문학 비평가, 정치 평론가였으며, 어떤 의미에서는 역사학자이자 민족지학자로서 항구적인 위치를 확립했다. 「바흐치사라이의 분수(Bakhchisaraiskii fontan)」나 「캅카스의 포로(Kavkazkii plennik)」처럼 장엄한 형식으로 된 푸시킨의 초기 작품은 식민지 개척 시대의 풍조였던 색다르고 이국적인 것에 대한 어느 정도의 관심을 반영했다. 그러나 1822-1831년에 쓰인 『예브게니 오네긴(Yevgenii Onegin)』에서 볼 수 있듯이, 푸시킨은 일찍부터 러시아 교양층과 그들이 가진 문제점을 예리하고도 놀라울 정도의 사실주

알렉산드르 푸시킨. (*New York Public Library*)

의적인 방식으로 다루는 방향으로 돌아섰다. 오네긴은 근대 러시아 문학에서 가장 인상적이고 관심을 끄는 인물들 중의 한 사람이 되었다. 그 작품의 간단한 줄거리뿐만 아니라, 오네긴과 여주인공 타티아나 라리나는 레르몬토프, 투르게네프, 곤차로프 그리고 많은 다른 작가들의 작품 속에서 다양한 모습으로 변형되어 되풀이해서 등장하게 되었다. 『예브게니 오네긴』이 아주 우아한 운문으로 쓰였다면, 푸시킨은 특히 유명한 『대위의 딸(*Kapitanskaia dochka*)』과 같은 이야기를 통해서 러시아 산문의 발전에도 크게 기여했다. 푸시킨은 시보다도 산문에서 훨씬 더 러시아 사실주의의 창시자로 간주되어왔다. 그의 매우 예민하고 다재다능한 천재성은 누구도 따를 수 없는 개인적인 서정시로부터 역사적인 주제들—예를 들면, 비극인 『보리스 고두노프(*Boris Godunov*)』와 그의 작품에 여러 번 등장하는 영웅인 표트르 대제를 찬양하는 장편 서사시인 「폴타바(*Poltava*)」—에 이르기까지, 그리고 당대 러시아에서 사실주의에 대한 관심을 불러일으킨 것으로부터 운문으로 된 경탄할 만한 동화에 이르기까지 다양하게 나타났다. 그는 아주 중요한 정기간행물인 『현대인(*Sovremennik*)』의 발행에도 부지런히 관여했으며, 생애 말년에는 역사 연구에 몰두했다.

푸시킨의 천재적 작품 세계는 종종 "고전주의적"이라고 묘사되어왔다. 그의 천재성의 두드러진 특징은 형식, 조화, 운율에 대한 놀라운 감각에 있었는데, 그 결과 그의 완벽한 작품이 나올 수 있었다. 작가의 기본적인 관점은 인간적이고,

건전하며, 본질적으로 긍정적이며 낙관적이었던 고전주의적인 균형과 동일한 무엇인가를 반영해주었다. 이 점은 비극에서도 예외가 아니었다. 장편 서사시인 「청동의 기사(Mednyi vsadnik)」는 세계의 비극에 대한 푸시킨의 인식을 아마도 가장 잘 표현한 작품일 것이다. 이 시는 평범한 한 개인인 예브게니와 상트페테르부르크의 위대한 건설자의 청동상 사이에 벌어진 처참한 갈등, 즉 개인과 국가, 인간의 욕망과 필요성, 인간과 그의 운명 사이의 갈등을 묘사했다. 사실상 통행도 할 수 없는 지역에 새로운 수도가 건설되었는데, 이곳에서 빈번히 발생하던 홍수 속에서 예브게니의 연인이 목숨을 잃게 되었던 것이다. 그렇지만—소수의 전문가들은 그 시를 이렇게 읽는 것을 반대하고 있지만—「청동의 기사」 역시 표트르 대제의 업적, 근대 러시아, 인생 자체를 긍정하고 있다.

푸시킨은 죽은 이후에, 심지어 그의 짧은 생애 동안보다 훨씬 더 독자적인 러시아의 "국민 시인"으로서의 지위를 획득했다. "국민 시인"이라는 표현은 푸시킨이 살아 있을 때 고골이 다음과 같이 이미 사용한 구절이었다. "푸시킨이라는 이름은 러시아 국민 시인에 대한 생각을 상기시켜준다.……푸시킨은 러시아 정신이 명백한 모습을 드러낸 인물이다.……그의 내면에 러시아의 자연, 러시아의 영혼, 러시아의 언어, 러시아의 성격이 반영되어 있다." 1880년에 모스크바의 푸시킨 기념상의 제막식에서 연설(도스토옙스키에 따르면, 이 연설은 "황홀감의 울부짖음"과 마주쳤다)을 했던 도스토옙스키에게, 푸시킨은 정확히 말해서 어떤 국가의 정신이든지 표현할 수 있는 "보편적인 인간"이 되었다는 점에서 가장 러시아적인 사람이었다. 따라서 그의 목소리는 러시아 자체처럼, "유럽의 갈등을 궁극적으로 해결하고, 우리의 보편적이며 인간적이고 통합적인 러시아의 혼 속에서 유럽적인 권태감으로부터 벗어날 수 있는 출구를 보여줄 수 있는" 독특한 예언적인 구원의 능력을 가지고 있었다. 이런 주장은 완전히 발달된 푸시킨 신화가 되었고, 1800년대 후반과 스탈린 시대의 소련에서 아주 강력하게 발전되었다. 그러나 몇몇 학자들이 입증했듯이, 푸시킨 스스로는 자신이 어느 정도로 러시아의 삶 속에 잘 들어맞는지에 대해서 그다지 확신하지 못했다. 그의 아프리카 혈통과 거무스름한 용모—가족 전설에 따르면, 그의 외증조부인 이브라힘 한니발은 어느 아비시니아 공의 아들이었는데, 투르크의 술탄으로부터 그를 획득했던 한 러시아 공사가 표트르 대제에게 선물로 주었다고 한다—는 푸시킨이 가끔 자신을 외부인이라고 느끼게 한 이유 중의 하나였다. 그는 러시아의 권위주의에 불만을 가지고 있었으므로, 공공연히 데카브리스트들에게 공감을 표했고 이로써 니콜라이 1세로부터 계속해서 의심을 받았다. 다른 한편으로, 푸시킨은 러시아의 특권 사회의 진정한 엘리트의 일원이었다. 그의 시가 보여주고 있듯이, 그는 분명히 사교생활을 아주 즐겼다. 그러나 그의 작품은 사교생활, 특히 감성적인 개인을 위한 사교생활의 어두운 측면들을 폭로하기도 했다. 「청동의 기사」와 같은 시는 평민들의 고통에 대한 어느 정도의 이해력을 잘 보여준다. 푸시킨이 서구로 망명가려고 하는 희망을 표명했다는 산발적인 증거도 있다.

레르몬토프는 비록 푸시킨만큼 결코 유명하지는 않았지만, 푸시킨의 그늘 속에 가려져서는 안 될 작가이다. 1814년에 태어나서 1841년에 결투를 벌이다 사망한 레르몬토프는 아주 어린 시절부터 글을 쓰기 시작해서 상당량의 다채로운 문학 작품을 남겨놓았다. 레르몬토프는 푸시킨과는 기질이나 관점이 아주 달랐으며, 러시아 문학계에서 대표적인 낭만주의적 천재에 가장 근접했던 "러시아의 바이런"이었다. 그의 생애는 자신을 둘러싼 환경에 대한 끊임없는 반항이었다고 할 수 있는데, 이런 반항은 푸시킨의 죽음과 관련하여 러시아 상류사회를 비난하는 그의 아주 멋진 시와 같은 공개적인 의사 표시와, 자신을 죽음으로 이르게 한 사적인 문제 모두에서 표현되었다. 레르몬토프는 군 생활을 하며 얼마 동안의 시간을 보낸 웅대한 캅카스를 배경으로, 환상적이고 이국적이며 매우 주관적인 주제를 종종 선택했다. 그는 생애의 대부분의 시간 동안, 장엄한 장편시인 「악마(Demon)」를 저술하거나 개작하면서, 차이와 소외의 정신을 상징하고 있는 악마 현상을 통해서 자신의 고통스러운 자아를 탐구했다.

나는 희망이 피어오르는 바로 그 순간에
시선 하나로 그것을 꺾어버리는 자,
나는 아무에게서도 사랑을 받지 못하고
모든 살아 있는 것들로부터 저주받는 자,
나는 내 지상의 노예들을 향한 천벌,
나는 인식과 자유의 황제,
나는 하늘의 원수, 나는 자연의 재앙이오.

그러나 레르몬토프를 낭만주의 시인이라고 설명하는 것은 그에 대한 정당한 평가가 아니다. 그는 특히 자신의 단편소설인 『우리 시대의 영웅(Geroi nashego vremeni)』과 같은 산문을 통해서, 형식에서만이 아니라 주제 면에서도 러시아 사실주의 소설의 창시자 중의 한 사람이 되었다. 미르스키와 같은 안목 있는 비평가는 레르몬토프의 대단히 힘 있고, 간결하며, 명료한 산문이 심지어 푸시킨의 경우보다 뛰어나다고 평가했다. 스물여섯 살의 나이에 총에 맞아 죽지 않았더라면, 레르몬토프는 훨씬 더 많은 일을 할 수 있었음이 틀림없다.

한편, 시작(詩作)에 대한 고골의 초창기의 도전은 완전한 실패로 판명되었다. 그러나 산문 작가로서의 고골에게 필적하거나, 그보다 뛰어난 사람은 아무도 없었다. 1809년부터 1852년까지 살았던 고골은 우크라이나 지방의 귀족 출신으로서, 그의 소설이나 희곡에 나오는 등장인물들은 차츠키나 오네긴의 세계보다도 몇 단계 낮은 사회계층의 사람들이었다. 1831년에 출간되어 즉각 호평을 받았던 그의 최초의 소설집인 『디칸카 근교의 야화(Vechera na khutore bliz Dikan'ki)』는 전반적으로 우크라이나의 민속문화가 가진 명랑한 해학과 밝은 색조로 번뜩이고 있다. 어느 정도로 장엄한 분위기와 웅장한 태도만이 아니라, 쾌활함과 민속문화—일부 비평가들은 아주 높이 평가하지만, 다른 비평가들은 이것이 다른 사람들의 영향을 받은 결과라고 생각한다—는 고골의 후기 작품, 예를 들면 폴란드인들에 대항한 우크라이나인들의 투쟁을 다룬 카자크적인 유명한 산문 서사시인 『대장 불리바(Taras Bulba)』에서 등장하게 되었다. 그러나 고골의 진면목은 문학에서 점차 등장하기 시작했다. 고골은 평범하기도 하며 다소 기묘하기도 한 그런 자신의 본모습을, 어떻게든지 그 나름대로 불가항력적인 심리적인 세계로 빚어냈다. 그리고 복잡하고, 불규칙적이며, 겉보기에는 어설픈 그의 진짜 문체는 전혀 거부할 수 없을 정도로 매력적인 것으로 판명되었다. 경우에 따라서는, 예를 들면 『광인 일기(Zapiski sumashedshchego)』와 『코(Hoc)』와 같은 소설에서는 이러한 마법과도 같은 문학적 재능과 견줄 만큼 내용도 생소했다. 그러나 유명한 희곡인 『검찰관(Revizor)』이나 명작소설 『죽은 혼(Myortvyje dushi)』에서처럼 아주 흔히 그가 다룬 주제는 일상적인 것에서 벗어난 것은 전혀 없었고, 플롯에서는 별다른 발전을 보여주지 못했다.

1842년에 출간된 『죽은 혼』은 고골이 가진 천재성이 얼마나 폭넓고 강력한지 잘 보여주며, 고골에 대한 상이한 해석을 위한 시금석 역할을 한다. 지방의 지주들을 방문하여 그들의 죽은 농노들—러시아에서는 농노는 "혼"이라고 불렸다—을 구입하여 마치 그들이 살아 있는 것처럼 사업 거래에서 이용하려는 악당 치치코프에 관한 이 간단한 소설은 벨린스키로부터 소련 및 소련 붕괴 이후의 학자들에 이르는 비평가들에 의해서 니콜라이 1세 통치하의 러시아 농촌에 대한 충격적이고도 사실적이며 풍자적인 묘사라고 일컬어져왔는데, 이런 견해는 전적으로 타당하다. 그러나 고골의 소설에는 그 이상의 것이 있는 것 같다. 치치코프 자신만이 아니라 치치코프가 만나고 있는 다양한 심리적 유형의 지주들은 실제로 "실생활보다 훨씬 더 사실적"이기 때문에, 자신들이 충실하게 비춘다고 생각되는 사회가 사라졌다고 해도 세월이 지날수록 더욱 큰 생명력을 가지는 것 같다. 메레시콥스키와 나보코프 같은 작가들과 러시아의 형식주의 비평가들은 고골의 이러한 또다른 "사실 이상의 사실적(non-realistic)" 측면과 힘을 강조했다는 점에서 신뢰받을 만하다. 이 위대한 소설가 자신은 스스로 무엇을 하고 있는지 몰랐다는 것을 덧붙여 말할 필요가 있다. 러시아의 기존 체제의 반대자들에 의해서 박수갈채를 받았으며, 사람들의 기를 죽게 만드는 그의 풍자는 어떤 좌파 이데올로기가 아니라, 그의 이상하고도 문제성 있는 천재성에서 직접 유래되었다. 사실, 고골은 『죽은 혼』의 제2권에서 등장인물들을 개조하고 러시아를 구원하려고 시도했다. 물론 그런 계획은 실패했다. 고골은 여전히 러시아 사회를 부활시키려 노력하면서, 1847년에 천진난만하며 반동적인 『친구와의 서신교환선(Vybrannye mesta iz perepiski s druz'iami)』을 출간했다. 이것은 예를 들면 농노들이 문맹 상태로 남아 있어야 한다고 주장함으로써, 러시아의 지식층에게 충격을 주었다. 그리고 고골은 종교적 경험을 통해서 그 자신을 위한—그리고 나아가 러시아를 위한—구원의 길을 찾으려고 시도했으나 성공하지 못했다. 그는 『죽은 혼』 제1권의 속편 중에서 많은 부분을 불태우고는 심한 신경쇠약에 걸려 1852년에 사망했다.

알렉산드르 1세와 니콜라이 1세 통치기에는 카람진, 주콥스키, 크릴로프, 그리보예도프, 푸시킨, 레르몬토프, 고골과 같은 러시아 작가들만 있었던 것은 결코 아니다. 푸시킨은 탁월한 일군의 시인들 중에서 눈에 띄는 사람이었다. 그리고 이미 언급된 사람들 이외의 산문 작가로는 지방귀족들의 생활을 훌륭하게 그려낸 악사코프와 그 외에 다른 재능 있는 작가들도 있었다. 더구나 개혁 이전의 러시아에서는 투르게네프, 도스토옙스키, 톨스토이 같은 러시아 문학과 세계 문학의 거인들이 초기 작품을 출간하고 있었다. 그때는 황금시대였다.

이데올로기

게르첸은 19세기 전반부를 외형적으로는 정치적인 노예제이지만 내면적으로는 지적인 해방을 이룬 놀라운 시대라고 묘사했다. 또다시 러시아는 서구와의 관계로부터, 그리고 18세기 동안 러시아에서 이루어진 세계시민주의적이고 세속적인 교육과 문화의 커다란 발전으로부터 이익을 얻었다. 이념적으로 볼 때 계몽주의 시기의 자유주의와 급진주의는 1800년대 초에, 특히 알렉산드르 1세의 비공식 위원회와 데카브리스트들처럼 다양한 집단들 사이에서 유지되었다. 그러나 대체로 교육받은 러시아인들의 지적인 방향은 독일의 관념론 철학과 낭만주의 쪽으로 옮겨갔다. 새로운 지적 시대정신(Zeitgeist)은 단순한 합리주의에 반대되는 심오하고 포괄적인 지식—여기에는 종종 신비주의적이거나 종교적인 요소도 있었다—그리고 기계론적인 관점에 반대되는 유기적인 세계관, 현재에 한정되는 시야를 가진 공리주의적인 태도와는 대조적인 방법을 통한 사회에 대한 역사적 접근 등을 긍정적으로 보았다. 그리고 그것은 계몽주의가 이상으로 삼았던 조화, 통일, 세계시민주의에 대신하여, 우주의 구성 요소들의 투쟁과 본질적인 분리와 같은 다양한 신조들을 강조했다. 그리고 그것은 예술과 문화가 최상의 가치라는 것을 강조했다. 개인과 국가 그리고 사회의 의미와 사명에 대한 질문들—노비코프 같은 18세기 사상가들과 데카브리스트들 가운데에 분명히 존재하기는 했지만—은 이 시기에 커다란 힘을 획득했다.

낭만주의와 관념론 철학은 다양한 방식으로 러시아에 침투되었다. 예를 들면, 모스크바 대학교에서 물리학, 광물학, 천문학을 가르치던 미하일 파블로프로 대표되는 많은 교수들은 19세기 전반의 몇십 년 동안에 자신들의 강의를 통해서 독일의 새로운 사상을 소개했다. 교육받은 러시아인들은 계속해서 엄청난 양의 독서를 했고, 실러를 비롯한 탁월한 서구 낭만주의자들로부터 강한 영향을 받았다. 물론 차르의 신민들도 유럽인이었기 때문에, 유럽의 지적 운동에 참여하지 않을 수 없었다. 일부의 러시아인들은 서구의 다양한 사상 조류를 독창적으로 발전시켰고, 일반적으로 낭만주의 사상에 대한 러시아의 반응은 단순한 모방이라기보다는 창조적이었다고 간주될 수 있다. 흔히 주장되는 대로 러시아의 이데올로기적 발전이 독특한 종교적 성격을 가지고 있든지, 혹은 러시아의 민족주의를 충족시키기 위한 목적을 가지고 있든지 간에, 19세기 전반의 러시아의 지성사를 나머지 유럽의 경우와 분리시킬 수 있는 타당한 이유는 전혀 없다.

특히 처음에는 셸링, 그다음에는 헤겔이라는 두 명의 독일 철학자들은 러시아인들에게 강한 영향을 미쳤다. 셸링은 일부 교수들과 많은 시인들―셸링의 일부 관점이 러시아에서 가장 잘 표현된 것은 튜체프의 타의 추종을 불허하는 자연에 대한 시에서 찾아볼 수 있다―에게, 지식인 집단과 심지어 슬라브주의자들 같은 사상 학파에까지 영향을 주었다. 러시아에서 최초로 철학적 "서클"이 결성되고 최초의 철학 비평이 성립된 것은 주로 셸링에 대한 관심 때문이었다. 1823년에 어떤 문학 집단에서 셸링에 대해서 토론하던 몇 명의 젊은이들은 독일의 관념론 철학에 대한 연구를 주요 목표로 삼아서 별도의 모임을 조직했다. 이 서클은 "지혜를 사랑하는 자들"이라고 이름을 정하고 12명의 회원과 준회원을 두었는데, 이들 중에서 많은 사람들이 러시아의 지식인 사회에서 명성을 얻게 되었다. 이 단체는 『므네모시네(Mnemosyne)』라는 잡지를 네 번 발행했다. "지혜를 사랑하는 자들"에서 대표적인 인물로는 재능 있는 시인인 베네비티노프와 오도옙스키 공과 같은 사람들이 있었다. 전자는 1827년에 스물두 살의 나이로 사망했으며, 1803-1869년 동안 생존했던 후자는 표트르 대제 이전의 유산과 표트르의 유산을 결합하고 그것에서 맺힌 열매로써 러시아는 위대한 미래를 가지게 될 것이지만, 서구는 쇠퇴한다는 흥미로운 견해를 발전시켰다. "지혜를 사랑하는 자들"은 그들의 전체적인 관점 속에 퍼져 있던 일종의 시적 정신주의, 예술에 대한 숭상, 자연에 대한 범신론적 숭배 그리고 정치를 포함한 "상스러운" 분야에 대한 무시 등으로 자신들 세대가 가지고 있던 낭만주의적 기질을 반영하고 있었다. 이 단체는 데카브리스트 반란 이후에 경찰의 주의를 끌지 않도록 해산했다.

10년이 지난 후, 러시아의 성격과 운명에 대한 문제는 차다예프에 의해서 강력하고도 충격적으로 제기되었다. 1829년에 프랑스어로 쓰였다가 1836년에 『망원경(*Teleskop*)』에서 최초로 출간된 이래로 손으로 써서 회람되던 『철학서한 (*Filosoficheskie pis'ma*)』에서, 차다예프는 사실상 러시아가 과거도, 현재도, 미래도 전혀 가지고 있지 않다고 주장했다. 러시아는 실제로 서양에도 속한 적이 없고 동양에도 속한 적이 없고, 문화에 기여한 것이 전혀 없었다는 것이다. 특히 러시아는 서구 문명 전체의 기반을 이루는 가톨릭교가 가진 역동적인 사회 원칙을 결여하고 있었다. 실로, 러시아는 "만물의 지적 질서에서 빈자리"로 남아 있었다. 서한이 출간된 이후 격분한 당국에 의해서 공식적으로 미치광이라고 선포된 차다예프는 나중에 『광인의 변명(*Apologiia sumashedshchego*)』에서 자신의 명제를 수정했다. 그는 이제 러시아가 표트르 대제의 업적을 통해서 역사 속으로 들어왔으며, 기독교 세계의 공통된 문화를 건설하는 데에 모든 신선한 힘을 쏟아 넣음으로써 영광스러운 미래를 얻을 수 있다고 주장했다.

셸링, 점점 커져가는 헤겔의 영향력, 전반적인 독일 낭만주의 사상뿐만 아니라, 1812년의 대사건 이래로 러시아가 유럽에서 얻게 된 새로운 중요성, 러시아 문화의 개화 등으로부터 자극을 받아서, 여러 이데올로기들이 등장하여 교양 대중의 지지를 받기 위해서 경쟁하게 되었다. 보수주의 사상은 강하고도 끈질겼다. 이미 언급된 카람진이 1811년에 쓴 「고대와 근대 러시아에 관한 회상」은 사회 분열(특히 "귀족정치라는 머리 많은 히드라")의 위험성 그리고 특히 덕과 도덕적 목적에 의하여 단련된 강력한 중앙정부의 필요성을 보여주기 위해서, 러시아 역사를 개관할 때 벌어지던 논쟁을 이용했다. 그는 알렉산드르 1세가 자신의 메시지를 확실히 이해할 수 있도록, "당신은 모든 것을 할 수 있으나, 법으로 스스로의 권한을 제한하는 일은 할 수 없습니다"라고 하면서, 전제정치를 제한하는 것은 위험하기도 하고 합법적이지도 않다고 강한 어조로 그에게 충고했다. 전제정치를 정당화하는 이데올로기 중에서 가장 영향력 있었던 것은 우리가 앞 장에서 논의했던 "관제 국민성"이었다. 그것은 검열관 등 관리들은 말할 것도 없고, 특히 교육계와 교회에서 수많은 교수와 작가들 가운데 영향력 있는 대변인을 찾을 수 있었다. 모스크바 대학교의 역사교수였던 포고딘으로 대표되는 가장 민족주의적인 파는 독일 낭만주의로부터 영향을 받았다. 그러나 낭만주의는 좌파 쪽에 있던 급진주의 사상, 특히 정부의 후원에 반대하던 두 개의 가장 중요한 독립적인 두 개의 사상 학파인 슬라브주의자들과 서구주의자들―러시아어로는 슬라비아노필리(slavianofily)와 자파드니키(zapadniki)―에게도 강한 영향을 미쳤다. 이 용어들은 각 측이 다른 측을 약간 비꼬고 조롱하기 위한 의미로 만들어졌으므로, 그 주요 관점에 대한 정확한 정의라기보다는 오히려 희화화한 것이라고 할 수 있다.

슬라브주의자들은 정교회와 러시아의 우월성 및 최고의 역사적 사명에 대한 신념을 근간으로 하는 포괄적이고도 주목할 만한 이데올로기를 만들어냈다. 모두가 폭넓은 교양과 강한 지적 관심을 가진 지주이자 귀족 출신 학자들인 이 집단의 대표적인 인물들로는 신학과 세계사로부터 의학과 과학 발명에 이르기까지 모든 일에 전념했던 호먀코프, 이 운동의 철학자라고 불렸던 이반 키레옙스키, 그의 동생으로서 민요를 수집했으나 저술을 별로 남기지 않았던 표트르 키레옙스키, 러시아사와 러시아어를 전공했던 콘스탄틴 악사코프, 그의 동생으로서 나중에 정치평론가이자 범슬라브주의자로서 명성을 얻은 이반 악사코프, 나중에 농노해방에서 중요한 역할을 담당하게 되었으며 특히 어떤 종교철학적 주제와 제국의 국경문제 그리고 러시아의 개혁문제에 대해 글을 썼던 사마린 등이 있었다. 모스크바의 살롱과 집에서 모임을 가졌던 이 비공식 단체는 1856년에 키레옙스키 형제가, 1860년에는 호먀코프와 콘스탄틴 악사코프가 사망할 때까지 1840년대와 1850년대에 활발한 활동을 전개했다.

슬라브주의는 사람들 사이의 통합, 평화, 조화라는 기본적인 비전을 표명했다. 종교적인 측면에서 슬라브주의는 사랑과 자유 그리고 진리 안에서 모인 신자들의 연합체인 소보르노스트(sobornost)라는 호먀코프의 개념을 만들어냈는데, 호먀코프는 그것이 정교회의 핵심이라고 생각했다. 슬라브주의자들의 주장에 따르면, 역사적으로 그와 유사한 개인들의 조화로운 통합 상태는 슬라브인들의 사회생활, 특히―콘스탄틴 악사코프가 "도덕적 합창"이라고 묘사한―농민공동체 및 젬스키 소보르와 같은 고래부터 전해진 다른 러시아 제도에서 찾아볼 수 있었다. 그리고 가족은 사랑 안에서의 통합 원칙을 제시했고, 동일한 정신이 인류의 다른 조직에도 스며들 수 있었다. 사랑, 자유, 협동의 반대편에는 합리주의, 필연성, 강제 조치의 세계가 있었다. 그런 세계 역시 종교적인 것과 형이상학적인 것으로부터 일생생활에 이르기까지 많은 측면 위에 존재했다. 그리고 그것은 로마 가톨릭 교회―이 교회는 사랑과 조화 대신에 합리주의와 권위를 선택했고 정교회 기독교 세계로부터 분리되어갔다—그리고 가톨릭 교회를 통해서 프로테스탄티즘과 서구 문명 전체에서 모습을 드러냈다. 그런데도 표트르 대제는 합리주의, 법률 만능주의, 강제 조치라는 원칙들을 러시아에 도입했고, 그런 원칙들은 본래의 조화로운 발전을 계속해서 파괴하거나 방해하면서 교양 있는 대중을 유혹해왔다. 러시아의 미래는 서구의 질병을 이겨내고, 본래의 원칙들로 되돌아가는 것에 달려 있었다. 치료된 이후에, 러시아는 혼란 속에서 죽어가고 있는 서구에 조화와 구원이라는 메시지를 전해주게 될 것이다. 스테푼 등의 사람들이 지적했다시피, 모두를 아우르는 슬라브주의자들의 이분법은 낭만주의적 이상과 이성의 시대 사이를 대비할 때 기본적으로는 낭만주의 편이었음을 깨닫는 것이 중요하다. 비록 슬라브주의자들이 자신들 스스로의 상황과 필요에 낭만주의적 원칙들을 적용시키는 데에 상당한 독창성을 보여주기는 했지만, 그리고 그들이 정교적 종교사상과 전통으로부터 영향을 받기는 했지만, 슬라브주의는 일반적인 측면만이 아니라 개별적인 측면에서도 유럽의 낭만주의의 틀 안에 있다고 볼 수 있다.

발리츠키 같은 일부 학자들은 슬라브주의자들의 복잡한 이데올로기를 역설적인 "회고적 유토피아주의(retrospective utopianism)"라고 묘사한다. 달리 말해서, 슬라브주의자들은 그 자체가 주로 상상의 산물인 과거 위에 미래를 그려놓았다는 것이다. 분명히 슬라브주의자들의 가르침은 니콜라이 1세의 러시아에 적용될 때 종종 역설적인 결과를 낳았고, 정부 측으로부터 적대감을 불러일으켰으며, 슬라브주의의 친구들과 적들 모두를 당황하게 만들었다. 어떤 의미에서, 슬라브주의자들은 종교적인 아나키스트들이었다. 왜냐하면 그들은 종교적인 이상이라는 명목으로 모든 법률 존중 사상과 강제 조치를 비난했기 때문이다. 그들은 인간의 죄성(罪性)을 고려하여 정부의 필요성을 인정했고, 심지어 전제정치를 선호하기까지 했다. 전제정치는 고대 러시아에 역사적인 뿌리를 두고 있을 뿐만 아니라, 권위와 강제의 모든 무게를 단 한 사람에게 지움으로써 사회를 그 무거운 짐으로부터 해방시켰다는 장점을 가지고 있었다. 그 외에도, 슬라브주의자들은 서구의 입헌주의 장치 및 다른 법치주의적이고 형식적인 장치에 대해서 변함없이 반대 입장을 취했다. 그러나 전제정치를 정당화하는 이런 견해는 역사적이며 기능적이었고, 따라서 상대적인 것이었지, 종교적이거나 절대적인 입장은 아니었다. 더 나아가서 슬라브주의자들은 농노해방과 다른 개혁을 희망했으며, 무엇보다도 "정신생활의 자유", 즉 양심, 언론, 출판의 자유를 강하게 주장했다. 콘스탄틴 악사코프가 정부에 설명하려고 한 것처럼, "인간은 신에 의해서 지적이고 말하는 존재로 창조되었다." 그리고 호먀코프와 그의 친구들은 사형제도, 정부의 사생활 침해와 같은 기존 질서의 여러 측면들과 관료주의 전반에 대해서 반대했다. "그러므로 정부와 국민들의 첫 번째 관계는 상호 불간섭의 관계이다." 슬라브주의자들의 출판물이 검열을 피하지 못했고 오랫동안 금서였다는 것은 전혀 놀라운 일이 아니다.

서구주의자들은 슬라브주의자들보다 훨씬 더 다양했고, 그들의 견해는 단일하고 통합된 전체를 구성하지 않았다. 서구주의자들은 심지어 사회적으로도 다양한 출신으로 이루어져 있었다. 슬라브주의자들과 마찬가지로 귀족 가문 출신이었던 바쿠닌 같은 사람도 있었지만, 부친이 가난한 의사였고 조부는 사제였던 벨린스키, 상인 가정에서 태어난 보트킨 같은 사람도 있었다. 그러나 일반적으로 수용된 어떤 견해와 신조에 의해서 그 운동에도 어느 정도의 통일성은 있었다.

슬라브주의자들과 마찬가지로, 서구주의자들도 독일의 관념론 철학의 기반 위에서 자신들의 주장을 펼쳤다. 사실, 그들은 대두되고 있던 인텔리겐치아로서 공통적인 집단문화를 가지고 있었다고 말할 수 있다. 이 문화는 이념과 원칙에 대한 헌신, 다른 사람들(민족, 평민)의 선에 대한 배려, 억압적이고 구속적인 정치 및 사회 질서에 대한 반대, 계몽된 개인들이 높은 대의(大義)에 자신을 바쳐야 한다는 신념 등으로 정의될 수 있다. 그들은 어느 정도의 낭만주의적 분위기도 공유하고 있었다. 그들은 보통의 상류층 젊은이들처럼 따분해하거나 냉담한 태도를 취해서는 안 되었고, 특히 사상뿐만 아니라 인간관계에 대해서도 열정적이고, 감정적이며 열렬한 태도를 가져야 했다. 많은 사람들은 서로 친구로 만나서 사상을 토의했지만, 아주 다른 결론에 도달하기도 했다. 확실히 핵심적인 차이점은 그들이 러시아와 서구를 보는 방법에 있었다. 호먀코프와 그의 친구들은 서구의 원칙들보다 러시아의 진정한 원칙들이 우월하다고 단언했지만, 서구주의자들은 러시아가 서구 문명의 맥락 안에서만 자신의 사명을 완수할 수 있다고 주장했다. 그들은 러시아의 서구화를 긍정적으로 보았지만, 이런 길을 제대로 따르지 못한 것에 대해서 기존 질서를 비판했다. 그러나 차이점은 러시아와 서구에 대한 견해보다도 더 깊은 데에 있었다. 사실, 서구주의자들은 서구가 그 자체의 높은 이상에 부응하지 못했다는 이유로 서구에 대해서 아주 비판적인 태도를 취했다. 보다 근본적인 차이점은 각 집단이 개별 인간을 보는 방식에 있었다. 슬라브주의자들은 사람들이 자연적인 공동체 안에서 모두 함께 결합된 세계를 이상화했다(소보르노스트라는 개념 속에 잘 표현되었다). 앞으로 살펴보겠지만, 서구주의자들은 개인을 이상화했고, 무엇보다도 인간의 권리와 존엄성에 관심이 있었다. 이 집단들은 종교에 대한 태도에서도 차이를 보였다. 슬라브주의자들은 자신들의 이데올로기 전체를 정교회에 대한 해석에 고정시켰다. 서구주의자들은 비록 보편적인 도덕률을 믿었고 심지어 이것이 그리스도의 가르침에 의하여 예시되었다고 말하기는 했지만, 보통 말하는 종교에는 별다른 중요성을 부여하지 않았다. 그들은 무신론으로 돌아서지는 않았지만 기존 종교가 이성에 대한 모욕이라고 생각했다. 가장 온건한 서구주의자들은 본질적으로 관념론적인 자유주의자로서, 점진주의와 대중적인 계몽주의를 강조했다. 이 온건파들은 유명한 초창기 서구주의 서클을 결성했으나 그 운동이 실제로 발전되기 전에 1840년에 스물일곱 살의 나이로 사망한 스탄케비치, 1813년부터 1855년까지 살았으며 모스크바 대학교에서 인기 있는 유럽사 강의를 담당했던 그라놉스키에 의해서 대표되었다. 그러나 급진주의적인 서구주의자들은 주로 헤겔주의와 헤겔 좌파를 통해서 종교, 사회, 러시아와 유럽의 전체 체제에 도전하고, 혁명을 주장하게 되었다. 그들의 수는 비록 적었지만, 역사에 끼친 그들의 영향력은 아주 컸다. 주요 인물로는 벨린스키(1811-1848), 게르첸(1812-1870), 바쿠닌(1814-1876) 등이 있었다.

벨린스키는 문학 비평가로서 널리 알려졌고 그의 영향력은 아주 컸다. 그는 운 좋게도 러시아 문학의 놀라운 시기에 글을 쓸 기회를 가졌다. 그는 푸시킨, 레르몬토프, 고골의 작품에 대해서 논평할 수 있었으며, 도스토옙스키, 투르게네프, 네크라소프의 데뷔 작품들을 맞이할 수 있었다. 보다 중요하게도, 그의 문학 비평은 열정과 독설 그리고 찬사 때문에, 문학 작품을 자신들 시대의 표현으로 볼 수 있었던 그의 능력 때문에, 문학을 단순한 미학으로부터 해방시켰던 문학관 때문에 유명했다. 벨린스키에게 예술은 사람들에게 영감을 주고, 사람들을 일깨우고 갱신시키며 고귀하게 만들어야 했다. 그것은 "진리"를 표현해야 했다. 나중에 네크라소프가 표현했듯이, 벨린스키에게 우리는 한 사람의 시인일 필요가 없고, 한 사람의 시민이 되어야 했다. 벨린스키의 통찰력과 사례를 뒤따라서 러시아에서 문학과 문학 비평은 실로 사회 및 정치 상황을 검토하고, 변화를 상상하기 위해서 가장 자유로운 공간이 되곤 했다. 벨린스키는 사회적 배경 때문에 게르첸이나 바쿠닌 같은 귀족들이 향유했던 교육을 받지는 못했지만, 지적인 헌신과 열정으로 그 부족함을 보충했다. "나에게는 생각하고 느끼고 이해하고 고통스러워하는 것이 하나로서 동일하다"라는 말에서 드러난 것처럼, 이 점은 그의 지적 방식의 본질이 되었다. 무엇보다도 인격─러시아어로 리치노스트(lichnost)─에 대한 인식은 그의 사상의 핵심이었다. 많은 사람들이 그러했듯이, 그는 개인이 천부적인 존엄성과 권리를 가지고 있다고 확신했기 때문에, 이런 토대 위에서 기존 사회에 대해서 철저한 비판을 가했다. 그는 "개별적인 인격이 고통당하고 있을 때 보편자가 존재한다는 것이 나에게 무슨 의미가 있는가?"라고 질문하면서, 철학에 대한 추상적인 접근 태도를 배격했다. 그는 "약간이라도 남아 있는 인간적인 것과 고귀한 모든 것을 짓밟아버린다"는 이유로 전제정치와 농노제를 격렬하게 비판했다. 같은 이유에서 그는 빈곤, 매춘, 술 취함, 관료제적인 냉담함, (여성들을 포함한) 힘없는 자들에 대한 잔인함 등을 비난했다. 확실히 벨린스키의 견해는 일련의 위기와 변화를 경험했다. 그러나 벌린이 지적했듯이, "그의 일관성은 지적인 것이 아니라, 도덕적인 것이었다."

게르첸의 자서전인 『나의 과거와 생각(*Byloe i dumy*)』은 19세기에 쓰인 가장 놀라운 러시아 텍스트 중의 하나이다. 이것은 회상, 문학, 철학, 정치 비평의 혼합물이었다. 그는 인간 존재의 문제가 얼마나 다루기 힘든지에 대해서 아주 민감하게 느꼈던 예리한 작가이자 복잡한 사상가이기도 했다. 그도 벨린스키와 마찬가지로, 개인의 존엄성과 자유, 러시아에서의 인격의 억압을 계속해서 강조했다. 따라서 그는 폭정을 혐오했으나 급진 좌파의 절대주의를 두려워하기도 했다. 그리고 그는 서구 생활의 약점에도 눈을 감지 않았다. 그는 1847년에 러시아를 떠나 결국 런던에 정착하여 러시아 반체제 출판과 저널리즘의 주요 센터를 조직할 수 있었다. 그러나 그는 곧 서구의 부르주아 자유주의에 대해서 환멸감을 키워가게 되었다. 그는 인격이 아니라 재산을 중심 원칙으로 삼고 있는

"소부르주아지"의 정신이 서유럽을 지배하고 있다고 말했다. 그는 사회주의 사상에 매력을 느끼게 되었다. 그는 슬라브주의자들과 마찬가지로, 새로운 사회질서를 위해서는 러시아의 농민공동체가 실현가능한 원천이 될 수 있다고 보기 시작했다. 그러나 그의 사회주의는 개인적인 자유에 대한 헌신 및 단순한 해결책에 대한 상당한 정도의 회의주의에 의해서, 언제나 극단적이지는 않았다.

바쿠닌은 "허무주의의 창시자이자 아나키(anarchy)의 사도"라고 묘사되어왔지만—게르첸은 그가 항성이 아니라 혜성 아래에서 태어났다고 말했다—독일 사상, 특히 헤겔 사상의 열렬한 지지자로서 아주 평화로운 출발을 했다. 바쿠닌 역시 게르첸보다 몇 년 앞서 러시아를 떠났다. 오래 지나지 않아 그는 헤겔 좌파로 돌아섰고, 그것을 넘어 아나키즘으로 옮겨가서 러시아와 세계의 국가, 사회, 경제 그리고 문화를 맹렬히 비판하게 되었다. 그는 나중의 일에 신호를 보낸 격이었던 초창기의 논문에서 파괴를 위한 열정이 그 자체로 창조적인 열정이라고 선언하면서 파괴를 강조했다. 게르첸이 1848년에 파리에서 혁명의 패배를 비통하게 목격하고 있을 때, 바쿠닌은 프라하에서 개최된 범슬라브 회의에 참석했고, 작센의 혁명에도 참가했다. 오스트리아 정부가 그를 러시아 당국에 넘겨준 후에 그는 요새와 시베리아 유형지에서 10년 이상의 세월을 보내야 했다.

이 시기에는 다양한 이데올로기로부터 영감을 받은 소규모 급진주의 집단이 다수 등장했다. 아마도 그중에서 가장 유명한 것은 페트라솁스키 서클이라고 할 수 있는데, 그것은 특히 이 단체와 관련해서 청년기의 도스토옙스키가 매우 충격적인 경험을 했기 때문이다. 40명 혹은 그보다 조금 많은 사람들로 구성된 이 비공식 단체는 1845년 말부터 1849년 봄에 체포될 때까지 상트페테르부르크의 부타셰비치-페트라솁스키의 집에서 금요일마다 집회를 가졌는데, 특히 프랑스의 공상적 사회주의자인 푸리에의 가르침을 신봉했다. 푸리에는 사회를 소규모의 잘 통합되고 자급자족적인 코뮌으로 평화롭게 개조할 것을 가르쳤다. 그런 코뮌은 인간의 열정을 방출시켜주고, 조화되도록 해줄 수도 있었다. 그러나 페트라솁스키 서클의 많은 회원들은 푸리에주의에 정치적인 저항, 개혁에 대한 요구, 니콜라이 1세의 러시아에 대한 전반적인 반대 등의 요소를 첨가했다. 정부는 상황이 심각하다고 판단하고서, 비록 처형장에서 형벌을 조금 경감시켜주기는 했지만 21명에게 사형선고를 내렸다. 도스토옙스키는 페트라솁스키 서클의

회원으로서 사형을 목전에 두었다가 나중에 시베리아로 유형을 당했다. 페트라셉스키 서클의 회원들은 지혜를 사랑하는 자들, 슬라브주의자들, 서구주의자들보다 일반적으로 낮은 사회층 출신이었으며, 주로 하급 관리, 초급 장교, 학생들로 구성되어 있었다는 사실도 지적될 필요가 있다.

　우리는 교육받은 러시아인들이 기존 질서에 점점 더 비판적인 입장에 서게 되고 급진적인 변화에 더욱 헌신하게 됨에 따라, 독일 관념론의 추상적인 경향 그리고 심지어 낭만주의에서 생겨난 반란의 모호한 정신조차 해체되었음을 볼 수 있다. 이야기는 당대의 현실에 대해서 점점 비판적인 방향으로 흘러갔다. 런던에 있는 자신의 출판사에서 자유롭고 저항적인 발언을 출판했던 게르첸으로부터, 유럽의 혁명적 바리케이드에서 기득권층에 무장 저항을 하던 바쿠닌 등 일부 사람들은 다양한 행동을 하는 방향으로 돌아섰다. 그리고 그 운동이 성장하게 됨에 따라서 사회적 범위도 귀족을 넘어 확대되었다. 1830년대와 1840년대에 주로 특권층 젊은이들로 구성된 소규모 서클 사이에서 강렬한 지적 투쟁과 탐구로 시작한 흐름은 사학사에서 "인텔리겐치아의 탄생"이 되었다. 종종 듣게 되는 이 어구가 시사하고 있듯이, 이것은 그 이후의 러시아 역사에서 심원한 영향을 미치게 되는 과정의 출발이었다. 어떤 설명에 따르면, 이것은 "러시아 혁명"의 시작이었다.

예술

건축은 19세기 초에 융성했는데, 그중 많은 것은 여전히 정부의 후원을 받고 있었다. 종종 토착적인 전통에 솜씨 좋게 적용되었던 신고전주의 및 제국 양식은 알렉산드르 1세 시기에 최고에 도달했다. 그것은 상트페테르부르크, 모스크바, 다른 도시들, 그뿐만 아니라 제국 여기저기의 수많은 장원 저택의 등장에 강력한 영향을 미쳤다. 지도적인 건축가로는 상트페테르부르크에 주목할 만한 해군성 건물을 건축한 자하로프, 농노 출신으로서 수도의 카잔 대성당과 제국의 수많은 궁궐을 세운 보로니힌, 알렉산드린스키 극장과 광장을 포함하여 수도의 많은 중요한 광장과 건물을 설계한 로시(그는 어렸을 때 이탈리아에서 러시아로 왔다) 등이 있었다. 니콜라이 1세 치하에서, 신고전주의는 절충주의적인 혼합 양식으로 대체되었다. 드 몽페랑의 이삭 대성당이 그 양식의 중요한 사례이다. 전문가들은 그 건축물이 거대하고 장엄하지만 기본적으로 특징이 없고 매력적이지 못하다고 평가해왔다.

러시아 음악은 주로 걸출한 글린카(1804-1857) 덕분에, 독창성과 지명도를 얻을 수 있었다. 역사학자들은 특히 민요 멜로디와 모티브를 폭넓게 이용하고, 이야기의 소재로서 러시아 역사와 신화에 관심을 가진 글린카를 "러시아 민족 음악의 아버지"라고 오랫동안 간주해왔다. 동란의 시대에 대한 그의 애국주의적 오페라로서 1836년에 초연된 「이반 수사닌(Ivan Susanin)」(차르를 위한 목숨)은 우바로프의 관제 국민성 이론의 완벽한 반영이라고 묘사되어왔다. 확실히, 니콜라이 1세는 그 작품에 대해서 칭찬을 아끼지 않았다. 그러나 이런 견해에 대해서 비판적인 음악사가들은 글린카가 애국주의적이라는 데에는 동의하지만, 그는 상당히 유럽적인 전통에서 작곡 활동을 했다고 주장했다. 그는 새로운 민족 음악을 창작하기 위해서가 아니라, 단지 민중적인 등장인물들이 존재하던 시기를 보여주기 위해서 민요를 사용했다는 것이다.

다른 예술 가운데에서는, 예술 아카데미가 대체로 주도했던 회화가 신고전주의로부터 낭만주의로 점차 발전되었다. 이런 변화의 사례는 브륄로프의 방대한 묵시록적 유화인 「폼페이 최후의 날(Poslednii den' Pompei)」에서 찾아볼 수 있었다. 『지혜의 슬픔』과 『검찰관』 같은 걸작이 포함된 러시아 희곡을 새롭게 이용할 수 있었고 몇몇 탁월한 배우들이 등장했던 까닭에, 연극도 마찬가지로 번성했다. 지주들은 자신들의 영지에 계속해서 사설극장을 건립했고, 그곳에서는 농노들이 배우 역할을 맡았다. 보다 중요한 것은, 공공 극장이 많은 도시에서 등장했다는 것이다. 발레는 국가와 엘리트로부터 각별한 사랑을 받았다. 그리고 무용수들의 기량이 프랑스와 이탈리아의 대가들의 훈련을 받아 성장함에 따라서, 러시아 예술로서의 발레에 대한 새로운 감각이 등장하기 시작했다.

러시아가 문화 부문에서 공백이며 "인류 정신의 진보"에 기여한 것이 아무것도 없었다는 차다예프의 주장은 그의 말이 인쇄되어 나온 1836년에도 이미 너무 지나친 표현이라고 할 수 있는데, 더더구나 1855년 혹은 1860년에는 정당성을 상실했을 것이다. 그러나 차다예프가 러시아의 생활 조건에 대한 좌절감과 고통을 폭발시키면서 표현하려고 노력했듯이, 슬라브주의자들, 벨린스키, 게르첸, 바쿠닌 그리고 비판적으로 사고하던 다른 러시아인들이 계속해서 주장하고 있었듯이, 차르들의 땅에 사는 모든 사람들이 형편이 좋았던 것은 아니었다. 교육받은 사회와 인민 사이에는 거대한 심연이 가로놓여 있었다. 그리고 사회 피라미드의 꼭대기에 있는 운 좋은 소수 중의 많은 사람들조차 농노제와 전제정치로 인해서 수치스러워했고, 질식할 것만 같은 느낌을 가지고 있었다.

통치자 계보도

러시아의 통치자들
《표 1》

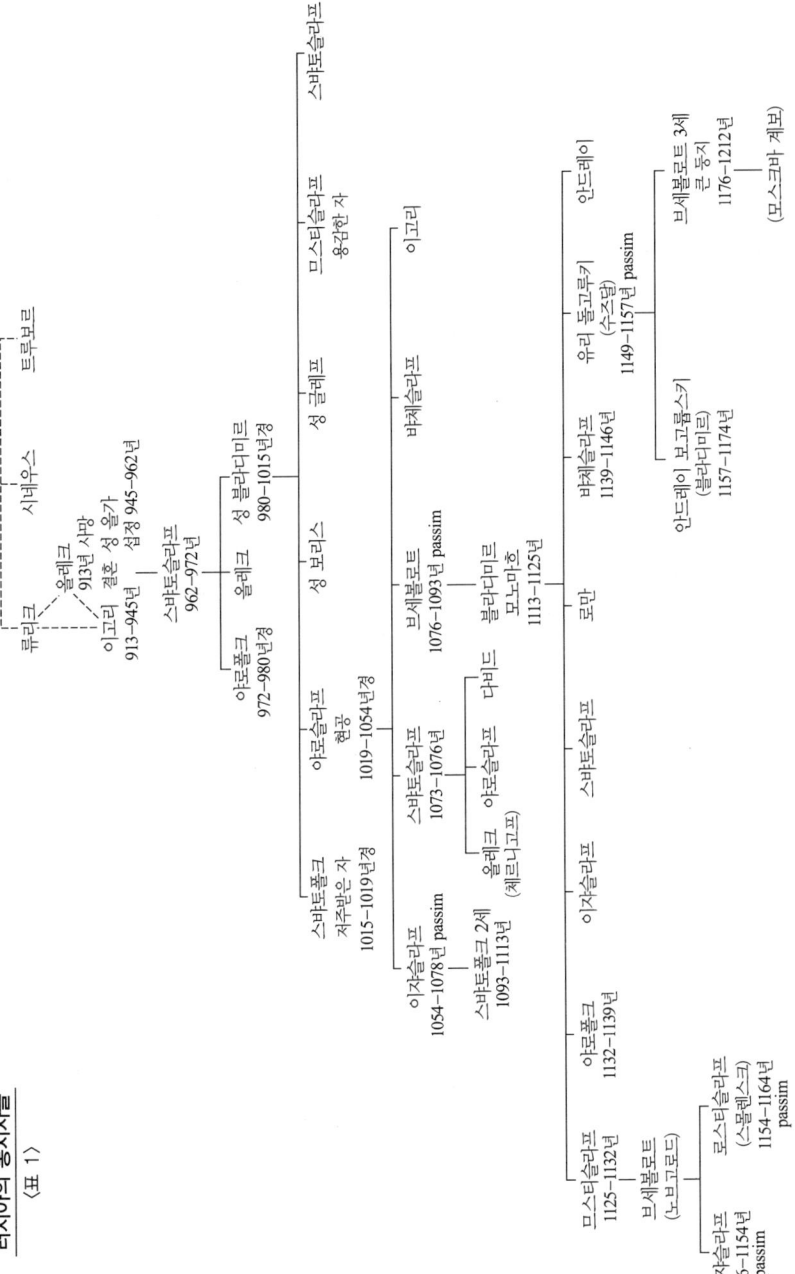

러시아의 통치자들

⟨표 2⟩

브세볼로트 3세 («큰 둥지»)
1176–1212년

자녀들:

콘스탄틴

보리스

유리 1212–1237년
- 표도르
- 알렉산드르 넵스키 (노브고로드) 1252–1263년
  - 드미트리 1277–1294년
  - 안드레이 1294–1304년
  - 다닐 (모스크바)
    - 유리 1319–1322년
    - 이반 1세 칼리타 1328–1341년
      - 시메온 "거만한 자" 1341–1353년
      - 이반 2세 (크라스니) 1353–1359년
        - 드미트리 돈스코이 1359–1389년
          - 바실리 1세 1389–1425년
            - 바실리 2세 (톰나) 1425–1462년
              - 이반 3세 (대제) 결혼 조예 팔레올로그 1462–1505년
                - 바실리 3세 결혼 옐레나 글린스카야 설정 1505–1533년
                  - 이반 4세 (뇌제) 결혼 아나스타샤 로마노바 1533–1584년
                    - 드미트리
                    - 이반
                    - 표도르 1세 결혼 이리나 고두노바 1584–1598년
                    - → 보리스 고두노프 1598–1605년
                      - 표도르 2세 / 가짜 드미트리 1605년 / 바실리 슈이스키 1606–1610년
- 안드레이 알렉산드르 야파사우스 보리스

야로슬라프 1237–1246년
- 안드레이 (수즈달) 1248–1252년

블라디미르
- 야로슬라프 (트베리) 1264–1271년
  - 미하일 1304–1319년
  - 알렉산드르 1326–1328년
  - 드미트리 1322–1325년
- 미하일 호로비트 1248년
- 유리
  - 바실리 코소이
  - 드미트리 셰먀카

스뱌토슬라프 1246–1248년

이반

바실리 (코스트로마) 1277–1276년

글레프

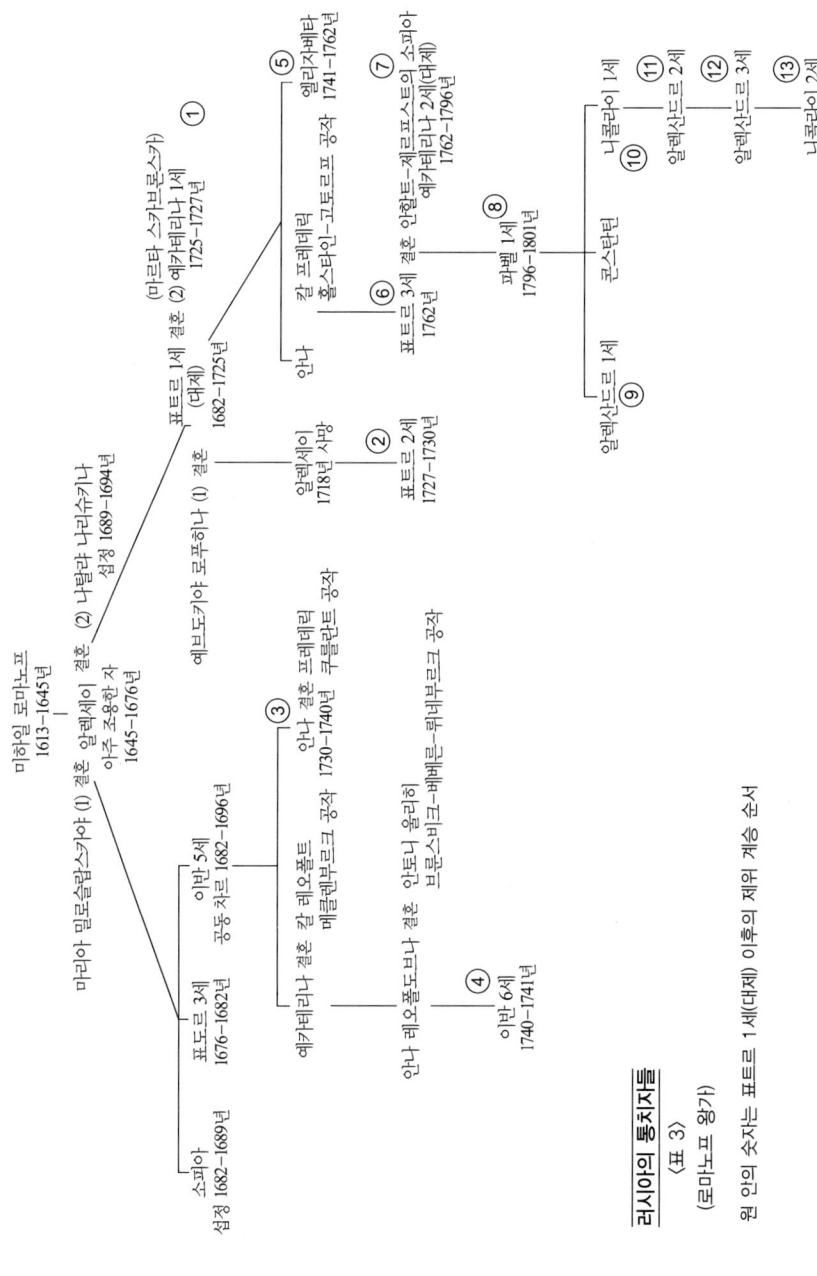

러시아의 통치자들
〈표 3〉
(로마노프 왕가)

원 안의 숫자는 표트르 1세(대제) 이후의 제위 계승 순서

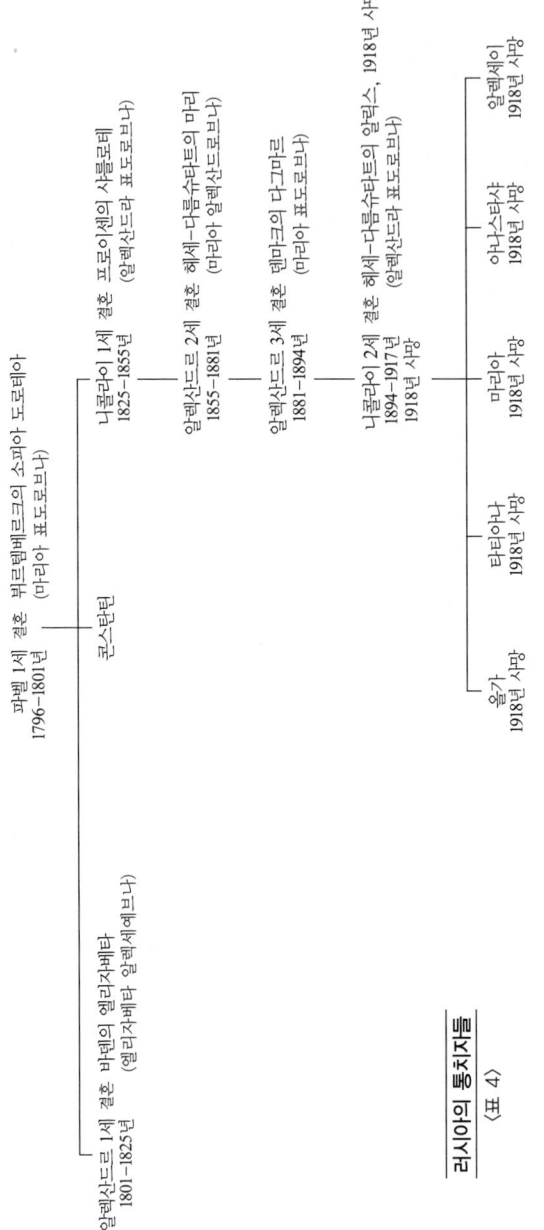

러시아의 통치자들

〈표 4〉

찾아보기

가짜 표트르 Lzhepyotr 248
가톨릭 63, 124, 177, 198, 203, 206, 208, 242, 244, 246, 253, 268, 270, 272, 294-295, 308, 312, 343, 392, 477, 483, 514-515
갈리치아 59, 69, 104, 111, 136-140, 142-143, 163, 171, 392, 449
게디민 Gedymin 200
게르모겐 Germogen 253, 255-256, 294
겨울궁전 363, 430-431
(보리스)고두노프 Godunov, Boris 233-236, 238, 240, 242-244, 246-247, 283-284
(표도르)고두노프 Godunov, Fyodor 243, 247
고든 Gordon, Patrick 320, 324
고전주의 423
고트족 37, 41
골롭킨 Golovkin, Gavril 324
(드미트리)골리친 Golitsyn, Dmitrii 358
(바실리)골리친 Golitsyn, Vasilii 246, 252, 311, 319-320,
관등표 346, 354, 496
관제 국민성 466-467, 473, 487, 504, 514, 522
구교도 298-300, 380
구밀료프 Gumilev, Lev 26
구스타부스 아돌푸스 Gustavus Adolphus 263
구스타부스 2세(스웨덴) Gustavus II of Sweden 263
구제동맹 461
국가대부은행 408
국무 협의회 443, 468, 471
굴리스탄 조약 446
굴뚝연기 116
귀족 : 계몽주의 413; 문화 498; 예카테리나 대제 383; 파벨 397; 표트르 대제 246; 황금기 408
귀족헌장 383, 397

그라놉스키 Granovsky, Timofei 518
그라바르 Grabar, Igor 93, 190, 193
그레치 Grech, Nikolai 467
그레코프 Grekov, Boris 77
그로미코 Gromyko, Marina 420
그루지야 109
그루친 Grudstyn, Savva 303
그리보예도프 Griboedov, Aleksandr 412, 461, 505-506
그리스 독립전쟁 474
그리스의 불 55
글라골 알파벳 88
(성) 글레프 Gleb, St. 64, 86, 193
글린스키 Glinsky, Mikhail 216
글린카 Glinka, Mikhail 522

나리슈키나 Naryshkina, Natalia 317
나리슈킨 Naryshkin, Lev 320
나바리노 전투 475
나폴레옹 Napoleon 443, 445-455, 458, 460, 466, 474
나폴레옹 3세 Napoleon III 483
남부 결사 461-462
네메츠카야 슬로보다 310-311
네바 강둑 123-124
네셀로드 Nesselrode, Karl 474, 482
네크라소프 Nekrasov, Nikolai 518-519
노르만 학설 46, 48-52
노바크 Nowak, Andrzej 198
노보실체프 Novosiltsev, Nikolai 439, 444, 457
노브고로드 : 몽골인들 125; 명사협의회 129; 민주주의 127; 대주교 123, 128; 베체 128; 보야르 125; 알렉산드르 넵스키 123; 야로슬라프 현공 122-123; 이반 3세 125, 157-158; 튜턴기사단 124
『노브고로드 연대기』 120, 130, 133

노비코프 Novikov, Nikolai 425-427, 512
노예 58, 77, 79-81, 111, 114, 177, 181, 220, 247-248, 259, 274, 277-278, 281, 287, 345, 407, 491
농노제 : 니콜라이 1세 471-472; 성장 366-368; 알렉산드르 1세 439; 예카테리나 대제 383-384; 파벨 397; 농노해방 367, 427, 440, 457, 489, 515, 517
농민 : 동란의 시대 239; 분령 시기 176-177; 산업화 405; 지대 인상 490; 키예프 루시 79
농민공동체 491-492
농업 : 동슬라브족 42; 분령 시기 170-171; 분화 403; 삼포제 275; 시장 489; 자본주의 490; 키예프 루시 76-77; 화전식 275
니슈타트 조약 333
니즈니노브고로드 255, 406, 412, 494
니콘 Nikon 272-273, 292, 296-300
니콜라이 1세 Nikolai I : 빈 회의 476; 어린 시절 465; 위원회 468-469; 전제정치 466-467; 정통주의 474, 479-481, 484; 제위 승계 462; 해외여행 금지 473; 황제원 469-470
니키티치 Nikitych, Dobrynia 90
니키틴 Nikitin, Afanasii 187-188
닐 소르스키 Nil Sorskii 184

다니일(수좌 대주교) Daniil 184
다니일(알렉산드르 넵스키의 아들) Daniil 146, 168
다니일(로만의 아들) Daniil 139
다블레트-게라이 칸 Davlet-Geray, Khan 227
다지보크 85
대륙봉쇄 447, 449
대(大)볼가-카스피 해 교역망 58
대북방 전쟁 321, 327-335, 402, 406
대천사 대성당 191
댜코노프 Diakonov, Mikhail 177, 283
던롭 Dunlop, Douglas 38
(세묜)데니소프 Denisov, Semen 298
(안드레이)데니소프 Denisov, Andrei 298
데울리노 휴전 263
데카브리스트 : 니콜라이 1세 468; 알렉산드르 1세 460-463

도로셴코 Doroshenko, Pyotr 272
『도모스트로이』 302-303
도스토옙스키 Dostoevskii, Pyotr 508, 512, 518, 520
독일당파 359, 370
돈 강 23, 34-35, 38, 41, 150-152, 164, 171, 263, 267-268, 325, 330, 341, 347, 384, 493
(야코프)돌고루키 Dolgoruky, Iakov 324
(유리)돌고루키 Dolgorukii, Iurii 140, 145
(이반)돌고루키 Dolgoruky, Ivan 357-358
동슬라브어 39, 208
동슬라브족 39-42
동전 폭동 266
두마 442-443
드 미주 de Miege, Guy 293
드 미리에보 de Mirievo, Theodore Iankovich 418
드 톨리 de Tolly, Barclay 450
드네프르 강 23, 27, 33, 46, 51-53, 68, 70, 73-74, 164, 271, 331, 384, 392, 494
드니에스테르 강 23, 33, 389
드레블랴네 54-56, 59
드루지나 54, 74, 77, 80, 82-83, 127
드미트리(미하일의 아들) Dmitrii 148
드미트리(우글리치) Dmitrii of Uglich 234-235, 242-243, 246-247, 249
드미트리(첫 번째 가짜 드미트리) Dmitrii 240, 242-247
드미트리(제2의 가짜 드미트리) Dmitrii 247, 249-250, 262
드미트리(제3의 가짜 드미트리) Dmitrii 254
드미트리 돈스코이 Dmitrii Donskoi 112, 149-152, 165, 181, 187
드미트리 셰먀카 Dmitrii Shemiaka 154
드보랴닌 119, 237
드보르닉 Dvornik, Francis 63
드비나 강 392
디그비 Digby, Simon 292
디오니시이 Dionisii(성상화가) 194-195

라 가르디 De La Gardie, Jakob 250
라 하르프 La Harpe, Frédéric César de la 436

라디시체프 Radishchev, Aleksandr 427-428
라스콜 295, 299-300
라스트렐리 Rastrelli, Bartolomeo 430-431
라예프 Raeff, Marc 439, 441
라주몹스키 Razumovsky, Alexei 362
라진 Razin, Stepan 266-268
랴푸노프 Liapunov, Procopius 254
랴시첸코 Liashchenko, Pyotr 73
러시아 정교회: 교육 416; 구교도 298-300; 노예 해방 181; 니콘 272-273, 296-297; 니콜라이 1세 466-467; 닐 소르스키 184; 모스크바국 러시아 293-300; 모스크바의 대두 167; 100개 조항 협의회 218; 분령 시기 177, 180; 분열 299-300; 블라디미르 61-63; 비잔티움 63; 성 세르기우스 181-182; 소유파/비소유파 논쟁 183; 신성종무원 342; 18세기 412-413; 야로슬라프 65-66; 언어 88-89; 키예프 루시 85-88; 키예프의 문학 90-91; 표트르 대제 341-343
『러시아 제국 헌법 헌장』 444
런던 조약 476, 482
레나 강 23
레르몬토프 Lermontov, Mikhail 505, 507, 509-511, 518
레비츠키 Levitsky, Dmitrii 426, 430
레시친스키 Leszczynski, Stanislaw 329, 370
레오폴도브나 Leopoldovna, Anna 360
레오폴트 Leopold, Charles 360
로거 Rogger, Hans 424
(니키타)로마노프 Romanov, Nikita 256
(표도르)로마노프 Romanov, Fyodor 244
(미하일)로마노프 Romanov, Mikhail 252, 256-257: 경제 상황 262; 세금 264; 제위 261; 젬스키 소보르 261; 카자크 262; 폴란드 263
로모노소프 Lomonosov, Mikhail 416, 421-422, 428-430
로바쳅스키 Lobachevsky, Nikolai 502
로스톱체프 Rostovtzeff, Mikhail 30, 33, 36, 75
로스톱친 Rostopchin, Fyodor 451
로시 Rossi, Carlo 521
로즈코프 Rozhkov, Nikolai 488

루먄체프 Rumiantsev, Pyotr 385
루블료프 Rublev, Andrei 193-195
루블린 동맹 204-205
『루스카야 프라브다』 66, 75-76, 81-82, 123, 161
「루스카야 프라브다」(페스텔) 461
루포 Ruffo, Marco 191
류리크 Riurik 48, 51, 54, 61, 64, 122, 186, 257
류밥스키 Liuvabsky, Matvei 171, 197, 206
르티셰프 Rtishchev, Fyodor 308
르포트 Lefort, Francis 324, 326
리바우 Libau, Liepaja 406
리보니아 Livonia 68, 125, 221, 228, 250, 328-329, 333, 349
리보니아 기사단 159, 221
리보니아 전쟁 234, 284
리투아니아-폴란드 연합 204-205, 369, 390, 393
리하초프 Likhachev, Dmitrii 180, 304
릴레예프 Ryleev, Conrad 463

마그니츠키 Magnitsky, Mikhail 499-500
마르타(드미트리 공의 어머니) Martha 243, 246-247, 249
마르틴 Martin, Janet 61
마제파 Mazepa, Ivan 330-331, 341
(성) 마카리우스 Macarius, St. 133, 217-218, 303
먀코틴 Miakotin, Venedikt 136
메드베데프 Medvedev, Sylvester 308-309
메릭 Merrick, Sir John 310
메스트니체스트보 223, 231-232, 273, 279, 280, 284
메토디우스 Methodius, St. 88
멘슈트킨 Menshutkin, Boris 429
멘시코프 Menshikov, Aleksandr 324, 330, 349, 357-358
모길라 Mogila 308
모노마흐, 블라디미르 Monomakh, Vladimir 53, 67-68, 70, 88, 96, 122, 140-141, 185-186, 265
모스크바 강 144, 146, 164, 191
모스크바 대학교 361, 363, 417, 425, 441,

찾아보기 531

499-500, 504, 512, 514, 518
모슬리 Mosely, Philip 479
모로조프 Morozov, Boris 266
몰다비아 111, 202, 331, 387, 422, 447, 475, 481, 485
몽골인 28, 54, 68, 71, 104, 106-107, 109-119, 122, 124-125, 135, 139, 141-142, 144, 146, 148-157, 160, 165-166, 171, 198, 200, 202, 238, 306
몽페랑 Montferrand, August de 522
무기고 306, 307
무라비요프 Muraviev, Nikita 461
무라토프 Muratov, Pavel 193
무장중립동맹 386
문자 사용 능력 132, 307-308
므니제치 Mniszech, Marina 242, 245, 249, 254, 261-262
므스티슬라프(블리디미르 모노마흐의 아들) Mstislav 122
미닌 Minin, Kuzma 255
미르스키 Mirsky, D. S. 179
미첼스 Michels, Georg 298
미하일(체르니고프) Mikhail 188
미하일(트베리) Mikhail 146, 148, 150-151
민속문화 85, 89, 266, 302, 420, 424, 510
민주주의 83, 114, 117, 120, 127, 129, 269, 299
밀로슬랍스카야 Miloslavskaia, Maria 317
밀로슬랍스키 Miloslavsky, Ilia 266
밀류코프 Miliukov, Pavel 256, 261, 264, 300, 334

바갈레이 Bagalei, Dmitrii 179
바그라티온 Bagration, Pyotr 450-451
바로크 양식 305, 311, 430
바르 동맹 392, 394
바르시차나 176, 276, 403
바스마노프 Basmanov, Fyodor 243-244, 246
바실리 1세 Vasilii I 152-153, 202
바실리 2세(툠니) Vasilii II(Temnyi) 153-157, 160, 165-166, 168, 203
바실리 3세 Vasilii III 156, 162-163, 166-168, 178, 186, 198, 216, 300
바실리 코소이 Vasilii Kosoi 154

바이어 Bayer, Gottlieb 46
바이칼 호수 24
바제노프 Bazhenov, Vasilii 430
바토리 Bätory, Stephen 228, 234, 269
바투 Batu 106, 110-112
발리츠키 Walicki, Andrezej 516
100개 조항 협의회 218, 294
뱌체슬라프 Viacheslav 66
벌린 Berlin, Isaiah 15
범슬라브 회의 520
베네비티노프 Venevitinov, Dmitrii 513
베르 Baehr, Stephen 361
베르나츠키 Vernadsky, George 50, 65, 106, 113, 155, 234
베르비 79
『베르티니아 연대기』 49
베르사유 조약 333
베를린 협정 480
베링 Bering, Vitus 322
베사라비아 202, 387, 447, 486
베스투제프-류민 Bestuzhev-Riumin, Aleksei 369
베어 Baer, Karl Ernst von 503
베오그라드 조약 370
베즈보롯코 Bezborodko, Prince 499
베체 81, 83, 117, 123, 126-129, 131, 134-135, 140, 142-143
베츠코이 Betskoy, Ivan 418
베카리아 Beccaria, Cesare 378
벤켄도르프 Benckendorff, Aleksandr 470-471
벨라루스어 40
벨린스키 Belinsky, Vissarion 497, 504, 511, 517-519, 522
벨링스하우젠 Belingshausen, Faddei 503
보가티리 Bogatyri 72, 89-90
보고륩스키 Bogoliubskii, Andrei 68, 140, 142
보로니힌 Voronikhin, Andrei 521
보로틴스키 Vorotynsky, Mikhail 220
보이스 Voyce, Arthur 306
보트치나 73, 175-176, 207, 219
북드비나 강 23, 221
브루스 Bruce, Scot James 324

(성) 보리스 Boris, St. 64, 86-87
보스포루스 왕국 36
보야르 77, 79-80, 82, 117, 119, 125, 127, 129-132, 139-140, 142-143, 154, 157-158, 163, 166-167, 170, 172-173, 175, 178, 201, 206-207, 213-214, 216-217, 222-226, 231-232, 238, 242-247, 249, 251-252, 256, 258, 266-267, 278-279, 281-283, 301, 304-308, 317, 320, 324 : 공화국 129; 두마 82-83, 178, 216, 226, 246, 249, 251, 253, 259, 262, 282-283, 317, 323, 339; 통치 216
보트킨 Botkin, Vasilii 517
볼가 강 23, 27, 38, 41, 50, 57-58, 112, 122, 164, 166, 220, 240, 247, 255, 267-268, 347, 385, 406, 431, 493-494
볼로트니코프 Bolotnikov, Ivan 247-249, 259
볼코프 Volkov, Fyodor 431
볼틴 Boltin, Ivan 430
봉건제 69, 172-174, 190, 237, 277
부슬라예프 Buslaev, Vasilii 134
부쿠레슈티 조약 447
부타셰비치 Butashevich, Mikhail 520
북극해 23-24, 109, 221
북부 결사 461-463
분령 시기 : 건축 188-191; 교육 196; 교회 177; 궁전 건축 190-191; 노예 177; 농민 176-177; 농업 170-171; 문학 187-188; 보야르 175; 봉건제 172-174; 성상화 180; 성자전 188; 수도원 177; 여행 문학 187-188; 유산 173; 종식 105; 제도 174-178; 지적 생활 182-183; 지주 175; 포메스티예 175; 프레스코 화 195
불라빈 Bulavin, Konrad 330, 341
브세볼로트 Vsevolod 67
브세볼로트 3세 Vsevolod III 140-142
블라디미르 Vladimir, St. 53, 59, 61-64
블라디미르(스타리차) Vladimir of Staritsa 224, 226
블라디미르 모노마흐 Vladimir Monomakh 53, 67-68, 70, 88, 96, 122, 140-141, 185-186
블라디미르스키-부다노프 Vladimirsky-Budanov, Mikhail 139
블라디슬라프 Wladyslaw 250-253, 259, 261
블라디슬라프 2세 Wladyslaw II 202
비공식 위원회 438-439, 441
비론 Biron, Ernst-Johann 356, 359-360
비론주의 359
비소유파 183-185, 294
비잔티움 31, 36, 38-39, 41, 45-50, 52, 54-59, 61-62, 65, 70, 73-75, 77, 84, 86-89, 92-96, 115, 117, 126, 138 : 기독교 63; 성상화 95
비추린 Bichurin, Iakinf 503
비토프트(리투아니아) Vitovt of Lithuania 153, 202-203
빈 조약 476
빈 회의 453-454, 457, 476
「빈곤과 부에 대한 책」 429

4국동맹 454, 457
사마린 Samarin, Georgii 515
30년 전쟁 369
삼포제 78, 275
상업 : 노브고로드 126, 130-131; 모스크바국의 이점 165; 이주민 171; 키예프 루시 73-79; 키예프 루시의 몰락 70
샤클로비티 Shaklovity, Fyodor 320
샤피로프 Shafirov, Pyotr 324
샤홉스코이 Shakhovskoy, Grigorii 247
샤흐마토프 Shakhmatov, Alexei 40, 50
서구화 271, 307, 311, 320, 345, 349, 352, 355-377, 395, 404, 408-409, 411, 419-421, 432, 517
서드비나 강 494
섬너 Sumner, B. H. 15, 401
성 삼위일체-성 세르기우스 수도원 168, 182, 195-196, 309, 320
성모대속 교회 94
성모몽소승천 대성당 94, 190-192
성상화 : 노브고로드 132; 디오니시이 194-195; 모스크바국 러시아 306-307; 분령 시기 191-195; 비잔티움 95, 191-192; 콘다코프 179
(성) 세르기우스 Sergius, St. 168, 177, 181-

182, 187-188, 193
세르비아 331
셰임 205, 390
셰레메테프 Sheremetev, Boris 324, 329-330
셰퍼드 Shepard, Jonathan 49, 51
셉첸코 Shevchenko, Taras 478
소유파 183-185
소총병 219, 266, 287, 317, 320, 326-327, 330, 335-337
소트냐 127
소피아(표트르 대제의 누이) Sophia 317, 319-320, 326-327,
소피아(조에) 팔레올로그 Sophia(Zoe) Paleologue 160, 168
솔라리오 Solario, Pietro 191
솔로베츠키 수도원 196, 298
쇤브룬 조약 449
『수데브닉』 176, 219, 286
수마로코프 Sumarokov, Aleksandr 422
수보로프 Suvorov, Aleksandr 371, 385, 389, 393, 399, 423, 450
수부데이 Subudey 110
수즈달 64, 104, 110, 140-143, 145, 150, 163, 180, 193
수태고지 대성당 191
쉬만 Schiemann, Theodore 464
(알렉산드르)슈발로프 Shuvalov, Aleksandr 363
(이반)슈발로프 Shuvalov, Ivan 363, 416
(표트르)슈발로프 Shuvalov, Pyotr 363
슈빈 Shubin, Fedot 431
(드미트리)슈이스키 Shuisky, Dmitrii 249, 251
(바실리)슈이스키 Shuisky, Vasilii 234, 243, 245-251, 258, 283
(안드레이)슈이스키 Shuisky, Andrei 217
슐뢰처 Schlözer, August Ludwig von 46, 48, 430
스메르디 79
스바로크 85
스뱌토슬라프 Sviatoslav(키예프 루시의 통치자) 57-59, 75
스뱌토폴크 Sviatopolk(블라디미르의 아들) 64, 86, 123

스웨덴 : 대북방 전쟁 327-333; 동란의 시대 237; 제3차 대프랑스 동맹 전쟁 445
스코모로흐 80, 96, 195-196, 295
스코베예프 Skobeev, Frol 303-304
스코핀-슈이스키 Skopin-Shuisky, Mikhail 248-251, 254
스쿠라토프 Skuratov, Maliuta 227
스키타이인 26-27, 30, 34-36, 39, 41, 76
스탄케비치 Stankevich, Nikolai 518
(성) 스테판 Stephen, St. 182, 188
스텐데르-페테르센 Stender-Petersen, Adolph 49
스토르치 Storch, Heinrich 410
스톨보보 조약 310
스트로가노프 Stroganov, Pavel 439
스트루베 Struve, Friedrich Georg Wilhelm von 502-503
스트리골니키 182
스페란스키 Speransky, Mikhail 441-444, 458, 472, 504
슬라브어-그리스어-라틴어 아카데미 309
슬라브주의자 260, 514-518, 520-522
슬리테 Slitte 221
시메온(타타르인) Simeon 225
시메온(폴로츠크) Simeon of Polotsk 273, 304, 308
시메온 고르디 Simeon Gordyi 149
시시코프 Shishkov, Aleksandr 504
시차포프 Shchapov, Afanasii 299
시체르바토프 Shcherbatov, Mikhail 430
신고전주의 423, 430, 506, 521
신성 로마 제국 161, 163, 324
신성동맹 434, 445, 454
신성종무원 342-343, 379
실베스테르(이반 4세의 조언자) Sylvester 218, 224
실베스테르(『도모스트로이』의 저자) Sylvester 302

(성) 아가피우스 Agapius, St. 133
아나스타샤 Anastasia(이반 4세의 아내) 224, 227, 256
아나톨리아 479
아다셰프 Adashev, Alexei 218, 224

아드리아노플 조약 475
아락체예프 Arakcheev, Alexei 458-459
아랄 해 23-24
아르메니아 109, 496
아르텔 403
아르한겔스크 221, 310, 323-324, 406, 428, 493
아마드 칸 Ahmad, Khan 155, 160
아무다리야 강 23
아무르 강 23
아바르족 38, 41
아바쿰 Avvakum 292, 295, 298, 303
아브라함(스몰렌스크) Abraham of Smolensk 188
아스트라한 220, 227, 247, 261-262, 268, 330, 407
아스트라한 한국 154, 220, 229, 287-288
아우구스투스 3세(폴란드) Augustus III of Poland 370
아우구스투스 2세(폴란드) Augustus II of Poland 327-329, 370
아우스터리츠 445
아우어슈태트 전투 445
아조프 263, 325, 328, 332, 370, 387
아조프 해 35, 38, 61, 263
아틸라 Attila the Hun 37
아프락신 Apraksin, Fyodor 324
(세르게이)악사코프 Aksakov Sergei 512
(이반)악사코프 Aksakov, Ivan 515
(콘스탄틴)악사코프 Aksakov, Konstantin 498, 515, 517
안나(여제) : 독일당파 359, 360; 비론주의 359; 사망 360; 이반 6세 360; 입헌주의 358; 제위 제안 358
안드루소보 조약 271
(성) 안토니 Anthony, St. 87
알란족 35, 50
알래스카 24, 26, 429, 447
알레비시오 Alevisio 191
알렉산드로프(도시) 225
알렉산드르(트베리) Aleksandr of Tver 148
(넵스키)알렉산드르 Aleksandr, Nevskii 123-125, 141-142, 146, 181, 188
알렉산드르 1세 Aleksandr I : 국무 협의회 443; 개혁 437-444; 교육 441, 499, 500; 나폴레옹 445; 니콜라이 1세와의 비교 464; 데카브리스트 운동 460-463; 두마 442-443; 비공식 위원회 438-441; 빈 회의 453-454; 사망 437, 462; 스페란스키 441-444; 심리 434; 아락체예프 458-459; 영토 확대 446-447; 예카테리나 대제 435-436; 외교정책 445-447; 원로원 440; 자유주의 437-444; 전제정치 439; 제위 승계 433; 헌법 439-440
알렉산드린스키 극장 521
알렉세이 Alexei(차르) : 카자크인들의 반란 266-268; 니콘 272, 273; 모로조프 266; 법전 268; 세금 266; 우크라이나 268; 인상 264
알렉세이 Alexei(표트르 대제의 아들) 349-350
알렉시이 Alexii(수좌 대주교) 181
알리 Ali, Mohammed 478-479
알타이 산맥 23
알트란슈태트 조약 329
암브로시우스 195
암브로시이 355
애버딘 Aberdeen, Lord 482
액스라샤펠 455
야구진스키 Iaguzhinsky, Pavel 323-324
야기엘로(리투아니아) Jagiello of Lithuania 151-152, 201-204
야닌 Ianin, V. L. 128
야드비가(폴란드) Jadwiga of Poland 201, 203-204
야로슬라프 Iaroslav(알렉산드르 넵스키의 형제) 127, 141-142
야로슬라프 오스모미슬 Iaroslav Osmomysl 137, 140
야로슬라프 현공 Iaroslav the Wise 53, 64-66, 69, 75, 86, 91, 122-123, 221
야로폴크 Iaropolk(블라디미르 모노마흐의 아들) 68
야로폴크 Iaropolk(스뱌토슬라프의 아들) 59, 61
야시조약 389
에스토니아 124, 329, 333
엘레오노라 Eleonora, Ulrika 332

엘리자베타 Elizabeth : 교육 361; 라주몹스키 362-363; 성격 360-361; 슈발로프 형제 363; 연인들 362; 표트르 대제의 유산 360
『여단장』(폰비진) 423
열국의 전투 452
영국(잉글랜드) : 이반 4세 221-222; 제3차 대프랑스 동맹 445; 크림 전쟁 482-484
영웅담 89-90, 133-134
예나 445
예레미야 233
예르마크 Ermak 229-230
예브도키야 Eudokhia 323, 327, 349
예카테리나 대제 Ekaterina the Great : 개종 374; 계몽주의 378, 418; 교육 385, 417-420; 귀족 382-385; 귀족헌장 383; 남성 복장 375-376; 노비코프 425-426; 데르자빈 422; 문화생활 417; 베카리아 378; 알렉산드르 1세 434-435; 연인 375-376; 외교정책 385-395; 입법 위원회 377-379; 전제정치 378; 제위 365, 372; 파벨 397; 포템킨 376, 385; 푸가초프 반란 380-382; 프랑스 혁명 386, 427; 프리메이슨 425; 행정개혁 382-383; 「훈시」 377-379
예카테리나 1세 Ekaterina I : 멘시코프 357; 제위 계승 356-357; 추밀원 357
옐레나 Elena(이반 4세의 어머니) 216
5국동맹 454-455, 457
오도옙스키 Odoevsky, Vladimir 513
(그리고리)오를로프 Orlov, Grigorii 376
(알렉세이)오를로프 Orlov, Alexei 365, 387
오보 조약 370
오볼렌스키 Obolenskii, Dmitrii 63
오브로크 176, 276, 403
오비 강 23
오소리나 Osorina, Iuliana 280, 304
오스만 제국 : 니콜라이 1세 475; 예카테리나 대제 386-389; 이집트 475, 478-479, 482; 제1차 투르크 전쟁 386-388; 제2차 투르크 전쟁 386, 389
오스테르만 Ostermann, Andrew 324, 359
오스트리아 : 교육 418; 동맹 368-369; 제3차 대프랑스 동맹 445; 폴란드 분할 392-394

5분의 1 세금 264
오카 강 65, 74, 153, 157, 159, 164
오트레피예프 Otrepiev, Grigorii 242-243
오프리치니나 213, 225-227, 229, 231, 239, 275
올가 Olga 56-57, 59, 61-62, 86
올게르드(리투아니아) Olgerd of Lithuania 150, 200-201
올레아리우스 Olearius, Adam 274
올레크 Oleg 51, 53-55, 75
올레크(스뱌토슬라프의 아들) Oleg 59
요나스 Jonas 155, 180
요아힘 Joachim 320
요한 그레고리 Johann Gregory 304
욥(총주교) Job 234-244
우구데이 Ugedey 109-111
우니아트 교회 268-269, 478
우바로프 Uvarov, Sergei 466, 473, 487, 500-501, 522
우샤코프 Ushakov, Simon 398
우즈베크 칸 Uzbeg, Khan 112
우크라이나 : 말[馬] 493; 반란 270; 알렉세이 268; 역사학계 31; 예카테리나 대제 384; 키릴과 메토디우스 형제단 478
운키아르 스켈레시 조약 479, 482
『울로제니예』 268, 277-278, 284-286
울리히 Ulric, Anthony 360
워트만 Wortman, Richard 168, 333, 361, 458
워트샤프터 Wirtshafter, Elise 496
원로원 323-324, 334, 337, 339, 360-361, 366, 378, 416, 440, 442, 468
『원초 연대기』 41, 45, 47-51, 54, 56-58, 85, 91, 96
유대교파 183
유라시아 학파 28, 113, 118
유대인 : 키예프 루시 78; 키예프 루시의 민속 문화 90; 폴란드 395; 하자르 39
이고리 Igor 51, 54-56, 61, 75
이교 47, 62, 76, 85, 88, 96, 129, 196
이그나티우스 Ignatius 244, 246
이란 문화 30, 35
이리나(표도르의 아내) Irina 235
이반 2세 Ivan II 149-150

이반 3세(대제) Ivan III : 건축 190; 결혼 160-161; 노브고로드 125, 157-158; 모스크바 156-160; 스크바의 건축 계획 169; 몽골인들 112-113, 160; 키예프국 159; 트베리 158
이반 4세(뇌제) Ivan IV : 결혼 217; 교육 216; 기여 229; 리보니아 전쟁 228-229; 몽골인들과의 전쟁 220-221; 보야르 224-225; 분령 시기의 종식 105; 사망 227; 실베스테르 224; 아나스타샤의 사망 224; 어린 시절 216-217; 엘리자베스 여왕 301; 오프리치니나 225-229; 절대주의 223; 종교성 227; 쿨만 231-232; 쿠릅스키 225, 301; 표트르 대제 322; 한자동맹 221; 해석 230-233
이반 5세 Ivan V 317, 333, 350, 357-358, 360
이반 6세 Ivan VI 358, 360, 377
이반 칼리타 Ivan Kalita 149, 156, 166
이븐-쿠르다드비흐 Ibn-Khurdadhbih 50
이시도르 Isidor 155
이오시프(볼로츠키) Iosif of Volochky 183-184
이중 신앙 85
인두세 116, 344-345, 407, 472
일라리온 Illarion 66, 87, 91
입법 위원회 377-379
입헌주의 358, 454, 460, 476, 516

자루츠키 Zarutsky, Ivan 254-255, 261-262
자유경제협회 404, 417, 424
자유 종복 175
자쿠피 79
작센 327-329, 332, 453, 520
쟁기 76, 116
절대주의(이반 4세) 223
정교회, 전제정치, 국민성 466
제3부(황제원) 469-470
제3의 로마 169, 186, 188
젬스키 소보르 218, 240, 252, 255-257, 259, 261, 263, 268, 270, 283-286, 339, 515
젬시치나 225
졸키엡스키 Zolkiewski, Stanislaw 251-252
주치 Juchi 110

중국 23-24, 75, 110, 109, 112, 118, 165, 171, 333, 407, 495, 503
지기스문트 2세 Sigismund II Augustus 204, 228
지기스문트 3세 Sigismund III 250, 252-255
지닌 Zinin, Nikolai 503
지보프 Zhivov, Viktor 304

차다예프 Chaadaev, Pyotr 497, 513-514, 522
차르토리스키 Czartoryski, Adam 439, 445
챈슬러 Chancellor, Richard 221
천막형 교회 190
「청동의 기사」(푸시킨) 508-509
1835년 대학령 501
추밀원 357-360
7년 전쟁 361, 365, 370-371
칭기즈칸 Chingiz Khan 109-110, 118, 154

카람진 Karamzin, Nikolai 421-423, 432-433, 437, 503-504, 511, 514
카르포비치 Karpovich, Michael 368, 401
카르피니 Plano Carpini 114
카스피 해 23-25, 55, 57, 267, 474
카시미르 4세 Casimir IV 158, 160, 202
카자코프 Kazakov, Matvei 430
카자크 : 동란의 시대 239-240; 라진 266-267; 모스크바국과의 동맹 270-271; 미하일 로마노프 263; 표트르 대제 330
카잔 한국 154, 162, 220, 229, 239, 287-288
카펠러 Kappeler, Andreas 410-411
칸크린 Kankrin, Egor 315
칸테미르 Kantemir, Antioch 422, 424
칼 12세(스웨덴) Charles XII of Sweden 327-332, 341, 450
칼미크인 348, 380
칼카 강 107, 109
커너 Kerner, Robert 26
커치너 Kirchner, Walter 355
코스토마로프 Kostomarov, Nikolai 261
코시치우슈코 Kosciuszko, Tadeusz 393, 397
코추베이 Kochubey, Viktor 439, 469
코크 Coke, Sir John 292
코토시힌 Kotoshikhin, Grigorii 312

콘다코프 Kondakov, Nikodim 179
콘스탄티노플 53, 55–57, 59, 62–63, 65, 70, 74–75, 93, 155, 161, 168, 188, 201, 233, 294, 299, 327, 387, 389, 449, 479, 484
콘스탄티누스 11세 Konstantin XI 161
콘스탄틴 Konstantin(알렉산드르 1세의 형제) 388, 462, 476
콘스탄틴 모노마흐 Konstantin Monomakh 185
콘스탄틴 포르피로게니투스 Konstantin Porphyrogenitus 56, 73–74, 77
콜레기야 340
콜만 Kollmann, Nancy Shields 178, 214, 231–232, 279
쿠르바토프 Kurbatov, Alexei 324
쿠릅스키 Kurbsky, Andrei 220, 225–226, 230, 301
쿠빌라이 칸 Kublai, Khan 109, 118
쿠즈미치 Kuzmich, Fyodor 437
쿠축 카이나르지 조약 387–388
쿠춤 칸 Kuchum, Khan 229
쿠투조프 Kutuzov, Mikhail 389, 446–447, 450–452
퀴타히아 협정 479
크렘린 94, 145, 150, 169, 190–192, 218, 228, 254–255, 305, 451
크리자니치 Krizanic, Juraj 312
크림 전쟁 369, 473–474, 482–487, 489, 494
클레멘트(수좌대주교) Clement 87
클류쳅스키 Kliuchevsky, Vasilii 26, 74, 96, 113, 142–145, 166, 260, 264, 283, 285, 323, 334, 352, 367, 379
키넌 Keenan, Edward 274
(이반)키레옙스키 Kireevsky, Ivan 515
(표트르)키레옙스키 Kireevsky, Pyotr 515
(성) 키릴 Cyril, St. 88, 91
키릴 문자 88
키릴과 메토디우스 형제단 478
키메르인 33–34
키벨슨 Kivelson, Valerie 274
(보리스)키셀레프 Kiselev, Boris 120
(파벨)키셀레프 Kiselev, Pavel 472
키예프 루시: 건축 92–95; 공동체 79; 교역 73–78; 교육 96; 기독교 61–63, 85–88; 노예 79; 농민 79; 농업 76–77; 마자르인 56; 몽골의 침입 109; 문학 89–92; 민족의 분화 104; 분령 시기 101–103; 블라디미르 59–63; 쇠퇴 66–68; 수출 77; 야로슬라프 현공 64–66; 예술 95–96; 이고리 55–56; 인구 79; 정부체제 70–71, 81–83; 제도 81–83; 처벌 81
키제베테르 Kizevetter, Aleksandr 379
키프리아누스 Cyprian(수좌대주교) 167
킵 Keep, J. L. H. 285
킵차크 한국 112–113, 117–118, 141–142, 146, 148–155, 160, 165, 387

타간로크 495
타르고비차 동맹 393
타티시체프 Tatishchev, Vasilii 430
터버빌 Turbeville, George 21
텔렙네프-오볼렌스키 Telepnev-Obolensky, Prince 216
토르 47
토크타미시 칸 Tokhtamysh, Khan 152–153
톰센 Thomsen, Vilhelm 48
투고르 칸 Tugor, Khan 90
투르게네프 Turgenev, Ivan 498, 506, 512, 518
투르크만차이 조약 474
튜체프 Tiutchev, Fyodor 22, 513
튜턴 기사단 124–125, 198–200
트로파우 의정서 455
트루베츠코이 Trubetskoy, Dmitrii 254
트지미스케스 Tzimisces, Emperor John 58
특선평의회 218, 222, 224
티호미로프 Tikhomirov, Mikhail 285
틸지트 조약 446

파닌 Panin, Nikita 385
파레스 Pares, Bernard 213
파벨 Pavel, Emperor 365, 375, 377, 397–400, 458, 462
파블로프 Pavlov, Mikhail 512
파블로프-실반스키 Pavlov-Silvansky, Nikolai 170, 172–173
파슈코프 Pashkov, Filip 248
파스케비치 Paskevich, Ivan 477, 481

팔렌 Pahlen, Pyotr 400
페도토프 Fedotov, George 84
페레스베토프 Peresvetov, Ivan 300
페레야슬라블 66, 270, 272
페룬 47, 85, 129
페르시아 55, 109, 118, 267, 446, 474
페스텔 Pestel, Pavel 461-463
페체네크족 58-59, 67, 71
페초라 강 23
포고딘 Pogodin, Mikhail 473, 504, 514
포냐톱스키 Poniatowski, Stanislaw 376, 390
포드세카 78
포메스티예 173-176, 207, 219, 237-239, 276, 279
포사드닉 127-131, 135
포소슈코프 Pososhkov, Ivan 429-430
포자르스키 Pozharsky, Dmitrii 255
포카스 Nicephorus Phocas 58
포크롭스키 Pokrovsky, Mikhail 213
포템킨 Potemkin, Grigorii 376, 385, 388-389, 423
포템킨의 마을들 388
포포비치 Popovich, Alesha 90
폰비진 Fonvizin, Denis 422-424
폴란드 : 가톨릭 교도 392; 니콜라이 1세 476-478; 동란의 시대 237; 리투아니아와의 동맹 201; 몽골인 111; 미하일 로마노프 263; 바르 동맹 392, 394; 예카테리나 대제 389-395; 유기령 477; 유대인 395; 중세의 문화 203
폴란드-리투아니아 연합 204-205, 369, 390, 393
폴랴네족 42, 54
폴류디에 74
폴타바 전투 331-334, 337
표도르(보리스 고두노프의 아들) Fyodor 243, 247
표도르(이반 4세의 아들) Fyodor 233-235, 237, 240, 248
표트르(수좌대주교) Pyotr 148-149
표트르 대제 Pyotr the Great : 결혼 323, 349; 관등표 346; 교육 348, 414-415; 교회 개혁 341-343; 국가경제 347; 군 개혁 336-338; 군 경력 321; 귀족 346; 대북방 전쟁 327-334; 대사절단 325-326; 문학 422; 문화 개혁 348-349; 서구화 352; 성격 321-323; 소총병 326; 소피아 320; 알파벳 개혁 414; 어린 시절 322-333; 역법 327; 이반 뇌제 322; 재정 조치 344-345; 정부 개혁 339-341; 조력자들 323-324; 출생 317; 턱수염 327; 카자크 330; 행정 개혁 339-344
표트르 2세 Pyotr II 356-358, 367
표트르 3세 Pyotr III 356, 360, 363-366, 370-371, 376, 397
푸가초프 Pugachev, Emelian 380-381, 408
푸시킨 Pushkin, Aleksandr 421, 428, 460-461, 470, 497, 499, 504-511, 518
프라 안젤리코 Fra Angelico 194
프랑스 166, 177, 231, 286, 331-332, 363, 368-370, 378-379, 382, 385-386, 388, 392, 394, 398-399, 413, 419, 424-425, 431-432, 438, 441, 445-446, 449-455, 461, 476, 480, 482, 484, 486, 488, 522
프랑스 혁명 386, 395, 401, 419, 427-428, 447, 460
(벤저민)프랭클린 Franklin, Benjamin 425
(사이먼)프랭클린 Franklin, Simon 69
프레데릭샴 강화조약 447
프레스냐코프 Presniakov, Aleksandr 279
프로이센 : 동맹 370; 니콜라이 1세 480; 4국 동맹 454; 작센 453; 폴란드 분할 392-393; 표트르 3세 364, 365; 프리드리히 대왕 369
프로코포비치 Prokopovich, Feofan 315, 342
프로코피우스 Procopius 41, 47
프루트 강 137
프리드리히 2세(프로이센) Friedrich II of Prussia 364
프리메이슨 419, 425
프리즈 Freeze, Gregory 409
프리트삭 Pritsak, Omeljan 52
플라토노프 Platonov, Sergei 106, 113, 201, 226, 234-236, 240, 245, 258, 260, 262, 344
플로렌스 공의회 155, 180, 188
플로롭스키 Florovsky, George 413
플로린스키 Florinsky, Michael 84

찾아보기 539

플로히 Plokhy, Serhii 271
피멘 Pimen(수좌대주교) 188
피에라반티 Fieravanti, Aristotle 191-192
핀란드 29, 68, 332-333, 370, 404, 444, 447
핀-우그르족 122
필라레트 Philaret 244, 252, 256, 262-263, 272, 294
필로페이 Filofei 186
필립(수좌대주교) Filip 226
하르드라다 Hardrada, Harold 65
하바쿡 295
하자르족 38, 41, 54, 56, 62, 71
학술원 348, 415, 417, 419
학술 탐험대 429
한자 동맹 131, 135, 221
할레키 Halecki, Oscar 197
해군 사관학교 415
해군성 건물 521
해군성 학교 415

핼퍼린 Halperin, Charles 115, 117
헤겔 Hegel, Georg Wilhelm Friedrich 513-514
헤로도토스 Herodotus 26, 31, 33-34, 41
헤르베르슈타인 Herberstein, Sigismund von 163
헬리 Hellie, Richard 278
호먀코프 Khomiakov, Alexei 515, 517
호치 Hoch, Steven 492
홀로피 177
황제교황주의 342
황제원 469, 501
(제임스)휘슬러 Whistler, James McNeill 494
(조지)휘슬러 Whistler, George 494
흐루셉스키 Hrushevskii, Mikhail 269
흐멜니츠키 Khmelnitskii, Bogdan 270, 272
흐보로스티닌 Khvorostinin, Ivan 312
흑사병 149, 165, 171
히트로보 Khitrovo, Bogdan 306

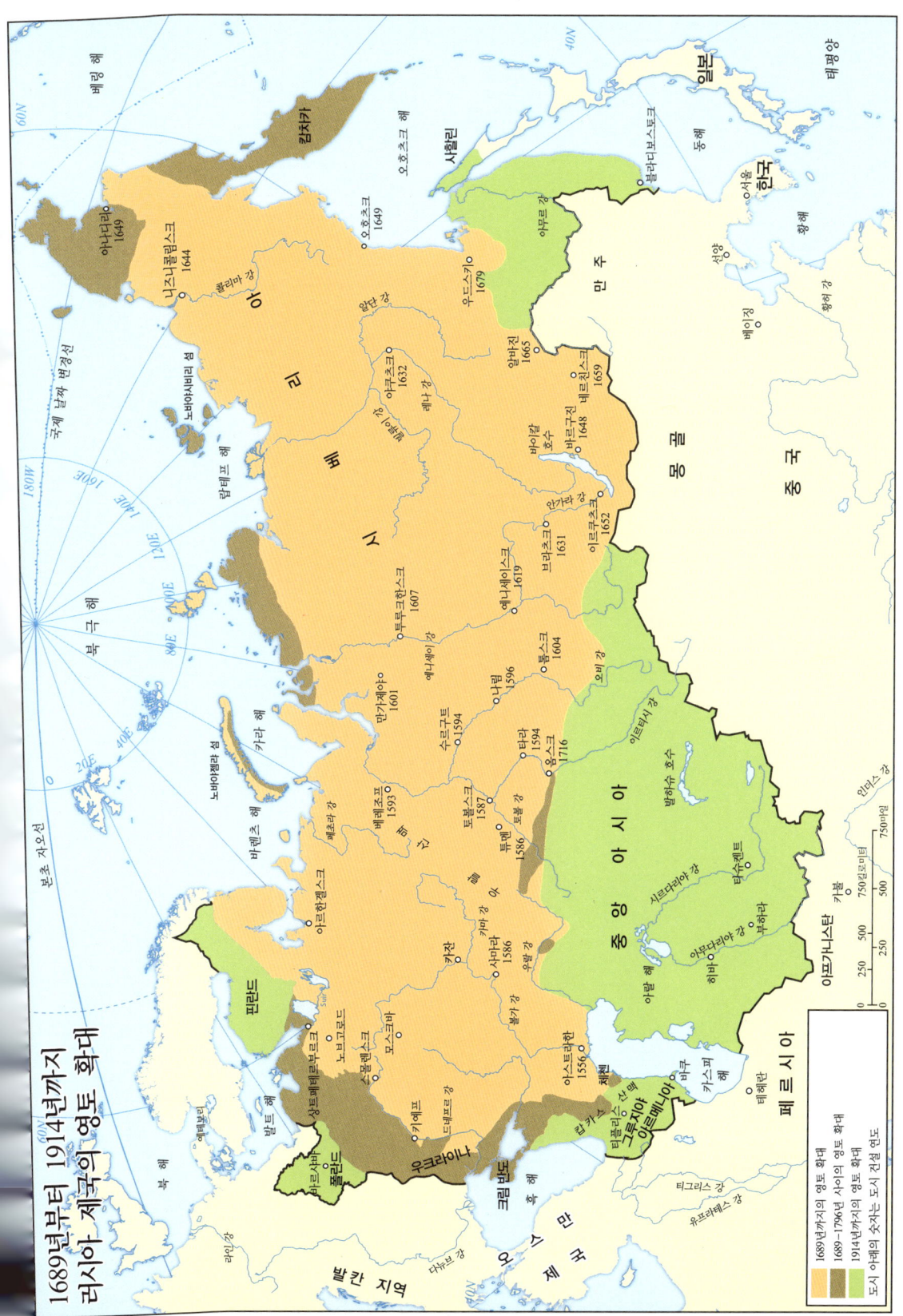